Dez anos da Lei n.º 11.101/2005:
Estudos sobre a Lei
de Recuperação e Falência

Dez anos da Lei n.º 11.101/2005: Estudos sobre a Lei de Recuperação e Falência

Coordenadoras
Sheila C. Neder Cerezetti
Emanuelle Urbano Maffioletti

DEZ ANOS DA LEI N.º 11.101/2005: ESTUDOS SOBRE A LEI DE RECUPERAÇÃO E FALÊNCIA
© Almedina, 2015

COORDENADORAS: Sheila C. Neder Cerezetti, Emanuelle Urbano Maffioletti
DIAGRAMAÇÃO: Almedina
DESIGN DE CAPA: FBA
ISBN: 978-85-8493-085-2

Dados Internacionais de Catalogação na Publicação (CIP)
(Câmara Brasileira do Livro, SP, Brasil)

Dez anos da Lei nº 11.101/2005 : estudos sobre a lei de recuperação e falência/coordenadores Sheila C. Neder Cerezetti, Emanuelle Urbano Maffioletti. – São Paulo : Almedina, 2015.
Vários autores.
Bibliografia.
ISBN 978-85-8493-085-2

1. Falências – Leis e legislação 2. Falências – Leis e legislação – Brasil 3. Recuperação judicial (Direito) – Leis e legislação I. Cerezetti, Sheila C. Neder. II. Maffioletti, Emanuelle Urbano.

15-10312   CDU-347.736(81)(094)

Índices para catálogo sistemático:
1. Brasil : Leis : Falência : Direito comercial
347.736(81)(094)
2. Leis : Falência : Brasil : Direito comercial
347.736(81)(094)

Este livro segue as regras do novo Acordo Ortográfico da Língua Portuguesa (1990).

Todos os direitos reservados. Nenhuma parte deste livro, protegido por copyright, pode ser reproduzida, armazenada ou transmitida de alguma forma ou por algum meio, seja eletrônico ou mecânico, inclusive fotocópia, gravação ou qualquer sistema de armazenagem de informações, sem a permissão expressa e por escrito da editora.

Dezembro, 2015

EDITORA: Almedina Brasil
Rua José Maria Lisboa, 860, Conj.131 e 132, Jardim Paulista | 01423-001 São Paulo | Brasil
editora@almedina.com.br
www.almedina.com.br

SUMÁRIO

FOTOGRAFIAS DE UMA DÉCADA DA LEI DE RECUPERAÇÃO E FALÊNCIA..... 15
1. Introdução.. 15
2. Fotografias do cenário geral da LRE e de seus institutos nos 10 anos de vigência: análise crítica e perspectivas corretivas................... 19
3. Fotografias de cenários específicos da LRE: recuperação judicial e falência.. 23
3.1. Da recuperação judicial.. 23
3.2. Da falência... 33
4. Conclusão: a LRE como pano de fundo ao aprimoramento do direito concursal brasileiro... 38

TEMAS GERAIS

O PODER DE INVESTIGAÇÃO DO MINISTÉRIO PÚBLICO NOS CRIMES FALENCIAIS E RECUPERACIONAIS...................................... 41

O NOVO MÉTODO DA GESTÃO DEMOCRÁTICA DE PROCESSOS DE INSOLVÊNCIA.. 66

DEZ ANOS DE VIGÊNCIA DA LEI 11.101/2005. HÁ MOTIVOS PARA COMEMORAR?... 82
1. Considerações introdutórias: o empenho da doutrina brasileira para o advento de uma nova lei...................................... 82

2. O que dizem os números... 87
3. A exclusão das empresas públicas e das sociedades de economia mista do regime da lei em face do disposto no inciso I do art. 2.º da Lei 11.101/15. 90
4. A inadequada disciplina normativa da recuperação extrajudicial 92
5. A ausência de mecanismo adequado de financiamento às empresas em recuperação judicial 97

A DISCIPLINA DOS GRUPOS EMPRESARIAIS E A LEI DE RECUPERAÇÃO DE EMPRESAS EM CRISE E FALÊNCIAS: UM CONVITE A JURISPRUDÊNCIA 103
1. A relevância dos grupos empresariais no contexto do Direito Empresarial e a proposta deste trabalho 103
2. Grupos empresariais e a LRE – tratamento legislativo, lacunas e modos de integração do Direito: um convite à análise jurisprudencial 105
3. Metodologia de trabalho 108
3.1. Grupos Empresariais – terminologia e conceito 109
4. Normatização pela jurisprudência..................................... 117
4.1. Os grupos nos processos de recuperações e falências: conclusões e observações extraídas de casos concretos........................... 118
    4.1.1. Extensão dos efeitos da falência a outra empresa pertencente ao mesmo grupo econômico, com indícios de "confusão patrimonial" entre ambas...................................... 118
    4.1.2. Interpretação do art. 48 da LRE no âmbito de empresas pertencentes ao mesmo grupo econômico, com a criação de uma delas para atender a estratégias e a objetivos do grupo..... 120
    4.1.3. Possibilidade de acordo entre a massa falida e pessoas físicas e/ou jurídicas, para a compensação do respectivo débito dos devedores da massa por meio de créditos para com outras empresas do mesmo grupo econômico do falido 120
    4.1.3.1. Fundamentação e breve análise dos casos........................ 125
    4.1.4. Noção de "ato gratuito" no âmbito do direito empresarial, em relação a operações relacionadas entre empresas do mesmo grupo econômico – "controlada" que figurava como "garantidora" em empréstimo contraído pela respectiva "controladora *holding*" – com vistas à reestruturação econômica desta última empresa 126
    4.1.5. Tema: Empresas do mesmo grupo, cada uma em situação econômico-financeira distinta, que pleiteiam a recuperação

judicial em litisconsórcio, mas apresentam credores diferentes, balanços diversos e patrimônios distintos 129
    4.1.6. Aplicação do art. 43 da Lei n. 11.101/05 no âmbito dos grupos econômicos – possível *mens legis* do dispositivo legal: evitar que credores componentes do mesmo grupo econômico sejam beneficiados de forma indevida 133
5. Considerações Finais. 134

NECESSÁRIAS ALTERAÇÕES NO SISTEMA FALIMENTAR BRASILEIRO 136
1. Introdução 136
2. Instrução do pedido de recuperação judicial e deferimento do processamento 138
3. Distribuição de recuperação judicial. Suspensão e extinções das Execuções. Efeitos da recuperação judicial em relação aos coobrigados 140
4. Transparência. Acesso à informação e intimação das partes 141
5. Fixação do quórum para deliberação sobre o plano de recuperação. Modificações do plano em assembleia de credores 142
6. Possibilidade de modificar plano aprovado em assembleia. Rito para modificação e efeitos dela decorrentes 145
7. Verificação dos créditos, substituição do nome do credor e exercício do direito de voto 147
8. Modificação do procedimento da recuperação judicial. Criação do rito sumário 148
9. Principal estabelecimento, varas regionais e especializadas 149
10. Sujeição compulsória de todos os credores à recuperação judicial ou possibilidade de credores excluídos deliberarem pela adesão da classe. Criação de novas classes e subclasses, conflito de interesses, abuso de direitos e adequação das regras de *cram down* 150
11. Proteção aos credores na atuação em Comitê de Credores e na hipótese de conversão da dívida em capital. Do plano alternativo e afastamento do devedor. Da ampliação da proteção a investidores na aquisição de ativos de empresas em recuperação 153
12. Recuperação judicial de grupo de empresas. Desconsideração/extensão da falência. Falência transnacional 155
13. Insolvência da pessoa natural 157
14. Conclusão 158

O NOVO REGIME JURÍDICO DO RECURSO DE AGRAVO E OS PROCESSOS
DISCIPLINADOS NA LEI N.º 11.101/2005 159
1. Questão de Ordem 159
2. A Aplicação Subsidiária do Código de Processo Civil e o Sistema
   Recursal da Lei n.º 11.101/2005. 162
3. O Novo Regime Jurídico do Agravo. 164
4. O Processo Preliminar da Falência 165
5. O Processo de Falência. 168
6. O Processo de Recuperação Judicial 170
7. Conclusão 173

RECUPERAÇÃO JUDICIAL

ABUSO DO CREDOR E DO DEVEDOR NA RECUPERAÇÃO JUDICIAL 177
1. Introdução. 177
2. Abuso do devedor. Aquisição de bem às vésperas da recuperação. 183
3. Abuso do devedor. Plano de recuperação iníquo, com grande sobra
   de patrimônio 184
4. Abuso de credor único da classe 186
5. Abuso de credor em dupla posição: credor concursal e extraconcursal ... 191
6. Abuso de credor com garantia de terceiro. 193
7. O voto do credor concorrente. 195
8. Conclusão geral 199

A TEORIA DA EMPRESA NA RECUPERAÇÃO JUDICIAL 200
1. Introdução. 200
2. Premissas metodológicas para a elaboração teórica do tema da empresa . 203
3. Teoria da empresa enquanto função de produção 212
4. Teoria da empresa enquanto função de economizar custos de transação . 220
5. Teoria da empresa enquanto função de economizar custos de agência ... 229
6. Conclusão 236

A EFICIÊNCIA DA LEI 11.101 E OS ENUNCIADOS 44, 45 E 46
DA 1.ª JORNADA DE DIREITO COMERCIAL 237
1. Introdução. 237
2. Considerações sobre os 10 anos da Lei de Recuperação de Empresas 238

3. A Sistemática da Lei Recuperação de Empresas e As Obrigações
   da Empresa Devedora... 245
4. Plano de Recuperação Judicial e Assembleia Geral de Credores
   – Controle Jurisdicional... 252
5. Conclusão 262

FINANCIAMENTO E INVESTIMENTO NA RECUPERAÇÃO JUDICIAL 264
1. Introdução.. 264
2. O sistema falimentar. Princípios e condições para o seu desenvolvimento . 266
3. Financiamento e Investimento na Recuperação Judicial 271
3.1. Não-sucessão em obrigações...................................... 273
3.2. Validade e eficácia do negócio jurídico (proteção a fraude contra
     credores e figuras afins) 277
3.3. Financiamento: prioridade em relação a outros créditos 280
3.4. Irreversibilidade de negócios de financiamento e investimento efetivados
     de boa-fé e autorizados judicialmente 284
4. Conclusão 288

ACORDO DE LENIÊNCIA E RECUPERAÇÃO JUDICIAL..................... 291
1. Introdução.. 291
2. O acordo de leniência na Lei Anticorrupção......................... 294
3. Cláusula de indenização na recuperação judicial da corruptora......... 298
3.1. Leniência posterior ao pedido de recuperação...................... 298
3.2. Leniência anterior ao pedido de recuperação....................... 301
4. A efetividade da indenização prevista em acordo de leniência........... 302
5. Algumas questões pontuais....................................... 306
5.1. Crédito inscrito na dívida ativa e a recuperação judicial da corruptora ... 306
5.2. Substituição dos administradores 307
5.3. Falência da signatária do acordo de leniência....................... 308
6. Conclusão 309

CESSÃO DE CRÉDITO NA RECUPERAÇÃO JUDICIAL 311
1. Introdução.. 311
2. Motivos da Cessão de Crédito na Recuperação Judicial................ 311
3. Benefícios e Possíveis Riscos da Cessão de Crédito para o Procedimento
   de Recuperação Judicial... 316

4. Admissibilidade da Substituição Processual do Cedente pelo Cessionário na Recuperação Judicial... 320
5. Procedimento para Substituição do Credor no Processo e Obtenção do Direito de Voto... 326
6. Proibição de Aquisição de Crédito por Devedor em Recuperação Judicial. 329
7. Cessão e Impedimento de Voto 330
8. Cessão de Crédito e Classe de Credores 326
8.1. Cessão de Crédito com Garantia Real 337
8.2. Cessão de Crédito Derivado da Legislação do Trabalho................. 337
8.3. Cessão de Crédito de Titularidade de Microempresa (ME) ou Empresa de Pequeno Porte (EPP) 340
8.4. Cessão de Créditos Quirografários, com Privilégio Especial, com Privilégio Geral ou Subordinados............................... 341
9. Cessão e Votação por Maioria de Credores 343
10. Cessão e Abuso do Direito de Voto................................... 345
11. Conclusão 346

RECUPERAR OU NÃO RECUPERAR, EIS A QUESTÃO: O PODER/DEVER
DO JUIZ OBJETIVANDO A PRESERVAÇÃO DA EMPRESA – CONFIGURAÇÃO
E LIMITES... 348
1. Introdução... 348
2. A subsistência do negócio no Dec.-Lei 7.661/45 349
2.1. Na falência.. 349
2.2. Na concordata.. 352
3. O cabimento da recuperação judicial 354
4. O atendimento dos interesses em jogo para o fim da concessão da recuperação judicial... 357
5. Recuperar ou não recuperar. As condições da lei 358
6. Conclusão 366

O PLANO DE RECUPERAÇÃO JUDICIAL PARA ALÉM DELE
(O PLANO PARA ALÉM DO PLANO)...................................... 368
1. Introdução... 368
2. O Empresário e a Crise... 369
3. O 'Plano de Recuperação judicial'................................... 371
4. As vicissitudes do Plano de Recuperação Judicial (para além dele) 375
4.1. O Princípio do Juízo Universal na Ação de Recuperação Judicial 375

4.2. A função do juiz (o controle da legalidade). 376
4.3. A função do administrador judicial (auxiliar do juiz) 380
4.4. O Parcelamento dos Débitos Tributários Federais 380
4.5. Os votos (não votos) em assembleia de credores ausentes
 ou que se abstêm 384
4.6. A Situação dos Coobrigados dos devedores em Recuperação Judicial 385
5. Conclusões 387

RECUPERAÇÃO JUDICIAL E O REGIME JURÍDICO DO CONSÓRCIO:
OS IMPACTOS DA CRISE ECONÔMICO-FINANCEIRA DE UMA
CONSORCIADA 389
1. Introdução 389
2. O consórcio, a recuperação judicial de consorciada e os débitos
 perante terceiros 391
3. A recuperação judicial de consorciada e os débitos perante outras
 consorciadas na sistemática do contrato de consórcio 395
4. A recuperação judicial de consorciada e sua exclusão do consórcio 400
5. Considerações finais 403

A CONTROVÉRSIA SOBRE A NATUREZA JURÍDICA DAS CONTRIBUIÇÕES
DEVIDAS AO FUNDO DE GARANTIA POR TEMPO DE SERVIÇO
POR EMPRESA EM RECUPERAÇÃO JUDICIAL. 407

LEI DE RECUPERAÇÃO DE EMPRESAS E FALÊNCIA – MODIFICAÇÕES
INTRODUZIDAS PELA LEI 13.043, DE 13 DE NOVEMBRO DE 2014 415
1. Introdução 415
2. Alterações na Lei de Recuperação e Falência (LRE), a Lei 11.101,
 de 9 de fevereiro de 2005, relativas a parcelamento e busca e apreensão . 417
3. Exame do artigo 57 da Lei 11.101/2005. 421
4. Exame do artigo 43 da Lei 13.043, de 13.11.2014 423
5. Exame do artigo 44 da Lei 13.043, de 13.11.2014 429
6. A "nova" situação criada com a Lei 13.043/2014 430
7. Exame de parte do artigo 101 da Lei 13.043, de 13.11.2014 434
8. Conclusão 436

A APRESENTAÇÃO DE CND E O PARCELAMENTO DE DÉBITOS FISCAIS 438
1. Palavras iniciais. 438

2. As inovações trazidas pela Lei 13.043 439
2.1. Os créditos incluídos no parcelamento 440
2.2. A imposição de desistência ou renúncia............................. 442
2.3. Causas de rescisão 443
2.4. Manutenção das garantias antes oferecidas.......................... 444
3. O direito ao parcelamento.. 444
3.1. A previsão legal expressa 444
3.2. O entendimento jurisprudencial 445
4. Algumas observações 447
4.1. Quanto ao prazo... 447
4.2. Quanto à manutenção das garantias 447
4.3. Quanto à falta de previsão para tributos estaduais e municipais 448
4.4. Quanto à inconveniência para a própria Fazenda 448
4.5. Quanto à desistência de medidas de defesa, administrativas e judiciais... 449
5. Conclusão 450

A MEDIAÇÃO NA RECUPERAÇÃO JUDICIAL: COMPATIBILIDADE ENTRE
AS LEIS NN. 11.101/05, 13.015/15 E 13.140/15 451
1. Novidades legislativas: Novo CPC e a Lei de Mediação 451
2. Mediação na Recuperação Judicial 454
3. Meios adequados de solução de controvérsia 459
4. Mediação e confidencialidade... 462
5. A figura do mediador na recuperação judicial: Administrador Judicial ... 464

A RECUPERAÇÃO JUDICIAL DE SOCIEDADES SEDIADAS NO EXTERIOR:
AS LIÇÕES DA EXPERIÊNCIA ESTRANGEIRA E OS DESENVOLVIMENTOS
NO BRASIL 468
1. Introdução... 468
2. O problema da determinação da competência internacional
   para a abertura dos processos de insolvência 469
3. O "centro dos interesses principais" como critério para a determinação
   da competência 474
4. O critério para determinação de competência na Lei 11.101/2005........ 479
5. A regra da competência da Lei 11.101/2005 na recuperação judicial
   das sociedades estrangeiras... 483
6. A necessária reforma da lei falimentar brasileira....................... 488

FALÊNCIA

A RESPONSABILIDADE PATRIMONIAL DO FALIDO, A EXTENSÃO
DOS EFEITOS DA FALÊNCIA E A DESCONSIDERAÇÃO DA PERSONALIDADE
JURÍDICA DA SOCIEDADE FALIDA 493
1. Introdução... 493
2. A responsabilidade patrimonial da sociedade falida, dos sócios
   e dos administradores, no DL n. 7661/45 e na Lei n. 11.101/05........... 496
   2.1. A *ratio* da limitação da responsabilidade na atividade empresarial 496
   2.2. A *ratio* da responsabilidade patrimonial na Falência.................... 499
   2.3. A estrutura legal da extensão da responsabilidade patrimonial
        aos sócios e a responsabilidade dos administradores, na falência......... 501
        2.3.1. A responsabilidade patrimonial dos sócios na falência 501
        2.3.2. A responsabilidade dos administradores e sócios
               de responsabilidade limitada na falência......................... 503
2. A desconsideração da personalidade jurídica............................ 507
3. Conclusão: cabe a desconsideração da personalidade jurídica na falência?. 513

SOCIEDADE EM COMUM E REGIMES DE INSOLVÊNCIA 518
1. A sociedade em comum 518
2. Regime de responsabilidade dos sócios na sociedade em comum
   e complexidade da matéria do registro.................................... 520
3. Prova da existência da sociedade nas relações externas 523
4. Sociedade em comum e sociedade aparente............................ 524
5. Sociedade em comum e dissolução irregular 524
6. Sociedade em comum entre conviventes............................... 524
7. Sociedade em comum e grupos societários............................. 525
8. Sanções.. 525
9. Processos concursais.. 526

FALÊNCIA DE GRUPOS SOCIETÁRIOS: CRITÉRIOS DE EXTENSÃO
DE EFEITOS DE FALÊNCIA... 528
1. Perturbações jurídicas geradas pelos grupos econômicos 528
2. Grupos societários de fato e sua caracterização 531
3. O protagonismo do controle como critério de imputação................ 533
4. Falência em grupos societários... 537

5. O critério brasileiro de extensão de efeitos da falência............... 543
6. Conclusão 547

SEGREDO DE JUSTIÇA NOS INCIDENTES DE INVESTIGAÇÃO
E ARRECADAÇÃO DE BENS NOS PROCESSOS FALIMENTARES............. 548
1. Introdução.. 548
2. Princípio da publicidade 550
3. Segredo de justiça 551
4. Sigilo às partes e aos procuradores 552
5. Segredo de Justiça na Investigação do Desvio de Bens na Falência....... 557
6. Conclusão 561

Fotografias de uma década da Lei de Recuperação e Falência

SHEILA C. NEDER CEREZETTI
EMANUELLE URBANO MAFFIOLETTI*

1. Introdução

Passados dez anos de vigência da Lei 11.101, de 9 de fevereiro de 2005 ("LRE"), as reflexões sobre o direito da empresa em crise traçam-se não apenas à luz do texto legal e de eventuais incursões no direito estrangeiro, mas também da importante doutrina nacional em construção desde então e do abrangente repertório de decisões proferidas nos processos de recuperação judicial e falência[1].

Com fulcro em estudos e na experiência de aplicação da LRE, os artigos aqui apresentados abordam alguns dos mais relevantes temas relacionados aos institutos concursais, muitos dos quais continuam a gerar dúvidas acerca da melhor interpretação do diploma.

---

* As coordenadoras da obra agradecem o percuciente auxílio da graduanda Gabriela de Oliveira Junqueira.

[1] De junho de 2005 a agosto de 2015, foram 11.023 casos de falências decretadas, e 4.497 recuperações judiciais com processamento deferido, sendo 1.552 recuperações judiciais concedidas (Cf. Serasa Experian, *Indicador Serasa Experian de Falências e Recuperações*, disponível *in* http://www.serasaexperian.com.br/release/indicadores/falencias_concordatas.htm).

Muito embora se pudesse imaginar que dez anos constituiriam período razoável para que muitas das incertezas aqui abordadas já estivessem dissipadas, a subsistência delas tanto com relação a temas recorrentes quanto no que diz respeito a assuntos ainda pouco enfrentados na doutrina parece bastante natural. Isso porque a LRE marcou importante ruptura do sistema concursal brasileiro com as práticas até então conhecidas. O atual direito da empresa em crise – nesta denominação que pretende conviver com a famosa referência a "direito concursal" – reflete perspectiva bastante peculiar sobre a matéria. Apresenta-se como área de investigação cujo objeto passou por período eminentemente punitivo, por fase de objetivos liquidatórios, por momento em que os propósitos conservativos foram aclamados em institutos concordatários, em perspectiva essencialmente de tutela de interesses privados[2], e hoje alcança o objetivo de criar fórum mais amplo, no qual os interesses abrangidos pela crise da empresa são em certa medida levados em consideração, na busca da melhor solução.

Não por outro motivo, afirmou-se, ainda em 2009, que, se bem compreendida a referida ruptura e os seus efeitos, a LRE poderia ser aplicada de forma a que deixássemos de falar no famoso e pernicioso movimento pendular das legislações concursais[3], como bem cunhado por Fabio K. Comparato[4]. Imagina-se ser possível perfilhar nova perspectiva do direito da empresa em crise especialmente à luz (i) da adoção de instrumento de recuperação, que visa a franquear ambiente de negociação entre certos interessados, de forma a vincular as partes aos termos acordados por determinada maioria, tudo em prol da manutenção de organizações viáveis, e (ii) dos novos fundamentos da falência, instituto que atualmente

---

[2] Para apresentação do percurso histórico anterior à LRE, vide, por exemplo, a divisão em períodos sugerida por Trajano de Miranda Valverde, *Comentários à Lei de Falências (Decreto-lei 7.661, de 21 de junho de 1945)*, vol. 1, Rio de Janeiro, Forense, 1948, pp. 15-19.

[3] Trata-se de ideia defendida em 2009, em sede de tese de doutorado da coordenadora desta obra Sheila C. Neder Cerezetti, publicada em seguida como *A Recuperação judicial de sociedade por ações – o princípio da preservação da empresa na Lei de Recuperação e Falência*, São Paulo, Malheiros, 2012, p. 81.

[4] *Aspectos jurídicos da macro-empresa*, São Paulo, RT, 1970, pp. 95-129 (indicando que as leis concursais brasileiras passavam sucessiva e alternadamente por períodos de cuidados excessivos com credores e fases de tutela excessiva dos devedores).

também assume a orientação de preservar e utilizar produtivamente os bens da empresa, nos termos do inovador art. 75 da LRE[5].

Ocorre que a convivência com os dispositivos da LRE demonstrou que a mudança de paradigma não vem desacompanhada de resistências, muitas vezes decorrentes da aplicação do novo diploma com o ranço, ainda que não anunciado, da lei concursal anterior, que, muito embora dotada de elevada técnica legislativa, sustentava-se sobre fundamentos bastante distintos daqueles reconhecidos pela LRE. O cenário é compreensível. Muitos dos institutos em vigor foram inicialmente criados em período em que o direito concursal distinguia-se por propósitos que hoje já não se apresentam como únicos ou principais. Necessário, então, olhar para os institutos com mentalidades novas e cultivá-las diuturnamente. Ao lado disso, há, ainda, institutos novos que não receberam disciplina completa e que, ao serem cotejados com as necessidades práticas, demandam interpretações consentâneas com o sistema em que atualmente se inserem.

À luz do exposto, pode-se afirmar que a mudança de paradigma acima referida permeia muitas das dificuldades e inseguranças da hodierna disciplina do direito da empresa em crise. Algumas das contribuições à presente obra abordam detalhadamente parte delas. O artigo de *Luiz Fernando Valente de Paiva*[6] pode ser aqui referido como um bom exemplo. O autor discorre sobre aspectos que a seu ver devem necessariamente ser aprimorados e clama, em especial à luz da crise macroeconômica ora vivenciada, por sua urgente reflexão. Incluem-se, dentre os assuntos, o prazo de suspensão de ações e execuções, a necessidade de disciplina sobre a modificação do plano de recuperação judicial em assembleia de credores, e a criação de rito sumário de recuperação judicial para as hipóteses em que o devedor contar com a adesão da maioria dos credores ao plano.

Em espírito crítico e investigativo, a questão que norteia os pensamentos dos estudiosos e profissionais da área é, seguramente, se neste marco de dez anos de vigência da LRE haveria motivos para comemoração. Ao se buscar resposta a ela, constata-se que eventual celebração deve neces-

---

[5] Sobre o tema, vide Adriana V. Pugliesi, *Direito Falimentar e Preservação da Empresa*, São Paulo, Quartier Latin, 2013.

[6] *Necessárias alterações no sistema falimentar brasileiro*, nesta obra.

sariamente vir acompanhada de análise crítica e propositiva em prol do aperfeiçoamento do aparato jurídico que lida com a crise empresarial.

Nesse sentido, *Newton de Lucca* e *Renata Mota Maciel M. Dezem*[7] aqui defendem a celebração da data, uma vez que, não obstante as inúmeras falhas que poderiam ser corrigidas por reformas legislativas pontuais, o diploma teria beneficiado o ambiente empresarial brasileiro.

Outros autores desta obra, da mesma forma, enfrentam temas que ainda demandam reflexão ou que foram aperfeiçoados ao longo dos últimos anos, conforme será mencionado a seguir. O conjunto de contribuições compõe um rico balanço sobre a LRE e foi aqui agrupado em três grandes áreas, as quais correspondem às três partes em que o livro foi organizado. Em primeiro lugar, reúnem-se considerações de cunho geral e que concernem uma variedade de temas afeitos ao direito concursal. Em segundo, são apresentados textos que dizem respeito, preponderantemente, à recuperação judicial e, então, os dos autores que se preocupam com assuntos relativos à falência.

Essa divisão serve também de parâmetro para a organização deste texto, que, a título de introito ao conteúdo que o leitor encontrará no livro e com comentários das coordenadoras, sugere que a obra seja recebida como um álbum de fotografias sobre a curta vida da LRE, em que cada uma das imagens, justapostas em sequência, contribua tanto para contar a história do diploma, com suas glórias e percalços, quanto para apontar a novos horizontes de aperfeiçoamento do sistema.

Com este propósito, o livro reúne reflexões de acadêmicos, advogados, juízes e promotores que, ao longo dos últimos dez anos, acompanharam os desafios, as alegrias e a evolução da interpretação do texto legal. A obra, portanto, pretende fornecer interessantes relatos e percepções tanto teóricas quanto provenientes do dia-a-dia da aplicação da LRE. Acredita-se que a combinação destas perspectivas possa ajudar aquele que estuda e lida com o direito concursal a olhar para o passado e com ele aprender, mas, especialmente, a iluminar o que vem adiante, permitindo que um futuro mais promissor seja construído para o bom equacionamento das crises empresariais.

---

[7] *Dez anos de vigência da Lei 11.101/2005. Há motivos para comemorar?*, nesta obra.

2. Fotografias do cenário geral da LRE e de seus institutos nos 10 anos de vigência: análise crítica e perspectivas corretivas

Para que a mudança de paradigma acima enaltecida encontre reflexos materiais, nova cultura acerca da crise empresarial e práticas inovadoras por parte dos intérpretes e aplicadores da lei são necessárias. Na expectativa de projetar contribuições acadêmicas para tal desiderato, algumas propostas *corretivas* foram tecidas pelos autores da presente obra.

A primeira delas anuncia justamente um aspecto estrutural do processo concursal e diz respeito à persistente limitação do pressuposto subjetivo da LRE, nos moldes da tradição brasileira de um sistema que abre portas apenas àqueles que formalmente se alinham à prática do comércio (hoje, empresários e sociedades empresárias). O tema já era alvo de crítica na doutrina clássica, que questionava os critérios de sujeição à norma, mas também compreendia que a etapa evolutiva do direito comercial brasileiro à época não comportava uma reforma geral do sistema para abranger devedores de indistinta natureza[8]. As modificações do direito comercial nas últimas décadas não sustentaram, todavia, a ampliação do pressuposto subjetivo da LRE nos moldes da concepção do Projeto de Lei n. 4.376/1993, pois o critério reducionista vingou ao final do trâmite legislativo com a conveniente justificativa de compatibilizar os sujeitos da LRE aos do Código Civil. Não há dúvidas de que esta opção reflete incoerência entre a realidade – repleta de agentes que exercem atividades econômicas e se incluem na cadeia mercadológica de forma análoga aos empresários – e a disponibilidade de regras que contemplam apenas parcela desses sujeitos[9].

---

[8] Já refletia sobre o tema Trajano de Miranda Valverde, *Comentários à Lei de Falências (Decreto-lei n. 7.661, de 21 de junho de 1945)*, vol. 1, Rio de Janeiro, Forense, 1948, pp. 5-19. Para leitura atual sobre o tema do pressuposto subjetivo, vide, por exemplo, José Marcelo Martins Proença, *Os novos horizontes do direito concursal – uma crítica ao continuísmo prescrito pela Lei 11.101/05*, in Newton de Lucca, Alessandra A. Domingues e Nilva M. L. Antônio (coords.), *Direito Recuperacional – Aspectos Teóricos e Práticos*, São Paulo, Quartier Latin, 2012, pp. 179-208.

[9] O tema já foi objeto de aprofundado estudo pela coordenadora Emanuelle Urbano Maffioletti, que atentou ao pressuposto subjetivo do direito concursal brasileiro e ao regime aplicável às cooperativas. Vide Emanuelle Urbano Maffioletti, *As sociedades cooperativas e o regime jurídico concursal – recuperação de empresas e falências, insolvência civil e liquidação extrajudicial e a empresa cooperativa*, São Paulo, Almedina, 2015. Aliando-se ao descontentamento decorrente da exclusão das cooperativas que se organizam como empresas, Newton de Lucca e Renata Dezem

Não se pode, ademais, deixar de referir importante correção consensualmente aceita pelos estudiosos da área. Trata-se da necessidade de alteração da disciplina da recuperação extrajudicial, instituto calcado na negociação direta e desburocratizada entre devedores e credores para estabelecer consensos sobre reestruturação de passivo e, com isto, colaborar ao reestabelecimento da empresa em crise. Vale lembrar que a negociação hodiernamente permitida deixou de ser referida como ato de falência (art. 2º, III, do Decreto-lei 7.661/45) e causa das famosas concordatas brancas e passou a ser a base de recuperação que prescindiria da pervasiva atuação do judiciário e atrairia os adeptos do meio informal de negociação dos créditos. Não obstante o desiderato dos projetistas da LRE, alcançou-se instituto lacunoso e pouco utilizado até o momento[10], deixando de ser uma das grandes contribuições da norma para ser considerado inócuo.

Às críticas quanto à exclusividade da formulação do pedido de recuperação extrajudicial pelo devedor, conforme abordadas por *Newton de Lucca* e *Renata Mota Maciel M. Dezem*[11], acrescem-se aquelas que dizem respeito à falta de aplicação da regra de suspensão de direitos, ações e execuções, bem como à delimitação restrita de credores sujeitos ao procedimento. Outros pontos que geram insegurança concernem a aplicação das normas sobre a homologação judicial, o risco de declaração de

---

manifestam-se acerca da não sujeição das sociedades de economia mista e empresas públicas exercentes de atividade econômica à LRE (*Dez anos de vigência da Lei 11.101/2005. Há motivos para comemorar?*, nesta obra).

[10] Os números de recuperações judiciais e extrajudiciais requeridas bem confirmam a afirmação feita. Entre junho de 2005 (início da vigência da LRE) e novembro de 2014, foram requeridas 5.009 recuperações judiciais, sendo que 3.818 tiveram seu processamento deferido e 1.331 foram concedidas. No mesmo período, apenas 69 recuperações extrajudiciais foram requeridas e 27 foram homologadas (cf. Serasa Experian, *Indicador Serasa Experian de Falências e Recuperações*, disponível *in* http://www.serasaexperian.com.br/release/indicadores/falencias_concordatas. htm, e Serasa Experian, Últimas notícias, disponível in http://noticias.serasaexperian.com.br). Sobre o tema, com avaliação da aplicação da recuperação extrajudicial, vide Luiz Fernando Valente de Paiva, *Recuperação extrajudicial: o instituto natimorto e uma proposta para sua reformulação*, *in* Paulo Fernando Campos Salles de Toledo, Francisco Satiro de Souza Junior (coords.), *Direito das empresas em crise: problemas e soluções*, São Paulo, Quartier Latin, 2012, pp. 229-263.

[11] *Dez anos de vigência da Lei 11.101/2005. Há motivos para comemorar?*, nesta obra. Sobre a necessidade de reestruturação do instituto, vide, também Luiz Fernando Valente de Paiva, *Necessárias alterações no sistema falimentar brasileiro*, nesta obra.

ineficácia dos atos praticados durante a recuperação extrajudicial em eventuais processos falimentares, e a ausência de previsão expressa da não incidência de sucessão em operação de venda de ativos[12].

Outra correção indispensável refere-se à necessidade de reflexão sobre o tratamento da crise em termos não apenas atomísticos, como o faz o texto da LRE, mas em atenção à organização empresarial plurissocietária[13]. Trata-se de enfrentar questões relativas tanto ao processamento conjunto de concursos quanto à identificação de situações em que o próprio equacionamento da crise demanda solução unitária, ou seja, em superação àquela que é uma das principais funções da estruturação da atividade empresarial em grupo[14]: a limitação de responsabilidade de cada uma das sociedades grupadas. O artigo de *Ligia Paula P. Pinto Sica*[15] convida o leitor a analisar a jurisprudência sobre o tema, em busca de caminho a compreender a melhor forma de lidar com grupos empresariais que se socorrem dos institutos concursais. Para avaliar a contribuição de julgados ao preenchimento da lacuna no trato legal da matéria, a autora estuda casos apreciados pelo Tribunal de Justiça do Estado de São Paulo que poderiam auxiliar a construção de disciplina adequada aos grupos[16].

Não menos relevantes são os estudos que aqui pretendem garantir convivência entre os valores tutelados pela LRE (aqueles inerentes à atividade

---

[12] Em sua contribuição, Eduardo Secchi Munhoz observa que a extensão da regra da não-sucessão fortaleceria a posição do empresário em crise na negociação com os credores de forma extrajudicial, deixando à intervenção jurisdicional a competência para fiscalizar a existência de fraude. No mesmo sentido, reforça a deficiência existente na LRE ao descuidar da proteção à validade e à eficácia de negócios jurídicos realizados pelo devedor com o fim de obter reestruturação de dívida fora do juízo, o que pode inviabilizar investimentos e financiamento (vide *Financiamento e investimento da recuperação judicial*, nesta obra).

[13] Sobre o tema, mas com abordagem específica sobre a recuperação judicial, vide Sheila C. Neder Cerezetti, *Grupos de sociedades e recuperação judicial: o indispensável encontro entre direitos societário, processual e concursal*, in Flavio L. Yarshell, Guilherme Setoguti J. Pereira (coords.), *Processo Societário*, vol. 2, São Paulo, Quartier Latin, pp. 735-789.

[14] Cf. Francesco Galgano, *Lex Mercatoria*, 5ª ed., Bologna, Il Mulino, 2010, p. 174.

[15] *A disciplina dos grupos empresariais e a Lei de Recuperação de Empresas em crise e Falências: um convite a jurisprudência*, nesta obra.

[16] Conforme indicado no item 3.2, abaixo, a relação entre direito concursal e grupos de empresas também é abordada por Gustavo Saad Diniz, no artigo intitulado *Falência de grupos societários: critérios de extensão de efeitos de falência*, nesta obra.

econômica do empresário e à eficiência processual, a exemplo da celeridade e segurança jurídica das soluções, preservação da empresa, satisfação de interesses dos credores e do devedor) e a disciplina de um iter processual tradicionalmente rígido. Nesses dez anos da LRE, esses valores parecem ter influenciado os intérpretes e aplicadores da norma a estruturar instrumentos heterodoxos para lidar com os conflitos concursais.

Na obra, *Daniel Carnio Costa*[17] relata a experiência norte-americana do *case managment* e a adaptação da técnica aos processos que tramitam na 1ª Vara de Falências e Recuperações Judiciais de São Paulo, sob a denominação de método de gestão democrática de processos. O autor destaca que a realização de audiências públicas tem resultado satisfatório, proporcionando transparência e participação dos interessados, com soluções consensuais nas decisões centrais e diminuição da quantidade de recursos. Confia-se que uma gestão judicial transparente e ativa, tal qual com a participação do magistrado em contato com os interessados em momentos processuais determinantes, contribui para a boa administração dos ativos (baixando o custo financeiro e a duração do processo) e aumenta o nível de satisfação das partes.

Premissa semelhante ampara, ainda, a proposta de mediação nas fases deliberatórias da recuperação judicial, aqui feita por *Ronaldo Vasconcelos*[18]. Trata-se de reconhecer que o direito atual provoca uma postura ativa e colaborativa de seus aplicadores nos processos concursais, com a sugestão de emprego de mecanismos auxiliares de solução dos conflitos creditórios. Esse movimento põe em evidência a preocupação de integrar soluções céleres e eficientes para diminuir os danos coletivos em meio à engessada estrutura do judiciário brasileiro, bem como permitir, em alguma medida, a preservação da empresa.

A necessária convivência das regras de direito material e de direito processual também é salientada por *Sérgio Campinho*[19]. Em oportuna contribuição, o autor salienta que a LRE possui sistema recursal próprio, ao qual o diploma processual contribui sempre que houver lacuna

---

[17] *O novo método da gestão democrática de processos de insolvência*, nesta obra.

[18] *A mediação na Recuperação Judicial: compatibilidade entre as Leis n. 11.101/05, 13.015/15 e 13.140/15*, nesta obra.

[19] *O novo regime jurídico do recurso de agravo e os processos disciplinados na Lei n. 11.101/2005*, nesta obra.

ou omissão no tratamento pela lei específica, e avalia os impactos da Lei 13.105/2015 (novo Código de Processo Civil), em especial da disciplina do agravo, sobre os processos de recuperação e falência.

Além da preocupação com temas de cunho processual e sua compatibilização ao regramento da crise empresarial, a obra conta com comentários acerca da disciplina dos crimes no âmbito de recuperações e falências. Em texto sobre o assunto, *Arthur Migliari Junior*[20] defende que, não obstante a supressão formal do inquérito judicial para a investigação de crimes em sede de recuperação e falência, o Ministério Público não estaria impedido de exercer seu papel investigativo nesses casos, o qual supostamente estaria em consonância com as funções constitucionalmente atribuídas ao órgão.

3. Fotografias de cenários específicos da LRE: recuperação judicial e falência

Apresentados os assuntos gerais que foram pelos autores identificados como dignos de atenção, em especial com base em sugestões de correções ao sistema vigente, importa atentar para as fotografias fornecidas por aqueles que optaram por observar especificamente os cenários de recuperação judicial ou falência.

Antes, porém, importa observar que a obra conta com detalhada reflexão sobre a compreensão da empresa, que serve de proposta de pano de fundo – ou, em sentido figurado, de cenário – para as imagens a seguir referidas. Nesse sentido, *Cássio Cavalli*[21] discorre sobre teorias econômicas da empresa para compreender as características que seriam capazes de gerar valor de operação e que, portanto, deveriam ser resgatadas no intuito de recuperar a devedora. O autor defende que, para ser possível soerguer a empresa, seria necessário que o direito concursal permitisse, na máxima medida, a economia de custos de produção, de custos de transação e de custos de agência.

3.1. Da recuperação judicial

De início, cabe lembrar que a base fundamental sobre a qual se edifica a recuperação judicial é a negociação com vistas a definir se e em que ter-

---

[20] *O poder de investigação do Ministério Público nos crimes falenciais e recuperacionais*, nesta obra.
[21] *A teoria da empresa na recuperação judicial*, nesta obra.

mos a viabilidade da empresa é reconhecida, assunto que resta definido quando da decisão sobre o plano de recuperação judicial. Sendo assim, não parece possível falar em reestruturação da atividade empresarial em decorrência de acordo entre devedora e credores, se não estiverem presentes requisitos procedimentais mínimos para que a negociação entre tais partes se desenvolva.

Ocorre que, muito embora a boa aplicação do instituto dependa de efetivas tratativas entre as partes, o texto legal não se ocupou adequadamente da criação de estruturas que promovessem o alinhamento de interesses e a coordenação entre os envolvidos. Com efeito, a rigidez com que foram previstas as classes de credores, a admissão da extraconcursalidade de relevantes grupos de credores, a ausência de franco acesso a informações da devedora e a falaciosa estruturação de procedimento para aprovação de plano sem qualquer referência às regras sobre sua modificação são alguns exemplos da insatisfatória disciplina legal no que tange à construção de caminho favorável à composição das partes.

É bem verdade que algumas das dificuldades já foram contornadas por construções doutrinárias e jurisprudenciais. Atualmente, admite-se, por exemplo, que o plano de recuperação estruture o pagamento aos credores não apenas com base na organização dos credores nas rígidas e pouco razoáveis classes previstas no art. 41 da LRE, mas também em função dos interesses que os aproximam. A aceitação de forma de organização dos credores mais adequada, mediante a previsão de subclasses, conforme o Enunciado 57 da I Jornada de Direito Comercial[22], exige, como não poderia deixar de ser, a concessão de tratamento igualitário para os credores reunidos em mesmo grupo. O passo seguinte a esta medida seria admitir que a flexibilidade de classificação se aplicasse não apenas às dis-

---

[22] O Enunciado 57 conta com a seguinte redação: "57. O plano de recuperação judicial deve prever tratamento igualitário para os membros da mesma classe de credores que possuam interesses homogêneos, sejam estes delineados em função da natureza do crédito, da importância do crédito ou de outro critério de similitude justificado pelo proponente do plano e homologado pelo magistrado". A proposta do texto adveio de estudo específico sobre a organização de classes como instrumento fundamental de composição de interesses (Sheila C. Neder Cerezetti, *As Classes de Credores como Técnica de Organização de Interesses: em Defesa da Alteração da Disciplina das Classes na Recuperação Judicial*, in Paulo Fernando Campos Salles de Toledo, Francisco Satiro de Souza Junior (coord.), *Direito das Empresas em Crise: Problemas e Soluções*, São Paulo, Quartier Latin, 2012, pp. 365-385).

posições do plano, mas também à apuração dos votos, sentido em que ainda caminham lentamente a doutrina e a jurisprudência[23].

Todavia, em que pese alguma construção no sentido do aprimoramento da disciplina legal, sabe-se que a interpretação encontra limites, de forma que a solução para muitos dos impasses depende não apenas de leitura das regras concursais à luz do sistema em que se inserem, mas também de alterações legais.

Talvez o assunto que atualmente mais demande reflexões e ajustes no ambiente institucional seja o do financiamento da empresa em crise. Se, por um lado, a sua realização prática está em grande parte relacionada à disponibilidade de instrumentos jurídicos que a facilitem, por outro, estes só serão suficientes se operada importante transformação no pensamento dos agentes econômicos brasileiros. Isso porque a aceitação deste tipo de financiamento, tanto por meio de instrumentos de dívida quanto pelo uso de participações, passa pelo reconhecimento de que o acento da LRE sobre a reestruturação da empresa não se confunde com o resguardo da devedora ou de quem a controla, mas representa, na verdade, aceitação de que maior valor reside no negócio em funcionamento. Daí ser necessário superar continuísmos históricos que favorecem ser a reestruturação vista como benefício ao devedor, bem como atacar estruturas que permeiam a identificação entre organização societária e controlador, para que, então, apaguem-se os preconceitos com as medidas de aparelhamento do financiamento da empresa em crise, usualmente conhecido como *DIP financing*[24].

Ao discorrer proficuamente sobre o tema, *Eduardo Secchi Munhoz*[25] examina aspectos da LRE que com ele se relacionam, tais como a não--sucessão em decorrência de alienação de ativos, a proteção do negócio jurídico celebrado e a preferência ao crédito proveniente do financiamento, apresentando interpretações do texto legal e de *lege ferenda* que

---

[23] Sobre o tema, vide Sheila C. Neder Cerezetti, *O passo seguinte ao Enunciado 57: em defesa da votação nas subclasses*, in Revista Comercialista 13 (2015), pp. 24-27, e, no Tribunal de Justiça do Estado de São Paulo, AI 0235130-87.2011.8.26.0000, Rel. Des. Ricardo Negrão, j. 4/12/2012.

[24] O termo foi cunhado na prática norte-americana, em que DIP corresponde a *debtor in possession*, ou seja, a devedora que permanece na posse de seus ativos e administração de seu negócio (sobre o tema, inclusive com apresentação de sua construção histórica, vide Harvey R. Miller, Shai Y. Waisman, *Is Chapter 11 bankrupt?*, in Boston College Law Review 47 (2005), pp. 136-143).

[25] *Financiamento e investimento na recuperação judicial*, nesta obra.

estimulariam as práticas de investimento e financiamento a empresas em crise tanto em momento anterior ao pedido de recuperação judicial quanto entre este e a homologação do plano, e também após concedida a recuperação. Defende, ainda, que, por força do § 2.º do art. 61 da LRE, financiamentos e investimentos estariam protegidos pelo manto da irreversibilidade de atos jurídicos validamente praticados no âmbito da recuperação judicial, resguardando-os inclusive em hipótese de reversão de sua autorização em sede de recurso, caso já tenham sido substancialmente implementados e não decorram de fraude ou má-fé.

Assunto deveras debatido e que continua a gerar preocupações diz respeito à qualificação da participação do Poder Judiciário na recuperação judicial. Devido ao fato de a recuperação, não obstante dotada de fundamento negocial, ser instrumentalizada por processo judicial, o papel do magistrado merece atenção, especialmente porque inexiste disciplina clara acerca de sua atuação quando da homologação do plano, o que contribui para que a compreensão do tema ainda não seja uníssona.

Com efeito, apesar de o Superior Tribunal de Justiça entender que "embora o Juiz não possa analisar os aspectos da viabilidade econômica da empresa, tem ele o dever de velar pela legalidade do plano de recuperação judicial, de modo a evitar que os credores aprovem pontos que estejam em desacordo com as normas legais"[26], ainda não há uniformidade quanto ao que caracterizaria a avaliação apenas da legalidade do plano[27].

---

[26] Superior Tribunal de Justiça, *Enunciado n.º 1, in Jurisprudência em Teses do STJ – Recuperação Judicial II*, disponível in www.stj.gov.br.

[27] Interessante perceber que a jurisprudência sobre o tema no estado de São Paulo passou por clara alteração nos idos do ano 2012. No início da aplicação da LRE, entendia-se que a decisão sobre a viabilidade da devedora cabia exclusivamente aos credores, reunidos em assembléia geral. Na época, chegava-se a falar em soberania da assembléia geral dos credores (vide, exemplificativamente, TJSP, AI 561.271.4/2-00, Rel. Des. Pereira Calças, j. 30/7/2008: "Esta Câmara Especializada tem se pronunciado no sentido de que em relação à proposta do plano de recuperação da empresa, a Assembléia-Geral é soberana, não podendo o juiz, nem o Ministério Público, imiscuir-se no mérito do plano, em sua viabilidade econômico-financeira."). O caso Gyotoku marca, contudo, ruptura com este pensamento e inicia período de acentuada intervenção judicial sobre os termos do plano de recuperação (vide TJSP, AI 0136362-29.2011.8.26.0000, Rel. Des. Pereira Calças, j. 28/2/2012). A partir de então, os julgados demonstram que muitas das cláusulas anteriormente admitidas passaram a ser consideradas abusivas, pois, por serem vistas como extremamente condescendentes, indicariam a inviabilidade da devedora (vide, exemplificativamente, TJSP, AI 0008634-34.2013.8.26.0000, Rel. Des. Teixeira Leite, j. 4/7/2013).

Ocorre que, como se sabe, o sucesso de qualquer negociação – iniciando-se pelo interesse dos agentes em dela participar – depende do conhecimento das regras a ela aplicáveis. Isso significa dizer que a incerteza quanto aos parâmetros de atuação do Poder Judiciário[28] acarreta graves desincentivos ao uso do instituto e prejuízos à sua efetividade enquanto mecanismo capaz de fornecer caminho à solução da crise empresarial.

Sob interessante perspectiva, *Daltro de Campos Borges Filho*[29] sugere que a discussão quanto aos limites do controle judicial sobre o resultado do acordo de vontade das partes representa desvio de atenção quanto ao que verdadeiramente deveria ocupar os esforços do magistrado. Caberia a ele exigir das partes uma atuação consoante os deveres de conduta a elas impostos, e coibir casos de abusividade flagrante e excessiva nos votos de credores, conforme indica a leitura conjunta dos Enunciados 44, 45 e 46 da I Jornada de Direito Comercial.

O tema também foi objeto de estudo de *Haroldo Malheiros Duclerc Verçosa*[30], que avalia a atuação do magistrado na hipótese de não ser atingido o quorum de aprovação do plano previsto no art. 45, abrindo-se a possibilidade de recurso ao *cram down*. Após tecer comentários de cunho histórico e teleológico, o autor entende que a jurisprudência pátria não raro se orienta por critérios não previstos pelo legislador, o que o leva a

---

Atualmente, julgados refletem o posicionamento segundo o qual o conteúdo do plano deve ser considerado ilegal sempre que ocasionar o "aniquilamento" do crédito e representar excessivo sacrifício aos credores. Sob esta perspectiva, mesmo na hipótese de aprovação do plano pelos representantes das maiorias legais previstas no art. 45, não se aceita a sua homologação quando as condições facilitarem por demais o equacionamento do passivo, sob a justificativa de que acordo assim estruturado feriria o princípio da justiça contratual (vide, por exemplo, TJSP, AI 2189775-15.2014.8.26.0000, Rel. Des. Francisco Loureiro, j. 11/3/2015). Vê-se que, sob este recente prisma, o estudo de legalidade indevidamente em muito se aproxima da averiguação do conteúdo econômico do plano.

[28] Detalhado estudo recente sobre a jurisprudência das Câmaras de Direito Empresarial do Tribunal de Justiça de São Paulo demonstrou que não é uniforme o entendimento acerca da legalidade de algumas das cláusulas usualmente previstas em planos de recuperação judicial. Vide Gustavo Lacerda Franco, *O controle judicial sobre o plano de recuperação na doutrina e na jurisprudência do TJSP e do STJ: Uma análise à luz do dualismo pendular de Fábio Konder Comparato*, Faculdade de Direito da Universidade de São Paulo (Tese de Láurea), 2014.

[29] *A Eficiência da Lei 11.101 e os Enunciados 44, 45 e 46 da 1ª Jornada de Direito Comercial*, nesta obra.

[30] *Recuperar ou não recuperar, eis a questão: o poder/dever do juiz objetivando a preservação da empresa – configuração e limites*, nesta obra.

manifestar preocupação com o perigo de descrédito da recuperação judicial, nos moldes do ocorrido com a antiga concordata.

Alinha-se àqueles que destacam não ser competência do magistrado da causa avaliar as condições econômicas propostas pelo devedor e aceitas pelos credores, mas zelar pela legalidade dos ajustes, *José Anchieta da Silva*[31]. Além disto, em estudo abrangente, mas ainda assim preciso, o autor aborda variados pontos que também demandam correção, como: (i) o princípio do juízo universal na ação de recuperação judicial, destacando a importância de se evitar um esvaziamento patrimonial no curso do procedimento recuperacional, (ii) a função do administrador judicial como auxiliar do juiz e a crítica à remuneração prevista na LRE, (iii) o parcelamento dos débitos tributários federais, (iv) os votos em assembleia de credores ausentes ou que se abstêm, e (v) a situação dos coobrigados dos devedores em recuperação judicial.

Ainda sobre o tema, cabe destacar que dentre as funções da autoridade jurisdicional encontra-se coibir abuso no exercício de direito durante a recuperação judicial. Acerca do tópico, que desafia os cultores do direito concursal, especialmente devido à ausência de disciplina específica na LRE, *Alberto Camiña Moreira*[32] entende ser adequada a aplicação do art. 187 do Código Civil ao comportamento omissivo ou comissivo das partes envolvidas na recuperação. Seu artigo revisita posições doutrinárias e aborda episódios da jurisprudência que retratam casos de abuso de credores e da devedora. Quanto aos primeiros, destacam-se hipóteses de abuso de credor único na classe, de credor titular de créditos concursal e extraconcursal, de credor com garantia de terceiro, e, ainda, o voto de credor concorrente com a devedora. Sobre o abuso por esta perpetrado, relatam-se situações de aquisição de bem às vésperas da recuperação e de apresentação de plano de recuperação iníquo, com grande sobra de patrimônio. Com base na avaliação de casos concretos, o autor busca retirar conclusões gerais sobre a espinhosa matéria.

Não se pode deixar de ressaltar que a tarefa de aferir a legalidade da atuação das partes envolvidas na recuperação judicial não se confunde e tampouco abrange a avaliação da viabilidade econômica da atividade empresarial da devedora ou do plano por ela aventado. Salvo exigências

---

[31] *O Plano de Recuperação Judicial para além dele (O Plano além do Plano)*, nesta obra.
[32] *Abuso do credor e do devedor na Recuperação Judicial*, nesta obra.

legais de conteúdo (por exemplo, art. 54), o legislador entendeu por bem não limitar a liberdade de negociação entre as partes. Inversamente, optou por lhes reconhecer autonomia para dispor de seus direitos e aceitar ou negociar propostas formuladas pela devedora com vistas ao reerguimento empresarial.

Com isso não se está a afirmar que o magistrado atuaria como mero carimbador. A função do Poder Judiciário na recuperação judicial, como sói acontecer em processos concursais, é essencial. Apenas não consiste em se sobrepor ao acordo das partes, mas em garantir que o procedimento franqueie efetiva participação aos interessados, o que envolve tutelar o equilíbrio entre os envolvidos, assegurar o acesso a informações essenciais para que a negociação se dê em bases comuns e exigir que a devedora seja administrada em respeito aos interesses daqueles que são afetados por sua crise.

Destaque-se que a relevância do acesso à informação, tema caro às coordenadoras[33] e considerado essencial para que o propósito de cooperação entre os afetados pela crise empresarial seja alcançado, também merece destaque nesta obra, como demonstram os autores que aqui o abordaram sob diferentes e astuciosas perspectivas[34].

Interessante, outrossim, realçar que a utilização da recuperação judicial como medida de enfrentamento da crise empresarial não apenas permite que a devedora mantenha suas atividades em andamento, como pode estimular transferências dos créditos abarcados pela recuperação. Nesse cenário, em que credores cedem seus direitos creditórios a terceiros, dúvidas surgem quanto ao impacto da operação na classificação dos credores sob a recuperação e sobre o exercício de direito de voto pelos cessionários. Não obstante relevante, o tema ainda não mereceu suficiente atenção da doutrina e da jurisprudência, o que contribui para o

---

[33] O assunto foi anteriormente apreciado em Emanuelle Urbano Maffioletti, Sheila C. Neder Cerezetti, *Transparência e Divulgação de Informações nos casos de Recuperação Judicial de Empresas*, in Newton de Lucca, Alessandra de Azevedo Domingues, Nilva M. Leonardi Rodrigues (coords.), *Direito Recuperacional II: Aspectos Teóricos e Práticos*, São Paulo, Quartier Latin, 2012, pp. 78-105.
[34] Vide, por exemplo, as contribuições a esta obra de Luiz Fernando Valente de Paiva, Ronaldo Vasconcelos, Alberto Camiña Moreira, Gabriel Saad Kik Buschinelli e Daltro de Campos Borges Filho.

seu alto grau de incerteza[35] e, consequentemente, para o parco desenvolvimento do mercado de *distressed debt* no país. O assunto é especialmente intrigante no que se refere a créditos cuja classificação sob a recuperação judicial recebe o influxo da qualificação de seus titulares, tema que provoca ainda mais questionamentos após a previsão, em 2014, da quarta classe de credores formada por microempresas e empresas de pequeno porte. Na obra, *Gabriel Saad Kik Buschinelli*[36] enfrenta o assunto, detalha dificuldades e propõe interpretações. Dotado de profunda bagagem teórica anteriormente apresentada em monografia[37], o autor bem minudencia alguns dos mais importantes aspectos afeitos à cessão de crédito e contribui para o debate qualificado sobre o assunto.

Outra discussão de relevo para a recuperação judicial diz respeito à definição dos créditos a ela sujeitos. Sabe-se que, nos termos do art. 49 da LRE, a recuperação atinge aqueles existentes na data do pedido, mas deixa excepcionalmente de abarcar alguns valores indicados no diploma. Dentre as muitas hipóteses que têm suscitado debate, a obra conta com a abordagem de *Manoel de Queiroz Pereira Calças*[38] acerca da natureza jurídica dos débitos relativos ao FGTS. Após revisão doutrinária e jurisprudencial, entende o autor que eles não se submetem aos efeitos da recuperação judicial e não devem, portanto, ser incluídos na classe dos créditos trabalhistas. Nada obstante, com vistas a garantir a mais ampla publicidade sobre o passivo da devedora, defende que devem constar do edital para a ciência dos interessados, tal qual ocorre com os créditos tributários, nos termos do art. 52, § 1.º, da LRE.

Ainda no que tange a créditos não abrangidos pela recuperação judicial, o equacionamento do débito tributário de sociedades em recuperação judicial é matéria que continua a causar perplexidade e que, apesar de recente regramento, demanda novas reflexões e futuros ajustes legais. Sabe-se que, ao longo dos últimos dez anos, a jurisprudência

---

[35] A incerteza também é apontada por Daltro de Campos Borges Filho como fator a prejudicar o desenvolvimento do mercado de *distress* (*A Eficiência da Lei 11.101 e os Enunciados 44, 45 e 46 da 1ª Jornada de Direito Comercial*, nesta obra).
[36] *Cessão de Crédito na Recuperação Judicial*, nesta obra.
[37] Gabriel S. K. Buschinelli, *Abuso do Direito de Voto na Assembleia Geral de Credores*, São Paulo, Quartier Latin, 2014.
[38] *A controvérsia sobre a natureza jurídica das contribuições devidas ao Fundo de Garantia por Tempo de Serviço por empresa em recuperação judicial*, nesta obra.

pátria consolidou-se no sentido de permitir a concessão da recuperação judicial mesmo na hipótese de descumprimento do art. 57 da LRE, ou seja, quando não apresentada certidão negativa de débitos tributários. A acertada construção jurisprudencial fundamentou-se, dentre outros, na inexistência de lei específica de parcelamento de débitos tributários para a devedora em recuperação[39], o que dificultaria a observância por ela da grave exigência legal.

Manoel Justino Bezerra Filho[40] examina o tema à luz das modificações introduzidas pela Lei 13.043/2014, responsável, dentre outros, pela previsão de parcelamento diferenciado à devedora que pleitear ou tiver o processamento da recuperação judicial deferido. O assunto também é objeto de preocupação de *Paulo Campos Salles de Toledo*[41], cujo artigo ilumina as dificuldades criadas pela norma, que não apenas deixa de solucionar as demandas esperadas, não se encaixando suficientemente aos fins da recuperação, como também gera incertezas adicionais. Essa conclusão é amparada em diversos aspectos elucidados nos estudos, que apontam como pontos falhos do tratamento a rigidez das possibilidades de pagamento (com prazo e condições de juros e multas insuficientes para contribuir ao soerguimento das empresas em crise), a manutenção da exigência das garantias e a condição, de constitucionalidade aqui questionada, da desistência e renúncia da devedora a medidas de defesa.

Sem medo de errar, pode-se afirmar que a exclusão da submissão do crédito tributário à recuperação judicial, acompanhada de incertezas e da rigidez das possibilidades de seu pagamento, representa ainda hoje substancial barreira à efetividade das medidas de reestruturação previstas no plano de recuperação.

Na obra também são abordados assuntos que até o momento receberam pouca atenção da literatura especializada e que, dado o cenário atual, demandam detalhado exame e urgentes propostas interpretativas.

Fabio Ulhoa Coelho[42] discorre sobre o delicado entrelaçamento das medidas voltadas à solução da crise empresarial, de um lado, e do cenário

---

[39] Vide, por todos, STJ, REsp 1.187.404, Rel. Min. Luis Felipe Salomão, j. 19/6/2013.
[40] *Lei de Recuperação de Empresas e Falência – modificações introduzidas pela Lei 13.043, de 13 de novembro de 2014*, nesta obra.
[41] *A apresentação da CND e o parcelamento de débitos fiscais*, nesta obra.
[42] *Acordo de leniência e Recuperação Judicial*, nesta obra.

de corrupção, em especial à luz da Lei Anticorrupção (Lei n. 12.846, de 1 de agosto de 2013), de outro. Aborda o autor os pontos de contato entre as disciplinas, enfrentando aspectos concernentes ao acordo de leniência celebrado por sociedade empresária corruptora que esteja, ou venha a estar, em recuperação judicial, esclarecendo inclusive as hipóteses em que cláusula de indenização prevista no acordo estaria sujeita ao plano de recuperação. Ao final, sugere cautelas no trato da matéria.

Ainda em atenção a aspecto não disciplinado pela LRE e notando que os reflexos da recuperação judicial não atingem apenas os credores a ela sujeitos, senão também outros que se relacionam com a devedora, *Luís Felipe Spinelli, Rodrigo Tellechea e João Scalzilli*[43] abordam os impactos da crise de sociedade participante de consórcio. Refletem os autores sobre as pendências da devedora perante terceiros e perante consorciados, bem como sobre os efeitos do pedido de recuperação de consorciada sobre o relacionamento traçado em contrato de consórcio, discorrendo sobre eventuais penalidades para a recuperanda.

Thomas Felsberg e *Paulo Fernando Campana Filho*[44] fecham as análises específicas sobre a recuperação judicial, debruçando-se sobre o indispensável tema da insolvência internacional. Fazem-no em atenção ao específico cenário de ajuizamento de pedido de recuperação judicial de sociedade estrangeira em litisconsórcio com sociedades brasileiras[45], que constitui um dos mais pujantes assuntos no campo concursal. Após explorarem as correntes teóricas sobre a definição de competência e de principal estabelecimento, assim como os recentes casos em que o assunto foi debatido, concluem que a competência do juízo brasileiro

---

[43] *Recuperação judicial e o regime jurídico do consórcio: os impactos da crise econômico-financeira de uma consorciada*, nesta obra.

[44] *A recuperação judicial de sociedades sediadas no exterior: as lições da experiência estrangeira e os desenvolvimentos no Brasil*, nesta obra.

[45] A insolvência internacional é tema especialmente caro ao autor, como demonstram outras de suas produções. Vide, por exemplo, Paulo F. Campana Filho, *A Recuperação Judicial de Grupos Societários Multinacionais: Contribuições para o Desenvolvimento de um Sistema Jurídico Brasileiro a partir do Direito Comparado*, Faculdade de Direito da Universidade de São Paulo (Tese de Doutorado), 2013, e Francisco Satiro, Paulo F. Campana Filho, *A Insolvência Transnacional: Para Além da Regulação Estatal e na Direção dos Acordos de Cooperação*, in Paulo F. Campos Salles de Toledo, Francisco Satiro Souza Junior (coord.), *Direito das Empresas em Crise: Problemas e Soluções*, São Paulo, Quartier Latin, 2012, pp. 119-140.

para o processamento de recuperação judicial de sociedades estrangeiras tem sido admitida sempre que o seu estabelecimento principal estiver localizado em território brasileiro. Mas, à luz da lacuna do diploma brasileiro, defendem sua modificação e recomendam a adoção de medidas referidas na Lei-Modelo da UNCITRAL.

3.2. Da falência

Talvez por se tratar de instituto inteiramente novo ao ordenamento jurídico brasileiro, foi a recuperação judicial aquela a receber maior carga de atenção por parte dos estudiosos do direito concursal ao longo dos últimos dez anos e também na presente obra. Não há dúvidas, contudo, que a carga inovadora da LRE não se reflete apenas nas medidas de reestruturação empresarial, mas também no instrumento de liquidação de ativos. Com efeito, é possível afirmar que, a partir de 2005, a disciplina da falência é diversa daquela até então existente. Muito embora boa parte de seus parâmetros jurídicos possam à primeira vista parecer em tudo idênticos aos antigos, seus contornos são dotados de fundamentação bastante distinta, conforme se apreende da leitura do art. 75 da LRE.

A prioridade à condição produtiva da empresa é aclamada pelo legislador em diversos momentos do processo falimentar – dentre eles, nas regras sobre o encerramento da atividade do falido, a venda dos bens e a ausência de sucessão aos adquirentes dos ativos –, sendo um aspecto da LRE repetidamente mencionado e comemorado. *Haroldo Malheiros Duclerc Verçosa*[46] lembra que a ideia da continuação do negócio, muito embora já abarcada pelo Decreto-Lei 7.661/45, na prática era de difícil concretização. Como exemplo, nota que a demora no andamento do processo falimentar no direito anterior prejudicava a venda integrada dos ativos e a continuação da atividade, na medida em que aquela somente poderia ocorrer após o término da arrecadação dos bens e juntada dos inventários aos autos.

O instituto renova-se também em face do despertar da consciência para valores de celeridade e eficiência processual, segurança jurídica, desburocratização e especialização do Judiciário. Nesse sentido, a ideia esboçada no item 2, acima, acerca da conciliação entre os valores de

---

[46] *Recuperar ou não recuperar, eis a questão: o poder/dever do juiz objetivando a preservação da empresa – configuração e limites*, nesta obra.

direito processual e material e da busca por meios alternativos de composição dos conflitos para satisfação dos interesses creditícios conecta-se com tenacidade ao atual instituto falimentar.

A sistemática do processo falimentar – formatada a partir das premissas de satisfação dos interesses creditícios, tratamento paritário de credores e escassez patrimonial do devedor –, ganha relevo na LRE ao permitir a admissão dos conceitos de eficiência e preservação da empresa. O conjunto de valores (consubstanciado em regras e princípios) pressiona os aplicadores do direito a agir com técnica durante as fases processuais, inclusive na formação das massas subjetiva e objetiva, na gestão dos bens e na sua liquidação, antecipada ou não. O administrador judicial, ao agir em cumprimento às funções conferidas pela lei, pode colaborar à concretização desses valores, lembrando que a otimização dos ativos depende da adoção de processos criativos e investigativos que, muitas vezes, chegam até a descoberta de fraudes dos devedores.

Com o desiderato de promover adequada arrecadação de bens no processo falimentar, *Marcelo Barbosa Sacramone* e *Eronides A. Rodrigues dos Santos*[47] propõem a realização de diligências discretas no âmbito do processo concursal para localizar bens desviados, ocultos ou indevidamente apropriados da massa falida. Defendem que incidentes com este propósito deveriam tramitar em segredo de justiça e independentemente do prévio exercício do contraditório e da ampla defesa para que seja possível localizar ativos e comprovar o desvio. Sob a justificativa de garantia da efetividade processual, da satisfação dos credores e da relevância social da efetividade do ato de arrecadação, acreditam que os incidentes poderiam ser submetidos à autorização do juízo universal, mediante a relativização do princípio da publicidade e do direito de fiscalização do falido em relação aos atos de gestão da massa.

O caráter excepcional dessas medidas deve ser sublinhado. Se, por um lado, juízes, administradores judiciais, promotores e credores compartilham atribuições de fiscalização de eventuais desvios patrimoniais do devedor, por outro, não se pode considerar essas falhas como padrões comportamentais dos devedores. Para movimentar, reflexamente, o mer-

---

[47] *Segredo de justiça nos incidentes de investigação e arrecadação de bens nos processos falimentares*, nesta obra.

cado e humanizar o tratamento jurídico dos devedores é importante não estigmatizar, mais ainda, a figura do devedor falido.

Para lidar com situações excepcionais de desvios e viabilizar os fins do concurso, a legislação conta tanto com medidas específicas para revogar ou tornar ineficazes os atos praticados pelo devedor, quanto com os chamados crimes falimentares. A previsão legal sobre revogação e ineficácia fundamenta-se na necessidade de proteção à massa falida contra atos praticados pelo devedor anteriormente à decretação da falência e, embora, por tal motivo, seja especial, não está isenta de falhas. Neste particular, e a título de reflexão para posteriores aprofundamentos, o principal objeto de crítica é a ausência de uniformidade de tratamento e dos efeitos de ambas as figuras. A disciplina dos crimes falimentares, por seu turno, corrobora a exigência de padrões éticos do devedor e penaliza aqueles que incidirem especificamente nos tipos previstos. Este último tema, como já referido, é tratado nesta obra por *Arthur Migliari Júnior*[48].

Para delimitar o impacto da falência ao empresário e à sociedade empresária, também importantes são a precisa identificação da figura do devedor e de sua responsabilidade, bem como o julgamento adequado de ilegalidades cometidas por administradores e controladores, sob o véu da personalidade jurídica.

A responsabilidade patrimonial do devedor é um dos cernes do instituto falência, considerando o instituto como um marco na evolução do direito concursal, em substituição ao sistema de sanções corporais. Desde então, a abordagem do tema é recorrente nos estudos de direito comercial como pilar de estímulo ao empreendedorismo e atração de investimentos, conciliando a sua disciplina com as matérias que envolvem tanto a limitação de responsabilidade dos sócios e administradores em decorrência da personalidade jurídica, quanto as consequências de abusos cometidos por sócios e administradores em desrespeito à autonomia das organizações societárias e de seus respectivos interesses.

A disciplina da responsabilidade patrimonial do devedor na falência distingue-se conforme a observância de formalidades essenciais pelo devedor e a sua natureza.

---

[48] *O poder de investigação do Ministério Público nos crimes falenciais e recuperacionais*, nesta obra.

Se o devedor exercer atividade econômica sem os devidos registros, a ausência da formalidade resulta em responsabilidade solidária e ilimitada do agente ou sócios, além do impedimento de requerer a falência de terceiros e de usufruir dos institutos recuperatórios. Sobre o tema, *Erasmo Valladão N. e França*[49] seleciona aspectos relativos à falência e insolvência da sociedade em comum, destacando a importância da cautela na identificação da sociedade antes de impelir sócios à falência.

No que diz respeito à natureza do devedor, se o empresário for individual, responderá com os seus ativos pelas obrigações assumidas sem separação patrimonial. Caso seja sociedade de responsabilidade limitada (ou Empresa Individual de Responsabilidade Limitada), os efeitos da falência e a responsabilidade patrimonial são prescritos para serem aplicados, restritamente, à sociedade falida, e os sócios mantêm a responsabilidade patrimonial regular limitada às obrigações sociais assumidas com a sociedade devedora.

Em se tratando dos tipos societários de responsabilidade ilimitada, a orientação mudará, estabelecendo a LRE a corresponsabilidade patrimonial dos sócios da falida, que atualmente são considerados falidos, diferentemente do que se encontrava no modelo de extensão dos efeitos da falência sob o sistema anterior, como destaca *Adriana Valéria Pugliesi*[50]. Poder-se-ia discutir a incongruência desta norma com o pressuposto subjetivo acima mencionado, que restringe a aplicação do regime concursal a empresários *per si* e sociedades empresárias.

Sobre o tema, nota-se que os institutos societários de responsabilidade do sócio controlador e administrador e de desconsideração da personalidade jurídica seguem normas, causas justificadoras e conseqüências próprias, e são aplicáveis aos devedores e administradores de sociedade falida (independentemente do tipo de responsabilidade dos sócios) quando houver o preenchimento dos requisitos. Eles não se confundem com os mecanismos de reconstrução do patrimônio, a exemplo da ação revocatória e da declaração de ineficácia dos atos praticados pelo devedor, nos termos dos artigos 129 e 130 da LRE.

---

[49] *Sociedade em comum e regimes de insolvência*, nesta obra.
[50] *A responsabilidade patrimonial do falido, a extensão dos efeitos da falência e a desconsideração da personalidade jurídica da sociedade falida*, nesta obra.

Essa interpretação é apresentada com propriedade por *Adriana Valéria Pugliesi*, que analisa com base em doutrina e jurisprudência as orientações fixadas em processos falimentares e resgata com precisão técnica a natureza e regra dos institutos concursais. Lembra que eles devem ser aplicados de forma a proteger a produtividade do patrimônio do devedor e atender aos objetivos da massa falida, do que decorre a constatação de que possuem causa distinta das ações que responsabilizam os sócios e administradores por inobservância aos deveres previstos nos estatutos e na legislação societária. Causa diferente também é encontrada nas hipóteses de desconsideração da personalidade jurídica, a qual se apresenta como um método de preservação da empresa, em respeito à função teleológica da LRE. O recurso a ela, em cenário de falência, não é ordinário e deve obedecer aos mesmos requisitos exigidos fora do âmbito da crise empresarial.

Atestando a disfunção na aplicação de institutos de direito comercial, constata-se que a teoria de desconsideração da personalidade jurídica vem sendo mal empregada não só em falências atomizadas, mas também em processos que envolvem empresas organizadas sob a forma de grupos societários. Corroborado pelo deficiente tratamento legal da disciplina da realidade grupal, observa-se a inadequada compreensão do critério muitas vezes adotado pela jurisprudência – o da unidade econômica – para aceitar amplamente a responsabilidade solidária das sociedades integrantes do grupo.

Esse aspecto vem ganhando força na literatura, a exemplo dos estudos apresentados nesta obra por *Ligia Paula P. Pinto Sica*[51], *Luiz Fernando Valente de Paiva*[52], e, mais especificamente sobre a falência, *Gustavo Saad Diniz*[53]. O autor debruça-se sobre o tema e, à luz de incursões de direito comparado, expõe interpretação própria ao trato da matéria. Aduz à mobilidade trazida pelo art. 82 da LRE ao sistema de proteção de credores, na medida em que possibilitaria a responsabilização para além da sociedade falida, sem contudo fazer uso da desconsideração da personalidade jurídica.

---

[51] *A disciplina dos grupos empresariais e a Lei de Recuperação de Empresas em Crise e Falências: um convite a jurisprudência*, nesta obra.
[52] *Necessárias alterações no sistema falimentar brasileiro*, nesta obra.
[53] *Falência de Grupos Societários – critérios de extensão de efeitos de falência*, nesta obra.

4. Conclusão: a LRE como pano de fundo ao aprimoramento do direito concursal brasileiro

As questões apontadas são sugestivas na condução do pensamento sobre a experiência de aplicação da LRE e, como adiantado, fornecem fotografias para que o leitor, ao final, possa avaliar se, passados dez anos de vigência, a norma teria contribuído para a construção de um ambiente institucional propício para tratar a crise empresarial. As evidências apontam que o judiciário ainda é protagonista na concretização dos valores do direito concursal e que há correções necessárias na LRE para suprir as deficiências existentes e contribuir à eficiência dos institutos.

Com efeito, *Eduardo Secchi Munhoz*[54] enfatiza a proeminência da função da jurisprudência em temas concursais, considerando o impacto das decisões sobre essa importante área de regulação econômica, em especial atenção à "velocidade com que se transformam as condições da vida empresarial na realidade hodierna". A experiência e a especialização dos juízes envolvidos demonstram-se, então, essenciais ao alcance de ambiente cuja previsibilidade favoreça negociações e investimentos, tema do qual ainda se ressente a realidade brasileira, em que são poucas as varas especializadas na matéria, como aqui lembra *Luiz Fernando Valente de Paiva*[55].

As ponderações esboçadas nesta apresentação são provocativas para demonstrar os contratempos da disciplina identificados nesse marco temporal e estimular o pensamento crítico sobre o resgate dos valores embutidos na LRE e nos institutos de direito comercial, visando a que o estudo e a aplicação do direito concursal sejam direcionados a uma boa composição entre os afetados pela crise. Neste tom, são feitos votos de que a comunidade jurídica atente para as necessárias correções no panorama institucional (legislativo, jurisprudencial e judicial), com vistas a permitir que os próximos aniversários sejam acompanhados de ainda mais motivos para comemoração.

---

[54] *Financiamento e Investimento da Recuperação Judicial*, nesta obra.
[55] *Necessárias alterações no sistema falimentar brasileiro*, nesta obra.

TEMAS GERAIS

O poder de investigação do Ministério Público nos crimes falenciais e recuperacionais

ARTHUR MIGLIARI JÚNIOR

Desde o início de vigência da Lei 11.101/2005 (Lei de Recuperação de Empresas e Falências – LRE) ocorreu um embate silencioso, mas até certo ponto dramático entre as instituições interligadas no combate à criminalidade financeira-econômica, de onde provêm os crimes falenciais e crimes recuperacionais, ou seja, não faltaram opiniões doutrinárias e até mesmo não doutrinárias, mas apenas especulativas, sobre quem deveria ser o investigador dos crimes cometidos em sede de falências e recuperações de empresas – judiciais ou extrajudiciais – em face da reforma do Projeto de Lei n. 4.376/93, oriundo da Mensagem n. 1.014, de 21 de fevereiro de 1993, que até então mantinha o existente inquérito judicial, apurando diretamente na Vara das Falências e Recuperações Judiciais os crimes falenciais e recuperacionais, mas que acabou por sofrer profunda reforma por parte do Senador Ramez Tebet, após sua aprovação pela Câmara dos Deputados, cuja relatoria pertencia ao Deputado Osvaldo Biolchi, de saudosa memória.

Como tive a honra e o privilégio de ser chamado para integrar a Comissão de Juristas do Ministério Público para analisar e discutir tal projeto e, quiçá interferir, como de fato acabou acontecendo, na formulação do projeto e da lei – embora esta não tenha terminado da forma como havíamos planejado, por força da malévola intervenção do Senador

Ramez Tebet, que simplesmente extirpou todo o conteúdo do inquérito judicial até então reinante, cujo modelo de investigação quase centenário havia demonstrado uma eficiência muito boa, mesmo com a previsão de prescrição dos crimes falenciais em apenas dois (2) anos, o que reduzia em muito quer o tempo de investigação dos crimes falenciais quer o processo penal decorrente da possibilidade de punição dos mesmos. Lembremos que suas palavras foram ácidas sobre a investigação perante o juízo falencial, desfocado que estava – como ainda está – do verdadeiro momento da investigação de crimes econômicos-financeiros, quando o Senador Ramez Tebet acentuou nas suas Considerações introdutórias da Comissão de Assuntos Econômicos sobre o PLC n. 71/2003: *"De modo correlato, propomos a extinção do 'inquérito judicial', forte resquício de inquisitorialismo e que, ademais, burocratiza a investigação dos crimes falimentares. Perguntamos: por que esse modelo apenas em relação aos crimes falimentares? Sobram-nos dúvidas quanto à constitucionalidade da proposta, pois afasta a polícia judiciária da apuração de fatos criminosos (art. 144, § 4.º, da CF)."*

Infelizmente, diante da intransigência apresentada no Senado, o fato é que o modelo de investigação dos crimes falenciais através do inquérito judicial acabou por ser suprimido do Projeto de Lei 4.376/93 e em seu lugar reapareceram institutos totalmente proscritos do Direito Falencial, como por exemplo, a ação penal subsidiária nos crimes falenciais, em face da Constituição Federal de 1988, e o surgimento de uma outra possibilidade jurídica, sob o crivo do membro do Ministério Público: a possibilidade de requisição de inquérito policial, nos termos do artigo 187 da LRE.

Embora formalmente proscrito o inquérito judicial nos crimes falenciais e recuperacionais, não foi ele totalmente suprimido da justiça brasileira, como bem relata o Prof. MANOEL JUSTINO FERREIRA FILHO, ao expor: *"Desaparece portanto, formalmente, a figura do inquérito judicial, que era conduzido pelo juiz da falência, auxiliado pelo Ministério Público e pelo antigo síndico, pois a Lei fala em inquérito policial. No entanto, embora formalmente desaparecido o inquérito judicial, ainda assim não haverá obrigatoriedade de requisição de inquérito policial (...) 4. Com isto, evita-se a remessa dos papéis para abertura de inquérito policial, o que deve mesmo ser evitado, por várias razões. Em primeiro lugar, teria que haver delegacias especializadas em crimes falimentares, o que a precariedade do serviço público na atualidade, não parece em condições de oferecer. Por outro lado, conforme já visto anteriormente, a complexidade da matéria falimentar é tão grande, as vezes envolvendo várias dezenas de volumes de autos, que a*

*remessa de papéis para abertura de inquérito por delegacia de polícia não especializada, tornaria quase certa a prescrição, o que se deve tentar evitar a todo custo (...)
6. Portanto, nada impede que se formem autos nos quais sejam coletados dados, à semelhança do que ocorria com o inquérito judicial da lei anterior."*[1]

Destas sábias palavras do eminente professor surgiram duas vertentes bem distintas e bem delineadas nestes últimos dez (10) anos de vigência da atual lei falencial e recuperacional: um grupo de estudiosos e entendidos do assunto preferiram manter a investigação dos crimes nas mãos do Ministério Público, por meio da prática desenvolvida ao longo dos anos, exatamente como previu o professor Manoel Justino, no sentido de se trasladar peças dos autos da falência e/ou recuperação e formação de investigação no próprio juízo falencial, nos termos do artigo 183 da LRE. De outro lado, não faltaram vozes no sentido de que isso geraria um superpoder investigatório do Ministério Público, o qual, por ter participado diretamente da colheita da prova acusatória estaria impedido de exercer seu *munus publico* de fazer a acusação diretamente em juízo, eis que estaria "contaminado" pela produção das provas pré-processuais.

Para ANTÔNIO SÉRGIO PITOMBO tal inquisito perante o juiz da falência seria inadmissível, como se vê desta passagem: *"Muito embora o inquérito judicial se desenvolvesse perante juiz de direito, parcela dos julgadores não se acanhava, ao afirmar que se cuidaria de 'peça meramente informativa'. Mais uma vez, desprezava-se procedimento apto a demonstrar materialidade e autoria delitiva, nos moldes de visão antiquada que assim quer enxergar o inquérito policial. Do mesmo modo, a desconsideração corrente ao direito do falido de requerer provas no inquérito judicial (art. 106, do DL 7.661/45), também, não viria a ser tratada como vício capaz de levar à declaração de nulidade do procedimento penal, com efeitos sobre a própria ação penal."*[2]

Na mesma senda se manifestaram ROBERTO PODVAL & PAULA KAHAN MANDEL HARIM ao explicitarem: *"Enfim, com a nova lei, os inquéritos serão presididos pela autoridade policial competente e, uma vez relatados, serão enviados ao Ministério Público para a promoção de arquivamento, oferecimento de denún-*

---

[1] Manoel Justino Bezerra Filho, *Nova Lei de Recuperação e Falências Comentada*, 3.ª ed., São Paulo, RT, 2005, pp. 392-393.

[2] Antônio Sérgio Pitombo, *Contribuição ao Estado dos Crimes Falimentares* in Luiz Fernando Valente de Paiva (coord.), *Direito Falimentar e a Nova Lei de Falências e Recuperação de Empresas*, São Paulo, Quartier Latin, 2005, pp. 598-599.

*cia ou requerimento de novas diligências. O magistrado manterá o conveniente distanciamento das investigações, exceto para evitar eventuais abusos no curso das mesmas."*³

PAULA KAHAN MANDEL & ROBERTO PODVAL foram muito mais incisivos em outra monografia, agora afirmando textualmente a impossibilidade de investigação direta do Membro do Ministério Público por entenderem que somente um delegado de polícia poderia deter o poder investigativo e, ainda, que seria totalmente inconstitucional a investigação direta de crime falencial por parte do *parquet* pois, na visão desfocada dos nobres juristas a Constituição Federal não teria outorgado esse poder ao *parquet*, dizendo: *"conclui-se que a polícia investiga e o Ministério Público controla externamente, acompanha e usa as conclusões para a formação de sua opinio delicti. Ou, mudando o ângulo: o promotor requer, o juiz defere e o delegado executa. Os papéis não se confundem e não se interpenetram, convivem paralelamente. Qualquer mudança nesta ordem implica tumulto e inconstitucionalidade."*⁴

Evidentemente que o posicionamento dos nobres juristas é totalmente indefensável, tanto assim que acabaram por perder o "bonde da História" da progressão dos grandes rumos do direito processual penal e, principalmente porque já foi mais do que decidido por inúmeros tribunais que o Ministério Público possui pleno poder de investigação criminal, chegando ao ponto da instituição ter sido literalmente "abraçada" pela população brasileira em recente época, para se manifestarem contra a famigerada Proposta de Emenda Constitucional n.º 37 (PEC 37), que tencionava retirar do Ministério Público o seu constitucional poder investigativo. Após pesadas manifestações dos brasileiros, ávidos pela retidão das investigações ministeriais, os parlamentares acabaram por sucumbir ao desejo do povo e rejeitaram tal PEC 37 por esmagadora maioria.

De mais a mais, em que pese os argumentos sustentados pelos nobres doutrinários, ficou bastante evidente que o fim *formal* do inquérito judi-

---

³ Roberto Podval & Paula Kahan Mandel Harim, *Aspectos Processuais penais da Lei de Falências* in Luiz Fernando Valente de Paiva (coord.), *Direito Falimentar e a Nova Lei de Falências e Recuperação de Empresas*, São Paulo, Quartier Latin, 2005, p. 620.
⁴ Paula Kahan Mandel & Roberto Podval, *A evolução processual penal da Lei de Falências e Recuperação de Empresas*, in Alexandre A. Lazzarini, Thais Kodama e Paulo Calheiros (coords.), *Recuperação de Empresas e Falência. Aspectos Práticos e Relevantes da Lei n.º 11.101/05*, São Paulo, Quatier Latin, 2014, pp. 339-354.

cial não acabou por encerrar a controvérsia de sua existência, em face da possibilidade aberta pela própria Constituição Federal sobre a autoridade do Ministério Público em promover investigações por conta própria – *longe da esfera policial* – assim como a própria legislação de 2005 outorgou mais poderes ao Promotor de Justiça com atuação nas falências e recuperações judiciais, eis que facultou a este o poder de diligenciar diretamente para produzir provas visando a propositura da ação revocatória, prevista no artigo 132 da LRE, que até então, no antigo regime do Decreto-Lei 7.661 pertencia exclusivamente ao antigo síndico.

Essa sensível diferença de tratamento do órgão do Ministério Público pelo legislador de 2005 possibilitou uma nova visão de processo investigativo, isto sem perder de vista os acontecimentos paralelos que marcaram a história política recente brasileira.

Neste momento, é preciso abrir um parêntesis para se colocar em questão – *e julgo absolutamente necessária tal posicionamento, para o desenvolvimento do presente estudo* – o fato de que a polícia judiciária *não é* detentora do monopólio investigativo seja de natureza civil, administrativo ou penal, eis que vige no Código de Processo Penal brasileiro o princípio da concorrência de investigações penais, previsto inicial no parágrafo único do art. 4.º do CPP, *in verbis*: *"a competência definida neste artigo não excluirá a de autoridades administrativas, a quem por lei seja cometida a mesma função"*.

Assim, temos uma *regra* sobre a investigação dos crimes: *polícia judiciária* (CPP, arts. 4.º, *caput*, 5.º, 6.º, 7.º, 10 a 23), e as *exceções*: CPP, art. 4.º, parágrafo único.

Dentre as exceções podemos elencar a principal, prevista no art. 58, § 3.º da Constituição Federal, que é a constituição das *Comissões Parlamentares de Inquérito*, regulamentada pela Lei Complementar n. 105/01, que outorgou às mesmas *"poder das autoridades judiciárias"*, conforme art. 58, § 3.º da Constituição Federal: *"As CPIs, que terão poderes próprios da autoridade judiciais, além do outros previstos nos regimentos internos das respectivas Casas, serão criadas (...), sendo suas conclusões, se for o caso, encaminhadas ao Ministério Público, para que promova a responsabilidade civil ou criminal dos infratores."*

Evidentemente e pela preservação da tripartição dos poderes, as CPIs não detêm *todos* os poderes do Juiz. Logo, uma CPI não tem poder para prender, não pode autorizar escutas telefônicas, etc. Através do julgado do Supremo Tribunal Federal, no MS 23.639-DF, Rel. Min. CELSO DE

MELLO, j. 16.11.2000, DJ 16.02.2001, foi permitido, porém, que as CPIs podem buscar os dados bancários, fiscais e telefônicos de qualquer investigado, preservados os sigilos próprios de determinados atos processuais, como acontece nos processos comuns.

Além dessas investigações, podem surgir outras investigações, agora de natureza administrativa, que podem resultar em *notitia criminis*, fornecidas através dos órgãos estatais, como Receitas Federal, Estadual, Municipal, INSS, etc.

Assim, no âmbito do Banco Central do Brasil surgindo a ocorrência de um possível crime, é o órgão obrigado a *comunicar o Ministério Público*, nos termos do art. 4.º, § 2.º, da Lei 4.728, de 14 de julho de 1965. Quando se tratar de possível ocorrência de crimes contra o sistema financeiro, a comunicação também é feita ao Ministério Público Federal, nos termos do art. 26, da Lei 7.492, de 16 de junho de 1986, para que atue de ofício. A Comissão de Valores Mobiliários também possui idêntica disposição, nos termos dos artigos 9.º, § 2.º e 12 da Lei 6.385/76 e Instruções números 220, 252, 379 e 387.[5]

Pelo disposto no art. 83, Lei 9.430/96, que alterou parcialmente a Lei 8.137/90, as Secretarias das Receitas Estadual, Federal e Municipal também são obrigadas comunicar o Ministério Público caso se deparem com situações que façam presumir haver indícios de crimes.

Quando se tratar de investigação que possa levar à possível lavagem de dinheiro ou capitais, prevista na Lei 9.613/98, há determinação específica do órgão criado para tanto, o COAF – Conselho de Controle de Atividades Financeiras, para que proceda a detido exame das contas, aplicando penas administrativas e comunique às autoridades competentes para apuração de condutas que possam caracterizar crimes, nos termos dos arts. 14 a 17 da Lei 9.613/98.[6] Tais dispositivos foram regulamentados pelo Decreto 2.799, de 08.10.1998 e Portaria 330/98 – regimento interno

---

[5] Art. 28, da Lei 7.492/86 (Crimes contra o Sistema Financeiro): *"Quando, no exercício de suas atribuições legais, o Banco Central do Brasil ou a Comissão de Valores Mobiliários – CVM, verificar a ocorrência de crime previsto nesta lei, disso deverá informar ao Ministério Público Federal, enviando-lhe os documentos necessários à comprovação do fato.*
Par. único. A conduta de que trata este artigo será observada pelo interventor, liquidante ou síndico que, no curso de intervenção, liquidação extrajudicial ou falência, verificar a ocorrência de crime de que trata esta lei."

[6] Art. 14 – *"É criado, no âmbito da Fazenda, o COAF, com a finalidade de disciplinar, aplicar penas*

do COAF – art. 10, que determinou o procedimento administrativo para a apuração de infrações.

Por conta disso, merece destaque a seguinte colocação do Delegado de Polícia do Paraná e Mestre em Direito Penal JAIRO AMODIO ESTORILIO: *"Pode-se presumir que, como os autores da criminalidade empresarial utilizam modus operandi mais refinados, já que ocorrem muitas vezes através de meios burocráticos e virtuais, possibilitou ao MP ter acesso aos dados sem a necessidade de logística, facilitando a análise e a consequente investigação sobre aqueles fatos. Neste aspecto, deve-se reconhecer que a polícia judiciária, de certa forma, encontra óbices constantes na coleta de dados a partir de informações bancárias e fiscais, já que, quando os entes oficiais encarregados como o Banco Central, o Fisco, CVM e Coaf detectam ilícitos, os encaminham diretamente ao Ministério Público."*[7]

Além disso, a própria Constituição Federal estabeleceu exceções claras para a investigação de pessoas físicas detentoras de cargos públicos, como os prefeitos que estão *no exercício* de seus mandatos (art. 29 da CF); juízes, promotores de justiça e procuradores; desembargadores dos tribunais, ministros dos tribunais superiores, governadores de estado, deputados, senadores e Presidente da República, *estes no exercício* de seus mandatos, seguindo o rito especial previsto na Lei 8.038/90, com a alteração da Lei 8.625/93. Não podemos nos esquecer da *ação penal popular* prevista na Lei 1.079/50, que permite que qualquer cidadão ofereça denúncia por crime de responsabilidade contra Ministros da Suprema Corte e Procurador Geral da República, assim como Presidente e Vice-Presidente, mas que sofre a injunção política prevista no art. 52 da Constituição Federal.

Estamos vendo que os Tribunais Superiores (Supremo Tribunal Federal e Superior Tribunal de Justiça), além dos Tribunais de Justiça dos Estados, junto com as Procuradorias Geral da República e Gerais de Justiça nos Estados estão se desdobrando em atividades que inicialmente não lhes pertenciam, mas que agora estão cada vez mais afetas, que são

---

administrativas, receber, examinar e identificar as ocorrências suspeitas de atividades ilícitas previstas nesta Lei, sem prejuízo da competência de outros órgãos e entidades."
Art. 15 – "O COAF comunicará às autoridades competentes para a instauração dos procedimentos cabíveis, quando concluir pela existência de crimes previstos nesta Lei, de fundados indícios de sua prática, ou de qualquer outro ilícito."

[7] Jairo Amodio Estorilio, *Investigação Criminal nos Delitos Empresariais*, Curitiba, Juruá, 2007, p. 58.

as investigações de políticos, *no exercício de mandatos*, diante das inúmeras *notitias criminis* contra os mesmos e os desmandos com o dinheiro público, chegando-se ao ponto de terem os tribunais e as procuradorias se (re)organizado para criarem setores próprios de investigações – que não existiam até bem pouco tempo – diante do quase inexistente número de processos.

A partir da famigerada Ação Penal 470 do Supremo Tribunal Federal (Ação Penal do Mensalão) o que se viu foi que os tribunais tiveram que se re(organizar) para conseguir apurar os crimes cometidos por detentores de mandatos eletivos e, assim, poderem julgar os criminosos *intranei* e *extranei*, pegos pilhando o patrimônio público e o Erário.

Resultou desse julgamento importantíssimo para o Brasil um divisor de águas, onde se viu políticos literalmente sendo presos e o reconhecimento da chamada *teoria do domínio do fato*, que expôs a nociva participação da cúpula do governo. Entretanto, da reorganização da Suprema Corte adveio a decisão de que o julgamento de crimes praticados por políticos não mais se daria pelo Plenário da Corte, onde haveria necessidade de praticamente paralisar as atividades judicantes da Suprema Corte, por conta de um só processo, restando alterado o Regimento Interno para encaminhar as questões penais, que agora se avizinham com maior frequência, para as Turmas do Supremo Tribunal Federal, contando com um número menor de Ministros, sendo que o Plenário se destinará para as questões conflitantes proferidas por tais Turmas, como possivelmente ocorrerá.

De outro lado, a Procuradoria Geral da República, assim como as Procuradorias Gerais de Justiça dos Estados – o Ministério Público Federal e Ministério Público dos Estados – passaram a detentores de amplos poderes de investigação para os crimes envolvendo políticos e seus contratos públicos, sendo que eventual questionamento sobre essa atribuição constitucional se esvaiu, eis que são estes os detentores dessa atribuição constitucional quando iniciadas as investigações nos Tribunais Superiores (PGR) ou nos Tribunais Estaduais (PGJ).

Como se vê, deste cipoal de *competências* distintas, não se pode dizer que *apenas* a autoridade judiciária seria a única e exclusiva detentora de atribuição para apurar e processar crimes praticados por determinadas pessoas físicas.

Feitas essas singelas colocações sobre a inexistência do monopólio das investigações por parte da polícia judiciária, há, ainda, outro aspecto que impede argumentar no sentido de que estaria o Ministério Público impedido de exercer seu papel investigativo, ainda mais quando se depara com questões de *natureza civil*.

É mister salientar que a Lei da Ação Civil Pública (Lei 7.347/85) facultou a várias instituições e entidades de caráter público, a possibilidade de iniciarem procedimentos investigativos, sendo que dispõe o art. 1.º da LACP a abrangência das responsabilidades por danos ao: *I – ambiente; II – consumidor; III – a bens e direitos de valor artístico, estético, histórico, turísticos e paisagísticos; IV – a qualquer outro interesse difuso ou coletivo; V – por infração da ordem econômica e da economia popular; VI – à ordem urbanística.*

Se analisarmos a ocorrência de falências e recuperações sob a ótica social de seu campo de abrangência e observamos que os crimes que ora tratamos provêm de, ao menos três grandes ramos do Direito previstos na possibilidade de abertura de investigação de natureza civil, chegamos à inquestionável conclusão de que os crimes falenciais e recuperacionais envolvem grandes questões consumeiristas (inciso II), interesses difusos ou coletivos (inciso IV) e questões de ordem econômica e de economia popular (inciso V).

Sem muita profundidade acadêmica – eis que o presente estudo não exige – nunca é demais relembrar que os crimes falenciais/recuperacionais são provenientes e estão ligados à cadeia produtiva, ao recolhimento de tributos, à manutenção da fonte produtora de riquezas e geradora de empregos, sendo que a sua principal objetividade jurídica é a defesa do chamado *crédito público* por força da natureza difusa em consequência da cessação de uma atividade produtiva, provocando um debacle inquestionável sobre a ordem econômica de uma determinada parcela da sociedade – senão, de toda uma nação, como se viu nas grandes falências nacionais dos últimos anos e o abalo da cadeia produtiva, sabendo que a ruptura de um posto de serviço gera automaticamente mais quatro rupturas indiretas de outros postos de trabalho, tornando-se um grave problema social.

A Lei 6.024/76 determina a comunicação da conclusão do inquérito administrativo ao Ministério Público, por parte do Banco Central do Brasil, a fim de que o membro do *parquet* inicie a competente ação civil de responsabilidade dos administradores da instituição financeira atingida pela investigação. Nada impede, por outro lado, que o membro do *parquet* que ajuíze a ação civil de responsabilidade e observe se a conduta também não se enquadra em normas de direito penal e, se assim o for, deve, também iniciar a ação penal, eis que atribuição para tanto o possui.

Destarte, verificando todos esses pontos de contato entre os problemas oriundos de um rompimento de contrato de trabalho com os meios de produção e geração de riquezas, pode o Ministério Público investigar por conta própria os motivos que levaram à quebra ou rompimento da cadeia produtiva, tomando inclusive medidas judiciais de *natureza civil*, com base na LACP em face da permissividade do disposto nessa legislação.

De outro lado, já decidiu o Supremo Tribunal Federal que é possível a instauração de ação penal em decorrência da investigação produzida pelo Ministério Público dentro dos autos de inquérito civil, quando o mesmo constatar que, além dos fatos de natureza civil, também, foram encontrados crimes de ação penal pública incondicionada, como se vê do julgado no HC N.º 84.367-1-RJ.[8]

Ora, nem teria sentido que o membro do Ministério Público – que detém o poder de investigação civil – não pudesse produzir prova de natureza criminal ou, pior, após produzi-las, não pudesse utiliza-las, sob a esquálida afirmação de que estariam *"contaminadas"* por ter sido o Promotor de Justiça que investigou o mesmo que ofereceu a acusação formal contra o mesmo acusado. Isto seria um contrassenso sem razão no mundo civilizado. Seria uma verdadeira espécie de prevaricação, pois o agente público de execução que se depara com um crime à sua vista e na sua área de atuação, não poderia agir. Era isso que alguns pensavam, *ad absurdum*!

Visto o problema da possibilidade de investigação civil na Lei de Recuperação e Falências, podemos constatar que o Ministério Público, em regra, deve aguardar a apresentação do relatório do administrador judicial, acompanhado do respectivo laudo pericial contábil, como lhe

---

[8] *"Ministério Público – Denúncia – Peça acusatória baseada em elementos colhidos em inquérito civil – Admissibilidade – Fato que não caracteriza investigação criminal – Hipótese, ademais, que a competência investigativa do Parquet está prevista constitucionalmente – Inteligência do art. 129, II, da Constituição Federal. Ementa oficial: Caso em que os fatos que basearam a inicial acusatória emergiram durante o inquérito civil, não caracterizando investigação criminal, como quer sustentar a impetração. A validade da denúncia nesses casos – proveniente de elementos colhidos em inquérito civil – se impõe, até porque jamais se discutiu a competência investigativa do Ministério Público diante da cristalina previsão constitucional (art. 129, II, da CF).*" (STF, HC 84.367-1-RJ, 1.ª T., j. 09.11.2004 – Rel. Min. Carlos Ayres Britto – DJU 18.02.2005 in RT, 835/476, maio/2005).

faculta o disposto no art. 22, III, "e" da Lei 11.101/05. Tal artigo 22, inciso III, alínea "e", da LRE nos faz refletir para essa possibilidade, posto que a ação civil de responsabilidade dos danos patrimoniais abrange tanto os interesses difusos quanto os coletivos (entendendo coletivos, aqui, a comunidade de credores habilitados ou ainda na expectativa de se habilitarem) e a infração à ordem econômica, cujos crimes falenciais são uma sub-espécie desta ordem econômica, eis que a existência de tais delitos gera uma ruptura da cadeia produtiva.

Assim, poderá o Órgão do Ministério Público instaurar inquérito civil sob sua presidência (art. 8.º, § 1.º, da Lei 7.437/85).

Certo é que, apresentado o relatório com o laudo do perito-contador, e existindo crimes, haverá a possibilidade de formação do *incidente apropriado* por parte do membro do *Parquet*, em apartado dos autos da falência, ou até mesmo por meio de *inquérito civil*, para verificar a ocorrência de ilícitos civis, ensejando, por exemplo, a ação civil para a revogação de atos fraudulentos, a anulação de atos de oneração de bens – os quais, invariavelmente, também estão ligados aos crimes da Lei 11.101/05. Importante asseverar neste ponto que o Ministério Público também é legitimado para a propositura da ação revocatória, nos termos do artigo 132 da LRE, o que não podia fazê-lo na legislação falencial anterior.

Importante notar que o relatório atual a ser apresentado pelo administrador judicial – totalmente diferente daquele previsto no antigo Decreto-Lei 7.661/45 – não diz respeito apenas a *infrações penais*, mas, também, a *infrações civis*, havendo de outro lado a plena possibilidade de apuração desses fatos num único procedimento, como já afirmamos, em face da possibilidade de o Ministério Público propor, por exemplo, ação revocatória, por ser parte legítima, na atualidade[9]. Se constatar, *ad exemplis*, que a transferência de patrimônio pode ter sido ao mesmo tempo criminosa e causadora de danos à massa falida ou à recuperação, nada obsta a investida nas duas frentes, oferendando, desde já, denúncia para o juízo da falência, competente para a ação penal, nos termos do artigo 183 da LRE, como reiteradamente decidiram os tribunais.

---

[9] Lei de Recuperação de Empresas (LRE), art. 132. A ação revocatória, de que trata o art. 130 desta Lei, deverá ser proposta pelo administrador judicial, por qualquer credor ou pelo Ministério Público, no prazo de 3 (três) anos contado da decretação da falência.

Por sinal, a Constituição Federal autoriza ao Ministério Público promover as ações de interesse difuso e coletivo, podendo ele ajuizar a ação civil pública, tenha sido esta iniciada, ou não, por meio de inquérito civil, e, ainda, por meio de peças de informação, requisitando todas as informações que necessitar (art. 129, incisos II, III, VI, VIII e IX, CF), ao passo que à polícia judiciária foi cominada apenas a investigação criminal, *sem exclusividade*, gize-se (art. 144, § 4.º, CF e art. 4.º, *caput*, do CPP, com a ressalva do parágrafo único, do artigo 4.º do Código de Processo Penal).

Além disso, pode o membro do Ministério Público, ainda, tendo em vista o exame do relatório apresentado pelo administrador judicial promover, também, a chamada ação de desconsideração da personalidade jurídica da empresa, visando as pessoas dos sócios da empresa falida e/ou recuperanda, ou, ainda, pleitear a extensão dos efeitos da falência para atingir outra empresa, até então não integrante na polaridade passiva da demanda, tudo isso com base na permissão dos artigos 50 do Código Civil de 2002 e 132 da LRE. Vejam que tais fatos de *natureza civil* são expressamente colocados à disposição do Ministério Público, e não existe quaisquer parâmetros para outras carreiras jurídicas, como a polícia judiciária, ou a defensoria pública, eis que o legislador de 2002 foi expresso em autorizar, com exclusividade, o *parquet*.[10]

Logo, se coligir elementos na investigação civil, não há qualquer empecilho para promover, também, a ação penal em decorrência dessa investigação. Apenas deve ter o acurado cuidado de mandar cientificar a pessoa que será oportunamente denunciada, para, querendo, tomar conhecimento da existência da investigação e que procure se defender no inquérito civil, a fim de que não se tenha lugar nulidade alguma, nem mesmo se poderá falar em surpresa, nem que não lhe foi oferecido o direito de contraditório e defesa.

De outro lado, em não sendo o desejo do membro do Ministério Público apurar ele mesmo os fatos colocados à sua disposição, poderá, se entender conveniente, "*requisitar inquérito policial*", eis que dessa forma diz LRE, dentro de seu exclusivo juízo de discricionariedade, caso não tenha ele-

---

[10] Art. 50 do Código Civil: "*Em caso de abuso da personalidade jurídica, caracterizado pelo desvio de finalidade, ou pela confusão patrimonial, pode o juiz decidir, a requerimento da parte, ou do Ministério Público quando lhe couber intervir no processo, que os efeitos de certas e determinações relações de obrigações sejam estendidos aos bens particulares dos administradores ou sócios da pessoa jurídica.*"

mentos suficientes para formar sua *opinio delicti*, conforme redação da parte final do art. 187, *caput*, da Lei 11.101/05.

Cremos se tratar de um poder discricionário do MP, onde a requisição do inquérito policial estará dentro de sua única linha de atuação. Nesse aspecto, instaurado o inquérito policial *ex-officio* pela autoridade policial, sem manifestação do *parquet*, há possibilidade de se contestar essa forma de agir da polícia judiciária, pois o membro do Ministério Público poderia estar no aguardo de melhor oportunidade para a persecução criminal, dentro de sua linha de discricionariedade, tendo sido atropelado pela instauração policial. Deve ser esse o fundamento inclusive para o trancamento de investigação policial iniciada *ex-officio* da autoridade policial, sem que o membro do *parquet* tenha determinado tal investigação, pois o açodamento policial pode gerar um movimento contrário aos interesses da justiça, dentro da linha de raciocínio lógico-jurídico do membro do Ministério Público, este o único a determinar o *start* para a investigação criminal que está sob a sua responsabilidade e conhecimento.

Ademais, deve ser este o melhor entendimento mesmo porque a LRE determina que o administrador judicial deva apresentar o relatório acompanhado do *laudo pericial contábil*, art. 186, parágrafo único, da LRE, da mesma forma que já existia no art. 103 do Decreto-Lei 7.661/45, sendo todo o trabalho submetido ao crivo do membro do *parquet* para iniciar, ou aguardar melhor oportunidade para a persecução criminal. Essa situação fática diz respeito ao conhecimento que o membro do Ministério Público possui sobre todo o andamento do processo recuperacional/falencial e seus incidentes, as questões secundárias que não estão necessariamente no bojo do processo principal, mas, também, as demais demandas que discutem créditos, pagamentos indevidos, desvios de bens, escriturações, etc., que podem correr em demandas separadas, em face da impossibilidade de junção de todas na vara especializada falencial/recuperacional, eis que propostas anteriormente a este processo concursal.

Com relação ao apontamento dos crimes falenciais por parte do administrador judicial, não haverá qualquer falha quanto à omissão da individualização da conduta, eis que se trata de mera peça inicial de procedimento investigativo. É claro que a investigação criminal ficará a cargo exclusivo do Ministério Público, não estando o Promotor vinculado ao que foi proposto pelo administrador judicial, porque se trata de *classificação provisória* – assim como é classificação provisória do Delegado de

Polícia, em um inquérito policial – podendo ser visto pelo titular da ação penal outros delitos não apontados pelo administrador.

No Estado de São Paulo, o Procurador Geral de Justiça já baixou o Ato Normativo n.º 314-PGJ, de 27 de junho de 2003, publicado no DOE de 24 de junho de 2004, estabelecendo as normas de investigação a cargo do membro do Ministério Público, conforme determinado na Lei Federal 8.625, de 12 de fevereiro de 1993 (Lei Orgânica Nacional do Ministério Público) e Lei Complementar Estadual n.º 734, de 26 de novembro de 1993, no seu artigo 104, inciso I.

É importante frisar que a condução do inquérito criminal ou inquérito civil, a partir daí, segue sob a liderança do Ministério Público, devendo postular judicialmente para determinadas providências – como a quebra de sigilos telefônicos, de contas correntes, etc., que importem em invasão da intimidade do investigado.

Neste diapasão é preciso relembrar a natureza jurídica dos crimes falenciais/recuperacionais dentro do campo do Direito Penal, em face da própria situação anômala das investigações levadas a cabo pelo *parquet*, visando demonstrar a pertinência da separação destes delitos do alcance da polícia judiciária.

É imperioso lembrar que os crimes falenciais/recuperacionais compõe um corpo específico no Direito Penal brasileiro, advindos ao sistema repressivo desde priscas eras, como já relatamos no nosso livro específico sobre a matéria[11], tendo frequentado o Código Criminal do Império, o primeiro Código Republicano de 1890, sendo posteriormente transposto para a Lei 2.024/1908, tendo retornado para a Consolidação das Leis Penais, em 1932 e definitivamente tratados em separado no Decreto--Lei 7.661/45 e permanecido disperso do Código Penal por meio da atual Lei 11.101/2005.

Necessária tal digressão para demonstrar que tanto no Brasil como em diversas outras legislações penais os crimes de falência e recuperação são colocados à parte da legislação comum penal, previstas em Códigos Penais, formando o chamado "Direito Penal Secundário". Não que sua importância seja menor que os tipos penais dos códigos, mas, por opção

---

[11] Arthur Migliari Júnior, *Crimes de Recuperação de Empresas e de Falências*, São Paulo, Quartier Latin, 2006, pp. 37-40.

legislativa e necessidade de estudo em separado, os legisladores assim o distanciam das normas gerais do Direito Penal.

Numa perfeita intelecção do problema da fixação dos crimes falenciais/recuperacionais na dogmática do Direito Penal chamamos a atenção para as seguras palavras de JORGE DE FIGUEIREDO DIAS que são esclarecedoras: "*direito penal secundário é o conjunto de normas de natureza punitiva que constituem objeto de legislação extravagante e contêm, na sua generalidade, o sancionamento de ordenações de carácter administrativo. (...) Valerá a pena, em todo o caso, acentuar ainda o seguinte: a localização deste direito fora dos códigos penais só aparentemente será insignificativa, enquanto, na verdade, é um sintoma material e historicamente fundamental do seu modo-de-ser. O direito penal secundário é campo por excelência de incriminações condicionadas em alta medida por exigências espácio-temporalmente bem definidas.*"[12]

Ora, se confrontarmos tais palavras com a edição da Lei 11.101 poderemos seguramente afiançar que foi o desejo do legislador de 2005, dentro das condições de tempo e espaço até então reinantes estabelecer que fosse o momento de modificação legislativa em relação às falências e, também, ao deplorável instituto das concordatas, e, sem trocadilho, falido no Brasil, o que de fato acabou ocorrendo, com a modificação total dos institutos.

Lembram, por oportuno, JOSÉ FARIA COSTA e MANUEL DA COSTA ANDRADE que o movimento de codificação dos delitos econômicos não é matéria fácil tanto assim que retrataram: "*Na maior parte dos Estados (v.g., Áustria, Bélgica, Brasil, Egipto, França, Grécia, Israel, Japão, Portugal, Suécia, Suíça) o código penal não contempla os delitos económicos, não obstante se adiantar que em muitas das revisões em curso se prevê a introdução de algumas infracções do direito penal económico*".[13]

De outro lado, a formatação de um Direito Penal Econômico, ou Direito Penal Secundário, ou *Direito Penal Econômico-Empresarial*, que é uma expressão que é uma colocação que mais me afeiçoa, para demons-

---

[12] Jorge de Figueiredo Dias, *Para uma Dogmática do Direito Penal Secundário. Um contributo para a reforma do Direito Penal Econômico e Social português* in Fábio Roberto D'Avila, Paulo Vinicius Sporleder de Souza (coords.), *Direito Penal Secundário*, São Paulo, RT, 2006, p. 27.

[13] José de Faria Costa e Manuel da Costa Andrade, *Sobre a concepção e os princípios de Direito Penal Econômico* in Roberto Podval (coord.), *Temas de Direito Penal Econômico*, São Paulo, RT, 2000, p. 106.

trar que as questões deste ramo do Direito Penal têm em comum uma marca indelével, visando a proteção de bens jurídicos específicos, envolvendo os crimes ora tratados, mais os crimes tributários, ambientais, falsificações, delitos contra a propriedade intelectual e industrial, mercado de capitais, lavagem de dinheiro e branqueamento de capitais, seguridade social, crimes contra a fazenda pública, crimes contra o direito dos trabalhadores, contrabando e descaminho, etc. Enfim, todos os delitos possuem uma cepa comum, que é a empresa como núcleo centralizador de condutas e prejuízos, sendo a mesma utilizada ou organizada para a prática desses delitos.

Por força disto, podemos concordar com VICENTE MAGRO SERVET que estabelece um núcleo comum a todos os delitos sócio-econômicos: *"la amplia amalgama de tipos delictivos que existen dentro de los delitos que afectan al ámbito socioeconómico nos lleva a señalar que puede erigirse uma espécie de valor colectivo y, como señalan ÁNGEL CALDERÓN y JOSÉ ANTONIO CHOCLÁN (Manual de Derecho Penal, Deusto), difuso por la heterogeneidade de conductas dispersas que existen em estos tipos delictivos. De lo que se trata es de proteger el sistema económico de um país mediante la derivación al orden penal de los hechos que por su comisión alteran el normal funcionamento de la economia, entendia esta no em un sentido de 'macros', sino también de mínimos por afectación a la propia economia del ciudadano normal. Em algunas esferas puede llegar a hablarse de que algunos de los delitos podrían constituir más ilícitos civiles que penales, pero está claro que la diferencia em estos supuestos está clara y diáfana, de tal manera que la jurisprudencia há establecido los presupuestos básicos para distinguir lo que es, por ejemplo, um ilícito civil de um contrato civil criminalizado."*[14]

Isto colocado em termos gerais, desde já podemos concluir que os crimes falenciais e recuperacionais se situam dentro do amplo espectro de crimes econômicos e que produzem inafastável consequências para a economia como um todo, atingindo diretamente o chamado "crédito público", que é algo inexplicável sob o pena de vista individual, para onde muitos tentam levar a questão sobre sua existência, mas que decorre da instabilidade da economia de um país, sempre causando desconfortos muitas vezes não sentidos diretamente com a quebra ou a recuperação,

---

[14] Vicente Magro Servet, *Delitos Socioeconómicos*, Madrid, El Derecho, 2010, p. 16.

mas em face da retratação do mercado e das suas consequências afastadas, que acabam por abalar toda a cadeia produtiva.

Do sentir de Carlos Martínez-Buján Pérez o ataque à economia creditícia caracteriza os delitos falenciais/recuperacionais, em face da sua nítida influência sócio-econômica, nestes termos: *"A mi juicio, no hay duda de que de lege data la regulación del CP español se orienta em la línea apuntada por el sector doctrinal mayoritario, y que, por tanto, el único bien jurídico diretamente protegido (bien jurídico em sentido técnico) viene representado por el aludido derecho de crédito. Cuestión distinta es que, sentada esta afirmación básica, se agregue que com la incriminación de los delitos de insolvência el legislador persigue tutelar mediatamente o indirectamente la economía creditícia como pieza fundamental del sistema socio-económico. Esta última precisión es válida em la medida em que con ella se esté aludiendo meramente al bien mediato o ratio legis, sin repercusión, por ende, en la delimitación conocreta del tipo de injusto".*[15]

Ainda, Carlos Martínez-Buján Perez lembra a excelente colocação de Bajo Fernández e Silvina Bacigalupo sobre os nefastos efeitos dos crimes em comento bem revelam a necessidade de persecução penal, nesta passagem: *"en lo que atañe al devandicho bien mediato o ratio legis, baste con aclarar que en los delitos de insolvência se comprueba con gran claridad uno de los efectos más característicos de la delincuencia económica descritos en la literatura criminológica, a saber, la denominada 'reacción em cadena', en virtude de la cual las dificultades de pago y las crisis financieras se van transmitiendo de unos comerciantes a otros, de um lado, y van generando a su vez ulteriores consecuencias perjudiciales, como los despidos de trabajadores o el alza del interés en los instrumentos de crédito, o otro."*[16]

Por seu turno, Pedro Caeiro não discrepa da natureza difusa dos crimes falenciais e recuperacionais obrigando o exegeta a interpretar os fenômenos meta-jurídicos da insolvência e insolvabilidade do agente na composição dos tipos penais ora tratados, fazendo um grande apanhado sobre a doutrina que demonstra a hipersensibilidade do bem jurídico tratado nos crimes falenciais e recuperacionais, nesta passagem: *"Actualmente, a doutrina largamente dominante perfilha uma concepção* dual do

---

[15] Carlos Martínez-Buján Pérez, *Derecho Penal Económico Y de la Empresa*, 3.ª ed., Valencia, Tirant lo Blanch, 2011, pp. 38-39.

[16] Carlos Martínez-Buján Pérez, *Derecho Penal Económico Y de la Empresa*, 3.ª ed., Valencia, Tirant lo Blanch, 2011, p. 39.

bem jurídico tutelado, colocando ao lado do património dos credores a 'capacidade de funcionamento da economia creditícia' (Tiedemann), o 'funcionamento da ordem económica global' (Daubler), o 'interesse público da confiança nas relações comerciais' (Eduardo Correia), o 'exercício ordenado da actividade económica' (Pompeu Mangano). Por outro lado, a intervenção estadual na economia (em Estados autoritários e democráticos) e o subsequente alargamento da tutela penal (direito penal económico, rectius, secundário) levaram a considerar a capacidade produtiva do país *e a* preservação dos postos de trabalho *como bens jurídicos dignos de tutela penal, bens esses que (também) são ofendidos pelos crimes de falência.*"[17]

Como muito assentado por PEDRO CAEIRO temos presente que o Direito Penal Empresarial ou Direito Penal Econômico Empresarial evoluiu a um grau acima do próprio estado falencial, deixando de constituir um simples problema de economia localizada, dada a impossibilidade de pagamento de um empresário (ou grupo de empresários), passando a constituir verdadeira matéria multidisciplinar envolvendo um grande número de situações jurídicas, econômicas, tributárias, trabalhistas, sociais, etc., nas mais diversas condições sócio-econômicas, podendo levar até mesmo uma economia à total bancarrota, provocando distúrbios internos e externos, não sendo apenas um fato isolado dentro da vida de uma pessoa, como sói acontecer com os demais crimes comuns.[18]

O caráter multifacetado do direito falencial e recuperacional leva ao conhecimento de dezenas de situações existentes num único processo dessa espécie, envolvendo os mais diferentes campos de atuação de uma empresa em debacle, pois o caráter difuso do envolvimento da unidade produtiva dentro da sua seara de atuação é difusa, também, envolvendo os próprios empregados (Direito do Trabalho), fornecedores (Direito Civil e/ou Comercial), recolhimento de tributos (Direito Tributário), ambiental (Direito Ambiental), acionistas (Direito Societário), dentro outros, formando, enfim, uma gama incontável de conexões envolvendo um número indeterminado de pessoas e possíveis prejudicados.

Por conta disso, envolvendo o direito falencial/recuperacional um número muito expressivo de "direitos" interligados e interconectados, oriundos dos mais diversos meios sociais, envolvendo cada processo

---

[17] Pedro Caeiro, *A relevância da insolvência e da insolvabilidade nos crimes falenciais*, in Roberto Podval (coord.), *Temas de Direito Penal Econômico*, São Paulo, RT, 2000, pp. 226-227.

[18] Tais como homicídio, roubo, peculato, falso testemunho, etc.

falencial/recuperacional um tipo diferente de seguimento empresarial, com gestões diversas, atividades distintas e uma gama de situação de modo a poder dizer, com segurança, que não há um processo falencial ou recuperacional idêntico a outro, não obstante a cepa comum seja o objetivo final de pagar os credores de uma empresa que, atravessando dificuldades financeiras, ou partiu para um plano de reorganização empresarial (recuperação) ou não suportou o número incontável de débitos, acabando por sucumbir no mercado.

Dentro desse ponto marcante de situações os crimes falenciais emergem como forma de coibir que os empresários e terceiros que com eles negociam (sujeito ativo próprio), ou até mesmo aqueles que possuem a obrigação legal de zelar pelos bens dos devedores, não pratiquem atos contrários à legalidade e não se desvirtuem em seus misteres, como são os casos dos juízes, promotores, administradores judiciais, leiloeiros, oficiais de justiça, depositários, etc., que praticam condutas ilícitas (sujeito ativo impróprio).

Tais considerações são extremamente importantes para demonstrar que a apuração dos crimes falenciais/recuperacionais não são aqueles do cotidiano policial, onde há uma vítima e um indiciado, claros e definidos, mas envolvem inúmeras questões que dependem da visualização de um número indistinto de condutas, por vezes, equidistante dos olhos do mais arguto investigador, eis que não demonstrado o liame existente entre um fato e outro.

Em sede de criminalidade econômica, no momento em que vivemos mais um viés globalizante, onde a movimentação de riqueza se dá com um simples toque num telefone celular ou no apertar de uma tecla de microcomputador, tentar impedir o Promotor de Justiça que atua na área recuperacional/falencial de colher provas para a devida persecução criminal é uma tentativa para esconder a verdadeira nocividade econômica do Século XXI, tanto assim que Jairo Amodio Estorilio afirma: *"Aceitando a criminalidade econômica como um fenômeno relativamente novo e observando principalmente o advento da globalização, facilitador de condutas criminosas desta espécie, resulta preocupante a atuação dos órgãos investigativos na apuração de delitos não convencionais."*[19]

---

[19] Jairo Amodio Estorilio, *Investigação Criminal nos Delitos Empresariais*, Curitiba, Juruá, 2007, p. 21.

E, mais adiante se convence: "*Se, por um lado, contrapondo-se à atuação do promotor investigador, se propaga que o Estado não fornecerá maiores meios materiais do que fornece hoje para a polícia e desta forma os resultados não seriam melhores do que os que temos com a polícia, por outro lado, mantendo o sistema policial, os delegados de polícia nunca terão sequer uma mínima parcela das garantias legais dos promotores, logo sua atuação sempre estará sob o crivo do poder político. Outro aspecto que brilha a favor de uma interferência mais eficaz do MP no caso dos delitos empresariais é a posição de independência do promotor investigador. Não há como comparar a autonomia do MP frente às forças políticas e econômicas, com a polícia judiciária. Esta, como é estruturada hoje, principalmente nos Estados, sofre influência política significativa no desenvolvimento de suas funções*".[20]

De fato, infelizmente a organização da polícia judiciária brasileira ainda está atrelada a uma 'ditatura política', cuja influência dos governantes 'do momento' interferem diretamente na distribuição de cargos e funções, o que prejudica o poder de investigar dos delegados de polícia, como bem anotado linhas atrás. Não que o Ministério Público não sofra interferência política. Há, com certeza. Mas o que milita a favor do Ministério Público é a sua condição de autêntico 'quarto poder da República do Brasil', em face de sua independência econômica dos governos (?), seu poder de organização interna, a independência funcional dos membros da instituição, e, principalmente, as mesmas garantias dadas aos juízes, como a inamovibilidade, a irredutibilidade de vencimentos e a vitaliciedade, arduamente conquistados ao longo do tempo, que garantem ao membros do Ministério Público muito mais segurança nas suas ações, ao contrário das forças policiais, sujeitas a grave controle político.

Ora, feitas todas essas considerações, muito se debateu sobre o poder que detinha o Ministério Público para investigar determinados delitos, permeando decisões judiciais a favor e contra essa capacidade investigativa do *parquet*.

Evidentemente, a possibilidade real de investigar do *parquet* nunca foi incompatível com a sua função constitucional, mesmo porque se observarmos o artigo 129 da Constituição Federal brasileira, nomeadamente os incisos I, VI, VII, VIII e IX, há base constitucional para tal afirmação, eis que primeiramente se diz que o Ministério Público é o senhor da ação

---

[20] Jairo Amodio Estorilio, *Investigação Criminal nos Delitos Empresariais*, Curitiba, Juruá, 2007, p. 58.

penal pública; nessa condição, também, pode instaurar procedimentos investigativos sob a sua presidência e requisitar documentos e informações, colhendo-os diretamente de que os detém, podendo mandar chamar a depor quem lhe aprouver; além disso, exerce o controle externo da polícia, o que lhe faculta ser um verdadeiro 'corregedor' das ações policiais e, em caso de não concordância com as atividades policiais, tem o direito e o dever funcional de adotar medidas cabíveis, não sendo inviável reouvir aqueles que foram ouvidos pela polícia judiciária; ademais, pode requisitar inquérito policial e diligências investigativas.

A pedra de toque de sua soberania investigativa se concentra na fórmula genérica do inciso IX do artigo 129 da Constituição Federal, quando diz que pode *exercer funções compatíveis com sua finalidade*.

Pois bem, *a finalidade precípua* (ou *as finalidades precípuas*) do Ministério Público é a de promover a ação penal pública, a defesa dos interesses difusos e coletivos, a defesa do patrimônio público, a defesa do ambiente, a defesa do patrimônio histórico, paisagístico e arquitetônico, a defesa dos consumidores, o respeito aos instituidores de fundações, públicas ou privadas, o respeito à última vontade do testador, a defesa dos direitos dos hipossuficientes, a defesa dos menores e incapazes, agindo mesmo contra a vontade dos pais e tutores ou curadores, enfim, uma série infindável de atribuições constitucionais, previstas genericamente no artigo 127 da Constituição Federal e especificamente nas leis esparsas, dentre as quais, aquela que ora nos interessa, a Lei de Recuperação de Empresas e Falências (11.101/2005).

Se a Constituição Federal outorgou ao Ministério Público tantas missões constitucionais, não seria crível que lhe subtraísse o poder investigativo, ou, como pensaram PAULA MANDEL e ROBERTO PODVAL apenas "meio-poder" – apenas para questões civis – ficando ao largo das questões penais, estas reservadas apenas à polícia judiciária.

Tanto assim não é verdade que a Lei Complementar à Constituição Federal, que definiu bem as atribuições do Ministério Público (Lei Complementar 75/1993) tratou de explicitar que, para o exercício de sua missão constitucional, ou seja, para a defesa dos interesses difusos e coletivos, defesa do patrimônio público, defesa da ordem geral, defesa dos hipossuficientes, defesa dos menores e incapazes, defesa dos consumidores, etc., teria a capacidade de instaurar procedimentos sob sua competência (*rectius: atribuição*), nos termos do artigo 8.º da LC 75/93 e nele ouvir pessoas, inclusive conduzindo-as coercitivamente (inciso I), realizar inspeções e diligências investigativas, (inciso V) e expedir notificações e intimações necessárias nos procedimentos e *inquéritos que instaurar* (inciso VII).

Evidentemente que a expressão *instaurar inquéritos* não diz respeito apenas aos *inquéritos civis* da Lei da Ação Civil Pública (Lei 7.347/85), fazendo-se uma interpretação restritiva, mas, também, aos inquéritos para fins criminais.

De outro lado, é importante salientar que o Conselho Nacional do Ministério Público (órgão criado pela Emenda Constitucional n. 45, de 2006) editou a Resolução n.º 13, de 02 de outubro de 2006, regulamentando o art. 8.º da Lei Complementar 75/93 e o art. 26 da Lei n.º 8.625/93, disciplinando, no âmbito do Ministério Público, a instauração e tramitação do procedimento investigatório criminal (PIC).

Todos esses procedimentos investigativos foram submetidos a exame de legalidade e de força científica-jurisdicional, culminando pela análise do Supremo Tribunal Federal, órgão máximo de justiça no país. Nas primeiras questões submetidas a julgamento não se chegou a bom êxito, eis que os parlamentares então processados acabaram por não continuarem nos mandatos, nas eleições subsequentes, acabando por perder o objeto o recurso interposto.

No entanto, neste ano de 2015, exatamente no dia 14 de maio de 2015, o Supremo Tribunal Federal finalmente decidiu uma questão penal envolvendo o poder investigativo do Ministério Público, com repercussão geral anunciada, ou seja, dando o STF sua última palavra a respeito do assunto, definitivamente, quando conheceu o Recurso Extraordinário n. 593727, interposto pelo ex-Prefeito da cidade de Ipanema contra a decisão do Tribunal de Justiça por entender que o Ministério Público do Estado de Minas Gerais tinha poderes para promover ação penal iniciada nas hostes ministeriais, em face do não pagamento de precatórios, após investigação de natureza civil e criminal.

Tal Recurso Extraordinário (RE 593727) começou a ser julgado em junho de 2012, tendo o primeiro voto sido proferido pelo então Ministro Cezar Peluso, que deu provimento ao mesmo, secundado por Ricardo Lewandowski. Em seguida, votaram os Ministros Gilmar Mendes, Celso de Mello, Ayres Britto e Joaquim Barbosa, que negavam provimento ao recurso extraordinário. O julgamento foi interrompido com um pedido de vista do Ministro Luiz Fux, sendo que ao retornar ao plenário, em dezembro, negou provimento ao recurso extraordinário. Na sequência votou o Ministro Marco Aurélio, dando provimento ao RE. Faltava apenas um voto para negar provimento ao recurso e este veio da lavra da Ministra Rosa Weber, sendo seguida por Carmem Lúcia. O Ministro Dias Toffoli votou no sentido de que o Ministério Público teria competência para apurar fatos criminosos somente em hipóteses excepcionais. Evidentemente, que se vingasse a tese deste ministro haveria um caos jurídico e uma insegurança jurídica total, eis que ninguém saberia ao certo se poderia ou não ser investigado pelo Ministério Público, eis que, em direito penal, as exceções, e principalmente as exceções, devem ser muito bem expostas, posto que a regra todos conhecem.

Após ter sido negado o recurso extraordinário o Ministro Celso de Mello e decano da Corte Suprema sugeriu a adoção de uma tese de repercussão geral, que foi acolhida pelos demais ministros, composta dos seguintes termos: *"O MP dispõe de competência para promover, por autoridade, e por prazo razoável, investigações de natureza penal, desde que respeitados os direitos e garantias que assistem a qualquer indiciado e qualquer pessoa sob investigação do Estado, observadas, sempre, por seus agentes, as hipóteses de reserva constitucional de jurisdição e, também, as prerrogativas profissionais de que se acham investidos, em nosso país, os advogados (Lei 8.906/94, artigo 7.º, incisos I, II, III, XI, XIV e XIX), sem prejuízo da possibilidade – sempre presente no Estado Democrático de Direito – do permanente controle jurisdicional dos atos, necessariamente documentados (Súmula Vinculante 14), praticados pelos membros dessa instituição".*

Diante dessa tese de repercussão geral ficou claro que alguns doutrinadores estavam totalmente equivocados e trilhando caminhos ásperos de galgar, ruindo a tese inconsistente da impossibilidade do órgão do Ministério Público ser o investigador dos crimes e autor das ações penais das investigações decorrentes.

Esse é o modelo mundialmente aceito, sendo que fora do Brasil se tornava muito difícil dizer que o membro do Ministério Público não dirigia investigações criminais, em face da realidade global, onde é o *parquet* o senhor e detentor das investigações.

Apenas com a elaboração e aprovação da tese de repercussão geral, agora, devem os membros do Ministério Público observar algumas regras, bem delineadas pelo STF, ou seja, ao instaurar procedimentos sobre sua competência e autoridade, também serão os alvos das possíveis ações penais de controle jurisdicional, como o *habeas corpus* e o mandado de segurança.

O prazo para as investigações de natureza penal devem ter um mínimo razoável, de tempo, ou seja, não podem se eternizar nas promotorias ou procuradorias de justiça, mesmo porque os investigados tem o direito de resolver suas situações jurídicas no menor espaço de tempo possível.

Nos procedimentos investigativos de natureza penal, o membro do Ministério Público deve respeitar todos os direitos e garantias do indiciado, sendo que vislumbro que até mesmo isto se tornará uma grande chance de se estabelecer no Brasil uma investigação muito mais democrática, eis que o acesso aos órgãos do Ministério Público são amplos e respeitosos.

Devem os membros do Ministério Público observar sempre as hipóteses de reserva constitucional de jurisdição, remetendo aos órgãos superiores as investigações que tiverem em curso quando se depararem com pessoas específicas, em razão do cargo (eletivo, por exemplo, ou envolvendo membros das instituições que devam ser investigadas pelos Tribunais).

As prerrogativas profissionais dos advogados, previstas no Estatuto dos Advogados (Lei 8.906/94) foram claramente expostas e devem ser seguidas pelos membros do *parquet*.

De outro lado, todo e qualquer ato ministerial poderá ser submetido ao controle jurisdicional, mesmo porque nenhuma lesão de direito pode ser suprimida de apreciação pelo Poder Judiciário, sendo, por isso, que tudo deverá ser necessariamente documentado, nos termos da Súmula Vinculante 14[21], a fim de que possa o prejudicado buscar seu direito perante o órgão judiciário próximo, assim como já existia na área da polícia judiciária.

Em conclusão, podemos afirmar que embora formalmente inexistente o inquérito judicial, o incidente criminal para a investigação dos crimes decorrentes de procedimentos falenciais ou recuperacionais encontra-se mantido em nosso cotidiano judicial, não obstante possa o membro do Ministério Público, em desejando, requisitar a instauração de inquérito policial, ou ele mesmo investigar, por sua própria força, observando, nesse caso, o que dispõe a Lei da Ação Civil Pública e a Resolução n.º 13,

---

[21] Súmula Vinculante 14, do STF: "*É direito do defensor, no interesse do representado, ter acesso amplo aos elementos de prova que, já documentados em procedimento investigatório realizado por órgão com competência de polícia judiciária, digam respeito ao exercício do direito de defesa.*"

de 02 de outubro de 2006, do Conselho Nacional do Ministério Público, bem como seguir rigorosamente a tese de repercussão geral adotada pelo Supremo Tribunal Federal. Concluímos que os crimes falenciais e recuperacionais compõe o Direito Penal Econômico, constituindo os mesmos verdadeira ofensa ao *crédito público*, eis que atingem um número indeterminado de pessoas, sendo os conhecidos os credores descritos e um número difuso e incontável de pessoas físicas e jurídicas atingidas pela debacle empresarial, o que nem sempre é passível de comensuração.

O novo método da gestão democrática de processos de insolvência

DANIEL CARNIO COSTA

A administração pública não se limita às atividades do Poder Executivo, nem às funções executivas dos Poderes Legislativo e Judiciário. Gestão de processos, não obstante tenha nítido caráter jurisdicional, também revela uma faceta da administração pública, na qual o magistrado atua como gestor da coisa pública.

O magistrado, na condução do processo judicial, determina o destino do julgamento do direito material das partes. Mas, para além disso, também determina a forma pela qual os recursos ou ativos envolvidos na condução do processo são aplicados e a relação custo/benefício do processo e do seu resultado final. A gestão do processo interfere diretamente no seu custo financeiro, já que a definição clara e objetiva dos pontos controvertidos determinará a necessidade ou não de instrução probatória, com realização de provas periciais de alto custo, oitiva dispendiosa de testemunhas, tudo em prejuízo do rápido julgamento do processo. E a permanência do processo em andamento, por si só, já representa um custo importante para as partes. A justeza e a justiça da decisão também são dados importantes para a mais rápida definição do litígio, na medida em que decisões bem lançadas têm maior probabilidade de serem mais rapidamente mantidas pelos Tribunais, favorecendo a rápida realização prática do conteúdo da decisão. A atuação do magistrado como mediador, se aproximando e aproximando as partes, também pode ser decisiva para a racional gestão dos ativos judiciais, baixando o custo da Justiça considerada como um serviço público.

Nos processos individuais, em que litigam apenas duas partes, já é possível identificar a fundamental importância da gestão processual e sua relação com a administração racional do serviço da Justiça. Todavia, quando se tem em vista os processos coletivos, nos quais são envolvidos direitos de centenas ou milhares de pessoas, a imprescindibilidade da gestão do processo adquire contornos ainda mais claros. A gestão do processo coletivo pode determinar o custo, o tempo, o sucesso ou o insucesso de um serviço que influenciará a vida de milhares de pessoas ou até mesmo de todas as pessoas, como nos casos em que se discute violação de direitos difusos.

É fato, portanto, que a gestão do processo é administração de recursos públicos, na medida em que tem íntima ligação com a presteza da distribuição da Justiça e com a satisfação dos jurisdicionados com os serviços prestados pelos Tribunais.

Mas como mudar a gestão do processo, quando se imagina que os magistrados devem seguir as regras de processo e procedimento estabelecidas pelo Código de Processo Civil, pelo Código de Defesa do Consumidor, pela Lei de Ação Civil Pública, pela Lei de Falências e Recuperações Judiciais e por centenas de outras leis de terminam o passo-a-passo do processo judicial?

E mais.

Como aperfeiçoar a prestação do serviço jurisdicional, diante das evidentes necessidades estruturais e todas as demais carências do Poder Judiciário, em quase todas as suas esferas de atuação (mas notadamente em primeira instância)?

Será preciso mudar as leis? Haveria necessidade de mais investimentos na Justiça?

É evidente que o aprimoramento da legislação processual é fator importante para que se aplique uma gestão de processos mais racional e comprometida com o resultado útil da prestação jurisdicional. Também é mais do que claro que a existência de maiores investimentos no Poder Judiciário, com a criação de uma estrutura administrativa e judicial mais adequadas, também seria importante para o aperfeiçoamento desse tipo de serviço público.

Entretanto, o tempo necessário para que venham os sonhados e necessários investimentos no Poder Judiciário pode ser muito longo, em prejuízo da eficiência da Justiça. Diga-se o mesmo em relação às reformas legislativas, sempre bem intencionadas, mas dilaceradas pela tramitação nas Casas do Congresso Nacional, à mercê do jogo político.

Não obstante a utilidade de novos investimentos e da criação de novos instrumentos processuais que sejam capazes de emprestar ao Poder Judiciário maior capacidade de julgamento, que serão sempre bem vindos, o fato é que a mudança de cultura de gerenciamento de processos também é importante para a solução desse problema e, por outro lado, apresenta efeitos imediatos no que concerne à viabilização de respostas rápidas aos problemas que já se apresentam ao julgador.

É possível melhorar a gestão processual independentemente da existência de investimentos adicionais ou da mudança da legislação aplicável. Basta que exista uma mudança de postura e de mentalidade dos aplicadores do direito, principalmente dos juízes, enquanto responsáveis pela condução/gestão do processo.

Coloca-se em relevo, nesse diapasão, a definição de *case management* advinda do serviço de saúde dos EUA. Segundo definição apresentada pela Case Management Society of America (CMSA), *"case management is a collaborative process of assessment, planning, facilitation, care coordination, evaluation, and advocacy for options and services to meet an individual's and family's comprehensive health needs through communication and available resources to promote quality, cost-effective outcomes"*[1]. Em tradução livre, pode-se afirmar que a gestão de casos é um processo colaborativo de análise, planejamento, facilitação, coordenação de cuidados, avaliação e advocacia de opções e serviços para atingir as necessidades de saúde individuais e familiares através da comunicação e fontes disponíveis para promoção da qualidade e resultados de bom custo-benefício.

O objetivo da aplicação do *case management* nos serviços de saúde dos EUA é otimizar os recursos de saúde, favorecendo a manutenção da saúde e da satisfação do indivíduo e, ao mesmo tempo, racionalizando os recursos que serão dispendidos pelas operadoras de saúde. A premissa é otimizar o custo-benefício desse tipo de serviço, com vantagens para todos os

---

[1] http://www.cmsa.org/Home/CMSA/WhatisaCaseManager/tabid/224/Default.aspx

envolvidos nesse tipo de processo. O indivíduo terá melhor orientação de saúde ao mesmo tempo em que as operadoras de saúde gastarão menos recursos para cuidar da saúde desse indivíduo.

Essa ideia de *case management* oriunda do setor de saúde, no qual se busca analisar de forma individualizada as necessidades específicas do caso a fim de se atingir melhores resultados com os menores recursos possíveis pode e deve ser transportada para a gestão de processos judiciais.

Essa experiência, aliás, também já vem sendo utilizada no sistema judicial dos EUA, onde já se conhece de longa data o conceito de *judicial case management*. Trata-se de uma programação de procedimentos envolvendo determinada matéria a ser julgada. Cada estágio do processo judicial é analisado conforme o caso concreto, devendo o magistrado estabelecer todo o roteiro de atuação para que sejam observados todos os pontos relevantes levados a julgamento, sempre com vistas a conferir um julgamento mais rápido e eficaz, diminuindo-se, portanto, o custo do processo e potencializando-se a satisfação do jurisdicionado com o serviço da Justiça. Pode o magistrado designar audiências, chamadas de CMC (*Case Management Conference*), cujo principal objetivo é determinar os passos para o julgamento das matérias apresentadas ao juízo, observadas as necessidades específicas do caso concreto[2].

---

[2] Conforme definição trazida pelo site uslegal, "*case management in legal terms refers to the schedule of proceedings involved in a matter. There are various stages in litigation, such as the filing of a complaint, answers, the discovery process (interrogatories, subpoenae, depositions, etc.), and motions that occur before a trial is held or a decision is rendered. Each stage of the process has a scheduled timeframe in which it must be filed with the court or completed. When a complaint is filed and a case is assigned to a judge, the judge will often set forth a schedule for the submission or completion of the relevant pleadings, court appearances, and other matters. For example, in a divorce matter, the judge will attempt to narrow the issues involved in the case, provide deadlines for filing schedules of assets, conducting discovery, filing of proposed visitation and custody plans, and other related matters. Depending on the jurisdiction, a case management questionaire may need to be filled out. The judge may also decide to send the parties to arbitration or mediation to settle disputed matters. The conduct of the case management conference varies by jurisdiction, so local court rules should be consulted. A Case management Conference (CMC) is part of the court procedure. It is a meeting between the judge and the parties (the Plaintiff and the Defendant). The lawyers representing the parties may also appear at the conference. A case management conference usually happens after a plaintiff begins a law suit, but before the trial. The meeting is not a trial and as such witnesses don't need to be present. The main purpose of the meeting is to try settling some or all of the issues in dispute before going to trial. If no settlement is achieved at the CMC, the matter will proceed to trial.*" (http://definitions.uslegal.com/c/case-management-conference/).

No direito comparado, especialmente em casos de falências e recuperação judicial de empresas, tem-se também a *Section* 105 do *US Bankruptcy Code*. Trata-se de artigo do Código de Falências dos EUA que concede ao juiz poderes para suplementar as disposições legais tomando decisões e providências que não tem expressa previsão no texto da lei. Nesse sentido, o juiz de falências está autorizado a determinar qualquer providência que seja necessária para a realização dos objetivos da lei, conforme o caso concreto[3].

O juiz de falências pode, ainda, de ofício ou a pedido das partes designar audiências chamadas de *status conferences*, a qualquer tempo e quantas

---

[3] De acordo com 11 U.S. Code § 105 – Power of the Court.
(a) The court may issue any order, process, or judgment that is necessary or appropriate to carry out the provisions of this title. No provision of this title providing for the raising of an issue by a party in interest shall be construed to preclude the court from, sua sponte, taking any action or making any determination necessary or appropriate to enforce or implement court orders or rules, or to prevent an abuse of process.
(b) Notwithstanding subsection (a) of this section, a court may not appoint a receiver in a case under this title.
(c) The ability of any district judge or other officer or employee of a district court to exercise any of the authority or responsibilities conferred upon the court under this title shall be determined by reference to the provisions relating to such judge, officer, or employee set forth in title 28. This subsection shall not be interpreted to exclude bankruptcy judges and other officers or employees appointed pursuant to chapter 6 of title 28 from its operation.
(d) The court, on its own motion or on the request of a party in interest–
(1) shall hold such status conferences as are necessary to further the expeditious and economical resolution of the case; and
(2) unless inconsistent with another provision of this title or with applicable Federal Rules of Bankruptcy Procedure, may issue an order at any such conference prescribing such limitations and conditions as the court deems appropriate to ensure that the case is handled expeditiously and economically, including an order that–
(A) sets the date by which the trustee must assume or reject an executory contract or unexpired lease; or
(B) in a case under chapter 11 of this title–
(i) sets a date by which the debtor, or trustee if one has been appointed, shall file a disclosure statement and plan;
(ii) sets a date by which the debtor, or trustee if one has been appointed, shall solicit acceptances of a plan;
(iii) sets the date by which a party in interest other than a debtor may file a plan;
(iv) sets a date by which a proponent of a plan, other than the debtor, shall solicit acceptances of such plan;
(v) fixes the scope and format of the notice to be provided regarding the hearing on approval of the disclosure statement; or
(vi) provides that the hearing on approval of the disclosure statement may be combined with the hearing on confirmation of the plan.

vezes entender necessário, a fim de acompanhar o desenvolvimento dos casos e determinar a mais rápida, eficaz e econômica condução do processo ao seu resultado final e útil (*subsection d.1*).

Nos termos dispostos pela Lei de Falências dos EUA, o juiz deve realizar as audiências de gestão (*status conferences*) sempre que necessário para alcançar a mais econômica e rápida solução para o processo, estando autorizado a determinar nessas audiências quaisquer medidas, desde que não conflitantes com outras normas legais, que tenham por objetivo garantir a adequada solução para o caso concreto, incluindo a definição de prazos especificamente considerados para o caso em questão.

Portanto, é dever do magistrado conduzir o processo de insolvência tendo em vista suas peculiaridades próprias, adequando o procedimento aos objetivos pretendidos e tendo sempre em consideração a complexidade de cada situação posta ao julgador, de modo a garantir eficiência, rapidez e economia na solução do processo.

Com base em todas essas ideias do direito comparado e das experiências observadas em outros sistemas, o juízo da 1ª Vara de Falências e Recuperações Judiciais de São Paulo iniciou a transposição e a adaptação dessas premissas para a gestão de casos de falência e recuperação judicial. E tal experiência vem mostrando excelentes resultados até mesmo para os casos mais complexos, diminuindo custos, conferindo maior transparência, possibilitando maior acesso das partes e interessados, buscando-se soluções consensuais e atingindo-se um maior índice de acertos nas decisões (no sentido de que as decisões são proferidas com base num maior e mais fiel conjunto de provas trazidas por todos os interessados ao conhecimento judicial).

O método que vem sendo aplicado na 1.ª Vara de Falências e Recuperações Judiciais é chamado de gestão democrática de processos.

Trata-se de metodologia adequada à condução de processos de insolvência (falências e recuperações judiciais), de cunho nitidamente coletivo, mas também a outros processos coletivos, como ações civis públicas de várias espécies.

Processos de grande complexidade, como é o caso das falências e recuperações judiciais de empresas, necessitam de uma gestão diferente da tradicional, sob pena de não conseguirem dar respostas adequadas às lides postas à julgamento pelo Poder Judiciário.

Processos que tratam de questões empresariais não podem ignorar a realidade da economia, como se o mundo jurídico existisse de forma isolada e desconectada dos demais aspectos da sociedade moderna. O tempo do processo não pode estar dissociado do tempo da realidade negocial, mormente quando se tem em vista processos falimentares e recuperacionais, nos quais o *timing* negocial/econômico é fundamental para o sucesso da atividade jurisdicional[4].

O objetivo do processo falimentar é arrecadar o patrimônio da empresa falida (todos os seus ativos), avaliá-lo e vendê-lo, pagando-se o maior número possível de credores em observância à ordem de prioridade legal. A eficiência desse tipo de processo se mede pela otimização dos ativos da empresa falida em prol dos credores beneficiados pelos pagamentos devidos, mas também pela destinação adequada dos recursos arrecadados, tendo em vista a manutenção da fonte produtora, ainda que em poder de outros agentes, preservando-se, assim, os empregos, o recolhimento de tributos, a circulação de bens, produtos e serviços.

O atingimento do melhor resultado em processos falimentares depende, portanto, da agilidade e do acerto decisório no que tange à arrecadação e destinação dos ativos da empresa falida. Não se trata, apenas, de arrecadar formalmente e vender os ativos da falida. Trata-se de definir, no tempo econômico, a melhor destinação desses ativos, em favor do interesse dos credores e também do interesse público e social. Não é por outra razão que a própria Lei de Falências determina que a alienação do ativo deve observar uma ordem de prioridade, preferindo-se a alienação da empresa em bloco ou das unidades produtivas isoladas (que preservam a fonte produtora de riquezas – atividade empresarial – em mãos de novos donos e, ao mesmo tempo, são hábeis a gerar melhores recursos para o pagamento dos credores) do que a alienação dos bens isolados que compunham a empresa falida[5].

---

[4] Conforme explicado na reportagem realizada pelo jornal O Valor Econômico: *Magistrado Inova em Recuperação Judicial*. Dez. 2014.

[5] LRE, art. 140. A alienação dos bens será realizada de uma das seguintes formas, observada a seguinte ordem de preferência: I – alienação da empresa, com a venda de seus estabelecimentos em bloco; II – alienação da empresa, com a venda de suas filiais ou unidades produtivas isoladamente; III – alienação em bloco dos bens que integram cada um dos estabelecimentos do devedor; IV – alienação dos bens individualmente considerados. § 1º Se convier à realização do ativo, ou em razão de oportunidade, podem ser adotadas mais de uma forma de alienação.

As decisões judiciais, portanto, devem ser lançadas em tempo economicamente útil, vez que a demora em casos dessa natureza agravam o prejuízo social e econômico. Além disso, tais decisões, para serem eficazes, devem observar as peculiaridades do caso em questão e as dificuldades inerentes aos ativos individualmente considerados.

A recuperação judicial de empresas também exige extrema agilidade judicial, a fim de que os atos processuais fundamentais ao desenvolvimento do processo ocorram em tempo razoável, viabilizando-se a oportunidade à empresa em crise de efetiva recuperação econômica.

Aplica-se às recuperações judiciais, ainda com mais razão, a exigência de que as decisões judiciais sejam construídas sob medida para as necessidades da empresa em crise, com observância das peculiaridades do mercado e do caso concreto, sob pena de não ser capaz de preservar todos os benefícios sociais e econômicos que decorrem da manutenção da atividade empresarial saudável, quais sejam, a preservação dos empregos, a geração de riquezas, o recolhimento de tributos e a circulação de bens, produtos e serviços de interesse público e social.

Percebe-se, portanto, que o tempo e que a construção de decisões feitas sob medida para o caso concreto, são elementos essenciais para o sucesso desses tipos de processos.

E a gestão tradicional de processos, empregada normalmente pelo Poder Judiciário, não dá respostas adequadas e em tempo útil para que seja possível alcançar o sucesso em falências e recuperações judiciais.

No método tradicional de gestão de processos, a colheita das manifestações de todos os interessados, do MP, do administrador judicial e do perito, como pressuposto para a emissão da decisão judicial, é feita através de despachos e petições nos autos. Isso implica numa demora incompatível com a necessidade da realidade da econômica, principalmente porque o serviço judiciário, além de burocrático por natureza, está absolutamente assoberbado de trabalho em carga muito superior a razoável.

§ 2º A realização do ativo terá início independentemente da formação do quadro-geral de credores. § 3º A alienação da empresa terá por objeto o conjunto de determinados bens necessários à operação rentável da unidade de produção, que poderá compreender a transferência de contratos específicos. § 4º Nas transmissões de bens alienados na forma deste artigo que dependam de registro público, a este servirá como título aquisitivo suficiente o mandado judicial respectivo.

Daí que o andamento do processo se torna muito lento e seu resultado será, não raras vezes, ineficaz. Enfim, os períodos em que o processo fica paralisado indevidamente em razão da burocracia judiciária interferem de maneira decisiva na efetividade da prestação jurisdicional.

Nesse sentido, não é raro que a decisão judicial seja proferida a destempo, quando já desapareceram o interesse, a utilidade e a oportunidade mais adequada do ponto de vista econômico e negocial para a efetiva prática do ato determinado pelo juízo. E mais. Também é comum que a decisão judicial não considere as especificidades do caso concreto, vez que muitos daqueles que teriam condições de levar ao juízo elementos importantíssimos sobre a melhor destinação dos ativos (empregados e parceiros econômicos, por exemplo) não têm a possibilidade de interferir no convencimento judicial, nem participam da construção do processo decisório.

Por exemplo, a decisão de arrecadação de determinado bem deve ser proferida em tempo razoável, sob pena de desaparecimento ou perecimento do bem objeto da arrecadação. Se proferida a destempo, essa decisão não vai gerar efeitos positivos ao processo falimentar, seja pelo desaparecimento do bem ou mesmo pela sua importante desvalorização, em prejuízo dos credores. Pode-se citar, ainda, como exemplo, a decisão sobre a venda ou o arrendamento de um ativo da massa falida, que deve ser proferida em consonância com a preservação do valor desse ativo e com o interesse do mercado. O atraso na tomada de decisão poderá representar a perda de uma oportunidade e, dessa forma, a imposição de prejuízo aos interesses dos credores.

Na recuperação judicial, em que se discute quais as melhores estratégias para superação da crise da empresa, qualquer ruído de comunicação ou o atraso na tomada de decisões centrais, poderão ser decisivas para o insucesso do processo, perdendo-se a possibilidade de manutenção da atividade empresarial, em prejuízo dos credores e da sociedade em geral.

Propõe-se, assim, um novo modelo de gestão desse tipo de processo, que possibilite conferir ao magistrado maior agilidade decisória: a gestão democrática de processos.

Os processos de insolvência (falência e recuperação judicial), mesmo tendo em conta a sua evidente complexidade, devem atender aos princípios constitucionais da duração razoável do processo (art. 5.º, LXXVIII, CF/88)[6] e da eficiência (art. 37, *caput*, da CF/88)[7].

Deve-se garantir aos cidadãos o acesso à ordem jurídica justa, assim entendido o acesso qualificado ao processo; não apenas o acesso ao Poder Judiciário, mas o acesso à solução judicial adequada. Vale dizer, o cidadão tem direito ao processo como instrumento útil da solução dos conflitos e realização efetiva de direitos.

Conforme já afirmado, a questão da duração do processo (tempo de formação da decisão judicial) é fundamental em qualquer tipo processo, mas de importância crucial no caso das falências e recuperações judiciais, de modo que o tempo do processo não esteja dissociado do tempo da realidade ou da economia. As decisões judiciais devem ser proferidas em tempo útil, de modo a atender as necessidades do processo que, por sua vez, são ditadas pelo interesse dos agentes econômicos.

E não só.

Os interesses econômicos e sociais, de maneira geral, também são atingidos pela condução do processo falimentar, já que não se pode conviver com a não utilização de bens e serviços de relevância econômico-social. Deve-se preservar a função social da propriedade inclusive em relação à massa falida, preservando-se os interesses dos credores, mas também da sociedade em geral.

Por isso, dentro do modelo de gestão democrática, as decisões judiciais, notadamente sobre os temas que demandam maior urgência e compatibilidade com o tempo dos agentes econômicos, devem ser tomadas em audiências públicas com a presença de todos os atores processuais interessados nos destinos do processo, vale dizer, do administrador judicial, do perito, do MP e de outros eventuais interessados especificamente nas questões a serem decididas (notadamente os empregados e parceiros comerciais).

---

[6] CF/88, art. 5º, inc. LXXVIII a todos, no âmbito judicial e administrativo, são assegurados a razoável duração do processo e os meios que garantam a celeridade de sua tramitação. (Incluído pela Emenda Constitucional n.º 45, de 2004).

[7] CF/88, art. 37, "caput". A administração pública direta e indireta de qualquer dos Poderes da União, dos Estados, do Distrito Federal e dos Municípios obedecerá aos princípios de legalidade, impessoalidade, moralidade, publicidade e eficiência e, também, ao seguinte: (Redação dada pela Emenda Constitucional n.º 19, de 1998).

Nesse sentido, diante da necessidade de decisão sobre diversos aspectos do processo de insolvência (arrecadação de bens, venda de ativos, avaliação, arrendamentos, dentre outros temas de ocorrência frequente), deve o juiz designar uma audiência com definição da pauta de questões a serem discutidas e decididas. Todos aqueles cujos pareceres sejam necessários para a formação do processo decisório devem ser intimados para comparecer ao ato. Nessa audiência, todas as questões serão discutidas e, se possível, decididas. Assim, a decisão sobre essas questões, que demoraria meses ou anos no modelo tradicional, poderá ser proferida num único dia, respeitando-se a oportunidade de manifestação de todos os interessados.

Além de imprimir maior celeridade ao processo decisório, a Gestão Democrática de Processos apresenta ainda outras vantagens: garante a participação das partes e interessados no processo decisório, induz maior comprometimento de todos aqueles que atuam no processo, assegura maior transparência ao processo, propicia maior fiscalização sobre o andamento processual e, ainda, franqueia aos interessados o fornecimento ao juízo de informações relevantes e úteis sobre aspectos diversos do processo (como, por exemplo, qual seria a melhor destinação de ativos específicos, dentre outras), colaborando para a maior qualidade da decisão judicial, que será construída sob medida para o caso concreto.

As partes (credores e devedores) e todos os demais interessados nos rumos do processo de insolvência têm participação garantida no processo de formação da decisão judicial. Isso porque, todos serão convidados a participar da audiência de gestão democrática em que serão deliberadas e decididas as questões previamente definidas pelo juízo e que demandam pronta e eficaz decisão. Na audiência, todos poderão trazer elementos importantes para a formação da decisão judicial. Ademais, eventuais discordâncias fundadas poderão ser analisadas de imediato, fazendo com que se possibilite a formação da decisão consensual, com atendimento de todos os interessados. Isso tudo porque todos os interessados estarão presentes, interagindo com o julgador, no momento da formação de sua decisão. É evidente, portanto, que a decisão terá mais elementos de realidade e será mais próxima do que seria o correto do ponto de vista da utilização dos recursos/ativos envolvidos no processo.

O magistrado atuará também como mediador dos interesses de todos os envolvidos no processo durante as discussões e deliberações a serem tomadas na audiência de gestão democrática. Assim atuando, será possível o atendimento parcial e/ou total de diversos interesses, com o consenso de todos os presentes. Essa mediação levará a decisões aceitas por todos e, portanto, não sujeitas a recursos. Daí que se acelera a conclusão do processo, que não ficará sujeita ao retardamento decorrente da interposição de recursos durante o curso da demanda.

A gestão democrática induz muito maior transparência na condução do processo. Todos os interessados poderão presenciar a atuação de todos os agentes do procedimento. Credores e devedores, além de outros eventuais interessados, poderão constatar qual é a exata atuação de todos os demais envolvidos no processo, incluindo o magistrado, o Ministério Público, os advogados das partes, o administrador judicial e os peritos.

O juiz, na audiência de gestão, distribuirá tarefas aos agentes do processo, a fim de que seja possível atingir o resultado mais adequado, rápido e econômico para a solução das questões postas a julgamento. Todos os presentes na audiência terão ciência exata de quais são as responsabilidades assumidas por cada agente do processo. Portanto, o eventual descumprimento da tarefa determinada judicialmente individualizará responsabilidades. Desse modo, será inviável que os agentes do processo se escondam atrás do trabalho, afastando suas responsabilidades, firmes na convicção de que suas falhas individuais jamais serão desnudadas. Nesse sentido, essa forma de gestão do processo induz muito mais comprometimento dos agentes do processo, que não desejarão ver revelada perante todos a sua própria incompetência. É importante destacar que todas as tarefas distribuídas pelo juiz numa audiência de gestão democrática serão cobradas e conferidas na audiência seguinte, que sempre é designada para realização do *follow up* ou do acompanhamento do estágio de desenvolvimento do processo e deliberação sobre os novos passos do processo, rumo à solução final mais rápida e econômica.

A audiência de gestão democrática, ao permitirem a participação efetiva de todos os agentes do processo, tem o poder de interferir decisivamente na mudança da postura desses agentes em relação ao desenvolvimento do caso. Na medida em que todos conhecem os rumos do processo e conseguem enxergar de forma límpida como é a atuação de todos os agentes do processo, é natural que as partes abandonem a tradicional postura resistente e passem a ser mais colaborativos com os destinos do processo. As partes envolvidas, notadamente ex-empregados e parceiros econômicos, deixam de se sentir apenas parte do problema e passam a atuar como parte fundamental na construção da solução.

A fiscalização da conduta de todos os agentes do processo também é favorecida pela gestão democrática. Isso porque, como já visto, todos os envolvidos no processo saberão exatamente como é a atuação de todos os agentes do processo. Assim, não serão apenas o Juiz e o Ministério Público a fiscalizar a conduta de credores, devedores, do administrador judicial e de seus auxiliares. Todos atuarão nessa fiscalização, tendo acesso fácil e rápido ao magistrado e ao MP nas audiências de gestão democrática.

Durante a audiência de gestão democrática, o juiz, depois de discutir as questões que precisam ser decididas, definirá o rumo do processo e distribuirá as tarefas a serem cumpridas por cada um dos envolvidos no caso. Assim, por exemplo, havendo a necessidade de venda de um ativo da massa falida, depois de discutida a melhor técnica para fazê-lo, o juiz determinará ao administrador judicial que cumpra as diligências de avaliação e venda em determinado prazo. E todos os presentes na audiência de gestão democrática saberão quais são essas tarefas e os prazos para seu cumprimento (providências e prazos aceitos por todos). Assim, é intuitivo supor que as referidas tarefas serão efetivamente cumpridas, na medida em que fiscalizadas amplamente, além de previamente aceitas por todos.

Novamente é importante destacar que são feitas audiências de gestão democrática para acompanhamento de todas as questões decididas e tarefas distribuídas na audiência anterior. Faz-se, conforme o caso, um acompanhamento mensal do cumprimento das metas objetivadas e decididas nas audiências precedentes.

O processo se desenvolve de audiência em audiência, avançando no sentido da solução final, de forma rápida, econômica e irreversível. Induz-se maior participação de todos na condução dos processos de insolvência, em prol da maior velocidade, agilidade, transparência e eficiência da prestação jurisdicional.

Conforme já afirmado, repita-se, as partes deixam de se sentir apenas parte do problema e passam a se ver como parte da solução do caso, o que faz com que haja uma sensível mudança de postura diante da condução do feito.

As decisões são construídas em audiência, como resultado da ampla discussão travada entre todos aqueles que tem interesse na solução do caso. Os elementos específicos de cada caso concreto surgirão naturalmente dessa participação efetiva dos agentes do processo, inclusive dos trabalhadores. A decisão construída de forma democrática será amoldada, de forma bastante justa, às necessidades do caso concreto, distribuindo-se as tarefas necessárias ao atingimento das melhores práticas do ponto de vista dos credores e da sociedade em geral.

E o melhor: a aplicação do modelo de gestão democrática de processos é imediata e independe de alteração legislativa.

Segundo a legislação de regência, permite-se ao juiz designar audiência para a colheita de informações das partes e demais interessados, sempre que entender necessário para a solução rápida e adequada das questões postas em juízo. E mais. Essa forma de gestão de processos é a que melhor atende aos princípios constitucionais da eficiência e da duração razoável do processo.

Melhora-se a prestação do serviço jurisdicional sem a necessidade de mudanças legislativas ou de investimentos adicionais na estrutura do Poder Judiciário.

Um exemplo prático de sucesso da gestão democrática em processos de insolvência é o caso da falência da VASP, em trâmite perante a 1ª Vara de Falências e Recuperações Judiciais de São Paulo.

Trata-se de um caso de falência extremamente complexo, na medida em que envolve ativos de diversas naturezas que necessitam de realização urgente, não só para atendimento das prementes necessidades dos credores, mas também para o atendimento do interesse público.

Dezenas de carcaças de aeronaves estavam estacionadas em praticamente todos os aeroportos do País, congestionando a já tão sobrecarregada infraestrutura aeroportuária do Brasil, às vésperas do maior evento esportivo do mundo: a Copa do Mundo da FIFA.

Sob a coordenação do Conselho Nacional de Justiça, diversas reuniões foram realizadas em Brasília, com a participação de todos os interessados na destinação das aeronaves (carcaças), como Infraero, concessionárias de aeroportos, TCU, Procuradorias da União, dentre outros. A estratégia de alienação desses ativos e a desocupação dos aeroportos foi debatida e decidida em conjunto, criando-se uma agenda positiva e colaborativa de todos os entes, em prol da aceleração do andamento do feito, com atendimento dos interesses dos credores e do interesse público.

O resultado dessas audiências/reuniões foi a viabilização da total alienação e a (quase) completa retirada das aeronaves dos aeroportos brasileiros. No aeroporto de Congonhas, por exemplo, onde existiam 12 carcaças de aeronaves ocupando espaço vital para a infraestrutura aeroportuária nacional, foram todas vendidas e retiradas em alguns meses, em benefício do interesse nacional, com pagamento aos credores de parte de seus créditos, com a utilização do produto da venda.

Diante do sucesso dessa solução, o juízo da 1.ª Vara de Falências e Recuperações Judiciais de São Paulo estendeu a essência dessa ideia para a decisão de diversos outros aspectos importantes da falência da VASP, como a destinação e realização de diversos outros ativos da massa falida, incluindo peças sucateadas e artigos sem valor econômico, mas que poderiam ser de interesse de colecionadores. Diversos leilões de bens para colecionadores (camisetas, bonés, maquetes, peças de comissariado, uniformes usados etc) foram realizados com sucesso.

Audiências de gestão democrática são realizadas periodicamente na condução do processo de falência da VASP, sempre com grande participação de todos os interessados, inclusive sindicatos, associação de ex--funcionários, credores, dentre outros. Questões importantes para a eficiência do processo são discutidas e decididas, o que viabilizou o pagamento integral de todo o passivo extraconcursal da massa falida, resultando no beneficiamento de milhares de famílias de trabalhadores.

Essa metodologia, diante do sucesso verificado na condução da falência da VASP, foi estendida também para outros processos de falência e recuperações judiciais, resultando em mais eficiência e agilidade decisória, sempre em prol do fim útil do processos.

O processo de recuperação judicial da empresa LBR também pode ser citado como um *case* de sucesso, resultado da aplicação da técnica das audiências de gestão democrática.

Conforme reportagem divulgada pelo Jornal Valor Econômico[8], a gestão democrática desburocratizou a venda de 14 ativos da LBR-Lácteos Brasil – fábricas e marcas – por R$ 533,4 milhões, atingindo resultados que beneficiaram os credores e a sociedade em geral, notadamente os empregados das empresas, que tiveram os postos de trabalho preserva-

---

[8] http://www.valor.com.br/legislacao/3834300/magistrado-inova-em-recuperacao-judicial

dos, mesmo com a transferência da propriedade das unidades produtivas isoladas.

O modelo de venda das unidades produtivas isoladas no bojo da recuperação judicial foi construído em audiências de gestão democrática, com ampla participação de todos os agentes do processo e dos demais interessados no resultado final da prestação jurisdicional (interessados na aquisição dos ativos, entidades sindicais e empregados das fábricas, por exemplo).

Confira-se, sobre a gestão democrática do processo, a declaração prestada pelo Presidente da Confederação Brasileira Democrática dos Trabalhadores nas Indústrias de Alimentação (Contact), Siderlei Oliveira, em reportagem amplamente veiculada em nível nacional: "Já participei de muitas negociações de falências e administração judicial de empresas e, em 40 anos de sindicalismo, é a primeira vez que vi esse resultado, com a manutenção de 2 mil empregos. Espero que esse tipo de recuperação judicial faça escola no Brasil."[9]

Além desses dois exemplos, diversos outros processos de insolvência vêm sendo geridos na 1ª Vara de Falências e Recuperações Judiciais de São Paulo com utilização dessa nova técnica, sempre com resultados muito positivos.

Tem-se, portanto, que é sempre possível fazer mais e melhor, mesmo sem a existência de novos investimentos e reformas legislativas. A mudança de postura do gestor de processos é capaz de gerar resultados positivos, conferindo-se mais eficiência ao serviço público da Justiça.

---

[9] http://www.segs.com.br/demais/47592-recuperacao-judicial-poupa-2-mil-empregos.html

Dez anos de vigência da Lei 11.101/2005. Há motivos para comemorar?

NEWTON DE LUCCA
RENATA MOTA MACIEL M. DEZEM

1. Considerações introdutórias: o empenho da doutrina brasileira para o advento de uma nova lei

Conquanto o tema possa ser considerado polêmico – como acontece com quase tudo em matéria de Direito e, especialmente, em direito falimentar –, à interrogação constante do título desta minha singela exposição, propendo a dar resposta afirmativa.

A própria existência da lei (para quem, como eu, acompanhou desde a década de sessenta do século passado, o enorme esforço da doutrina para que fosse dada à estampa uma nova lei falimentar) já é, por si só, um fato a ser comemorado, salvo, é claro, para os costumeiros mal-intencionados de plantão...[1]

Afinal de contas, os numerosos anteprojetos de lei elaborados por juristas e por entidades de classe, todos eles visando à reforma da lei fali-

---

[1] Escusava dizer que não me refiro aqui – nem mesmo remotamente – aos críticos desse texto legal, que dele tinham expectativas maiores e melhores. Há muitas críticas sobre ele – algumas formuladas em tom excessivamente ácido – que, nem por isso, terão perdido sua probidade científica. Minha alusão diz respeito àqueles que se utilizam de declarações irônicas e hiperbólicas, não para tentar contribuir com o aperfeiçoamento dos institutos jurídicos, como deveria ser, mas para proporcionar efeitos midiáticos a seus apaixonados mistifórios...

mentar brasileira, revelaram-se inexitosos, sendo muitos deles de inegável qualidade...

Fartei-me de explicar aos estudantes da Faculdade de Direito da Universidade de São Paulo, ano após ano, que era preciso desdobrar o curso em duas metades, quase inteiramente distintas: uma delas, para ensinar as disposições do direito vigente, desde a edição do Decreto-Lei 7.661, de 1945; a outra, para expor as tendências do direito falimentar contemporâneo, no plano do direito comparado... E como sempre fui um homem de "nadar contra a corrente", insisti nesse procedimento por décadas seguidas até que fosse editada – já de forma bastante serôdia – a Lei 11.101/05, cujo aniversário de dez anos de vigência, ora se comemora...

Seja-me permitido recordar, assim, uma vez mais,[2] o soneto *Legenda dos Dias*, de Raul de Leoni, que tão bem refletiu esse sentimento de desencanto humano que me acompanhou até o advento da referida lei:

O Homem desperta e sai cada alvorada
Para o acaso das coisas... e, à saída,
Leva uma crença vaga, indefinida,
De achar o Ideal nalguma encruzilhada...

As horas morrem sobre as horas... Nada!
E ao Poente, o Homem, com a sombra recolhida,
Volta, pensando: Se o Ideal da Vida
Não veio hoje, virá na outra jornada...

Ontem, hoje, amanhã, depois, e, assim,
Mais ele avança, mais distante é o fim,
Mais se afasta o horizonte pela esfera;

E a Vida passa... efêmera e vazia:
Um adiamento eterno que se espera,
Numa eterna esperança que se adia...[3]

---

[2] A primeira vez ocorreu no artigo inaugural do livro *Comentários à Nova Lei de Recuperação de Empresas e de Falências*, de Newton De Lucca e Adalberto Simão Filho (coords.), Parte I – Teoria Geral, São Paulo, Quartier Latin, 2005, p.15.

[3] Rogo minhas sinceras escusas aos leitores que, fascinados apenas pelo Direito, desgostam – e até mesmo se irritam, às vezes, como já aconteceu num passado não muito distante – com essa

Escusava dizer que as deficiências do velho Decreto-Lei 7.661, de 1945, não decorriam de falhas técnicas existentes em seu texto, mas sim de sua inafastável obsolescência. Na verdade, para aquele momento histórico, o anteprojeto então elaborado pela Comissão de Notáveis, presidida pelo Ministro interino da Justiça Dr. Alexandre Marcondes Filho – e composta pelos eminentes Profs. Canuto Mendes de Almeida, Filadelfo Azevedo, Hahnemann Guimarães, Luís Lopes Coelho, Noé Azevedo e Sylvio Marcondes –, significava grande avanço.

Veja-se, a propósito, a atual afirmação feita por Manoel Justino Bezerra Filho, ao tratar da classificação dos créditos na falência, *in verbis*:[4]

> "Nesta matéria, a lei anterior era melhor ordenada, o que deveria ser sempre recomendável, especialmente em leis tipo 'codificação' como esta, com mais de duas centenas de artigos, configurando um verdadeiro Código de Recuperação e Falência. **Aliás, a lei anterior, embora com mais de meio século de existência, sempre foi reconhecida, mesmo por seus críticos mais severos, como exemplo de ordenamento e disposição correta das diversas matérias tratadas em seus 217 artigos.**" (grifos meus)

De outro lado, sabe-se o quanto a melhor doutrina descortinava as notórias deficiências da legislação anterior. Na década de 70 da centúria passada, assim escrevia o Prof. Fábio Konder Comparato:

descomedida mania de imiscuir em meus textos, de natureza tipicamente jurídica, versos de poetas famosos que me ajudaram a viver... Não custa recordar, para os que julgam a Literatura como algo inútil para o Direito, que o objeto da tese de doutorado de Hans Kelsen, foi nada mais, nada menos, do que *A Divina Comédia*, de Dante Alighieri. Deve ser lembrado, igualmente, que a peça de Shakespeare, *O mercador de Veneza*, por certo desconhecida pelos ignaros de plantão, foi a referência central de Rudolf von Ihering, em seu clássico *A luta pelo Direito*. Além desses clássicos exemplos, não me esquecerei jamais da frase de um dos meus professores de direito penal, segundo a qual seria mais importante ler as obras de Dostoiévski do que os manuais existentes sobre a disciplina... Para minha grande alegria, o aparente e falso divórcio entre a Literatura e o Direito vem sendo progressivamente posto a nu por autores como, por exemplo, Raffaele De Giorgi (*Direito, Tempo e Memória*, tradução de Guilherme Leite Gonçalves, São Paulo, Quartier Latin, 2006). Verifica-se, em tal obra, o pioneirismo desse autor no processo de resgate de tal ideia, ao lado do movimento denominado *Law and Literature*, no qual despontam os nomes de François Ost e Gunther Teubner.

[4] *Lei de Recuperação de Empresas e Falência*, 9.ª ed. Revista, atualizada e ampliada, São Paulo, RT, 2013, p. 205.

"O mínimo que se pode dizer nessa matéria é que o dualismo no qual se encerrou o nosso Direito Falimentar – proteger o interesse pessoal do devedor ou o interesse dos credores – não é de molde a propiciar soluções harmoniosas no plano geral da economia. O legislador parece desconhecer totalmente a realidade da empresa, como centro de múltiplos interesses – do empresário, dos empregados, dos sócios capitalistas, dos credores, do fisco, da região, do mercado em geral – desvinculando-se da pessoa do empresário. De nossa parte, consideramos que uma legislação moderna da falência deveria dar lugar à necessidade econômica da permanência da empresa. A vida econômica tem imperativos e dependências que o Direito não pode, nem deve, desconhecer. A continuidade e a permanência das empresas são um desses imperativos, por motivos de interesse tanto social, quanto econômico."[5]

Outro paladino da reformulação do nosso direito falimentar foi o saudoso Prof. Rubens Requião, um dos defensores maiores da reforma. Numa inolvidável conferência proferida no Instituto dos Advogados Brasileiros, no Rio de Janeiro, em 8 de março de 1974, observava ele:

"Muito mais que o Código Civil e do que o Código de Processo, tanto quanto, sem dúvida, o Código Penal e o Código de Processo Penal, se evidencia e se impõe a reforma da lei falimentar. A falência e a concordata, como institutos jurídicos afins, na denúncia de empresários e de juristas, se transformaram em nosso País, pela obsolescência de seus sistemas legais mais do que nunca, em instrumentos de perfídia e de fraude dos inescrupulosos. As autoridades permanecem, infelizmente, insensíveis a esse clamor, como se o País, em esplêndida explosão de sua atividade mercantil e capacidade empresarial não necessitasse de modernos e funcionais instrumentos e mecanismos legais e técnicos adequados à tutela do crédito, fator essencial para o seguro desenvolvimento econômico nacional."

Alguns anos depois, mais precisamente em 25 de outubro de 1978, esse mesmo professor, em conferência proferida na cidade de São Paulo, denunciava com firmeza exemplar:

---

[5] *Aspectos Jurídicos da Macro-Empresa*, São Paulo, RT, 1970, p. 102.

"O que ocorre no setor dos mecanismos jurídicos de apoio às empresas insolventes é sintomático. A Lei de Falências caducou em vários dispositivos, desacreditando o instituto que não tem mais vigor para sanear o meio econômico. Debalde toda sociedade brasileira clama por sua reforma, mas o Ministério da Justiça inerte se desinteressa, permitindo que suas atribuições sejam assumidas pelo Ministério da Fazenda, como ocorreu com a Lei das Sociedades por Ações e com a Lei de Intervenção e Liquidação Extrajudicial. Todas elas, como se sabe, se preocupam somente com a solução dos problemas das grandes empresas e das instituições financeiras, detentoras dos interesses do Mercado de Capitais, que passou a constituir, desde a Revolução de 1964, a 'menina dos olhos' do Governo Federal.

Estamos assistindo o governo voltado para as questões da plutocracia financeira e empresarial, descurando-se de todo o mecanismo legal restante. No momento se fala na reforma da Lei n.º 6.024, de 1974, que regulou a intervenção e liquidação extrajudicial das instituições financeiras. Mas, não se alude, é sintomático, de revisão da Lei de Falências, de 1945, como se só as instituições financeiras estivessem embaraçadas com as fraudes econômicas. O que defendemos, nesse setor, é o saneamento da atividade econômica, sobretudo para a contenção das fraudes das empresas insolventes. Não desejamos solução setorial, mas um sistema jurídico que englobe todo o problema, desde as pequenas às grandes empresas."[6]

E, finalmente, para que não se cometa imperdoável injustiça com quem tanto lutou visando à reforma de nosso direito falimentar, cabe lembrar o trabalho do igualmente saudoso Professor Nelson Abrão. Em sua monografia de doutoramento sobre a matéria, escreveu ele, com inteira propriedade:

"Razões de ordem lógica e histórica nos levam a entender necessárias diversas modificações em nosso ordenamento jurídico positivo no concernente aos procedimentos concursais"[7], assinalando que "o Direito Comparado, a doutrina e a vida forense nos ensinam que o velho Dec.-Lei de 1945 não atende mais à nossa realidade sócio-econômica".

[6] *Aspectos Modernos de Direito Comercial*, 2.º volume, *Capítulo X – Direito Falimentar*, Saraiva, 1980, p. 130.
[7] *Da Caracterização da Falência*, São Paulo, RT, 1970, pp. 83 e 90.

Em grosseira síntese, defendia ele, entre outras coisas, a necessidade de:

I – extensão dos procedimentos de execução universal, também aos não empresários, aos sócios de responsabilidade solidária e ilimitada, e aos dirigentes responsáveis pela insolvência da sociedade;

II – consideração da insolvência como causa dos procedimentos concursais (estado), e não o inadimplemento ou a mera impontualidade (fato);

III – maior participação da organização judiciária na prevenção ou na regularização da insolvência.

Assim, penso ser adequado dizer-se que o advento da Lei 11.101/05 foi uma vitória da doutrina comercialista brasileira.

2. O que dizem os números...

Todas essas considerações, porém, não significam que a atual lei não possa ser objeto de vários questionamentos e, sem dúvida, de alguns aprimoramentos.[8]

Anote-se, aliás, que o maior número de Enunciados das I e II Jornadas de Direito Comercial, promovidas pelo Centro de Estudos Judiciários do Conselho da Justiça Federal, nos anos de 2013 e 2015, respectivamente, foi exatamente sobre a Lei 11.101, dada a complexidade inerente à matéria falimentar e recuperacional.

O que não se pode fazer é uma análise da qualidade da lei, baseada exclusivamente em números de processos entrados na Justiça, como se eles, por si sós, fossem capazes de ter relevância axiológica.

Mais desarrazoado, ainda, é supor que – em função da sedução numerológica que avassala certos espíritos em nossa fantástica pós-modernidade, ou *modernidade líquida*, como a prefere designar Bauman – possa o "custo" de uma lei ser mensurado pela quantidade de artigos!...

---

[8] Um dos pontos mais vulneráveis da Lei 11.101/05, a meu ver, é a ausência de um adequado mecanismo de financiamento às empresas que entram em recuperação judicial, tal como existe, por exemplo, no direito estadunidense. Tal aspecto será objeto de referência específica, pouco mais adiante, no texto principal.

Tal consideração – que poderá parecer inteiramente descabida, para muitos, no contexto de um balanço da Lei 11.101 –, eu a faço (não sem uma ponta de constrangimento, é verdade...) em razão de um estudo de autoria da professora doutora Luciana Yeung, do INSPER – São Paulo, de maio de 2014, que resolveu medir "*os impactos do PL 1.572, da Câmara dos Deputados, ou do PL 487, do Senado Federal*", ambos dispondo sobre um novo Código Comercial para o Brasil[9].

A pertinência da invocação, contudo, decorre do fato de esse estudo ter partido exatamente do n.º de artigos da Lei 11.101 para calcular qual seria o *impacto*[10] que uma lei com um número de artigos muito maior poderia causar...

Num resumo grosseiro, evidentemente (e pelo qual rogo minhas escusas pelo seu aspecto pálido e canhestro), o raciocínio teria sido, aproximadamente, o seguinte: se, após o advento da Lei 11.101, houve média de 2.740 processos por ano, o Projeto do novo Código Comercial, contando com 5,49 vezes mais artigos, produziria uma quantidade proporcional de, no mínimo, 15.043 processos por ano.

Abstenho-me de discutir a lógica utilizada pela autora,[11] mas é de solar clareza que não se pode considerar isoladamente o n.º de processos, **após** nove anos de vigência da lei, sem que se compare, **antes**, com o n.º de pro-

---

[9] O estudo pode ser acessado em http://www.migalhas.com.br/arquivos/2014/5/art20140526-09.pdf, acessado em 10/7/2015.

[10] Utilizei-me da palavra apenas para respeitar a opção da autora no próprio título do seu trabalho. De minha parte, porém, a partir da segunda edição do meu artigo "Títulos e Contratos Eletrônicos: o advento da Informática e suas consequências para a pesquisa jurídica", na obra Newton De Lucca e Adalberto Simão Filho (coords.), *Direito & Internet – Aspectos Jurídicos Relevantes – Vol. I*, 2.ª ed., São Paulo, Quartier Latin, 2005, tenho seguido o rigoroso ensinamento de Pierre Lévy (*Cibercultura*, 2.ª reimpressão, São Paulo, Editora 34, 2001, p. 21), *in verbis*: "Nos textos que anunciam colóquios, nos resumos dos estudos oficiais ou nos artigos da imprensa sobre o desenvolvimento da multimídia, fala-se muitas vezes no 'impacto' das novas tecnologias da informação sobre a sociedade ou a cultura. A tecnologia seria algo comparável a um projétil (pedra, obus, míssil?) e a cultura ou a sociedade a um alvo vivo... Esta metáfora bélica é criticável em vários sentidos. A questão não é tanto avaliar a pertinência estilística de uma figura de retórica, mas sim esclarecer o esquema de leitura dos fenômenos – a meu ver, inadequado – que a metáfora do impacto nos revela."

[11] Extrapolaria os modestos lindes do presente artigo entrar no mérito de outros aspectos relacionados ao referido estudo, como, por exemplo, o custo médio de um processo na Justiça estadual e sua transposição para o âmbito federal; dificuldade de interpretação da lei pelos tribunais e quejandos.

cessos existentes, durante os últimos nove anos de vigência do anterior Decreto-Lei 7.661, de 1945...

E, sob tal aspecto, vejam-se, a propósito, os dados publicados pela Serasa Experian[12], reveladores de que tanto a quantidade de falências requeridas, quanto a de falências decretadas teria caído, aproximadamente, sete vezes!!!

Escusava dizer, por outro lado, que tal comparação, por si só, também não poderia ser considerada axiologicamente relevante. Suponha-se, por um instante, que uma variável de grande importância tivesse interferido nessa comparação, sendo existente num dos períodos dela objeto e não existente no outro... Pois tal variável efetivamente ocorreu, já que a crise econômica de 2008, um dos mais relevantes eventos econômicos ocorridos nos últimos 50 anos, fez aumentar consideravelmente a inadimplência das empresas...

Porém, como bem observado pelos professores Marcelo Guedes Nunes e Adilson Simonis: "O aumento na quantidade de ações observado a partir de 2008 não tem relação com celeumas hermenêuticas nos tribunais e está provavelmente associado ao impacto da crise sobre empresas em dificuldade"[13].

Parece indubitável, portanto, que a Lei 11.101/05, sejam quais forem suas limitações – e elas existem, efetivamente – trouxe, sim, evidentes benefícios ao mundo empresarial brasileiro.[14]

---

[12] Nesse sentido, vejam-se os indicadores apresentados pela Serasa Experian, disponíveis em http://noticias.serasaexperian.com.br/indicadores-economicos/falencias-e-recuperacoes/, acessado em 10/7/2015.

[13] Cf. Artigo publicado no Jornal Valor Econômico de 5/8/2015 (acesso em http://www.valor.com.br/legislacao/3639220/os-numeros-do-novo-codigo-comercial#ixzz39Wb4GvS9). Ver, também,http://www.migalhas.com.br/dePeso/16,MI206088,31047-Alguns+esclarecimentos+adicionais+sobre+o+ impacto+economico+do, acessado em 10/7/2015.

[14] Minha afirmação não está absolutamente baseada na profusão das estatísticas pelas quais não logro nutrir maiores paixões... Calca-se, antes, naquele "saber das experiências feito", de que nos falava o grande Camões, além dos depoimentos colhidos com aqueles que pelejaram, durante décadas, compulsando autos de processos falimentares e não se satisfizeram, apenas, com as enganosas delícias do saber exclusivamente livresco... Ademais, as estatísticas aplicadas ao mundo do Direito devem ser recebidas sempre com muito cuidado, sob pena de graves distorções nos juízos axiológicos delas decorrentes. Como já se disse algures, a estatística é muita vez usada como forma de torturar os números até que eles confessem...

Claro que, num singelo artigo como este, seria praticamente impossível fazer-se uma análise crítica[15] completa da referida lei. Limitar-me-ei, portanto, a apresentar apenas alguns pontos básicos em relação aos quais a nossa legislação ainda carece de alguns aprimoramentos, segundo minha maneira de ver...[16]

3. A exclusão das empresas públicas e das sociedades de economia mista do regime da lei em face do disposto no inciso I do art. 2.º da Lei 11.101/15

Refiro-me, inicialmente, à exclusão pura e simples das empresas públicas e das sociedades de economia mista do regime da lei em face do disposto no inciso I do art. 2.º, pois a complexidade do tema exige cuidados maiores.

Cabe esclarecer, preliminarmente, que tais empresas – conquanto as mais importantes daquelas que constituem o universo das empresas estatais – não o esgotam completamente. A mais autorizada doutrina sobre o tema, como Celso Antônio Bandeira de Melo, Eros Roberto Grau[17] e outros,[18] sempre entendeu existirem três espécies de empresas estatais, quais sejam: as empresas públicas, as sociedades de economia mista e, como terceira espécie, aquelas empresas que, embora não reunindo os requisitos próprios para que possam ser consideradas públicas ou mistas, nem por isso deixam de ser controladas pelo poder público.

Isso significa dizer que aquelas empresas simplesmente controladas pelo poder público e que exerçam atividade econômica – mas que, à

---

[15] Celso Ming, recentemente, abordou o tema, em singela análise crítica dos dez anos de vigência da LRE, publicada no Jornal O Estado de São Paulo de 21/6/2015, disponível em http://economia.estadao.com.br/noticias/geral,recuperacao-judicial,1710025, acessado em 10/7/2015.

[16] Por meras razões de espaço, limitar-me-ei a referir apenas aos três aspectos constantes do sumário (itens III, IV e V), embora possam ser mencionados muitos outros, tais como: a falência internacional; o prazo de dois anos de exercício da atividade econômica para pleitear-se a recuperação etc.

[17] Cf., entre tantos, *Empresa Pública: Licitações, Registros Contábeis e Processamento de Despesa Pública – Conceito de Empresa – Pública Empresas estatais de Serviço Público e Empresas Estatais de Iniciativa Econômica*, in *Revista dos Tribunais* n.º 541, novembro de 1980.

[18] De minha parte, explorei longamente o tema em *Regime Jurídico da Empresa Estatal no Brasil*, tese apresentada à Faculdade de Direito da Universidade de São Paulo, para obtenção do título de livre-docente, inédita, São Paulo, 1986, 381 páginas.

míngua dos requisitos necessários, não podem ser consideradas empresas públicas ou sociedades de economia mista – não estão contempladas pela exclusão do inciso I do artigo 2.º, sendo passíveis de falir, ao mesmo tempo em que não poderão se utilizar dos institutos da recuperação judicial e extrajudicial, tal como estes se acham previstos na Lei 11.101/05.

Tal observação poderá parecer, à primeira vista, *de lana caprina*, mas não se pode esquecer de que há muitas empresas estatais, não enquadradas, quer no conceito de sociedade de economia mista, quer, muito menos, no conceito de empresa pública.

Uma segunda ponderação – sem dúvida de muito maior relevo –, faz-se necessária, no âmbito desse mesmo tema das empresas estatais. Diz ela respeito à falta de distinção – que ainda perdura em termos legislativos – entre empresas prestadoras de serviço público e empresas que exercem atividade econômica.

Não há razão plausível, a meu ver, para que uma empresa estatal exercente de atividade econômica – seja ela pública, de economia mista ou simplesmente controlada pelo poder público – não se subordine às mesmas normas das empresas privadas, de acordo com o comando constitucional do § 1.º do art. 173.

As empresas estatais prestadoras de serviço público (todas elas, aliás, e não apenas as empresas públicas e as sociedades de economia mista) são as que deveriam estar contempladas no inciso I do art. 2.º da Lei 11.101/05, a serem submetidas a regime especial, e não as que exercem atividade econômica da mesma forma com que o fazem as empresas privadas.[19]

Uma terceira observação deve ser feita no tocante às contradições do nosso sistema jurídico nessa matéria. Trata-se de levar em conta, não apenas a necessária distinção entre empresas prestadoras de serviços públicos e empresas exercentes de atividade econômica, como atrás se frisou, mas também aquela entre empresas de interesse social e empresas de interesse particular.

---

[19] Reporto-me aqui às considerações que tive a oportunidade de fazer, primeiramente em *Comentários à Nova Lei de Recuperação de Empresas e de Falências*, São Paulo, Quartier Latin, 2005; e, posteriormente, em Osmar Brina Corrêa-Lima e Sérgio Mourão Corrêa-Lima (coords.), *Comentários à Nova Lei de Falência e Recuperação de Empresas*, Rio de Janeiro, Forense, 2009.

Seja-me permitido reproduzir, uma vez mais, o impecável magistério do Professor Fábio Konder Comparato:[20]

"Na verdade, a implementação dos princípios constitucionais de desenvolvimento nacional e justiça social impõe a completa reforma do direito falimentar, partindo-se da distinção básica entre empresas de interesse social e de interesse particular. A insolvabilidade das primeiras deve ser tratada com o objetivo de reerguimento econômico e financeiro, sacrificando-se o interesse de todos os credores não-trabalhistas, inclusive o Poder Público, aos fins sociais que devem orientar a atividade empresarial. É somente no tocante às empresas de interesse particular que se justifica tratar a insolvabilidade como questão meramente creditória."

A Lei 11.101/05 em nada terá contribuído, infelizmente, para que algum desses três aspectos mencionados fosse minimamente aprimorado.

4. A inadequada disciplina normativa da recuperação extrajudicial

Parece haver certo consenso na doutrina no sentido de que a disciplina normativa da recuperação extrajudicial deixou, efetivamente, a desejar. A exigência da homologação judicial do plano, retirando o caráter de acordo de vontade entre os credores e dando ao instituto feições semelhantes à antiga concordata suspensiva, terá sido a responsável pela pífia utilização do instituto entre nós.

Entenda-se, porém, *cum grano salis*, essa afirmação de que a utilização do instituto terá sido pífia. Faz-se tal dedução em razão do baixo número de pedidos de homologação judicial. Muitas podem ter sido as recuperações extrajudiciais sem que delas tenha se tomado ciência. Escusava dizer que os empresários que se recuperaram via acordo não levado à homologação judicial[21] não teriam nenhum interesse em divulgar a situação

---

[20] *A reforma da empresa*, in Direito Empresarial: Estudos e Pareceres, São Paulo, Saraiva, 1995, p. 15.
[21] Enquanto entre nós, só recentemente foi afastada a vedação de acordos extrajudiciais entre a devedora e os credores, é interessante notar que o movimento de "recuperação de empresa" pode e deve ser mais abrangente, envolvendo mecanismos extrajudiciais que vão além da própria recuperação extrajudicial prevista na LRE. Nesse sentido, interessante abordagem é feita por Eduardo Lemos: "A visão de uma 'empresa em recuperação' abrange vários prismas com escopo anterior ao atingimento da crise e da impetração no trâmite judicial. Sabendo-se iden-

de dificuldade financeira pela qual passaram... Assim, à míngua de uma estatística confiável a respeito da matéria, torna-se difícil – senão mesmo impossível – uma análise do grau de utilização do instituto da recuperação extrajudicial entre nós[22].

Seja como for, não há dúvida de que a LRE afastou a caracterização dos acordos entre devedora e credores como atos de falências, previstos no artigo 2º, III, do Decreto-Lei 7.661/45. Assim, as famosas "concordatas brancas" já não precisam ser utilizadas às escondidas, diante do receio de decretação de falência[23].

tificar as causas que levaram uma empresa ao declínio, aborda-se a recuperação de empresa em ótica de *'turnaround management'*, mirando as causas do declínio, observando a sua viabilidade econômico-financeira e a capacidade de liderança executiva e de governança corporativa à efetiva gestão da recuperação do valor e da *performance*. O arcabouço do verdadeiro processo de recuperação de empresa não deve portanto ser confundido com (e confinado ao) processo jurídico que deve ser visto somente como facilitador para aquelas empresas que se deixaram arrastar ao *'late turnaround'*" (Eduardo Lemos, *Viabilizando a Recuperação Sem ou Além da Lei*, in Paulo Fernando Campos Salles de Toledo, Francisco Satiro (coords.), *Direito das Empresas em Crise: problemas e soluções*, São Paulo, Quartier Latin, 2012, pp.78-99, p. 99).

[22] Como pondera Luiz Fernando Valente de Paiva, mesmo com o advento da LRE, "em termos práticos, há a tentativa inicial de se fazer uma reestruturação informal em quase todos os casos relevantes, principalmente naqueles em que a publicidade decorrente do reconhecimento público da situação de crise econômica pode afetar fortemente o negócio do devedor, dificultando ou inviabilizando a sua recuperação. O sucesso da iniciativa depende, na realidade brasileira, em muito da situação e da atitude cooperativa do devedor, do perfil das instituições financeiras credoras (em especial, se há bancos estatais e instituições de menor porte com exposições relevantes) e das respectivas garantias" (Luiz Fernando Valente de Paiva, *Recuperação Extrajudicial: o instituto natimorto e uma proposta para sua reformulação*, in Paulo Fernando Campos Salles de Toledo, Francisco Satiro (coords.), *Direito das Empresas em Crise: problemas e soluções*, São Paulo, Quartier Latin, 2012, pp. 230-263, p. 234).

[23] Como lembra Manoel Justino Bezerra Filho: "Essa convocação de credores para apresentação de proposta, embora proibida pela lei anterior, era feita de forma bastante comum pelos empresários em situação de crise – era a chamada 'concordata branca', por meio da qual se tentava acordo com os credores, para os mais diversos tipos de acerto. Se houvesse êxito, a empresa em crise teria condições de se recuperar e retornar ao andamento normal de seus trabalhos; no entanto, se não houvesse acordo, sempre haveria o risco de ser requerida a falência por qualquer dos credores procurados para acordo, sob a alegação, formalmente correta, de que o devedor estaria praticando o ato de falência, previsto no referido inc. III do art. 2º da lei anterior" (Manoel Justino Bezerra Filho, *Lei de Recuperação de Empresas e Falência*, 9ª ed., São Paulo, RT, 2013, pp. 336-337).

A própria redação do art. 165 revela-se um tanto enganosa.[24] Por ela poder-se-ia inferir, erroneamente, que sem a homologação judicial um plano de recuperação extrajudicial jamais poderia produzir efeitos jurídicos. Se a afirmação do art. 165 está correta, relativamente à forma de recuperação extrajudicial prevista no art. 162, o mesmo não poderá ser dito no que se refere à modalidade prevista no art. 163.

Elucidativo e preciso o seguinte comentário de Paulo Penalva Santos:[25] "Ao prever que o pacto só produz efeitos após a sua homologação, percebe-se que o legislador refere-se ao plano que abrange classe ou grupo de credores, regido pelo art. 163, pois no caso do art. 162 nada impede que a novação ocorra independentemente de homologação, desde que fique evidente a vontade das partes de modificar as condições inicialmente ajustadas. **Portanto, mesmo na hipótese de rejeição do plano (art. 162), não se pode afirmar que o mesmo jamais produzirá efeitos modificativos em relação aos acordos inicialmente celebrados, salvo se as partes tivessem condicionado expressamente a validade do novo acordo à sua homologação.**" (grifos meus)

Como destaca Luiz Fernando Valente de Paiva, nesse caso a questão tem natureza contratual e às partes é facultado, em tese, acordar: "(i) se a não homologação do plano é ou não condição resolutiva; (ii) se a mera assinatura do plano implica em novação; ou ainda (iii) se a novação estará condicionada à homologação do plano ou à adesão de percentual mínimo de créditos"[26].

Por outro lado, a forma como a LRE tratou a recuperação extrajudicial tornou o instituto pouco atraente, sobretudo porque a segurança almejada com a homologação dos planos extrajudiciais não foi atendida[27].

---

[24] Estabelece esse artigo: "O plano de recuperação extrajudicial produz efeitos após sua homologação judicial".

[25] In Osmar Brina Corrêa-Lima, Sérgio Mourão Corrêa-Lima (coords.), *Comentários à Nova Lei de Falência e Recuperação de Empresas*, Rio de Janeiro, Forense, 2009, p. 1.118.

[26] Luiz Fernando Valente de Paiva, *Recuperação Extrajudicial: o instituto natimorto e uma proposta para sua reformulação*, in Paulo Fernando Campos Salles de Toledo, Francisco Satiro (coords.), *Direito das Empresas em Crise: problemas e soluções*, São Paulo, Quartier Latin, 2012, pp. 230-263, p. 243.

[27] Sobre a tramitação do Projeto de Lei que culminou na edição da Lei n. 11.101/05 e as alterações relacionadas à recuperação extrajudicial, ver Luiz Fernando Valente de Paiva, *Recuperação Extrajudicial: o instituto natimorto e uma proposta para sua reformulação*, in Paulo Fernando Campos

Nesse aspecto, a primeira crítica refere-se ao risco de que os atos praticados durante a recuperação extrajudicial ou mesmo previstos no plano de recuperação extrajudicial possam ser declarados ineficazes, no caso de falência da devedora, se incluídos nas hipóteses do artigo 129. Isso porque, ao contrário do que ocorre com a recuperação judicial, em relação a qual há previsão expressa de que nenhum dos atos referidos nos incisos I a III e VI do art. 129 será declarado ineficaz ou revogado[28] se previstos e realizados na forma definida no plano de recuperação judicial, não há previsão similar para a recuperação extrajudicial. Certamente, o risco decorrente dessa omissão contribui para a pouca utilização do instituto[29].

A venda de ativos como forma de superação da crise da empresa por meio da recuperação extrajudicial também apresenta problemas.

Enquanto na recuperação judicial há previsão expressa de não sucessão do adquirente de ativo da empresa em crise, por força dos artigos 60 e 141[30], o mesmo não ocorre na recuperação extrajudicial.

Obviamente que uma interpretação sistemática poderia resolver a questão, estendendo-se a regra, também, à recuperação extrajudicial. Por outro lado, não se pode perder de vista que a regra é a sucessão, o que, em outras palavras, significa que qualquer exceção a essa regra deve ser interpretada restritivamente, parecendo ser a hipótese dos artigos 60 e 141.

Salles de Toledo, Francisco Satiro (coords.), *Direito das Empresas em Crise: problemas e soluções*, São Paulo, Quartier Latin, 2012, pp. 230-263, pp. 236-237.

[28] Destaca-se a imprecisão técnica do termo "revogado", porque a ação revocatória não gera a revogação do ato, na acepção jurídica do termo. "Revocar" significa "chamar para atrás", "retroceder".

[29] Interessante observar, como bem destaca Luiz Fernando Valente de Paiva, que "o texto original do substitutivo apresentado pelo Senador Ramez Tebet continha dispositivo que eliminava o risco de futura declaração de ineficácia ou revogação de atos praticados no âmbito da recuperação extrajudicial. Tal previsão, contudo, foi retirada do texto final aprovado por ocasião das negociações da emenda de autoria do próprio Senador Tebet, ocasião na qual foi dada nova redação ao capítulo da recuperação extrajudicial, com a criação da modalidade impositiva" (Luiz Fernando Valente de Paiva, *Recuperação Extrajudicial: o instituto natimorto e uma proposta para sua reformulação*, in Paulo Fernando Campos Salles de Toledo, Francisco Satiro (coords.), *Direito das Empresas em Crise: problemas e soluções*, São Paulo, Quartier Latin, 2012, pp. 230-263, p. 243).

[30] Para uma análise mais detalhada sobre a venda de ativos na recuperação judicial ver Newton De Lucca, Renata Mota Maciel M. Dezem, *A venda de ativos na recuperação judicial e os reflexos no âmbito dos registros públicos*, in Bernardo Bicalho de Alvarenga Mendes (coord.), *Questões polêmicas na recuperação judicial*, São Paulo, Quartier Latin, 2015 (no prelo).

Portanto, não há segurança de que à venda de ativos, mesmo prevista no plano de recuperação extrajudicial, será aplicada a regra da não sucessão, situação que desestimula, mais uma vez, a utilização do instituto, ao menos da forma prevista na LRE atualmente.

A suspensão das ações e execuções, previstas expressamente no artigo 6º para os casos de falência e recuperação judicial, não se aplica à recuperação extrajudicial. O que se tem, na verdade, é a previsão do § 4º do artigo 161, no sentido de que o pedido de homologação do plano de recuperação extrajudicial não acarretará suspensão de direitos, ações ou execuções, nem a impossibilidade do pedido de decretação de falência pelos credores não sujeitos ao plano de recuperação extrajudicial, ou seja, a suspensão não é abrangente e, da mesma forma que os demais problemas apontados acima, não atende às necessidades das empresas em crise.

Ainda que não tenha relação com a segurança do instituto propriamente, também é altamente criticável a não submissão dos créditos trabalhistas ou decorrentes de acidente de trabalho à recuperação extrajudicial, por força do disposto no artigo 161, § 1º, ao lado daqueles excluídos também da recuperação judicial (créditos tributários e os previstos no § 3º do art. 49 e inciso II do art. 86). Na prática, dificilmente a empresa em crise não terá credores dessas naturezas, situação que torna a recuperação extrajudicial (e mesmo a judicial) apenas parte da solução.

O mais grave é que quando parte dos credores não está submetido ao processo de recuperação da empresa em crise, qualquer projeto de reestruturação torna-se complicado, dada a ausência de coordenação entre todas as partes envolvidas e o risco de constrições de bens essenciais à atividade da empresa. Embora a questão fique parcialmente resolvida com a suspensão das ações e execuções previstas no artigo 6º, como se viu, no caso da recuperação extrajudicial o problema é ainda maior.

Finalmente, a iniciativa para a recuperação extrajudicial, assim como ocorre com a recuperação judicial está exclusivamente nas mãos da devedora, que normalmente resiste em reconhecer suas dificuldades financeiras e buscar sanar o estado de crise. Nesse aspecto, como destaca Alessandra de Azevedo Domingues[31], poderia a lei ter incorporado a teoria mais moderna, que dá legitimidade aos credores.

---

[31] Alessandra de Azevedo Domingues, *Da concordata à recuperação: investigando a recuperação extrajudicial*, in Newton De Lucca, Alessandra de Azevedo Domingues (coords.), *Direito*

Esse problema não é exclusivo da recuperação extrajudicial, pois mesmo na judicial a iniciativa é exclusiva da devedora. Não se trata simplesmente de teoria mais moderna, mas da constatação de que há, por parte da devedora, uma normal resistência ao reconhecimento da crise, e que pode levá-la à falência, quando não tomadas as providências necessárias no tempo adequado.

Nesse aspecto, destaca-se a observação de Eduardo Lemos, ao apontar os principais desafios da recuperação de empresas, refere o "desafio do tempo", destacando que "o tempo, recursos e serenidade necessários para a bem-sucedida adoção de soluções empresariais de excelência no respectivo estado da arte não estão disponíveis em situações demandando ações contundentes para asseverar, primeiro, a sobrevivência de curto prazo da empresa e, segundo, a sua sustentabilidade e evolução no mercado a longo prazo"[32].

O mecanismo da recuperação extrajudicial não deveria ser deixado de lado, porque se apresenta como forma legítima e eficiente de superação do estado de crise. Nem sempre a devedora tem condições de submeter-se ao processo judicial de recuperação, sobretudo porque em determinados ramos de atividade, o acordo entre devedora é credores, de forma extrajudicial, apresenta benefícios evidentes.

Novamente sem maiores dados empíricos, parece evidente que a pouca utilização do instituto decorre dos riscos acima apontados. De qualquer modo, para que a recuperação extrajudicial seja, de fato, utilizada, é necessário superar os problemas mencionados, porque, do contrário, o risco na utilização do instituto é elevado e desestimula que a devedora opte por esse caminho para a superação do estado de crise.

5. A ausência de mecanismo adequado de financiamento às empresas em recuperação judicial

Talvez este seja um dos principais problemas a serem enfrentados numa próxima reforma do direito falimentar brasileiro. Se o crédito já se afigura fundamental na economia moderna, que se dirá a respeito da necessidade de financiamento para aquelas empresas que dele mais precisam?...

Recuperacional: aspectos teóricos e práticos, São Paulo, Quartier Latin, 2009, pp. 54-121, p. 99.
[32] Stuart Slatter et al, *Como recuperar uma empresa: a gestão da recuperação do valor e da performance*, São Paulo, Atlas, 2009, p. 3.

Cabe relembrar a lição de Tulio Ascarelli, no sentido de que "tudo isso se traduz em necessidade de crédito: crédito, isto é, possibilidade de dispor imediatamente de bens presentes, para poder realizar, nos produtos naturais, as transformações que os tornarão, de futuro, aptos a satisfazer as mais variadas necessidades; crédito para criar os instrumentos de produção (os bens instrumentais, como dizem os economistas), cuja importância cresce à medida que mais complexa se torna a obra de conquista e de transformação dos produtos naturais"[33].

O crédito, na atualidade, assume papel de destaque no processo de superação do estado de crise das empresas. Qualquer tentativa de reestruturação, inevitavelmente, passa pela obtenção de crédito, e que nem sempre decorre da singela venda dos ativos da devedora.

Em excelente artigo recentemente publicado, Thomas Benes Felsberg e Paulo Fernando Campana Filho[34] chamam a atenção para esse verdadeiro desafio de encontrar-se mecanismo adequado de financiamento para as empresas em recuperação judicial, afirmando que: "Um dos maiores desafios de um sistema jurídico falimentar é proporcionar mecanismos eficientes para que as empresas sujeitas a um processo de insolvência obtenham os recursos financeiros necessários para a continuidade de suas atividades e para a preservação do valor dos seus ativos".

A comparação entre o que se passa aqui no Brasil e o sistema dos Estados Unidos da América é deveras significativa. Enquanto inexistam mecanismos adequados na Lei 11.101/05, a *reorganization* do *Chapter 11* do *Bankruptcy Code* estadunidense tem apresentado resultados satisfatórios.

Dizem, a propósito, os citados autores:

"De acordo com a §364(a), o devedor pode, no curso normal dos seus negócios, e exceto se houver decisão em sentido contrário, obter empréstimos sem garantia, e tais empréstimos gozarão da mesma preferência creditória conferida às despesas administrativas, sendo pagos, assim, com prioridade sobre os demais créditos quirografários. É possível contudo, que o financiamento seja considerado como tendo ocorrido fora do curso normal dos negócios do devedor, de forma a perder sua prioridade.

---

[33] Tulio Ascarelli, *Teoria Geral dos Títulos de Crédito*, São Paulo, Saraiva, 1943, p. 11.

[34] *O desafio do financiamento das empresas em recuperação judicial*, in Elias Marques de Medeiros Neto, Adalberto Simão Filho (coords.), *Direito dos Negócios Aplicado*, vol. I, São Paulo, Almedina, 2015, pp. 273 e ss.

A §364(b) permite que o juiz aprove a obtenção de financiamentos sem garantia mesmo fora do curso normal dos negócios, e que tais créditos sejam igualmente classificados como despesas administrativas. As formas de financiamento previstas tanto na §364(a) como na §364(b) são mais suscetíveis a questionamentos por outros credores e, em geral, não são muito atrativas para investidores, que preferem formas mais seguras de fornecer empréstimos a empresas insolventes"[35].

No caso brasileiro, parcos são os incentivos ao financiamento da empresa em dificuldade, situação que se soma à mentalidade de que a devedora não tem condições de superar a crise, ainda por resquícios da vetusta concordata, que se prolongava no tempo e não tinha credibilidade entre os credores.

Talvez o único incentivo aos financiadores da empresa em crise seja a previsão do artigo 67 da LRE, que dispõe que "os créditos decorrentes de obrigações contraídas pelo devedor durante a recuperação judicial, inclusive aqueles relativos a despesas com fornecedores de bens ou serviços e contratos de mútuo, serão considerados extraconcursais, em caso de decretação de falência, respeitada, no que couber, a ordem estabelecida no art. 83 desta Lei. Parágrafo único. Os créditos quirografários sujeitos à recuperação judicial pertencentes a fornecedores de bens ou serviços que continuarem a provê-los normalmente após o pedido de recuperação judicial terão privilégio geral de recebimento em caso de decretação de falência, no limite do valor dos bens ou serviços fornecidos durante o período da recuperação".

De qualquer modo, trata-se de singelo benefício, que só poderia ser obtido no caso de falência, ou seja, muito se poderia aprimorar na legislação concursal brasileira.

Como destaca Leonardo Adriano Ribeiro Dias[36], a suspensão de ações e execuções contra o devedor e a suspensão de pagamentos pode auxiliar o fluxo de caixa, mas não impede que a devedora necessite recorrer a terceiros para obter financiamentos e o grande problema da lei concursal brasileira é justamente a falta de incentivos aos fornecedores de crédito,

---

[35] Thomas Benes Felsberg, Paulo Fernando Campana Filho, *O desafio do financiamento das empresas em recuperação judicial*, in Elias Marques de Medeiros Neto, Adalberto Simão Filho (coords.), *Direito dos Negócios Aplicado*, vol. I, São Paulo, Almedina, 2015, p. 276.

[36] *Financiamento na Recuperação Judicial e na Falência*, São Paulo, Quartier Latin, 2014, p. 85.

situação que força a empresa em crise a adquirir insumos à vista, diante da falta de crédito disponível e, por consequência, dificulta da superação do estado de crise.

O mesmo autor discorre sobre os meios de captação de recursos pela empresa em dificuldade, destacando a participação societária (*equity*) e a contratação de empréstimo (*debt*).

Ainda que a captação de recursos por meio de participação societária possa constituir um bom modelo de financiamento, no caso brasileiro, a própria legislação apresenta óbices a sua utilização, como o risco de responsabilização por dívidas anteriores ao seu ingresso no quadro societário[37].

O caminho para as empresas brasileiras, por isso, acaba restringindo-se à contratação de empréstimos, embora, mesmo nesse caso, as dificuldades persistem, sobretudo porque são escassas as ofertas de crédito às empresas em crise, muito em razão da ausência de dispositivos na lei concursal brasileira que incentivem a manutenção do financiamento da empresa em recuperação.

Novamente, valemo-nos das lições de Thomas Benes Felsberg e Paulo Fernando Campana Filho, no sentido de que "o direito falimentar brasileiro não cumpre sua tarefa de promover o estímulo à concessão de empréstimos a empresas endividadas. Como resultado dos inadequados instrumentos previstos na Lei 11.101 de 2005 e de outros obstáculos de natureza jurídica e econômica, os financiamentos a empresas em recuperação judicial são escassos no Brasil. Os instrumentos existentes no direito norte-americano, por sua vez, são muito mais adequados a criar tal estímulo, o que é demonstrado pelo grande percentual de empresas sujeitas ao Chapter 11 que tem acesso a crédito decorrente de novos financiamentos. Discute-se, nos Estados Unidos, até mesmo riscos de sobre-endividamento em virtude da contratação de empréstimos além do necessário, algo absolutamente impensável no contexto da realidade brasileira"[38].

---

[37] Leonardo Adriano Ribeiro Dias, *Financiamento na Recuperação Judicial e na Falência*, São Paulo, Quartier Latin, 2014, pp. 88-95.

[38] *O desafio do financiamento das empresas em recuperação judicial*, in Elias Marques de Medeiros Neto, Adalberto Simão Filho (coords.), *Direito dos Negócios Aplicado*, vol. I, São Paulo, Almedina, 2015, p. 284.

Esse parece o ponto nevrálgico do sistema concursal brasileiro. De nada vale o aprimoramento da legislação que não passe pela cuidadosa análise do tratamento dado à captação de recursos pela empresa em crise. Os instrumentos de recuperação de empresa previstos no artigo 50, ao lado do disposto no artigo 67, são insuficientes e acabam não atendendo às necessidades práticas da empresa em dificuldade.

As tentativas de encontrar outros caminhos para o financiamento da empresa em crise esbarram nas regras gerais de responsabilização do sócio, acionista financiador ou investidor e mesmo naquelas relacionadas ao tratamento paritário de credores, o que reforça a necessidade de tratamento específico do tema.

O incentivo relacionado, exclusivamente, à hipótese de convolação em falência, como se disse, é insuficiente e pouco atrativo ao fornecedor de crédito. Incentivos, na verdade, deveriam ser previstos no curso da recuperação judicial, como a concessão de benefícios e privilégios aquele fornecedor de crédito que acreditar na superação da crise e continuar investindo na recuperação.

Na mesma linha do disposto no artigo 67 da LRE e até mesmo como desdobramento do *caput* desse artigo, talvez pudessem ser estabelecidos incentivos ao fornecimento de crédito, com a concessão de privilégio ao credor fornecedor, sem vinculação à necessidade de tratamento paritário entre esse tipo de credor e os demais[39].

Outro aspecto que não pode ser olvidado está relacionado à mentalidade do investidor e/ou fornecedor de crédito brasileiro, que precisa acreditar no instituto da recuperação de empresa, tal como previsto em nossa legislação, e que se afasta – e muito, da concordata. Para isso, o manejo responsável do instituto tem influência na concessão de crédito,

---

[39] Leonardo Adriano Ribeiro Dias apresenta sugestões de *lege ferenda* e práticas a serem adotadas para incentivar o financiamento das empresas em crise no Brasil, podendo-se destacar: extraconcursalidade absoluta na falência, incentivos usufruíveis durante a recuperação judicial, garantias fiduciárias, utilização das garantias em dinheiro ou recebíveis, expressa ausência de sucessão na outorga de garantias a novos financiamentos, atuação estatal direta, incentivos estatais e atuação indireta, empréstimos sindicalizados, securitização de créditos, indicação de um *Chief Restructuring Officer*, e reforço dos mecanismos de transparência (Leonardo Adriano Ribeiro Dias, *Financiamento na Recuperação Judicial e na Falência*, São Paulo, Quartier Latin, 2014, p. 301-312).

porque gera segurança jurídica, que, por si só, já constitui incentivo ao investimento, diante da certeza potencial da recuperação do crédito.

Como se viu, sem qualquer tentativa de esgotar o debate, há necessidade de aprimoramentos na Lei n. 11.101/05, embora não se possa desconsiderar o grande avanço da legislação concursal brasileira.

Os números, ao menos da forma como apresentados, não representam a realidade da recuperação das empresas no Brasil. Ainda há muito a fazer, e os pontos destacados acima não servem para desconsiderar todos os benefícios decorrentes da lei concursal atual.

A essa altura, a resposta ao questionamento constante no título deste artigo é inevitável: há motivos para comemorar? Sim! É da essência das legislações concursais a necessidade de constante aprimoramento, que atenda à realidade na qual inserida, e não poderia ser diferente com a Lei n. 11.101/05.

Decorridos dez anos da vigência da Lei, a própria visão dos profissionais que atuam na área vem constantemente mudando. A Lei é a mesma, com pouquíssimas alterações, mas o olhar sobre ela já não é o mesmo de dez anos atrás.

O caminho merece correções, mas o empenho da doutrina brasileira para o advento da nova lei não foi em vão. Os mecanismos de superação do estado de crise das empresas previstos na LRE constituem instrumento valioso para as empresas e representaram um grande passo da legislação pátria.

O desafio é continuar aprimorando a Lei, para que a recuperação da empresa em crise torne-se cada vez mais efetiva, o que passa por alterações na disciplina da recuperação extrajudicial e a inclusão de mecanismos de financiamento das empresas, nos moldes destacados acima.

A disciplina dos grupos empresariais e a Lei de Recuperação de Empresas em crise e Falências: um convite a jurisprudência

LIGIA PAULA P. PINTO SICA[1]

1. A relevância dos grupos empresariais no contexto do Direito Empresarial e a proposta deste trabalho

A abordagem do tema "grupos empresariais" é relevante para diversas áreas do conhecimento, pois o fenômeno da "concentração de empresas"[2] é uma realidade com grande repercussão jurídica, econômica e social:

> "Todos os sistemas econômicos, qualquer que seja o regime político que os acompanha, tendem a esse mesmo objetivo de agrupamento e coordenação empresarial. A empresa isolada é, atualmente, uma realidade condenada,

---

[1] Agradeço à Juliana Lacerda Pereira e Daphyne Fagundes Duarte pelo auxílio na coleta e sistematização de dados jurisprudenciais. Agradeço ainda à Angela Donaggio pela orientação na análise quantitativa dos dados tabulados. Os resultados completos da pesquisa jurisprudencial mencionada ainda não estão publicados e poderão ser enviados pela autora a quem tiver interesse. Esses não foram inseridos neste texto por razões de espaço.

[2] Os grupos constituem uma das modalidades de concentração empresarial, como forma de promover a desconcentração da grande empresa, conforme Mauro R. Penteado, *Consórcio de empresas*, São Paulo, Livraria Pioneira, 1979, p. 39.

em todos os setores, máxime naqueles em que o progresso está intimamente ligado à pesquisa tecnológica".[3]

Atualmente, os grupos econômicos são grandes agentes empresariais.[4] Um vasto processo de acumulação do capital e de concentração empresarial[5] atua como causa e consequência da atual tendência ao crescimento econômico autossustentado[6].

Diante da faceta vilã da concentração empresarial (esta pode desencadear uma série de fatores nocivos como a tendência ao monopólio e o uso indiscriminado do poder econômico mediante manipulações abusivas), e em função da sua importância econômica, o Direito criou instrumentos e institutos com vistas a tornar mais seguro o mercado em que atua este agente.

Nesse contexto, a sociedade anônima tornou-se a instituição-chave dos grupos econômicos. Os mecanismos da *personalidade jurídica* e da *participação societária* tornaram possível a concretização de vários objetivos econômicos, como[7]: 1 – a expansão do poder de dominação econômica, com investimentos relativamente reduzidos, em razão das participações em cadeia (ou em cascata) de uma sociedade em outra, e da atuação do princípio majoritário; 2 – o aperfeiçoamento da gestão empresarial, em que cada atividade transforma-se em centro distinto de custo e de lucro, aproveitando, todavia, a sinergia entre as atividades que são coordenadas entre si pela unidade de direção; 3 – a colaboração entre empresas e grupos independentes, com investimentos facilmente desmobilizáveis;

---

[3] Fábio K. Comparato; Calixto S. Filho, *O Poder de Controle na Sociedade Anônima*, 4.ª ed., Rio de Janeiro, Forense, 2005, p. 499.
[4] Fábio K. Comparato, *Grupo societário fundado em controle contratual e abuso de poder do controlador, Direito Empresarial – Estudos e pareceres*, São Paulo, Saraiva, 1990, p. 275.
[5] Conforme V. M. Prado, a expansão externa da empresa significa a 'concentração empresarial', pois transforma empresas até então independentes em novas unidades econômicas. Viviane M. Prado, *Conflito de interesses nos grupos societários*, São Paulo, Quartier Latin, 2006, p. 40.
[6] Fábio K. Comparato, Os grupos societários na nova Lei de Sociedade por Ações, Ensaios e pareceres de direito empresarial, Rio de Janeiro, Forense, 1978, pp. 193-194.
[7] Fábio K. Comparato, *Os grupos societários na nova Lei de Sociedade por Ações, Ensaios e pareceres de direito empresarial*, Rio de Janeiro, Forense, 1978, pp. 195-196.

e 4 – "a exploração empresarial simultânea em diferentes países, com unidade de direção e adaptação formal à respectiva legislação".[8]

Todavia, tendo em vista os mencionados riscos de danos provocados pela unidade de gestão sobre uma pluralidade de sociedades formalmente autônomas[9], crê-se importante que a disciplina dos grupos seja tutelada em suas particularidades, razão pela qual Fabio K. Comparato defende a consideração do grupo econômico como nova modalidade social – uma espécie de sociedade de segundo grau, como disciplina jurídica completa e coerente.

Sem adentrar na questão de denominar *fattispecie* societária os grupos de sociedades, pareceu plausível questionar se, no âmbito dos procedimentos de recuperação e falência, é dado ao grupo de empresas o mesmo tratamento jurídico que é conferido à empresa isolada.

Todavia, diante da pouca normatização da matéria por meio da Lei 11.101 de 09 de fevereiro de 2005 ("LRE"), a autora optou por realizar pesquisa jurisprudencial para averiguar se as decisões proviam a "normatização" necessária à tão necessária segurança e previsibilidade.

2. Grupos empresariais e a LRE – tratamento legislativo, lacunas e modos de integração do Direito: um convite à análise jurisprudencial

Conforme se mencionou, a LRE, ao trazer o novo tratamento de recuperação de empresas em crise e falências, não abordou de forma adequada ou suficiente os grupos empresariais, sob qualquer de suas diversas formas mencionadas pela doutrina pátria (de direito, de fato e análogas, conforme tipologia que resumiremos no item 3.1. adiante).

A única exceção de tratamento conferido ao tema foi a disciplina acerca do direito de voz e da legitimidade para votar em assembleias gerais de credores, nos termos do seu artigo 43[10].

---

[8] Fábio K. Comparato, *Os grupos societários na nova Lei de Sociedade por Ações, Ensaios e pareceres de direito empresarial*, Rio de Janeiro, Forense, 1978, p. 196.

[9] Fábio K. Comparato cita três grandes riscos, bem conhecidos pela experiência de todos os países: opressão dos acionistas não-controladores; fraude contra credores (comerciais, trabalhistas, ou o próprio FISCO); e abuso de poder econômico nos mercados. *Os grupos societários na nova Lei de Sociedade por Ações, Ensaios e pareceres de direito empresarial*, Rio de Janeiro, Forense, 1978, p. 196.

[10] À exceção da disciplina acerca do direito de voz e da legitimidade para votar em assembleias gerais de credores, em seu artigo 43, o qual vale transcrever: "Art. 43. Os sócios do devedor, bem

Diante dessa quase omissão, julgou-se importante o estudo sobre como seria a aplicação do referido diploma legal pelos magistrados em casos que envolvessem grupos empresariais.

Pressentimos que a omissão da LRE poderia não ser condenável, mas antes desejável[11], quer pela complexidade do tema, quer pela sempre defasada produção legislativa acerca das dinâmicas matérias empresariais. Assim, eventuais lacunas aparentes[12] poderiam ser preenchidas pela jurisprudência[13] através de outros mecanismos – isto é, os "modos de

---

como as sociedades coligadas, controladoras, controladas ou as que tenham sócio ou acionista com participação superior a 10% (dez por cento) do capital social do devedor ou em que o devedor ou algum de seus sócios detenham participação superior a 10% (dez por cento) do capital social, poderão participar da assembleia-geral de credores, sem ter direito a voto e não serão considerados para fins de verificação do quórum de instalação e de deliberação. Parágrafo único. O disposto neste artigo também se aplica ao cônjuge ou parente, consanguíneo ou afim, colateral até o 2º (segundo) grau, ascendente ou descendente do devedor, de administrador, do sócio controlador, de membro dos conselhos consultivo, fiscal ou semelhantes da sociedade devedora e à sociedade em que quaisquer dessas pessoas exerçam essas funções." Redação do art. 43 da Lei n. 11.101, de 09/02/2005, disponível no Portal da Legislação da Presidência da República, endereço eletrônico: http://www2.planalto.gov.br/presidencia/legislacao, data de acesso: 25-04-2013.

[11] Conforme Tércio S. Ferraz Jr., é possível classificar as *lacunas em intencionais e não intencionais*. "O critério diferenciador está na vontade daquele que elabora o plano e que pode, conscientemente ou não, deixar uma questão em aberto. No primeiro caso, o legislador, por não se julgar em condições, atribui a outra pessoa (ao juiz, à doutrina) a tarefa de encontrar a regra específica. No segundo, diz-se que o legislador não chegou a perceber a problemática da questão de modo cabal (lacuna de previsão), seja porque as condições históricas não o permitiam (lacunas desculpáveis), seja porque o seu exame do problema não foi suficientemente cuidadoso (lacunas não-desculpáveis)." Tércio S. Ferraz Jr., *Introdução ao estudo do Direito: técnica, decisão, dominação*, 2.ª ed., São Paulo, Atlas, 1994, p. 220.

[12] É interessante citar a distinção feita por Bobbio entre lacunas próprias e impróprias: "as lacunas impróprias são completáveis somente pelo legislador; as lacunas próprias são completáveis por obra do intérprete." Norberto Bobbio, *Teoria do ordenamento jurídico*, 10.ª ed., Brasília, Editora Universidade de Brasília, 1999, p. 144. É importante mencionar, conforme Kelsen, as lacunas técnicas: "[...] aquilo que se designa como lacuna técnica, ou é uma lacuna no sentido originário da palavra, quer dizer, uma diferença entre um Direito positivo e um Direito ideal, ou é aquela indeterminação que resulta do caráter esquemático da norma." Hans Kelsen, *Teoria Pura do Direito*, 6.ª ed., São Paulo, Martins Fontes, 1998, p. 276.

[13] Considera-se a jurisprudência, neste texto, no plano hermenêutico, como "fonte interpretativa da lei", de inegável importância para o preenchimento e a colmatação das lacunas do ordenamento jurídico. No que tange à discussão acerca do reconhecimento da jurisprudência como "fonte do direito", em razão do grau de vinculação dos juízes e agentes a decisões ante-

integração do direito"[14], que no âmbito desta pesquisa envolvem fundamentalmente a aplicação pelos magistrados de métodos hermenêuticos, dos diversos tipos de interpretação e do recurso a aplicação de princípios do direito empresarial e da LRE (especialmente os da preservação da empresa viável em razão de sua função social e a realocação de recursos no mercado por meio da liquidação célere de empresas inviáveis).

Conforme se verá, a partir da análise de alguns casos concretos, verificamos que os magistrados, muitas vezes, desdobram-se na análise de todas as nuances descritas nos autos, e efetivamente exercem todas as habilidades jurídicas à disposição do operador do direito (fundamentalmente, ampla análise probatória e utilização dos métodos hermenêuticos) para lograrem elaborar uma decisão "customizada"[15], realmente apta à solução do conflito.

---

riormente proferidas, consideramos possível apenas atribuir-lhe a denominação de "fonte sui generis do direito" (vide Ligia Paula Pires Pinto Sica, *Obrigações Empresariais no novo Código Civil*, in *Revista Direito GV*, v4, n.1, jan-jun/2008, pp. 97-133, p.104). Para entendimento contrário (o papel hermenêutico da jurisprudência, por mais criativo que seja, é guiado pelas próprias avaliações e regras do sistema interpretado), vide Tércio S. Ferraz Júnior, *Introdução ao estudo do Direito: técnica, decisão, dominação*, 2.ª ed., São Paulo, Atlas, 1994, p. 246 e pp. 297-308. Esse posicionamento contrário do autor é abalizado pela sua visão da ciência do Direito. Para o autor, a ciência jurídica articula-se em diferentes "modelos", determináveis conforme o modo como se encare a questão da decidibilidade (problema central da Ciência Dogmática do Direito): um deles é o modelo hermenêutico (além do pragmático e do semântico), o qual vê a decidibilidade do ângulo de sua significância. Nesse caso, a Ciência do Direito revela-se como "atividade interpretativa, construindo-se como um sistema compreensivo do comportamento humano". Tércio S. Ferraz Júnior, *Introdução ao estudo do Direito: técnica, decisão, dominação*, 2.ª ed., São Paulo, Atlas, 1994, pp. 92-93.

[14] Referimo-nos a "modos de integração do direito" como quaisquer instrumentos técnicos à disposição do intérprete para efetuar o preenchimento ou a colmatação de lacunas. Parece que utilizamos o termo de forma ainda mais ampla que Tércio S. Ferraz Júnior, *Introdução ao estudo do Direito: técnica, decisão, dominação*, 2.ª ed., São Paulo, Atlas, 1994, pp. 298-300.

[15] Nos países de família romano-germânica, os juízes precisaram se libertar das prescrições ditadas pelo legislador para proferirem decisões justas e mais adaptadas às novas condições da sociedade. René David, *Os grandes sistemas do direito contemporâneo*, tradução Hermínio A. Carvalho, 4.ª ed., São Paulo, Martins Fontes, 2002, pp. 131-132 e p. 134.

Daí o papel cada vez mais relevante da jurisprudência[16] no preenchimento e na colmatação de lacunas jurídicas.[17]

3. Metodologia de trabalho

É certo que a pesquisa empregada para fins deste trabalho é limitada, uma vez que observou tão somente o Tribunal de Justiça do Estado de São Paulo e em um lapso temporal datado (até 2012).

A pesquisa foi empreendida por meio do site do TJSP[18], em especial os órgãos julgadores das matérias falimentares[19]. Foram selecionados 273[20] acórdãos por meio das seguintes palavras chave: Grupo, Grupo de Sociedades, Sociedade Coligada, Controle, Controlador, Sociedade Controladora e Subsidiária Integral. Tais palavras-chave foram extraídas da doutrina pátria, conforme resumimos no item 3.1.

Foram lidos e extraídos os que não eram relevantes à pesquisa proposta, qual seja, a observação da "tutela" dos grupos de sociedades no âmbito dos procedimentos de recuperação de empresas em crise e falência por meio da jurisprudência paulista.

Em seguida foi feita tabela-base para a análise qualitativa dos acórdãos, a partir da qual selecionamos alguns temas "chave" que poderiam servir ao que chamamos de normatização pela jurisprudência.

---

[16] René David salienta a soberania do intérprete: o ponto de partida do raciocínio jurídico nos países da família romano-germânica encontra-se nos materiais de direito escrito (textos de códigos, de leis e de decretos), que constituem apenas a base, "como quadros mais ou menos precisos de uma construção jurídica que cabe ao intérprete completar". René David, *Os grandes sistemas do direito contemporâneo*, tradução Hermínio A. Carvalho, 4.ª ed., São Paulo, Martins Fontes, 2002, pp. 138-139.

[17] Vide Tércio S. Ferraz Júnior, *Introdução ao estudo do Direito: técnica, decisão, dominação*, 2.ª ed., São Paulo, Atlas, 1994, pp. 297-308.

[18] http://esaj.tj.sp.gov.br/cjsg/consultaCompleta.do

[19] Órgão Julgador (selecionados para "Pesquisa completa"): Câmara de Falências Fictícia; Câmara esp. de Falência e recuperação judicial; Câmara especial de falências e recuperações judiciais; Câmara de Falências; Câmara Reservada à Falência e Recuperação; Grupo de Falência e Grupo Reservado da Câmara de Falência e Recuperação.

[20] Palavras-chave: **Grupo** – 15 Acórdãos; **Grupo de Sociedades** – 99 Acórdãos; **Sociedade Coligada** – 1 Acórdão; **Controle** – 98 Acórdãos; **Controlador** – 46 Acórdãos; **Sociedade Controladora** – 5 Acórdãos; Subsidiária **Integral** – 9 Acórdãos. Pesquisa de acórdãos publicados até agosto de 2012.

Como foi imposto um limite de páginas para este trabalho, optamos por trazer a ele apenas o que julgamos casos ilustrativos desta normatização. Para ter acesso ao trabalho completo, o leitor poderá solicitar à autora o relatório de pesquisa.

3.1. Grupos Empresariais – terminologia e conceito

A doutrina jurídica, ao tratar dos grupos empresariais é vasta e complexa. Abarca conceitos de direito societário, econômico, falimentar, tributário, dentre outros. A intenção não é trazer a esse texto a revisão bibliográfica de todos esses conceitos. Todavia, para os fins de (i) bem escolher as palavras-chave para busca de acórdãos e (ii) poder avaliar com propriedade os conceitos trazidos pelos acórdãos, optamos por resumir alguns deles nesse item.

Em termos gerais, para a doutrina, "A associação de empresas juridicamente independentes, com atuação sob direção unitária, compõe a figura dos grupos econômicos, que são atualmente os grandes agentes empresariais"[21].

O único critério geral de identificação de todos os grupos *econômicos*[22] é a *unidade de direção* – e não a unidade de controle, porquanto presente apenas no grupo econômico de subordinação[23].

Assim, a realidade grupal[24] é uma das espécies[25] do gênero *relação plurilateral associativa*, que obedece a princípios comuns, como o da responsabilidade do controlador por desvio ou abuso de poder[26].

---

[21] Fábio K. Comparato, *Grupo societário fundado em controle contratual e abuso de poder do controlador, Direito Empresarial – Estudos e pareceres*, São Paulo, Saraiva, 1990, p. 275.

[22] Viviane M. Prado, *Conflito de interesses nos grupos societários*, São Paulo, Quartier Latin, 2006, p. 40.

[23] Fábio K. Comparato; Calixto S. Filho, *O Poder de Controle na Sociedade Anônima*, 4.ª ed., Rio de Janeiro, Forense, 2005, p. 43.

[24] Viviane M. Prado, *Conflito de interesses nos grupos societários*, São Paulo, Quartier Latin, 2006, pp. 41-44.

[25] As demais espécies do gênero relação plurilateral associativa são: a sociedade *stricto sensu*, a associação, o cartel e o acordo de acionistas. Fábio K. Comparato, *Grupo societário fundado em controle contratual e abuso de poder do controlador, Direito Empresarial – Estudos e pareceres*, São Paulo, Saraiva, 1990, p. 278.

[26] Fábio K. Comparato, *Grupo societário fundado em controle contratual e abuso de poder do controlador, Direito Empresarial – Estudos e pareceres*, São Paulo, Saraiva, 1990, p. 278.

Porém, a lei acionária brasileira não regula as formas mais amplas de agrupamento, mas sim os *grupos de sociedades*. A terminologia usada no título deste texto já antecipa uma importante conclusão acerca da realidade dos *grupos empresariais* em atuação em nosso país, evidenciada pela análise jurisprudencial[27]: a letra da lei não contempla todas as hipóteses de real agrupamento de empresas, inclusive parece ignorar a existência e a possibilidade de muitos arranjos empresariais[28].

Em resumo, a disciplina brasileira sobre grupos[29] é bastante simplificada, com fundamento no escopo econômico da lei, que é exatamente o de dar liberdade ao empresário para formar conglomerados – e não dificultar esse empreendimento.[30]

A Lei n. 6404/76 distingue os *grupos de fato* dos *grupos de direito*, embora não utilize tais expressões (de origem doutrinária). Nesse particular, parece aproximar-se do modelo alemão de 1965[31]. Em matéria de grupos de direito, a lei distingue o de subordinação (Capítulo XXI) e o de coordenação (Capítulo XXII). No tocante aos grupos de fato, a lei aborda as sociedades coligadas, controladoras e controladas no Capítulo XX, "sem aludir a grupos, e sem admitir que cada uma dessas sociedades possa atuar no interesse de outra, ou submeter-se às diretivas emanadas de outra"[32].

O direito alemão disciplinou os grupos empresariais de acordo com a tríplice distinção da estrutura de poder na sociedade anônima – participação no capital ou investimento acionário; direção; e controle. A partir

---

[27] A jurisprudência pátria, de acordo com as observações de Viviane M. Prado, "trata da unidade do grupo empresarial para fins de desconsideração da personalidade jurídica e imputação da responsabilidade a quem detém o comando, em decorrência de legislação específica" – de modo a tratar da estrutura do grupo em sua patologia, mas não em sua fisiologia (*Conflito de interesses nos grupos societários*, São Paulo, Quartier Latin, 2006, p. 146).

[28] Para um panorama geral acerca da disciplina dos grupos empresariais no sistema jurídico brasileiro, consultar Viviane M. Prado, *Conflito de interesses nos grupos societários*, São Paulo, Quartier Latin, 2006, pp. 46-47.

[29] Calixto S. Filho, *O novo direito societário*, 3.ª ed., São Paulo, Malheiros, 2006, pp. 46-47.

[30] Viviane M. Prado, *Conflito de interesses nos grupos societários*, São Paulo, Quartier Latin, 2006, p. 50.

[31] Conforme Fábio K. Comparato, *Os grupos societários na nova Lei de Sociedade por Ações, Ensaios e pareceres de direito empresarial*, Rio de Janeiro, Forense, 1978.

[32] Fábio K. Comparato, *Os grupos societários na nova Lei de Sociedade por Ações, Ensaios e pareceres de direito empresarial*, Rio de Janeiro, Forense, 1978, p. 200.

dessa premissa – e ainda em consideração à disciplina estipulada pela Lei Acionária alemã de 1965 -, é possível classificar os grupos empresariais em "grupos de subordinação" e "grupos de coordenação".

O elemento essencial do grupo de subordinação é o poder de controle de uma empresa sobre outra, consistente no direito de decidir – em última instância – a atividade empresarial do outro[33]. Em regra, esse poder de controle fundamenta-se na participação societária de capital – de modo a permitir que o controlador se manifeste na assembleia geral ou na reunião de sócios da empresa controlada. Contudo, é possível que "essa dominação empresarial se exerça 'ab extra', sem participação de capital de uma empresa em outra, e sem que o representante da empresa dominante tenha assento em algum órgão administrativo da empresa subordinada". Trata-se do controle externo.

Com relação à *distinção* entre grupos de direito e grupos de fato, a Lei n. 6.404 de 1976 inspirou-se de forma imediata no direito grupal da República Federal Alemã[34]: enquanto os primeiros têm como fundamento uma convenção grupal, os segundos são regulados por normas legais (de ordem pública)[35].

Contudo, o legislador pátrio distanciou-se do modelo germânico de 1965 na matéria referente a abuso de controle nos grupos societários[36]:

---

[33] Fábio K. Comparato, *Grupo societário fundado em controle contratual e abuso de poder do controlador, Direito Empresarial – Estudos e pareceres*, São Paulo, Saraiva, 1990, p. 276.

[34] No direito alemão (lei acionária de 1965 da República Federal Alemã), o elemento essencial dos grupos de subordinação é a situação de dependência, reconhecida sempre que uma empresa encontra-se sob a "influência dominante de outra" – conceito amplo e impreciso, mas que costuma ser definido como o "poder de impor uma orientação incontrastável sobre a direção dos negócios de outrem." Na hipótese de existir participação majoritária de uma empresa sobre outra, a influência dominante é presumida; contudo, ela também pode exercer-se fora de qualquer participação societária de capital, especialmente pela via contratual. Na referida lei alemã, há seis espécies de contratos cuja conclusão acarreta o estabelecimento regular de um grupo (*Konzern*), como o contrato de transferência global de lucros. Fábio K. Comparato, *Grupo societário fundado em controle contratual e abuso de poder do controlador, Direito Empresarial – Estudos e pareceres*, São Paulo, Saraiva, 1990, p. 276.

[35] Fábio K. Comparato, *Abuso de controle em grupo societário de fato, remédio jurídico cabível, Direito Empresarial – Estudos e pareceres*, São Paulo, Saraiva, 1990, p. 306.

[36] De acordo com Fábio K. Comparato, na lei acionária alemã de 1965, a sociedade controladora tem o direito de impor negócios jurídicos ou medidas práticas prejudiciais à sociedade controlada – contudo, as consequências econômicas de tais atos não podem ficar sem a compensação devida. O legislador alemão estabeleceu, portanto, hipótese de reparação de danos *lícitos*, que

no Brasil, esse abuso é sempre *ilícito*. O art. 246 da Lei n. 6.404/76 constitui preceito de desestímulo à manutenção dos grupos de fato (ou de incentivo à formação dos grupos convencionais – previstos no Capítulo XXI do citado diploma legal). Assim, "todo dano provocado pelo exercício do controle obriga a reparar; e não da forma e no prazo que for estipulado pela controladora, mas segundo os interesses da controlada"[37].

Para realizar a distinção entre grupos de fato e de direito, é importante saber o vínculo existente entre as sociedades, de modo a legitimar sua unidade econômica: isto é, cumpre verificar se a ligação entre as sociedades ocorre por meio de uma convenção grupal, ou se decorre da mera participação de sociedade ou empresa no capital social da outra sociedade, de modo a configurar o poder de controle[38].

Considera-se que as unidades empresariais caracterizadas por relações de controle ou coligação formam um grupo econômico não-convencional, com diversos efeitos jurídicos, pois, formam uma entidade econômica de relevância jurídica[39].

Nessa modalidade de concentração empresarial (grupo não-convencional ou de fato), que envolve as relações de coligação e de controle, não se verifica a reorganização das sociedades envolvidas, de forma que cada uma mantém na íntegra a individualidade[40] de seus objetivos opera-

---

pode ser livremente estipulada pela controladora, no momento em que esta sociedade julgar mais conveniente. Fábio K. Comparato, *Abuso de controle em grupo societário de fato: remédio jurídico cabível, Direito Empresarial – Estudos e pareceres*, São Paulo, Saraiva, 1990, p. 308 e p. 310.

[37] Fábio K. Comparato, *Abuso de controle em grupo societário de fato: remédio jurídico cabível, Direito Empresarial – Estudos e pareceres*, São Paulo, Saraiva, 1990, p. 310.

[38] Viviane M. Prado, *Conflito de interesses nos grupos societários*, São Paulo, Quartier Latin, 2006, pp. 53-54.

[39] Modesto Carvalhosa, *Comentários à Lei de sociedades anônimas: Lei n. 6.404, de 15 de dezembro de 1976*, volume 4, tomo II (artigos 243 ao 300), 3.ª ed. rev. atual., São Paulo, Saraiva, 2009, p. 7. Cumpre salientar que o conceito "entidade econômica de relevância jurídica" não se confunde com o grupo de sociedades disciplinado pelos artigos 265 a 279 da Lei n. 6404/76, que constitui uma "entidade jurídica", conforme bem salienta o autor (ibidem).

[40] Com exceção de algumas normas específicas, nas relações intersocietárias dos *grupos de fato* continua a incidir o regime jurídico aplicável às demais sociedades por ações, isto é, cada integrante do grupo deve observar a disciplina incidente para as sociedades isoladas. Viviane M. Prado, *Conflito de interesses nos grupos societários*, São Paulo, Quartier Latin, 2006, p. 55.

cionais[41]. Assim, não existe qualquer vínculo obrigacional[42] (decorrente de convenção) entre as sociedades do grupo de fato, de modo que os negócios jurídicos entre elas devem seguir estritamente o princípio da isonomia.

Mesmo antes das alterações perpetradas pela Lei n. 11.941, de 27-05-2009, o tema referente à relação de coligação entre sociedades já suscitava bastante discussão doutrinária. Uma corrente defendia que qualquer participação relevante, que não importasse em subordinação, caracterizaria coligação. Até então, considerava-se moderno e universal o "entendimento segundo o qual a coligação ou o controle são caracterizados pelo grau de influência que uma sociedade com participação relevante em outra exerce sobre esta"[43]. Hoje, o art. 243, § 1.º (com a redação dada pela Lei n.º 11.941, de 2009) dispõe que "são coligadas as sociedades nas quais a investidora tenha influência significativa".

Contudo, a nova redação do art. 243 (e parágrafos) já não utiliza como parâmetro o percentual de participação no capital votante para identificar a coligação – agora, a lei utiliza o conceito jurídico indeterminado "influência significativa", e no parágrafo 4.º esclarece: "Considera-se que há influência significativa quando a investidora detém ou exerce o poder de participar nas decisões das políticas financeira ou operacional da investida, sem controlá-la." Assim, parece, de certa forma, que o legislador acolheu as críticas doutrinárias que até então eram constantemente veiculadas, tendo em vista a necessidade de se reconhecer a realidade do controle externo, especialmente pela via contratual (financiamento, distribuição), bem como a urgência de se fixar um parâmetro mais fluido para a subsunção de inúmeros casos (outrora situados na zona de penumbra dos preceitos legais) dentro da cláusula geral "influência significativa".

É possível relacionar a mudança legislativa com um aprimoramento do sistema de proteção legal aos acionistas minoritários e terceiros cre-

---

[41] Modesto Carvalhosa, *Comentários à Lei de sociedades anônimas. Lei n. 6.404, de 15 de dezembro de 1976*, volume 4, tomo II (artigos 243 ao 300), 3.ª ed. rev. atual., São Paulo, Saraiva, 2009, p. 12.
[42] Diferentemente do grupo de direito ou convencional, em que há vínculo de natureza obrigacional, em decorrência de convenção (art. 265 da Lei n. 6.404/76).
[43] Modesto Carvalhosa, *Comentários à Lei de sociedades anônimas: Lei n. 6.404, de 15 de dezembro de 1976*, volume 4, tomo II (artigos 243 ao 300), 3.ª ed. rev. atual., São Paulo, Saraiva, 2009, p. 13.

dores – grupos que estão sempre à mercê das manobras negociais que encontram brechas nas regras de responsabilidade.

Quanto aos grupos de direito, a Lei n. 6.404/76 estabeleceu duas espécies – de subordinação[44] (cujo elemento unificador é o controle) e de coordenação[45] (em que a direção é o elemento unificador). Nos dois casos, há uma convenção que formaliza e oficializa o agrupamento, e que deve ser arquivada no registro de comércio.

O critério para a identificação de cada um dos tipos ora abordados é a existência ou não de relação de controle ou domínio.

Quanto às *joint ventures*[46] – consórcios contratuais e consórcios societários, vale dizer que há grande imprecisão terminológica no emprego

---

[44] No âmbito da legislação pátria, os grupos de subordinação estão previstos no Capítulo XXI. É necessário que o grupo seja formado pela sociedade controladora e suas controladas – verdadeira *condicio iuris* para a aplicação das normas legais. Assim, caso haja mera coligação, não é possível a constituição do grupo de sociedades previsto no referido capítulo (apenas poderá haver a constituição de consórcio). A convenção grupal é um autêntico contrato de sociedades (art. 265). No "grupo de subordinação, a atividade das sociedades controladas é sempre orientada no interesse do grupo como um todo, ou no da controladora em particular". Fábio K. Comparato, *Os grupos societários na nova Lei de Sociedade por Ações, Ensaios e pareceres de direito empresarial*, Rio de Janeiro, Forense, 1978, p. 205.

[45] Os grupos de coordenação de direito estão previstos no Capítulo XXII da Lei n. 6.404/76, em que não há, necessariamente, controle comum das sociedades consorciadas, embora haja *unidade de direção* das atividades empresariais. Muito embora ocorra o arquivamento do contrato de consórcio no registro de comércio, tal fato não implica a criação de uma pessoa jurídica (art. 278, § 1.º da Lei n. 6.404/76). Nos termos da lei, é admissível o consórcio entre companhias e quaisquer outras sociedades – destarte, ao menos uma das consorciadas deve ser sociedade anônima. Na verdade, trata-se de sociedade de segundo grau, embora não tenha personalidade jurídica, tendo em vista que é titular de direitos e obrigações, além de apresentar capacidade processual e caráter empresarial – assemelha-se, assim, às universalidades (como a massa falida, o espólio, o condomínio), que também têm legitimidade processual. Quanto à natureza do consórcio, podemos afirmar que se trata de contrato associativo sem personalidade jurídica, de modo que representa um centro autônomo de relações jurídicas internas (entre as sociedades consorciadas) e externas (do consórcio com terceiros). (Fábio K. Comparato, *Os grupos societários na nova Lei de Sociedade por Ações, Ensaios e pareceres de direito empresarial*, Rio de Janeiro, Forense, 1978, p. 208).

[46] Conforme Mauro R. Penteado, a *joint venture* consiste em outra modalidade de associação de empresas encontrada no Direito Comparado, para a consecução de finalidades semelhantes ao consórcio, de origem norte-americana. O autor explica que, nos Estados Unidos, "a joint venture ou joint adventure 'é uma modalidade de partnership temporária organizada para a execução de um único ou isolado empreendimento lucrativo e usualmente, embora não neces-

do termo *joint venture* – aspecto que se torna ainda mais delicado com a utilização dos mais diversos institutos jurídicos para a realização de "empreendimentos comuns".[47]

Os problemas decorrentes das *joint ventures* foram devidamente considerados na Lei n. 6.404/76, tendo em vista que este diploma legal delimitou âmbito restrito ao consórcio (art. 278), "que já foi apontado como a forma mais recente de concentração empresarial, correspondente à 'joint venture' do Direito norte-americano"[48]. Nos termos da Lei n. 6.404/76, as *joint ventures* podem ser concretizadas também sob a forma de uma nova sociedade, com a estipulação de mais de uma classe de ações ordinárias, com o fito de compor os interesses dos participantes[49] – nesse sentido, a Exposição de Motivos da Lei n. 6.404/76 elucida a questão:

> "O artigo 16 admite, nas companhias fechadas, mais de uma classe de ações ordinárias, em função dos elementos que enumera. Essa flexibilidade será útil na associação de diversas sociedades em empreendimento comum (*joint venture*), permitindo a composição ou conciliação de interesses e a proteção eficaz de condições contratuais acordadas. O parágrafo único do artigo 16 reforça a segurança jurídica dessas condições."[50]

É possível realizar uma distinção entre consórcios contratuais (*joint venture agreements*) e consórcios societários (*joint venture corporations*), que apresentam em comum "a especificidade da exploração de determinada

---

sariamente, de curta duração. É uma associação de pessoas que combinam seus bens, dinheiro, esforços, habilidade e conhecimentos com o propósito de executar uma única operação negocial lucrativa'. Mesmo nas jurisdições onde não se admite a participação de *corporations* em outras sociedades, aceita-se geralmente a sua associação a uma *joint venture*, ao menos com o intuito de alcançar os seus objetos." As *joint ventures* são constituídas por um período definido. "Geralmente, a direção e a operação do empreendimento comum são atribuídas pelos joint venturers a um deles" – o qual não tem poderes para obrigar os demais (embora possa haver a outorga de tais poderes). Mauro R. Penteado, *Consórcio de empresas*, São Paulo, Livraria Pioneira, 1979, pp. 129-130.

[47] Mauro R. Penteado, *Consórcio de empresas*, São Paulo, Livraria Pioneira, 1979, p. 132.

[48] Arnold Wald apud Mauro R. Penteado, *Consórcio de empresas*, São Paulo, Livraria Pioneira, 1979, p. 132, nota de rodapé n. 49.

[49] Mauro R. Penteado, *Consórcio de empresas*, São Paulo, Livraria Pioneira, 1979, p. 132

[50] Exposição de Motivos da Lei n. 6.404, de 15 de dezembro de 1976, Capítulo III, Seção III.

atividade empresarial, de duração limitada e que, assim, exaure-se num determinado momento, pela sua própria implementação."[51]

Os consórcios de cartelização diferenciam-se dos demais consórcios pelo fato de não objetivarem a realização de um empreendimento comum, e pela sua duração tendente à indeterminação.[52]

Os consórcios têm a natureza de contratos plurilaterais, pois visam a um objetivo comum – ademais, não há contraprestação entre as prestações das diversas consorciadas, como ocorre tipicamente nos contratos bilaterais.

É importante ressaltar que nem todos os cartéis consorciais são ilícitos, como é o caso da comunhão de interesses entre empresas competidoras de um mesmo mercado, instituída através da forma consorcial, que pode conduzi-las "a um comportamento de mera defesa na manutenção de preços concorrenciais (antidumping)" – as denominadas *'bonnes ententes'*, que se contrapõem às *'mauvaises ententes'* da doutrina francesa, na hipótese de imposição de preços monopolísticos ao mercado.[53]

O objetivo do cartel consorcial é aumentar o lucro dos cartelizados, ou evitar sua diminuição, através de limitações às suas atividades. Tanto nos cartéis consorciais legítimos como nos ilícitos, ocorre a outorga de posição estrutural e estratégica de capacitação monopolística, mas o cartel consorcial ilícito apenas se configura com o efetivo emprego dessa aptidão para impor preços e suprimir concorrência.[54]

Diante deste resumo de conceitos e figuras, é simples entender a observação de Fábio Konder Comparato acerca da necessidade de se elaborar um diploma legal para os grupos empresariais *lato sensu*.[55]

---

[51] Modesto Carvalhosa, *Comentários à Lei de sociedades anônimas: Lei n. 6.404, de 15 de dezembro de 1976*, volume 4, tomo II (artigos 243 ao 300), 3.ª ed. rev. atual., São Paulo, Saraiva, 2009, p. 403.
[52] Modesto Carvalhosa, *Comentários à Lei de sociedades anônimas: Lei n. 6.404, de 15 de dezembro de 1976*, volume 4, tomo II (artigos 243 ao 300), 3.ª ed. rev. atual., São Paulo, Saraiva, 2009, p. 407.
[53] Modesto Carvalhosa, *Comentários à Lei de sociedades anônimas: Lei n. 6.404, de 15 de dezembro de 1976*, volume 4, tomo II (artigos 243 ao 300), 3.ª ed. rev. atual., São Paulo, Saraiva, 2009, p. 406.
[54] Modesto Carvalhosa, *Comentários à Lei de sociedades anônimas: Lei n. 6.404, de 15 de dezembro de 1976*, volume 4, tomo II (artigos 243 ao 300), 3.ª ed. rev. atual., São Paulo, Saraiva, 2009, pp. 406-407.
[55] Fábio K. Comparato, *Os grupos societários na nova Lei de Sociedade por Ações, Ensaios e pareceres de direito empresarial*, Rio de Janeiro, Forense, 1978, p. 218.

À falta de uma legislação sistematizada, com vistas a melhor identificar os grupos na jurisprudência e avaliar os casos de forma adequada, foi necessário delimitar algumas poucas categorias a partir da doutrina. Estas se tornaram nossos parâmetros para busca dos acórdãos e avaliação de como estas figuras apareciam na jurisprudência concursal paulista.

4. Normatização pela jurisprudência

A jurisprudência francesa criou critérios taxativos para configuração dos grupos de empresa. A jurisprudência brasileira de Direito Societário não foi tão feliz. Não há critérios bem estabelecidos – e o entendimento jurisprudencial sobre a matéria acaba por se resumir a dizer se resta configurado ou não "grupo" numa certa situação de conglomerado de empresas para fins de imputação de responsabilidade.

Assim, pode-se dizer que há decisões sobre o tema, mas não há jurisprudência sobre o tratamento da unidade econômica, financeira e diretiva dos grupos (a unidade só é reconhecida no direito concorrencial para fins de coibir abuso de poder econômico). Se a situação concreta permite ou não configurar um grupo empresarial como tal, caberá ao julgador decidir pela incidência da Lei 6.404/76, mesmo que não haja instrumento jurídico ou previsão legislativa expressa sobre a aplicação da norma.

Também em matéria de Direito Concursal, a jurisprudência deveria servir para tutelar situações complexas de fato diante da ausência de normatividade legislativa. Aliás, quanto à natureza dos fundamentos dos acórdãos avaliados, mesmo se tratando de acórdãos julgados por câmaras especializadas de falência, pudemos verificar que 20 deles apresentavam fundamentos de Direito Concursal, 33 de Direito Societário, 28 de ambos, 25 de Direito Civil e 13 de Direito Processual, o que ilustra a complexidade do tratamento jurídico dos grupos empresariais.

Ao final, a jurisprudência coletada neste trabalho para fins de avaliar a possibilidade de se "normatizar" pelos julgados (diante das lacunas aparentemente propositais deixadas pela legislação) *não* apresentou um conteúdo desejável em termos de completude. Porém, como o julgador extrai a norma do caso concreto e julgados podem ser tidos por precedentes a serem seguidos, ainda que os conflitos avaliados tenham sido poucos e de complexidade limitada, não pareceu totalmente infértil o mapeamento jurisprudencial intentado.

Assim, a partir da jurisprudência coletada, tabulada e analisada, tentamos extrair a tal "normatização" que, em resumo, se trata de uma análise qualitativa de julgados emblemáticos para os fins de contribuir para o estudo do tema. O trabalho completo pode ser encontrado no Relatório de Pesquisa a ser cedido pela autora[56]. Em função do limite de páginas deste texto, apenas alguns casos foram trazidos para análise e ilustração.

Assim, conforme se verá nos tópicos seguintes, organizamos alguns temas, dos quais extraímos regras que solucionaram conflitos concretos, assim como a respectiva fundamentação condutora da elucidação dos casos.

4.1. Os grupos nos processos de recuperações e falências: conclusões e observações extraídas de casos concretos

4.1.1. Extensão dos efeitos da falência a outra empresa pertencente ao mesmo grupo econômico, com indícios de "confusão patrimonial" entre ambas

Trata-se de tema relevante na abordagem da responsabilidade dos grupos econômicos perante terceiros credores – especialmente na hipótese tratada, que envolve "grupo de fato" com sérios indícios de "promiscuidade financeira"[57].

A solução adotada pelo TJSP foi melhor elucidada pela Apelação cível n. 575.202-4/6-00, Rel. Elliot Akel, julgado em 19 de novembro de 2008, cujo objeto era o pedido de extensão dos efeitos da falência a outra empresa do mesmo grupo econômico.

Pela análise do acórdão tido por precedente, verifica-se que a falida (apelante) e a apelada pertenciam ao mesmo grupo econômico. De acordo com o Relator, prova documental caracterizaria confusão financeira e administrativa entre a requerida (apelada) e a falida (apelante).

O magistrado reconheceu que o simples fato de ambas as empresas pertencerem ao mesmo grupo econômico não autorizaria, por si só, a pretendida extensão de efeitos da falência, mas o fundamento para tanto

---

[56] Favor solicitar pelo endereço de e-mail ligia.pinto@fgv.br.
[57] Relação do caso com a vedação do art. 245 da Lei n. 6.404/76. Vide Modesto Carvalhosa, *Comentários à Lei de sociedades anônimas: Lei n. 6.404, de 15 de dezembro de 1976*, volume 4, tomo II (artigos 243 ao 300), 3.ª ed. rev. atual., São Paulo, Saraiva, 2009, pp. 30-31.

seria a interação transparente e ostensiva, pois a falida e a demandada tiveram identidade de administradores, de procuradores, de profissionais de contabilidade e de endereço. Assim, "(...) à vista dos credores, havia uma confusão patrimonial que autorizava a relação de confiança para a entabulação de negócios vultosos. Para tanto, havia aporte de capital em favor da falida e mesmo a oferta de garantia corporativa para o cumprimento das obrigações assumidas"[58]. A conclusão é de que os credores não poderiam supor que as empresas eram distintas, cada uma com responsabilidades diferentes, se a sede e o objeto social eram os mesmos.

O magistrado, mencionou valores referentes ao ativo permanente da empresa falida em 2002, em 2003, em 2004 e na data da falência e constatou que, nos dois anos anteriores à quebra, a redução do ativo permanente ocorreu de forma abrupta. Assim, o Relator determinou que os efeitos da falência deveriam alcançar o patrimônio da requerida (apelada), e mencionou precedente da Câmara sobre confusão patrimonial entre sociedades formalmente distintas, com a desconsideração da personalidade jurídica da falida para que os efeitos do decreto falencial alcançassem as demais sociedades envolvidas (AI n. 497.422-4/1, julgado em 29-08-2007). *A grande novidade adotada na decisão, digna de nota, foi a limitação da responsabilidade da empresa requerida (apelada) ao valor do ativo permanente da falida em 2002 – reduzido de forma suspeita desde então*[59]. Assim, o Relator ressaltou que a extensão dos efeitos não implicaria necessariamente a falência da apelada, com as consequências jurídicas, econômicas e sociais advindas desse evento.

É possível relacionar o acórdão com algumas lições doutrinárias. No tocante ao aspecto da *responsabilidade dos grupos econômicos perante terceiros credores*, o acórdão adotou o critério da *"confusão patrimonial"*[60], fun-

---

[58] fls. 10
[59] De acordo com a análise feita pelo magistrado a fls. 10/11, e conclusão a fls. 12.
[60] Vale a ressalva, apenas por circundar o tema, de que se mostrou necessária a atenção ao meio processual adequado para formular o pedido de extensão dos efeitos da falência a outra empresa do mesmo grupo econômico. De acordo com outro precedente (Embargos de declaração n. 506.497-4/2-01, Rel. José Roberto Lino Machado, julgado em 31 de outubro de 2007), a impugnação da relação de credores não é o meio adequado: "se o credor julga que a massa falida é responsável pelo pagamento de seu crédito ou que a falência deve ser estendida às empresas devedoras, poderá fazer tais pleitos, respectivamente, em ação própria ou no curso do processo falimentar, por sua conta e risco" (Vide fls. 02 do citado acórdão).

damento também utilizado em precedentes dos tribunais alemães: "a confusão de patrimônios entre sociedades do mesmo grupo econômico é considerada, na Alemanha Federal, manifestação do princípio proibitivo do *'venire contra factum proprium'* – quem desrespeita, na prática, a separação patrimonial consequente à personalização das sociedades não pode, depois, invocar essa mesma separação para pôr seus bens pessoais ao abrigo das execuções de credores sociais"[61].

Na decisão, é possível visualizar ainda o critério da *"confusão interna"* (identidade de administradores, de procuradores, etc.) como fundamento à extensão da responsabilidade de uma empresa para outra, pertencente ao mesmo grupo. Este critério aparece nos fundamentos e com amplo substrato probatório, embora a expressão exata "confusão interna" não tenha sido mencionada[62].

4.1.2. Interpretação do art. 48 da LRE no âmbito de empresas pertencentes ao mesmo grupo econômico, com a criação de uma delas para atender a estratégias e a objetivos do grupo

Denominaremos o acórdão que mais bem elucidou a questão "Caso AGRENCO". Trata-se, em verdade, de caso de flexibilização do requisito de dois anos de exercício regular da atividade empresarial para o requerimento da recuperação judicial (art. 48 da Lei n. 11.101/05), tendo em vista as circunstâncias do grupo do caso concreto.

O acórdão[63] evidenciou a atuação do órgão jurisdicional como legislador positivo (grau máximo do papel "criativo" exercido pelos juízes), diante das nuances do caso, que exigia a flexibilização de norma legal expressa objetiva.

Na solução provida pelo TJSP, o magistrado reconheceu como "evidente nos autos" que a empresa "Agrenco Bioenergia (...)" fazia parte do grupo "AGRENCO", e que havia formulado pedido de recuperação judi-

---

[61] Vide Fabio K. Comparato, *O Poder de Controle na Sociedade Anônima*, 4.ª ed., Rio de Janeiro, Forense, 2005, p. 498.

[62] Esse critério é mencionado pela doutrina, com respaldo na jurisprudência de outros países – ver Fabio K. Comparato; Calixto S. Filho, *O Poder de Controle na Sociedade Anônima*, 4.ª ed., Rio de Janeiro, Forense, 2005, pp. 498-499.

[63] Agravo de instrumento n. 604.160-4/8-00, Rel. Pereira Calças, julgado em 04 de março de 2009.

cial em litisconsórcio com as demais empresas do referido grupo. Assim, o magistrado acolheu as alegações da agravada, de que o grupo foi constituído há mais de quinze anos, e de que a empresa "Agrenco Bioenergia" foi criada com a transferência de recursos e atividades de sua sociedade controladora ("Agrenco do Brasil S.A."), de modo que exerceria tais atividades há muito mais de dois anos.

Assim, a criação da "Agrenco Bioenergia (...)" teria ocorrido com o escopo de (tão somente) otimizar a entrada de novo capital de investidor interessado em injetar recursos no "Grupo Agrenco" (sob a exigência de que sua entrada ocorresse sem qualquer contingência capaz de afetar os sócios em razão de administrações passadas). O Relator citou Trajano de Miranda Valverde, que já defendia o prazo de dois anos de exercício regular de comércio como condição para o pedido de concordata na antiga legislação – lição aplicável ao art. 48, caput da LRE. Salientou que uma das principais inovações da nova lei foi a de deixar de considerar o instituto como um favor legal para atribuir-lhe a natureza de autêntico contrato celebrado entre o empresário em crise e seus credores. Assim, não seria justificável deixar de permitir aos credores a apreciação de plano de recuperação judicial de empresa em crise econômico-financeira, em razão de uma formalidade legal, pelo fato de uma das sociedades não estar inscrita no Registro de Empresas há mais de dois anos.

O magistrado acrescentou que "o requisito da constituição e arquivamento dos atos constitutivos da Agrenco Bioenergia há mais de dois anos poderia ser facilmente superado por meio de sua fusão ou incorporação com outra das empresas do Grupo Agrenco, com o que se eliminaria a questão do biênio da constituição legal" – a fls. 14/15. Reconheceu como satisfeito o requisito do art. 48 da LRE, pois embora a constituição formal da empresa "Agrenco Bioenergia" tenha ocorrido há menos de dois anos da data do pedido de recuperação judicial, a atividade constante de seu objeto social já era exercida por outras empresas do mesmo grupo econômico. Concluiu que o deferimento do processamento do pedido atendia ao fim social do instituto da recuperação de empresas.

Realizou-se no caso uma interpretação teleológica do art. 48 da Lei n. 11.101/05, com o escopo de conferir interpretação menos legalista ao requisito de dois anos de exercício regular da atividade empresarial para o requerimento da recuperação judicial. Mencionou-se expressamente para fundamentar a decisão o "fim social do instituto da recuperação de empresas".

A decisão corroborou a função criativa e/ou normativa da jurisprudência, isto é, realçou o seu papel como fonte do direito.

4.1.3. Possibilidade de acordo entre a massa falida e pessoas físicas e/ou jurídicas, para a compensação do respectivo débito dos devedores da massa por meio de créditos para com outras empresas do mesmo grupo econômico do falido

O tema em si é muito importante para o estudo dos grupos econômicos nos processos de recuperação e falências; e ainda mais interessante é *a abordagem do conceito de "coligação"*, realizada à luz do caso concreto, que perpassa toda a decisão, em progressão argumentativa, e torna-se fundamento à admissão do referido acordo[64]. Os julgados analisados perfilharam entendimento favorável à mencionada "compensação" do respectivo débito dos devedores da massa através de créditos para com outras empresas do mesmo grupo econômico do falido. Analisamos outros acórdãos em que foi constatada essa possibilidade de "compensação" (mesma hipótese fática[65]), mas neste tópico abordaremos somente os dois julgados mencionados, pelo fato de também terem analisado o conceito de "coligação". Trata-se de caso importante para a confirmação do papel criativo da jurisprudência na delimitação de conceitos.

Neste caso, será apresentado, para os fins de "normatização", como o TJSP lidou com as empresas coligadas à falida perante seus credores em concurso.

Vale a observação: em parte dos outros acórdãos[66], não se reconheceu essa possibilidade, muito embora os casos envolvessem a *mesma massa falida* e uma das integrantes do grupo econômico, mas *com outras circuns-*

---

[64] Em especial conforme os seguintes acórdãos: Agravo de instrumento n. 587.663-4/1-00, Rel. José Roberto Lino Machado, julgado em 04 de março de 2009 e Agravo de instrumento n. 610.552-4/6-00, Rel. José Roberto Lino Machado, julgado em 1.º de abril de 2009.

[65] Como, por exemplo, o acórdão do Agravo de instrumento n. 504.359-4/7-00, Rel. José Roberto Lino Machado, julgado em 30 de janeiro de 2008. Neste julgado, o conceito de coligação não foi analisado; apenas restou constatada a possibilidade de acordo com devedores da massa: "compensação" do respectivo débito dos devedores através de créditos para com outras empresas do mesmo grupo econômico do falido.

[66] Apelação cível com revisão n. 498.973-4/2-00, Rel. José Roberto Lino Machado, julgada

tâncias e peculiaridades. Tais casos, em sentido contrário, igualmente envolviam, em tese, a possibilidade de que a devedora da massa falida obtivesse a compensação de seu débito através de créditos para com outra empresa do mesmo grupo econômico do falido. Essa possibilidade restou afastada pela Câmara Especial de Falências e Recuperações Judiciais de Direito Privado do TJSP[67]. *Contudo, é importante ressaltar que tais precedentes em sentido contrário são mais antigos.* Como o presente tópico valoriza o conceito de coligação abordado nos outros dois acórdãos mencionados e analisados abaixo, optamos por não utilizar esses julgados divergentes (cujo decisum levou em consideração fundamentos fático-probatórios muito peculiares) na nossa "normatização" sobre o tema.

Quanto à solução provida pelo TJSP, as decisões que escolhemos utilizar são praticamente idênticas[68], com a alteração apenas dos dados fáticos, razão por que transcrevemos, a seguir, apenas a síntese da fundamentação do Agravo de instrumento n. 587.663-4/1-00, Rel. José Roberto Lino Machado, julgado em 04 de março de 2009.

Nos termos da decisão proferida, o Relator citou o parecer do Ministério Público, no qual se afirmou que a expressão "empresas coligadas", embora seu texto possa ter exorbitado do rigor técnico (à vista do art. 1099 do Código Civil e do art. 243, § 1.º da Lei n. 6404/76), na verdade foi utilizada em referência àquelas empresas "de fato e/ ou de direito controladas pelo falido ou por ele influenciadas ou mesmo apenas por ele beneficiadas, as quais, de qualquer modo, estão sendo consideradas como componentes do mesmo grupo econômico, ou assim até agora tratadas no curso do processo falimentar" a fls. 02.

A decisão asseverou que a homologação do acordo da massa falida com uma de suas devedoras não significaria que houvesse ocorrido qualquer afronta aos limites impostos pela Câmara Especial em acórdão já profe-

---

em 25 de junho de 2008, e Apelação cível n. 496.018-4/0-00, Rel. Romeu Ricupero, julgada em 25 de junho de 2008.

[67] Na Apelação cível com revisão n. 498.973-4/2-00, Rel. José Roberto Lino Machado, julgada em 25 de junho de 2008, e na Apelação cível n. 496.018-4/0-00, Rel. Romeu Ricupero, julgada em 25 de junho de 2008.

[68] Agravo de instrumento n. 587.663-4/1-00, Rel. José Roberto Lino Machado, julgado em 04 de março de 2009; e Agravo de instrumento n. 610.552-4/6-00, Rel. José Roberto Lino Machado, julgado em 1.º de abril de 2009.

rido no processo[69]. Naquela decisão foi autorizada a proposta do administrador judicial de "formalização de acordos nas hipóteses em que existam créditos de devedores a título de debêntures e *export notes* com empresas não financeiras ligadas ao antigo controlador da falida (...)". Aliás, sobre a abrangência dos acordos então autorizados, a decisão menciona que as considera ampla, isto é, não dependeria de formalização prévia do grupo econômico "evidenciado pelos fatos" e "pela exigência de reciprocidades feitas pelo ora falido ao conceder empréstimos a terceiros".

Outros fundamentos foram somados. Estes já tinham sido utilizados em acórdão anteriormente proferido nos mesmos autos e incumbe transcrever:

a) a massa falida pode transacionar com seus devedores, desde que haja obediência ao interesse dos credores;

b) no caso em exame, a massa falida estaria em busca da realização de seus créditos de modo seguro, sem se submeter aos riscos de longas discussões jurídicas com seus devedores, "em relação a negócios que envolveram não só eles e o falido, mas também pessoas jurídicas componentes do mesmo grupo econômico de que este faz parte" – a fls. 04;

c) *os devedores abrangidos pela proposta de transação arguem ter sido orientados pelo próprio falido, ao contratarem empréstimos, a aplicar parte de seu débito em títulos emitidos por empresas do mesmo grupo econômico*, caracterizando-se a assim conhecida 'operação casada', por exigência do mutuante" – a fls. 04/05;

d) assim, não é simples eximir o banco de toda responsabilidade perante tais clientes, que se tornaram, ao mesmo tempo, investidores de empresas a ele vinculadas, principalmente ao ficar caracterizado que, *mesmo na hipótese de não ter sido "formalizado de grupo de sociedades", como previsto no art. 265, caput, da Lei n. 6.404/76, "o funcionamento conjunto de todas as sociedades como se fossem uma só, sujeita ao mesmo comando, implicasse interferência da controladora de fato sobre todas as demais"* – a fls. 05[70];

---

[69] Agravo de instrumento n. 504.359-4/7-00.
[70] Esse conjunto de informações reforçaria as vedações às instituições financeiras, constantes no art. 34, incisos III, IV, V, e art. 35, caput, I da Lei n. 4595/64 (referente a concessão de

e) a massa falida não teria feito proposta desarrazoada, na qual fosse evidente a falta de direito dos seus devedores, especialmente à luz dos arts. 186, 187, 927 e 931 do Código Civil de 2002;

f) e assim, seria razoável o acordo proposto pelo administrador judicial com aval dos credores, para o acerto de pendências com devedores *que tivessem títulos de empresas coligadas à falida, nos termos da proposta.*

O magistrado concluiu, no que o termo "empresas coligadas" foi empregado com amplo alcance. Tais empresas foram consideradas componentes de um mesmo grupo econômico, e a favor delas o falido exigiu aplicações recíprocas de seus mutuários. Ele esclareceu que a íntima ligação do falido com a "Santospar" não bastasse a semelhança de suas denominações, tem sido evidenciada no curso do processo falimentar e ressaltou que não houve nem mesmo impropriedade técnica no uso da expressão "empresas coligadas" no agravo de instrumento n. 504.359.4/7, caso se considere a redação do art. 1097 do Código Civil. Assim, conforme Marcelo Fortes Barbosa Filho, o legislador preferiu deixar de lado (no código civil) a classificação já constante na Lei n. 6404/76, e englobou todas as possíveis variações em gênero único, o da coligação. Em conclusão, o Relator negou provimento ao agravo.

4.1.3.1. Fundamentação e breve análise dos casos

Trata-se de casos paradigmáticos para o estudo do conceito de "coligação" e para a confirmação do papel criativo da jurisprudência na delimitação de conceitos.

A decisão reconheceu a coligação entre o falido e a outra empresa componente do mesmo grupo econômico.[71]

---

empréstimos), e no art. 17, caput da Resolução 2.878/01 (que vedou às instituições financeiras a contratação de quaisquer operações condicionadas ou vinculadas à realização de outras operações ou à aquisição de outros bens e serviços).

[71] Alguns trechos do voto são valiosos para corroborar as conclusões acima; no caso em exame, a massa falida estaria em busca da realização de seus créditos de modo seguro, sem se submeter aos riscos de longas discussões jurídicas com seus devedores, "em relação a negócios que envolveram não só eles e o falido, mas também pessoas jurídicas componentes do mesmo grupo econômico de que este faz parte".

De fato, restou bem delineado o conceito de "coligação" na decisão com o intuito de adaptar a utilização do conceito às exigências do caso concreto, e também com o fim de determinar qual deveria ser o alcance dessas expressões nos autos (a possibilidade de que os devedores da massa falida obtivessem a compensação de seus créditos para com outras empresas do mesmo grupo econômico do falido)[72].

Assim, adotou-se um significado bem amplo para o termo "empresas coligadas" (a fls. 06), e que envolve uma modalidade de "relação entre sociedades" típica dos grupos de fato, de acordo com as disposições da Lei n. 6.404/76[73]. De certa forma, parece que o magistrado antecipou a alteração legislativa no conceito de "empresas coligadas", de acordo com a modificação introduzida pela Lei n. 11.941, de 27 de maio de 2009 – na nova redação do § 1.º do art. 243 da Lei das SAs: "são coligadas as sociedades nas quais a investidora tenha influência significativa".

Além disso, restou sedimentado que a massa falida pode transacionar com seus devedores, conforme dispõe o art. 22, § 3.º da LRE, *especialmente porque o falido tem direito de se manifestar sobre eventual proposta de transação, e seu interesse na valorização de seus ativos deve ser resguardado*, desde que seja observado o interesse dos credores de receberem o quanto possível em pagamento de seus créditos.

4.1.4. Noção de "ato gratuito" no âmbito do direito empresarial, em relação a operações relacionadas entre empresas do mesmo grupo econômico – "controlada" que figurava como "garantidora" em empréstimo contraído pela respectiva "controladora *holding*" – com vistas à reestruturação econômica desta última empresa[74]

A obrigação resultante para a empresa controlada deveria enquadrar-se como "ato gratuito", mas o Relator reconheceu sua natureza eminentemente empresarial. Trata-se de caso relevante para demonstrar a impor-

---

[72] Conforme mencionado, assim, o termo "empresas coligadas" foi tido por àquelas empresas "de fato e/ou de direito controladas pelo falido ou por ele influenciadas ou mesmo apenas por ele beneficiadas, as quais, de qualquer modo, estão sendo consideradas como componentes do mesmo grupo econômico, ou assim até agora tratadas no curso do processo falimentar"- a fls. 02.

[73] Neste sentido, Viviane M. Prado, *Conflito de interesses nos grupos societários*, São Paulo, Quartier Latin, 2006, p. 55.

[74] Em síntese, trata-se de garantia prestada pela empresa controlada em favor da controladora.

tância da jurisprudência na delimitação de conceitos – uma das faces de seu "papel criativo". Os acórdãos analisados[75] eram praticamente iguais: mesmas partes, mesmos argumentos recursais; a diferença refere-se à decisão agravada[76].

A solução do TJSP para a questão se fundamentou nos seguintes argumentos:

1) o magistrado salientou que não é possível ver ato gratuito na participação de pessoas jurídicas de um mesmo grupo econômico "como garantidoras" em empréstimo contraído pela *holding*, com vistas à sua reestruturação econômica – o que significa reestruturação econômica e financeira de todo o grupo;

2) citou precedente da Câmara (AI n. 460.339.4/7), em cujo teor restou assentado que "não é gratuita a responsabilidade assumida pela devedora de dívida de empresa do mesmo grupo econômico, e ainda tendo adquirido ações dadas em caução pela devedora original" – a fls. 03;

3) citou outro precedente da Câmara (AI n. 555.224.4/0-00), em cujo teor ficou estabelecido que "não é ato gratuito aquele em relação ao qual é possível identificar contraprestação, ainda que intangível; não é ato gratuito aquele que não está isolado da atividade empresarial; se a relação existente entre o devedor e o garante aponta para uma comunhão de interesses comerciais, decorrente de uma determinada sinergia, a garantia produzirá seus regulares efeitos; em suma, a garantia pessoal pode ser ato gratuito, quando nenhum interesse tinha o garante no ato praticado, o que se presume se o ato não tem o caráter comercial ou dele nenhuma vantagem era possível resultar para o devedor." – a fls. 03/04;

4) asseverou que, evidentemente, se a holding está em situação de perigo, é natural que "se movimente em busca do apoio das demais pessoas jurídicas pertencentes ao mesmo grupo econômico, as quais, não só por subordinação à sua controladora, mas também

---

[75] No mesmo sentido, porém com abordagem mais superficial: Agravo de instrumento n. 548.040-4/3-00, Rel. José Roberto Lino Machado, julgado em 07 de maio de 2008.

[76] Agravo de instrumento n. 582.402-4/5-00, Rel. José Roberto Lino Machado, julgado em 17 de dezembro de 2008; e Agravo de instrumento n. 582.401-4/0-00 Rel. José Roberto Lino Machado, julgado em 17 de dezembro de 2008.

por seu próprio interesse de manter saudável a situação econômica do grupo do qual fazem parte, vinculadas à sorte comum" (a fls. 04), na verdade não fazem nenhum favor em prestar sua garantia para o "pool" de bancos que tenha aceito o risco de financiar a tentativa de salvação de uma grande empresa multinacional;

5) mencionou alguns trechos do parecer do Promotor de Justiça, como as conclusões de que:

a) o aval da controladora para obrigação da controlada reverte, mais cedo ou mais tarde, em seu próprio proveito, em razão do princípio da equivalência patrimonial (art. 248 da Lei 6404/76);

b) todos os recursos que ingressam na controlada revertem para a controladora, já que o patrimônio líquido da controlada (a investida, na linguagem contábil) incorpora-se ao ativo da controladora;

c) as vantagens obtidas pela controladora, recursos que venham a ingressar no seu ativo, não repercutem, direta ou indiretamente, na controlada;

d) o acionista controlador tem deveres e responsabilidades (art. 116, § único da Lei n. 6404/76);

e) as quotas sociais da recuperanda, em quase sua totalidade (98% do capital social), pertencem à falida na Holanda: "LP Displays International B.V."; e, ao final, que

f) não se crê que o aval concedido pela controlada à *holding* (controladora) tenha sido um ato gratuito – "pelo contrário, titular de praticamente todas as quotas da controlada, não seria possível, no sistema econômico capitalista, vedar a controladora de oferecer como garantia as quotas de sua titularidade, bem como, para maior segurança dos bancos credores por meio dos quais buscava sua reestruturação econômico-financeira, exigir da controlada, cuja existência só tem sentido numa visão global do grupo econômico do qual pertence, a prestação de garantia de seu patrimônio, o qual, indiretamente, pertence, grosso modo, integralmente, à sua sócia majoritária" – a fls. 05;

O caso ainda salienta o descabimento da interpretação extensiva ao art. 83, inciso VIII, alínea "b" da LRE no caso sob exame, pois tal artigo classifica como créditos subordinados os "dos sócios e dos administradores sem vínculo empregatício", de modo que não é razoável enquadrar na hipótese os bancos credores (no referido acordo), sob a alegação de que teriam assumido uma tal posição de relevância no âmbito das empresas do grupo, que teriam passado a controlá-lo – com fulcro em vários argumentos, dentre os quais destacamos o de que não são sócios nem da controladora, nem da controlada, tampouco figuram como administradores da controlada em seu contrato social.

Ao final, o acordão traz a conclusão de que não é importante localizar um benefício concreto e palpável que a controlada tenha recebido em troca da garantia prestada a favor da controladora, uma vez que a situação daquela, praticamente na totalidade de seu capital social (cerca de 98%) pertencente à última, já qualifica, por si, o ato praticado como de natureza eminentemente empresarial, longe do conceito de ato gratuito. Ao final, o Relator negou provimento ao recurso.

Este também se configurou um caso relevante para demonstrar a importância da jurisprudência na delimitação de conceitos, uma vez em que se verificou que houve exclusão de interpretação incompatível com o microssistema jurídico de direito empresarial (a noção de ato gratuito não pode englobar, de acordo com o acórdão, garantia prestada pela empresa controlada em favor da controladora).

4.1.5. Tema: Empresas do mesmo grupo, cada uma em situação econômico-financeira distinta, que pleiteiam a recuperação judicial em litisconsórcio, mas apresentam credores diferentes, balanços diversos e patrimônios distintos

Porque se trata de caso com múltiplas soluções, abordamos neste tópico os diversos aspectos da questão, buscando apresentar a "normatização" ao longo das soluções, invés de formular uma regra única[77].

4.1.5.1. *Solução n. 1* – Caso o pleito recuperatório seja formulado em litisconsórcio por todas as empresas do grupo (em crise ou não, como ocorreu com o Grupo Três[78]), com a apresentação de um único plano

---

[77] As soluções apresentadas pelo TJSP são evidência de que a jurisprudência sobre o tema está sendo construída de forma a chegar ao grau de maturação e consolidação que denominamos "normatização" pela jurisprudência.

[78] Agravo de instrumento n. 569.351-4/6-00, Rel. José Roberto Lino Machado, julgado em 19 de novembro de 2008; Agravo de instrumento n. 595.741-4/1-00, Rel. José Roberto Lino

de recuperação para todas as componentes[79], é possível que credores de empresas em boa situação financeira sejam prejudicados, pois há apenas uma Assembleia Geral de credores. Ademais, as diversas empresas componentes do grupo podem apresentar (como no caso do Grupo Três) diferentes e distintos credores, balanços diversos, dívidas totalmente desvinculadas e patrimônios distintos[80]. Assim, o plano único, em abstrato, desconsidera que os credores, ao contratarem com certa empresa, analisam a situação singular/individualizada daquela empresa específica (capacidade de pagamento, credibilidade no mercado, etc).

De acordo com a fundamentação dos acórdãos referentes ao Grupo Três, *admitiu-se o pleito recuperatório de todas as empresas do grupo em litisconsórcio ativo em consideração à "situação global" do agrupamento, e sob a justificativa de que a aprovação do plano incumbe aos credores (art. 56 da Lei n. 11.101/05)*, como proposto ou com alterações, com exclusão ou com inclusão da sociedade componente do mesmo grupo econômico que esteja em dia com suas obrigações financeiras, "pois se o grupo tem uma unidade de administração e constitui-se numa pequena federação de empresas, as quais se associam em torno da empresa coletiva assim formada, sua recuperação judicial pode estar subordinada à consideração unitária de suas componentes. A validade desta afirmação pode ser apurada se se pensar na inclusão das componentes do mesmo grupo econômico no polo passivo da relação processual, se os credores pugnam por sua falência"[81].

Além disso, na solução do caso do "Grupo Três", uma vez admitido o litisconsórcio ativo, não é possível o refazimento judicial do plano de recuperação das empresas, sob pena de colocar o juiz no lugar dos credores.

Machado, julgado em 1.º de abril de 2009; Embargos de declaração n. 595.741-4/3-01, Rel. José Roberto Lino Machado, julgado em 28 de julho de 2009.

[79] *Inclusive para empresa que não esteja em situação de crise econômico-financeira*, conforme argumentação da credora nos Embargos de declaração n. 595.741-4/3-01, Rel. José Roberto Lino Machado, julgado em 28 de julho de 2009.

[80] Conforme argumentação da agravante (credora de uma das empresas do Grupo Três) no Agravo de instrumento n. 569.351-4/6-00, Rel. José Roberto Lino Machado, julgado em 19 de novembro de 2008.

[81] A fls. 03/04 – Embargos de declaração n. 595.741-4/3-01, Rel. José Roberto Lino Machado, julgado em 28 de julho de 2009.

4.1.5.2. *Solução n. 2* – Por outro lado, caso não se admita o litisconsórcio (e cada integrante do grupo que estiver em crise apresente seu próprio plano de recuperação), a empresa controladora (ou outra qualquer pertencente ao grupo) que houver sido beneficiada pela política empresarial comum (por exemplo, nos termos do art. 276 da Lei n. 6404/76) e que não estiver em crise, eventualmente em prejuízo de qualquer outra, ficará livre da responsabilidade pelos débitos da empresa cuja recuperação judicial tenha sido deferida. A partir da análise da fundamentação do acórdão que julgou o Agravo de instrumento n. 571.985.4/9-00, Rel. Romeu Ricupero, julgado em 29 de outubro de 2008, conclui-se que nos grupos de fato seria inviável a apresentação de plano único de recuperação para todas as integrantes, tendo em vista a ausência de órgão de deliberação colegiado e de cargo de direção geral (a fls. 03/04). O Relator do referido agravo de instrumento foi ainda mais longe, e afirmou a impossibilidade da formulação do pleito recuperatório em conjunto pelas empresas componentes de eventual "grupo de direito"[82].

Na verdade, no referido acórdão, o Relator sequer reconheceu a existência de "grupo econômico" entre as requerentes (a fls. 09/10), e a fundamentação (que englobou ampla abordagem sobre a impossibilidade de litisconsórcio ativo na formulação de pedido de recuperação judicial) não transitou em julgado (art. 469, inciso I do CPC). Muito embora os motivos importantes para o julgamento do caso não façam coisa julgada, o trecho do acórdão transcrito na nota 81 demonstra ao menos que não há consenso entre os magistrados sobre o tema do litisconsórcio ativo de empresas do mesmo grupo em pedido de recuperação judicial.

---

[82] "[...] *mesmo que se tratasse de grupo de direito, o processamento conjunto não seria cabível*, pois cada sociedade do grupo conserva personalidade jurídica própria (art. 266 da Lei n. 6404/76), sendo que, *para a recuperação judicial, necessária a análise da viabilidade econômica de cada uma delas, considerada isoladamente*; é óbvio, como corolário do que agora ficou dito, que a diversidade de credores entre as sociedades dificultaria a correta observância das regras de formação e deliberação da Assembleia Geral, a quem cabe, dentre outras atribuições, deliberar sobre a aprovação, rejeição ou modificação do plano de recuperação [...]. [...] a unidade do procedimento, com credores diferentes de várias sociedades, mas com única proposta de recuperação, faria com que o credor, de apenas uma das pessoas jurídicas, interferisse, ainda que indiretamente, na recuperação judicial das outras, o que ocorreria mesmo sem existir relação obrigacional entre ele – credor votante – e as demais sociedades apresentantes do plano." (grifo nosso).

4.1.5.3. *Solução n. 3* – Apenas a título de exemplo, o Des. Manoel de Queiroz Pereira Calças já havia decidido pela impossibilidade do litisconsórcio ativo em casos[83] nos quais as requerentes da recuperação judicial (pertencentes ao mesmo grupo econômico) tivessem o principal estabelecimento situado em comarcas diversas, pelo critério da hipossuficiência – tendo em vista a proteção dos credores (especialmente trabalhadores), que seriam prejudicados com a realização de uma única assembleia geral e com o acompanhamento de um único processo (especialmente dificuldades de locomoção). Na verdade, os precedentes do Des. Pereira Calças tiveram em comum o problema da localização dos estabelecimentos principais de cada empresa, situados em comarcas diversas. Assim, o Relator cingiu-se a esse aspecto ao longo de toda a fundamentação, e a impossibilidade do litisconsórcio ativo foi reconhecida pela grande influência dessa circunstância fática – diferentemente das soluções acima mencionadas (n. 01 e n. 02), em que o litisconsórcio (na formulação do pleito recuperatório para empresas do mesmo grupo) foi admitido ou simplesmente rejeitado, sem qualquer influência da localização dos estabelecimentos principais de cada componente do grupo.

4.1.5.4. *Solução n. 4*: trata-se da solução apresentada em comentário lateral pelo Rel. Romeu Ricupero no "Caso Condupower"[84]. De acordo com o magistrado (que considerou inadmissível o litisconsórcio ativo em pedido de recuperação judicial), mesmo com procedimentos separados, nada impediria que as três requerentes apresentassem único plano de recuperação (isto é, cada empresa no seu respectivo processo), mas com o risco de não ser aprovado em um deles. Concordamos com a solução "prática" sugerida pelo magistrado: de certa forma, permite contornar as dificuldades processuais, com tratamento equânime para as partes envolvidas (credores e integrantes do grupo econômico).

---

[83] Apelação n. 625.206-4/2-00, Rel. Pereira Calças, 09 de junho de 2009; Agravo de instrumento n. 645.330-4/4-00, Rel. Pereira Calças, 15 de setembro de 2009.

[84] Agravo de instrumento n. 571.985.4/9-00, julgado em 29 de outubro de 2008.

4.1.6. Aplicação do art. 43 da Lei n. 11.101/05 no âmbito dos grupos econômicos – possível *mens legis* do dispositivo legal: evitar que credores componentes do mesmo grupo econômico sejam beneficiados de forma indevida

Neste tópico, analisamos um caso importante (Agravo de instrumento n. 429.666-4/1-00, Rel. Manoel de Queiroz Pereira Calças, julgado em 15 de março de 2006 – "Caso PARMALAT"), que demonstra a relevância da regra contida no art. 43 da LRE para o adequado tratamento dos grupos econômicos[85] nos processos de recuperação e falência.

O recurso foi interposto por "Batávia S/A Indústria de Alimentos" contra decisão que, em face de seu requerimento formulado na condição de credora da "Parmalat Brasil S/A Indústria de Alimentos", determinou o cumprimento do art. 37, § 4.º da LRE. Cumpre esclarecer: a recorrente (credora) é sociedade controlada pela devedora (recorrida)[86]. Para melhor compreensão do tema, subdividimos este tópico em subitens:

Síntese dos fundamentos do voto do Relator: a decisão foi sucinta, e toda a fundamentação foi importante para o deslinde do caso (o que dificultou

---

[85] *Conceito de grupo econômico identificado no acórdão:* o magistrado analisou de forma indireta a configuração de "grupo" para os fins do caso, ao verificar o teor do art. 43 da LRE. Nessa parte do voto, o Relator constatou que a "Parmalat Brasil S/A Indústria de Alimentos" (em recuperação judicial) é acionista controladora da "Batávia S/A Indústria de Alimentos" (recorrente e credora da Parmalat). Mais adiante, concluiu: "o provimento é parcial, porque deverá ser observado o impedimento do art. 43 da LRF, que suprime o direito de voto da sociedade controlada na Assembleia de Credores da sociedade controladora, reconhecendo, no entanto, o direito de voz da agravante" – a fls. 07. Não houve análise mais detalhada da relação entre as empresas, ou eventual extensão desse relacionamento "interempresarial" a outros componentes, até mesmo porque a decisão cingiu-se à análise do objeto recursal (bastante delimitado, em virtude da própria peça processual). Apenas restou constatado que havia relação de controle entre ambas, com a identificação da sociedade controladora ("Parmalat Brasil S/A Indústria de Alimentos") e da sociedade controlada ("Batávia S/A Indústria de Alimentos"). Tendo em vista os poucos dados do acórdão, apenas podemos afirmar que há *indícios de configuração de "grupo de fato"*, com fundamento na Lei n. 6404/76 (capítulo XX) e com base em critério doutrinário (a doutrina subdivide os grupos econômicos regulamentados pelo referido diploma legal em "grupos de fato" e "grupos de direito". Vide ainda Fábio K. Comparato, *Os grupos societários na nova Lei de Sociedade por Ações, Ensaios e pareceres de direito empresarial*, Rio de Janeiro, Forense, 1978, pp. 197-200; e Viviane M. Prado, *Conflito de interesses nos grupos societários*, São Paulo, Quartier Latin, 2006, pp. 53-54).

[86] Em outras palavras, a Parmalat (devedora) é acionista controladora da Batávia (credora).

a identificação da exata *ratio decidendi* ou núcleo decisório). Nos termos do voto proferido, o Relator: 1) rejeitou a alegação da agravada, de que o recurso estaria prejudicado (em face da realização da Assembleia de Credores que aprovou o plano de recuperação judicial), pois, durante a tramitação do processo, a Assembleia de Credores é órgão que continua ativo e com atribuições para deliberar sobre outros temas; 2) ressaltou que o art. 37, § 4.º só se refere ao mandatário e ao representante legal – assim, o "administrador de sociedade" não é "representante", mas sim, presentante, pela teoria organicista, pela qual o administrador é órgão social; 3) concluiu que a agravante teria o direito de participar da Assembleia de Credores, sem necessidade de observância das formalidades preconizadas pelo art. 37, § 4.º da LRE; 4) salientou que o art. 43 da Lei n. 11.101/05 veicula importante limitação, pois suprime o direito de voto da sociedade controlada na Assembleia de Credores da sociedade controladora; 5) concluiu que a situação de "controlada" da recorrente persiste (a Parmalat é sua acionista controladora), o que impediria a Batávia (agravante credora) de participar com direito de voto na Assembleia Geral de Credores; 6) concedeu provimento parcial ao recurso, para afastar a exigência do art. 37, § 4.º da Lei n. 11.101/05 com relação ao "presentante legal" da agravante, bem como aos advogados com procuração nos autos, de modo a reconhecer também o direito de voz da agravante (apenas), tendo em vista a limitação do art. 43, pelo qual não poderá exercer direito de voto.

Contextualização da aplicação do art. 43 da Lei n. 6.404/76 e "mens legis" do dispositivo legal: O caso contextualiza a aplicação do art. 43 da LRE, possivelmente concebido pelo legislador como uma forma de evitar que credores componentes do mesmo grupo econômico sejam beneficiados de forma indevida, pela antecipação de estratégias (financeiras, contábeis, econômicas, etc.) – no contexto do relacionamento "interempresarial" – que viabilizem o "escoamento seguro" do patrimônio do grupo, em prejuízo dos demais credores.

5. Considerações Finais
Infelizmente, a intuição de que a jurisprudência garantiria segurança à matéria não se confirmou. Diante da omissão legislativa, compete aos tribunais brasileiros enfrentar a tutela da recuperação e quebra de grupos,

levando em consideração a doutrina societária assente e os princípios da LRE. O tempo proverá a consolidação da jurisprudência e, até lá, caberá aos estudiosos observar sua construção.

Jurisprudência

Agravo de instrumento n. 504.359-4/7-00, Rel. José Roberto Lino Machado, julgado em 30 de janeiro de 2008.

Apelação cível com revisão n. 498.973-4/2-00, Rel. José Roberto Lino Machado, julgada em 25 de junho de 2008

Apelação cível n. 496.018-4/0-00, Rel. Romeu Ricupero, julgada em 25 de junho de 2008.

Agravo de instrumento n. 587.663-4/1-00, Rel. José Roberto Lino Machado, julgado em 04 de março de 2009

Agravo de instrumento n. 610.552-4/6-00, Rel. José Roberto Lino Machado, julgado em 1.º de abril de 2009

Agravo de instrumento n. 548.040-4/3-00, Rel. José Roberto Lino Machado, julgado em 07 de maio de 2008.

Agravo de instrumento n. 582.402-4/5-00, Rel. José Roberto Lino Machado, julgado em 17 de dezembro de 2008

Agravo de instrumento n. 582.401-4/0-00 Rel. José Roberto Lino Machado, julgado em 17 de dezembro de 2008.

Agravo de instrumento n. 569.351-4/6-00, Rel. José Roberto Lino Machado, julgado em 19 de novembro de 2008

Agravo de instrumento n. 595.741-4/1-00, Rel. José Roberto Lino Machado, julgado em 1.º de abril de 2009 Embargos de declaração n. 595.741-4/3-01, Rel. José Roberto Lino Machado, julgado em 28 de julho de 2009.

Agravo de instrumento n. 569.351-4/6-00, Rel. José Roberto Lino Machado, julgado em 19 de novembro de 2008.

Agravo de instrumento n. 604.160-4/8-00, Rel. Pereira Calças, julgado em 04 de março de 2009

Agravo de instrumento n. 571.985.4/9-00, Rel. Romeu Ricupero, julgado em 29 de outubro de 2008.

Apelação n. 625.206-4/2-00, Rel. Pereira Calças, 09 de junho de 2009

Agravo de instrumento n. 645.330-4/4-00, Rel. Pereira Calças, 15 de setembro de 2009.

Necessárias alterações no sistema falimentar brasileiro[1]

LUIZ FERNANDO VALENTE DE PAIVA

1. Introdução

O presente trabalho tem por finalidade apontar aspectos do sistema falimentar brasileiro[2] que merecem aprimoramento, de modo a atingir os objetivos previstos na Lei 11.101/2005[3] ("Lei de Recuperações de Empresas e Falências" ou "LRE"). Tais objetivos, embora não constem, ao menos de forma expressa, das demais leis que regem os diferentes regimes de insolvência, devem ser a eles também aplicados. O trabalho não se propõe a evidenciar de forma exaustiva todos os aspectos que deveriam ser modificados. Os temas foram escolhidos levando-se em conta fatores como a urgência e a relevância no aprimoramento da legislação quanto aos tópicos mencionados. Além destes, o trabalho refere também a tópicos cuja necessidade de aprimoramento não é tão premente, mas que demandariam alte-

---

[1] Este trabalho complementa artigos anteriores do autor com sugestões de alterações à legislação em vigor, com destaque para: Breves reflexões sobre necessárias alterações na Lei de Recuperação de Empresas e Falências. In Gilberto Gomes Bruschi (coord.), *Direito processual empresarial: estudos em homenagem a Manoel de Queiroz Pereira Calças*, Rio de Janeiro, Elsevier, 2012, p. 426; e *Recuperação extrajudicial: o instituto natimorto e uma proposta para sua reformulação*, in Paulo Fernando Campos Salles de Toledo, Francisco Satiro de Souza Junior (coords.), *Direito das empresas em crise: problemas e soluções*, São Paulo, Quartier Latin, 2012, p. 257.

[2] Neste trabalho considerado o conjunto de normas de diversas hierarquias que regulam ou interferem nos regimes de insolvência regulados pela legislação brasileira.

[3] Esta Lei será referida no presente trabalho como "LRE".

rações legislativas relativamente simples e com impacto positivo imediato nos processos falimentares, facilitando o seu processamento.

De maneira simplista, é possível segregar as modificações legislativas aqui versadas em dois grupos, tomando em consideração a dificuldade da tramitação legislativa de projetos de leis contendo tais modificações. O grupo que abrange os tópicos iniciais engloba temas menos polêmicos e/ou que dizem mais respeito a aspectos de natureza procedimental e que não interferem diretamente no direito material das partes envolvidas. Esse grupo de alterações comportaria, portanto, uma tramitação legislativa mais célere por possuir fundamentalmente natureza mais técnica, cuja introdução em nosso sistema tenderia a reduzir as controvérsias e incertezas jurídicas, facilitando, na visão do autor, o processamento de recuperações judiciais e falências. O segundo grupo de modificações tende a suscitar maiores discussões, pois abrange temas mais polêmicos e/ou que alteram de maneira mais profunda o direito material das partes envolvidas nos processos falimentares e, como consequência, pressupõe a definição de uma política de estado.

Antes da promulgação da LRE, vivíamos um estado de verdadeira anomia, pois o Decreto-lei 7.661/1945, embora não revogado, estava em franco caminho ao absoluto desuso. Devedores utilizavam as mais criativas estratégias à margem da lei para evitar a falência, e um número crescente de magistrados passou a buscar caminhos alternativos para a aplicação do que entendia ser a Justiça no caso concreto. A insegurança jurídica no campo falimentar e a necessidade de alteração legislativa eram patentes.

O projeto de lei que resultou na LRE tramitou por mais de dez anos no Congresso Nacional, e sua promulgação mudou radicalmente o cenário de anomia, retirando o Brasil da Idade da Pedra, no que concerne ao direito falimentar, e trazendo instrumentos que permitem aos devedores efetivamente se recuperarem. Não obstante, desde a promulgação, já se sabia que eram necessários aprimoramentos na LRE. A longa tramitação do projeto de lei e o número de emendas sofridas são demonstrações das dificuldades encontradas nas discussões do texto do projeto, que foi quase integralmente reformulado no Senado Federal, dadas as contradições do texto original aprovado pela Câmara dos Deputados. O fato de alterar direitos materiais de diversos setores da sociedade, procurando restabelecer um novo equilíbrio de forças, fez surgirem obstáculos para que discussões técnicas exaurissem alguns assuntos, resultando em um texto legal repleto de lacunas e que, em muitos artigos, se limita a enunciar princípios, constituindo desafios aos aplicadores da lei e gerando indesejada e desnecessária insegurança jurídica. Era natural que uma lei como essa, que modificou tão profundamente interesses variados, sofresse em seu processo legislativo tantas e tão variadas influências. Em decorrência disso, o texto final, além de ser considerado um grande avanço, ficou aquém do desejado, seja por regular timidamente alguns assuntos, seja pela omissão concernente a tantos outros.

Embora alguns poucos sustentem hoje que o que falta no Brasil é apenas a boa aplicação da LRE, parece quase unânime a opinião de que ela precisa ser modificada. Na opinião do autor, não existe sequer uma seção da LRE que não mereça aprimoramento, e há sérias lacunas que precisam ser sanadas o quanto antes. Em um cenário de crise econômica, com perspectivas do aumento do número de casos de recuperação judicial e da mudança do perfil dos casos submetidos aos nossos tribunais, as imperfeições e as lacunas ficam mais evidentes, dando margem a criativas estratégias e decisões de toda sorte, com aumento da sensação de insegurança jurídica e da descrença na própria eficiência da LRE, que é um primeiro passo para voltar à situação que vivíamos antes da entrada em vigor desta.

O aprimoramento do sistema falimentar brasileiro, que já se sabia necessário e desejável antes mesmo da promulgação da lei, agora é urgente. O presente trabalho pretende contribuir com essa discussão, apontando de forma segregada aspectos que poderiam ser alterados sem grandes polêmicas, por se referirem a modificações de ordem procedimental e eminentemente técnica, e outros, não menos urgentes, que mereceriam maior debate dada a sua repercussão em distintos setores da sociedade e/ou sua complexidade, já que envolvem outras normas além da LRE.

2. Instrução do pedido de recuperação judicial e deferimento do processamento

A LRE exige para o deferimento do processamento da recuperação judicial que o devedor, no ato da distribuição do pedido, apresente balanço especial obtido naquela data. É muito antiga a dificuldade do devedor, sobretudo nos casos mais complexos, de levantar o balanço no dia da distribuição da recuperação. Trata-se de tarefa virtualmente impossível na maioria dos casos. Ao devedor, a depender da complexidade do seu negócio, deveria ser dado prazo razoável, não superior a trinta dias da distribuição do pedido, para a apresentação de balanço do dia da distribuição, levando em consideração os credores existentes naquela data.

De outro lado, a LRE poderia ser expressa ao obrigar o devedor a apresentar a relação completa de suas dívidas, evitando dúvidas quanto à obrigatoriedade de incluir também as dívidas não sujeitas aos efeitos da recuperação judicial.[4] Isso porque aos credores deve ser assegurado o direito ao acesso a todas as informações relevantes para examinar a regularidade do passivo relacionado, estando garantidos o direito de impugnar créditos e o de requerer o afastamento do devedor em caso de manipulação do balanço e da relação de credores. Os credores também precisam conhecer o endividamento do devedor, com a natureza das respectivas dívidas e prazos de vencimento para poderem analisar a viabilidade do plano de recuperação a ser proposto. Tome-se por exemplo a recuperação de uma empresa de transporte rodoviário, cujos veículos são em sua totalidade objeto de contratos atualmente imunes aos efeitos da recuperação judicial. Os credores precisam ter conhecimento acerca das características das dívidas decorrentes de tais contratos, pois parece evidente que é inviável um plano de recuperação que não reserve recursos suficientes para pagar as dívidas que afetam os veículos, sob pena de tais veículos essenciais serem retomados pelos credores, fazendo cessar a atividade do devedor. Não há, portanto, nenhum abuso dos credores em exigir que o devedor apresente relação completa de suas dívidas, com as respectivas informações relevantes, sob pena de não terem elementos suficientes para a análise da viabilidade do plano, nem para a apresentação de propostas de alteração. A proposta de modificação da LRE para a concessão de prazo para que o devedor complete a instrução do pedido de recuperação judicial e obtenha o deferimento do processamento também não deverá trazer dificuldades ao devedor em razão da proposta apresentada abaixo quanto à suspensão das execuções contra o devedor.

Ainda no tocante ao deferimento do processamento, a LRE pode ser alterada para prever expressamente a possibilidade de o magistrado,

---

[4] A questão da exclusão de créditos dos efeitos da recuperação judicial será tratada adiante e o comentário aqui feito leva em consideração a sistemática atual, e não aquela sugerida pelo autor.

com fundadas dúvidas acerca da boa-fé do pedido ou da regularidade da documentação que o acompanha, determinar a realização de constatação e/ou nomear perito a fim de verificar se a documentação contábil do devedor preenche os requisitos legais para o processamento, acabando com a celeuma atualmente existente quando o magistrado exerce esse poder.

3. Distribuição de recuperação judicial. Suspensão e extinções das Execuções. Efeitos da recuperação judicial em relação aos coobrigados

Atualmente, a mera distribuição de uma recuperação judicial não produz, por si só, nenhum efeito em relação às execuções movidas contra o devedor, pois somente a decisão que defere o processamento da recuperação judicial gera a suspensão das execuções (ainda assim, por um prazo de apenas 180 dias, o qual deve também ser eliminado). Ocorre que, de um lado, o deferimento pode levar vários dias e, de outro, a doutrina já sustentava, antes mesmo da promulgação da LRE, que os efeitos do deferimento devem retroagir à data da distribuição do pedido. O fato é que esse descasamento entre distribuição e suspensão das ações gera incerteza jurídica e cria oportunidades para que um ou outro credor consiga se beneficiar, recebendo um tratamento melhor do que os demais, mesmo depois do ajuizamento da recuperação judicial. A correção a ser feita na LRE é simples. A mera distribuição de uma recuperação judicial deve passar a ter como efeito, independentemente de qualquer despacho, a imediata suspensão das execuções lastreadas em créditos sujeitos aos efeitos da recuperação judicial. Caso o processamento da recuperação judicial não seja deferido ou o devedor venha dela desistir, a execução voltará ao seu curso normal, de tal sorte que as partes retornem ao *status quo ante*. Eventuais ajuizamentos com dolo devem ser tratados como exceção, que são, recebendo penalidade proporcional à conduta. Se, por outro lado, o processamento for deferido, as penhoras eventualmente lavradas deverão ser canceladas mediante simples requerimento do devedor, uma vez que o credor não pode ser privilegiado em razão da constrição judicial, sendo certo que o devedor está impedido, pelo art. 66 da LRE, de onerar ou dispor dos bens do seu ativo permanente, salvo autorização do Juízo da Recuperação. Além do mais, tal penhora em nada beneficiará o credor, pois, no curso normal do processo de recuperação, após o deferimento de seu processamento, o plano de recuperação judicial é aprovado e homologado, ocorrendo a novação recuperacional, ou a falência é decretada. Em nenhuma circunstância o credor poderá retomar a execução, que deverá ser extinta.

Eventual desistência da recuperação judicial após a decisão de deferimento do processamento deverá ser condicionada ao restabelecimento de eventuais penhoras canceladas em virtude de requerimento do devedor com amparo na decisão de processamento. Naturalmente, as penhoras deverão recair sobre os mesmos bens anteriormente liberados, devendo o processo de registro ser iniciado mediante requerimento do devedor. Se o restabelecimento da penhora não for mais possível, seja porque os bens não mais existem ou foram alienados, a desistência da recuperação judicial deverá ser condicionada ao pagamento do crédito anteriormente garantido por tal ativo, observado o limite do valor do bem que estava penhorado, sob pena de não retornarem as partes ao *status quo ante*. O credor poderá anuir com a constituição de penhora de outro bem em substituição à penhora cancelada ou mesmo anuir com a desistência da recuperação judicial.

A suspensão das ações não deve abranger eventuais coobrigados ou executados, como já é a prática atual, podendo a LRE ser modificada para deixar essa previsão ainda mais clara e para tratar de forma expressa quais são os efeitos do plano de recuperação judicial ao coobrigado que honrou a obrigação garantida. Embora a discussão não seja nova, dado que situação semelhante ocorria na vigência do Decreto-lei 7.661/1945, quando a concordata impunha algum desconto, ainda causa celeuma o fato de o coobrigado pagar integralmente uma dívida, mas poder cobrar do devedor principal apenas parte do que pagou.

Finalmente, a concessão da recuperação judicial ou a decisão de decretação da falência devem implicar a extinção das execuções em relação ao devedor em recuperação judicial, prosseguindo contra os demais executados.

4. Transparência. Acesso à informação e intimação das partes

A transparência é ferramenta essencial para o sucesso de qualquer processo de recuperação, seja judicial ou extrajudicial. É a transparência que permite criar valor em um processo recuperacional, entender as intenções dos diversos *stakeholders* e levá-los a tomar decisões racionais. É preciso garantir que os credores tenham informações necessárias, pertinentes, confiáveis e oportunas e que sejam disponibilizadas de forma igualitária, pois somente assim será assegurada a igualdade de oportunidades (isonomia).

Para que esse objetivo seja cumprido, é importante introduzir nos processos falimentares brasileiros a obrigatoriedade da apresentação dos documentos por meio da internet, garantindo a todos os envolvidos imediato acesso à informação. Também se faz necessário uniformizar os procedimentos cartorários quanto à autuação das centenas, às vezes milhares, de incidentes processuais. A ausência de uniformização faz com que, mesmo acompanhando de forma diligente, o advogado muitas vezes não tenha ciência de uma petição formulada por outro credor ou mesmo pelo devedor, pois autuada em incidente do qual não lhe foi dado conhecimento. A esse respeito, devem ser destacadas decisões recentes proferidas em processos de recuperação judiciais em Estados distintos, a primeira dispensando a intimação dos advogados dos credores dos atos praticados nos autos do processo de recuperação, pois aos credores só seria permitido intervir e falar nos momentos processuais expressamente previstos na LRE, possibilitando que atos sejam praticados à sorrelfa, o que viola o princípio da transparência. No segundo caso, embora não se tenha impedido a manifestação dos credores, foi determinado que essas decisões só seriam apreciadas pelo Juízo após manifestação do administrador judicial. A LRE deve ser alterada, portanto, para prever de forma expressa que todos os credores representados nos autos devem ser intimados de todos os incidentes processuais por meio de seus advogados, possibilitando amplo conhecimento de todos os atos processuais e facultando sua manifestação, única maneira de garantir o cumprimento dos princípios da transparência e ativa participação dos credores.

5. Fixação do quórum para deliberação sobre o plano de recuperação. Modificações do plano em assembleia de credores

A assembleia de credores é um dos atos mais importantes nos processos de recuperação judicial e de falência. Todavia, contraditoriamente à sua relevância, a seção da LRE que trata da assembleia de credores foi uma das menos discutidas durante o processo legislativo e uma das que merece maior atenção na revisão e aprimoramento do texto legal. A presunção do legislador foi a de que a deliberação do plano de recuperação judicial se daria em uma única assembleia, aqui entendido também como encontro. A experiência de dez anos de aplicação da LRE demonstra, por outro lado, que na maioria dos casos é necessária a realização de vários encontros de credores até que a negociação seja concluída e o plano de recuperação esteja em condições de ser votado. Ocorre que a LRE não limita, nem deveria, o número de reuniões que podem ser efetuadas até a efetiva deliberação sobre o plano de recuperação judicial. Assim, seja para preservar o quórum da instalação, seja para evitar discussões quanto aos efeitos do encerramento de uma assembleia de credores sem deliberação sobre o plano de recuperação judicial, o que se faz na quase unanimidade dos casos em que não há acordo prévio à assembleia para aprovação do plano é suspender a assembleia, designando dia para sua continuação. Ocorre que há casos em que a assembleia é retomada e suspensa por mais de uma dezena de vezes, compelindo os credores a se deslocarem até o local de sua realização, muitas vezes vindos de Estados distantes e/ou indo a localidades remotas. Isto porque, dado o silêncio da lei, há sempre a possibilidade de o plano ser votado quando a assembleia estiver aberta, não tendo como o credor saber, de forma antecipada, se a retomada da assembleia de credores no dia determinado resultará na deliberação do plano de recuperação judicial ou se será deliberada uma nova suspensão.

Houve um período nesses dez anos em que parecia consolidado o entendimento de que o quórum obtido no momento da instalação da assembleia de credores convocada para deliberação do plano de recuperação judicial deveria ser observado até a efetiva votação do plano e encerramento da assembleia, independentemente do número de suspensões. Tal interpretação parecia obrigar os credores a comparecerem nas datas da primeira e segunda convocação, para terem certeza de que o plano não seria votado na sua ausência e para garantirem o direito de voto, ainda que soubessem de antemão que o estágio das negociações não permitiria que o plano fosse votado na data da instalação da assembleia de credores inicialmente convocada para esse fim. No entanto, mais recentemente, foram proferidas decisões que admitiram que credores que não haviam se habilitado para participar da assembleia de credores, ou seja, não haviam enviado procuração com a antecedência legal, ou que simplesmente não compareceram na data da instalação, pudessem comparecer na data de continuação da assembleia, modificando o quórum apurado na data da instalação. Em outras palavras, se o plano fosse colocado em deliberação na data da instalação da assembleia de credores, o quórum seria um, mas, se a assembleia fosse suspensa, o quórum seria computado considerando os credores presentes na data da retomada, o que inclui credores ausentes na data da instalação. Portanto, deve ser incluída na LRE a previsão da possibilidade de suspensão da assembleia, e seus efeitos, o que leva em conta o quórum para votação em sua retomada, devendo a lei ser aprimorada também para permitir que os credores se reúnam em mais de uma localidade ao mesmo tempo, conectados por videoconferência e na presença de preposto do administrador judicial, para participarem das discussões acerca do plano de recuperação judicial.

Outra questão polêmica dado o silêncio da lei, mas aparentemente sedimentada pela jurisprudência, diz respeito ao impacto da abstenção do credor presente à assembleia na apuração do quórum de aprovação do plano de recuperação judicial e os efeitos da aprovação de referido plano em relação a esse determinado credor. Para evitar insegurança jurídica, a LRE deveria ser modificada para deixar claro que esse credor deve ser excluído do cálculo do quórum para fins de cálculo da aprovação ou rejeição do plano, como se não tivesse comparecido à assembleia, sem que isto represente, todavia, uma equiparação desse credor ao ausente para fins dos efeitos e limitações do plano.

Outro ponto que gera significativa insegurança jurídica decorre do fato de que o plano de recuperação judicial pode ser modificado na própria assembleia para incorporar propostas de alteração formuladas pelos credores. A possibilidade de alteração do plano por proposta formulada pelos credores decorre da natureza contratual dos processos de recuperação e é um dos pilares essenciais da LRE. O problema é resultado da ausência de uma limitação temporal para que as alterações sejam introduzidas e o plano, votado. Pela redação atual da LRE, o credor se dirige para a assembleia sem saber necessariamente qual proposta será votada, pois o plano pode ser alterado até o minuto anterior ao início da votação. Isto é, não tem o credor como antecipar se o plano será modificado durante a própria assembleia e, sobretudo, em que termos, o que pode causar enormes transtornos. Na sistemática atual, os credores não têm o tempo necessário para rever a proposta final – leia-se o plano de recuperação judicial consolidado após a incorporação das propostas fruto das negociações – e verificar se esse plano consolidado é viável. O que é ainda mais grave, no mais das vezes não tem o representante do credor presente à assembleia poder para decidir sozinho se a proposta (alterada) pode ser aceita. O plano é, por essência, um negócio complexo e muitos dos credores, com regras mínimas de governança, possuem limitações de alçada e comitês de crédito internos. As modificações introduzidas de última hora muitas vezes limitam ou retiram a possibilidade de o credor exercer seu direito de voto. Com efeito, os credores mais relevantes acabam por deliberar a suspensão da assembleia para obter as aprovações internas. Entretanto, não raro, as negociações continuam entre um pequeno grupo e, ao ser retomada a assembleia, novas modificações são apresentadas e vários dos credores dela só tomam conhecimento no momento da votação.

Essa dinâmica torna o processo muito pouco eficiente. A LRE também deveria prever, com uma etapa anterior à deliberação do plano, que os credores deliberassem pelo encerramento das discussões, com a consolidação do plano que seria posteriormente levado à deliberação, fixando-se data para que os credores exercessem seus votos. A partir do encerramento das discussões e consolidação da proposta, seria vedada qualquer nova modificação ao plano, o que permitiria aos credores apresentarem a proposta final do devedor à apreciação dos seus órgãos internos. Encerrada a fase da negociação, não haveria mais necessidade de os credores reunirem-se fisicamente, e a LRE deveria ser alterada também para possibilitar o voto por meio eletrônico ou por carta, dispensando a presença física dos credores para o exercício desse direito. Se houver justificada necessidade de modificação do plano entre a consolidação e a deliberação, o devedor deverá pedir autorização do juiz para reabrir a fase de negociação para novas discussões e nova consolidação, marcando nova data para deliberação, observado o rito mencionado.

6. Possibilidade de modificar plano aprovado em assembleia. Rito para modificação e efeitos dela decorrentes

A LRE contém disposição que impede o devedor que tenha obtido concessão de recuperação judicial há menos de cinco anos de distribuir novo pedido de recuperação judicial. Por sua vez, a LRE não contém nenhuma disposição que trate da possibilidade de o plano de recuperação judicial ser alterado após a assembleia de credores que o aprovou. O legislador pretendeu estimular o devedor a apresentar um plano que fosse factível, e não uma peça de ficção, fazendo com que, de certa maneira, os credores, por seu turno, fizessem uma análise da viabilidade do plano apresentado, pois teriam, devedor e credores, apenas uma chance em cinco anos para reestruturar aquela dívida. Se o plano fosse aprovado, a recuperação judicial concedida e o devedor não conseguisse cumprir com as obrigações nos dois primeiros anos, a falência deveria ser decretada. Após o segundo ano e até o quinto ano, o credor poderia promover a execução de seu crédito ou pedir a falência do devedor sem que o devedor tivesse a possibilidade de ajuizar um pedido de recuperação judicial para elidir a falência ou suspender a execução individual.

Essas disposições foram objeto de severas críticas, pois estão divorciadas da realidade empresarial, na medida em que ignoram fatos externos, alheios à vontade do devedor e dos credores, que podem produzir impacto na economia e impedir que o devedor atinja os resultados esperados, por mais conservadoras que tenham sido as projeções do plano de recuperação judicial aprovado.

Na prática, o que se observa, desde a entrada em vigor da LRE, é que o plano é modificado em assembleia sem a realização de um novo exame da viabilidade da proposta apresentada. Temos a notícia de apenas um caso recente em que o magistrado deixou de conceder a recuperação judicial de plano aprovado pelos credores em assembleia, ao verificar que o fluxo de caixa projetado pela devedora não era capaz de gerar recursos suficientes para cumprir o cronograma de pagamentos, determinando a apresentação de novo plano. A questão é que, seja porque já se sabia que o plano era inviável, porque as perspectivas da economia se modificaram ou porque o devedor não teve sucesso no plano de negócios, muitos devedores começaram a requerer a convocação de assembleias para modificação de plano de recuperação judicial já aprovado. Há até um caso em que o devedor requereu a homologação de modificações ao plano de recuperação extrajudicial no curso do mesmo processo em que o magistrado já havia homologado o plano original e o processo não havia sido extinto. Na vasta maioria das situações, a realização de assembleia para modificação do plano é autorizada. O problema reside no fato de que não se observam, para a alteração do plano, os requisitos e o rito previsto na LRE para a aprovação originária, isto é, a proposta de modificação do plano não é apresentada em juízo, sobretudo com a necessária antecedência e com a devida demonstração de viabilidade. Logo, também não é concedido aos credores o prazo de trinta dias para fazerem suas análises e exporem objeções e/ou propostas de modificação. Não raro, ao credor só é dado conhecer da proposta de alteração do plano na própria assembleia, o que, por óbvio, impede uma análise adequada e, muitas vezes, o próprio exercício do direito de voto pelas razões anteriormente expostas.

No tocante aos efeitos da modificação ao plano, há julgados que entendem que esta não altera os direitos dos credores que não comparecem à assembleia. Em outras palavras, o credor ausente não se submete aos termos do plano de recuperação judicial modificado, o que, por si só, esvazia o objetivo da própria recuperação judicial e gera, também quanto a esse aspecto, insegurança jurídica dada a lacuna da lei. A LRE deve ser alterada, pois, para retirar a disposição que impõe um lapso temporal mínimo para ajuizamento de nova recuperação judicial quando o devedor já obteve a concessão de outra recuperação, bem como para introduzir uma sistemática para permitir, após a concessão da recuperação, que o plano possa ser alterado, desde que por motivo justificável, hipótese em que devem ser observados os mesmos ritos e requisitos necessários para a aprovação do plano originalmente aprovado, obrigando o novo plano de recuperação judicial a todos os credores sujeitos, presentes ou não à assembleia que sobre ele deliberar. A LRE também precisa ser aprimorada para esclarecer em que momento se opera a novação definitiva, na hipótese de o plano ser modificado, isto é, se a contagem do prazo de dois anos de supervisão judicial deve ser reiniciada.

7. Verificação dos créditos, substituição do nome do credor e exercício do direito de voto

As regras para verificação de créditos previstas na LRE deveriam ser aperfeiçoadas para dispensar a apresentação de divergência de crédito nas hipóteses em que não há discrepância quanto ao valor e classificação do crédito, mas necessidade de mera substituição do nome do credor ou desmembramento do crédito.

Há operações de crédito em que os títulos representativos da dívida ficam em posse de um agente ou *trustee*, com poderes para representar o beneficiário e titular do crédito, que é quem efetivamente financiou e/ou corre o risco de crédito do devedor. Comumente, o crédito é incluído na relação de credores apresentada pelo devedor em nome do agente, até porque, dadas a natureza e a possibilidade de circulação do crédito, nem sempre o devedor tem conhecimento de quem são os reais titulares do crédito na data do ajuizamento do pedido de recuperação judicial. O fato de o crédito constar em nome do agente, ou ser este quem deve receber os pagamentos na forma do instrumento de dívida, é irrelevante para fins de verificação do endividamento total do devedor. O importante, e nesse aspecto a LRE é omissa, não é o agente possuir o direito material a ser alterado pelo plano de recuperação, mas sim os efetivos titulares do crédito que devem, portanto, ter assegurados os direitos de voz e voto durante o curso do processo, inclusive em assembleia de credores.

Para isso, poderia ser criado um procedimento simplificado, com disposição que garantisse o exercício do direito de voz e voto do titular do crédito a partir da data da formulação do pedido de recuperação e independentemente da modificação da relação de credores, eliminando a controvérsia acerca da interpretação do art. 39 da LRE, que estabelece que só podem exercer o direito de voz e voto os credores expressamente relacionados na lista de credores existente no momento da realização do conclave ou cujos créditos sejam admitidos por decisão judicial.

8. Modificação do procedimento da recuperação judicial. Criação do rito sumário

A LRE prevê dois regimes distintos de proteção de empresas em crise: a recuperação judicial e a recuperação extrajudicial, que possuem requisitos e abrangência distintos. A proposta já apresentada pelo autor[5] consiste na unificação dos regimes, com a introdução de um rito sumário na recuperação judicial e dispensa da realização da assembleia de credores. A conversão do rito comum para o sumário poderia ser feita a qualquer momento antes da realização da assembleia, mediante a comprovação pelo devedor da obtenção da adesão mínima de credores para atingir o quórum específico de aprovação do plano de recuperação. O procedimento da recuperação judicial também deveria ser alterado para introduzir mecanismos para facilitar a organização dos credores, o que poderia ser parcialmente atingido com o aprimoramento das regras do Comitê de Credores, e facilitar negociação entre as partes antes da realização da assembleia de credores.

[5] A proposta é tratada no artigo *Recuperação extrajudicial: o instituto natimorto e uma proposta para sua reformulação*, in Paulo Fernando Campos Salles de Toledo; Francisco Satiro de Souza Junior (coords.), *Direito das empresas em crise: problemas e soluções*, São Paulo, Quartier Latin, 2012, p. 257.

9. Principal estabelecimento, varas regionais e especializadas

Pelo regime atual, o devedor deve distribuir seu pedido de recuperação judicial, ou ter seu pedido de falência apreciado, perante o Juízo da Comarca no qual tem o seu principal estabelecimento. Duas dificuldades decorrem dessa regra, que não é nova, pois repete conceito existente em legislações anteriores. O conceito de principal estabelecimento é um conceito aberto e gera insegurança jurídica, pois não é claro para a contraparte nas múltiplas relações do devedor qual será o juízo competente para processar eventual pedido de recuperação judicial ou de falência. Em um caso recente, um devedor que havia obtido a homologação de sua recuperação extrajudicial perante um juízo de determinada Comarca, há cerca de um ano, ajuizou pedido de recuperação judicial em outra Comarca. Ambos os juízos declinaram da competência, e foi instaurado um conflito de competência negativo, gerando desnecessárias incertezas ao processo e a todos os envolvidos. A LRE deveria ser alterada para estabelecer um critério objetivo por meio do qual se possa determinar, antes mesmo de contratar com o devedor, qual o seu principal estabelecimento.

Na hipótese de mais de um estabelecimento preencher os requisitos objetivos, ao devedor poderia ser atribuída a faculdade de optar por aquele que seria considerado o principal para fins de determinação da competência para os processos falimentares, incluindo a informação dos seus documentos societários, com a informação de quais sociedades comporiam o grupo de empresas para fins falimentares, se o caso. Com isso, evitar-se-ia que o juiz declinasse da competência territorial, salvo, é claro, se o estabelecimento situado na Comarca para a qual fosse sido distribuído o processo não preenchesse os requisitos objetivos, que deverão constar da modificação da LRE para determinação do principal estabelecimento. Ainda no caso de mais um estabelecimento atender os requisitos para ser considerado principal, e não tendo o devedor incluído nos seus documentos societários a declaração de qual seja o principal, o primeiro processo falimentar distribuído fixará a competência da Comarca para futuros processos, o que compreende eventual recuperação judicial, retirando-se do devedor a faculdade de indicar o seu principal estabelecimento. A competência fixada somente poderia ser modificada, ainda que o processo que a determinou tenha sido extinto, se o estabelecimento localizado na Comarca deixasse de atender aos requisitos objetivos para ser considerado principal.

O segundo aspecto relacionado à regra supramencionada decorre da ausência no território nacional, salvo raríssimas exceções, de juízos especializados em matéria falimentar. Não raro o devedor possui um único estabelecimento em um lugar remoto do País, uma pequena Comarca na qual o juiz, normalmente recém-ingresso na carreira, é desafiado a lidar com todos os tipos de demanda, desde aquelas que envolvem direito de família, passando por direito criminal, imobiliário e assim por diante. Não é razoável esperar que um juiz nessas circunstâncias, por melhor que seja sua formação, tenha experiência suficiente para lidar com uma recuperação judicial, complexa por natureza. Aliás, não é sequer salutar expor um magistrado em início de carreira a tamanho desafio. A legislação deveria ser alterada para permitir a criação de juízos regionais que concentrassem a competência para processos falimentares de determinada região. Em acréscimo, os tribunais estaduais deveriam criar Varas Especializadas, de preferência mais do que uma em cada região, e Câmaras Especializadas nos Tribunais. Há Estados nos quais as Varas Especializadas deveriam ser instaladas apenas na Capital. Tais medidas, além de darem maior previsibilidade às decisões, facilitariam a locomoção dos credores, pois essas Varas Regionais Especializadas tenderiam a estar localizadas em centros com maior facilidade de acesso, cumprindo-se assim um dos princípios da LRE, que é estimular a participação ativa dos credores.

10. Sujeição compulsória de todos os credores à recuperação judicial ou possibilidade de credores excluídos deliberarem pela adesão da classe. Criação de novas classes e subclasses, conflito de interesses, abuso de direitos e adequação das regras de *cram down*

Para que um processo de reorganização do devedor tenha sucesso é imperioso que o devedor consiga repactuar todas as suas dívidas, de forma a adequá-las ao fluxo de geração de caixa. Se isso for feito, o devedor terá recursos para pagar todas as obrigações no vencimento, voltando a ser considerado solvente, sendo este um dos objetivos primordiais de qualquer processo que visa a proteção do devedor em situação de insolvência. Para que a finalidade supramencionada seja atingida, é imperiosa a sujeição de todos os credores ao processo de recuperação judicial,[6] seja para

---

[6] Os efeitos deletérios da exclusão dos créditos da recuperação judicial para o devedor e para os próprios credores excluídos foram mais bem tratados pelo autor no artigo: *Breves reflexões*

fim de coordenação do processo, seja para evitar que um credor isolado, ainda que exercendo seu regular direito, impeça a vasta maioria dos credores de prosseguir com as negociações e repactuar as dívidas daquele devedor em condições aceitáveis à maioria.

É certo que o legislador seguiu a política de Estado fixada, ao conceder privilégios a determinados créditos por razões diversas. O que se propõe é manter os privilégios, ainda que tais créditos passem a se sujeitar aos efeitos da recuperação. Isso pode ser feito, por exemplo: (i) criando novas classes segregadas para os créditos que hoje são excluídos dos efeitos da recuperação; (ii) criando regras e quóruns específicos para a votação dentro dessas novas classes; (iii) estabelecendo que a votação pelos credores das novas classes seja feita de forma totalmente isolada das demais classes, não sendo os créditos computados para o quórum geral de aprovação do plano, de forma que a deliberação dessas novas classes obrigaria tão somente os respectivos credores. Além disso, e no tocante ao plano, a LRE poderia ser alterada para: (i) prever que as novas classes não poderiam ter seus direitos alterados por deliberação das demais classes de credores (as atuais quatro classes hoje existentes); (ii) estabelecer condições máximas de repactuação dos créditos das novas classes, com impedimento para imposição de descontos ou dilação de prazos que ultrapassem aqueles que vierem a ser estabelecidos na LRE; (iii) impor vedação a que os credores das quatro classes hoje existentes venham a receber seus créditos em melhores condições dos que os credores das novas classes, com exceção do prazo para pagamento dos credores trabalhistas, impedindo que a recuperação judicial seja utilizada como forma de burlar a ordem de privilégios prevista para a falência; e (iv) facultar aos credores da nova classe a possibilidade de aceitar, nessa hipótese por decisão individual e não mais coletiva, receber seus créditos nas condições propostas a qualquer outra classe de credores. Essas alterações da LRE precisam ser acompanhadas de alteração de normas infralegais que limitam, por exemplo, o prazo de liquidação de determinadas operações em situação de normalidade.

sobre necessárias alterações na Lei de Recuperação de Empresas e Falências, in Gilberto Gomes Bruschi (coord.), *Direito processual empresarial: estudos em homenagem a Manoel de Queiroz Pereira Calças*, Rio de Janeiro, Elsevier, 2012, p. 426.

Alternativamente à compulsória e automática submissão de todos os credores à recuperação judicial,[7] a LRE poderia ser alterada para inserir uma disposição que permitisse que uma maioria qualificada de uma das classes novas a ser criada deliberasse pela inclusão dos créditos daquela classe à recuperação judicial, observadas em qualquer circunstância as regras de proteção aos privilégios supraindicadas. Tome-se por exemplo a nova classe dos créditos por Adiantamento de Contrato de Câmbio ("ACC"). Por essa proposta, os detentores de tais créditos não estariam automaticamente sujeitos à recuperação judicial por força de sua distribuição. No entanto, uma maioria qualificada, por exemplo, de credores detentores de 60% dos créditos dessa nova classe poderia deliberar por compelir a totalidade da classe à submissão aos efeitos da recuperação judicial. Aceita tal deliberação pelo magistrado, a totalidade dos credores de ACC passaria a estar compulsoriamente sujeita ao plano. Isso teria o condão de evitar que ações isoladas impedissem a negociação pela maioria dos credores. Ainda em complemento à proposta, o juiz poderia determinar a suspensão das ações de todos os credores dessa natureza se e quando credores detentores de 50% dos créditos dessa natureza manifestassem interesse em negociar sua adesão ao plano e suspender as ações. Isso daria ao devedor e credores o fôlego necessário ao prosseguimento das negociações até a deliberação do plano.

Finalmente, considerando que um mesmo credor pode ter créditos hoje excluídos e incluídos na recuperação e, portanto, pode atuar com conflito de interesses na decisão de submissão dos créditos excluídos aos efeitos da recuperação, a LRE deveria prever que não caracteriza conflito ou abuso o voto desse credor se o plano observar os parâmetros máximos a serem incluídos na LRE e garantir aos credores da nova classe tratamento melhor do que a dos credores abaixo da sua classificação na ordem de pagamentos na falência. As questões de conflito de interesses e abuso de direito são das mais relevantes e demonstram a timidez já mencionada na elaboração do projeto de lei da LRE. A lacuna existente gera enorme insegurança, pois,

---

[7] Acerca da inclusão do crédito fiscal da recuperação e o parcelamento do crédito fiscal, confiram-se as propostas do autor no artigo *Breves reflexões sobre necessárias alterações na Lei de Recuperação de Empresas e Falências*, in Gilberto Gomes Bruschi (coord.), *Direito processual empresarial: estudos em homenagem a Manoel de Queiroz Pereira Calças*. Rio de Janeiro, Elsevier, 2012, p. 426, elaborado antes da promulgação da Lei 13.043/14.

sem parâmetros claros previstos em lei para a determinação das situações em que há conflito ou abuso, a análise de sua presença no caso concreto tende a ser muito mais subjetiva, com riscos de decisões distintas para casos semelhantes, com enorme insegurança jurídica para os envolvidos. Embora isso possa ser exigido atualmente dos devedores, a LRE deveria ser alterada para impor ao devedor a apresentação, junto ao plano de recuperação, de uma análise comparativa demonstrando o quanto cada credor receberia na hipótese de a falência ser decretada e de o plano de recuperação proposto ser cumprido, exercício que facilitaria, de um lado, a tomada de decisão pelos credores e, de outro, a demonstração de eventual abuso de um credor, ou do próprio devedor, ou se recusar a transferir o controle da sociedade, impondo sacrifício somente aos credores.

É certo que há conflitos de interesses dentre credores de uma mesma classe, por exemplo na classe dos credores trabalhistas, na qual os interesses do empregado e do ex-empregado tendem a ser distintos. Por seu turno, a aplicação do princípio do *pars conditio creditorum* foi relativizada, o que permite, dadas as circunstâncias específicas, conferir tratamento diferenciado a credores de uma mesma classe, embora tal conceito também não esteja expressamente previsto na LRE. Nesse sentido, a LRE deveria ser alterada para permitir ao devedor criar subclasses mediante critérios subjetivos de segregação previamente aprovados pelo juiz, que levassem em conta as semelhanças entre os créditos agrupados. A LRE também deveria ser modificada para melhor compatibilizar o texto com as alterações introduzidas pela Lei Complementar 147/2014, em especial no que diz respeito ao quórum mínimo de aprovação do plano em cada classe como pressuposto para a aplicação do *cram down*, esclarecendo se este pode se aplicar ainda que o plano tenha sido rejeitado por uma maioria mínima em duas classes.

11. Proteção aos credores na atuação em Comitê de Credores e na hipótese de conversão da dívida em capital. Do plano alternativo e afastamento do devedor. Da ampliação da proteção a investidores na aquisição de ativos de empresas em recuperação

Os credores eleitos para integrarem o Comitê de Credores possuem responsabilidade pessoal sobre os atos e omissões praticados, não são remunerados, nem reembolsados das despesas incorridas no exercício da função, o que inclui os honorários dos respectivos assessores.

Como resultado prático dessa escolha feita pelo legislador da LRE, são raríssimos os casos em que o Comitê de Credores foi formado, dada a quase absoluta ausência de credores dispostos a exercerem tal função. O Comitê de Credores é órgão, portanto, existente apenas na LRE, como já se antevia. Considerando que o Comitê possui relevantes funções que podem contribuir para o sadio desenvolvimento do processo de insolvência respectivo, a LRE deveria ser reformada para: (i) permitir, de forma expressa, a contratação de assessores para auxiliar os membros do Comitê no exercício de suas funções, com honorários fixados ou autorizados pelo magistrado e pagos pelo devedor; e (ii) inserir disposição para eximir, de forma expressa, os membros do Comitê de Credores de qualquer responsabilidade pelo passivo do devedor, passado ou acumulado durante o curso do processo de insolvência respectivo, ou por qualquer prejuízo que eventual credor alegue tenha sofrido em virtude da ação ou omissão do Comitê de Credores, salvo, é claro, no caso de atuação dolosa.

A separação da personalidade jurídica da pessoa jurídica e dos seus sócios é princípio vigente no Direito brasileiro e que comporta poucas exceções previstas na lei material. Não obstante, há decisões, sobretudo nas esferas trabalhista, tributária e previdenciária, mas também na cível, a impor aos sócios, e até mesmo aos potenciais investidores, responsabilidades pelo passivo da pessoa jurídica insolvente. Não se pretende, dado o escopo limitado deste trabalho, discutir a pertinência dessa orientação. O que se pondera é que há casos em que a única alternativa viável para a recuperação de uma sociedade reside na conversão da dívida em capital. Nesse sentido, a existência de risco de o credor vir a ser responsabilizado por passivos já existentes, além de perder todo o seu crédito, tornando-se sócio da sociedade em recuperação na expectativa de esta se recuperar e gerar valor, constitui uma barreira intransponível à aceitação da conversão. Raríssimos são os casos em que a situação peculiar da sociedade em crise permitiu aos credores correrem os riscos aqui mencionados. Em vários casos, a impossibilidade de utilização desse mecanismo de recuperação acabou por gerar a falência da pessoa jurídica respectiva, em prejuízo de toda a sociedade. A proteção aqui sugerida deve também ser estendida aos investidores que aportarem capital na sociedade em recuperação judicial, como uma maneira de atrair recursos para possibilitar o soerguimento da sociedade empresarial.

Outro obstáculo à conversão da dívida em capital reside na resistência dos controladores. O projeto de lei que resultou na LRE chegou a contemplar durante o processo legislativo, em especial durante a sua tramitação na Câmara dos Deputados, a possibilidade de os credores apresentarem um plano alternativo que poderia ser imposto ao devedor. A exclusão daquela previsão acabou por dar aos credores, como única arma de negociação, a ameaça de rejeitar o plano formulado pelo devedor e, por consequência, empurrar a sociedade para a falência. Ocorre que esta tende a ser um processo de destruição de valor para todos os interessados, e, por esse principal motivo, os credores relutam em rejeitar o plano de recuperação, dando aos devedores e sobretudo aos seus controladores um poder de fato exacerbado na rejeição das propostas de alteração ao plano formuladas por credores. A LRE deve ser alterada, portanto, para prever a possibilidade de os credores imporem um plano alternativo ao devedor, o que pode incluir a perda do controle da companhia. Isto somente deveria ser admitido em condições muito específicas e que combinem: (i) a exigência de um quórum específico e elevado; (ii) a presença de conduta não cooperativa e transparente do devedor; e (iii) a inexistência de valor das participações societárias, considerando um cenário de falência.

12. Recuperação judicial de grupo de empresas. Desconsideração/extensão da falência. Falência transnacional

A LRE foi elaborada levando em consideração a possibilidade de ajuizamento por apenas uma sociedade. O fato é que há um número crescente de grupos de empresas com atividades empresariais interligadas, ou nem tanto, que têm se valido, em conjunto, da proteção da recuperação judicial. A lacuna da lei quanto à possibilidade de litisconsórcio ativo em recuperação judicial e, sendo admitido, seus efeitos parece ser a mais grave falha no momento de crise atual. As incertezas decorrentes do ajuizamento comum são inúmeras. A começar pela determinação dos requisitos que deveriam ser exigidos para a admissão do litisconsórcio, pois o mero fato de as sociedades possuírem um controlador em comum não parece suficiente para justificar o ajuizamento conjunto, sobretudo se exercem atividades em ramos completamente distintos, bem como a possibilidade de inclusão no polo ativo de sociedades constituídas no exterior. Há necessidade também de a LRE determinar qual seria o juízo competente para processar a recuperação do grupo de empresas, ou seja, qual o critério para a escolha do principal estabelecimento que fixaria a competência. Outra discussão muito relevante diz respeito à determinação dos limites da consolidação ou, em outras palavras, se a consolidação é meramente processual, ou se é também substancial. Se a política de Estado definir que a consolidação é meramente processual, a LRE deverá conter normas para deixar claro que as relações de credores devem ser segregadas, que as sociedades devem apresentar cada qual seu plano respectivo e que deverão receber os votos apenas dos credores de cada uma das empresas isoladamente consideradas. A LRE deverá prever os efeitos da aprovação de alguns dos planos e a rejeição de um ou mais planos e o eventual desdobramento do processo, com a decretação de falência de uma ou mais empresas e a concessão da recuperação das demais.

Se, por sua vez, a opção for pela consolidação substantiva, a LRE deverá exigir, como pressuposto para a consolidação, que os devedores façam incluir em seus documentos societários a informação de quais sociedades comporiam o grupo de empresas em eventual insolvência, afastando do credor o elemento surpresa. A LRE deverá prever também os critérios de votação do plano e impactos no *cram down*, os efeitos da aprovação do plano quanto à novação e eventual falência, pois os credores de uma sociedade passam a ser credores também de outras, com a formação de uma massa única. A legislação precisará também ser alterada para tratar dos impactos fiscais decorrentes de pagamento de dívidas de uma das sociedades com ativos ou recursos gerados por outras, bem como o perdão de eventuais empréstimos entre companhias decorrentes da consolidação, entre tantos outros aspectos. Importante destacar que a admissão da consolidação substantiva pelo legislador, além de conferir maior segurança jurídica em relação ao cenário existente hoje, em virtude da absoluta insegurança, produzirá enorme impacto na análise e concessão de crédito, pois quem outorga um crédito nos dias atuais faz a análise considerando a situação econômico-financeira da sociedade tomadora e, eventualmente, do seus garantidores. Caso a consolidação seja admitida na legislação, a análise de crédito deverá levar em conta os critérios legais para a admissão da consolidação e implicará a análise de crédito das demais sociedades que poderão ter suas dívidas e ativos comunicados, processo que deve encarecer o crédito. O fato é que da consolidação resulta verdadeira desconsideração da personalidade jurídica, muitas vezes inversa, por decisão dos devedores, e hoje é feita sem que os credores possam antecipar o risco, isto é, prever que tal situação pode ocorrer.

No tocante à desconsideração da personalidade jurídica e/ou extensão dos efeitos da falência, há também omissão na LRE, que deve ser modificada para estabelecer de maneira clara quais os requisitos que devem ser preenchidos para autorizar uma ou outra medida, o procedimento que deve ser observado, adequando-o ao Novo Código de Processo Civil, em especial prevendo da forma expressa a necessidade de citação, bem como estabelecendo os seus efeitos, por exemplo, no que diz respeito ao termo legal da falência e tratamento a ser conferido aos credores da sociedade atingida pela desconsideração e cujos bens tenham sido arrecadados.

Um último tópico muito relevante, e que é ainda mais agravado nos casos de grupo de empresas ou quando a devedora possui ativos no exterior, concerne aos efeitos do processo falimentar no exterior e vice-versa, bem como à cooperação dos diversos juízos nos casos em que há processos de insolvência em mais de uma jurisdição nacional. A esse respeito, de se notar que há um número crescente de países adotando a Lei Modelo da Uncitral, o que parece ser um bom caminho para o Brasil.

13. Insolvência da pessoa natural

O processo de insolvência civil, que se aplica às pessoas naturais, é muito pouco utilizado, seja pelos devedores, seja pelos credores. A principal crítica ao regime decorre do fato de que o devedor pode levar anos desde o início do processo de insolvência até obter a extinção das obrigações e ter sua vida creditícia restabelecida. Do ponto de vista prático, uma pessoa natural que cai em insolvência no Brasil deixa de ter acesso ao crédito, passa a movimentar contas bancárias de terceiros por procuração, utiliza cartões de créditos também de terceiros, habitualmente familiares, e se torna um pária, o que fere o princípio da dignidade humana. Por seu turno, o fato de se tornar um pária a impede de voltar a tomar crédito e, portanto, a consumir, estimulando a economia.

A ausência de um procedimento eficiente e justo é um problema comum a diversas sociedades nacionais e que foi agravado na crise de 2007-2008 do setor de construção de moradias, com impacto direto nos créditos garantidos por hipotecas. Em 2011, o Banco Mundial iniciou estudos sobre as políticas e características de processos de insolvência de pessoas naturais resultando na publicação de um relatório bastante abrangente em 2013.[8] Também recentemente, Colômbia, Itália e Irlanda, com destaque para o primeiro, adotaram novas leis para tratar do assunto, e que poderiam já ter inspirado o legislador pátrio. Contudo, o legislador do Novo Código de Processo Civil optou por não tratar dos processos de insolvência, os quais, até que seja promulgada nova lei específica, continuarão sendo regidos pelo atual Código de Processo Civil, conforme previsto no art. 1.052 no Novo Código de Processo Civil. O fato é que o aumento do endividamento do consumidor brasileiro, a crise econômica atual e a falta de amparo de uma legislação adequada recomendam a promulgação, com urgência, de uma legislação específica para tratar do tema.

14. Conclusão

O aprimoramento da legislação que compõe o chamado sistema falimentar brasileiro é medida que se impõe com urgência. Trata-se de trabalho legislativo de fôlego, pois implica alteração de diversas leis e normas infralegais, mas também a promulgação de leis totalmente novas. O aperfeiçoamento das leis de insolvência é um trabalho constante, sendo comuns em outros países pontuais atualizações para refinar os textos legais à medida que surgem dúvidas de interpretação ou imperfeições no texto, dificuldades de utilização dos remédios legais ou mesmo em situações de crise econômica. O presente trabalho, como mencionado na introdução, não exauriu o tema, com a indicação de todos os aprimoramentos necessários, mas pretende ter contribuído com propostas conceituais sobre algumas das mudanças que o autor entende mais urgentes e necessárias.

---

[8] O autor integra o Grupo de Trabalho de Insolvência do Banco Mundial e participou por dois anos das reuniões de Grupo de Estudos sobre a insolvência das pessoas naturais, contribuindo com sua análise sobre a legislação brasileira e a situação no Brasil das pessoas naturais insolventes, bem como com as discussões que culminaram com o relatório final intitulado: "Report on Treatment of the Insolvency of Natural Persons".

O Novo Regime Jurídico do Recurso de Agravo e os Processos Disciplinados na Lei n.º 11.101/2005

SÉRGIO CAMPINHO

1. Questão de Ordem

Na disciplina dos institutos da falência e da recuperação judicial coexistem regras de direito material e de direito processual[1], sendo-lhe essa feição híbrida um traço peculiar e marcante[2].

---

[1] Sobre a coexistência de regras de fundo e de forma, muito já se escreveu na doutrina. A respeito, é pertinente reproduzir as lições de Miranda Valverde: "São regras de fundo e de forma, destinadas a tutelar, não só o interesse privado, mas também o interesse público, ambos em íntima e estreita relação no estado de falência. As regras de fundo, que constituem, na esfera do interesse privado, o direito substantivo da falência, enunciam quase sempre princípios derrogatórios do direito comum, limitações, ou transformações de direitos e obrigações preexistentes ou presidem ao nascimento de direitos e obrigações, que o estado jurídico da falência provoca. Tais as regras que estatuem sobre os efeitos da falência em relação aos bens do devedor e aos direitos dos credores, particularmente sobre a condição jurídica do falido, a resolução dos contratos bilaterais, a retenção, a compensação, os atos ineficazes, os privilégios de certos créditos, os pedidos de restituição, os encargos e dívidas da massa falida, etc. As regras de forma organizam o processo de execução coletiva, estabelecendo os meios pelos quais se há de resolver essa situação jurídica, de natureza essencialmente transitória. Fazem parte do direito processual" (*Comentários à Lei de Falências*, Rio de Janeiro, Forense, 1948, p. 13). Também sobre o tema anotava Sampaio de Lacerda, valendo-se dos ensinamentos de Brunetti: "Distingue-se na legislação falimentar a parte material ou substantiva da parte formal ou adjetiva, embora estejam tão vinculadas que não seria de conveniência separá-las. É essa uma distinção científica, afirma Brunetti, herdada, aliás, do Cód. Com. francês. A parte substantiva

O artigo 189 da Lei n.º 11.101/2005, que inaugura as suas disposições finais e transitórias, prevê a aplicação do Código de Processo Civil, no que couber, aos procedimentos previstos naquela lei especial. Tem-se, destarte, que essa lei geral de processo é fonte subsidiária dos direitos falimentar e recuperacional.

Em assim o sendo, as alterações no sistema processual civil decorrentes do novo Código de Processo Civil (Lei n.º 13.105/2015) impactam diretamente nos processos de recuperação judicial, de falência e em seus incidentes.

A interface entre os aludidos diplomas legais, que interagem em diversos pontos, demanda do intérprete o trabalho de adequação e de compatibilização com a nova ordem processual inaugurada. Parte do mister ficará restrito à realização de simples adaptações de certos artigos citados na Lei n.º 11.101/2005 em referência à Lei n.º 5.869/73, como por exemplo se tem no §1.º do artigo 59 da Lei de Recuperação e Falência. Basta que as remissões feitas às disposições do antigo diploma codificado passem a refletir as que lhes são correspondentes no novo Código. Mas a parcela de maior fôlego se projeta na integração dos novos dispositivos com as regras e o próprio sistema da Lei n.º 11.101/2005, como nas hipóteses do recurso de agravo de instrumento, da execução frustrada e do incidente de desconsideração da personalidade jurídica[3], por exemplo. Não se pode também

---

ou material compreende tudo que disser respeito à determinação do estado de falência e aos efeitos jurídicos de sua decretação, bem como aos direitos e preferências dos credores e aos direitos e obrigações do devedor. A parte adjetiva ou formal abrange as normas que regulam as formalidades de iniciação e da marcha do processo, inclusive dos recursos admitidos" (*Manual de Direito Falimentar*, 12.ª ed., revista e atualizada por Jorge de Miranda Magalhães, Rio de Janeiro, Freitas Bastos, 1985, p. 20).

[2] Sérgio Campinho, *Falência e Recuperação de Empresa: O Novo Regime da Insolvência Empresarial*, 7.ª ed., Rio de Janeiro, Renovar, 2015, p. 8.

[3] Apesar da opção pela limitação do presente trabalho à análise do novo regime do recurso de agravo e sua interação com os processos regidos pela Lei n.º 11.101/2005, decidimos deixar logo consignada a nossa opinião sobre a conformação do incidente de desconsideração da personalidade jurídica, expressamente orientado pelo novo Código de Processo Civil (artigos 133 a 137) com o processo de falência, até porque já a externamos por ocasião de nossa participação em painel do 5.º Congresso Brasileiro de Direito Comercial, realizado na Associação dos Advogados de São Paulo – AASP, em 09 e 10.04.2015. A jurisprudência do Superior Tribunal de Justiça vem sendo direcionada para dispensar ação própria (a ação do artigo 82 da Lei n.º 11.101/2005) e viabilizar a desconsideração da personalidade jurídica nos próprios autos do

deixar de destacar a incorporação da disciplina do protesto de sentença, para fins de caracterizar a impontualidade do devedor.

Apesar do amplo espectro de influência do hodierno digesto processual na Lei de Recuperação e Falência, em obediência ao conceito desta obra coletiva, o presente trabalho fica restrito a reflexões, ainda que iniciais, da conformação do novo regime do agravo de instrumento com os processos disciplinados na Lei n.º 11.101/2005.

processo de quebra (cf. Recurso Especial n.º 331.921/SP e Recurso Ordinário em Mandado de Segurança n.º 12.872/SP). Mas, consoante temos defendido (cf. *Falência e Recuperação de Empresa: O Novo Regime da Insolvência Empresarial*, 7.ª ed., Rio de Janeiro, Renovar, 2015, p. 235), deve a questão, na dispensa da ação autônoma, ser tratada sob a forma de incidente processual, com autuação apartada, e sempre respeitar e garantir a ampla defesa e o contraditório prévio. Com a vigência do novo Código de Processo Civil, a questão fica sob a disciplina dos aludidos artigos 133 a 137. Mas entendemos incompatível com o processo de falência o estatuído no §3.º do artigo 134, segundo o qual se estabelece a regra geral de que a instauração do incidente suspenderá o processo. Não se pode perder de vista que o artigo 189 da Lei n.º 11.101/2005 prevê a aplicação do Código de Processo Civil, no que couber, isto quer dizer, no que for compatível. Com efeito, o processo de falência não pode parar, não admitindo suspensão ou interrupção. Vem ele grafado pela necessidade de se preservar e otimizar a utilização produtiva dos bens, ativos e recursos, inclusive os intangíveis. Portanto, deverá atender aos princípios da celeridade e da economia processual, sob pena de frustrar o desiderato da eficiente liquidação do ativo do devedor. Esse princípio inspirador do processo falimentar, insculpido no artigo 75, vem reforçado pelo estatuído no artigo 79, ao dispor que os processos de falência e seus incidentes preferem a todos os outros na ordem dos feitos, em qualquer instância. O sistema, como se pode facilmente perceber, afasta a regra de suspensão do processo contemplada no novo Código de Processo Civil. É ainda de se considerar em argumentação que quando a Lei n.º 11.101/2005 regula a ação de responsabilidade no artigo 82 prevê que a mesma será processada independentemente de realização do ativo e da prova de sua insuficiência para cobrir o passivo, fluindo em paralelo com o processo de falência, não dependendo de uma verificação prévia ocorrida neste processo e, também, sem interferência em seu curso (e muito menos suspendendo-o). Isto porque o objeto, em princípio, é o ressarcimento da massa pelos prejuízos causados, podendo, em alguns casos (responsabilização do sócio oculto e dissolução irregular da sociedade, por exemplo), gerar uma responsabilização ilimitada, sendo que, nesses casos, o montante do passivo falimentar constituirá, no mínimo, o pedido nela formulado. Não se trata, portanto, de extensão dos efeitos da falência, como se tem preconizado no artigo 81 para os sócios de responsabilidade solidária e ilimitada, que serão também decretados falidos. Não há necessidade, assim, de se redefinir o polo passivo da relação processual, pois falida continuará sendo apenas a sociedade. Daí porque não há na lei, como não poderia haver, qualquer previsão de suspensão do processo de falência para o processamento da ação de responsabilidade. Ora, não há qualquer sentido lógico ou racional para se defender a suspensão do processo na hipótese do incidente de desconsideração da personalidade jurídica.

2. A Aplicação Subsidiária do Código de Processo Civil e o Sistema Recursal da Lei n.º 11.101/2005

Do texto normativo do mencionado artigo 189 extrai-se norma segundo a qual, inexistindo regra de direito processual civil na Lei n.º 11.101/2005, aplicam-se, em caráter subsidiário, as regras do Código de Processo Civil para suprir, desse modo, a omissão verificada.

Em outros termos, a solução processual deve ser procurada, em primeiro lugar, na Lei de Recuperação e Falência, somente se dirigindo ao Código de Processo Civil se nela não for encontrada a disposição pertinente[4]. Impende sempre aplicar o que a legislação falimentar e recuperacional preceituar, mesmo que de forma diversa da lei processual geral, pois o acesso a essa lei geral é obstado sempre que a Lei n.º 11.101/2005 determinar a disciplina para determinada matéria[5].

A Lei de Recuperação e Falência projeta um sistema recursal próprio que deverá ser sempre observado, com socorro às regras do Código de Processo Civil apenas para suprir ou complementar a lacuna ou a omissão.

Em diversas passagens, o legislador prevê o recurso próprio para atacar o ato judicial correspondente. São exemplos o artigo 100 (da sentença que decretar a falência cabe agravo de instrumento e da que a denegar, cabe apelação); o §2.º do artigo 59 (contra a decisão que conceder a recuperação judicial cabe agravo de instrumento); o parágrafo único do artigo 156 (é apelável a sentença de encerramento da falência); o §5.º do artigo 159 (a sentença que declarar extintas as obrigações do falido também é apelável); o artigo 17 (da decisão sobre impugnação de crédito cabe agravo de instrumento); o artigo 90 (a sentença que julgar o pedido de restituição desafia apelação sem efeito suspensivo); e o parágrafo único do artigo 135 (cabe apelação em face da sentença que decidir o pedido formulado em ação revocatória).

Mas existem certas decisões judiciais, tomadas nos cursos dos processos em questão, para as quais a Lei n.º 11.101/2005 não faz previsão expressa do recurso próprio para contraditá-las.

---

[4] Manoel Justino Bezerra Filho, *Lei de Recuperação de Empresas e Falência: Lei 11.101/2005 comentada artigo por artigo*, 10.ª ed., São Paulo, Editora Revista dos Tribunais, 2014, p. 385.

[5] Fábio Ulhoa Coelho, *Comentários à Nova Lei de Falências e de Recuperação de Empresas (Lei n.º 11.101, de 9-2-2005)*, 4.ª ed., São Paulo, Saraiva, 2007, p. 413.

Repudiamos qualquer modo de interpretação que vise a sustentar a irrecorribilidade da decisão. Ainda que a orientação de ser o sistema recursal exaustivo pudesse ser defendida no direito anterior[6], sob a égide do Decreto-Lei n.º 7.661/45, o certo é que no regime vigente a exegese não tem qualquer amparo lógico legal. Apesar de a Lei n.º 11.101/2005 nutrir um sistema recursal próprio, o Código de Processo Civil se lhe aplica subsidiariamente em tema de recorribilidade das decisões judiciais. Afasta-se a aplicação do Código de Processo Civil quando a Lei de Recuperação e Falência apresentar regra expressa ou, ainda, quando ela (a aplicação do Código) for incompatível com o seu sistema especial.

Por isso é que temos sustentado, por exemplo, que apesar de a lei não se ocupar de um recurso específico para a sentença de encerramento do processo de recuperação judicial, não é ela irrecorrível. A relevância da decisão não pode ter a conotação de irrecorribilidade. Contra ela é possível o interessado interpor o recurso de apelação, seja por aplicação subsidiária do *caput* do artigo 1.009 do novo Código de Processo Civil, que tem por antecedente histórico o artigo 513 do Código de 1973, seja por aplicação analógica do disposto no parágrafo único do artigo 156 da Lei n.º 11.101/2005, o qual prevê idêntico recurso contra a sentença de encerramento da falência[7].

Ainda no campo dos exemplos, também temos defendido, para a hipótese de ineficácia do ato (artigo 129 da Lei de Recuperação e Falência), sendo ela declarada de ofício ou mediante provocação incidentalmente formulada, o cabimento do recurso de agravo de instrumento para contrariar a respectiva decisão, diante do seu evidente caráter interlocutório

---

[6] A respeito lecionava Rubens Requião: "A Lei de Falências organizou um sistema recursal próprio que não deve nem pode ser ampliado por inovação subsidiária do processo comum. Em matéria de recursos, a Lei de Falências é auto-suficiente, e a exaure em suas previsões. Não cabe, pois, ampliar os recursos nela previstos" (*Curso de Direito Falimentar*, v. 2, 14.ª ed., São Paulo, Saraiva, 1995, pp. 187-188). E a linha de raciocínio tinha fundamento na lacônica disposição do artigo 207 do Decreto-Lei n.º 7.661/45: "O processo e os prazos da apelação e do agravo de instrumento são os do Código de Processo Civil" (redação conferida pela Lei n.º 6.014/73). Mas mesmo no sistema anterior, perfilhávamo-nos ao entendimento segundo o qual o Código de Processo Civil, como lei geral de processo, era fonte supletiva do direito falimentar, em todos os seus aspectos.

[7] Sérgio Campinho, *Falência e Recuperação de Empresa: O Novo Regime da Insolvência Empresarial*, 7.ª ed., Rio de Janeiro, Renovar, 2015, p. 195.

e de seus efeitos práticos e de mérito de fazer retornar à massa falida os bens ou valores indevidamente alijados do patrimônio do devedor[8].

O mesmo sentido deve ser observado em diversas outras situações, como em relação à decisão que determina o afastamento do devedor ou de seus administradores, nos moldes do artigo 64 da Lei n.º 11.101/2005, ou que resolve incidente de desconsideração da personalidade jurídica.

3. O Novo Regime Jurídico do Agravo

O §1.º do artigo 1.009 do novo Código de Processo Civil introduz uma das alterações julgadas das mais relevantes na realização do desiderato da busca de conferir maior concretude ao princípio da duração razoável do processo[9].

Pelo preceito, que se dirige à disciplina do recurso de apelação, é decretado o fim da preclusão das decisões interlocutórias, tomadas para a solução das questões que surgirem no curso da fase de conhecimento, quando a seu respeito não comportar o recurso de agravo de instrumento. Devem ser suscitadas, nessa situação, em preliminar de apelação, eventualmente interposta contra a decisão final, ou nas suas contrarrazões.

O objeto da apelação, dessa forma, resta ampliado[10], uma vez que esse recurso deverá se voltar não só contra a sentença, mas também em relação a todas as questões resolvidas no curso do processo (decisões interlocutórias) e que não desafiavam agravo de instrumento.

Como consequência da mencionada alteração, desaparece a figura do agravo retido.

Apesar dessa regra geral, o novo Código preserva o recurso de agravo de instrumento como via idônea para desde logo combater certas decisões interlocutórias.

Assim é que o *caput* do artigo 1.015 dispõe caber agravo de instrumento contra as decisões interlocutórias que versarem sobre a) tutelas

---

[8] Sérgio Campinho, *Falência e Recuperação de Empresa: O Novo Regime da Insolvência Empresarial*, 7.ª ed., Rio de Janeiro, Renovar, 2015, p. 399.

[9] Paulo Cezar Pinheiro Carneiro, Humberto Dalla Bernardina de Pinho (coords.) e outros, *Novo Código de Processo Civil: Anotado e Comparado: Lei 13.105, de 16 de março de 2015*, Rio de Janeiro, Forense, 2015, p. 581.

[10] Paulo Cezar Pinheiro Carneiro, Humberto Dalla Bernardina de Pinho (coords.) e outros, *Novo Código de Processo Civil: Anotado e Comparado: Lei 13.105, de 16 de março de 2015*, Rio de Janeiro, Forense, 2015, p. 581.

provisórias; b) mérito do processo; c) rejeição da alegação de convenção de arbitragem; d) incidente de desconsideração da personalidade jurídica; e) rejeição do pedido de gratuidade da justiça ou acolhimento do pedido de sua revogação; f) exibição ou posse de documento ou coisa; g) exclusão de litisconsorte; h) rejeição do pedido de limitação do litisconsórcio; i) admissão ou inadmissão de intervenção de terceiros; j) concessão, modificação ou revogação do efeito suspensivo aos embargos à execução; k) redistribuição do ônus da prova; e l) outros casos expressamente referidos em lei.

Essas hipóteses, que compõem o rol exaustivo do preceito, revelam a necessidade de excepcionar a regra geral que decreta o fim da preclusão das questões resolvidas na fase cognitiva. A natureza de certas decisões interlocutórias recomenda a sua pronta impugnação pela via do agravo de instrumento.

No parágrafo único do mesmo artigo 1.015, o legislador flexibiliza a regra da irrecorribilidade das decisões interlocutórias[11] para admitir a interposição do agravo de instrumento em face de toda decisão proferida nas fases de liquidação e cumprimento de sentença, no procedimento especial de inventário e no processo de execução.

Cumpre investigar se essa flexibilização também se pode estender a outros processos ou procedimentos especiais, previstos em leis especiais e, assim, não disciplinados pelo novo Código de Processo Civil, quando o sistema dos artigos 1.009 e 1.015 for com eles incompatíveis; se o parágrafo único do artigo 1.015, em outros termos, admite interpretação extensiva ou ampliativa para albergar outros processos ou procedimentos com disciplina em lei especial.

4. O Processo Preliminar da Falência

No regime falimentar pode-se verificar a existência de dois processos distintos: o pré-falimentar ou pré-falencial e o processo de falência propriamente dito.

Esse processo prévio, preliminar, ou seja, o pré-falimentar, é a via própria para que o estado de fato da insolvência seja apresentado ao Estado

---

[11] Paulo Cezar Pinheiro Carneiro, Humberto Dalla Bernardina de Pinho (coords.) e outros, *Novo Código de Processo Civil: Anotado e Comparado: Lei 13.105, de 16 de março de 2015*, Rio de Janeiro, Forense, 2015, p. 587.

Juiz e, uma vez efetivamente configurado, possa ser transformado em falência – estado de direito.

O seu escopo central é o de dar conta ao juiz, por iniciativa dos legitimados, dos atos ou fatos reveladores da crise da insolvabilidade. Garantidos a ampla defesa e o contraditório prévio e regular, superada a fase instrutória, o juiz irá decretar ou denegar a falência. Neste último caso, estará encerrado o processo pré-falencial, não se instaurando a falência; no primeiro, ao decretar a falência, o magistrado estará pondo fim ao processo preliminar e dando início a um outro processo: o processo de falência. É ele inaugurado, pois, com a sentença de quebra.

A natureza do processo pré-falimentar é cognitiva. É verdadeiro processo de conhecimento com procedimento especial disposto na Lei n.º 11.101/2005, sendo a lide nele veiculada composta por uma sentença.

Poder-se-ia, portanto, cogitar que a nova sistemática do agravo de instrumento a ele seria plenamente aplicável. Mas uma acurada reflexão de logo se impõe.

Um dos resultados que nele pode ser concretizado é a denegação da falência, de cuja sentença cabe apelação. Assim, em princípio, a regra de que as questões nele resolvidas – se a decisão a seu respeito não comportar impugnação imediata através do agravo de instrumento – não são cobertas pela preclusão, devendo ser deduzidas em preliminar de apelação ou nas contrarrazões, poderia a ele ser aplicada.

Entretanto, o outro resultado pode ser a decretação da falência. Nesse caso, o recurso cabível não é o de apelação, mas sim o de agravo de instrumento, o que não se compatibiliza com a sistemática estabelecida a partir dos artigos 1.009 e 1.015 da Lei n.º 13.105/2015.

Como via de regra não se tem como antever se a sentença irá decretar ou denegar a falência, ficamos tentados a opinar pela não aplicabilidade desse hodierno regime do recurso de agravo de instrumento ao processo pré-falimentar, enquadrando o caso desse processo como de incompatibilidade com o sistema dos artigos 1.009 e 1.015 do novo Código de Processo Civil, e, a partir de uma interpretação extensiva do parágrafo único daquele último dispositivo acima citado, a incluí-lo no rol das hipóteses que comportam agravo de instrumento contra as decisões interlocutórias nele proferidas.

Pode-se conjecturar que essa conclusão cederia no caso de realização de depósito elisivo da falência, promovido por parte do devedor quando, por certo, cabível no procedimento, pois, nesse caso, a falência não seria decretada, sendo denegatória a sentença e, portanto, apelável.

Mas questões de cunho interlocutório podem surgir e ser apreciadas e decididas antes do momento processual oportuno para se realizar o depósito elisivo da falência. Como ficariam essas questões se não fossem as respectivas decisões combatidas por meio de agravo de instrumento, na hipótese de o devedor não efetuar o depósito visando a elidir a decretação da quebra, optando, por exemplo, por simplesmente oferecer contestação? Não restariam tais matérias preclusas na hipótese de decretação da falência?

Ademais, o depósito para elidir a falência deve ser feito no prazo da contestação e ser integral (parágrafo único do artigo 98 da Lei n.º 11.101/2005), ou seja, contemplar o principal, a correção monetária e os juros, sendo ainda acrescido de honorários advocatícios e, embora diante do silêncio da lei, também das custas processuais[12]. O depósito feito a destempo ou realizado de modo insuficiente não tem o condão de elidir a decretação da falência. Como a resolução de questões interlocutórias que se seguirem ao depósito ficará caso seja ele ulteriormente considerado intempestivo ou insuficiente? Precluem ou não? E se a própria desconsideração do depósito for decidida em momento processual anterior ao da prolação da sentença? Essa decisão interlocutória preclui ou não, caso venha a falência a ser decretada?

Em face dessa multiplicidade de situações que podem surgir no bojo do processamento do processo pré-falimentar e que podem gerar fundada incerteza jurídica quanto ao resultado de sua conclusão, é que preferimos enveredar pela construção da extensão da flexibilização do regime do agravo de instrumento (parágrafo único do artigo 1.015 do novo Código de Processo Civil) para o processo pré-falimentar, neutralizando indesejáveis casuísmos.

---

[12] Sérgio Campinho, *Falência e Recuperação de Empresa: O Novo Regime da Insolvência Empresarial*, 7.ª ed., Rio de Janeiro, Renovar, 2015, p. 307. Vislumbramos que no parágrafo único do artigo 98 da Lei de Recuperação e Falência o legislador disse menos do que desejava. Assim, não podem ficar de fora do depósito os valores relativos às custas processuais adiantadas pelo autor do requerimento da falência, por ocasião de seu ajuizamento, até porque a sucumbência engloba tanto os honorários advocatícios como as despesas que o vencedor antecipou.

5. O Processo de Falência

E o que dizer em relação ao processo falimentar propriamente dito e seus incidentes?

Naquelas situações em que a lei expressamente prevê o agravo de instrumento como recurso idôneo para atacar a decisão, o seu manejo estaria assegurado pelo disposto no inciso XIII do próprio *caput* do artigo 1.015 do novo Código de Processo Civil.

Da mesma forma, o recurso seria cabível em face da decisão proferida em incidente da desconsideração da personalidade jurídica (inciso IV do *caput* do referido artigo 1.015) e daquela que declarasse de ofício ou por provocação incidentalmente formulada a ineficácia do ato, nos termos do artigo 129 da Lei n.º 11.101/2005, porquanto estaria tratando do mérito que seria decidido na ação revocatória, caso se optasse por sua propositura, tal qual facultado pelo estatuído no parágrafo único do aludido artigo 129 da Lei de Recuperação e Falência (inciso II do *caput* do artigo 1.015).

Mas, com efeito, o cabimento do agravo de instrumento como recurso apropriado para as decisões interlocutórias deve ser generalizado para toda e qualquer decisão interlocutória proferida no processo de falência e em seus incidentes, pois admissível pela aplicação extensiva do parágrafo único do artigo 1.015 do novo Código, que expressamente o permite no processo de execução.

Ora, a falência, sob o prisma processual, é um processo de execução. Uma execução concursal, coletiva, universal ou extraordinária[13].

---

[13] Sobre a falência como processo de execução coletiva, cabe conferir as seguintes lições. Miranda Valverde: "Sob o ponto de vista formal, é a falência uma variante do processo das execuções. Execução coletiva, abrangendo todos os bens do devedor, que já constituíam a garantia eventual dos credores, e atraindo para o juízo da falência a totalidade dos credores, salvo pouquíssimas exceções" (*Comentários à Lei de Falências*, Rio de Janeiro, Forense, 1948, p. 15). Sampaio de Lacerda: "A falência é, portanto, um sistema de liquidação do patrimônio do devedor qualificado, ensina Brunetti, com o fim de dividi-lo em partes iguais por todos aqueles que tenham direito (*par conditio creditorum*). Tal princípio (igualdade de condição dos credores) significa dizer que, ressalvadas as preferências impostas por lei, todos os credores têm direitos iguais e, mesmo entre aqueles, tal acontece internamente. Caracteriza-se, assim, como um processo de execução coletiva ou extraordinária" (*Manual de Direito Falimentar*, 12.ª ed., revista e atualizada por Jorge de Miranda Magalhães, Rio de Janeiro, Freitas Bastos, 1985, p. 20). Rubens Requião: "O concurso de credores, previsto no Código Civil e regulado em seu processamento no Código de Processo Civil, confere ao credor o direito de promover a

No processo de falência será apreendido o patrimônio do devedor passível de execução, através de um procedimento denominado arrecadação, com o escopo de extrair valor para o atendimento, em rateio e observadas as prelações legais, da totalidade dos credores do devedor comum que, salvo raras exceções legais, são atraídos para o juízo da falência.

Será estabelecido, pois, um concurso de credores, assegurando-se perfeita igualdade de tratamento entre aqueles credores integrantes de uma mesma classe (*par conditio creditorum*)[14].

Afigura-se, assim, como um meio extraordinário de execução, englobando o patrimônio do devedor e instituído em favor da massa dos credores. Distingue-se da denominada execução singular, tratada pelo novo Código de Processo Civil como execução por quantia certa[15], justo na medida em que esta se realiza em proveito particular de um ou mais credores determinados, procedendo-se à apreensão judicial de um ou mais bens individualizados do patrimônio do devedor (penhora) para garantir

---

cobrança de seu crédito, do devedor que não tem condições patrimoniais para pagar a todos os credores. Aliás, pode ele ser submetido ao concurso por promoção dos credores, ou também, como já se adiantou, por sua iniciativa, confessando a impossibilidade de pagar. Esse procedimento concursal se destina, pelo menos no direito brasileiro, a atender o setor civil, isto é, aos não-comerciantes. O procedimento da falência, que também é na essência uma execução concursal, por sua vez se dirige a resolver a mesma situação patrimonial e creditícia do devedor comerciante, em face de seus credores. Assim, tanto o concurso de credores, regulado pelo Código de Processo Civil, como a falência, regulada pelo Decreto-lei n.º 7.661, de 21 de junho de 1945, têm muito de essência processual. Àquela execução singular, de que acima falamos, promovida pelo credor contra o devedor, sobre um ou alguns dos bens destacados de seu patrimônio para efeito de penhora, vemos contraposta uma execução coletiva, universal, ou, como os autores preferem expressar, *execução concursal*, pois não só abrange todos os credores, como incide sobre todos os bens do devedor. Tanto um como outro procedimento, seja o concurso de credores (civil), seja o procedimento da falência (comercial), constituem, pois, uma execução coletiva" (*Curso de Direito Falimentar*, v. 1, 16.ª ed., São Paulo, Saraiva, 1995, p. 2).

[14] Sérgio Campinho, *Falência e Recuperação de Empresa: O Novo Regime da Insolvência Empresarial*, 7.ª ed., Rio de Janeiro, Renovar, 2015, pp. 9-10.

[15] No Código de 1973 era intitulada execução por quantia certa contra devedor solvente. Nesse diploma codificado, conviviam as execuções por quantia certa contra devedor solvente e insolvente (a denominada insolvência civil). O novo Código apenas trata da execução contra devedor solvente. Mas, nas disposições finais e transitórias, que compõem livro complementar, estabelece no artigo 1.052 que "até a edição de lei específica, as execuções contra devedor insolvente, em curso ou que venham a ser propostas, permanecem reguladas pelo Livro II, Título IV, da Lei n.º 5.869, de 11 de janeiro de 1973".

a satisfação do crédito consubstanciado no título executivo extrajudicial que a embasa.

Desse modo, todas as decisões interlocutórias proferidas no processo de falência e em seus incidentes, em face de seu conteúdo executivo, devem ser logo pacificadas e, assim, desafiam o recurso de agravo de instrumento. Com isso, evita-se que a atividade coativa sobre o patrimônio do devedor tenha prosseguimento sem que as questões interlocutórias estejam resolvidas, visto que as decisões influirão no conteúdo de atos subsequentes.

6. O Processo de Recuperação Judicial

A recuperação judicial, diversamente da falência, não se configura como um processo de execução. Mas nem por isso a conclusão a seu respeito será diferente. À luz de fundamentos outros, apresenta-se necessária a extensão do modelo de flexibilização da regra geral de irrecorribilidade das decisões interlocutórias assegurada pelo parágrafo único do artigo 1.015 do novo Código de Processo Civil ao processo de recuperação judicial, diante da notória incompatibilidade desse processo especial com o sistema recursal geral ou comum. A interpretação extensiva do indigitado preceito codificado também aqui se impõe.

Sob a ótica processual, a recuperação judicial se implementa por meio de uma ação judicial, de iniciativa do devedor, tendo por escopo a superação da situação de crise. É um processo especialíssimo em que não existe, por exemplo, a figura do réu. Visa, em seu âmago, a uma única finalidade: a aprovação de um plano entre o devedor e seus credores, destinado a reestruturar a capacidade produtiva da empresa por aquele realizada, alcançando uma rentabilidade autossustentável e, com isso, superar a crise econômico-financeira em que se encontra o seu titular – o devedor empresário –, permitindo a manutenção da fonte produtora, do emprego e a composição dos interesses dos credores[16].

Mas, reitere-se, a proposta do devedor dirigida a seus credores é formulada em juízo. Sua vontade vem inicialmente manifestada na petição inicial e a de seus credores, sujeitos aos efeitos da recuperação, declarada de forma expressa ou tácita. Esta se verifica quando não apresentam obje-

---

[16] Sérgio Campinho, *Falência e Recuperação de Empresa: O Novo Regime da Insolvência Empresarial*, 7.ª ed., Rio de Janeiro, Renovar, 2015, pp. 10-11.

ção à proposta formulada. Aquela se realiza quando o plano sofre objeção por parte de qualquer credor, sendo a proposta inicial do devedor submetida a uma deliberação expressa dos credores reunidos em assembleia geral. A assembleia de credores pode rejeitar a proposta inicial, pode aprová-la integralmente, ou pode sugerir alterações, ou até mesmo ofertar uma proposta alternativa. Nessas últimas situações (apresentação de alterações ou de plano alternativo), impõem-se, por evidente, a oitiva e o expresso consentimento do devedor. Em verdade, abre-se a possibilidade de uma autêntica negociação, visando a aprimorar os termos e as condições do plano de recuperação, de forma que possa ele lograr aceitação das partes interessadas, realizando, pois, o encontro das vontades do devedor e de seus credores.

Por isso não se pode ter dúvida de que o instituto da recuperação judicial desfruta da natureza de um contrato judicial com feição novativa[17]. É um contrato judicial, porquanto se exige a chancela estatal (Estado Juiz). A chancela da autoridade judiciária representa uma medida de política judiciária. O magistrado atuará como um *guardião da legalidade do plano*[18]. O controle judicial permite, assim, se possa excluir eventuais objeções quanto a sua validade e eficácia. O procedimento de concessão judicial da recuperação contribui para a redução das fontes de erro durante a celebração do plano, bem como permite aos credores a oportunidade de verificar se seus interesses não restaram prejudicados[19].

Mas não é demais anotar que, para a formação das vontades e perfectibilidade do acordo, é dispensável a manifestação unânime da vontade dos credores, sendo suficiente sua formação entre o devedor e uma maioria legalmente estabelecida. A massa de credores é quem declara a sua vontade, através de órgão deliberante: a assembleia geral de credores. Ter-se-á, desse modo, manifestada a vontade coletiva dos credores, que vincula os ausentes, os que se abstiveram e os que votaram contrariamente à maioria indispensável à formação dessa vontade. E isso se justi-

---

[17] Sérgio Campinho, *Falência e Recuperação de Empresa: O Novo Regime da Insolvência Empresarial*, 7.ª ed., Rio de Janeiro, Renovar, 2015, pp. 12-13.

[18] Sérgio Campinho, *Falência e Recuperação de Empresa: O Novo Regime da Insolvência Empresarial*, 7.ª ed., Rio de Janeiro, Renovar, 2015, p. 12.

[19] Sérgio Campinho, *Falência e Recuperação de Empresa: O Novo Regime da Insolvência Empresarial*, 7.ª ed., Rio de Janeiro, Renovar, 2015, p. 12.

fica porque o fim do processo de recuperação judicial deve ser único para todos, eis que a relação processual que se estabelece é única[20].

Nessa perspectiva processual, em síntese, a recuperação judicial pode ser enxergada como um ato coletivo processual[21], pelo qual se objetiva promover o encontro das vontades do devedor e de seus credores, com vistas à formação de um contrato entre eles e, assim, proporcionar a superação da crise da empresa pelo devedor explorada, tudo se processando sob a direção e fiscalização do Estado Juiz.

Em razão dessa feição peculiar do processo de recuperação judicial, as decisões judiciais proferidas durante o seu curso devem ser de logo combatidas, não comportando, assim, o recurso de forma concentrada, tal qual erigido como norma geral pelo novo Código de Processo Civil.

Com efeito, o processo recuperacional não se apresenta com procedimentos linearmente dispostos, como se tem no processo de conhecimento, no qual são os atos ordenados para que seja proferida a sentença, consistente em um pronunciamento conclusivo da fase do processo cognitivo, com o julgamento (resolução de mérito) ou não (resolução formal) da pretensão material veiculada pelo autor que desafia, ao menos em tese, a resistência do réu. A recuperação judicial, consoante se buscou demonstrar, emerge como um somatório de providências com objetivo de viabilizar a reestruturação da empresa, fazendo com que possa ser superado o estado de crise. Resulta de um contrato judicial que necessariamente implicará a execução de obrigações. Em assim o sendo, as decisões proferidas, em caráter interlocutório, durante o processo de recuperação judicial, devem ter pronta solução, porquanto influenciarão no conteúdo de atos subsequentes e na conclusão do próprio contrato judicial que deve sempre funcionar como efetiva e eficiente fonte de composição e estabilização dos interesses nele tratados.

O modelo da irrecorribilidade imediata das decisões interlocutórias, projetado para o processo de conhecimento, e que se vale de um esquema casuístico de exceções, não resguarda os interesses envolvidos no pro-

---

[20] Sérgio Campinho, *Falência e Recuperação de Empresa: O Novo Regime da Insolvência Empresarial*, 7.ª ed., Rio de Janeiro, Renovar, 2015, p. 13.
[21] Jorge Lobo, artigo 47, in Paulo F. C. Salles de Toledo e Carlos Henrique Abrão (coords.), *Comentários à Lei de Recuperação de Empresas e Falência*, 3.ª ed., São Paulo, Saraiva, 2009, p. 124.

cesso de recuperação judicial, notadamente em situações reveladoras de vícios, nulidades e de grave lesão.

Ademais, não se pode olvidar que o recurso previsto na Lei n.º 11.101//2005 para contraditar a sentença que concede a recuperação judicial, formadora de um título executivo judicial, é o de agravo de instrumento e não o de apelação.

A especificidade desse sistema repele a norma geral do novo Código de Processo Civil, o que, à luz da racionalidade e da busca da eficiência da prestação jurisdicional, autoriza, pela via interpretativa, o alargamento das hipóteses flexibilizadas pela regra do parágrafo único do artigo 1.015 para entre elas contemplar o processo de recuperação judicial, diante da evidente incompatibilidade do sistema de irrecorribilidade imediata das decisões interlocutórias com o sistema de processamento da recuperação judicial.

7. Conclusão

Colocando fim à reflexão ora proposta, mas sem a pretensão de esgotar o estudo da matéria, chegamos à conclusão de que a regra geral de irrecorribilidade das decisões interlocutórias preconizada pelo novo Código de Processo Civil para o processo de conhecimento, em seus procedimentos comum e especiais, concentrando, portanto, a decisão de questões havidas na fase cognitiva no julgamento do recurso de apelação porventura interposto, não se compatibiliza com o sistema processual concebido pela Lei n.º 11.101/2005 para os processos nela regulados.

No processo pré-falimentar, embora de natureza cognitiva, o regime geral do agravo de instrumento deve ser afastado, na medida em que a sentença que resolve a questão de fundo nele proposta pode ser a de decretação da falência e, desse modo, desafiar recurso de agravo de instrumento, frustrando a concentração das questões interlocutórias, cuja solução é remetida para julgamento preliminar na apelação.

No processo de falência, em função de sua natureza executiva (execução concursal, coletiva, universal ou extraordinária), todas as decisões interlocutórias nele proferidas ou em seus incidentes devem ser de logo pacificadas, desafiando, dessa feita, a interposição do recurso de agravo de instrumento. Mostra-se admissível o entendimento pela aplicação extensiva do parágrafo único do artigo 1.015 do novo Código de Processo

Civil, que expressamente prevê a pertinência do recurso para todas as decisões interlocutórias proferidas no âmbito do processo de execução.

No processo de recuperação judicial, em decorrência de sua feição peculiar, as decisões judiciais proferidas durante o seu curso também devem ser de logo combatidas e resolvidas, não comportando, pois, o modelo do recurso de forma concentrada. A recuperação judicial vai resultar de um contrato formado e concluído em juízo, sob direção e fiscalização do Poder Judiciário. As decisões de cunho interlocutório influenciam no conteúdo dos atos que levarão à sua formação e à sua conclusão e, em sequência, à sua efetiva execução. Esse esquema exige pronta solução das questões debatidas em seu curso, com vistas a estabilizar os interesses em seu bojo declarados e definidos. De outro lado, o recurso contra a decisão que concede a recuperação judicial é o de agravo de instrumento e não o de apelação. Por tudo isso, pela via interpretativa, deve-se ter por autorizada a extensão da regra de flexibilização prevista no parágrafo único do artigo 1.015 do novo Código de Processo Civil também para o processo de recuperação judicial.

RECUPERAÇÃO JUDICIAL

Abuso do credor e do devedor na recuperação judicial

ALBERTO CAMIÑA MOREIRA

1. Introdução

Tema dos mais espinhosos nos processos de recuperação judicial de empresas é o do abuso, assunto, aliás, que é tormentoso no campo geral do direito privado. Centrada a preocupação no processo de recuperação judicial, fica delimitado o objeto deste breve estudo, que se justifica pela discussão já estabelecida nos tribunais pátrios.

O abuso, em tese, pode ser praticado tanto pelo devedor como pelo credor. O abuso não é um sentimento. Trata-se de uma objetividade, a ser aferida pelo juiz no curso do processo. Há que se identificar um comportamento aferível, omissivo ou comissivo, referenciado à posição jurídica das partes no processo, aos princípios da recuperação judicial e ao regime geral de direito privado. Para tanto, algumas considerações introdutórias são necessárias.

Como se sabe, a Lei 11.101/05 é omissa a respeito da matéria. "Convém lamentar", anotou Newton de Lucca[1], "desde logo, que a Lei 11.101/05 é inteiramente omissa a respeito do abuso de direito de voto, não prevendo, por exemplo, a anulação das deliberações tomadas em decorrência de

---

[1] *Abuso do direito de voto de credor na assembleia geral de credores prevista nos arts. 35 a 46 da Lei 11.101-05*, in Erasmo Valladão Azevedo e Novaes França, *Temas de direito societário e empresarial contemporâneos Liber amicorum*, São Paulo, Malheiros, 2011, p. 646.

voto conflitante". O mesmo jurista, ao constatar tal omissão, propugna o emprego da analogia e, com isso, defende a aplicação do artigo 187 do Código Civil brasileiro[2]. Conclusão idêntica é a de Sheila Christina Neder Cerezetti[3] que, ao reconhecer a mesma omissão da lei no trato do abuso de direito, ensina que ela "faz com que o intérprete tenha que se voltar, na busca da regra aplicável, ao Código Civil, subsidiariamente aplicável à lei concursal". O TJSP também reconhece a inexistência de regra própria sobre o tema[4].

Assente, entre nós, que a recuperação judicial envolve um negócio jurídico entre o devedor e seus credores[5], não há a menor dúvida de que lhe são aplicáveis as normas gerais do direito privado brasileiro. Reza o artigo 187 do Código Civil que "Também comete ato ilícito o titular de um direito que, ao exercê-lo, excede manifestamente os limites impostos pelo seu fim econômico ou social, pela boa-fé ou pelos bons costumes". O Enunciado 45 da I Jornada de Direito Comercial orienta: "O magistrado pode desconsiderar o voto de credores ou a manifestação de vontade do devedor, em razão do abuso de direito".

Esse dispositivo é caracterizado como *cláusula geral*. "Na cláusula geral", escreve Ruy Rosado de Aguiar Jr[6], *"há uma delegação, atribuindo ao juiz a tarefa de elaborar o juízo valorativo dos interesses em jogo. Ela é uma realidade jurídica diversa das demais normas (princípios e regras), e seu conteúdo somente pode ser determinado na concretude do caso"* (sem

---

[2] Newton de Lucca, *Abuso do direito de voto de credor na assembleia geral de credores prevista nos arts. 35 a 46 da Lei 11.101-05*, in Erasmo Valladão Azevedo e Novaes França, *Temas de direito societário e empresarial contemporâneos Liber amicorum*, São Paulo, Malheiros, 2011, pp. 649-652.

[3] *A recuperação judicial de sociedade por ações*, São Paulo, Malheiros, 2012, p. 301.

[4] AI 0146029-05.2012.8.26.0000, 2.ª Câmara de Direito Empresarial, Rel. Des. Araldo Telles, j. 10/04/2015: "No plano do direito positivo, é de se reconhecer, não existe, na lei de regência, disposição que estabeleça requisitos do abuso do credor no exercício do direito de voto ou que defina posição de conflito de interesses com o devedor ou outros credores".

[5] Para Vera Helena de Mello Franco e Rachel Sztajn, *Falência e recuperação da empresa em crise. Comparação com as posições do direito europeu*, São Paulo, Campus jurídico, 2008, p. 234, "...o plano é um negócio de cooperação celebrado entre devedor e credores, homologado pelo juiz. No que diz respeito ao negócio de cooperação, assemelha-se ao contrato plurilateral; no que diz respeito à homologação, pode-se considerar forma de garantia do cumprimento das obrigações assumidas, com o que se reduzem custos de transação dada a coercitividade que dela, homologação, resulta".

[6] *A boa-fé na relação de consumo*, in Direito do Consumidor, abril-junho de 1995, v.14/20.

grifo no original). Para Rosa Nery[7], cláusulas gerais "são normas orientadoras sob forma de diretrizes, *dirigidas precipuamente ao juiz*, vinculando-o ao mesmo tempo em que lhe dão liberdade para decidir. As cláusulas gerais são formulações contidas na lei, de caráter genérico e abstrato, cujos valores devem ser preenchidos pelo juiz, autorizado para assim agir em decorrência da formulação legal da própria cláusula geral, que tem natureza de diretriz." A mesma autora indica o artigo 187 do CC como exemplo de cláusula geral[8]. Afinal, não poderia o legislador disciplinar, minudentemente, comportamentos abusivos, que só a imaginação do homem é possível de ser tida como limite. Por isso, cláusula geral é "conceito que se contrapõe a uma elaboração 'casuística' das hipóteses legais"[9], ressalvado o princípio da tipicidade no campo penal.

Com efeito, seria impossível ao legislador arrolar tantas e tantas hipóteses em que alguém, nas mais diversas situações da vida, pode ostentar comportamento abusivo. O rol iria ao infinito.

Daí o inteiro acerto da doutrina, seja, por primeiro, na elaboração do conceito de cláusula geral (apesar do receio de alguns, no sentido de que permitiria o arbítrio judicial), seja, depois, na classificação do artigo 187 do Código Civil como cláusula geral, conferindo, destarte, ao juiz, poder de controle de abusividade nos diversos processos em que atuar. Pode-se dizer que o juiz é o destinatário dessa norma, que pode ser aplicada em qualquer setor do direito privado brasileiro. Como o plano de recuperação judicial ostenta natureza negocial, é inescapável a aplicabilidade de referido dispositivo legal, seja por analogia, seja por subsidiariedade, seja, enfim, e principalmente, como norma de incidência direta e plena no processo de recuperação judicial de empresas.

É dessa cláusula geral que se pode partir para o reconhecimento do abuso de direito no exercício do voto na assembleia de credores. Em tese, pois, é possível ao juiz do processo de recuperação reconhecer comportamento abusivo, seja do credor, seja do devedor, a despeito da omissão da Lei 11.101/05, pois, por representar, o plano de recuperação, base con-

---

[7] *Introdução ao pensamento jurídico e à teoria geral do direito privado*, São Paulo, RT, 2008, p. 212.
[8] *Introdução ao pensamento jurídico e à teoria geral do direito privado*, São Paulo, RT, 2008, p. 214.
[9] Karl Engish, *Introdução ao pensamento jurídico*, 6.ª ed., Lisboa, Fundação Calouste Gulbenkian, 1988, p. 228.

tratual, as regras gerais de direito privado – Código Civil – hão de ser aplicadas. E o juiz, na espécie, recebe da lei uma delegação própria.

Admitida a sindicabilidade do abuso na recuperação judicial, há que se realçar, do texto legal, os parâmetros erigidos para a caracterização do abuso, parâmetros esses que, embora já amplos, não são exaustivos. Comete abuso quem, no exercício de um direito, excede manifestamente os limites impostos pelo seu fim econômico. Uma das vertentes para a caracterização do abuso é o "cálculo econômico, inspirado em um critério de eficiência de tipo paretiano. Em extrema síntese, quem piora a situação de um outro sujeito, sem com isso melhorar a própria, realiza uma situação que não satisfaz os critérios de eficiência paretiana, e, portanto, tal conduta é abusiva"[10]. Essa primeira previsão do artigo 187 do Código Civil é especialmente relevante para o processo de recuperação, em que estão em jogo direitos econômicos das partes. Não menos relevante é a segunda parte, que tipifica o abuso quando o exercício do direito excede manifestamente os limites impostos pelo fim social. O credor é, muitas vezes, exposto a sacrifício, que a lei contempla, sob certas condições, em nome da preservação da empresa. Desse embate entre a proteção do crédito e a proteção da empresa, valor contemplado na Lei 11.101/05, poderá surgir algum comportamento abusivo. Aqui aparece a outra vertente para a identificação do abuso, que é de ordem teleológica: o desvio da função social, "distorção do direito a respeito de sua função típica"[11]. A boa-fé referida no artigo 187 é a boa-fé objetiva[12], contemplada no

---

[10] Giorgio Pino, disponível em http://www1.unipa.it/gpino/Abuso%20del%20diritto_RP.pdf. Ainda que essa concepção procure ser mais objetiva, já que despreza o *animus nocendi*, mesmo assim, o cálculo da relação custo-benefício (com base em valores de mercado) envolve certa discricionariedade, e, pois, impede resultados unívocos.

[11] Giorgio Pino, disponível em http://www1.unipa.it/gpino/Abuso%20del%20diritto_RP.pdf. Este autor aponta o que chama de versão atualizada do argumento teleológico, que remete aos princípios (setoriais, gerais ou constitucionais) que justificam o direito. O exercício do direito é abusivo se se põe em contraste com algum princípio geral ou fundamental do ordenamento jurídico, que, por isso, vem introjetado na disciplina positiva do direito subjetivo como parâmetro para valorar-lhe a abusividade. No âmbito da recuperação judicial, o exercício do direito de voto do credor já é integrado pela função social.

[12] Paulo Nader, *Curso de direito civil. Parte geral*, v. 1, 7.ª ed., Rio de Janeiro, Forense, 2010, p. 484. Em sentido contrário, Francisco Amaral, *Direito civil. Introdução*, 7.ª ed., Rio de Janeiro, Renovar, 2008, pp. 246-247.

artigo 422 do Código Civil, apontado como "o critério exato e originário para a repressão ao abuso de direito"[13].

Também comete abuso quem excede manifestamente os limites impostos pelos bons costumes. Reza o Código Civil brasileiro ser nulo o negócio jurídico quando o objeto é ilícito (art. 166, II). Integra a noção de ilicitude o objeto imoral[14]. Diz a doutrina que a ilicitude diz respeito à condição ética do objeto. Tem-se, assim, ilicitude por ilegalidade e ilicitude por imoralidade, que remete o intérprete à moral vigente[15], o que está plenamente de acordo com o fundamento da eticidade do Código Civil, como preconizado por Miguel Reale[16].

Na lição de Sheila Cerezetti[17], "A avaliação da abusividade do exercício do direito de voto proferido por um credor deve, portanto, pautar-se pela proibição, expressa em lei, da violação dos três valores indicados. *No que tange aos fins do direito de voto, importa ressaltar que suas finalidades econômica e social precisam ser observadas.* Destarte, não obstante o direito de voto tenha sido atribuído ao seu titular como importante mecanismo de defesa de seu interesse creditório (finalidade econômica), trata-se também de instrumento essencial à implementação do princípio da preservação da empresa (finalidade social) – máxima, como visto, do direito concursal brasileiro e intimamente relacionado ao respeito aos interesses abrangidos pela empresa." As finalidades destacadas pela autora funcionam como limite negativo no processo de recuperação, e é preciso dizer que esse limite, essa barreira, é erguida tanto para o devedor como para o credor.

---

[13] Eduardo Jordão, *Abuso de direito*, Salvador, Juspodium, 2006, p. 104.
[14] Leciona Marcos Bernardes de Mello, *Teoria do fato jurídico – plano da validade*, 7.ª ed., São Paulo, Saraiva, 2006, pp. 107-108: "A maioria das legislações, inclusive a brasileira atual, como vimos, inclui a moralidade no âmbito da ilicitude quando declara ilícitas as condições contrárias à ordem pública e aos bons costumes, ombreando-as às contrárias à lei (arg. ao Código Civil, art. 122). Portanto, não nos parece haver mais dúvidas de que é nulo, por imoral, negócio jurídico que infringe os bons costumes (Código Civil, art. 123, II)".
[15] Paulo Nader, *Curso de Direito Civil*, v. 1, 7.ª ed., Rio de Janeiro, Forense, p. 347.
[16] Para Carnelutti, *Teoria Geral do Direito*, São Paulo, Lejus, 1999, p. 131, "O progresso do direito se entende também no sentido de progressivamente se diminuir a diferença quantitativa entre ética e direito, ou seja, de se aumentar o que chamarei a receptividade ética do direito positivo".
[17] *A recuperação judicial de sociedade por ações*, São Paulo, Malheiros, 2012, pp. 299-301.

Para este, contudo, como preconizado por Sheila Cerezetti, o abuso gera a invalidade do voto, e vai além: "caso o voto abusivo se apresente determinante à formação da maioria, o correto seria dizer que a deliberação assemblear será anulável"[18].

Na fronteira entre a licitude e a ilicitude, a colisão entre o voto ou o plano e outros direitos pode justificar a reação normativa que leve à supressão dos efeitos do ato abusivo[19], isto é, a sua anulação.

Essas breves considerações não geram grande dificuldade ao intérprete. A dificuldade reside na demonstração concreta da ocorrência do abuso, que em cada caso, individualmente considerado, terá de ser investigado[20].

O abuso do credor manifestar-se-á, regra geral, por ocasião de sua manifestação sobre o plano de recuperação. Aferir-se-á o seu voto, em exame que passa, necessariamente, pelo conteúdo do plano de recuperação judicial, passa pela projeção de rateio em hipotética falência, passa pela verificação da posição do credor no contexto do passivo do devedor, entre outros aspectos. O abuso do devedor poderá ser identificado na elaboração da lista de credores que pretende ver submetidos ao processo de recuperação, e na elaboração do plano de recuperação.

Alguns episódios recolhidos da jurisprudência, em seguida referidos, servirão para extrair conclusões sobre cada item da exposição.

---

[18] *A recuperação judicial de sociedade por ações*, São Paulo, Malheiros, 2012, p. 301.

[19] Lidia Vaiser, *El abuso del derecho en los processos concursales*, Buenos Aires, Ad-Hoc, 2008, p. 26. A autora cita decisão da Justiça argentina no sentido de que o juiz, antes de homologar o plano, deve "efetuar controle de legalidade estrutural e um controle de legalidade funcional", este, fundado no Código Civil, artigo 1.071 (p. 35), que prevê o abuso de direito. Tem-se o controle do abuso como controle de legalidade. Outra decisão referida diz que "se veda ao juiz homologar propostas abusivas ou em fraude à lei" (p. 60). O abuso deve ser coarctado pelo juiz, seja abuso do devedor, seja abuso do credor.

[20] Newton de Lucca, *Abuso do direito de voto de credor na assembleia geral de credores prevista nos arts. 35 a 46 da Lei 11.101-05*, in Erasmo Valladão Azevedo e Novaes França, *Temas de direito societário e empresarial contemporâneos Liber amicorum*, São Paulo, Malheiros, 2011, p. 655, cita precedente de Alagoas, uma decisão de primeiro grau, que, corretamente, diz: "...o que precisa estar demonstrado, inequivocamente, são dois fatos: o primeiro, a efetivação de algum ato, por parte de tais credores, que demonstrem abuso ou ilegalidade capaz de torna-lo prejudicial aos interesses visados pela lei; o segundo fato, a evidência, inequívoca, de que tais atos – de fato – podem, de forma concreta, levar à não continuidade da empresa por motivos espúrios e vis".

2. Abuso do devedor. Aquisição de bem às vésperas da recuperação

É o que se deu no julgamento do AI 0075616-64.2012.8.26.0000, pela 1.ª Câmara de Direito Empresarial do TJSP. Uma das empresas do grupo que promoveu a recuperação era executada, na Justiça do Trabalho, e, nesse processo, deu-se a arrematação de um imóvel, com auto de arrematação do dia *23/09/2009*; foi registrada a carta de arrematação no Registro de Imóveis e expedido o mandado de imissão na posse. Logo em seguida à arrematação, no dia *19/11/2009, uma quinta-feira*, o arrematante celebrou com uma das empresas do grupo que viria a distribuir a recuperação judicial, instrumento particular de confissão de dívida. Esse instrumento não explicava a causa da dívida, não explicava a sua origem. Ao que tudo indica, segundo o comportamento das partes, essa dívida, contraída pelas pessoas que, no instrumento, se declaravam devedoras, diz respeito a uma espécie de *recompra* do bem arrematado. Consta que as devedoras serão mantidas na posse do imóvel. Nesse instante, o arrematante tornou-se credor; saiu da posição de virtual proprietário. Trocou direito real por direito pessoal. Até aí, estaríamos dentro um negócio jurídico regular e comum. Todavia, no dia *24/11/2009 (uma terça-feira)* foi distribuída a recuperação judicial, e o arrematante arrolado como credor quirografário, com previsão de deságio de 60% e carência de dois anos. Isto é: compra-se num dia e, no outro, propõe-se a recuperação judicial, para pagar muito menos. Em sede de abuso de direito, os fatos precisam ser cuidadosamente analisados, já que o abuso é uma excepcionalidade e cumpre fique demonstrado. Nesse caso específico, a petição inicial da recuperação estava com data do dia 23/11/2009, uma *segunda-feira*. Prova cabal da má-fé: a procuração com poderes para propor a recuperação judicial é do dia 18/11/2009 (vide fls. 28-35), uma quarta-feira. A procuração, portanto, é anterior ao termo de confissão de dívida; é exatamente do dia anterior. *Um dia antes*. A má-fé é manifesta. O TJSP, ao dar provimento ao recurso do agravo de instrumento consignou que "Não está no espírito da lei dar oportunidade ao devedor para ludibriar seu credor. Não foi intenção do legislador institucionalizar o calote, que é a obrigação não paga ou assumida por quem não tinha a intenção de pagá-la".

Em certo sentido, o caso em questão guarda certa pertinência com o disposto no parágrafo único do artigo 85 da Lei 11.101/05, que prevê o pedido de restituição de coisa vendida a crédito e entregue ao devedor nos 15 dias anteriores ao requerimento de sua falência, se ainda não alienada. Essa previsão assenta-se na repressão à má-fé[21], pois o comprador da mercadoria já sabe, de antemão, que não efetuará o pagamento.

Embora não caiba pedido de restituição em recuperação judicial, deve ser reconhecida, no caso em questão, certa similitude com o fundamento do parágrafo único do art. 85 da Lei 11.101/05, que, então, justificaria a exclusão do crédito do processo de recuperação judicial, com prevalência do direito de propriedade. Não deve ser admitida a aquisição extraordinária – um imóvel – às vésperas do processo de recuperação judicial, com submissão do respectivo crédito ao plano a ser apresentado.

Note-se que a hipótese aqui considerada distingue-se da prevista no art. 49, § 3.º, da Lei 11.101/05, que exclui do processo de recuperação judicial o proprietário ou promitente vendedor de imóvel cujos respectivos contratos contenham cláusula de irrevogabilidade ou irretratabilidade; trata-se de exclusão *ope legis*, e não se perquire elemento subjetivo algum, seja do credor seja do devedor. O caso apreciado pelo Tribunal envolveu aquisição de má-fé, com o claro intuito de não pagar e submeter o credor ao processo de recuperação judicial. Ainda que não estejam presentes os requisitos do §3.º do art. 49 – contrato com cláusula de irrevogabilidade ou irretratabilidade – é possível, diante do abuso do devedor, afastar a submissão do vendedor ao processo de recuperação judicial.

Em conclusão, do particular ao geral: ainda que não estejam presentes os requisitos do §3.º do art. 49, é possível prestigiar o direito de propriedade diante de abuso do devedor.

3. Abuso do devedor. Plano de recuperação iníquo, com grande sobra de patrimônio

Outro caso em que transpareceu a má-fé do devedor, e que culminou com a falência, deu-se no julgamento do AI 0046351-17.2012.8.26.0000 pela 2.ª Câmara Reservada de Direito Empresarial do TJSP. O plano de recuperação foi rejeitado pelos credores e decretada a falência, man-

---

[21] Nesse sentido, Fábio Ulhoa Coelho, *Comentários à lei de falências e de recuperação de empresas*, 10.ª ed., São Paulo, Saraiva, p. 323: "A finalidade é a proteção da boa-fé que deve permear as práticas interempresariais. De fato, às vésperas da quebra, os representantes legais e administradores da sociedade sabem que dificilmente poderão honrar novos compromissos. Ao aceitarem remessas de mais mercadorias de fornecedores, estão agindo com presumível má-fé...".

tida na instância superior. O plano de recuperação propunha deságio de forma escalonada; para os credores de valor superior a R$ 100 mil, 90% de deságio e carência de um ano, parcelada a sobra em 5 anos. Esses credores, em número de 9, representavam o valor total de R$ 5.511.395,71; a proposta, portanto, era a de pagar pouco mais de R$ 500 mil, em cinco anos, com a carência de um ano. O plano foi rejeitado e decretada a falência, com a seguinte particularidade (afastadas as questões de ordem processual): era mínima a atividade desenvolvida pela própria devedora, que, no entanto, possuía imóvel de valor vultoso, que cobria o passivo muitas vezes; um dos laudos apontava valor superior a R$ 40 milhões. A própria devedora afirmava que o produto da alienação do terreno pagava o passivo com sobras.

Pretendeu-se, com o processo de recuperação judicial, outro fim que não a preservação do negócio; pretendeu-se, com abuso manifesto por parte do devedor, obter vantagem, mediante expressivo deságio, sem oferecer aos credores a melhor possibilidade de pagamento. Pretendeu-se, em última análise, proteção patrimonial, em ofensa à multimilenar regra de que o patrimônio é a garantia dos credores. A responsabilidade patrimonial é fruto de velha evolução do direito, pois representa, desde a *lex poetelia papiria*, o fim da pena corporal. Está ela incorporada à consciência jurídica e à consciência social. É um traço já atávico do homem civilizado, presente na "consciência comum"[22], especialmente do empresário, mormente daquele que se acha mergulhado em crise financeira.

Note-se que não se trata de mera inobservância do melhor interesse do credor[23], segundo o qual a proposta do plano de recuperação deve superar a moeda da falência. É difícil saber, com exatidão, se uma hipotética falência pagará mais ou menos que a recuperação judicial, pois essa verificação não se dá no âmbito de uma ciência exata[24], e os cálculos do patrimônio, segundo as várias técnicas disponíveis, podem ter caráter

---

[22] Salvatore Satta, *L'esecuzione forzata*, 2.ª ed., Torino, UTET, n. 13, p. 33.
[23] A respeito desse ponto, ver Sheila Cerezetti, *A recuperação judicial de sociedade por ações. O princípio da preservação da empresa na lei de recuperação e falência*, São Paulo, Malheiros, 2010, pp. 377-385.
[24] Charles Jordan Tabb, *The law of bankruptcy*, Westbury, New York, Foundation press, 1997, p. 843.

subjetivo[25]. A projeção do valor a ser obtido na falência será feita com boa-fé, dentro de critérios de razoabilidade, e isso é passível de discussão entre devedor e credores.

Neste caso apreciado pelo TJSP, não houve dúvida sobre a moeda de liquidação de uma hipotética falência, senão o abuso do devedor, que representava completo desvirtuamento dos fins do processo de recuperação judicial, recolhidos no art. 47 da Lei 11.101/05, que também contempla o pagamento aos credores entre suas finalidades; a preservação da empresa, máxima a orientar a aplicação da Lei 11.101/05, deve compatibilizar-se com outros valores igualmente protegidos pelo ordenamento jurídico, como o direito de propriedade dos credores. O devedor em recuperação impõe sacrifício aos credores, e, por isso, o direito aguarda que ele atue com honestidade, com boa-fé e sem abuso de direito.

Em conclusão, do particular ao geral: o processo de recuperação judicial não serve de instrumento de indevida proteção patrimonial do devedor.

4. Abuso de credor único da classe

Invertendo o polo e falando do credor. As primeiras manifestações de abuso no exercício do direito de voto vieram para os planos de recuperação cuja classe II era composta por apenas um credor. Nessa circunstância, decidiu-se[26], "Não se pode admitir validade à rejeição de plano por credor único em determinada classe, apesar dos critérios limitados do *cram down* da lei brasileira, sob pena de configurar-se abuso no exercício do direito de votar o plano na assembleia-geral sempre que o credor privilegiasse posições excessivamente individualistas, em detrimento dos demais interesses em jogo". Prossegue a decisão: "essa posição excessivamente individualista poderia estar caracterizada, por exemplo, pela situação de uma classe de credores com maior prioridade para o recebimento dos créditos (v. g., com garantia real), que, dependendo da situação patrimonial do devedor, preferisse sua liquidação imediata, já que os ativos seriam suficientes para o pagamento dos respectivos créditos, ainda que essa solução fosse prejudicial às demais classes com prioridade

---

[25] David G. Epstein, *Bankruptcy*, St.Paul, West Group, 1993, p. 761.
[26] TJSP, AI 649.192-4/2-00, Câmara Especial de Falências e Recuperações Judiciais, Rel. Des. Romeu Ricupero, j. 18/08/2009.

inferior e ainda que a aprovação do plano não deixasse a classe com maior prioridade em situação pior"[27].

Ainda que se queira aprovar o plano, pela relevância do princípio da recuperação da empresa[28], parece que não se pode acoimar de abusivo o voto só porque ele é discordante e único na respectiva classe. Ser credor único, ou o único de determinada classe, decerto, é uma circunstância não calculada pelo credor[29]; tampouco é ilegal.

A circunstância de ser credor único não representa abuso[30], evidentemente; nem é abuso esse credor único votar contra o plano apresentado pelo devedor. O voto contrário desse credor único não pode ser acoimado, aprioristicamente, de ilegal, só por achar-se isolado na classe; a ser assim, e para sempre, quem for credor único e votar contra o plano terá desprezado o voto, considerado abusivo. O credor único de uma classe não pode estar condenado a votar a favor do plano.

Todavia, é certo, também, que integrar, sozinho, uma classe, assegura ao credor um verdadeiro poder, pois o seu voto contrário conduz o destino do plano de recuperação. E pouco importa a expressão monetária do crédito: qualquer que seja a quantia titularizada pelo credor único, o voto

---

[27] No mesmo sentido, AI 0235995-76.2012.8.26.0000, Rel. Des. Enio Zuliani, j. 26/03/2013: "Não há de se admitir, portanto, e de acordo com o entendimento desta Câmara Reservada, o abuso da minoria, de modo que o Tribunal referenda a r. decisão recorrida e que concedeu a recuperação judicial da agravada, devendo-se proceder, neste momento, à análise das demais teses da recorrente."

[28] Para Sheila Cerezetti, *A recuperação judicial de sociedade por ações*, São Paulo, Malheiros, 2012, pp. 206-207, "A positivação do princípio da preservação da empresa no capítulo destinado à recuperação judicial demonstra a atribuição de relevância aos diversos interesses que envolvem a sociedade e que contribuem à formação do denominado e controvertido *interesse social*, o qual, em acepção institucionalista, é identificado exatamente com a preservação da empresa. De fato, a partir da doutrina institucionalista moderna do interesse social, contraposta, como visto acima, à concepção contratualista, desenvolveu-se a aproximação entre o interesse social e a preservação da empresa" (grifo do original). Para a ilustre jurista, a Lei 11.101/05 optou pela preservação da empresa "sob a perspectiva da teoria institucionalista", à qual se filia. Para além da macroempresa, e para além do contratualismo ou institucionalismo, o certo é que a preservação da empresa, enquanto atividade organizada, tem valor autônomo e prescinde dessa filiação.

[29] Forjar uma situação de credor único (com vistas ao reconhecimento da abusividade de eventual futuro voto contrário) é já pisar firme no campo da fraude.

[30] Nesse sentido, rejeitando abuso de credor único da classe II, TJSP, AI 2068570-19.2014.8.26.0000, 1.ª Câmara Reservada de Direito Empresarial, Rel. Des. Claudio Godoy. j. 9/12/2014.

contrário derruba o plano nos termos do artigo 45 da Lei 11.101/05, sem cogitar, aqui, da aplicação do disposto no art. 58.

Quem se acha na posição de credor único tem, correlatamente, muito poder sobre o destino do devedor. Sociológica e juridicamente, a todo poder corresponde responsabilidade, e, já por isso, esse credor deve ser mais exigido. O voto desse credor tão impregnado de força deve ser examinado com muito cuidado.

A situação é assemelhada à do controle externo, figura do direito das sociedades. Na lição de Fábio Konder Comparato[31], há "toda uma série de hipóteses em que o controle externo resulta de uma situação de endividamento da sociedade. Em razão do seu direito de crédito, cuja execução forçada pode levar a companhia à falência, o credor passa, muita vez, a dominar a devedora, comandando a sua exploração empresarial". Esse controle *ab extra* não é titularizado pelo sócio, mas por terceira pessoa, alheia aos quadros da sociedade, e "titular das prerrogativas contratuais emergentes da relação de fornecimento do fator precípuo de viabilidade da empresa"[32]. Os fatores precípuos de viabilidade da empresa podem ser vários: fornecimento de bens, serviços, tecnologia etc. São causas estruturais que propiciam esse controle externo, e ao seu lado aparecem causas circunstanciais, como o acentuado endividamento. A empresa em crise tem no (re) financiamento de sua dívida um fator precípuo de sua viabilidade e, nessa situação, o credor passa a controlador externo da sociedade[33]. A realidade da sociedade empresarial em crise financeira exige a superação da visão meramente formal ou estática das posições jurídicas. Há um fato[34], uma força, um poder, que, no nosso exemplo, é

---

[31] *O poder de controle na sociedade anônima*, 3.ª ed., Rio de Janeiro, Forense, 1983, p. 69. Controle externo contrapõe-se a controle interno, "isto é, aquele cujo titular atua no interior da própria sociedade", nos dizeres do mesmo autor, à página 36 dessa mesma obra. O controle interno funda-se no exercício de "direitos de sócio", como diz o art. 116, "a", da Lei 6.404/76.

[32] Ricardo Ferreira de Macedo, *Controle não societário*, Rio de Janeiro, Renovar, 2004, p. 148.

[33] Ricardo Ferreira de Macedo, *Controle não societário*, Rio de Janeiro, Renovar, 2004, p. 167.

[34] Modesto Carvalhosa, *Comentários à lei de sociedades anônimas*, 2.º v., 5.ª ed., São Paulo, Saraiva, 2011, p. 591, ao escrever que a lei societária brasileira não prevê o controle externo, reconhece ser ele um *"controle de fato"*. Mesmo o controle por quem é titular de direitos de sócio depende da *"circunstância fática de ser ele seja efetivamente exercido"* (Nelson Eizirik, *A lei das S/A comentada*, v. 1, 1.ªed., Rio de Janeiro, Renovar, 2011, p. 668). Sobre o controle externo, este autor assim se pronuncia (p. 667): "O 'controle externo', exercido mediante situações fáticas ou vínculos

o de quem é credor integrante de classe única. É inegável que esse credor atua (ou pode atuar) em posição sobranceira, com vantagem sobre o devedor e até sobre os demais credores. A essa posição de superioridade deve corresponder responsabilidade[35], que, no caso, é simples: fundamentar o voto contrário ao plano de recuperação.

Há outro fundamento jurídico para essa exigência de justificação do voto. O crédito integra o direito de propriedade[36], e o direito de propriedade deve ser exercido, especialmente no processo de recuperação judicial, segundo os ditames da função social, e "função social significa não-individual, sendo critério de valorações de situações jurídicas conexas ao desenvolvimento das atividades da ordem econômica"[37]. Essa cláusula geral, a da função social, que funciona como um limite, exige do proprietário do crédito, como contrapartida, que externalize as razões do voto contrário. A prestação de informação é um dever positivo derivado do princípio da boa-fé contratual[38]. O proprietário, protagonista do voto, é quem pode, melhor do que ninguém, apresentar justas razões para a sua recusa em apoiar o plano de recuperação; presume-se a boa-fé de sua justificativa.

É certo que o credor pode recusar-se a apoiar o plano de recuperação, mas a recusa não pode fundar-se em capricho nem traduzir comportamento oportunístico. As razões do voto contrário serão aferidas à luz das

---

contratuais não previstos na Lei das S.A., não se caracteriza como controle acionário. Assim, da sua configuração, não decorre qualquer consequência na esfera do direito societário, muito menos a responsabilidade pela eventual infração a qualquer das modalidades de abuso de poder previstas na Lei das S.A (artigo 117, §1.º)."

[35] Ricardo Ferreira de Macedo, *Controle não societário*, Rio de Janeiro, Renovar, 2004, p. 173: "Permitir que esses agentes exógenos aos loci formais de controle da empresa exerçam controle efetivo sobre ela sem a imposição de um sistema de responsabilidades simétrico àquele direcionado ao controlador acionário importa dar de ombros à realidade de poder na empresa e à necessidade de disciplina desse poder."

[36] Karl Larenz, *Derecho de obligaciones*, tomo I, trad. do alemão por Jaime Santos Briz, Madrid, Editorial Revista de Derecho Privado, 1958, pp. 444-445, lembra que o crédito não é só relação de prestação, na correspondência credor-devedor, senão também objeto patrimonial.

[37] Francisco Amaral, *Direito civil. Introdução*, 7.ªed., Rio de Janeiro, Renovar, 2008, p. 87.

[38] Calixto Salomão Filho, *Breves acenos para uma análise estruturalista do contrato*, in *RDPE – Revista de direito público da economia*, Belo Horizonte, Editora Fórum, ano 5, n. 17, jan-mar/2007, pp. 41-74.

cláusulas gerais do direito privado, como a boa-fé, o abuso de direito, a função social e o princípio da preservação da empresa.

Como o abuso é uma objetividade, elementos concretos devem ser identificados para se chegar à conclusão de que houve abuso.

A circunstância de ser credor único exige desse credor que revele as razões pelas quais ele vota contrariamente ao plano de recuperação; incumbe ao Administrador Judicial, no momento da assembleia, colher as razões que devem ser apresentadas pelo credor, oralmente ou por escrito; o seu voto deve ser apreciado no contexto do plano de recuperação e da empresa devedora. Vale, aqui, a advertência de Fábio Konder Comparato sobre o desvio de poder: "sobreleva, nesse campo, a função inquisitória do juiz, que não se deve contentar com as aparências, mas atentar sempre para os fins sociais da lei e as exigências do bem comum"[39]. Exige-se, por fim, que o juiz revele, na decisão que reconhecer o abuso, os elementos objetivos que encontrou para tal caracterização, em consonância com o disposto no art. 187 do Código Civil, sem desprezo, evidentemente, à bússola do art. 47 da Lei 11.101/05.

Não altera o entendimento aqui exposto o fato de na classe existirem diversos credores que se abstiveram de votar e só um deles optou por votar. A Segunda Câmara Reservada de Direito Empresarial do TJSP no julgamento do AI 2158969-94.2014.8.26.0000, em 7/04/2015, em assembleia em que o credor com garantia real era o único da classe a votar, decidiu: "Registra-se que a ausência de justificava para a rejeição do plano, bem como o fato de o seu crédito ser inferior ao dos outros credores com garantia real que se abstiveram da votação e também ao montante do crédito total presente em Assembleia, por si só, não caracteriza abuso do direito de voto. O credor regularmente habilitado, qualquer que seja o valor do seu crédito, tem a liberdade de aprovar ou rejeitar a proposta". Estamos parcialmente de acordo com essa decisão. O voto não é, *ipso facto*, abusivo, por ser o seu titular o único da classe, ou o único a votar na assembleia de credores, diante da abstenção dos demais. A ausência de justificativa do credor, entretanto, não deve ser admitida.

Em conclusão, do particular ao geral: inserido em determinada classe como único titular de crédito, o respectivo sujeito acha-se em posição

---

[39] Fábio Konder Comparato, *O poder de controle na sociedade anônima*, 3.ª ed., Rio de Janeiro, Forense, 1983, p. 304.

de supremacia; desse verdadeiro poder origina-se o dever de explicar as razões pelas quais vota contrariamente ao plano de recuperação.

5. Abuso de credor em dupla posição: credor concursal e extraconcursal

Verificando ainda a abusividade na votação do credor, e agora para além da situação do credor único, cabe referência a outro precedente, o AI 0308398-77.2011.8.26.0000, julgado pela 1.ª Câmara Reservada de Direito Empresarial do TJSP. Determinado credor mantinha duas posições diante do mesmo devedor: como credor quirografário (crédito no valor de R$ 8,8 milhões) votou, na assembleia, contra a aprovação da proposta do devedor; era ainda titular de crédito de R$ 74 milhões, que contava com garantia fiduciária. O crédito mais expressivo, portanto, estava fora do processo de recuperação judicial.

Para o devedor, " O voto da [...] é manifestamente abusivo e, portanto, ilícito (art. 187 do Código Civil), devendo ser desconsiderado por manifesto conflito de interesses. A [...] teve a sua ação de busca e apreensão dos equipamentos alienados fiduciariamente extinta pelo e. Tribunal de Justiça de São Paulo e passou a ver na falência uma alternativa para retirá-los". De fato, na falência, o credor proprietário de bem com garantia fiduciária tem direito de restituição, como lhe assegura a lei[40] e reconhece a jurisprudência[41], com a observação da necessidade de prévia notificação do administrador judicial[42].

É de se indagar se a resistência ao plano de recuperação, por parte de credor com tal posição, foi sincera. Seu direito de recuperar as máquinas conta com a mesma proteção jurídica, seja na recuperação judicial seja na falência. Não há diferença de tratamento, para o credor fiduciário, em ambos os regimes, na exata medida em que a garantia – *as máquinas que estão em pleno funcionamento* – poderia ser efetivada pelo credor, para satis-

---

[40] Decreto-Lei 911/69, artigo 7.º.
[41] STJ, 3.ª Turma, REsp 791.194-RS, Rel. Min. Humberto Gomes de Barros, j. 14/12/2006, DJ 05/02/2007, p. 225; 3.ª Turma, REsp 708.978-SP, Rel. Min. Humberto Gomes de Barros, j. 13/12/2005, DJ 13/02/2006, p. 798.
[42] STJ, 4.ª Turma, AgRg no REsp 783.032-SC, Rel. Min. Maria Isabel Gallotti, j. 2/08/2012, DJ 10/08/2012.

fação do seu direito. Na falência, a retirada das máquinas é mais fácil; com a empresa em funcionamento, as máquinas são importantes.

O (pseudo) sacrifício da quantia quirografária para melhor proteger o crédito com garantia fiduciária (extraconcursal) revela descompasso com comportamento normal e esperado do credor no processo de recuperação. Há excesso manifesto dos "limites impostos pelo seu fim econômico", como estampa o artigo 187 do Código Civil. Como escreve Sheila Cerezetti, o voto do credor é "também instrumento essencial à implementação do princípio da preservação da empresa (finalidade social)"[43].

Outro aspecto da abusividade foi levantada pelo devedor, que invocou a existência de conflito de interesses. No direito societário, o conflito de interesses reside na discrepância entre o direito individual – do sócio – e o direito social. Para a doutrina[44], "Configura-se o conflito de interesse porque a satisfação do interesse meramente individual somente poderá ocorrer mediante o sacrifício do interesse coletivo, e vice-versa. Existe então um conflito de interesse entre o sócio e a sociedade, quando o sócio é portador, diante de determinada deliberação, de um *dúplice interesse*: de seu interesse como sócio e de um interesse individual, externo à sociedade, sendo esta duplicidade de tal monta que *ele não pode satisfazer um dos interesses sem sacrificar o outro*" (sem grifo no original).

O transporte automático dessa lição para o campo do direito da recuperação implicaria, de plano, o seguinte: o credor tem compromisso com o destino da sociedade em crise, no sentido de que o seu voto sempre deve estar voltado para a solução do soerguimento da sociedade; fora disso, verificar-se-ia o abuso.

Reconhecendo ser o tema pleno de dificuldades, há de se ponderar que, de regra, a primeira preocupação do credor é com o recebimento do seu crédito, o que é legítimo. A preocupação com o devedor ocupa o outro polo do seu direito de voto, externo ao seu titular, que é o interesse social na preservação da empresa. Sim, o interesse social também deve ser considerado no voto do credor, sob pena de configuração do abuso, pois o artigo 187 do Código Civil é expresso no dizer que comete ato ilícito, qualificado pelo abuso, quem excede manifestamente os limites

---

[43] *A recuperação judicial de sociedade por ações*, São Paulo, Malheiros, 2012, p. 300.
[44] Nelson Eizirik, *Temas de direito societário*, Rio de Janeiro, Renovar, 2005, p. 96, invocando Francesco Galgano.

impostos pelo fim social. O fim social do voto é a preservação da empresa. O fim social não é o único elemento a ser considerado no voto do credor, senão que deve ser conciliado com os seus próprios interesses.

O credor que ostente dupla posição, credor de quantia submetida ao processo de recuperação, e quantia extraconcursal, deve votar segundo o *id quod plerumque accidit*, isto é, com o raciocínio do homem econômico, que não sacrifica posição econômica em vão. Quando o credor *queima* parte do crédito, na recuperação, para proteger outro crédito, extraconcursal, o seu voto está completamente desvinculado da função social; essa *queima* não é sincera. O seu voto concursal estará alinhado ao voto extraconcursal, descompromissado, alheio ao significado da recuperação judicial e completamente disfuncional. É patente o descompasso com os limites impostos pelo fim econômico e social do direito de voto no processo de recuperação judicial.

Em conclusão, do particular ao geral: credor submetido ao processo de recuperação e, ao mesmo tempo, titular de crédito extraconcursal, não se desvincula dos deveres gerais dos credores no processo de recuperação. A porção do crédito submetida ao processo deve receber voto segundo os cânones da boa-fé, da função social e do fim econômico, sob pena de caracterização do abuso.

6. Abuso de credor com garantia de terceiro

É bastante encontradiça a situação de contrato de mútuo com garantia outorgada pelos sócios da sociedade empresária. Às vezes, a sociedade tem pouco ou nenhum patrimônio para oferecer em garantia, enquanto o sócio dispõe de patrimônio abundante; a sociedade é descapitalizada enquanto o sócio tem muitas propriedades; até o imóvel em que é explorada a atividade empresarial pertence ao sócio ou sócios. Os sócios preferem capitalizar a empresa com recursos de terceiros.

Diz o art. 49, §1.º, que "os credores do devedor em recuperação judicial conservam seus direitos e privilégios contra os coobrigados, fiadores e obrigados de regresso", direitos esses que só podem ser alterados com "aprovação expressa do credor titular da respectiva garantia", nos termos do §1.º do art. 50 da Lei 11.101/05. A jurisprudência, com base nesses dispositivos, assegura o direito do credor. A Súmula 61 do TJSP reza que "Na recuperação judicial, a supressão da garantia ou sua substituição somente será admitida mediante aprovação expressa do titular". O STJ[45], em sede de recurso repetitivo (art. 543-C do CPC), decidiu que "A recuperação judicial do devedor principal não impede o prosseguimento das execuções nem induz suspensão ou extinção de ações ajuizadas contra terceiros devedores solidários ou coobrigados em geral, por garantia cambial, real ou fidejussória, pois não se lhes aplicam a suspensão prevista nos arts. 6.º, caput, e 52, inciso III, ou a novação a que se refere o art. 59, caput, por força do que dispõe o art. 49, § 1.º, todos da Lei n. 11.101/2005".

É confortável, pode-se dizer, a posição do credor que conta com alguma espécie de garantia de terceiro que não o devedor em recuperação judicial. No momento da crise empresarial, esse credor é chamado a aprovar o plano, e ele se acha diante da situação em que não tem muito a perder no processo de recuperação judicial, pois ele conta com garantias que lhe permitirão receber, externamente, em execução singular, integralmente, muitas vezes, o valor respectivo.

Nessa circunstância, é lícito exigir do credor que vote contra o plano esclarecimentos das razões pelas quais ele assim se posiciona. O voto deve ser fundamentado, pois se o credor, praticamente, tem à sua disposição a execução contra o sócio garantidor, o processo de recuperação pouco o afeta. O voto contrário, então, deve revelar as razões pelas quais não apoia o devedor; a justificativa, para ser aceita, deve ser de ordem legal e econômica.

A 1.ª Câmara de Direito Empresarial do TJSP[46] manteve decisão que reconheceu abusividade no voto de credor que contava com garantia de sócio. Consta do voto do relator: "Aliás, existe razão para a renitência das instituições financeiras. Segundo informa o Administrador Judicial, tais créditos tem garantias pessoais dos sócios, que já se encontram em fase de execução, de modo que o interesse é o de cobrar os coobrigados, e não propriamente receber o crédito nos autos da recuperação judicial". Diante dessa circunstância, reconheceu-se a abusividade.

O acórdão encarece, mais de uma vez, a falta de justificativa da escolha do credor. Sem ela, ou com argumentos inconsistentes, o voto é abusivo.

Em conclusão, do particular ao geral: o credor que dispõe de garantia apta a suportar o crédito fora do processo de recuperação judicial, deve,

---

[45] STJ, REsp 1333349-SP, Rel. Min. Luis Felipe Salomão, j. 26/11/2014.
[46] AI 0106661-86.2012.8.26.0000, Rel. Des. Francisco Loureiro, j. 3/07/2014.

nesse processo, externar as razões pelas quais não apoia o devedor, já que o processo pouco ou nada afetará sua esfera jurídica. A justificativa, para ser aceita, deve escorar-se em argumentos de ordem econômica, enfrentando o plano de recuperação, e argumentos de ordem jurídica.

7. O voto do credor concorrente

Decidiu o TJSP[47] que "O argumento principal esgrimido pelas agravantes, no entanto, assenta-se no fato de que a cessionária dos ativos agrícolas é forte concorrente das agravadas, que, por sua vez, não querem vê-la sobressair-se no mercado. Identifica-se, aqui, verdadeira presunção, hipótese inadmissível na caracterização do abuso que se procura impingir ao voto das credoras". A concorrência adviria da cessão de bens a terceiros; entre o devedor e o credor não existiria relação de concorrência; pelo menos a decisão não faz referência a isso. O terceiro (cessionário) seria concorrente do credor. Essa situação, ao menos em tese, é apta a propiciar a tentação, ao credor, de usar o voto para outro fim; o credor pode até estar disposto a colaborar com o devedor. Porém, como o plano poderá vir, circunstancialmente, a fortalecer um concorrente, o voto iria em sentido contrário.

Essa cessão de bens, a depender da expressão monetária, poderá depender de apreciação prévia do CADE[48], em sede de ato de concentração. À parte essa questão, deve ser verificada, pelo juiz do processo de recuperação judicial, a efetiva concorrência entre o credor e terceiros e mesmo o devedor. É uma questão prévia identificar a potencial concorrência. Para esse fim, deve servir-se, inexoravelmente, de elementos do direito antitruste.

Não é porque duas sociedades empresárias atuam no mesmo ramo que, *ipso facto*, o voto contrário, no processo de recuperação judicial, deve ser desprezado. Nesse sentido, decidiu o TJSP[49] que "A ser assim, em toda e qualquer recuperação judicial, empresas que atuam no mesmo ramo de atividade – e que são credoras – estariam inexoravelmente obrigadas a

---

[47] AI 0146029-05.2012.8.26.0000, 2.ª Câmara Reservada de Direito Empresarial, Rel. Des. Araldo Telles, j. 10/04/2015.
[48] Artigos 88 e 90 da Lei 12.529/2011.
[49] AI 994.09.273364-3, Câmara Reservada à Falência e à Recuperação, Rel. Des. Romeu Ricupero, j. 1/06/2010.

aprovar sempre o plano de recuperação, mesmo porque, quando viessem a rejeitá-lo, o seu voto seria desconsiderado porque abusivo".

As circunstâncias fáticas devem ser exploradas suficientemente com vistas à demonstração do interesse em limitar, falsear ou de qualquer modo prejudicar a livre concorrência ou a livre iniciativa, que caracteriza infração à ordem econômica (art. 36, I, da Lei 12.529/2011). A infração à ordem econômica pode ocorrer no âmbito do processo de recuperação judicial, a desencadear a atuação do CADE.

Outra forma é a do concorrente que se torna credor por conta de cessão de crédito. O cessionário adquire a posição de credor justamente para poder comparecer à assembleia e, nela, exercer o seu direito de voto em consonância com os seus interesses monopolísticos ou de domínio de mercado; a intenção será a de prejudicar o devedor em crise. A primeira providência a ser exigida do administrador judicial está contida no Enunciado n.º 9 da 1.ª Jornada Paulista de Direito Comercial, patrocinada pelo Instituto dos Advogados de São Paulo: "O administrador judicial deverá indagar aos credores presentes se participam da assembleia na qualidade de cessionários ou promitentes cedentes, fazendo constar tal declaração em ata". O primeiro passo, portanto, é identificar aqueles que votam como cessionários de crédito. O segundo passo é exigir do cessionário, que se apresentou espontaneamente no processo de recuperação (ao qual não estava, portanto, a princípio, sujeito), as razões pelas quais o voto é contrário à aprovação do plano de recuperação. Essa indagação é decisiva para se aferir a sinceridade do voto desse cessionário para a hipótese de ser ele um concorrente. O cessionário poderá representar, na verdade, uma terceira pessoa, o efetivo concorrente (cessionário formal como testa de ferro) ou achar-se com algum vínculo societário. Trata-se de questão fática, a ser devidamente elucidada.

Adquirir crédito posteriormente à instalação da crise empresarial pode ser uma oportunidade de investimento; ou poderá traduzir-se em oportunismo de concorrente com vistas à derrubada do adversário no mercado. A presença de concorrente nessa situação já gera forte suspeita.

De qualquer forma, o juiz da recuperação está autorizado a examinar tais situações com a finalidade de evitar que "possam controlar a votação da assembleia em suas múltiplas classes para que o resultado seja não a aprovação por insuficiência de quórum, mas sim a rejeição completa do plano com vistas a gerar a falência e retirar o concorrente *player* do mercado"[50].

Estabelecido ser o credor um concorrente do devedor (ou mesmo de um terceiro a quem seriam transmitidos bens pelo devedor), o voto desse credor passa a ser visto sob a ótica do conflito de interesses. Embora o voto do credor, na assembleia, seja discricionário, sua especial posição – de concorrente – pode contrastar com o princípio da preservação da empresa do devedor, razão de ser da criação do instituto da recuperação de empresas. O credor, a princípio, não é adversário; antes, pode ser até um parceiro. Mas o credor que é concorrente, ou passa a ser concorrente, pode ser visto incidindo em conflito de interesses na medida em que o seu voto pela rejeição do plano de recuperação traz-lhe a vantagem de eliminar um competidor.

Erasmo Valladão Azevedo e Novaes França[51] oferece como exemplo de conflito de interesses, "indústria automobilística, que vote contrariamente à aprovação do plano de recuperação judicial por estar interessada na falência do devedor, seu concessionário, a fim de passar a concessão a outrem; ou da credora interessada na falência de seu agente ou distribuidor (art. 710 do CC), igualmente para transferir a outrem a agência ou a distribuição de seus produtos; ou, ainda, da credora que tenha interesse na falência de seu devedor simplesmente por ser sua concorrente".

No âmbito do direito societário, o voto em conflito de interesses é anulável (art. 115, §4.º da Lei 6.404/76), embora a referência do Código Civil seja à indenização (arts. 1.010, §3.º e 1.017, parágrafo único). No âmbito da recuperação de empresas, falta previsão normativa expressa a respeito da matéria. Pode incidir, diretamente, o artigo 187 do Código Civil. Como explica a doutrina, "Na prática, a conduta abusiva possui uma espécie de capa de licitude que parece legitimá-la. Ela aparenta conformidade com o Direito, parece nele encontrar proteção. É preciso sempre um olhar mais cauteloso para descobrir-lhe a ilicitude. É exatamente nessa 'apa-

---

[50] Adalberto Simão Filho, *Interesses transindividuais dos credores nas assembleias-gerais e sistemas de aprovação do plano de recuperação judicial*, in Newton de Lucca, Alessandra de Azevedo Domingues (coords.), *Direito recuperacional*, São Paulo, Quartier Latin, 2009, p. 59.
[51] *Temas de direito societário, falimentar e teoria da empresa*, São Paulo, Malheiros, 2009, pp. 23-24.

rência de licitude', que é peculiar ao ato abusivo, que cremos residir o seu traço distintivo da conduta ilícita não-abusiva"[52].

No abuso há a aparência de regular exercício de direito; no conflito de interesses o voto do sócio também conta a aparência de licitude, a ponto de Gastone Cottino[53] sustentar que segue o mesmo regime do conflito a simulação, por meio da qual o sócio tende a mascarar a sua posição de conflito. Com esse mascaramento o sócio pretende conferir aparência de legitimidade ao voto. A doutrina brasileira já procede a essa aproximação entre o abuso e o conflito de interesses na sociedade por ações[54].

Pode-se conduzir a figura do conflito de interesses, no processo de recuperação, à aparência, ao abuso no exercício de direito, a atrair, então, a aplicação direta do artigo 187 do Código Civil, com o efeito de invalidação do voto, presente o suposto fático.

Como o conflito de interesses é expressão prática de um abuso[55], o concorrente que se apresentar, na assembleia de credores, para votar em desacordo com o padrão de boa-fé, para votar mais no interesse de prejudicar o concorrente do que proteger o seu direito de crédito, incide no abuso nulificante.

Em conclusão, do particular ao geral: identificada a real concorrência entre o credor e o devedor, nem por isso o voto do credor é, só por esse aspecto, abusivo. A dúplice posição, de credor e concorrente, deve estar rigorosamente dissociada. A mão de concorrente não pode unir-se à mão de credor, pois é só a posição de credor que exerce o direito de votar. Voto

---

[52] Eduardo Jordão, *Abuso de direito*, Salvador, Juspodium, 2006, p. 116.
[53] *Diritto commerciale*, v. primo, tomo secondo, 3.ª ed., Padova, Cedam, 1994, p. 472.
[54] Erasmo Valladão Azevedo e Novaes França, *Conflito de interesses nas assembleias de S.A.*, 2.ª ed., São Paulo, Malheiros, 2014, p. 98: "É certo, por outro lado, que os conceitos de abuso do direito de voto e de conflito de interesses são distintos, mas, da maneira como o legislador os dispôs, na Lei 6.404, eles se interligam. É o próprio Carvalhosa quem o diz: 'Se a manifestação do voto não traduzir o interesse coletivo, instaura-se o conflito de interesses e o abuso do direito de voto'".
[55] Erasmo Valladão Azevedo e Novaes França, *Conflito de interesses nas assembleias de S.A.*, 2.ª ed., São Paulo, Malheiros, 2014, pp. 88-89, escreve: "Em todos os casos, pois, em que houver desvio de finalidade do voto, ou seja, quando o acionista votar de modo contrário ao interesse da companhia, que não é senão, como se viu, o interesse comum dos sócios *uti socii*, aliado ao prejuízo atual ou potencial para aquela ou para outros acionistas, dá-se o abuso do direito (ou, se se preferir, do poder) de voto".

tendente a prejudicar ou eliminar o concorrente, em que apareça o traço da posição de competidor é abusivo.

8. Conclusão geral

A assembleia de credores, local de encontro do devedor (ou devedores) com os credores, é uma experiência ainda nova para o direito concursal brasileiro, inaugurada em 2005. Ela, em si considerada, já é uma virtude, pois representa o reconhecimento de que a autonomia privada pode assumir o papel de conduzir os destinos da empresa em crise. A esse lado positivo, não se pode descartar um possível lado negativo, consistente na presença de comportamentos ilícitos, seja do devedor, seja dos credores, que já se vai notando na pratica judiciária.

Nem sempre será ostensiva essa ilicitude, a exigir averiguação especial dos agentes envolvidos no processo; essa averiguação, sob o norte do artigo 187 do Código Civil, será casuística e terá de levar em conta circunstância objetiva havida no processo. Com especial atenção deve ser vista a posição do credor; algumas situações em que, voluntária ou involuntariamente, pode se encontrar, exigir-lhe-á explicação sobre sua opção de voto, até para que o contraditório seja observado. Isso se justifica não em nome de uma pretensa transparência no exercício do direito de voto, que não existe, mas em nome da responsabilidade decorrente do poder que certas posições no processo podem revelar; há um devido processo legal substantivo no processo de recuperação judicial, especialmente no tocante ao exame do comportamento do devedor (seja no concernente ao conteúdo do plano de recuperação, seja na própria assembleia) e dos credores, que impõe ao juiz o poder-dever de averiguar, de ofício, eventual abuso, em atuação própria do controle de legalidade.

A teoria da empresa na recuperação judicial

CÁSSIO CAVALLI

1. Introdução
Apenas recentemente, com a promulgação da Lei 11.101/05, o direito concursal brasileiro passou a desempenhar a função de reorganizar empresas em crise,[1] em contraste com a função que tipicamente desempenhara desde as suas origens mais remotas: a de liquidar empresas insolventes.[2] Com efeito, afirma-se que o direito concursal contemporâneo é orientado a desempenhar as funções de recuperar empresas economicamente viáveis e de liquidar empresas economicamente inviáveis.[3]

Para que o direito concursal possa desempenhar adequadamente as suas funções, é necessário que se compreenda o que se entende por liquidar e por reorganizar uma empresa. Liquidar uma empresa significa realizar a venda fragmentada (*piecemeal*) de seus ativos, de modo a que se possa pagar os seus credores.[4] Já a noção de reorganização é elaborada

---

[1] Sheila C. Neder Cerezetti, *A recuperação judicial de sociedade por ações: o princípio da preservação da empresa na Lei de Recuperação e Falência*, São Paulo, Malheiros, 2012, pp. 79 e ss.
[2] Sobre os objetivos do direito concursal, ver, por todos, Sheila C. Neder Cerezetti, *A recuperação judicial de sociedade por ações: o princípio da preservação da empresa na Lei de Recuperação e Falência*, São Paulo, Malheiros, 2012, pp. 27 e ss.
[3] Assim, ver Sheila C. Neder Cerezetti, *A recuperação judicial de sociedade por ações: o princípio da preservação da empresa na Lei de Recuperação e Falência*, São Paulo, Malheiros, 2012, pp. 80 e ss.
[4] Assim, por exemplo, realiza-se a liquidação de uma indústria se se vende para um adquirente o galpão industrial, para outro o maquinário, para outro a marca e para outro o estoque; com o produto da venda, paga-se os credores.

por contraste à noção de liquidação. Afirma-se que empresas viáveis não devem ser liquidadas, uma vez que seu valor de operação[5] (*going concern value*) é superior ao valor que se obteria em uma liquidação.[6] Nesses casos, empresas que são capazes de gerar mais valor operando do que liquidadas devem ser preservadas. Nesse sentido, recuperar uma empresa é evitar-se a sua liquidação. Uma tal noção, conquanto largamente difundida, não diz o que significa recuperar uma empresa; diz apenas que recuperar uma empresa é algo diverso de liquidá-la.

Frequentemente a noção de recuperação de uma empresa acaba por ser associada à sua reorganização financeira ou, mais precisamente, à reorganização de seu fluxo de caixa. Empresas economicamente viáveis (quais sejam as que possuem um valor de operação superior ao de liquidação), mas que estejam a passar por uma crise financeira (isto é, não possuem recursos presentes disponíveis para fazer frente às suas despesas), devem ser recuperadas. Assim, a crise da empresa é apresentada sob um prisma exclusivamente financeiro, vale dizer, a empresa, conquanto economicamente viável (em razão de o valor presente de seu fluxo de caixa projetado exceder o seu valor de liquidação), poderá estar a passar por uma crise financeira, consistente em que as despesas ocorrem antes de se obter receitas. A compreensão da crise da empresa exclusivamente a partir do prisma financeiro não explica *o que* torna a empresa mais valiosa operando do que liquidada, apenas pressupõe que a empresa, para ser economicamente viável, deve valer mais operando do que liquidada.

A ausência de uma melhor compreensão do que torna uma empresa economicamente viável dificulta que se possa conceber (a) o que significa *recuperar uma empresa* e, mais do que isso, (b) quais os meios de recuperação que podem ser empregados para reorganizar uma empresa e (c) quais as funções do processo de recuperação judicial de empresas.

Recuperar uma empresa significa recuperar as suas características que são capazes de gerar valor de operação. Mas quais características de uma

---

[5] O valor de operação é o valor que se obtém mediante o cálculo do valor líquido presente da empresa a partir do desconto de seu fluxo de caixa livre projetado.
[6] Para uma descrição dos valores de operação e de liquidação de uma empresa, ver Thomas H. Jackson, *The logic and limits of bankruptcy law*, Washinton, D.C., Beard Books, 1986 [reimpressão de 2001], pp. 2 e ss.; no Brasil, ver Luiz Roberto Ayoub e Cássio Cavalli, *A construção jurisprudencial da recuperação judicial de empresas*, Rio de Janeiro, Forense, 2013, pp. 219 e ss.

empresa fazem com que ela seja capaz de gerar mais valor operando do que liquidada? A resposta a uma tal pergunta pressupõe a existência de uma teoria da empresa formada por pressuposições teóricas[7] que possibilitem a descrição da empresa e das suas características que sejam capazes de gerar valor de operação. O enfrentamento deste problema vai além das estritas fronteiras do direito concursal e remete aos fundamentos do direito da empresa. A literatura jurídica, no entanto, não possui uma clara compreensão do que seja empresa.[8] Pelo contrário, para a literatura jurídica, empresa é noção caleidoscópica,[9] imprecisa,[10] vaga, volátil como uma nuvem,[11] fantasmagórica[12] e gelatinosa.[13] As incertezas em torno da noção de empresa refletem a ausência de uma teoria da empresa que seja claramente estruturada[14] e, portanto, capaz de explicar o que significa recuperar uma empresa.

Esse é o objetivo do presente artigo: apresentar teorias jurídicas da empresa[15] (ou seja, diferentes conjuntos de pressuposições teóricas) que

---

[7] Uma teoria consiste em um conjunto de pressuposições a orientar a compreensão de um determinado fenômeno. Conforme lecionam Nelson e Winter, "[i]n economics (as in physics) what we refer to as a theory is more a set of basic premises – a point of view that delineates the phenomena to be explained and modes of acceptable explanation – than a set of testable propositions." Richard R. Nelson e Sidney G. Winter, *Neoclassical vs. evolutionary theories of economic growth: critique and prospectus, in The Economic Journal*, v. 84, n. 336, 1974, pp. 886-905.
[8] Para uma fundamentação detalhada dessa assertiva, ver Cássio Cavalli, *Empresa, direito e economia*, Rio de Janeiro, Forense, 2013, pp. 11-146.
[9] António Menezes Cordeiro, *Manual de direito comercial*, v. I, Coimbra, Almedina, 2001, p. 31.
[10] Ronnie Preuss Duarte, *Teoria da empresa*, São Paulo, Método, 2004, p. 24.
[11] Waldírio Bulgarelli, sem indicar a referência bibliográfica, registra a poética opinião de Waldemar Ferreira, para quem "a empresa não se enquadra no Direito, afirmando, curiosamente: 'Não é do mar; nem da terra. Parece que é do ar, por isso mesmo volátil, indeciso, ora claro, ora escuro, como nuvem.'" Waldírio Bulgarelli, *Perspectivas da empresa perante o direito comercial*, in Waldírio Bulgarelli (Ed.), *Estudos e pareceres de direito empresarial (o direito das empresas)*, São Paulo, Revista dos Tribunais, 1980, pp. 1-62, p. 11.
[12] Waldírio Bulgarelli, *Tratado de direito empresarial*, 3ª ed., São Paulo, Atlas, 1997, p. 49. Ainda o mesmo autor aludiu ao "fantasmagórico conceito de empresa." Waldírio Bulgarelli, *Perspectivas da empresa perante o direito comercial*, in Waldírio Bulgarelli (Ed.), *Estudos e pareceres de direito empresarial (o direito das empresas)*, São Paulo, Revista dos Tribunais, 1980, pp. 1-62, p. 19.
[13] Waldírio Bulgarelli, *Tratado de direito empresarial*, 3ª ed., São Paulo, Atlas, 1997, p. 272.
[14] Cássio Cavalli, *Empresa, direito e economia*, Rio de Janeiro, Forense, 2013, pp. 81-82.
[15] Para tanto, este artigo busca transpor os desenvolvimentos de minha tese de doutoramento (Cássio Cavalli, *Empresa, direito e economia*, Rio de Janeiro, Forense, 2013), que foi dedicada a explorar o tema da empresa, para os domínios do direito concursal.

permitem diferentes descrições da empresa (e de diferentes características da empresa), que sejam capazes de gerar valor de operação.

Para tanto, o presente artigo é dividido em seis seções. A Seção introdutória é seguida da Seção 2, dedicada a tratar das premissas metodológicas para elaboração de teorias da empresa. A Seção 3 é orientada a apresentar a teoria da empresa enquanto uma função de produção. A Seção 4 apresenta a empresa enquanto uma função de economizar custos de transação. A Seção 5 apresenta a empresa enquanto função de economizar custos de agência. Por fim, a Seção 6 concluirá o artigo.

2. Premissas metodológicas para a elaboração teórica do tema da empresa

A compreensão das razões das dificuldades em elaborar-se um conceito de empresa possibilita que se construa uma teoria que, de um lado, supere essas dificuldades e, por conseguinte, se afirme como uma teoria da empresa juridicamente operacionalizável[16] Daí a relevância em evidenciar-se as premissas metodológicas empregadas na elaboração das narrativas jurídicas sobre a empresa.

Apesar das dificuldades externadas pela literatura jurídica dos países de tradição da *civil law* em torno do conceito de empresa (e, por conseguinte, das dificuldades de elaboração de uma teoria), inequivocamente há um padrão argumentativo hegemônico no que respeita ao conceito de empresa. Na elaboração das teorias jurídicas da empresa, é *ponto pacífico*[17] que ao conceito jurídico de empresa subjaz o substrato econômico. Com efeito, a empresa é descrita como um *fenômeno econômico*,[18] radicada na *realidade econômica* e descrito em um *conceito* pertencente à *ciência eco-*

---

[16] Foi o quanto busquei demonstrar em minha tese de doutoramento, Cássio Cavalli, *Empresa, direito e economia*, Rio de Janeiro, Forense, 2013.

[17] Sylvio Marcondes, *Limitação da responsabilidade do comerciante individual*, São Paulo, 1956, pp. 162-163, apud Waldírio Bulgarelli, *Tratado de direito empresarial*, 3ª ed., São Paulo, Atlas, 1997, p. 55.

[18] Cesare Vivante, *Trattato di diritto commerciale*, v. I, 4ª ed., Milano, Casa Editrice Dottor Francesco Vallardi, 1911, p. 150; José Xavier Carvalho de Mendonça, *Tratado de direito comercial brasileiro*, v. I, 4ª ed., Rio de Janeiro, Livraria Freitas Bastos, 1945, p. 492; Alberto Asquini, *Profili dell'impresa*, in *Rivista del Diritto Commerciale e del Diritto Generale delle Obbligazioni*, v. 41, n. 1, 1943, pp. 1-20, p. 4, nota de rodapé 5. Para mais referências sobre o tema, ver Cássio Cavalli, *Empresa, direito e economia*, Rio de Janeiro, Forense, 2013, pp. 75 e ss.

nômica.[19] Portanto, a empresa é descrita como fenômeno *metajurídico*,[20] situado em um momento *pré-jurídico*,[21] – isto é, *antecedente à própria experiência jurídica*.[22] Com efeito, ao reconhecer uma *dualidade de concepções*[23] acerca do mesmo fenômeno, a literatura jurídica afirma claramente uma separação entre a esfera econômica e a esfera jurídica. Entre ambas, estabelece-se uma *tensão*.[24] Enquanto à economia cabe elaborar a descrição do fenômeno da empresa; ao direito cabe apenas *transpor* ou *adaptar* o fenômeno econômico.[25] O fenômeno radicado na realidade econômica será objeto da ciência jurídica à medida que o direito o eleva à categoria de fato jurídico. Ou seja, afirma-se que a tarefa do jurista consiste em descrever esta realidade fática com base em elementos econômicos, selecionar os elementos contidos na descrição que interessam ao direito e, com base nestes elementos, elaborar um conceito jurídico de empresa.[26]

Com efeito, o percurso argumentativo empregado pela literatura jurídica para elaborar um conceito de empresa pode ser descrito pela seguinte equação: *conceito econômico de empresa + categoria jurídica = conceito jurídico de empresa*. Essa equação, aliás, reflete a estratégia empregada por Alberto Asquini, em seu célebre artigo,[27] para descrever os perfis da empresa.

---

[19] Assim, ver Newton De Lucca e Alessandra de Azevedo Domingues, *Análise crítica da evolução do instituto do estabelecimento empresarial*, in Maria Eugênia Reis Finkelstein e José Marcelo Martins Proença (Ed.), *Tipos societários*, São Paulo, Saraiva, 2009, pp. 1-78, p. 9; Fran Martins, *Curso de direito comercial*, 3ª ed., Rio de Janeiro, Forense, 1991, p. 15.

[20] Vincenzo Panuccio, *Impresa (dir. priv.)*, in *Enciclopedia del diritto*, XX, Milano, Giuffrè, 1970, p. 577.

[21] Alberto Asquini, *Profili dell'impresa*, in *Rivista del Diritto Commerciale e del Diritto Generale delle Obbligazioni*, v. 41, n. 1, 1943, pp. 1-20, pp. 1-4.

[22] Clóvis do Couto e Silva, *O conceito de empresa no direito brasileiro*, in Arnoldo Wald (Ed.), *Direito da empresa: teoria geral*, São Paulo, Revista dos Tribunais, I, 2011, pp. 89-106, p. 91.

[23] Clóvis do Couto e Silva, *O conceito de empresa no direito brasileiro*, in Arnoldo Wald (Ed.), *Direito da empresa: teoria geral*, São Paulo, Revista dos Tribunais, I, 2011, pp. 89-106, p. 89.

[24] Jorge Rubem Folena de Oliveira, *A empresa: uma realidade fática e jurídica*, in *Revista de Informação Legislativa*, v. 36, n. 144, 1999, pp. 111-135, p. 114; Clóvis do Couto e Silva, *O conceito de empresa no direito brasileiro*, in Arnoldo Wald (Ed.), *Direito da empresa: teoria geral*, São Paulo, Revista dos Tribunais, I, 2011, pp. 89-106, p. 89.

[25] Clóvis do Couto e Silva, *O conceito de empresa no direito brasileiro*, in Arnoldo Wald (Ed.), *Direito da empresa: teoria geral*, São Paulo, Revista dos Tribunais, I, 2011, pp. 89-106, p. 89.

[26] Ronnie Preuss Duarte, *Teoria da empresa*, São Paulo, Método, 2004, p. 29.

[27] Alberto Asquini, *Profili dell'impresa*, in *Rivista del Diritto Commerciale e del Diritto Generale delle Obbligazioni*, v. 41, n. 1, 1943, pp. 1-20.

Assim, por exemplo, o fenômeno econômico, quando filtrado pela categoria jurídica de sujeito, resulta no conceito de jurídico de empresário. O mesmo fenômeno econômico, quando observado a partir da categoria jurídica de objeto, resulta no conceito jurídico de estabelecimento.

No entanto, pode-se aperfeiçoar a equação habitualmente empregada na elaboração de conceitos jurídicos de empresa. Consoante busquei demonstrar em minha tese de doutoramento, a tarefa de selecionar características do conceito econômico de empresa para a elaboração de um conceito jurídico a partir de diferentes categorias jurídicas é orientada por diferentes *finalidades normativas*.[28] Consoante a dicção de Tullio Ascarelli, a tarefa do intérprete consiste na ordenação tipológica da realidade em congruência com finalidades normativas.[29] Ou seja, é a eleição de uma *finalidade normativa* que permite ao intérprete eleger uma categoria jurídica (como a de sujeito, objeto, etc.), que será empregada para filtrar os rasgos característicos encontrados no conceito econômico de empresa.[30]

Com efeito, ao acrescentar-se mais essa variável, a equação passa a ser vertida da seguinte maneira: *conceito econômico de empresa + categoria jurídica (finalidade normativa) = conceito jurídico de empresa*. Ou seja, para se chegar a um *conceito jurídico de empresa*, primeiro recorre-se ao *conceito eco-*

---

[28] A equação orientada a elaborar um conceito de empresa era habitualmente apresentada pela literatura jurídica como sendo *conceito econômico de empresa + categoria jurídica = conceito jurídico de empresa*. Isto é, não se explicitava com clareza que a relação entre o dado da realidade econômica e a categoria jurídica eleita era mediada por uma finalidade normativa. Em minha tese de doutoramento (Cássio Cavalli, *Empresa, direito e economia*, Rio de Janeiro, Forense, 2013), sob a absoluta influência das lições de Tullio Ascarelli, evidenciei a presença de mais um elemento na equação: *conceito econômico de empresa + categoria jurídica (finalidade normativa) = conceito jurídico de empresa*.

[29] Assim, ver os seminais artigos Tullio Ascarelli, *Norma giuridica e realtà sociale*, in Tullio Ascarelli (Ed.), *Problemi giuridici*, Milano, Giuffrè, I, 1959, pp. 69-111; Tullio Ascarelli, *Il problema preliminare dei titoli di credito e la logica giuridica*, in *Rivista del Diritto Commerciale e del Diritto Generale delle Obbligazioni*, n. 7-8, 1956, pp. 301-315.

[30] Conforme afirmei em minha tese de doutoramento, "a teoria dos perfis da empresa foi formulada tendo como base implícita a atribuição de distintas finalidades normativas a cada um dos perfis da empresa (*i.e., fattispecies* jurídicas). Com efeito, a teoria dos perfis da empresa valora a realidade social da empresa em congruência com distintas finalidades normativas, de modo a, assim, sistematizar o fenômeno radicado na realidade social. É esse aspecto – ou, mais precisamente, a sua não explicitação – que contribui para o *path dependence* no enfrentamento do tema da empresa." Cássio Cavalli, *Empresa, direito e economia*, Rio de Janeiro, Forense, 2013, p. 98.

nômico de empresa e, após, filtra-se esse conceito econômico pela utilização de uma *categoria jurídica* que é escolhida em razão de uma dada *finalidade normativa*. O resultado dessa equação é que haverá tantos *conceitos jurídicos de empresa* quantas forem as *categorias jurídicas* e as *finalidades normativas* selecionadas para orientar a tarefa.[31] Por essa razão, a literatura jurídica acaba descrevendo a empresa como fenômeno caleidoscópico e enfatiza a dificuldade em elaborar-se um conceito jurídico de empresa.[32]

Além disso, a *finalidade normativa* largamente dominante na literatura jurídica sobre a empresa é a orientada a delimitar o âmbito de aplicação do direito comercial em contraposição ao direito civil. Essa finalidade normativa encontra-se nas primeiras manifestações legislativas e doutrinárias acerca do tema, razão pela qual a denominei de *finalidade normativa histórica* da empresa.[33] Dada a predominância dessa finalidade normativa, a *categoria jurídica* mais adotada pela literatura jurídica na equação acima descrita é a categoria de sujeito, uma vez que o âmbito de aplicação do direito de empresa é alcançado mediante a elaboração de uma norma de configuração do empresário.[34] Com efeito, a noção de empresa é predominantemente associada ao conceito de *empresário* ou, consoante a dicção de Alberto Asquini,[35] ao perfil subjetivo da empresa.[36]

---

[31] Cássio Cavalli, *Empresa, direito e economia*, Rio de Janeiro, Forense, 2013, pp. 49 e ss.
[32] Cássio Cavalli, *Empresa, direito e economia*, Rio de Janeiro, Forense, 2013, pp. 93 e ss.
[33] Cássio Cavalli, *Empresa, direito e economia*, Rio de Janeiro, Forense, 2013, pp. 54 e ss.
[34] Sobre o tema, ver Cássio Cavalli, *A norma de configuração do papel social de empresário no direito brasileiro*, in *Revista da AJURIS*, v. 34, 2007, pp. 31-40.
[35] Alberto Asquini, *Profili dell'impresa*, in *Rivista del Diritto Commerciale e del Diritto Generale delle Obbligazioni*, v. 41, n. 1, 1943, pp. 1-20.
[36] Os demais perfis da empresa são claramente subordinados ao perfil subjetivo da empresa, seja pelo fato de que somente se manifestam quando relacionados a um empresário, ou pelo fato de que as finalidades normativas que orientam as suas respectivas elaborações são demasiadamente fracas e de difícil operacionalização. Desenvolvendo esse argumento, ver Cássio Cavalli, *Empresa, direito e economia*, Rio de Janeiro, Forense, 2013, pp. 99 e ss. Nesse sentido, p. ex., registra Pier Giusto Jaeger que a grande maioria dos autores terminou por identificar na empresa "não mais do que a atividade econômica exercida pelo empresário, pondo o acento naquilo que Asquini definiu como o 'perfil subjetivo'". Pier Giusto Jaeger, *La nozione d'impresa*, Milano, Giuffrè, 1985, p. 35.

Ademais, na equação acima apontada, pode-se verificar que o *conceito econômico de empresa* com o qual trabalham os juristas[37] é uma *constante*. Noutras palavras, há uma *harmoniosa visão do fenômeno*,[38] em torno da qual não há dissensão.[39] Ou seja, a literatura jurídica invariavelmente descreve o conceito econômico de empresa como a organização dos fatores de produção para obtenção de um produto destinado à satisfação de necessidades alheias com o objetivo de obtenção de lucro.[40]

Esse conceito econômico de empresa é elaborado sob a evidente influência da teoria econômica neoclássica,[41] que é a escola largamente dominante do pensamento econômico.[42] Na literatura jurídica acerca do tema da empresa, percebe-se claramente a influência dominante, até mesmo exclusiva, do discurso econômico neoclássico.[43]

Com efeito, embora a caudalosa literatura jurídica sobre o tema da empresa tenha testado a equação com virtualmente todas as categorias jurídicas possíveis sem que se tenha logrado atingir com segurança o resultado de responder o que é empresa, a equação sempre contou com o conceito econômico de empresa proveniente da elaboração teórica da economia neoclássica. Entretanto, a ciência econômica possui não uma,

---

[37] O conceito econômico utilizado pela literatura jurídica é elaborado pelos próprios juristas, que posteriormente adjetivam este conceito como econômico. Waldírio Bulgarelli, *Tratado de direito empresarial*, 3ª ed., São Paulo, Atlas, 1997, pp. 26, 52 e 54.

[38] Waldírio Bulgarelli, *Tratado de direito empresarial*, 3ª ed., São Paulo, Atlas, 1997, p. 54.

[39] Vincenzo Panuccio, *Impresa (dir. priv.)*, in *Enciclopedia del diritto*, XX, Milano, Giuffrè, 1970, p. 563-564. A alternativa que parte do dado teórico econômico é evidentemente hegemônica na literatura acerca do tema.

[40] Para referências comprovando a assertiva, ver Cássio Cavalli, *Empresa, direito e economia*, Rio de Janeiro, Forense, 2013, pp. 82 e ss.

[41] Cássio Cavalli, *Empresa, direito e economia*, Rio de Janeiro, Forense, 2013, pp. 147-160.

[42] Não há dúvida de que a principal escola do pensamento econômico a elaborar uma teoria da firma é a escola econômica neoclássica. Nesse sentido, ver Harold Demsetz, *The economics of the business firm: seven critical commentaries*, Cambridge, Cambridge Univeristy Press, 1997, p. 1; Oliver Hart, *Firms, contracts, and financial structure*, Oxford, Oxford University Press, 1995, p. 15; Sidney G. Winter, *On Coase, competence, and the corporation*, in *Journal of Law, Economics, & Organization*, v. 4, n. 1, 1988, pp. 163-180, p. 164; e Thomas S. Ulen, *The coasean firm in law and economics*, in *Journal of Corporate Law*, v. 18, 1993, pp. 301-331.

[43] Para referências comprovando a assertiva, ver Cássio Cavalli, *Empresa, direito e economia*, Rio de Janeiro, Forense, 2013, pp. 82-92.

mas várias teorias econômicas da empresa a concorrer entre si.[44] Cada uma dessas teorias econômicas é constituída por um conjunto de pressuposições orientadas a explicar determinados aspectos do fenômeno empresarial. Com efeito, poderão ser formulados tantos e tão díspares conceitos jurídicos de empresa quantas forem as teorias econômicas de empresa. Mais precisamente, apesar de existirem diversas teorias econômicas sobre a empresa, que resultam em distintos conceitos econômicos de empresa, a literatura jurídica desenvolve as suas investigações exclusivamente a partir do conceito econômico de empresa fornecido pela economia neoclássica. Portanto, há espaço para a literatura jurídica elaborar novos desdobramentos da teoria da empresa: basta substituir-se o conceito de empresa proveniente da economia neoclássica por conceitos provenientes de outras escolas do pensamento econômico.[45]

No entanto, há mais um desafio a ser vencido para que a literatura jurídica obtenha apropriar-se das noções econômicas de empresa. É que os conceitos econômicos de empresa nada mais são do que a síntese de características da empresa encontradas em distintas teorias econômicas e que, portanto, adotam distintas pressuposições teóricas. Vale dizer, qualquer conceito econômico de empresa apenas sintetiza os característicos gerais da correspectiva teoria econômica de empresa, à semelhança do quanto ocorre com o conceito de título de crédito em direito. O conceito de título de crédito mais adotado pela literatura jurídica é: título de crédito é o documento necessário ao exercício do direito literal e autônomo nele mencionado. O conceito de título de crédito apenas sintetiza o conjunto de princípios (i.e., pressuposições teóricas)

---

[44] No final da década de 1960, Fritz Machlup identificou mais de 20 teorias econômicas da empresa. Fritz Machlup, *Theories of the firm: marginalist, behavioral, managerial*, in The American Economic Review, v. 57, n. 1, 1967, pp. 1-33. Para uma referência mais recente, ver Peter Maskell, *The firm in economic geography*, in Economic Geography, v. 77, n. 4, 2001, pp. 329-344, p. 331; e Paul Milfrom e John Roberts, *Economic theories of the firm: past, present, and future*, in The Canadian Journal of Economics/Revue canadienne d'Economique, v. 21, n. 3, 1988, pp. 444-458, *passim*.

[45] Aliás, na ciência econômica, não há um critério apriorístico que permita eleger-se uma teoria econômica da empresa em detrimento de outras. Pelo contrário, consoante registra G. C. Archibald, "a teoria da firma foi, e talvez ainda seja, o campo de batalha para algumas ferozes disputas metodológicas." George C Archibald, *Theory of the firm*, in Steven N. Durlauf e Lawrence E. Blume (Ed.), *The new palgrave dictionary of economics*, Basingstoke, Palgrave Macmillan, 2008, tradução livre.

que constituem a teoria geral dos títulos de crédito,[46] uma vez que a teoria geral dos títulos de crédito é orientada a disciplinar a circulação de títulos de crédito mediante a adoção dos princípios da literalidade, cartularidade e autonomia.[47]

O mesmo ocorre com o conceito econômico de empresa com o qual trabalham os juristas. O conceito de empresa como *organização dos fatores de produção para obtenção de um produto destinado à satisfação de necessidades alheias com o objetivo de lucro* apenas sintetiza o conjunto das pressuposições teóricas da teoria econômica neoclássica da empresa. Com efeito, o conceito econômico de empresa com o qual trabalham os juristas somente faz sentido no contexto da teoria econômica neoclássica da empresa. Ou seja, um tal conceito não faz sentido para o direito, que utiliza diferentes pressuposições teóricas. Por outro lado, a importação pelo direito de conceitos provenientes de outras ciências é sempre realizada de modo que o conceito, ao final do processo de importação, tenha se tornado um conceito jurídico. Conforme ensina Tullio Ascarelli, "é desnecessário lembrar que até quando o direito parece aproveitar conceitos psicológicos ou econômicos, ele, entretanto, os transforma em conceitos diversos, em conceitos jurídicos, com um alcance que não é e não pode ser o que lhes é peculiar na psicologia ou na economia, mas, que é sempre e apenas, jurídico."[48] Daí exsurge um relevante obstáculo epistemológico para a apropriação, pelo direito, de conceitos provenientes de outras ciências. Uma vez que o conceito econômico só faz sentido dentro do contexto teórico econômico, como será possível ao direito apropriar-se desse conceito, se ao fazê-lo acaba por retirá-lo do contexto teórico que lhe empresta sentido?

O desafio do intérprete, portanto, consiste em construir uma ponte que permite o direito ir até outras ciências para recolher conceitos que

---

[46] Desenvolvendo o argumento, ver, por todos, Tullio Ascarelli, *Il problema preliminare dei titoli di credito e la logica giuridica*, in Rivista del Diritto Commerciale e del Diritto Generale delle Obbligazioni, n. 7-8, 1956, pp. 301-315.

[47] Para a compreensão das funções desempenhadas por esses princípios, ver Cássio Cavalli, *Contornos dogmáticos da teoria geral dos títulos de crédito e a tecnologia da informação*, in Revista dos Tribunais, v. 919, 2012, pp. 199-241.

[48] Tullio Ascarelli, *A idéia de código no direito privado e a tarefa da interpretação*, in Tullio Ascarelli (Ed.), Problema das sociedades anônimas e direito comparado, São Paulo, Saraiva, 1945, pp. 55-98, p. 85, nota de rodapé 125-BIS.

lhe possam ser úteis, preservando-lhes o significado. Um dos expedientes que permite ao direito apropriar-se de características relativas a conceitos provenientes da ciência econômica consiste na identificação da *função econômica* de institutos jurídicos. A compreensão de distintas funções econômicas possibilita uma melhor compreensão das instituições jurídicas. Aqui, por evidente, ressoa mais uma vez a ineliminável contribuição do pensamento de Tullio Ascarelli para a elaboração de uma teoria da empresa,[49] em razão de ter fundado o Funcionalismo Jurídico, que se ocupa de interpretar os institutos jurídicos a partir da sua instrumentalidade em relação a funções econômicas, pondo ênfase nas relações entre direito e economia. O Funcionalismo Jurídico de Ascarelli coloca "em primeiro plano a função imediata do direito, que [é] a função econômica".[50] Nesse sentido, conquanto reconhecesse ser o objeto imediato do trabalho do jurista a análise da *estrutura jurídica formal*,[51] observava Ascarelli que o intérprete deve sempre atentar para a *função econômica* dos institutos jurídicos.[52] O recurso ao Funcionalismo Jurídico possibilita que se aprofundem as relações entre direito e economia,[53] e

---

[49] Para uma detalhada apresentação dos fundamentos do Funcionalismo Jurídico de Tullio Ascarelli, ver Cássio Cavalli, *Empresa, direito e economia*, Rio de Janeiro, Forense, 2013, pp. 218-234.

[50] Norberto Bobbio, Tullio Ascarelli, in Norberto Bobbio (Ed.), *Da estrutura à função: novos estudos de teoria do direito*, Barueri, Manole, 2007, pp. 211-271, p. 270. Em sentido análogo, destacando o pioneirismo de Tullio Ascarelli na análise econômica do direito, ver Guido Alpa, *Interpretazione economica del diritto*, in *Rivista del Diritto Commerciale e del Diritto Generale delle Obbligazioni*, n. 7-12, 1981, pp. 205-229.

[51] Tullio Ascarelli, *Funzioni economiche e istituti giuridici nella tecnica dell'interpretazione*, in Tullio Ascarelli (Ed.), *Studi di diritto comparato e in tema di interpretazione*, Milano, Giuffrè, 1952, pp. 55-78, p. 55, nota de rodapé 1.

[52] Conforme anotou Ascarelli, "[e]l jurista ha de recordar que el elemento jurídicamente decisivo está, sin embargo, constituído simpre por la estrutura jurídica formal, y no debe ignorar, ni en su cualidad de legislador, ni en su cualidad de intérprete, el lado funcional y económico de los institutos jurídicos estudiados por él". Tullio Ascarelli, *Sociedades y associaciones comerciales*, Buenos Aires, EDIAR, 1947, pp. 1-2. Em outra oportunidade, Ascarelli destacou a importância de uma análise funcional situada no campo sociológico. Tullio Ascarelli, *Funzioni economiche e istituti giuridici nella tecnica dell'interpretazione*, in Tullio Ascarelli (Ed.), *Studi di diritto comparato e in tema di interpretazione*, Milano, Giuffrè, 1952, pp. 55-78, p. 55.

[53] Ademais, as pressuposições teóricas do Funcionalismo Jurídico são quase que integralmente coincidentes com as pressuposições teóricas da Nova Economia Institucional. Por essa razão, ampliam-se as possibilidades de elaboração de teorias jurídicas da empresa que contem com

especificamente no que toca à teoria jurídica da empresa, viabiliza um melhor diálogo entre o dado econômico e os dados jurídicos constantes da equação acima descrita. Noutras palavras, a *função econômica* medeia a relação entre um conceito jurídico de empresa e o conceito econômico.

Por conseguinte, a equação que descreve o percurso argumentativo para elaborar-se um conceito de empresa pode ser reescrita para: *função econômica (conceito econômico de empresa) + categoria jurídica (finalidade normativa) = conceito jurídico de empresa*.[54] Ou seja, mais importante do que identificar o próprio conceito econômico de empresa é identificar as funções que a economia atribui à empresa. Desse modo, pode-se verificar de que maneira o conceito jurídico de empresa pode contribuir para que essas funções sejam desempenhadas.

Ao colocar-se ênfase nas funções econômicas da empresa, apresentam-se ao intérprete os seguintes desafios: de um lado, identificar quais são as diferentes teorias econômicas da empresa e os seus significados; de outro, evidenciar as funções que essas teorias econômicas atribuem à empresa. Na literatura econômica, sobressaem três teorias da empresa:[55] a teoria da economia neoclássica, a teoria da economia dos custos de transação e a teoria da empresa enquanto conexão de contratos. Cada uma dessas teorias possui distintas pressuposições teóricas que colocam em evidência diferentes características do fenômeno empresarial e, por-

---

aportes econômicos provenientes da Nova Economia Institucional. Para uma demonstração detalhada da assertiva, ver Cássio Cavalli, *Empresa, direito e economia*, Rio de Janeiro, Forense, 2013, pp. 209-234. A coincidência é provavelmente devida à grande influência que o Realismo norte-americano exerceu no pensamento de Ascarelli e, também, no pensamento de Oliver Williamson, principal responsável pelo desenvolvimento da Nova Economia Institucional.

[54] Em minha tese de doutoramento (Cássio Cavalli, *Empresa, direito e economia*, Rio de Janeiro, Forense, 2013), mais uma vez sob a absoluta influência das lições de Tullio Ascarelli, evidenciei a presença de mais um elemento na equação: *função econômica (conceito econômico de empresa) + finalidade normativa + categoria jurídica = conceito jurídico de empresa*.

[55] Adota-se, aqui, a classificação proposta por Sidney Winter, que classifica as teorias econômicas da empresa em (a) *textbook orthodoxy*, (b) *transaction cost economics* e (c) *evolutionary economics* Sidney G. Winter, *On Coase, competence, and the corporation*, in *Journal of Law, Economics, & Organization*, v. 4, n. 1, 1988, pp. 163-180, pp. 171-173. Há outras classificações acerca das teorias econômicas da empresa, que variam conforme o critério utilizado para a classificação. Assim, por exemplo, Eric Orst classifica as teorias econômicas da firma em (a) *transactions costs theory*, (b) *contracts theory*, (c) *property rights theory*; e (d) *employment theory*. Eric W. Orst, *Shirking and sharking: a legal theory of the firm*, in *Yale Law & Policy Review*, v. 16, 1998, pp. 265-329, p. 289.

tanto, atribuem à empresa diferentes funções. A teoria da empresa elaborada pela economia neoclássica apresenta a empresa como uma *função de produção*; a teoria da empresa elaborada pela nova economia institucional, notadamente na sua ramificação da economia dos custos de transação, apresenta a empresa enquanto uma *função de economizar custos de transação*; e a teoria da empresa que enfatiza a *função de economizar custos de agência*.

3. Teoria da empresa enquanto função de produção

A economia neoclássica é responsável por elaborar a mais difundida teoria da empresa.[56] A economia neoclássica preocupa-se com o funcionamento de mercados enquanto sistema de preços.[57] O mercado envia sinais, sob a forma de preços,[58] aos indivíduos, de modo que "[p]rodução, preço e lucro reagem a mudanças na demanda, custo e estruturas de mercado da maneira mais intuitiva."[59] Isto é, há um equilíbrio de mercado, de acordo com o qual a oferta será equilibrada com a demanda.[60] O mercado é povoado por indivíduos, classificados em consumidores e empresas.[61]

---

[56] Peter Maskell, *The firm in economic geography*, in *Economic Geography*, v. 77, n. 4, 2001, pp. 329-344, pp. 330-331; Thomas S. Ulen, *The coasean firm in law and economics*, in *Journal of Corporate Law*, v. 18, 1993, pp. 301-331, pp. 302 e ss.; Oliver D. Hart, *An economist's perspective on the theory of the firm*, in *Columbia Law Review*, v. 89, n. 7, 1989, pp. 1757-1774, pp. 1757-1758.; Harold Demsetz, *The economics of the business firm: seven critical commentaries*, Cambridge, Cambridge Univeristy Press, 1997, p. 1.

[57] Paul J. McNulty, *On the nature and theory of economic organization: the role of the firm reconsidered*, in *History of political economy*, v. 16, n. 2, 1984, pp. 233-253, p. 233; Donald J. Boudreaux e Randall G. Holcombe, *The coasian and knightian theories of the firm*, in *Managerial and Decision Economics*, v. 10, n. 2, 1989, pp. 147-154, p. 152; Harold Demsetz, *The economics of the business firm: seven critical commentaries*, Cambridge, Cambridge Univeristy Press, 1997, p. 7.

[58] Nesse sentido, observa Harold Demsetz que "[p]rices do not coordinate; they supply information. Each owner of resources, knowing all there is to know in a perfect information world, can self-manage his or her resources, placing them in their highest value of use." Harold Demsetz, *The economics of the business firm: seven critical commentaries*, Cambridge, Cambridge Univeristy Press, 1997, p. 9.

[59] Joseph Felder, *The profit-maximizing firm: old wine in new bottles*, in *The Journal of Economic Education*, v. 21, n. 2, 1990, pp. 113-129, p. 113, tradução livre.

[60] Kenneth J. Arrow e Gerard Debreu, *Existence of an equilibrium for a competitive economy*, in *Econometrica*, v. 22, n. 3, 1954, pp. 265-290, p. 265.

[61] Harold Demsetz, *The economics of the business firm: seven critical commentaries*, Cambridge, Cambridge Univeristy Press, 1997, p. 8.

Ou seja, a economia neoclássica adota o *individualismo metodológico*,[62] segundo o qual a unidade básica de análise é o indivíduo.[63]

De acordo com essa teoria, a empresa é apresentada como um indivíduo[64] racional[65] e maximizador[66] do lucro que realiza trocas em mercados, adquirindo insumos, de um lado, e produzindo bens ou serviços, de outro. Ante o fato evidente de que empresas ostentam maior complexidade do que um simples indivíduo, costuma-se apresentar a empresa como *conjuntos de produção*[67] orientados a determinar a quantidade de produção (*output*) com base na quantidade de insumos (*inputs*) utilizados. A dimensão da empresa, identificada com a quantidade de unidades de produção da empresa, é ditada por uma *função de produção*,[68] descrita pela fórmula

---

[62] A importância do individualismo metodológico para a ciência econômica foi assentada por Joseph A. Schumpeter, *Methodological individualism*, Bruxelles, Institutum Europaeum, 1980.

[63] Sidney G. Winter, *On Coase, competence, and the corporation*, in *Journal of Law, Economics, & Organization*, v. 4, n. 1, 1988, pp. 163-180, p. 165.

[64] Kenneth J. Arrow, *Methodological individualism and social knowledge*, in *The American Economic Review*, v. 84, n. 2, 1994, pp. 1-9, p. 4.

[65] A pressuposição da racionalidade da firma é apontada por Winter, que assevera: "Like consumers, firms are unitary actors and are economically rational; more specifically, they maximize profit or present value." Sidney G. Winter, *On Coase, competence, and the corporation*, in *Journal of Law, Economics, & Organization*, v. 4, n. 1, 1988, pp. 163-180, p. 164.

[66] Neste sentido, conforme registram Arrow e Debreu, "[i]t was assumed that each consumer acts so as to maximize his utility, each producer acts so as to maximize his profit, and perfect competition prevails, in the sense that each producer and consumer regards the prices paid and received as independent of his own choices." Kenneth J. Arrow e Gerard Debreu, *Existence of an equilibrium for a competitive economy*, in *Econometrica*, v. 22, n. 3, 1954, pp. 265-290, p. 265.

[67] Paul Milgrom e John Roberts, *Economic theories of the firm: past, present, and future*, in *The Canadian Journal of Economics/Revue canadienne d'Économique*, v. 21, n. 3, 1988, pp. 444-458, p. 456; e Sidney G. Winter, *On Coase, competence, and the corporation*, in *Journal of Law, Economics, & Organization*, v. 4, n. 1, 1988, pp. 163-180, p. 164.

[68] Oliver E. Williamson, *The economics of organization: the transaction cost approach*, in *The American Journal of Sociology*, v. 87, n. 3, 1981, pp. 548-577, p. 548; Oliver E. Williamson, *The mechanisms of governance*, New York, Oxford University Press, 1996, p. 7; Oliver Hart, *Firms, contracts, and financial structure*, Oxford, Oxford University Press, 1995, p. 15; Sidney G. Winter, *On Coase, competence, and the corporation*, in *Journal of Law, Economics, & Organization*, v. 4, n. 1, 1988, pp. 163-180, p. 164; Thomas S. Ulen, *The coasean firm in law and economics*, in *Journal of Corporate Law*, v. 18, 1993, pp. 301-331, p. 302; e Donald J. Boudreaux e Randall G. Holcombe, *The coasian and knightian theories of the firm*, in *Managerial and Decision Economics*, v. 10, n. 2, 1989, pp. 147-154, p. 147.

$q = f(x_1,...,x_n)$,[69] onde q é a quantidade de unidades de produção, determinada em função de x, que é o custo de aquisição de insumos. Desse modo, a empresa consiste simplesmente em um conjunto de produção que transforma insumos em produtos, em um determinado período de tempo.[70]

A empresa, portanto, é marcada por uma equação em que se busca identificar qual produtividade da empresa (q) em função dos níveis de insumos utilizados (x). Dadas as condições externas à empresa, – por exemplo, variações na demanda ou oferta de bens, ou de modificações tecnológicas[71] – cumprirá a ela realizar escolhas adequadas de insumos de modo a aumentar a quantidade produzida, com o fim atingir o nível ótimo de produção, isto é, o nível que maximize o lucro ou o valor presente.[72] Portanto, consoante registram William Meckling e Michael Jensen, a produção em empresa é concebida de modo a verificar "as condições marginais relevantes relativas aos *inputs* e *outputs*, e assim maximizando resultados, ou mais precisamente, valor presente."[73] Nesse contexto teórico, a empresa acaba por ser conceituada como "uma unidade econômica

---

[69] Oliver Hart, *Firms, contracts, and financial structure*, Oxford, Oxford University Press, 1995, p. 15.

[70] Paul Milgrom e John Roberts, *Economic theories of the firm: past, present, and future*, in *The Canadian Journal of Economics/Revue canadienne d'Economique*, v. 21, n. 3, 1988, pp. 444-458, p. 456.

[71] Esta característica é assim descrita por Nelson e Winter: "The time paths of output, input, and prices are interpreted as the paths generated by maximizing firms in a moving equilibrium driven by changes in product demand, factor supply, and technological conditions." Richard R. Nelson e Sidney G. Winter, *Neoclassical vs. evolutionary theories of economic growth: critique and prospectus*, in *The Economic Journal*, v. 84, n. 336, 1974, pp. 886-905, p. 887.

[72] Nesse sentido, Nelson e Winter afirmam: "We also take it that most economists would agree that the following are essential elements of the neoclassical explanation. The dominant theme derives from the theory of the firm and production in a competitive industry. At any time firms are viewed as facing a set of alternatives regarding the inputs and outputs they will procure and produce. Firms choose so as to maximize profit or present value, given external conditions facing the firm. The sector is assumed to be in equilibrium in the sense that demand and supply are balanced on all relevant markets and no firm can improve its position given what other firms are doing." Richard R. Nelson e Sidney G. Winter, *Neoclassical vs. evolutionary theories of economic growth: critique and prospectus*, in *The Economic Journal*, v. 84, n. 336, 1974, pp. 886-905, p. 887.

[73] William H. Meckling e Michael C. Jensen, *Theory of the firm: managerial behavior, agency costs and ownership structure*, in Michael C. Jensen (Ed.), *A theory of the firm*, Cambridge, Harvard University Press, 2003, pp. 83-135, p. 84, tradução livre.

que produz e emprega resultados destinados à cobertura de necessidades alheias, respeitando a economicidade e o equilíbrio financeiro".[74]

A teoria neoclássica descreve a empresa em termos *tecnológicos*,[75] relacionados preponderantemente à economia de escala.[76] A eficiência da organização da tecnologia é medida em termos de ganhos de escala[77] e de escopo.[78] Assim, os ganhos decorrentes da economia de escala justificam a integração do processo produtivo em uma empresa, ao passo que o menor custo médio dos insumos determina o tamanho ótimo da firma.[79] Por conseguinte, a empresa neoclássica é explicada por regras imanentes e universais dos ganhos de escala e das interdependências tecnológicas, onde não há espaço para considerações relacionadas ao sistema jurídico.

---

[74] Georges Enderle et alii, *Empresa. Dicionário de ética econômica*, São Leopoldo, Unisinos, 1997, p. 242.
[75] Oliver E. Williamson, *The economic institutions of capitalism: firms, markets, relational contracting*, New York, The Free Press, 1985, pp. 86 e ss.; Sidney G. Winter, *On Coase, competence, and the corporation*, in *Journal of Law, Economics, & Organization*, v. 4, n. 1, 1988, pp. 163-180, p. 164; Oliver Hart, *Firms, contracts, and financial structure*, Oxford, Oxford University Press, 1995, p. 15; e Nicolai J. Foss, Heinrik Lando e Steen Thomsen, *The theory of the firm*, in Boudewijn Bouckaert, Gerrit De Geest (Eds.), *Encyclopedia of law and economics*, v. III, Cheltenham, Edward Elgar, 2000, pp. 631-658, p. 633.
[76] Oliver E. Williamson, *The mechanisms of governance*, New York, Oxford University Press, 1996, p. 25; Oliver Hart, *Firms, contracts, and financial structure*, Oxford, Oxford University Press, 1995, pp. 16-17; e Harold Demsetz, *The economics of the business firm: seven critical commentaries*, Cambridge, Cambridge Univeristy Press, 1997, p. 13; Sidney G. Winter, *On Coase, competence, and the corporation*, in *Journal of Law, Economics, & Organization*, v. 4, n. 1, 1988, pp. 163-180, p. 164.
[77] Conforme registra Thomas Ulen, "economists would have given for the existence of the firm was economies of scale. Economies of scale are said to exist when the average (or unit) cost of production falls continually for larger volumes of output." Thomas S. Ulen, *The coasean firm in law and economics*, in *Journal of Corporate Law*, v. 18, 1993, pp. 301-331, p. 305.
[78] Economia de escopo significa que a produção de mais de uma espécie de produto por uma mesma empresa é superior à produção de cada um destes bens por duas empresas diferentes. Assim, ver Robert S. Pindyck e Daniel L. Rubinfield, *Microeconomia*, São Paulo, Prentice Hall, 2002, p. 229; Joseph E. Stiglitz, *Principles of microeconomics*, New York, W. W. Norton & Company, Inc., 1997, pp. 271-272.
[79] Neste sentido, afirmam Holmstrom e Tirole, "[s]cale economies explain concentrated production while minimum average costs determine the optimal size." Bengt R. Holmstrom Jean Tirole, *The theory of the firm*, in Richard Schmalensee, Robert Willig (Ed.), *Handbook of industrial organization*, New York, Elsevier, 1989, pp. 61-133, p. 66. Em sentido análogo, ver Oliver Hart, *Firms, contracts, and financial structure*, Oxford, Oxford University Press, 1995, pp. 16-17.

Esse fato dificulta sobremaneira que o direito construa um conceito de empresa a partir do conceito econômico neoclássico de empresa.[80]

No entanto, é possível que se identifique na economia neoclássica as características que conduzem a que o conceito de empresa desempenhe suas funções. Basicamente, a preocupação neoclássica é relacionada às dimensões da empresa. Da perspectiva horizontal, isto é, em uma mesma etapa do processo produtivo, a empresa deve crescer organicamente ou pela aquisição de outras empresas que atuem na mesma etapa do processo produtivo. Com isso, haverá ganhos de escala, uma vez que o aumento na produção dilui os custos com insumos. Noutras palavras, há um ganho marginal na redução dos custos de produção a cada unidade a mais que se produz. O crescimento da empresa não é irrestrito, uma vez que é limitado pelas chamadas deseconomias de escala. Uma empresa que cresça excessivamente tende, internamente, a desperdiçar insumos e, externamente, a demandar excessivamente por um insumo e, assim, aumentar seu preço. Com efeito, há um ponto ótimo de produção da empresa. Empresas sub ou superdimensionadas são empresas que não terão condições de competir no mercado. Enfrentarão, portanto, uma crise econômica.

A solução para uma tal crise consiste em ajustar o tamanho da empresa. Para tanto, a (a) empresa subdimensionada pode aumentar a sua produção, mediante (a.1) o crescimento orgânico decorrente de novos investimentos, (a.2) a incorporação de um concorrente (ou de ativos operacionais de um concorrente), ou (a.3) a sua incorporação (ou de seus ativos operacionais) por um concorrente. Com isso, amplia-se a escala da empresa, de modo a que ela se torne eficiente e, portanto, competitiva. Outra alternativa é a empresa focar não apenas em ganhos de escala, mas também de escopo. Neste caso, de certo modo a superação da crise passa por um *spin-off*, ainda que apenas no que respeite à utilização da mesma base de custos para produzir um outro produto além daquele já produzido. Nesse sentido, a exploração de potencialidades de escopo demanda a identificação de novos mercados de produto a serem explorados. Para tanto, a solução da empresa será igualmente o

---

[80] Cássio Cavalli, *Empresa, direito e economia*, Rio de Janeiro, Forense, 2013, pp. 149 e ss.

aumento de sua produção, ou a incorporação de outra empresa, ou a sua incorporação por outra.

Com efeito, esses três expedientes (a.1, a.2 e a.3) conduzem à superação da crise econômica da empresa subdimensionada. Constituem, portanto, meios de recuperação de empresa em crise. As alternativas (a.2) e (a.3) são, a rigor, o verso e o reverso de um mesmo meio de recuperação. No entanto, entre elas há uma importante diferença. Em caso de (a.3), o veículo societário em recuperação estará a se desfazer de ativos e, em muitos casos, acabará por cessar as suas atividades. Com os recursos proveniente da alienação de seus ativos operacionais, pagará seus credores na máxima medida possível, mas muito provavelmente não conseguirá pagar a integralidade de suas dívidas. Ademais, se o veículo societário em recuperação cessar suas atividades, não haverá mais receitas que possam ser utilizadas para pagar o saldo de suas dívidas. Nesse caso, diz-se que (a.3) caracteriza uma liquidação ordenada da empresa recuperanda. Uma vez que a finalidade do processo de recuperação judicial é apresentada por contraposição à liquidação da empresa, poder-se-ia questionar: é possível realizar a liquidação ordenada da empresa em um processo de recuperação judicial? Essa é uma questão que suscita relevantes debates na literatura.[81] Essa questão, no entanto, é enunciada de modo a sugerir que a empresa foi liquidada, quando, em verdade, não o foi: os ativos operacionais apenas encontram-se na propriedade de uma terceira *pessoa* que não o veículo societário em recuperação. Nesse caso, a empresa foi preservada, conquanto nas mãos de terceiro. Isto é, preservou-se a empresa, embora não o empresário. Por essa razão, é inequívoco que pode o plano de recuperação judicial prever a venda de ativos a terceiros, mesmo que em razão dessa venda o veículo societário em recuperação venha a cessar suas atividades e, até mesmo, a falir.

Ademais, a escolha da empresa subdimensionada entre uma das três alternativas (a.1 a a.3) é indiferente para fins de atingimento do ponto ótimo de produção e consequente preservação da empresa. Essa escolha,

---

[81] Assim, ver Douglas G. Baird e Robert K. Rasmussen, *The end of bankruptcy*, in *Stanford Law Review*, v. 55, 2002, pp. 751-789; Lynn M. LoPucki, *The Nature of the Bankrupt Firm: A Response to Baird and Rasmussen's "The End of Bankruptcy"*, in *Stanford Law Review*, v. 56, n. 3, 2003, pp. 645-671; e Douglas G. Baird e Robert K. Rasmussen, *Chapter 11 at Twilight*, in *Stanford Law Review*, v. 56, n. 3, 2003, pp. 673-699.

no entanto, pode ser afetada pela (i) parcela de mercado ocupada pelo veículo societário em recuperação e pelos seus concorrentes, ou por (ii) razões relacionadas à estrutura de capital do veículo societário em recuperação. Quanto à (i), poderá haver situações em que, ante a parcela de mercado já ocupada pelos concorrentes da empresa, será virtualmente impossível que o veículo societário em recuperação aumente a sua quantidade de produção, restando apenas a alternativa de vender a empresa a um competidor, que cuidará de ajustar a quantidade ótima de produção. Quanto à (ii), pode-se aqui dizer que a economia neoclássica da empresa não fornece uma explicação detalhada ou, ao menos, que a teoria da empresa enquanto conexão de contratos fornece uma explicação melhor. De todo modo, a situação (ii) pode demandar uma completa alteração da estrutura de capital da empresa, notadamente, mas não apenas, com alteração dos detentores de *equity*, que perderam a credibilidade do mercado para continuar a controlar a empresa.

Já uma empresa superdimensionada que se encontre em crise deverá (b) ajustar a sua quantidade de produção para menos. Isso significa que ela poderá simplesmente (b.1) reduzir a quantidade de produção, (b.2) fechar unidades de produção, (b.3) desfazer-se de unidades de produção que estejam a impossibilitar ganhos de escala ou de escopo. Nesses casos, a reestruturação da empresa visa reduzir as deseconomias de escala, de modo a que ela passe a ser economicamente viável. Por isso que dentre os meios de recuperação judicial encontram-se mecanismos de reestruturação societária, de venda de ativos operacionais e de venda isolada de ativos. No entanto, uma empresa pode estar superdimensionada em razão de uma redução da demanda pelos seus produtos. Nesses casos, uma alternativa é a realização de um *spin-off*, a alterar completamente o mercado no qual a empresa atua. O desafio da realização de um *spin-off* passa tanto pela necessidade de a empresa alterar contratos com fornecedores de insumos (o que envolve recursos humanos e bens de capital), como pela dificuldade em convencer-se o conjunto de *stakeholders* da empresa que o *spin-off* é viável.

Ajustar-se a quantidade de produção a um ponto ótimo conduz a que a empresa se torne economicamente viável. No entanto, isso não conduz necessariamente a que o veículo societário em recuperação judicial obtenha superar os problemas relacionados a um desequilíbrio financeiro. O ajuste financeiro da empresa pressupõe que se reorganize o fluxo de caixa da empresa, de modo a que as receitas decorrentes da operação ocorram em um momento anterior às despesas. Para tanto, pode-se recorrer a uma simples reestruturação do passivo da empresa (ou seja, uma reestruturação de dívida), mediante a imposição de abatimentos ou dilações no prazo para pagamento, podendo chegar até a uma alteração da estrutura de capital da empresa, mediante a venda de ativos ou aumento de capital da empresa para reforçar o caixa, chegando-se até a possibilidade de alterar-se inteiramente a estrutura de propriedade da empresa, mediante a conversão de dívida em capital ou mediante o aporte de dinheiro novo de terceiros ao capital da empresa. Nesses casos em que há aumento de capital por terceiros (credores concursais ou extraconcursais do veículo societário em recuperação, bem como terceiros que não têm nenhuma relação prévia com a empresa), a reestruturação financeira acaba por conduzir a um mesmo resultado a que se chegaria caso houvesse a venda da empresa a terceiros. Conquanto o resultado seja substancialmente o mesmo, muitas vezes a venda da empresa a terceiros apresenta-se como única alternativa a viabilizar a recuperação. É que no sistema concursal brasileiro nem todos os credores sujeitam-se a recuperação judicial.[82] Por esse motivo, torna-se virtualmente impossível reestruturar-se, por meio de dilações e abatimentos, a integralidade do passivo do veículo societário em recuperação. Nesse caso, há duas opções: ou vende-se a operação a terceiros, que não serão sucessores de dívidas do veículo societário em recuperação, ou mantém-se o conjunto de ativos operacionais em mãos veículo societário em recuperação e aguarda-se que ele seja liquidado com uma substancial perda do valor de seus ativos.

Em síntese, em consonância com a teoria econômica neoclássica, a empresa é "uma unidade econômica que produz e emprega resultados destinados à cobertura de necessidades alheias, respeitando a economicidade e o equilíbrio financeiro".[83] Por conseguinte, as funções econômicas que se espera sejam desempenhadas pelo direito consistem naquelas que viabilizam a economicidade e o equilíbrio financeiro. Quando as instituições jurídicas não logram desempenhar essas funções econômicas,

---

[82] É o quanto ocorre, por exemplo, com o crédito tributário.
[83] Georges Enderle et alii, *Empresa. Dicionário de ética econômica*, São Leopoldo, Unisinos, 1997, p. 242.

torna-se impossível recuperar-se uma empresa, no sentido atribuído pela economia neoclássica.

4. Teoria da empresa enquanto função de economizar custos de transação

A teoria econômica neoclássica da empresa, conquanto dominante, não é a que melhor explica a fenômeno empresarial. Os pressupostos da teoria econômica neoclássica não são orientados à elaboração de uma verdadeira teoria econômica da empresa, mas apenas de uma teoria de mercados nos quais a empresa é um importante participante.[84] Por conseguinte, a firma acaba por constituir objeto meramente lateral da investigação econômica neoclássica. Por essa razão, os autores que se dedicam ao tema da empresa afirmam que a empresa neoclássica é uma *caixa preta*,[85] "na qual insumos são transformados em produtos sem referência à organização."[86] Ou seja, o conjunto de pressuposições da economia neoclássica não permitem que se descreva o que se passa no interior da empresa. A compreensão do quanto se passa no interior da empresa, onde contratos são celebrados e são empregadas diferentes técnicas de administração, pressupõe que se recorra a teorias que adotem diferentes pressuposições.

A teoria que permitiu aos economistas perceberem o que se passa no interior da empresa foi elaborada a partir do trabalho de Ronald Coase,[87]

---

[84] William H. Meckling e Michael C. Jensen, *Theory of the firm: managerial behavior, agency costs and ownership structure*, in Michael C. Jensen (Ed.), *A theory of the firm*, Cambridge, Harvard University Press, 2003, pp. 83-135, p. 84.

[85] Recorrendo à metáfora, ver, por exemplo, William H. Meckling e Michael C. Jensen, *Theory of the firm: managerial behavior, agency costs and ownership structure*, in Michael C. Jensen (Ed.), *A theory of the firm*, Cambridge, Harvard University Press, 2003, pp. 83-135, p. 84; Peter Maskell, *The firm in economic geography*, in Economic Geography, v. 77, n. 4, 2001, pp. 329-344, pp. 330-331; Oliver D. Hart, *Incomplete contracts and the theory of the firm*, in Journal of Law, Economics & Organization, v. 4, n. 1, 1988, pp. 119-139, p. 120; Eric W. Orst, *Shirking and sharking: a legal theory of the firm*, in Yale Law & Policy Review, v. 16, 1998, pp. 265-329, p. 284; Bengt R. Holmstrom, Jean Tirole, *The theory of the firm*, in Richard Schmalensee, Robert Willig (Ed.), *Handbook of industrial organization*, New York, Elsevier, 1989. pp. 61-133, p. 63; e Harold Demsetz, *The economics of the business firm: seven critical commentaries*, Cambridge, Cambridge Univeristy Press, 1997, p. 8.

[86] Oliver E. Williamson, T*he mechanisms of governance*, New York, Oxford University Press, 1996, p. 7, tradução livre.

[87] Ronald H. Coase, *The nature of the firm*, in Economica, v. 4, 1937, pp. 386-405.

que, a um só tempo, possibilitou que se desenvolvesse a uma teoria que realmente se ocupa da empresa, como também deu origem ao movimento da análise econômica do direito.

De acordo com os pressupostos da economia neoclássica, o mercado é o mecanismo perfeito de formação de preços,[88] no qual, conhecida a oferta e a demanda por determinado bem ou serviço pelos sinais de preço, será possível determinar-se as razões pelas quais os agentes econômicos tomam decisões. Por conseguinte, para a economia neoclássica o mercado, por meio de sua mão invisível, é capaz de coordenar a alocação de recursos e, portanto, coordenar a produção. Assumindo-se estes pressupostos, não haveria razão para a existência das firmas, pois o mercado seria capaz de realizar integralmente a tarefa de organização da produção.[89] Observando que na vida real as empresas existiam, Ronald Coase se propôs a encontrar uma explicação lógica para a existência de firmas.[90] O ponto de partida foi a formulação da pergunta: por que empresas existem? A resposta passaria pela elaboração de uma teoria que tivesse maior aderência à realidade.[91] Para Coase, o pressuposto adotado pela economia neoclássica, segundo o qual o mercado é um mecanismo perfeito de preços e, portanto, capaz de coordenar a produção com sua mão invisível, não possibilita que se enfrente adequadamente o tema da empresa. Assim, Coase teorizou que o mercado não é sempre um mecanismo perfeito de preços, pois pode haver custos para a realização de transações em mercados.[92] Nesse caso, para evitar os custos de transação, os agentes econômicos organizam empresas. Conforme observou Coase, "[c]om o objetivo de conduzir uma transação de mercado é necessário

---

[88] Ronald H. Coase, *The nature of the firm*, in *Economica*, v. 4, 1937, pp. 386-405, p. 387.
[89] Nicolai J. Foss, Heinrik Lando e Steen Thomsen, *The theory of the firm*, in Boudewijn Bouckaert, Gerrit De Geest (Eds.), *Encyclopedia of law and economics*, v. III, Cheltenham, Edward Elgar, 2000, pp. 631-658, p. 632.
[90] Harold Demsetz, *The economics of the business firm: seven critical commentaries*, Cambridge, Cambridge Univeristy Press, 1997, p. 1.
[91] Ronald H. Coase, *The nature of the firm*, in *Economica*, v. 4, 1937, pp. 386-405, p. 386.
[92] Nicolai J. Foss, Heinrik Lando e Steen Thomsen, *The theory of the firm*, in Boudewijn Bouckaert, Gerrit De Geest (Eds.), *Encyclopedia of law and economics*, v. III, Cheltenham, Edward Elgar, 2000, pp. 631-658, p. 633.

descobrir com quem se pretende negociar, informar aos sujeitos que pretende negociar e em que termos, conduzir as negociações em direção ao negócio, redigir o contrato, empreender as inspeções necessárias para garantir que os termos do contrato estão sendo observados, e assim por diante. Frequentemente estas operações são extremamente custosas, e de qualquer maneira suficientemente custosas para impedir muitas transações que seriam realizadas em um mundo no qual o sistema de preços funcionasse sem custos."[93]

Para evitar-se incorrer em custos de transação (isto é, custos relacionados à utilização de contratos de execução instantânea, que são típicos de mercados), pode-se recorrer a uma diferente espécie de contrato, marcado por estabelecer relações de longo prazo e com objeto pouco determinado.[94] Aliás, para Coase, são essas relações que caracterizam a empresa. A empresa, assim, apresenta-se como um mecanismo de coordenação da atividade econômica que, por vezes, substitui o mercado. Empresa e mercados acabam por constituir métodos alternativos de coordenação da produção.[95] Por essa razão, para a Economia dos Custos de Transação a empresa é uma estrutura de governança alternativa em relação ao mercado,[96] cuja função é de economizar custos de transação (i.e., custos relacionados à utilização de determinada espécie de contratos). Precisamente por isto, a atenção da Economia dos Custos de Transação é orientada à investigação de como a disciplina jurídica e econômica dos contratos interfere na organização capitalista da economia.[97] Mais precisamente, da perspectiva da teoria dos custos de transação, arranjos institucionais voltados à redução dos custos de transação

---

[93] Ronald H. Coase, *The problem of social cost*, in *Journal of Law and Economics*, v. 3, 1960, pp. 1-44, p. 15, tradução livre.
[94] Ronald H. Coase, *The nature of the firm*, in *Economica*, v. 4, 1937, pp. 386-405, p. 391.
[95] Ronald H. Coase, *The nature of the firm*, in *Economica*, v. 4, 1937, pp. 386-405, p. 387.
[96] Oliver E. Williamson, *The mechanisms of governance*, New York, Oxford University Press, 1996, p. 7.
[97] Conforme assevera Williamson, "[t]ransaction cost economics adopts a contractual approach to the study of economic organization." Oliver E. Williamson, *The mechanisms of governance*, New York, Oxford University Press, 1996, p. 54.

constituem mecanismos de governança[98] (dos quais a empresa é uma das espécies[99]).

A Economia dos Custos de Transação adota uma tipologia das relações contratuais que as divide nos tipos transações de mercados, formas híbridas e firmas.[100] A diferença é que, no extremo das transações de mercado, os recursos são alocados espontaneamente pela mão invisível de mercado; ao passo que no extremo das transações de empresa outorga-se ao empresário (descrito como hierarquia) o poder de *fiat*, ou seja, de decidir como os recursos devem ser alocados.[101] Conforme demonstrei em

---

[98] A terminologia empregada por Oliver Williamson variou com o tempo. Assim, o que era "estrutura institucional" passou a denominar-se "estruturas de governança" e, ultimamente, é chamado de "mecanismo de governança", conforme observou Fernando Araújo, *Teoria econômica do contrato*, Coimbra, Almedina, 2008, p. 224. Assim, registra Williamson que "by governance structure I refer to the institutional framework within which the integrity of a transaction is decided. Markets and hierarchies are two of the main alternatives." Oliver E. Williamson, *Transaction-cost economics: the governance of contractual relations*, in *Journal of Law and Economics*, v. 22, n. 2, 1979, pp. 233-261, p. 235. As estruturas de governança são "the institutional matrix within which transactions are negotiated and executed". Oliver E. Williamson, *Transaction-cost economics: the governance of contractual relations*, in *Journal of Law and Economics*, v. 22, n. 2, 1979, pp. 233-261, p. 239.

[99] Jean-Philippe Platteau, *The Causes of Institutional Inefficiency: A Development Perspective*, in Éric Brousseau e Jean-Michel Glachant (Ed.), *New Institutional Economics*, Cambridge, Cambridge University Press, 2008, pp. 443-462, p. 444.

[100] Oliver E. Williamson, *Markets and hierarchies: some elementary considerations*, in *The American Economic Review*, v. 63, n. 2, 1973, pp. 316-325, p. 316. Oliver E. Williamson, *Por que direito, economia e organizações?*, in Decio Zylbersztajn e Rachel Sztajn (Ed.), *Direito e economia*, Rio de Janeiro, Elsevier, 2005, pp. 16-59, p. 25. No meio termo entre ambas, situam-se as organizações intermédias, como franquias e joint ventures. Nicolai J. Foss, Heinrich Lando e Steen Thomsen, *The theory of the firm*, in Boudewijn Bouckaert, Gerrit De Geest (Eds.), *Encyclopedia of law and economics*, v. III, Cheltenham, Edward Elgar, 2000, pp. 631-658, p. 633.

[101] Conforme observa Oliver Williamson, "[t]he problem of economic organization is usefully posed as one of comparative analysis of discrete structural alternatives in which both spontaneous (invisible) and intentional (visible) features are combined in varying degrees. Viewed instrumentally all forms of organization are accorded respect; and because each has a role to play, none is accorded undue respect. The upshot is that the marvel of the (invisible) market is examined in relation to the marvel of the (visible) hierarchy. Although that complicates the study of economic organization, it also invites analysis of a more probing and less contrived kind. The range of phenomena to which an economic approach can be brought fruitfully to bear is expanded in the process. The combined study of law, economics, and organization is implicated." Oliver E. Williamson, *Visible and invisible governance*, in *The American Economic Review*, v. 84, n. 2, 1994, pp. 323-326, pp. 325-326.

minha tese de doutoramento,[102] o interessante acerca da tipologia elaborada pela Economia dos Custos de Transação é que ela é virtualmente idêntica àquela elaborada por Tullio Ascarelli, que distingue os contratos em contratos de permuta e de organização.[103] De acordo com a lição de Tullio Ascarelli, os contratos de organização, dos quais a espécie talvez mais caraterística seja a dos contratos plurilaterais,[104] visam "justamente disciplinar a utilização dos bens a que se referem",[105] e, neste sentido, se compreendidos a partir de sua função econômica, podem "contrapor-se aos contratos de permuta."[106] Vale dizer, se analisados da perspectiva da função econômica, os contratos de empresa contrapõem-se aos contratos de mercado.

Um dos limites da teoria da empresa elaborada pela Economia dos Custos de Transação consiste em que ela não é orientada a explicar as dimensões da empresa e, portanto, não explica situações de integração horizontal, ou seja, processos de aquisição ou fusão com concorrentes. Sua preocupação central é explicar e que situações deve ocorrer a integração vertical, na modalidade de integrar com um fornecedor (*integrate backwards*, o que equivale ao problema da decisão *fazer-ou-comprar*),[107] ou na modalidade de integrar com um distribuidor (*integrate forward*).[108]

---

[102] Cássio Cavalli, *Empresa, direito e economia*, Rio de Janeiro, Forense, 2013.

[103] Tullio Ascarelli, *O contrato plurilateral*, in Tullio Ascarelli (Ed.), *Problemas das sociedades anônimas e direito comparado*, São Paulo, Saraiva e Cia, 1945. pp. 271-332.

[104] Os contratos de organização não são apenas os contratos plurilaterais, notadamente os contratos de sociedade. Conforme observa Tullio Ascarelli, é "inoportuna a terminologia de 'contratos de organização', se utilizada para indicar apenas os contratos plurilaterais, podendo, ela, ser, ao contrário, aproveitada para indicar todos os contratos com funções instrumentais e, portanto, o mandato." Tullio Ascarelli, *O contrato plurilateral*, in Tullio Ascarelli (Ed.), *Problemas das sociedades anônimas e direito comparado*, São Paulo, Saraiva e Cia, 1945, pp. 271-332, p. 291, nota de rodapé 50. Para uma análise dos contratos de sociedade como contratos de organização, ver Calixto Salomão Filho, *O novo direito societário*, São Paulo, Malheiros, 1998, pp. 13-42.

[105] Tullio Ascarelli, *O contrato plurilateral*, in Tullio Ascarelli (Ed.), *Problemas das sociedades anônimas e direito comparado*, São Paulo, Saraiva e Cia, 1945, pp. 271-332, p. 292.

[106] Tullio Ascarelli, *O contrato plurilateral*, in Tullio Ascarelli (Ed.), *Problemas das sociedades anônimas e direito comparado*, São Paulo, Saraiva e Cia, 1945, pp. 271-332, p. 312.

[107] Steven Tadelis, *Complexity, flexibility, and the make-or-buy decision*, in *The American Economic Review*, v. 92, n. 2, 2002, pp. 433-437, passim; e Oliver E. Williamson, *The mechanisms of governance*, New York, Oxford University Press, 1996, p. 15.

[108] Francine Lafontaine e Margaret Slase, *Vertical integration and firm boundaries: the evidence*, in *Journal of Economic Literature*, v. 45, n. 3, 2007, pp. 629-685, p. 631.

A questão central, portanto, não é "devo comprar meu concorrente?", mas "devo comprar meu fornecedor ou meu distribuidor?".

A Economia dos Custos de Transação responde essa questão em função da incompletude dos contratos e da especificidade dos ativos.[109] Por incompletude contratual entende-se que não há como prever-se contratualmente todas as possíveis contingências que podem ocorrer no curso da relação contratual.[110] Portanto, quanto maior for a complexidade do contrato e a incerteza dele decorrente, mais custosa será a utilização do contrato.[111] É que podem ocorrer situações em que haverá necessidade de se fiscalizar ou renegociar contratos ao longo de seu cumprimento. Se houver conflito acerca da interpretação do contrato, haverá a necessidade de buscar-se a solução oferecida por um terceiro, que, necessariamente, deverá interpretar o contrato.[112] Por conseguinte, um contrato de maior prazo deverá ser constantemente revisado e renegociado à medida em que for sendo cumprido. Esta constante necessidade de revisão e renegociação envolve custos.[113]

Já especificidade de ativos significa o "grau no qual um ativo pode ser realocado para usos alternativos sem sacrifício de valor produtivo."[114] Ou seja, a especificidade de ativos é uma medida que compara o valor a ele atribuído no contexto da transação e o valor que a ele seria atribuído em

---

[109] Oliver E. Williamson, *The mechanisms of governance*, New York, Oxford University Press, 1996, p. 60.

[110] Nicolai J. Foss, Heinrik Lando e Steen Thomsen, *The theory of the firm*, in Boudewijn Bouckaert, Gerrit De Geest (Eds.), *Encyclopedia of law and economics*, v. III, Cheltenham, Edward Elgar, 2000, pp. 631-658, p. 638.

[111] Scott E. Masten, *The organization of production: evidence from the aerospace industry*, in *Journal of Law and Economics*, v. 27, n. 2, 1984, pp. 403-417, p. 405.

[112] Oliver Hart, *Firms, contracts, and financial structure*, Oxford, Oxford University Press, 1995, p. 23.

[113] Oliver Hart, *Firms, contracts, and financial structure*, Oxford, Oxford University Press, 1995, pp. 24-25.

[114] Oliver E. Williamson, *The mechanisms of governance*, New York, Oxford University Press, 1996, p. 59, tradução livre. Nesse sentido, "[t]his has a relation to the notion of sunk cost. But the full ramifications of asset specificity become evident only in the context of incomplete contracting and went unrecognized in the pre-transaction cost era". Oliver E. Williamson, *The mechanisms of governance*, New York, Oxford University Press, 1996, p. 59.

outros contextos de outras transações.[115] Portanto, a especificidade de ativos "é uma medida de realocabilidade de um ativo".[116]

A diferença entre o valor do ativo na sua alocação atual e o valor que ele obteria em uma alocação alternativa é denominada *quase-renda*. A maximização do valor de uso dos ativos frequentemente é obtida mediante a sua adaptação a um determinado contexto, o que reduz o valor de sua alocação em um contexto alternativo.[117] Com efeito, quanto maior for a especificidade de um ativo, maior será o valor da *quase-renda*.[118]

Quanto menor for o valor de uso alternativo de um ativo, mais exposto estará seu proprietário ao oportunismo do outro contratante quando da necessidade de renegociação do contrato. Esta exposição é chamada de *hold-up*,[119] decorrente do aprisionamento (*lock-in*) na situação contratual.[120] Nestes casos, tende a tornar-se ineficiente o recurso à solução contratual.[121] Por conseguinte, a junção do oportunismo com a especificidade

---

[115] Nicolai J. Foss, Heinrik Lando e Steen Thomsen, *The theory of the firm*, in Boudewijn Bouckaert, Gerrit De Geest (Eds.), *Encyclopedia of law and economics*, v. III, Cheltenham, Edward Elgar, 2000, pp. 631-658, p. 640-641.

[116] Oliver E. Williamson, *The mechanisms of governance*, New York, Oxford University Press, 1996, p. 13, nota de rodapé 8, tradução livre.

[117] John Armour e Michael J. Whincop, *The proprietary foundations of corporate law*, in *Oxford Journal of Legal Studies*, v. 27, n. 3, 2007, pp. 429-465, p. 436, nota de rodapé 34.

[118] Scott E. Masten, *The organization of production: evidence from the aerospace industry*, in *Journal of Law and Economics*, v. 27, n. 2, 1984, pp. 403-417, p. 405. Ver, também, D. Bruce Johnsen, *The quasi-rent structure of corporate enterprise: a transaction cost theory*, in *Emory Law Journal*, v. 44, 1995, pp. 1277-1356.

[119] Sobre o conceito de hold-up, ver Benjamin Klein, Robert G. Crawford e Armen A. Alchian, *Vertical integration, appropriable rents, and the competitive contracting process*, in *Journal of Law and Economics*, v. 21, n. 2, 1978, pp. 297-326.

[120] Nesse sentido, "as the value of specific capital in other uses is, by definition, much smaller than the specialized use for which it has been intended, the supplier is effectively 'locked into' the transaction to a significant degree." Oliver E. Williamson, *The economics of organization: the transaction cost approach*, in *The American Journal of Sociology*, v. 87, n. 3, 1981, pp. 548-577, p. 555.

[121] Scott E. Masten, *The organization of production: evidence from the aerospace industry*, in *Journal of Law and Economics*, v. 27, n. 2, 1984, pp. 403-417; Kirk Monteverde e David J. Teece, *Supplier switching costs and vertical integration in the automobile industry*, in *The Bell Journal of Economics*, v. 13, n. 1, 1982, pp. 206-213; e Paul L. Joskow, *Vertical integration and long-term contracts: the case of coal-burning electric generating plants*, in *Journal of Law, Economics & Organization*, v. 1, n. 1, 1985, pp. 33-80.

de ativos constitui um forte incentivo à integração vertical,[122] em que os ativos devem ser controlados por apenas uma só das partes contratantes,[123] de modo a "economizar os custos de evitar os riscos de apropriação das quase-rendas de ativos específicos por indivíduos oportunistas."[124]

Nos casos em que o controle dos ativos necessários a exploração de duas etapas do processo produtivos são reunidas em um mesmo veículo societário (ou em veículos distintos, mas sujeitos a um mesmo controle), há integração vertical. Tome-se o exemplo da usina termoelétrica que precisa decidir se compra o seu insumo, o carvão, em mercado, ou se produz o seu insumo ao explorar sua própria mina de carvão. A depender da localização dos demais produtores de carvão e, portanto, da especificidade da usina, a integração vertical pode ser a única alternativa para organizar a produção de energia elétrica.[125]

Nesse caso, será a integração vertical (propriedade conjunta de ativos específicos) que gerará o valor de operação da empresa (*going concern*). Esta foi a hipótese elaborada por Douglas Baird e Robert Rasmussen, ao proclamarem o *Fim do Direito Concursal*.[126] A hipótese assenta sobre a ideia de que a concepção tradicional de reorganização judicial de empresas, – a orientada a evitar a venda fragmentada de ativos e a promover uma nego-

---

[122] Oliver E. Williamson, *Transaction-cost economics: the governance of contractual relations*, in *Journal of Law and Economics*, v. 22, n. 2, 1979, pp. 233-261, p. 234, nota de rodapé 4.
[123] Nesse sentido, conforme asseveram Klein, Crawford e Alchian, "[w]e maintain that if an asset has a substantial portion of quasi rent which is strongly dependent upon some other particular asset, both assets will tend to be owned by one party." Benjamin Klein, Robert G. Crawford e Armen A. Alchian, *Vertical integration, appropriable rents, and the competitive contracting process*, in *Journal of Law and Economics*, v. 21, n. 2, 1978, pp. 297-326, p. 300.
[124] Benjamin Klein, Robert G. Crawford e Armen A. Alchian, *Vertical integration, appropriable rents, and the competitive contracting process*, in *Journal of Law and Economics*, v. 21, n. 2, 1978, pp. 297-326, p. 299, tradução livre.
[125] A comprovação empírica de que a especificidade física de um ativo pode abrir as portas para o oportunismo foi demonstrada em um estudo que observou as relações entre as indústrias termoelétricas e as minas de carvão norte-americanas. Enquanto a grande maioria das indústrias termoelétricas preferem em geral recorrer ao mercado ou a contratos de longo prazo, as termoelétricas situadas próximas a minas de carvão preferem a integração vertical, precisamente para evitar eventual oportunismo da sua fornecedora próxima. Paul L. Joskow, *Vertical integration and long-term contracts: the case of coal-burning electric generating plants*, in *Journal of Law, Economics & Organization*, v. 1, n. 1, 1985, pp. 33-80, passim.
[126] Douglas G. Baird e Robert K. Rasmussen, *The end of bankruptcy*, in *Stanford Law Review*, v. 55, 2002, pp. 751-789.

ciação de um plano em assembleia para recuperar uma empresa viável, – não corresponde à realidade das reorganizações judiciais norte-americanas, que estariam sendo utilizadas como mecanismo para a liquidação ordenada da empresa e para a implementação de medidas negociadas com credores estratégicos antes da distribuição do pedido. Ademais, para os autores, mesmo nos casos em que veículos societários organizam ativos específicos, esses ativos não necessitam continuar sob o controle do veículo societário devedor. O que interessa não é quem é o proprietário dos ativos específicos, mas que os ativos específicos continuem sujeitos a um mesmo controlador, que pode ser outro veículo societário que não aquele em reorganização judicial. Nesse caso, mantidos os ativos específicos sob uma mesma hierarquia, haveria economia de custos de transação e maior capacidade de geração de valor de operação. Caso não haja integração vertical a envolver ativos específicos, não haverá valor de operação.[127] Por conseguinte, nada obsta a que se utilize o processo judicial de reorganização para realizar uma liquidação ordenada da empresa, mediante a venda fragmentada de seus ativos.

Essa é uma relevante abordagem sobre o que pode vir a significar recuperar uma *empresa*. Se empresa é entendida como integração vertical de ativos específicos sujeitos a uma mesma hierarquia, ausente essa integração vertical, não haverá o que ser preservado. Ademais, em casos de existência da integração vertical, nada obsta que o veículo societário em recuperação apresente como plano a alienação desses ativos específicos a um terceiro. Nesse caso, haverá preservação da empresa, embora o veículo societário que pediu recuperação judicial venha a ser posteriormente liquidado. Esta conclusão coaduna-se com a tão propalada, mas nem sempre tão bem compreendida, distinção entre empresário e empresa.

---

[127] Assim, "[a] going concern surplus will exist especially if and to the extent that a firm is built upon fixed and highly specialised (dedicated) assets with a low second-best value." Horst Eidenmuller, *Trading in times of crisis: formal insolvency proceedings, workouts and the incentives for shareholders/managers*, in European Business Organization Law Review, v. 7, n. 1, 2006, pp. 239-258, p. 241, nota de rodapé 3.

5. Teoria da empresa enquanto função de economizar custos de agência

Partindo de uma crítica à noção coaseana de que a empresa é uma hierarquia, Meckling e Jensen elaboraram a teoria da firma como *nexus of contracts*, colocando em evidência o aspecto contratual da empresa.[128]

Para essa teoria, a empresa polariza e é composta por uma série de relações contratuais, que envolvem as relações com fornecedores de capital, de trabalho, com os consumidores, etc. A empresa é, pois, apresentada como uma conexão de contratos (*nexus of contracts*).[129]

Os contratos que conformam as organizações são descritos a partir da perspectiva da teoria da agência.[130] A relação de agência é aquela em que um sujeito, identificado como o titular de um interesse (principal), delega a terceiro tarefas orientadas a consecução deste interesse (agente). O agente, de um lado, deve atuar para satisfazer o interesse do principal, mas, de outro lado, por ser maximizador do próprio bem-estar, tende a tomar decisões orientadas a satisfazer os próprios interesses, em detrimento do interesse do principal.[131]

O problema de agência passa a ser: como fazer com que o agente atue em favor do principal? Ou, noutras palavras, como alinhar os interesses do agente com os do principal. As possíveis soluções a esse problema envolvem custos, denominados custos de agência, que consistem em custos de contratação entre o principal e o agente, de monitoração do agente pelo principal, de custos incorridos pelo agente para demonstrar que está atuando no interesse do principal, e de perdas residuais decorrentes da

---

[128] Conforme registram os autores, "[c]ontractual relations are the essence of the firm". William H. Meckling e Michael C. Jensen, Theory of the firm: managerial behavior, agency costs and ownership structure, in Michael C. Jensen (Ed.), A theory of the firm, Cambridge, Harvard University Press, 2003, pp. 83-135, p. 88.

[129] Conforme registram os autores, "[c]ontractual relations are the essence of the firm, not only with employees but with suppliers, customers, creditors, etc." William H. Meckling e Michael C. Jensen, *Theory of the firm: managerial behavior, agency costs and ownership structure*, in Michael C. Jensen (Ed.), *A theory of the firm*, Cambridge, Harvard University Press, 2003, pp. 83-135, p. 88.

[130] William H. Meckling e Michael C. Jensen, *Theory of the firm: managerial behavior, agency costs and ownership structure*, in Michael C. Jensen (Ed.), *A theory of the firm*, Cambridge, Harvard University Press, 2003, pp. 83-135, p. 87.

[131] William H. Meckling e Michael C. Jensen, *Theory of the firm: managerial behavior, agency costs and ownership structure*, in Michael C. Jensen (Ed.), *A theory of the firm*, Cambridge, Harvard University Press, 2003, pp. 83-135, p. 85-86.

diminuição de riqueza do principal por conta das diferenças entre as decisões dos agentes e o interesse do principal.[132]

Essa teoria foi responsável por uma revolução no *corporate law*[133] norte-americano. Até meados de 1980, imperou no direito norte-americano a noção de que, ante a separação da propriedade e do controle das sociedades por ações, os administradores tenderiam a praticar atos que fugissem ao interesse dos acionistas. Para alinhar os interesses entre administradores e acionistas, desenvolveu-se um conjunto de deveres fiduciários que, se violados, ensejariam a responsabilização dos administradores.[134] Ou seja, para alinhar os interesses de administradores e acionistas, recorria-se a incentivos negativos.

Em consonância com a teoria elaborada por Meckling e Jensen, incentivos negativos não constituem o mecanismo mais eficiente para alinhamento de interesses. Pelo contrário, as empresas (aqui entendidas como conexão de contratos) poderão criar livremente incentivos contratuais positivos que alinhem os interesses a menor custo. Ou seja, para a teoria da empresa como conexão de contratos, o que interessa é como resolver

---

[132] William H. Meckling e Michael C. Jensen, *Theory of the firm: managerial behavior, agency costs and ownership structure*, in Michael C. Jensen (Ed.), *A theory of the firm*, Cambridge, Harvard University Press, 2003, pp. 83-135, p. 87.

[133] Jason Scott Johnston, *The influence of the nature of the firm on the theory of corporate law*, in *Journal of Corporation Law*, v. 18, 1993, pp. 213-244, p. 213. A obra que sintetiza esta revolução no corporate law, incorporando expressamente as proposições de William H. Meckling e Michael C. Jensen, é, Frank H. Easterbrook e Daniel R. Fischel, *The economic structure of corporate law*, Cambridge, Harvard University Press, 1991. Esta obra é a quadragésima quinta mais citada no direito norte-americano, conforme Fred R. Shapiro, *The most cited legal books published since 1978*, in *The Journal of Legal Studies*, v. 29, n. S1, 2000, pp. 397-405. Os artigos destes autores também figuram nas listas dos artigos mais citados do direito norte-americano. Fred R. Shapiro, *The most cited law review articles revisited*, in *Chicago-Kent Law Review*, v. 71, 1996, pp. 751-779.

[134] A descrição do fenômeno da dissociação entre propriedade e controle feita por Berle e Means, (Adolf Berle e Gardiner C. Means, *A moderna sociedade anônima e a propriedade privada*, São Paulo, Abril Cultural, 1984) ao destacar o abuso que sofrem os acionistas por parte dos administradores, continha fortes contornos normativos relacionados à imposição de deveres fiduciários aos administradores, os quais, se não observados, ensejariam punição legal. Jason Scott Johnston, *The influence of the nature of the firm on the theory of corporate law*, in *Journal of Corporation Law*, v. 18, 1993, pp. 213-244, p. 220; Eric W. Orst, *Shirking and sharking: a legal theory of the firm*, in *Yale Law & Policy Review*, v. 16, 1998, pp. 265-329, p. 266; Thomas S. Ulen, *The coasean firm in law and economics*, in *Journal of Corporate Law*, v. 18, 1993, pp. 301-331, p. 303.

problemas de agência a menor custo. Nesse sentido, a função da empresa é economizar custos de agência por meio da elaboração de contratos.

Essa teoria permite que se analise, a partir da métrica da relação principal-agente, virtualmente todas as possíveis relações entre indivíduos que orbitam uma empresa. Assim, pode-se analisar as relações acionistas-administradores; acionistas-credores da empresa; acionistas-acionistas e assim por diante.

Em consonância com essa teoria, afirma-se que as sociedades por ações (que constituem arquétipo do direito societário) são marcadas por cinco características que a tornam o mecanismo mais eficiente de solução de problemas de agência a menor custo. São elas: (a) autonomia patrimonial; (b) limitação de responsabilidade; (c) livre transmissibilidade de participações societárias; (d) administração centralizada; e (e) propriedade compartilhada entre os que aportaram capital.[135]

A regra da limitação da responsabilidade,[136] por exemplo, desempenha um relevante papel solução de problemas de agência a menor custo. Tome-se, por exemplo, a relação acionista-administrador. Ao administrador compete tomar decisões acerca da condução dos negócios da empresa. Essas decisões podem acarretar perdas para a empresa. Se não houvesse limitação da responsabilidade dos acionistas, eles poderiam ser chamados a arcar com essas perdas. Por conseguinte, ante a exposição de seu patrimônio pelas dívidas sociais, os acionistas empreenderiam maiores esforços para monitorar a atuação dos administradores. Os esforços de monitoramento constituem custos, que seriam multiplicados, pois cada acionista cuidaria de monitorar os administradores, de modo a evitar que ocorressem perdas que colocassem em risco o patrimônio dos acionistas. A regra da limitação da responsabilidade dos acionistas, no entanto, resolve o problema de agência a menor custo. É que, caso as decisões do administrador acarretem perdas para a empresa, os acionistas sabem que responderão por essas perdas apenas até o valor do capital que aportaram. Com isso, reduz-se a necessidade de monitoração

---

[135] Reinier Kraakman, John Armour, Paul Davies, Luca Enriques, Henry B. Hansmann, Gérard Hertig, Klaus J. Hopt, Hideki Kanda e Edward B. Rock, *The Anatomy of Corporate Law – A Comparative and Functional Approach*, Oxford, Oxford University Press, 2009, capítulo 1.

[136] Assim, por todos, ver Frank H. Easterbrook e Daniel R. Fischel, *Limited liability and the corporation*, in *The University of Chicago Law Review*, v. 52, n. 1, 1985, pp. 89-117.

dos administradores diretamente pelos acionistas, e possibilita-se que sejam adotados mecanismos centralizados de prestação de contas, como a apresentação de contas auditadas por uma empresa de auditoria. Esse exemplo mostra como a regra da limitação da responsabilidade resolve um específico conflito de agência a menor custo do que a regra da não limitação da responsabilidade.

A regra da autonomia patrimonial[137] com proteção contra a liquidação de participação societária também permite que se resolva problemas de agência a menor custo. Tome-se como exemplo a relação credor-acionista. O credor que empresta dinheiro para a companhia tem o interesse no pagamento do valor emprestado. Como garantia básica do pagamento, há a garantia patrimonial do devedor, isto é, a regra segundo a qual o devedor responde, com todos os seus bens, presentes e futuros, pela satisfação dos créditos. Essa garantia patrimonial poderia ser afetada caso os acionistas pudessem retirar os bens da empresa a qualquer tempo. Para evitar-se isso, atribui-se aos acionistas um direito residual ou subordinado em relação ao direito dos credores da companhia. Ou seja, os ativos da companhia devem ser utilizados em primeiro lugar para pagar os credores da companhia. Aos acionistas, serão distribuídos os bens que restarem após o pagamento de credores. Daí porque só haverá distribuição de dividendos ao acionista caso seja apurado lucro no exercício. Da mesma forma, daí porque o direito do sócio de participar do acervo societário em caso de liquidação é subordinado ao direito dos credores da sociedade.

Por sua vez, a regra da autonomia patrimonial reduz a necessidade de os credores da companhia monitorarem os acionistas. Se não houvesse autonomia patrimonial, o sócio teria o direito de retirar os bens da companhia, em prejuízo aos credores da companhia. Portanto, os credores do sócio poderiam penhorar os bens da companhia pelas dívidas do sócio. Nesse caso, os credores da companhia, para emprestar recursos à companhia, também teriam que monitorar o endividamento dos sócios da companhia, com o que incorreriam em maiores custos. A regra da autonomia patrimonial, portanto, ao subordinar o direito do sócio aos direitos dos credores da companhia, reduz a necessidade de monitoramento do endi-

---

[137] Assim, por todos, ver Henry Hansmann, Reinier Kraakman e Richard Squire, *Law and the rise of the firm*, in *Harvard Law Review*, v. 119, n. 5, 2006, pp. 1333-1403.

vidamento dos sócios. Ademais, se há proteção contra liquidação de participação societária, como ocorre nas sociedades por ações, mesmo que um credor venha a penhorar a participação societária do devedor acionista, não haverá a possibilidade de liquidação desta participação. Com isso, evita-se que os bens sociais tenham que ser vendidos para pagar o valor de reembolso. Nesse caso, a regra da proteção contra liquidação acaba por proteger o valor de operação da sociedade por ações.[138]

Com efeito, as instituições de direito societário contêm diferentes soluções para diversos problemas de agência. As soluções que resolverem o problema a menor custo, isto é, que lograrem economizar custos de agência, serão tidas como as mais eficientes e, portanto, tenderão a ser as mais adotadas. Os diferentes arranjos que a organização societária da empresa viabiliza acabam por constituir a estrutura de capital de uma empresa. Ou seja, quem ocupa o papel de sócio, com o papel de aportar capital, quem desempenha as funções de administrador, e quem empresta recursos à empresa. Ao direito societário incumbe organizar e equilibrar essas relações de modo a que se economize o máximo possível de custos de agência. Em uma situação de insolvência, esse equilíbrio é abalado, uma vez que a empresa não possui ativos ou liquidez para pagar a integralidade de seus credores. Com efeito, os credores tendem a cessar o fornecimento de crédito para a empresa. A empresa poderia vender ativos para aumentar sua liquidez e pagar credores. Essa solução é dificultada pelo fato de que muitas vezes os bens da empresa estão onerados em garantia, ou pelo fato de que há regras que estabelecem que os adquirentes dos ativos respondem pelas dívidas da empresa. Em ambos as hipóteses, a venda extraconcursal de ativos não se afigura como uma alternativa viável. Poder-se-ia exigir dos acionistas novos aportes de capital. No entanto, os acionistas não aceitarão a alternativa se ficarem com pouco ou nada da firma reestruturada. Isso conduz a um impasse que pode demandar que se ajuíze uma ação de recuperação para superar o impasse.[139]

Durante o processo de insolvência (seja ele de recuperação, seja ele de falência), as cinco características da estruturação societária da empresa

---

[138] Henry Hansmann, Reinier Kraakman e Richard Squire, *Law and the rise of the firm*, in *Harvard Law Review*, v. 119, n. 5, 2006, pp. 1333-1403, pp. 1348 e ss.

[139] Mark J. Roe, Bankruptcy and Debt: *A New Model for Corporate Reorganization*, in *Columbia Law Review*, v. 83, n. 3, 1983, pp. 527-602, pp. 571-572.

são mantidas,[140] embora ocorra uma alteração na estrutura de capital da empresa. A estrutura de capital da empresa fora da insolvência aloca direitos sobre os ativos da empresa aos (1) credores e residualmente aos (2) acionistas. Os ativos são administrados por terceiros.

Já em um processo concursal, os acionistas são como que rebaixados e seus direitos, que eram residuais, são potencialmente eliminados. Assim, (a) os credores pré-pedido, que podiam servir-se dos ativos da companhia livremente, tornam-se credores concursais. Em razão das regras de suspensão das ações e execuções contra a empresa devedora, os credores concursais não poderão mais servir-se dos ativos da empresa. As regras de suspensão das ações e execuções (*stay laws*) do direito concursal desempenham função análoga à regra da autonomia patrimonial (*entity shielding*) no direito societário: estabelecem direitos residuais sobre os ativos da empresa e protegem contra liquidação o conjunto de ativos. Com efeito, os credores concursais passam a ter um direito residual em relação ao direito dos credores que surgirem pós-pedido, que são classificados como extraconcursais. Ademais, ao suspender-se as ações e execuções dos credores concursais, protege-se o valor de operação da empresa. Por outro lado, as decisões acerca da alocação dos ativos da empresa insolvente (em recuperação ou em falência) passam a ser tomadas não mais pelos acionistas, mas pelos credores.[141] É que em um processo de insolvência, serão os credores, não os acionistas, que terão os melhores incentivos para tomar decisões eficientes voltadas a maximizar o valor da empresa.[142]

---

[140] Reinier Kraakman, John Armour, Paul Davies, Luca Enriques, Henry B. Hansmann, Gérard Hertig, Klaus J. Hopt, Hideki Kanda e Edward B. Rock, *The Anatomy of Corporate Law – A Comparative and Functional Approach*, Oxford, Oxford University Press, 2009, capítulo 5.

[141] A assertiva deve ser mais bem explicada, uma vez que na recuperação judicial, de regra, conserva-se o poder de influência que ao menos o acionista controlador exerce sobre a administração da empresa e sobre a condução do processo. No entanto, o desfecho da recuperação judicial depende da deliberação dos credores. Nesse sentido, os credores desempenham um papel decisório relevante em um processo recuperacional. Isso para não falar na hipótese de afastamento da administração da empresa no curso da recuperação judicial. Já na falência, os credores terão um papel decisório importante em diversas situações, embora o processo falimentar, por ter uma estrutura mais rígida, deixe menos espaço à governança exercida pelos credores.

[142] Assim, ver Bruno Meyerhof Salama e Fábio Weinberg Crocco, *A racionalidade econômica do direito falimentar*, in Carlos Henrique Abrão, Fátima Nancy Andrighi e Sidnei Beneti (Ed.)., *10 anos de vigência da Lei de recuperação e Falência*, São Paulo, Saraiva, 2015, pp. 379-419, pp.

Ademais, quanto à (b), os credores concursais não respondem pelas dívidas da empresa que está em recuperação ou falida, à mesma maneira do quanto estabelece a regra da limitação de responsabilidade dos acionistas. Ou seja, o máximo que os credores perderão na companhia é o valor de seu crédito. Quanto à (c), haverá uma livre transmissibilidade de créditos concursais, à semelhança da livre transmissibilidade de ações de uma companhia solvente. Por fim, (d) a gestão será realizada por terceiros profissionalizados (que pode ser composta pelos administradores da companhia ou por administradores nomeados judicialmente), e que (e) responderão pelos atos de gestão que praticarem.

Na falência, essas características são mais facilmente perceptíveis, pois, uma vez decretada a falência, os credores pré-pedido terão suas ações suspensas e serão incluídos em uma relação de credores, na qual receberão residualmente em relação aos credores extraconcursais. Os credores concursais não respondem pelas dívidas da massa falida e podem livremente ceder seus créditos. Já aqueles que eram acionistas pré-pedido somente receberão se forem pagos integralmente os credores concursais. Ademais, na falência há o afastamento dos administradores, que serão substituídos por um administrador judicial, que responde pelos atos de gestão que praticar.

Na recuperação judicial, essas características não são tão claramente delineadas. Se a empresa pede recuperação judicial, os credores pré-pedido tornam-se credores concursais, e suas ações e execuções são suspensas. Os créditos são livremente transmissíveis e os credores concursais não respondem pelas dívidas da empresa recuperanda. Os acionistas são como que rebaixados, no sentido de que eles, ao menos em tese, não serão pagos antes de serem pagos os credores concursais. No entanto, tanto o rebaixamento dos acionistas como a posição ocupada pelos credores concursais não é necessariamente definitiva. Ao final da recuperação, pode ocorrer de a empresa sair reorganizada exatamente com os mesmos acionistas que compunham o quadro social antes do pedido. A recuperação judicial terá apenas reestruturado o passivo da empresa mediante dilações e abatimentos ou dação em pagamento. No entanto, por vezes, a recuperação judicial resulta em uma completa alteração do

---

399-400. Ver também Frank H. Easterbrook e Daniel R. Fischel, *The economic structure of corporate law*, Cambridge, Harvard University Press, 1991, p. 69.

quadro acionário. Os antigos acionistas são eliminados e substituídos por novos acionistas, a exemplo de credores (concursais ou extraconcursais) que convertem seu crédito em capital. Neste caso, a empresa exsurgirá da recuperação judicial com uma nova estrutura de capital. Esse mesmo resultado ocorre também caso o veículo societário em recuperação aliene seus ativos operacionais a terceiros. Nesse caso, a empresa terá seguimento com diversos acionistas e credores, e o veículo recuperando será conduzido para a liquidação.

É precisamente pelo fato de que na recuperação judicial há uma provisória reestruturação de capital da empresa, que poderá ou não retornar ao arranjo original, que há acentuada dificuldade em identificar-se quem exerce (ou deve exercer) o controle durante o processamento da recuperação. Por esse motivo, frequentemente percebe-se um entrechoque das regras societárias de governança e as regras de direito concursal, sem que se saiba, ao certo, qual critério a ser adotado para escolher as regras que deverão prevalecer.

6. Conclusão

Este artigo buscou trazer ao direito concursal aportes provenientes das distintas teorias econômicas e jurídicas da empresa. Esses aportes assentam notadamente nas diversas funções econômicas que as instituições jurídicas podem desempenhar, em especial no que respeita à geração de valor de operação. Com isso, dá-se mais um passo para a compreensão do que seja recuperar uma empresa. Com efeito, para que se possa recuperar uma empresa é necessário que as instituições jurídicas de direito concursal desempenhem, na máxima medida, as funções de economizar custos de produção, de economizar custos de transação e de economizar custos de agência.

A compreensão dessas distintas funções econômicas permite que se tenha uma melhor compreensão acerca do que seja recuperar uma empresa e, portanto, quais são os meios de recuperação que podem ser empregados, bem como quais são os *outputs* que podem exsurgir de um processo de recuperação judicial.

Por fim, o diálogo entre as teorias econômicas da empresa e o direito concursal coloca em plena luz a necessidade de se compreender melhor as relações entre o direito concursal, o direito societário e o direito contratual.

A Eficiência da Lei 11.101 e os enunciados 44, 45 e 46 da 1.ª Jornada de Direito Comercial

DALTRO DE CAMPOS BORGES FILHO

1. Introdução

O desafio de tornar eficiente qualquer legislação concursal, permitindo compor os múltiplos conflitos de interesse envolvidos, a nosso ver, depende da efetiva atuação dos credores e em especial da percepção dos demais agentes do mercado acerca dos riscos dessa situação que se confia seja transitória, de modo a incentivar o crédito e o aporte de novos recursos para viabilizar a reorganização de empresas em crise, mas economicamente viáveis.

Para que esses objetivos se tornem factíveis, com segurança jurídica, celeridade e transparência em todos os aspectos do processo, imprescindível que o controle jurisdicional para dirimir conflitos e reprimir fraudes, não inviabilize a sistemática estabelecida na Lei 11.101 de 2005 ("LRE"), que opta por prestigiar a solução negociada entre devedor e credores.

Neste artigo, sustentamos que as controvérsias relacionadas ao Plano de Recuperação Judicial e à Assembleia Geral de Credores devem ser decididas em consonância com a aplicação conjunta dos Enunciados 44, 45 e 46 da I Jornada de Direito Comercial de outubro de 2012.

2. Considerações sobre os 10 anos da Lei de Recuperação de Empresas

As críticas aos resultados da LRE, após 10 anos de sua promulgação, refletem dificuldades recorrentes de qualquer legislação concursal, pois a aplicação concomitante de institutos e conceitos de natureza jurídica e econômica sempre gera perplexidades e vivas controvérsias na doutrina e jurisprudência.

Há o consenso, porém, de que os objetivos da legislação concursal transcendem os interesses individuais da empresa devedora e dos seus credores, sendo unânime o entendimento de que se trata de matéria de ordem pública, pelo que na sua exegese deverão prevalecer os interesses públicos – ou coletivos – (i) de preservar empresas em crise, mas economicamente viáveis, e (ii) de permitir que os credores recebam o máximo possível dos valores a que têm direito, incentivando, assim, o crédito como força motriz do mercado e da economia como um todo.

No Brasil, as diversas críticas tanto de empresas devedoras, como de credores, evidenciam que a LRE de 2005 parece ter atingido certo equilíbrio nesse conhecido "movimento pendular" das legislações concursais – expressão bem cunhada por Fábio Konder Comparato[1] – ora pró-credores e ora pró-devedores. Contudo, natural que haja contrariedades de parte a parte, pois as soluções para os problemas de empresas em crise econômico-financeira quase sempre importam em perdas para todos os envolvidos.

Com efeito, os percalços se multiplicam em progressão geométrica, pois os inevitáveis conflitos de interesses – não só entre empresa devedora e credores, mas também entre os próprios credores – dificultam sejam encontradas soluções de consenso que componham o idealizado "interesse coletivo" nos processos concursais.

A propósito, recorde-se a "atualíssima" constatação do Conselheiro do Rei de Portugal, Borges Cabral[2], feita há 126 anos, em julho de 1889, ao se pronunciar sobre o projeto da Lei do Quebrão:

"Em matéria de falência não há previsões legislativas que bastem e nem reformas que muito durem. Por um lado, a extrema mobilidade e susceptibilidade do crédito, cuja segurança a lei de falência se propõe

---

[1] Fabio Konder Comparato, *Aspectos Jurídicos da macro-empresa*, São Paulo, RT, 1970, pp. 98-101.
[2] Conselheiro Borges Cabral, Exposição de Motivos datada de 26 de julho de 1889, *apud* Paulo Penalva Santos, *O Novo Projeto de Recuperação da Empresa*, pórtico, www.emerj.tjrj.jus.br.

tutelar, desorientam e amesquinham as mais completas e adequadas providências e obrigam o legislador a seguir nas suas constantes transformações os caprichosos movimentos desse maravilhoso proteu. Por outro lado, a astúcia dos interesses penetra e desconserta as mais finas malhas da urdidura legislativa, e o dolo e a fraude, tantas vezes auxiliados pelo desleixo ou complacências dos próprios executores da lei, a breve trecho fazem do descrédito desta o pedestal dos seus triunfos."

Independentemente dessas conjecturas, é inconteste que o princípio basilar da legislação concursal brasileira, a partir de 2005, está conceituado na regra do seu art. 47: "A recuperação judicial tem por objetivo viabilizar a superação da situação de crise econômico-financeira do devedor, a fim de permitir a manutenção da fonte produtora, do emprego dos trabalhadores e dos interesses dos credores, promovendo, assim, a preservação da empresa, sua função social e o estímulo à atividade econômica".

Nesse sentido, o entendimento do Superior Tribunal de Justiça, retratado em inúmeros acórdãos e decisões monocráticas que deram origem ao Enunciado n.º 1 da Jurisprudência em Teses do STJ – Recuperação Judicial I: "A recuperação judicial é norteada pelos princípios da preservação da empresa, da função social e do estímulo à atividade econômica, a teor do art. 47 da Lei n. 11.101/2005"[3].

Para atingir esses objetivos, contudo, torna-se indispensável motivar a efetiva atuação de todos os agentes nos processos de recuperação judicial, concedendo incentivos adequados para que devedores, credores e demais agentes do mercado reconheçam que os procedimentos e os institutos da LRE constituem a melhor alternativa para resolver

---

[3] Precedentes: (1) AgRg no CC 129079/SP, Rel. Min. Antonio Carlos Ferreira, 2.ª Seção, j. 11/03/2015, DJe 19/03/2015; (2) AgRg no REsp 1462032/PR, Rel. Min. Mauro Campbell Marques, 2.ª Turma, j. 05/02/2015, DJe 12/02/2015; (3) REsp 1173735/RN, Rel. Min. Luis Felipe Salomão, 4.ª Turma, j. 22/04/2014, DJe 09/05/2014; (4) CC 111645/SP, Rel. Min. Paulo de Tarso Sanseverino, 2.ª Seção, j. 22/09/2010, DJe 08/10/2010; (5) CC 108457/SP, Rel. Min. Honildo Amaral de Mello Castro (Desembargador convocado do TJ/AP), 2.ª Seção, J. 10/02/2010, DJe 23/02/2010; (6) REsp 844279/SC, Rel. Min. Luiz Fux, 1.ª Turma, j. 05/02/2009, DJe 19/02/2009; (7) CC 79170/SP, Rel. Min. Castro Meira, 1.ª Seção, j. 10/09/2008, DJe 19/09/2008; (8) CC 129626/MT (decisão monocrática), Rel. Min. Nancy Andrighi, j. 15/08/2013, DJe 19/08/2013; (9) CC 115081/SP (decisão monocrática), Rel. Min. Marco Buzzi, j. 06/02/2012, DJe 02/03/2012 (sítio STJ – Jurisprudência em Teses – 27.05.15 – n.º 35).

os problemas advindos da crise econômico-financeira de determinada empresa insolvente.

A nosso sentir, contudo, os estigmas dos 60 anos do instituto da concordata do Decreto-lei 7.661/45 ainda persistem no imaginário da grande maioria dos agentes do mercado, minando a credibilidade e a confiança no processo da recuperação judicial e na própria LRE.

Nesses 10 anos, a LRE não incentivou adequadamente o ingresso de dinheiro e créditos novos em empresas em recuperação judicial ("dinheiro novo"), nem atraiu um maior número de investidores dispostos a assumir os riscos inerentes a esse mercado de *distress* ("terceiros potenciais interessados")[4], a despeito dos exemplos de sucesso propiciados pela legislação concursal norte americana, na qual também se inspirou o legislador de 2005.

No Brasil, de fato, há pouquíssimos incentivos para que o empresário busque a proteção da LRE, o que leva empresas devedoras em crise a postergarem em demasia o reconhecimento da sua situação de desequilíbrio econômico-financeiro e a relutarem em tomar medidas mais efetivas para equacionar as perdas constantes e estancar a inexorável destruição de valores, que prejudica todo o mercado.

Ainda hoje prevalece a postura de adotar medidas paliativas para solver problemas econômico-financeiros crônicos da empresa devedora, ou de optar por planejamentos equivocados que atrelam os principais ativos como garantia de dívidas (muitas vezes) impagáveis. De fato, dívidas são renegociadas em condições desenquadradas da realidade da empresa, sem considerar o problema no seu todo, resultando em novas inadimplências.

Assim, quando se torna inevitável ajuizar o processo de recuperação judicial, a maioria das empresas devedoras se encontra em uma linha tênue entre a possibilidade de reestruturação e o encerramento de suas atividades, com a consequente bancarrota.

Outro aspecto relevante dessa questão reside no fato incontroverso de que o sucesso de qualquer reestruturação depende da revitalização do

---

[4] Os "terceiros potenciais interessados" em geral serão investidores financeiros, mas o melhor para o desenvolvimento do mercado recuperacional brasileiro seria incentivar e aumentar o número de investidores estratégicos. Para tanto, porém, é essencial o amadurecimento e a consolidação dos institutos dos processos concursais, bem como a confiança do mercado na aplicação da Lei 11.101 de 2005.

crédito da empresa devedora para viabilizar a injeção de dinheiro novo que servirá não apenas para pagamento das dívidas do passado, mas também para o fomento do "caixa" do próprio negócio (a recuperação, em última análise, reflete uma crise de "caixa"/liquidez).

Em 1948, Miranda Valverde, autor do projeto do Decreto-lei 7661/45, já preconizava o crédito como matéria vital para a reorganização de qualquer empresa em crise[5]. Porém, insista-se: esse crédito – ou dinheiro novo – até hoje, é extremamente oneroso e depende dos pouquíssimos interessados no mercado de *distress* no Brasil.

Não obstante esses percalços, é inegável que a LRE obteve avanços em relação ao Decreto-lei 7661/45, podendo se destacar que o Superior Tribunal de Justiça, *v.g.*, no Enunciado n.º 10 da Jurisprudência em Teses do STJ – Recuperação Judicial I, assentou o entendimento de que "a competência para promover os atos de execução do patrimônio da empresa recuperanda é do juízo em que se processa a recuperação judicial, evitando-se, assim, que medidas expropriatórias prejudiquem o cumprimento do plano de soerguimento"[6].

A controvérsia sobre o conflito de competência entre juízos da recuperação judicial e trabalhistas, no tocante à cobrança de dívidas dos ex-empregados, tem como paradigma o acórdão da relatoria do Ministro Ari Pargendler, na Segunda Seção do Superior Tribunal de Justiça, que

---

[5] "O mecanismo da circulação das riquezas tem no crédito um dos elementos principais de propulsão. As organizações comerciais modernas, quaisquer que sejam, sem ele não podem desenvolver com amplitude os seus negócios, atuar com eficácia no campo largo e aberto da concorrência." (Trajano de Miranda Valverde, *Comentários à Lei de Falências*, vol. I, 4.ª ed., Rio, Forense, 1999, p. 1).

[6] Precedentes: (1) AgRg no CC 129079/SP, Rel. Min. Antonio Carlos Ferreira, 2.ª Seção, j. 11/03/2015, DJe 19/03/2015; (2) AgRg no CC 133509/DF, Rel. Min. Moura Ribeiro, 2.ª Seção, j. 25/03/2015, DJe 06/04/2015; (3) AgRg no CC 125205/SP, Rel. Min. Marco Buzzi, 2.ª Seção, j. 25/02/2015, DJe 03/03/2015; (4) AgRg no CC 136978/GO, Rel. Min. Marco Aurélio Bellizze, 2.ª Seção, j. 10/12/2014, DJe 17/12/2014; (5) AgRg no CC 124052/SP, Rel. Min. João Otávio de Noronha, 2.ª Seção, j. 22/10/2014, DJe 18/11/2014; (6) EDcl no AgRg no AgRg no CC 118424/SP, Rel. Min. Paulo de Tarso Sanseverino, 2.ª Seção, j. 10/04/2013, DJe 14/03/2014; (8) AgRg no CC 130433/SP, Rel. Min. Sidnei Beneti, 2.ª Seção, j. 26/02/2014, DJe 14/03/2014; (9) CC 118819/MG, Rel. Min. Ricardo Villas Bôas Cueva, 2.ª Seção, j. 26/09/2012, DJe 28/09/2012; (10) CC 116696/DF, Rel. Min. Nancy Andrighi, 2.ª Seção, j. 24/08/2011, DJe 31/08/2011; (11) AgRg no CC 105215/MT, Rel. Min. Luis Felipe Salomão, 2.ª Seção, j. 28/04/2010, DJe 24/06/2010 (Disponíveis em www.stj.gov.br – Jurisprudência em Teses – 27.05.15 – n.º 35).

assim constatou: "A Lei n.º 11.101, de 2005, não teria operacionalidade alguma se sua aplicação pudesse ser partilhada por juízes de direito e juízes do trabalho"[7].

Além dessa questão da competência, pacificada por inúmeros outros julgados da Segunda Seção do Superior Tribunal de Justiça[8], o Supremo Tribunal Federal[9] também reconheceu a primazia da LRE para assegurar a função social da empresa, ao reconhecer a constitucionalidade das normas do art. 60, parágrafo único[10] e do art. 141, II[11], afastando do adquirente em vendas judiciais qualquer tipo de responsabilidade (por sucessão) pelas dívidas trabalhistas, respectivamente, da recuperanda e da falida.

Posteriormente, com relação às dívidas fazendárias, a Segunda Seção do Superior Tribunal de Justiça também reconheceu a competência exclusiva do juízo concursal para constrição judicial, ou alienação de bens da empresa devedora, a partir do ajuizamento da recuperação judicial[12].

Assim, embora sem dados estatísticos, pode se afirmar com base na experiência profissional[13] que a segurança jurídica decorrente desses

---

[7] CC 61.272/RJ – DJ 25.06.2007.
[8] Precedentes STJ: (1) CC 90.504/SP, Rel. Min. Fernando Gonçalves, DJ 01/07/2008; (2) CC 73.380/SP, Rel. Min. Helio Quaglia Barbosa, DJ 21/11/2008; (3) CC 61.272/RJ, Rel. Min. Ari Pargendler, DJ 25/11/2008; (4) CC 105.648/MT, Rel. Min. Massami Uyeda, DJ 09/12/2009; (5) CC 108.141/SP, Rel. Min. Fernando Gonçalves, DJ 26/02/2010; (6) CC 110287/SP, Rel. Min. João Otavio de Noronha, DJ 29/03/2010; (7) CC 111.074/DF, Rel. Min. Paulo de Tarso Sanseverino, DJ 04/10/2010; e (8) CC 110.386/DF, Rel. Min. Maria Isabel Gallotti, DJ 16/02/2011.
[9] STF, ADIn 3.934-DF, Rel. Min. Ricardo Lewandowski, j. 04/06/2009, DJE 06/11/2009.
[10] "Art. 60. Se o plano de recuperação judicial aprovado envolver alienação judicial de filiais ou de unidades produtivas isoladas do devedor, o Juiz ordenará a sua realização, observado o disposto no art. 142 desta Lei. – Parágrafo único. O objeto da alienação estará livre de qualquer ônus e não haverá sucessão do arrematante nas obrigações do devedor, inclusive as de natureza tributária, observado disposto no § 1º do art. 141 desta Lei."
[11] "Art. 141. Na alienação conjunta ou separada de ativos, inclusive da empresa ou de suas filiais, promovida sob qualquer das modalidades de que trata este artigo:" (...) "(II) – o objeto da alienação estará livre de qualquer ônus e não haverá sucessão do arrematante nas obrigações do devedor, inclusive as de natureza tributária, as derivadas da legislação do trabalho e as decorrentes de acidentes de trabalho."
[12] Precedentes STJ: (1) AgRg no CC n.º 118.714/MT, Rel. Min. Sidnei Benetti, DJ 10/08/2012; e (2) AgRg no AgRg no CC n.º 20.644-RS, Rel. Min. Massami Uyeda, DJ 01/08/2012.
[13] Diante da notória escassez de dados estatísticos, a assertiva acima se baseia na experiência profissional de atuar em posições distintas, por devedores, por credores e também por terceiros

posicionamentos consolidados da jurisprudência sobre a aplicação da LRE certamente atraiu maior número de terceiros potenciais interessados em adquirir filiais, ou unidades produtivas isoladas ("UPIs") de empresas devedoras em crise, especialmente em processos de recuperação judicial.

Com efeito, alguns agentes do mercado vislumbraram nas inovações trazidas pela LRE uma boa oportunidade de negócios e a previsibilidade da jurisprudência atraiu maior número de terceiros potenciais interessados, propiciando obter maior valor e liquidez para ativos e estabelecimentos das empresas em crise[14].

Desse modo, conclui-se ser essencial consolidar a segurança jurídica no dia-a-dia dos processos de recuperação judicial, prestigiando os princípios da livre concorrência e da livre iniciativa, de que tratam, respectivamente, o art. 1.º, IV, e o art. 170 da Constituição Federal[15].

Além da segurança jurídica, para incentivar o ingresso de um maior volume de dinheiro novo e de terceiros potenciais interessados nos processos concursais, há que se destacar a relevância do fator tempo, pois empresas em crise, diante da perda crescente e inexorável do crédito, dependem da celeridade do processo concursal, pois a cada dia se agravam as dificuldades no seu cotidiano, prejudicando seus resultados em uma espiral decrescente. Tal fenômeno implica em destruição de ativos e de riquezas, que se compara à visão de um "iceberg no deserto".

Eduardo Munhoz confirma que a falta de agilidade e de eficiência na aplicação da LRE, tanto na recuperação judicial, como na falência, reduz

---

potenciais interessados (investidores financeiros e estratégicos).
[14] Recorde-se o exemplo da aquisição, pelo Grupo Energisa, das oito distribuidoras do Grupo Rede em recuperação judicial na 2.ª Vara de Falências de São Paulo. Na AGC de julho de 2013, em princípio o adquirente seria o Grupo Equatorial, mas o Grupo Energisa apresentou outra proposta de compra, considerada melhor pela AGC. Em setembro de 2013, o juízo homologou a venda para o Grupo Energisa.
[15] "Art. 1.º A República Federativa do Brasil, formada pela união indissolúvel dos Estados e Municípios e do Distrito Federal, constitui-se em Estado Democrático de Direito e tem como fundamentos: (...) IV – os valores sociais do trabalho e da livre concorrência" e "Art. 170. A ordem econômica, fundada na valorização do trabalho humano e na livre iniciativa, tem por fim assegurar a todos existência digna, conforme os ditames da justiça social, observados os seguintes princípios".

as chances dos credores reaverem o que lhes é devido e, em consequência, compromete o mercado de crédito como um todo[16].

Outro aspecto primordial para o desenvolvimento do mercado de *distress* indubitavelmente é o da transparência.

Sheila Neder Cerezetti e Emanuelle Maffioletti destacam que a transparência no direito concursal deve se inspirar no que ocorre no direito societário e de mercado de capitais, pois a divulgação de informações propicia minimizar as desconfianças recíprocas entre os diversos atores (*stakeholders*), dando aos credores condições mais adequadas para decidir sobre o futuro da empresa em crise. Observam, ainda, que se trata de um direito instrumental aplicável a todos os ramos do direito empresarial, pois evita a assimetria de informações o que, em verdade, beneficia o mercado como um todo[17].

---

[16] "Quanto menos ágeis e efetivos forem os procedimentos previsto na lei para implementar um plano de recuperação ou para liquidar os ativos no caso de falência, maior será o tempo em que os credores ficarão com os créditos em atraso e menor a probabilidade de reaverem o valor que lhes é devido, dentre outros motivos, porque o tempo provoca a deterioração dos ativos da empresa. Diante de um quadro como esse, indubitavelmente, compromete-se o curto e o volume de crédito disponível na sociedade". (Eduardo Secchi Munhoz, *Anotações sobre o limite do poder jurisdicional*, in *Revista de Direito Bancário*, vol. 36, 2007, p. 187).

[17] "O acesso à informação é, portanto, mecanismo que permite que o agente informado defenda seus interesses e forme suas decisões com segurança. Ele beneficia não somente aqueles que obtêm a informação, mas o mercado como um todo, na medida em que permite a adequada avaliação acerca de cada um dos agentes, evitando que a incerteza provoque disseminação da desconfiança. A divulgação de dados não é, assim, um objetivo em si mesmo, mas um meio para que se alcance a finalidade da tomada de decisão informada. Trata-se, portanto, de um direito instrumental para a satisfação de outros direitos". (...) "Se assim é, ou seja, se a máxima de transparência integra o sistema jurídico nos institutos que envolvem participação e interesses múltiplos e, em específico, o direito empresarial, nada mais correto do que aplicar o mesmo raciocínio e adotar o mesmo princípio nas situações regradas pelo direito da empresa em crise". (...) "Se, no mercado de capitais, as partes precisam necessariamente estar informadas para tomar decisão, também em processos de recuperação e falência, aos agentes aos quais se atribui o direito de se pronunciar sobre o mecanismo a ser utilizado para lidar com a crise empresarial do devedor deve ser garantido um nível mínimo de informações. A conclusão comum a todos esses ramos do direito é a de que o agente dotado de poder decisório precisa de conhecimento sobre a matéria em questão." (Emanuelle Urbano Maffioletti e Sheila Christina Neder Cerezetti, *Transparência e Divulgação de Informações nos Casos de Recuperação Judicial de Empresas*, in Newton de Lucca, Alessandra de Azevedo Domingues e Nilva M. Leonardi Antonio (coords.), *Direito Recuperacional II Aspectos Teóricos E Práticos*, São Paulo, Quartier Latin, 2012, p. 77).

Nessa linha de pensamento, acrescente-se que esse fluxo de informações deve ser direcionado não só aos credores, mas também a terceiros potenciais interessados, a fim de que, tal como no mercado de capitais, seja disseminada maior confiança nos institutos e na aplicação da LRE, aumentando o fluxo de dinheiro novo para o mercado de *distress*.

Desse modo, para o sucesso do sistema recuperacional brasileiro, essencial buscar segurança jurídica, celeridade e transparência em todos os aspectos do processo concursal, a fim de que haja o menor número possível de dúvidas sobre a previsão do retorno do investimento do capital nas empresas em crise e nos ativos a ela vinculados, reduzindo-se o número de variáveis fora do controle das partes.

Em suma, a aplicação da LRE não pode criar nesses diversos agentes (*stakeholders*) a percepção de que haverá outros riscos, além daqueles inerentes ao próprio mercado de *distress*. De fato, essencial a eficiência do sistema como um todo, a fim de que haja uma mínima previsibilidade nos processos concursais para balizar a estimativa de riscos, tornando-os quantificáveis.

Feitas essas considerações, conclui-se que os institutos e procedimentos da Lei de Recuperação de Empresas, embora tenham trazido inegáveis avanços ao processo concursal no Brasil, devem ter a sua aplicação discutida e aprimorada diante dos inúmeros conflitos de interesses que invariavelmente ocorrem, especialmente no que concerne à legalidade e intangibilidade das disposições do Plano de Recuperação Judicial e das deliberações da Assembleia Geral de Credores para definir acerca da sua viabilidade econômico-financeira, *vis a vis* a possibilidade da intervenção do Judiciário para, decidindo sobre tais conflitos, fazer prevalecer a posição de credor(es) minoritário(s) que tenha(m) discordado da decisão sobre o plano como um todo, ou em relação a algum(ns) aspecto(s) específico(s).

3. A Sistemática da Lei Recuperação de Empresas e As Obrigações da Empresa Devedora

A LRE, para "viabilizar a superação da situação de crise econômico-financeira do devedor" (cf. art. 47), prevê que o Plano de Recuperação Judicial (art. 53, *caput*) materializará a proposta a ser apresentada pela empresa devedora aos seus credores, sendo que o plano, nas palavras de Gabriel Buschinelli, "constitui negocio jurídico de caráter contratual, ainda que com determinadas especificidades", cuja formação da vontade coletiva da comunhão de credores fica submetida aos princípios da probidade e boa fé (CC, art. 422[18]), sendo vedado o abuso de direito (CC, art. 187[19]) por parte dos credores[20].

Modesto Carvalhosa foi enfático ao asseverar que "o mais importante elemento do processo de recuperação judicial é o plano de recuperação judicial"[21].

Também inegável que o processo de recuperação judicial vinculará todos os créditos existentes na data do pedido (*caput* do art. 49) e que, "salvo se de modo diverso ficar estabelecido no plano de recuperação judicial" (§ 2.º, *in fine*, do art. 49), tanto as obrigações principais, como as acessórias "observarão as condições originalmente contratadas ou definidas em lei, inclusive no que diz respeito aos encargos" (§ 2.º, *in fine*, do art. 49)[22]. Ressalve-se que as exceções dos §§ 3.º e 4.º do art. 49, que tratam de créditos extraconcursais (*v.g.*, créditos por alienação fiduciária, arrendamento mercantil...), são irrelevantes para as questões suscitadas neste artigo.

---

[18] CC – "Art. 422. Os contratantes são obrigados a guardar, assim na conclusão do contrato, como em sua execução, os princípios de probidade e boa-fé."

[19] CC – "Art. 187. Também comete ato ilícito o titular de um direito que, ao exercê-lo, excede manifestamente os limites impostos pelo seu fim econômico ou social, pela boa-fé ou pelos bons costumes."

[20] "Predomina, por isso, a concepção de que o plano de recuperação judicial constitui negocio jurídico de caráter contratual, ainda que com determinadas especificidades. Nessa perspectiva, a aceitação ou a rejeição do plano de recuperação judicial pelos credores inscreve-se na fase de celebração contratual. Os credores, ao exercerem seu direito de voto, participam de procedimento de formação da vontade coletiva da comunhão de credores, em que devem guardar, para com o devedor, os princípios da probidade e da boa-fé (CC, art. 422). Ademais, por conta do art. 187 do CC, os credores não podem agir de forma contraria a função e aos usos e costumes" (Gabriel Saad Kik Buschinelli, *Abuso de Direito de Voto na Assembleia Geral de Credores*, São Paulo, Quartier Latin, 2014, p. 75).

[21] Modesto Carvalhosa, *Comentário ao art. 35*, in Osmar Brina Corrêa Lima e Sérgio Mourão Corrêa Lima (coords.), *Comentários à Nova Lei de Falência e Recuperação de Empresas: Lei n.º 11.101, de 09 de fevereiro de 2005*, Rio de Janeiro, Forense, 2009, p. 251.

[22] "Art. 49. Estão sujeitos à recuperação judicial todos os créditos existentes na data do pedido, ainda que não vencidos". (...) "§ 2º As obrigações anteriores à recuperação judicial observarão as condições originalmente contratadas ou definidas em lei, inclusive no que diz respeito aos encargos, salvo se de modo diverso ficar estabelecido no plano de recuperação judicial."

Por outro lado, é inconteste que a LRE estabelece, para empresa em recuperação judicial, não só obrigações pecuniárias, como inúmeras obrigações de fazer e de não fazer, ou seja, obrigações não pecuniárias.

A partir dessas obrigações não pecuniárias, a LRE impõe, à empresa devedora e aos seus dirigentes, sejam prestadas informações com a maior transparência e lisura, como, *v.g.*, ao instruir a inicial da recuperação judicial (incisos I, II [alíneas "a", "b", "c" e "d"], III, IV, VII, VIII e IX; e § 1.º do art. 51)[23], e ao elaborar o Plano de Recuperação Judicial (incisos I, II e III do art. 53)[24].

É inconteste, por conseguinte, que a LRE já assegura aos credores o acesso ao maior número possível de informações sobre a situação eco-

---

[23] "Art. 51. A petição inicial de recuperação judicial será instruída com: (I) – a exposição das causas concretas da situação patrimonial do devedor e das razões da crise econômico-financeira; (II) – as demonstrações contábeis relativas aos 3 (três) últimos exercícios sociais e as levantadas especialmente para instruir o pedido, confeccionadas com estrita observância da legislação societária aplicável e compostas obrigatoriamente de: (a) balanço patrimonial; (b) demonstração de resultados acumulados; (c) demonstração do resultado desde o último exercício social; (d) relatório gerencial de fluxo de caixa e de sua projeção; (III) – a relação nominal completa dos credores, inclusive aqueles por obrigação de fazer ou de dar, com a indicação do endereço de cada um, a natureza, a classificação e o valor atualizado do crédito, discriminando sua origem, o regime dos respectivos vencimentos e a indicação dos registros contábeis de cada transação pendente; (IV) – a relação integral dos empregados, em que constem as respectivas funções, salários, indenizações e outras parcelas a que têm direito, com o correspondente mês de competência, e a discriminação dos valores pendentes de pagamento; (...) (VII) – os extratos atualizados das contas bancárias do devedor e de suas eventuais aplicações financeiras de qualquer modalidade, inclusive em fundos de investimento ou em bolsas de valores, emitidos pelas respectivas instituições financeiras; (VIII) – certidões dos cartórios de protestos situados na comarca do domicílio ou sede do devedor e naquelas onde possui filial; (IX) – a relação, subscrita pelo devedor, de todas as ações judiciais em que este figure como parte, inclusive as de natureza trabalhista, com a estimativa dos respectivos valores demandados. – (§ 1.º) Os documentos de escrituração contábil e demais relatórios auxiliares, na forma e no suporte previstos em lei, permanecerão à disposição do juízo, do administrador judicial e, mediante autorização judicial, de qualquer interessado."

[24] "Art. 53. O plano de recuperação será apresentado pelo devedor em juízo no prazo improrrogável de 60 (sessenta) dias da publicação da decisão que deferir o processamento da recuperação judicial, sob pena de convolação em falência, e deverá conter: (I) – discriminação pormenorizada dos meios de recuperação a ser empregados, conforme o art. 50 desta Lei, e seu resumo; (II) – demonstração de sua viabilidade econômica; e (III) – laudo econômico-financeiro e de avaliação dos bens e ativos do devedor, subscrito por profissional legalmente habilitado ou empresa especializada."

nômico-financeira da empresa recuperanda, não sendo razoável a crítica comodista de que devedores se negam a ser transparentes. De fato, a norma do inciso V do art. 64 prevê que a negativa de prestar informações ao administrador judicial, ou a algum dos membros do Comitê, implicará no afastamento do devedor ou dos seus administradores da condução da atividade empresarial[25], enquanto que, no limite, "sonegar ou omitir ou prestar informações falsas" constitui crime de indução a erro, nos termos do art 171[26].

Cabe lembrar que os elementos que instruírem a inicial e o Plano de Recuperação Judicial devem ser complementados pelas informações e relatórios que o Administrador Judicial, de forma periódica, ou até mesmo específica, deverá disponibilizar no processo (incisos I (alíneas "b", "c", "d" e "h") e II (alíneas "a", "b", "c" e "d" do art. 22)[27].

Ainda na sistemática da LRE, a decisão judicial que concede a recuperação judicial (art. 58, *caput*)[28] constitui título executivo judicial (art.

---

[25] "Art. 64. Durante o procedimento de recuperação judicial, o devedor ou seus administradores serão mantidos na condução da atividade empresarial, sob fiscalização do Comitê, se houver, e do administrador judicial, salvo se qualquer deles: (...) (V) – negar-se a prestar informações solicitadas pelo administrador judicial ou pelos demais membros do Comitê."

[26] "Art. 171. Sonegar ou omitir informações ou prestar informações falsas no processo de falência, de recuperação judicial ou de recuperação extrajudicial, com o fim de induzir a erro o Juiz, o Ministério Público, os credores, a assembleia-geral de credores, o Comitê ou o administrador judicial: Pena – reclusão, de 2 (dois) a 4 (quatro) anos, e multa."

[27] "Art. 22. Ao administrador judicial compete, sob a fiscalização do Juiz e do Comitê, além de outros deveres que esta Lei lhe impõe: (I) – na recuperação judicial e na falência: (...) (b) fornecer, com presteza, todas as informações pedidas pelos credores interessados; (c) dar extratos dos livros do devedor, que merecerão fé de ofício, a fim de servirem de fundamento nas habilitações e impugnações de créditos; (d) exigir dos credores, do devedor ou seus administradores quaisquer informações; (...) (h) contratar, mediante autorização judicial, profissionais ou empresas especializadas para, quando necessário, auxiliá-lo no exercício de suas funções; (II) – na recuperação judicial: (a) fiscalizar as atividades do devedor e o cumprimento do plano de recuperação judicial; (b) requerer a falência no caso de descumprimento de obrigação assumida no plano de recuperação; (c) apresentar ao Juiz, para juntada aos autos, relatório mensal das atividades do devedor; e (d) apresentar o relatório sobre a execução do plano de recuperação, de que trata o inciso III do caput do art. 63 desta Lei."

[28] "Art. 58. Cumpridas as exigências desta Lei, o Juiz concederá a recuperação judicial do deve-

59, §1.º)[29] e, a partir daí, as disposições do Plano de Recuperação Judicial novam as obrigações pré-existentes da empresa devedora, vinculando todos os credores cujas obrigações forem modificadas (art. 59, *caput*)[30].

No prazo de 2 anos após a decisão judicial concessiva, a novação de que trata o *caput* do art. 59 está sujeita à condição resolutiva, pois, na hipótese da recuperação ser convolada em falência, retornarão os credores ao *status quo ante*. Porém, o legislador de 2005 expressamente ressalva a validade dos atos praticados no âmbito da recuperação judicial (art. 61, §2.º)[31].

Encerrado o processo de recuperação judicial, o art. 62 prevê que "qualquer credor poderá requerer a execução específica ou a falência com base no art. 94" da LRE[32], enquanto que o inciso IV do art. 73 é taxativo ao asseverar que o Juiz decretará a convolação da recuperação em falência, nas hipóteses de descumprimento de obrigações do Plano de Recuperação Judicial[33].

O parágrafo único do art. 73[34], por seu turno, deixa claro que a falência da empresa devedora poderá ser decretada em qualquer das hipóte-

---

dor cujo plano não tenha sofrido objeção de credor nos termos do art. 55 desta Lei ou tenha sido aprovado pela assembleia-geral de credores na forma do art. 45 desta Lei."

[29] "Art. 59 – (...) § 1º A decisão judicial que conceder a recuperação judicial constituirá título executivo judicial, nos termos do art. 584, inciso III, do caput da Lei nº 5.869, de 11 de janeiro de 1973 – Código de Processo Civil."

[30] "Art. 59. O plano de recuperação judicial implica novação dos créditos anteriores ao pedido, e obriga o devedor e todos os credores a ele sujeitos, sem prejuízo das garantias, observado o disposto no § 1º do art. 50 desta Lei."

[31] "Art. 62 – (...) § 2º Decretada a falência, os credores terão reconstituídos seus direitos e garantias nas condições originariamente contratadas, deduzidos os valores eventualmente pagos e ressalvados os atos validamente praticados no âmbito da recuperação judicial."

[32] "Art. 62. Após o período previsto no art. 61 desta Lei, no caso de descumprimento de qualquer obrigação prevista no plano de recuperação judicial, qualquer credor poderá requerer a execução específica ou a falência com base no art. 94 desta Lei."

[33] "Art. 73. O Juiz decretará a falência durante o processo de recuperação judicial: (...) IV – por descumprimento de qualquer obrigação assumida no plano de recuperação, na forma do § 1º do art. 61 desta Lei."

[34] "Art. 73 (...) Parágrafo único. O disposto neste artigo não impede a decretação da falência por inadimplemento de obrigação não sujeita à recuperação judicial, nos termos dos incisos I ou II do caput do art. 94 desta Lei, ou por prática de ato previsto no inciso III do caput do art. 94 desta Lei."

ses previstas nos incisos I, II e III do art. 94[35], sendo que os incisos I e II do art. 94 se referem ao descumprimento de obrigações pecuniárias, enquanto que as 7 (sete) alíneas do inciso III mencionam obrigações de fazer[36] (alínea "g") e de não fazer (alíneas "a" a "f") imputáveis à empresa devedora.

Ao mesmo tempo, porém, o *caput* do inciso III do art. 94 ressalva expressamente que as hipóteses mencionadas nas suas alíneas, se fizerem parte de Plano de Recuperação Judicial, não poderão ser consideradas como fundamento para a decretação de quebra.

Como se percebe, a LRE disciplina inúmeras situações em que a recuperação judicial deverá ser convolada em falência, inclusive nas hipóteses de descumprimento de obrigações de fazer e de não fazer, mas, ao mesmo tempo, assegura a incolumidade (leia-se, segurança jurídica) dos atos praticados na conformidade do Plano de Recuperação Judicial, asse-

---

[35] "Art. 94. Será decretada a falência do devedor que: [I] – sem relevante razão de direito, não paga, no vencimento, obrigação líquida materializada em título ou títulos executivos protestados cuja soma ultrapasse o equivalente a 40 (quarenta) salários-mínimos na data do pedido de falência; [II] – executado por qualquer quantia líquida, não paga, não deposita e não nomeia à penhora bens suficientes dentro do prazo legal; [III] – pratica qualquer dos seguintes atos, exceto se fizer parte de plano de recuperação judicial: (a) procede à liquidação precipitada de seus ativos ou lança mão de meio ruinoso ou fraudulento para realizar pagamentos; (b) realiza ou, por atos inequívocos, tenta realizar, com o objetivo de retardar pagamentos ou fraudar credores, negócio simulado ou alienação de parte ou da totalidade de seu ativo a terceiro, credor ou não; (c) transfere estabelecimento a terceiro, credor ou não, sem o consentimento de todos os credores e sem ficar com bens suficientes para solver seu passivo; (d) simula a transferência de seu principal estabelecimento com o objetivo de burlar a legislação ou a fiscalização ou para prejudicar credor; (e) dá ou reforça garantia a credor por dívida contraída anteriormente sem ficar com bens livres e desembaraçados suficientes para saldar seu passivo; (f) ausenta-se sem deixar representante habilitado e com recursos suficientes para pagar os credores, abandona estabelecimento ou tenta ocultar-se de seu domicílio, do local de sua sede ou de seu principal estabelecimento; (g) deixa de cumprir, no prazo estabelecido, obrigação assumida no plano de recuperação judicial."

[36] Cabe ressalvar que a hipótese da alínea "g" do inciso III -- ,"deixa de fazer, no prazo estabelecido, obrigação assumida no plano de recuperação judicial" -- é suficientemente genérica para incluir obrigações de fazer e obrigações pecuniárias. Porém, isso é irrelevante para o racional exposto sobre esse ponto.

gurando que tais atos não poderão ser declarados ineficazes, nem revogados (art. 131)[37].

As referências e transcrições desses dispositivos visam a demonstrar que a exegese e a aplicação da LRE deverão considerar essa sistemática especialíssima, que permite ao Juiz tanto afastar o devedor ou seus administradores, por se negar a prestar informações, como convolar em falência a recuperação da empresa devedora que não cumprir obrigações de fazer e de não fazer, mesmo que esteja em dia com seus pagamentos aos credores, assim como atribui às disposições do Plano de Recuperação Judicial, na hipótese de convolação em falência, a força jurídica de afastar a penalidade de ineficácia em relação à massa falida em alguns dos casos tratados no art. 129 e seus incisos.

Em nosso entendimento, a primazia das disposições do Plano de Recuperação Judicial, a partir da decisão concessiva da recuperação judicial, assim como a soberania da Assembleia Geral de Credores, devem necessariamente nortear a exegese e aplicação da LRE, havendo uma presunção de legalidade de modo a propiciar o ambiente de segurança jurídica e previsibilidade, atraindo maior número de terceiros potenciais interessados e maior volume de dinheiro novo, o que desenvolverá o mercado de *distress* no Brasil.

Assumidas essas premissas, adentre-se o tema do controle jurisdicional do Plano de Recuperação Judicial propriamente dito, obser-

---

[37] "Art. 131. Nenhum dos atos referidos nos incisos I a III e VI do art. 129 desta Lei que tenham sido previstos e realizados na forma definida no plano de recuperação judicial será declarado ineficaz ou revogado."
"Art. 129. São ineficazes em relação à massa falida, tenha ou não o contratante conhecimento do estado de crise econômico-financeira do devedor, seja ou não intenção deste fraudar credores: (I) o pagamento de dívidas não vencidas realizado pelo devedor dentro do termo legal, por qualquer meio extintivo do direito de crédito, ainda que pelo desconto do próprio título; (II) o pagamento de dívidas vencidas e exigíveis realizado dentro do termo legal, por qualquer forma que não seja a prevista pelo contrato; (III) a constituição de direito real de garantia, inclusive a retenção, dentro do termo legal, tratando-se de dívida contraída anteriormente; se os bens dados em hipoteca forem objeto de outras posteriores, a massa falida receberá a parte que devia caber ao credor da hipoteca revogada; (...) e (VI) a venda ou transferência de estabelecimento feita sem o consentimento expresso ou o pagamento de todos os credores, a esse tempo existentes, não tendo restado ao devedor bens suficientes para solver o seu passivo, salvo se, no prazo de 30 (trinta) dias, não houver oposição dos credores, após serem devidamente notificados, judicialmente ou pelo oficial do registro de títulos e documentos."

vando desde já que a quase totalidade dos precedentes jurisprudenciais, ao decidir acerca de controvérsias e situações de inconformismo de credor(es) dissidente(s) que se insurge(m) contra disposição(ões) do Plano de Recuperação Judicial e da respectiva deliberação da AGC, apenas se refere a obrigações pecuniárias da empresa devedora, não levando em conta que há regras cogentes da LRE (cf. itens 42, 43 e 45 *supra*) que vinculam a recuperanda ao fiel cumprimento de diversas obrigações de fazer e de não fazer, as quais, a nosso sentir, permitem dar transparência sobre a situação econômico-financeira da empresa em crise, revelando elementos objetivos que reduzem a assimetria de informações dos agentes envolvidos, entre eles, credores e terceiros potenciais interessados (*stakeholders*).

A partir dessa constatação, entendemos que, para a adequada aplicação dos princípios e institutos da LRE, em especial no processo de recuperação judicial, o Juiz deve impor o estrito cumprimento das referidas obrigações de fazer e de não fazer por parte da empresa recuperanda, exigindo a atuação participativa e fiscalizatória do Administrador Judicial e dos membros do Comitê de Credores. Ademais, cabe aos credores individualmente, no curso de todo o processo e também na Assembleia Geral de Credores, atuar de forma pró-ativa.

4. Plano de Recuperação Judicial e Assembleia Geral de Credores – Controle Jurisdicional

O Superior Tribunal de Justiça, como se lê no Enunciado n.º 1 da Jurisprudência em Teses do STJ – Recuperação Judicial II, se posicionou no sentido de que "embora o Juiz não possa analisar os aspectos da viabilidade econômica da empresa, tem ele o dever de velar pela legalidade do plano de recuperação judicial, de modo a evitar que os credores aprovem pontos que estejam em desacordo com as normas legais"[38].

---

[38] Precedentes: (1) REsp 1359311/SP, Rel. Min. Luis Felipe Salomão, 4.ª Turma, j. 09/09/2014, DJe 30/09/2014; (2) REsp 1388051/GO, Rel. Min. Nancy Andrighi, 3.ª Turma, j. 10/09/2013, DJe 23/09/2013; (decisões monocráticas) (3) REsp 22011/GO, Rel. Min. João Otávio de Noronha, j. 02/02/2015, DJe 06/02/2015; (4) MC 23858/SP, Rel. Min. Paulo de Tarso Sanseverino, j. 03/02/2015, DJe 05/02/2015 (Disponíveis em www.stj.gov.br – Jurisprudência em Teses – 24.06.15 – n.º 37).

Desde os primeiros comentários à LRE, publicados ainda em 2005, a maior parte da doutrina se inclinava por esse entendimento, tendo Sidnei Beneti preconizado que a decisão assemblear não pode fugir ao controle jurisdicional, por força do princípio do inciso XXXV do art. 5.º da Constituição Federal[39], destacando que deve ser inibido o direcionamento de decisões que levem a situações absolutamente aberrantes, em decorrência de abuso de direito, ou mero capricho. Contudo, não sugeriu soluções de como deveria se proceder a esse controle jurisdicional, concluindo apenas que "essa matéria terá a interpretação jurisprudencial"[40].

Também em 2005, Erasmo Valladão destacou que a LRE não disciplina como deverão ser resolvidos esses conflitos de interesses e enfatizou que "não faltarão hipóteses em que o interesse individual de determinado credor poderá ser substancialmente conflitante com o da coletividade, a exigir a anulação da deliberação"[41]. Prosseguiu indicando situações

---

[39] "Art. 5.º, XXXV – a lei não excluirá da apreciação do Poder Judiciário lesão ou ameaça a direito."

[40] "Questão da maior relevância é a de a decisão da assembleia ser, ou não, vinculante para o Juiz. Parece que a lei realmente pretende que a atividade do Juiz seja homologatória da decisão da assembleia, restando essa abroquelada pelo *caráter interna corporis* típico das deliberações assembleares. Mas não se pode olvidar que questões formais podem merecer controle jurisdicional, da mesma forma que situações em que se patenteie direcionamento da deliberação assemblear por abuso de direito ou mero capricho costumam chamar a incidência o princípio constitucional da inafastabilidade da tutela jurisdicional para nulificar a lesão a direito (CF, art. 5.º, XXXV); no caso de a objeção fundar-se em motivos absolutamente aberrantes, evidentemente infundados, de mero capricho, ou por abuso de poder interno na Assembleia, poderá surgir a questão de controle jurisdicional – mas essa matéria terá a interpretação jurisprudencial." (Sidnei Agostinho Beneti, *O Processo da Recuperação Judicial*, in Luiz Fernando Valente de Paiva (coord.), *Direito Falimentar e a Nova Lei de Falências e Recuperação de Empresas*, São Paulo, Quartier Latin, 2005, p. 237).

[41] "A Lei 11.101, infelizmente, não trata da matéria. E não faltarão hipóteses em que o interesse individual de determinado credor poderá ser substancialmente conflitante com o da coletividade, a exigir a anulação da deliberação. Não é fácil, entretanto, conceituar o que seja o interesse comum dos credores. Segundo uma autorizada opinião doutrinária, tal interesse consistiria no interesse em que tem cada credor em, ao menos a médio prazo, minimizar os seus prejuízos, mediante a ampliação das disponibilidades da massa. Outras manifestações doutrinárias e jurisprudenciais tem considerado contrárias ao interesse comum dos credores as deliberações: a) que causam prejuízo desproporcional, inadequado, para uma parte dos credores; b) que favorecem um credor em particular, ou um grupo de credores, especialmente os credores privilegiados ou com garantia real, ou ainda terceiros, em detrimento da comunhão dos credores; c) que não são úteis a ninguém; d|) que favorecem o devedor ou um terceiro

concretas de conflito de interesses de credores, concluindo que, nesses casos, o voto deverá ser desconsiderado[42].

Acontece que, como bem ressaltado desde então por Paulo Salles de Toledo, a primeira opção do legislador de 2005 foi a de procurar manter a empresa como fonte produtora, atuando competitivamente no mercado, para, a partir daí, atender os interesses dos empregos dos seus trabalhadores e do pagamento dos créditos, além de gerar novos lucros com outros negócios[43].

---

sem qualquer vantagem para massa" (Erasmo Valladão França, in Francisco Satiro de Souza Jr., Antônio Sérgio A. de Moraes Pitombo (coords.), *Comentários à Lei de Recuperação de Empresas e Falência*, 2.ª ed., São Paulo, RT, 2007, pp. 192-193).

[42] "Como hipóteses mais concretas de conflito de interesses podem ser imaginadas, por exemplo, a de uma credora, indústria automobilística, que vote contrariamente à aprovação de plano de recuperação judicial viável por estar interessada na falência do devedor, seu concessionário, a fim de passar a concessão a outrem; ou do credor interessado na falência de seu agente ou distribuidor (art. 710 do CC), igualmente para transferir a outrem a agência ou a distribuição de seus produtos, ou ainda, do credor que tenha interesse na falência de seu devedor simplesmente por ser seu concorrente. Nesses casos, o voto desses credores na Assembleia Geral que for deliberar sobre o plano de recuperação judicial do devedor (art. 45 da Lei 11.101) poderá ser materialmente conflitante com o interesse da comunhão de credores na aprovação daquele plano. De outra parte, seria problemático estabelecer-se aí uma proibição de voto, eis que não se pode dizer *a priori* que o credor concorrente, por exemplo, tenha interesse na falência do seu devedor unicamente para aniquilá-lo. Se o plano de recuperação judicial for inviável, é absolutamente legítimo que o credor vote pela sua desaprovação, no intuito de evitar mais prejuízos ainda. A recuperação judicial não é um valor absoluto, como lembrado alhures. Mas é de todo conveniente que, em tais casos, o credor justifique cumpridamente o seu voto, eivado de natural suspeição, entregando declaração ao presidente da Assembleia. De outra parte, a disciplina do voto em conflito de interesses – que é uma espécie de abuso do direito de voto – destina-se a proteger o interesse do grupo, sendo assim aplicável tanto ao voto da maioria como ao da minoria." (Erasmo Valladão França, in Francisco Satiro de Souza Jr, Antônio Sérgio A. de Moraes Pitombo (coords.), *Comentários à Lei de Recuperação de Empresas e Falência*, 2.ª ed., São Paulo, RT, 2007, p. 193).

[43] "Aqui também se pode dizer o que se afirma, consensualmente, na doutrina daquele país: a ordem consignada na lei não é fruto do acaso, correspondendo a uma classificação lógica dos interesses em foco. Assim, em primeiro lugar, procura-se manter a fonte produtora. Se a empresa, pois, recuperada, volta a atuar competitivamente no mercado, estarão igualmente mantidos os empregos de seus trabalhadores. E, desse modo, serão naturalmente atendidos os interesses dos credores, e não apenas pelo recebimento de seus créditos, mas, o que é mais importante, pela possibilidade de geração de novos lucros com outros negócios a serem feitos com a empresa recuperada." (Paulo Fernando Campos Salles de Toledo, *Recuperação Judicial*,

A dificuldade reside em estabelecer o conceito, ou os parâmetros do que deve ser considerada uma empresa viável, assim como disciplinar o modo de compor os conflitos de interesses com algum(ns) credor(es) dissidente(s) que queira(m) se insurgir contra a decisão majoritária da assembleia que aprovar o Plano de Recuperação Judicial.

A busca pelo "interesse público na preservação da empresa viável e na liquidação da empresa inviável", na lição de Eduardo Munhoz, deve resultar de um processo de negociação estruturada devedor/credores (*structured bargaining*), em que cabe ao Juiz evitar situações que possam viciar esse processo e/ou comprometer o êxito da recuperação da empresa viável, como, por exemplo, a falta de transparência na divulgação de informações por parte da empresa devedora, ou a impugnação despropositada de credor minoritário dissidente, que tente prejudicar a celeridade e eficiência desse processo, na expectativa de obter alguma espécie de vantagem individual e diferenciada. De qualquer modo, concordamos que a solução desses conflitos dependerá da análise do caso concreto[44].

Sheila Cerezetti, após defender que cabe exclusivamente aos credores em assembleia decidir acerca da viabilidade ou não da empresa em recuperação judicial, ensina que se deve evitar o abuso do direito de voto por parte do credor. Acrescenta que a opção da falência, a partir da rejeição do plano, deve ser considerada alternativa válida, por força do princípio do art. 75[45].

---

a principal inovação da Lei de Recuperação de Empresas – LRE, in *Revista do Advogado*, n. 83, esp n. 3, São Paulo, AASP, 2005, p. 102).

[44] "A verificação no caso concreto, portanto, da viabilidade da recuperação do devedor e do atendimento aos objetivos alinhados pelo art. 47 da Lei 11.101/2005 não cabe exclusivamente ao Juiz, mas deverá resultar do processo de negociação entre devedor e credores estritamente regulado pela Lei (*structured bargaining*). A lei estrutura um processo de negociação entre devedor e credores que busca implementar um modelo de comportamento cooperativo, de convergência de interesses, em lugar de um comportamento individualista. Confia-se que desse processo de negociação estruturada (regulada pela lei) possa resultar a solução consentânea com o interesse público na preservação da empresa viável e na liquidação da empresa inviável". (Eduardo Secchi Munhoz, *Anotações sobre os limites do poder jurisdicional*, in *RDBMC* 36, abril-junho/2007, p. 191).

[45] "Para coadunar as finalidades do instituto com o poder conferido aos credores, deve-se ter em mente que (i) a recuperação privilegiada pela lei é a que diz respeito às empresas viáveis, e que a viabilidade deve ser apreciada pelos credores; (ii) a eventual decisão pela liquidação não significará necessariamente o prejuízo à 'manutenção da fonte produtora, do emprego

Eduardo Munhoz pondera que, no tocante ao controle jurisdicional da atuação do credor na Assembleia Geral de Credores, não se pode simplesmente transplantar a teoria do conflito de interesses do direito societário para o falimentar, pois, do ponto de vista formal, sempre haverá conflito entre a posição do titular de um crédito e o devedor. Conclui, porém, que o voto do credor não poderia ser em função do seu interesse individual, sob pena de ser considerado abusivo. Deverá sempre objetivar o interesse da coletividade de credores[46].

Diante dessa inequívoca dificuldade de conceituar, ou delimitar parâmetros objetivos sobre "empresa viável" e "interesse coletivo de credores", reiteramos nossa opinião de que votos de credores, pela recuperação, ou pela falência, só deverão ser desconsiderados se constatada abusividade flagrante e excessiva, valendo recordar a lição de Gabriel Buschinelli de que "a constatação do abuso do direito de voto, por sua vez, pressupõe análise das circunstancias fáticas e concretas em que o direito de voto foi exercido. Ademais, somente poderá ser considerado abusivo o voto que desrespeite de forma "excessiva" (CC, art. 187), ou manifesta, os limites a seu exercício"[47].

Por conseguinte, também entendemos que, na hipótese de dúvida, cabe ao Juiz aceitar a premissa de legalidade dos atos praticados e com-

---

dos trabalhadores e dos interesses dos credores', na medida em que, nos termos do art. 75, a falência, instituto profundamente modificado sob a Lei de Recuperação e Falência, 'visa a preservar e otimizar a utilização produtiva dos bens, ativos e recursos produtivos'; e (iii) não se pode permitir o abuso do direito conferido aos credores – motivo pelo qual se torna urgente o desenvolvimento de uma teoria sobre o abuso do direito de voto por credores" (Sheila Christina Neder Cerezetti, *A Recuperação Judicial de Sociedade por Ações – O Princípio da Preservação da Empresa na Lei de Recuperação e Falência*, São Paulo, Malheiros, 2012, p. 298).

[46] "O voto do credor na assembleia geral de credores no sentido de aprovar ou de rejeitar o plano de recuperação judicial constituiria, nesse sentido, um poder-dever, reconhecendo-se ao credor o dever de votar não de acordo com o seu interesse individual, mas em função do interesse da coletividade de credores. Haveria, portanto, uma comunhão de escopo própria da coletividade de credores, da qual o credor individualmente considerado, ao votar, não poderia desviar-se. Configurado o desvio, o voto seria considerado abusivo, sendo, dessa forma, anulável pelo Juiz." (Eduardo Secchi Munhoz, *Anotações sobre os limites do poder jurisdicional*, in *RDBMC* 36, abril-junho/2007, p. 193).

[47] Gabriel Saad Kik Buschinelli, *Abuso de Direito de Voto na Assembleia Geral de Credores*, São Paulo, Quartier Latin, 2014, p. 111.

putar os votos, mantendo, assim, o resultado da Assembleia Geral de Credores (cf. *supra*).

Na I Jornada de Direito Comercial, em outubro de 2012, ao expor temas referentes ao tópico "Crise da Empresa: falência e recuperação", Paulo Penalva ressaltou ser essencial o controle jurisdicional do plano e destacou o problema enfrentado em precedentes do Tribunal de Justiça de São Paulo, em hipóteses em que as disposições do Plano de Recuperação Judicial "aprovado em assembleia não corresponde à realidade e só faz com que as empresas permaneçam de forma artificial no mercado. E é exatamente o que a lei não pretendia"[48].

A questão da fraude em processos concursais, repita-se, sempre constituirá enorme desafio para os operadores do Direito, mas entendemos que os Enunciados 44, 45 e 46, editados a partir dos debates na I Jornada de Direito Comercial, estabelecem premissas que permitem nortear as discussões sobre o controle jurisdicional das disposições do Plano de Recuperação Judicial e das deliberações da Assembleia de Credores: (n.º 44) – "A homologação de plano de recuperação judicial aprovado pelos credores está sujeita ao controle judicial de legalidade"; (n.º 45) – "O magistrado pode desconsiderar o voto de credores ou a manifestação de vontade do devedor, em razão de abuso de direito; e (n.º 46) – "Não compete ao Juiz deixar de conceder a recuperação judicial ou de homologar a extrajudicial com fundamento na análise econômico-financeira do plano de recuperação aprovado pelos credores".

Com efeito, a partir da aplicação conjunta desses 3 (três) enunciados, doutrina e jurisprudência poderão definir inúmeros temas controversos, emprestando à LRE segurança jurídica e previsibilidade mínimas indispensáveis para capturar a confiança de todos os agentes (*stakeholders*) que atuam nesse mercado de *distress*, cabendo aos operadores do Direito estar

---

[48] "Evidentemente que sim. Mas um desdobramento importante em relação a isso, e que tem causado uma perplexidade muito grande em questões importantes julgadas no Tribunal de Justiça de São Paulo, é o problema da viabilidade econômica e financeira do plano. Há casos em que o que foi aprovado em assembleia não corresponde à realidade e só faz com que as empresas permaneçam de forma artificial no mercado. E é exatamente o que a lei não pretendia. Sem dúvida, é uma questão extremamente polêmica. Portanto, destacaria esse controle da legalidade do plano aprovado como sendo um dos mais relevantes; são mais de oito enunciados sobre isso." (Paulo Penalva Santos, *Crise da empresa: falência e recuperação*, in I Jornada de Direito Comercial. Justiça Federal: Conselho da Justiça Federal Centro de Estudos Judiciários, Brasília, 2013, p. 29.)

sempre atentos à necessidade de rechaçar com presteza e rigor estratagemas que viciem processos de recuperação judicial (ou extrajudicial) e de falência.

Para que se apliquem adequadamente as premissas de que tratam os Enunciados 44, 45 e 46 da I Jornada de Direito Comercial, essencial que os credores, ao manifestarem suas objeções ao Plano de Recuperação Judicial (art. 55, *caput*), apontem especificamente que aspectos devem ser ajustados e/ou modificados, exigindo, se necessário, que o Administrador Judicial obtenha informações mais completas e detalhadas da recuperanda, ou de outros credores (inciso I, alíneas "b" e "d" do art. 22) e, a partir daí, fundamentem suas objeções, de modo objetivo, levando em conta o conjunto de informações contidas na inicial (incisos I, II [alíneas "a", "b", "c" e "d"], III, IV, VII, VIII e IX; e §1.º do art. 51), no Plano de Recuperação Judicial (incisos I, II e III do art. 53) e nos relatórios mensais do Administrador Judicial sobre as atividades do devedor (inciso II [alínea "c"] do art. 22).

Como se vê, o adequado desenvolvimento do processo de recuperação judicial pressupõe que os operadores do Direito se familiarizem minimamente com conceitos não jurídicos, em especial os de natureza econômico-financeira, para que possam analisar, *v.g.*, a razoabilidade de uma proposta da recuperanda de considerar homogêneos os interesses de determinados credores, dando-lhes tratamento igualitário entre si, mas diverso em relação a outros credores da mesma classe.

O conceito de "interesses homogêneos" depende da compreensão de critérios não jurídicos, que pouco a pouco vêm sendo delimitados na doutrina e na jurisprudência, do que é exemplo o Enunciado 57 também da I Jornada de Direito Comercial, de outubro de 2012: "O plano de recuperação judicial deve prever tratamento igualitário para os membros da mesma classe de credores que possuam interesses homogêneos, sejam estes delineados em função da natureza do crédito, da importância do crédito ou de outro critério de similitude justificado pelo proponente do plano e homologado pelo magistrado"[49].

Por outro lado, no momento em que as negociações devedor/credores não lograrem suplantar todas as controvérsias sobre disposições do

---

[49] Disponível em: http://www.cjf.jus.br/enunciados

Plano de Recuperação Judicial, mesmo após a deliberação soberana da Assembleia Geral de Credores, caberá ao Juiz se pronunciar sobre eventuais impugnações. Contudo, para que ele tenha elementos para formar sua convicção, torna-se imprescindível que a ata da Assembleia Geral de Credores seja criteriosamente elaborada, descrevendo os pontos de vista contrapropostos de todos que se manifestarem sobre determinado tema controverso.

Nesse sentido, a lição de Modesto Carvalhosa de que a ata da Assembleia Geral de Credores "possibilita o controle da legalidade e da legitimidade dos trabalhos realizados na assembleia geral, especialmente na sua instalação e nas deliberações havidas", constituindo "instrumento de certeza jurídica na medida em que registra no seu inteiro teor as deliberações e a vontade da comunhão dos credores". Conclui que a ata permite a oposição de "exceções de irregularidade e de nulidade pelos credores dissidentes e ausentes"[50].

Para que a aplicação da LRE propicie essa melhor percepção por parte dos agentes do mercado (*stakeholders*), também relevantíssimo que qualquer pronunciamento judicial que modifique a vontade da maioria na assembleia, ou altere alguma disposição do plano, com fundamento em ilegalidade e/ou exercício abusivo de direito, seja objetivo e minucioso

---

[50] "Quanto ao regime de declarações da ata, verifica-se que a legislação falimentar, diferentemente da Lei de Sociedades Anônimas (Lei n.º 6.404/76), não admite a forma sintética da ata da assembleia geral de credores. Assim, temos que a ata deverá ser lavrada contendo o inteiro teor dos protestos e manifestações dos credores, inclusive aquelas apresentadas por escrito à mesa diretora dos trabalhos.
Com efeito, a ata é o documento comprobatório dos negócios jurídicos levados a efeito durante os trabalhos da assembleia e, por razão, deve conter o inteiro teor das discussões havidas e das deliberações tomadas. Em um sentido mais amplo, a ata é o documento extrajudicial que concentra e perpetua os fatos ocorridos durante a assembleia.(...)
A ata possibilita o controle da legalidade e da legitimidade dos trabalhos realizados na assembleia geral, especialmente na sua instalação e nas deliberações havidas. Constitui, pois, a ata instrumento de certeza jurídica na medida em que registra no seu inteiro teor as deliberações e a vontade da comunhão dos credores. Permite, ademais, esse documento da assembleia, que as deliberações e a vontade majoritária sejam opostas exceções de irregularidade e de nulidade pelos credores dissidentes e ausentes. E a juntada da ata aos autos do processo, juntamente com a lista de presença possibilita a ciência inequívoca dos credores ausentes." (Modesto Carvalhosa, Comentário ao art. 35, in Osmar Brina Corrêa Lima e Sérgio Mourão Corrêa Lima (coords.), *Comentários à Nova Lei de Falência e Recuperação de Empresas: Lei n.º 11.101, de 09 de fevereiro de 2005*, Rio de Janeiro, Forense, 2009, pp. 275-276).

nas razões de decidir, preocupando-se em contrapor os critérios de natureza jurídica e econômico-financeira suscitados pelas partes em conflito, de modo a balizar os limites em que, em operações futuras, os agentes do mercado deverão se nortear para terem maior segurança jurídica.

Nessa linha, recorde-se o conselho de Eduardo Munhoz de que, para dirimir esses conflitos de interesses entre devedor e credores, como também dos credores entre si, deveriam ser utilizados critérios, ou requisitos usualmente aceitos no direito comparado (em especial, o direito norte-americano), no sentido de que (i) o plano aprovado pela assembleia não pode contemplar um credor com menos do que ele receberia na hipótese de falência (*best-interest-of-creditors*) e de que (ii) o credor dissidente não pode se opor ao plano aprovado na assembleia, se tiver direito a receber montante proporcionalmente igual ao dos demais credores da sua mesma classe (*unfair discrimination*)[51].

Carolina Soares João Batista, Paulo Fernando Campana Filho, Renata Yumi Miyazaki e Sheila Neder Cerezetti foram mais incisivos ao afirmarem que esses dois requisitos, nas hipóteses de impugnações ao plano, ou ao resultado da assembleia, podem e devem ser considerados na aplicação da LRE, concluindo que "o credor minoritário só tem direito de impugnar o plano de recuperação caso o plano não garanta o pagamento do mínimo previsto em um processo de liquidação e caso outros credores recebam proporcionalmente mais do que ele"[52].

---

[51] "É, portanto, fundamental o papel que a doutrina exercerá no sentido de completar essa grave lacuna da Lei 11.101/2005. Mais importante que a aprovação do plano pelo Juiz com base nos requisitos estabelecidos pelo art. 58, § 1.º, da Lei 11.101/2005 seria a aplicação de princípios que tomassem em conta as relações verticais e horizontais entre os credores. Assim, a título de exercício teórico, um instrumento procedimental importante para a concretização do art. 47 da Lei 11.101/2005 poderia ser o reconhecimento da possibilidade de o Juiz aprovar um plano de recuperação rejeitado pela assembléia geral de credores, desde que esse plano assegurasse o *best-interest-of-creditors* ou, pelo menos, não acarretasse *unfair discrimination*". (Eduardo Secchi Munhoz, *Anotações sobre o limite do poder jurisdicional*, in *RDBMC* 36, abril-junho/2007, p. 198).

[52] "Segundo a regra que conjuga de forma alternativa o requisito do *best-interest-of-creditors* com o da ausência da *unfair discrimination*, para que o credor dissidente tenha direito de impugnar, sozinho, o plano de recuperação, é preciso que nenhum deles tenha sido observado. Assim, o credor minoritário pode impugnar o plano de recuperação judicial aprovado quando verificado, cumulativamente o seguinte: (i) O credor minoritário votou contra a aprovação do plano; (ii) O plano prevê que o credor minoritário receba menos do que receberia em um processo de liquidação; e (iii) O plano prevê que o credor minoritário receba tratamento

No segundo semestre de 2013, adotando essa mesma linha, Paulo Salles de Toledo afirma que deve ser utilizado o critério objetivo do requisito do *best-interest-of-creditors*, para decidir acerca de impugnações de credores minoritários dissidentes, não obstante a omissão da LRE de não prever "o reconhecimento expresso de que não podem os credores suportar, na recuperação judicial, um sacrifício maior do que o decorrente da falência"[53].

Ao utilizar esses 2 (dois) requisitos (*best-interest-of-creditors* e *unfair discrimination*) para apreciar controvérsias envolvendo o Plano de Recuperação Judicial e a Assembleia Geral de Credores, consideramos que, na grande maioria dos casos, o cerne da questão deverá ser decidido em linha com o Enunciado 45 da I Jornada de Direito Comercial ("O magistrado pode desconsiderar o voto de credores ou a manifestação de vontade do devedor, em razão de abuso de direito"), por se tratarem de situações em que realmente se discutirá ter ocorrido ou não o exercício abusivo de direito, por parte do devedor e/ou do credor.

Por esses motivos, embora possam ser compiladas inúmeras decisões em sentido contrário, consideramos que uma proposta da devedora, aprovada em assembleia, mesmo que contemple prazo de pagamento excessivamente longo, com parcelas fixas sem juros, nem correção monetária, e ainda com desconto superior 60% (sessenta por cento), não deveria,

---

discriminatório em comparação demais titulares de crédito de mesma natureza. Essa regra é condizente com a orientação pró-recuperação empresarial contida na nova lei brasileira. O credor minoritário só tem direito de impugnar o plano de recuperação caso o plano não garanta o pagamento do mínimo previsto em um processo de liquidação e caso outros credores recebam proporcionalmente mais do que ele." (Carolina Soares João Batista, Paulo Fernando Campana Filho, Renata Yumi Miyazaki e Sheila Christina Neder Cerezetti, *Contribuições Interpretativas "Best Interest of Creditors" ou "Unfair Discrimination"*, in *RDM*, v. 143, pp. 232-233).

[53] "Como se vê, o diploma atual deixou de acrescentar a seus vários méritos mais este: o de conter o reconhecimento expresso de que não podem os credores suportar, na recuperação judicial, um sacrifício maior do que o decorrente da falência do devedor. Temos aí um parâmetro objetivo, a sinalização do grau máximo de sacrifício que pode ser imposto aos credores. Não será demais enfatizar: a Lei, na verdade, não precisa deixar explícito esse ponto para que o mesmo fundamento seja aplicado, uma vez que ele decorre da própria natureza do instituto. A Lei, evidentemente, não pode impor aos credores o mal maior – que seria o de sujeitá-los a uma recuperação que os prejudique mais do que a falência do devedor." (Paulo Fernando Campos Salles de Toledo, *O Plano de Recuperação e o Controle Judicial da Legalidade*, in *RDB* 60 (2013), p. 218).

em tese e por si só, ser considerada ilegal. Porém, diante dos elementos de prova no caso concreto (*v.g.*, um plano em que o devedor se proponha a produzir 10 (dez) vezes acima da sua capacidade instalada, mas nem sequer preveja investimentos para aumentar sua capacidade de produção), a respectiva proposta poderá vir a ser considerada manifestamente abusiva. Essa alternativa, a nosso ver, permite coibir todo o tipo de fraude e, ao mesmo tempo, não se arrisca a considerar como ilegais, alternativas livremente negociadas entre as partes na referida *structured bargaining* incentivada pela sistemática da LRE.

Ainda como exemplo, vale lembrar que o art. 50 da LRE prevê alternativas que, uma vez aprovadas pela Assembleia Geral de Credores – v.g., a alternativa do inciso IX ("dação em pagamento"), ou a do inciso X ("constituição de sociedade de credores"), ou a do inciso XVI ("constituição de sociedade de propósito específico para adjudicar em pagamento dos créditos, os ativos do devedor") –, sujeitam os credores a não receberem pagamento algum em dinheiro por seus créditos. Nesses casos, um credor dissidente dificilmente poderá arguir ilegalidade de uma alternativa prevista em lei para reorganizar a empresa em crise, mas certamente poderá discutir se há ou não abuso de direito por parte do devedor e da maioria dos credores, podendo comprovar que a respectiva proposta não respeita o requisito do *best-interest-of-creditors*, ou resulta em uma *unfair discrimination*.

5. Conclusão

Em suma, o exercício do controle jurisdicional sobre as disposições do Plano de Recuperação Judicial e as deliberações da Assembleia Geral de Credores deve preferencialmente respeitar a sistemática da LRE e se nortear pela aplicação conjunta dos Enunciados 44, 45 e 46 da I Jornada de Direito Comercial de outubro de 2012, considerando que cada caso será decidido não apenas com fundamento em critérios jurídicos, mas também com base em conceitos e informações de natureza econômico-financeira. Nesse particular, devem ser considerados os requisitos do *best-interest-of-creditors* e da *unfair discrimination*, cabendo ao Juiz exigir que a empresa devedora cumpra fielmente suas obrigações (pecuniárias, de fazer e de não fazer), para assegurar maior transparência e evitar assimetria de informações. Do mesmo modo, deve cobrar do administrador judicial e dos membros do comitê credores que exerçam suas funções de acompanhamento e fiscalização do processo, das atividades da devedora e do cumprimento do plano, em benefício da eficiência do processo concursal. Atingidos esses objetivos, a LRE conseguirá inspirar nos agentes do mercado a confiança indispensável para atrair maior volume de dinheiro novo e maior número de terceiros potenciais interessados, criando o círculo virtuoso que beneficiará empresas reorganizadas potencialmente viáveis, trabalhadores, credores e o mercado de maneira em geral.

Financiamento e Investimento na Recuperação Judicial

EDUARDO SECCHI MUNHOZ

1. Introdução

Depois de um período (especialmente, de 1994 a 2012) de avanços políticos (solidificação da democracia), econômicos (aumento do investimento e do emprego) e sociais (redução da pobreza e da desigualdade), o Brasil ingressou em 2015 em crise econômica[1]. Para as empresas brasileiras, a crise é especialmente grave porque sobreveio, até certo ponto de forma abrupta, após um período de euforia, no qual, como nunca antes na história brasileira, houve acesso ao financiamento privado de longo prazo, por meio da emissão de títulos de capital e de dívida.

O acesso ao financiamento e o otimismo quanto ao futuro, que indicava forte crescimento da econômica brasileira, levou as empresas a captar volumes vultosos de recursos para a realização de projetos ambiciosos. Hoje se verifica que boa parte desses projetos não atingiu os resultados esperados, acarretando inadequação entre valor da dívida e capacidade de geração de caixa. O excesso de alavancagem e a incapacidade de pagamento de dívidas no tempo inicialmente contratado tornaram-se cada vez mais frequentes.

Como símbolo eloquente desse momento do capitalismo brasileiro está o caso do grupo X, do empresário Eike Baptista. Nos anos de euforia,

---

[1] Cf. Eduardo S. Munhoz, *Aquisição de controle na sociedade anônima*, São Paulo, Saraiva, 2012.

o grupo X atraiu a admiração de muitos, sendo capaz de captar, por meio do mercado de capitais e do mercado financeiro, bilhões de reais para o financiamento de projetos de infraestrutura ambiciosos. Como prenúncio da crise de 2015, numa velocidade impressionante, assistiu-se à derrocada sistêmica do grupo X, a ponto de quase todas as companhias dele integrantes terem ingressado com pedidos de recuperação judicial (v.g., OGX, OSX e MMX).

É nesse momento de crise econômica, agravado por suceder a um período de euforia, que a Lei de Recuperação e Falência (Lei 11.101/2005 – "LRE") completa 10 anos. Será, talvez, o grande teste para a LRE, na medida em que a recuperação da economia brasileira dependerá em boa medida de sua capacidade de dar resposta aos graves problemas que assolam importantes empresas brasileiras.

De fato, a literatura econômica e a jurídica têm apontado que um bom sistema falimentar é fator fundamental de resiliência econômica. Os efeitos da crise mundial de 2008 nos diferentes países servem bem a demonstrá-lo. Gilson[2] observa que, nos EUA, entre 2008 e 2009, dívidas no valor de cerca de USD 3,5 trilhões precisavam de reestruturação; e estavam envolvidos em processos de recuperação judicial (*Chapter 11*) ativos no valor de nada menos que USD 1,8 trilhões.

Segundo Gilson, o sistema norte-americano, focado na reorganização e reabilitação das empresas, e não na pura liquidação de seus ativos, contribuiu decisivamente para que a economia dos EUA se recuperasse mais rapidamente. Não fosse a sofisticação do modelo dos EUA para lidar com empresas em estresse financeiro, muitas delas envolvidas em escândalos de corrupção e de práticas ilegais, os efeitos da crise de 2008 seriam significativamente mais danosos e duradouros para o povo norte-americano.

Cabe, portanto, indagar: o sistema falimentar brasileiro dará resposta semelhante à crise econômica brasileira de 2015?; os 10 anos de experiência de aplicação da LRE terão contribuído para a construção de um ambiente propício à superação da crise da empresa?

No futuro próximo, haverá dados empíricos disponíveis para responder de forma adequada a essas perguntas. Este trabalho não arrisca, portanto, a antecipação de qualquer resposta. Seu objetivo é, inicialmente,

---

[2] Stuart C. Gilson, *Coming through in a crisis: how Chapter 11 and debt restructuring industry are helping to revive the US economy*, in *Journal of Applied Corporate Finance*, v. 24, 2012, pp. 23-35.

abordar de forma ampla alguns dos fatores fundamentais para a construção de um bom e eficiente sistema falimentar, cuja importância no capitalismo contemporâneo tornou-se um truísmo. Em seguida, propõe-se a analisar, com mais detalhe, aspectos específicos da lei brasileira que afetam o investimento e o financiamento da empresa em crise, fatores reconhecidamente cruciais para o sucesso de sua recuperação.

2. O sistema falimentar. Princípios e condições para o seu desenvolvimento

No Brasil, há a tendência de esperar que uma lei, ou uma reforma legislativa, possa, por si só, dar conta dos problemas verificados na realidade. Essa crença exacerbada no poder transformador da lei talvez derive do tradição cultural bacharelesca da sociedade brasileira. O conhecimento é valorizado pelo seu aspecto intelectual puro, como ornamento e prenda; menos importante é o conhecimento operacional, voltado à consecução de finalidades práticas e objetivas ligadas ao trabalho[3].

A elaboração e aprovação de uma nova lei cabe bem dentro da ideia de um conhecimento puro, abstrato; já a criação das condições necessárias, para sua aplicação, para a implementação de seus objetivos na realidade, é própria à esfera do trabalho, da ação. No Brasil são muitas as leis que não ganham efetividade, permanecendo presentes apenas no papel, sem ganhar vida no dia-a-dia da sociedade. Diante do aumento da incidência de um determinado crime, mais fácil é aprovar uma lei para qualificá-lo como hediondo, tornando a punição mais grave, do que tomar as medidas necessárias para combatê-lo na realidade, o que exigiria investimento na polícia, na melhoria das condições de investigação, entre tantas outras providências de ordem prática.

---

[3] Cf. Sergio Buarque de Holanda, *Raízes do Brasil*, 26ª ed, São Paulo, Companhia das Letras, 1995, p. 83: "*O trabalho mental, que não suja as mãos e não fatiga o corpo, pode constituir, com efeito, ocupação digna de antigos senhores de escravos e dos seus herdeiros. Não significa forçosamente, neste caso, amor ao pensamento especulativo (...) mas amor à frase sonora, ao verbo espontâneo e abundante, à erudição ostentosa, à expressão rara. É que para bem corresponder ao papel que, mesmo sem o saber, lhe conferimos, inteligência há de ser ornamento e prenda, não instrumento de conhecimento e de ação. (...) Aliás, o exercício dessas qualidades que ocupam a inteligência sem ocupar os braços tinha sido expressamente considerado, já em outras épocas, como pertinente aos homens nobres e livres, de onde, segundo parece, o nome liberais dado a determinadas artes, em oposição às mecânicas, que pertencem às classes servis*".

Daí porque a efetividade das leis é um problema frequente no Brasil. Tão ou mais importante que a aprovação de um bom texto legislativo é criar as condições para que a lei se torne efetiva, ou seja, cuidar da construção de um ambiente favorável ao seu cumprimento e à implementação de seus objetivos. O papel das instituições relacionadas com o cumprimento de uma determinada lei assume, então, especial destaque. Sem que as instituições funcionem adequadamente, e de forma harmônica e coordenada, a lei não ganha vida na realidade, permanecendo como um texto frio e sem utilidade[4].

As observações anteriores não se referem evidentemente apenas ao sistema falimentar, mas são especialmente importantes para ele. A LRE, editada em 2005, pode constituir um marco inicial na construção de um sistema falimentar que contribua para o desenvolvimento econômico e social do país, mas é certo que o seu advento está longe de ser suficiente para alcançar esse objetivo. Este tópico dedica-se a apontar, de forma genérica, alguns dos fatores essenciais para a construção desse sistema.

Um primeiro aspecto, a merecer destaque, diz respeito à cultura, porque ela influencia a interpretação da lei e as soluções adotadas na realidade. Historicamente, a falência é vista, no Brasil, com sinal pejorativo, motivo de vergonha, sendo comum sua associação com a ideia de crime, de fraude, de mau comportamento do empresário. Muito diferente é a visão que a sociedade norte-americana tem do instituto. Nos EUA, a crise da empresa, ou mesmo sua falência, não tem em geral conotação pejorativa, sendo antes vistas como fenômenos comuns, próprios do capitalismo. Afinal, o risco é elemento intrínseco do capitalismo e, por isso, é natural que determinados empreendimentos econômicos sejam mal sucedidos. Livre iniciativa, empreendedorismo e insucesso de determinadas empresas são fatores próximos e integrantes da mesma realidade. Por isso, no capitalismo norte-americano, são muitos os exemplos de empresários emblemáticos (Henry Ford, Walt Disney, entre outros) que, antes de alcançar o sucesso, passaram por uma falência. Não é de surpreender, portanto, que já constasse do *Bankruptcy Act* norte-americano, de 1898, o seguinte princípio: "*When an honest man is hopelessly down financially, nothing is gained for the public by keeping him down, but, on the contrary,*

---

[4] Cf. Douglass C North, *Institutions, institutional change and economic performance*, Cambridge, Press Syndicate of the University of Cambridge, 1990.

the public good will be promoted by having his assets distributed ratably as far as they will go among his creditors and letting him start anew".

O traço cultural brasileiro sobre a falência refletiu-se, historicamente, no fato de que somente na lei de 2005 veio claro o princípio de que o soerguimento das empresas em crise ou a manutenção da atividade produtiva na falência atendem ao interesse público. O direito falimentar brasileiro viveu sob um movimento regulatório pendular, de índole puramente privatista, ora para favorecer o empresário-devedor, ora para favorecer os credores[5].

Não há dúvida de que, cada vez mais, à medida que o capitalismo brasileiro se desenvolve e se sofistica, essa visão cultural gradualmente se modifica. Mas essa raiz histórica ainda está muito presente na mente dos brasileiros, a influenciar o comportamento dos envolvidos em processos de reestruturação ou de falência. Um bom exemplo da presença dessa relíquia cultural está na divisão, ainda presente em boa medida, entre os advogados que trabalham na área em dois times: o dos advogados dos credores e o dos devedores; como se todos não atuassem no mesmo segmento da economia, pautado pelos mesmos princípios e objetivos.

Nesse contexto, a visão da crise da empresa como um elemento natural do capitalismo, derivado dos riscos que envolvem os empreendimentos econômicos, é sem dúvida um passo importante no avanço de soluções adequadas e harmônicas para os problemas verificados nessa área. Também essencial é reconhecer que a empresa é uma organização social que não se exaure na figura do empresário ou dos credores, envolvendo fornecedores, trabalhadores, consumidores e a comunidade, cujos interesses devem ser ponderados pela regulação jurídica ao cuidar de sua crise. Nessa linha, constituem um grande avanço os arts. 47 e 75 da LRE, ao reconhecerem a importância da *empresa* e ao estabelecerem os objetivos da recuperação judicial e da falência em coerência com a sua função social[6].

Além do aspecto cultural, e da fixação adequada dos objetivos da lei falimentar, baseados na função social da empresa, é preciso cuidar, como antes mencionado, para que o conjunto de instituições relacionadas com

---

[5] Cf. Fabio K. Comparato, *Aspectos jurídicos da macroempresa*, São Paulo, RT, 1970, pp. 98-101.
[6] Cf. Sheila C. Neder Cerezetti, *A Recuperação judicial de sociedade por ações – o princípio da preservação da empresa na Lei de Recuperação e Falência*, São Paulo, Malheiros, 2012.

o tema atuem de forma adequada. Dentre essas instituições, merece especial destaque o Poder Judiciário.

Em recente pesquisa empírica, LoPucki[7] analisa a correlação entre determinadas variáveis e o sucesso em processos de recuperação de empresas. Foram examinados fatores como (i) acesso a financiamento, (ii) prévia celebração de acordo com credores, (iii) venda de ativos, (iv) presença de comitê de credores, entre outros. A conclusão é que, dentre todos os fatores examinados, o que mais contribui para o sucesso de uma recuperação judicial é a experiência dos juízes ou dos tribunais que presidem o caso.

O resultado, embora de certo modo surpreendente, não é difícil de ser explicado. No campo da aplicação das leis, o Judiciário exerce função de importância crucial. É que as leis nascem para ser interpretadas, ganhando significado variável no curso do tempo, segundo os valores dominantes e as transformações da sociedade. É inequívoco que a jurisprudência, mesmo no sistema de *civil law*, exerce função proeminente como fonte do direito. E essa função criadora do direito, exercida pela jurisprudência, é especialmente relevante no campo da regulação econômica, como é o caso do sistema falimentar, dada a velocidade com que se transformam as condições da vida empresarial na realidade hodierna. O conjunto de precedentes judiciais determina o significado, a cada período, das normas legais, sobretudo das cláusulas gerais previstas na lei, dando a diretriz necessária para a construção de um ambiente pautado pela segurança e previsibilidade. É a partir das decisões dos tribunais a respeito de terminado texto legal que os investidores podem prever quais serão as consequências de suas ações, algo fundamental para o planejamento. A mera leitura de um texto legislativo não pode conferir o mesmo nível de previsibilidade e de segurança quanto ao resultado de ações futuras.

Acresce que, nos processos de recuperação judicial ou de falência, o papel do juiz vai muito além de decidir as questões controvertidas, ou disputadas entre as partes. O juiz assume um papel de condutor, de maestro, de presidente, do processo, o que envolve não apenas deci-

---

[7] Cf. Lynn M. LoPucki, *Bankruptcy survival*, in *UCLA Law Review*, v. 62, 2015, pp. 1013-1014: "*The relationship between JUDGE EXPERIENCE and BANKRUPTCY- SURVIVAL is probably the most important discovery to result from this study. Our finding suggests that bankruptcy system participants can increase the survival level, simply by shifting cases to more experienced judges.*"

dir questões controvertidas, como também orientar e decidir matérias que dizem respeito diretamente ao desenvolvimento e ao futuro da empresa[8]. No tópico seguinte, quando se examinar a questão do investimento e do financiamento das empresas em crise, essa assertiva será mais bem esclarecida.

Daí a importância da especialização do juízes, da composição de juízos especializados para lidar com casos de recuperação judicial e de falência. Nesse sentido, a existência de varas especializadas na comarca de São Paulo e, sobretudo, de câmaras especializadas no Tribunal de Justiça de São Paulo constituem uma iniciativa valiosa, que muito tem contribuído para o desenvolvimento do sistema falimentar no Brasil. O mesmo se pode dizer do Estado do Rio de Janeiro e de outros que se preocuparam em criar varas especializadas para lidar com direito empresarial e falimentar. Essas iniciativas precisam ser estimuladas e aprimoradas. Afinal, como aponta a pesquisa empírica referida por LoPucki, a experiência e qualidade dos juízes é o fator de maior influência para o sucesso da superação da crise da empresa.

Além do aperfeiçoamento do Poder Judiciário, a formação de empresas e profissionais especializados para lidar com a crise de empresas (empresas de *turnaround*, assessores financeiros, advogados etc) é muito importante. Assistiu-se no Brasil, desde a edição da LRE em 2005, um claro avanço nesse campo, como se pode perceber pela constituição de associações importantes, como a filial no Brasil do *Turnaround Management Association* – TMA e o Instituto Brasileiro de Estudos de Recuperação de Empresas – IBR.

A completar o quadro, falta a formação e maior participação de investidores especializados em atuar nos momentos de crise da empresa. Alguns fundos e investidores estrangeiros têm progressivamente se interessado em atuar nessa área no Brasil, mas trata-se ainda de movimento incipiente. São, por outro lado, poucos os investidores brasileiros a atuar nessa área. A formação desse mercado, que dinamizaria o financiamento, o mercado secundário de aquisição de créditos e a aquisição de ativos ou a troca de controle das empresas em crise constitui,

---

[8] Cf. Eduardo S. Munhoz, *Anotações sobre os limites do poder jurisdicional na apreciação do plano de recuperação judicial*, in Revista de Direito Bancário e do Mercado de Capitais, v. 36, 2007, p. 184.

sem dúvida, um outro pilar fundamental para o desenvolvimento de um bom sistema falimentar.

Feitas essas considerações de ordem geral, cumpre abordar o tema central do presente trabalho: o financiamento e o investimento na recuperação judicial. As considerações anteriores são importantes para bem compreender alguns dos problemas verificados nessa área. O objetivo, nos tópicos que se seguem, é apresentar sugestões *de lege ferenda* e soluções baseadas na interpretação da lei vigente que, segundo se procurará demonstrar, muito podem contribuir para o aperfeiçoamento do sistema e o atendimento do interesse público.

3. Financiamento e Investimento na Recuperação Judicial

Para os objetivos deste trabalho, denomina-se de financiamento na recuperação judicial o aporte de recursos à empresa em recuperação sob a forma de dívida (v.g., celebração de contrato de mútuo, emissão de debêntures ou outros títulos de dívida). Por investimento, entendem-se os aportes de recursos voltados à aquisição de controle da empresa em recuperação judicial, à aquisição de títulos de participação no seu capital (v.g., ações) ou à aquisição de bens ou direitos de sua propriedade (v.g., aquisição de controle, aquisição de bens, operações de reorganização societária).

O acesso a fontes de financiamento e de investimento é fundamental para o êxito de projetos de recuperação de empresa[9].

Quando a empresa entra em crise, seu acesso ao crédito fica altamente restringido ou é mesmo suprimido. E, na economia atual, é muito difícil que as empresas possam atuar sem acesso constante e regular a fontes de financiamento. Por isso, a literatura reconhece unanimemente que o acesso a fontes de financiamento, ou ao usualmente chamado *financiamento DIP* ou *financiamento Exit*, é um dos fatores determinantes para o sucesso da recuperação da empresa.

O financiamento DIP, ou seja, o financiamento concedido no curso de processo de recuperação judicial, cria a ponte necessária entre o momento em que a empresa ingressa com seu pedido de recuperação, quando seu acesso a crédito é altamente restringido, e aquele em que será capaz de

---

[9] Cf. Lynn M. LoPucki, *Bankruptcy survival*, in *UCLA Law Review*, v. 62, 2015; Sris Chatterjee *et al*, *Debtor-in-Possession financing*, in *Journal of Banking & Finance*, v. 28, 2004, p. 3097.

negociar e aprovar com seus credores um plano de reorganização. Na lei brasileira, pode-se concluir indiretamente que esse prazo de negociação entre devedor e de credores é, em princípio, de 180 dias, período em que ficam suspensas as ações e execuções contra o devedor (art. 6º, *caput* e §4, LRE). Já o financiamento Exit atua no momento em que a empresa emerge de sua recuperação, ou seja, quando o plano de recuperação é aprovado, sendo importante para viabilizar sua implementação.

O investimento é, igualmente, fator determinante do sucesso da recuperação da empresa. A venda de bens ou direitos de propriedade da empresa em recuperação pode ser uma forma importante de levantamento de recursos necessários ao pagamento de sua dívida. Também pode ser uma estratégia para levar a empresa a deixar de desenvolver atividades em que tenha menos sucesso, ou que não constituam sua atividade principal. Ainda, a venda de bens ou direitos pode ser empregada como forma de reduzir a necessidade de investimentos que teriam de ser realizados pela empresa em recuperação no futuro, os quais seriam incompatíveis com a sua capacidade, ou que comprometeriam excessivamente sua capacidade de geração de caixa e de pagamento de dívidas[10].

Já a transferência do controle societário ou outras formas de reorganização societária (cisão, fusão, incorporação), além de constituírem uma possível fonte de recursos para pagamento das dívidas, podem implicar a alocação da atividade da empresa em recuperação a um novo empresário, capaz de, por via de novos investimentos, da implementação de novos métodos de gestão, ou de ganhos de sinergia ou de escala, dar à empresa o maior valor possível. De fato, é possível que a transferência do controle ou a reorganização societária, ao alocarem a atividade a um novo empreendedor, viabilizem a continuidade e o crescimento da empresa no futuro, em benefício dos credores anteriores e da sociedade como um todo.

Bem compreendida a importância do financiamento e do investimento para a recuperação da empresa, cumpre examinar os principais aspectos da lei brasileira que se relacionam com o tema. Cumpre estudar em que medida a lei brasileira oferece as condições necessárias para o

---

[10] Cf. Douglas G. Baird *et al. Antibankruptcy*, in *The Yale Law Journal*, v. 119, 2010, p. 648.

que o financiamento e o investimento na empresa em recuperação possam ocorrer.

3.1. Não-sucessão em obrigações

É condição necessária para a realização de investimento na aquisição de bens e direitos de uma empresa em crise assegurar que o investidor (adquirente dos bens) não seja sucessor das obrigações da alienante.

Nas reestruturações de dívida fora de juízo, ou seja, não baseadas em processo judicial, não há nenhum mecanismo específico previsto na LRE que confira proteção ao adquirente. Nesse caso, incidem as regras gerais sobre sucessão de dívidas, estabelecidas, por exemplo, no Código Civil, na lei tributária e na lei trabalhista.

Quanto ao Código Civil, merece atenção o art. 1.146, segundo o qual o adquirente do estabelecimento comercial responde pelos débitos anteriores à transferência, desde que devidamente contabilizados[11]. A lei tributária, de sua parte, trata do tema no art. 133[12] do Código Tributário Nacional, que estabelece a responsabilidade integral, ou subsidiária, do adquirente pelos tributos relativos ao fundo de comércio ou estabelecimento comercial adquirido. Finalmente, a lei trabalhista cuida do tema nos arts. 10 e 448 da Consolidação das Leis do Trabalho – CLT[13], que estabelecem a continuidade do contrato de trabalho e de todos os direi-

---

[11] "Art. 1.146. O adquirente do estabelecimento responde pelo pagamento dos débitos anteriores à transferência, desde que regularmente contabilizados, continuando o devedor primitivo solidariamente obrigado pelo prazo de um ano, a partir, quanto aos créditos vencidos, da publicação, e, quanto aos outros, da data do vencimento."

[12] "Art. 133. A pessoa natural ou jurídica de direito privado que adquirir de outra, por qualquer título, fundo de comércio ou estabelecimento comercial, industrial ou profissional, e continuar a respectiva exploração, sob a mesma ou outra razão social ou sob firma ou nome individual, responde pelos tributos, relativos ao fundo ou estabelecimento adquirido, devidos até à data do ato:

I – integralmente, se o alienante cessar a exploração do comércio, indústria ou atividade;

II – subsidiariamente com o alienante, se este prosseguir na exploração ou iniciar dentro de seis meses a contar da data da alienação, nova atividade no mesmo ou em outro ramo de comércio, indústria ou profissão."

[13] "Art. 10 – Qualquer alteração na estrutura jurídica da empresa não afetará os direitos adquiridos por seus empregados;

Art. 448 – A mudança na propriedade ou na estrutura jurídica da empresa não afetará os contratos de trabalho dos respectivos empregados."

tos a ele concernentes, independentemente de mudança na propriedade ou na estrutura jurídica da empresa.

Assim, na reestruturações de dívida fora de juízo, não há mecanismos na lei para oferecer proteção ao investidor quanto a obrigações anteriores da empresa em crise. A depender do caso concreto, isso pode inviabilizar por completo todo e qualquer investimento, levando a que uma empresa tenha que se valer de um processo judicial para viabilizar sua recuperação exclusivamente por conta do regime de sucessão. Vale dizer, a empresa tem a possibilidade de reestruturar suas dívidas em acordo fora de juízo com seus credores, mas é compelida a ingressar com pedido de recuperação judicial pela impossibilidade de obter investimento em virtude do regime geral de sucessão na venda de estabelecimento ou fundo de comércio.

A LRE também não estabelece claramente a regra da não-sucessão na recuperação extrajudicial (art. 161 e ss.). Muito embora parte da doutrina sustente que a regra da não-sucessão, prevista para a recuperação judicial, também seja aplicável à recuperação extrajudicial[14], não há consenso a respeito do assunto, nem há um conjunto de precedentes judiciais que pudesse conferir segurança a tal conclusão. Logo, no quadro atual, da perspectiva dos investidores, a recuperação extrajudicial também não oferece proteção adequada quanto à não-sucessão nas obrigações anteriores do alienante dos bens.

O regime de não-sucessão em obrigações fica restrito, portanto, ao campo da recuperação judicial e da falência. Quanto à recuperação judicial, pode-se dizer que há um regime mitigado de não-sucessão, ao passo que na falência há uma proteção mais ampla[15].

Na recuperação judicial, incide o art. 60 da LRE, que estabelece a regra geral da não-sucessão do adquirente em obrigações de qualquer natureza do devedor, desde que a aquisição: (i) tenha por objeto uma *unidade produtiva isolada*; e (ii) a alienação seja efetivada judicialmente, nos termos do art. 142 da lei.

Há sérias incertezas, no entanto, quanto à aplicação do regime da não-sucessão na recuperação judicial. Primeiro, o conceito de *unidade*

---

[14] Cf. Glauco A. Martins, *A recuperação extrajudicial*, São Paulo, Quartier Latin, 2012.
[15] Cf. Eduardo S. Munhoz, in Francisco Satiro de Souza Jr. *et al* (coord.), *Comentários à Lei de Recuperação de Empresas e Falência*, 2ª ed., São Paulo, RT, 2007, pp. 297-302.

produtiva isolada tem suscitado polêmica na doutrina e incerteza na jurisprudência. Segundo, a forma da alienação judicial (v.g., com ou sem leilão) também suscita dúvidas. Terceiro, ainda que o Superior Tribunal de Justiça[16] tenha reconhecido a competência do juízo da recuperação para decidir sobre a incidência, ou não, da regra da não-sucessão, algo fundamental para evitar decisões contraditórias sobre o tema (por exemplo, com o reconhecimento da sucessão em processos individuais tributários ou trabalhistas), a proteção não é absoluta, haja vista que recursos podem ser interpostos contra tal decisão, somente sendo possível chegar a uma posição final (decisão judicial transitada em julgado) depois de anos passados. Assim, ainda que o art. 60 da LRE represente inegável avanço, a realidade brasileira está longe de oferecer proteção ampla e adequada ao investidor que pretenda adquirir bens de uma empresa em recuperação judicial, como seria desejável.

Na falência, pode-se afirmar que há um regime adequado para a não-sucessão. O art. 141, II, da LRE prevê a não-sucessão na venda de bens de qualquer natureza, de modo que não existe, na hipótese, a dificuldade de definir a extensão do conceito de *unidade produtiva isolada*, como ocorre no caso de recuperação judicial. Também está clara a não-sucessão desde que a venda seja realizada no âmbito da falência, ou seja, por um dos meios admitidos de alienação judicial. A despeito da maior clareza da norma legal, o que afasta as incertezas antes apontadas em relação ao regime observado na recuperação judicial, o fato é que a ineficiência do processo de falência no Brasil dificulta sobremaneira a rápida alienação de bens da massa falida. A LRE permite que a alienação de ativos na falência seja realizada mesmo antes da formação do quadro geral de credores (art. 139), o que significa importante avanço em relação ao sistema vigente anteriormente, mas o fato é que a experiência brasileira quanto aos processos de falência continua a ser pautada pela grande morosidade e dificuldade para a implementação desse tipo de solução. Esse quadro leva a que também o processo de falência não se constitua num meio eficiente para a transferência de bens do devedor para outros empreendedores que possam dar seguimento à atividade empresarial de forma próspera.

---

[16] Cf. Conflito de Competência n. 61.272 – RJ (2006/0077383-7), rel. Min. Ari Pargendler, j. 26.04.2007.

As observações anteriores mostram que a realidade brasileira em relação à regra de não-sucessão não é favorável a fomentar o investimento na empresa em crise. A não-sucessão, condição necessária, ainda que não suficiente, para o investimento, está prevista apenas nos casos de recuperação judicial e de falência. Ainda assim, como se viu, com dificuldades e incertezas para sua implementação. Nesse cenário, seriam importantes mudanças *de lege ferenda*, bem como a evolução jurisprudencial, para conferir maior segurança aos investidores.

Inicialmente, seria de todo adequado estender a regra da não-sucessão para a recuperação extrajudicial (art. 161 e ss., LRE). Isso permitiria que a empresa em crise pudesse negociar com seus credores, fora de juízo, soluções para sua crise, vindo a buscar a homologação dessa solução perante o Judiciário com o objetivo de obter o benefício da não-sucessão. A intervenção jurisdicional nesse caso seria suficiente para coibir a ocorrência de fraude, assegurando que a alienação de bens seja realizada sem sucessão, por se cuidar de regra coerente com o princípio da preservação da empresa e benéfica para a sociedade. Essa solução abriria caminho para dar utilidade não apenas à recuperação extrajudicial que tem por objetivo vincular credores dissidentes (art. 163), como também àquela baseada na unanimidade dos credores atingidos (art. 162). A não-sucessão deveria abranger os credores sujeitos à recuperação extrajudicial, como também os créditos tributários, podendo-se estabelecer, como forma de tutelar estes últimos, regra semelhante à prevista para o caso de falência (art. 133, §3º, CTN), pela qual os valores obtidos com a alienação ficariam depositados judicialmente por um ano para eventual pagamento de créditos tributários objeto de cobrança judicial, liberando-se antecipadamente, porém, o pagamento dos credores com preferência sobre estes.

Ao estender-se a regra da não-sucessão para negociações de reestruturação de dívida implementadas fora de juízo, evita-se que recuperações judiciais sejam iniciadas com o único objetivo de buscar o benefício da não-sucessão e, por consequência, eliminam-se os altos custos derivados deste processo. Por outro lado, ao utilizar-se o mecanismo da recuperação extrajudicial, que admite as negociações fora de juízo mas que, por outro lado, exige a homologação judicial do plano acordado, evita-se que a regra da não-sucessão seja utilizada com a finalidade de fraudar a lei.

Com respeito à recuperação judicial, *de lege ferenda*, seria o caso de aplicar o mesmo regime previsto na lei para a hipótese de falência, evitando, dessa forma, as discussões concernentes à extensão do conceito de *unidade produtiva isolada*. Dada a segurança e a previsibilidade exigidas para fomentar o investimento, não é aconselhável que a lei adote cláusulas gerais para disciplinar a matéria, que comportam grande latitude de interpretação, como ocorre com a adoção do conceito de *unidade produtiva isolada*[17].

Finalmente, em relação à recuperação extrajudicial, à recuperação judicial e à falência, é preciso estabelecer que, depois de implementados os atos de aquisição sob a regra da não-sucessão, desde que aprovados pelo juiz e praticados de boa-fé, já não possam ser modificados quanto a esse aspecto. Essa medida é essencial para assegurar que o investidor não seja surpreendido no futuro, conferindo-lhe a segurança de que a aquisição, efetivada sob o regime da não-sucessão conforme autorização judicial, não poderá ser modificada neste particular. Do contrário, somente após o trânsito em julgado da decisão sobre a não-sucessão, é que os investidores terão o nível de segurança necessário para realizar o investimento. A esse respeito (irreversibilidade dos atos efetivados anteriormente a ser observada em recursos judiciais), serão tecidas considerações mais detalhadas em tópico específico, mais adiante.

3.2. Validade e eficácia do negócio jurídico (proteção a fraude contra credores e figuras afins)

Para viabilizar o financiamento e o investimento é também necessário assegurar ao financiador/investidor que o negócio jurídico realizado não poderá ter sua validade ou eficácia afetadas por dívidas anteriores da empresa em crise.

No Brasil, podem afetar a validade ou a eficácia de negócios jurídicos realizados por empresas em crise, especialmente, os institutos da *fraude contra credores* (art. 158 e ss., Código Civil), da *ineficácia da alienação do estabelecimento* (art. 1.145, Código Civil), da *fraude de execução* (art. 593, Código de Processo Civil) e da *ineficácia ou revogabilidade de atos na falência* (art.

---

[17] Eduardo S. Munhoz, in *Comentários à Lei de Recuperação de Empresas e Falência*, Francisco Satiro de Souza Jr. et al (coord.), *Comentários à Lei de Recuperação de Empresas e Falência*, 2ª ed., São Paulo, RT, 2007, pp. 297-302.

129, LRE). Esses institutos incidem em momentos e hipóteses distintas, mas todos podem levar ao reconhecimento da invalidade ou da ineficácia de negócios jurídicos que envolvam financiamento ou investimento na empresa crise, em virtude de dívidas anteriores.

Nas reestruturações de dívidas fora de juízo, a LRE não estabeleceu nenhum mecanismo de proteção para a validade e eficácia do investimento ou financiamento. Dessa forma, em cada caso concreto, deverá ser verificada a incidência de um dos institutos acima para avaliar a viabilidade, ou não, da operação. Com isso, a depender da extensão e do estágio da crise da empresa, isso pode tornar absolutamente inviável a realização do investimento ou financiamento. Todos os institutos antes referidos contemplam cláusulas gerais (v.g., risco de insolvência, *consilium fraudis*), que comportam diferentes interpretações em cada caso concreto. Isso contribui para aumentar o ambiente de insegurança e de incerteza. A verdade é que, havendo risco de insolvência da empresa, ou ações judiciais de valor material ajuizadas, dificilmente se poderá oferecer ao investidor a segurança necessária de que o negócio jurídico eventualmente realizado não poderá ser atacado no futuro por credores.

A LRE, ao cuidar da recuperação extrajudicial, também não contempla nenhuma proteção à validade e eficácia de negócios jurídicos realizados pelo devedor, para obter investimento. O quadro é idêntico ao verificado às reestruturações de dívida realizadas fora de juízo[18].

Diante desse cenário, é comum que empresas, que teriam capacidade de negociar a reestruturação de suas dívidas fora de juízo ou mediante recuperação extrajudicial, tenham de se valer de pedido de recuperação judicial em virtude da impossibilidade de obter investimento, mediante, por exemplo, a venda de bens, dado o risco de invalidade ou de ineficácia desse negócio.

É que a LRE, com relação à recuperação judicial, oferece proteção adequada quanto à validade e eficácia dos negócios realizados sob o manto do plano de recuperação judicial, aprovado pela assembleia de credores e homologado judicialmente. De fato, o art. 131 da LRE estabelece a regra da imunidade dos atos contemplados no plano de recupe-

---

[18] Parte da doutrina defende que a mesma proteção se aplica na recuperação extrajudicial, mas não se trata do entendimento dominante. Cf. Glauco A. Martins, *A recuperação extrajudicial*, São Paulo, Quartier Latin, 2012.

ração judicial com relação ao risco de ineficácia ou de revogabilidade[19]. O mesmo regime de proteção aplica-se na hipótese de alienações judiciais realizadas no âmbito do processo de falência.

Esse quadro leva a que soluções com custo mais elevado para a sociedade tenham que ser adotadas. Trata-se das recuperações judiciais ajuizadas pelo fato de constituir o único meio para assegurar a proteção necessária ao investidor na eventual aquisição de bens ou direitos. De fato, é possível que empresas em crise tenham capacidade de reorganizar-se fora de juízo, mediante negociações com seus credores, de um lado, e a venda de bens, de outro. Sendo esta, porém, inviável, pelo risco de invalidade ou de ineficácia do negócio, e sendo os recursos a serem levantados por meio dela essenciais para a reestruturação da dívida, não restará outra solução possível que não o ajuizamento da recuperação judicial.

A exemplo do que se afirmou em relação ao regime de não-sucessão, há de se reconhecer a utilidade de estender-se a proteção do art. 131 da LRE à recuperação extrajudicial. Dessa forma, seria possível viabilizar reestruturações de dívidas e vendas de ativos fora do ambiente da recuperação judicial, sem, por outro lado, deixar de oferecer aos credores a proteção necessária, na medida em que a recuperação extrajudicial deve ser homologada judicialmente. Assim, uma vez requerida a homologação do plano de recuperação extrajudicial, contemplando a venda de bens ou direitos, o juiz publicaria o edital correspondente para dar a divulgação necessária ao ato, podendo os credores que se considerarem prejudicados pela venda comparecer e impugnar a homologação sob tal fundamento. Esse direito de impugnação deveria ser conferido não apena aos credores atingidos pelo plano de recuperação extrajudicial mas a todos os credores do devedor, que poderiam alegar ter seus direitos afetados pela venda do bem previsto no plano.

Essa solução é recomendável porque evita os altos custos de recuperações judiciais que poderiam ser evitadas, sem, de outra parte, descurar da proteção dos credores anteriores, na medida em que estes teriam a possibilidade de se defender e de apresentar suas eventuais impugnações antes da homologação judicial do plano de recuperação extrajudicial.

---

[19] "Art. 131. Nenhum dos atos referidos nos incisos I a III e VI do art. 129 desta Lei que tenham sido previstos e realizados na forma definida no plano de recuperação judicial será declarado ineficaz ou revogado."

3.3. Financiamento: prioridade em relação a outros créditos

Já se observou que o acesso a fontes de financiamento na recuperação judicial é um dos fatores cruciais para o êxito do soerguimento da empresa. Há duas formas principais de financiamento, classificadas segundo o momento em que é concedido. Aquele que é concedido entre o ingresso do pedido de recuperação judicial e a aprovação do plano de recuperação (financiamento DIP) e aquele previsto no plano de recuperação (*exit finance* – financiamento Exit).

A LRE procurou fomentar a concessão de crédito novo à empresa em recuperação judicial, ao estabelecer seu enquadramento dentre os créditos extraconcursais na hipótese de falência, tal como previsto no seu art. 67[20]. Além disso, a LRE estabeleceu que a empresa em recuperação pode alienar ou onerar bens ou direitos integrantes do seu ativo permanente no curso do processo de recuperação judicial, ou seja, antes da aprovação do plano de recuperação, desde que em caso de evidente utilidade reconhecida pelo juiz, ouvido o comitê de credores (art. 66, LRF)[21]. Também podem ser alienados ou onerados bens nos termos previstos no plano de recuperação (arts. 50 e 66, LRE)[22].

A prioridade concedida pelo art. 67 da LRE, no entanto, é insuficiente para estimular o financiamento. Isso porque no sistema falimentar brasileiro há créditos classificados como extraconcursais de diferentes categorias, não havendo, ademais, a definição de ordem de preferência entre eles. O art. 84[23] da lei define uma série de créditos qualificados como

---

[20] "Art. 67. Os créditos decorrentes de obrigações contraídas pelo devedor durante a recuperação judicial, inclusive aqueles relativos a despesas com fornecedores de bens ou serviços e contratos de mútuo, serão considerados extraconcursais, em caso de decretação de falência, respeitada, no que couber, a ordem estabelecida no art. 83 desta Lei."

[21] "Art. 66. Após a distribuição do pedido de recuperação judicial, o devedor não poderá alienar ou onerar bens ou direitos de seu ativo permanente, salvo evidente utilidade reconhecida pelo juiz, depois de ouvido o Comitê, com exceção daqueles previamente relacionados no plano de recuperação judicial."

[22] Cf. Eduardo S. Munhoz, in Francisco Satiro de Souza Jr. *et al* (coord.), *Comentários à Lei de Recuperação de Empresas e Falência*, 2ª ed., São Paulo, RT, 2007.

[23] "Art. 84. Serão considerados créditos extraconcursais e serão pagos com precedência sobre os mencionados no art. 83 desta Lei, na ordem a seguir, os relativos a:

I – remunerações devidas ao administrador judicial e seus auxiliares, e créditos derivados da legislação do trabalho ou decorrentes de acidentes de trabalho relativos a serviços prestados após a decretação da falência;

extraconcursais, os quais podem esvaziar substancialmente a proteção que o art. 67 pretendeu conferir ao financiamento concedido na recuperação judicial.

Acresce que, além dos créditos extraconcursais, há os créditos sujeitos a pedido de restituição (art. 85, LRE). Em relação ao bem objeto da restituição, o credor respectivo tem prioridade em relação aos credores extraoncursais na falência. É o caso, por exemplo, da alienação fiduciária, em relação ao bem que dela é objeto. Situação particular e que comporta incertezas é a dos contratos de adiantamento de câmbio para exportação ("ACC's"), na forma do art. 75, §§ 3º e 4º, da Lei nº 4.728, de 14 de julho de 1965, que, segundo o art. 85, II, da LRE, também comportam pedido de restituição.

Nesse contexto, a preferência que a LRE conferiu ao financiamento na recuperação, ao qualificá-lo como extraconcursal na falência (art. 67), mostra-se insuficiente. Há muitos outros créditos que podem ter preferência sobre essa modalidade de financiamento, ou que podem gozar do mesmo nível de prioridade.

Para a viabilização do financiamento na recuperação, portanto, é fundamental a possibilidade de oferecer bens ou direitos em garantia. E isso é possível em dois momentos. No interregno entre o ingresso do pedido de recuperação e a aprovação do plano, quando a oneração dos bens ou direitos depende de autorização do juiz, ouvido o comitês de credores (art. 66), ou no momento em que é aprovado o plano de recuperação, o qual pode contemplar a alienação ou oneração de bens (arts. 50 e 66). Por meio da constituição de garantia sobre bens da empresa em recuperação, especialmente sob a modalidade de alienação fiduciária, pode-se conferir nível de proteção adequado ao financiador. Isso porque a alienação fiduciária, como se viu anteriormente, oferece ao credor a prioridade

---

II – quantias fornecidas à massa pelos credores;
III – despesas com arrecadação, administração, realização do ativo e distribuição do seu produto, bem como custas do processo de falência;
IV – custas judiciais relativas às ações e execuções em que a massa falida tenha sido vencida;
V – obrigações resultantes de atos jurídicos válidos praticados durante a recuperação judicial, nos termos do art. 67 desta Lei, ou após a decretação da falência, e tributos relativos a fatos geradores ocorridos após a decretação da falência, respeitada a ordem estabelecida no art. 83 desta Lei."

sobre o recebimento dos valores correspondentes ao bem objeto da alienação no caso de falência, por via, se for o caso, do pedido de restituição.

Se esse pode ser o caminho para a viabilização do financiamento DIP ou Exit no Brasil, há de se reconhecer, no entanto, sérias limitações. A primeira delas decorre do fato de que, em geral, a empresa em crise, ao entrar em recuperação judicial, não dispõe de bens livres e desonerados para serem oferecidos em garantia, ou em alienação fiduciária, para obtenção de financiamento novo, a ser autorizado pela forma prevista no art. 66, antes mencionado. Ademais, segundo o art. 50, § 1º, o plano de recuperação somente pode prever a alienação de bem objeto de garantia real, ou sua supressão, com a concordância individual do credor titular da respectiva garantia. Assim, diante da ausência de bens livres e desonerados, torna-se impossível à empresa em recuperação oferecer ao provedor do financiamento uma garantia que lhe confira a prioridade necessária, em caso de falência, para viabilizar a operação.

Nesse campo, *de lege ferenda*, é recomendável estabelecer na lei brasileira sistema similar ao existente nos EUA, pelo qual é possível, diante da presença de determinados requisitos, que o juiz autorize que o financiador DIP compartilhe garantias concedidas a credores anteriores, seja de forma subordinada, de forma proporcional, ou com prioridade[24]. Para permitir que o financiador DIP compartilhe garantias com credores anteriores, com prioridade sobre eles (*priming lien*), é preciso que seja impossível ao devedor obter financiamento de outra forma e que o credor preexistente tenha seus interesses adequadamente protegidos. Da mesma forma, é de se modificar o art. 50, §1º, da LRE para estabelecer a possibilidade de o plano de recuperação aprovar o compartilhamento de garantia real ou de outras garantias entre o financiador e o credor preexistente, desde que observados os mesmos requisitos antes referidos, quais sejam, ausência de outros meios para obtenção de recursos necessários à

---

[24] Essa é a disciplina estabelecida no §364, *Chapter 11, do Bankruptcy Code*, dos EUA. Sobre a possibilidade de o juiz autorizar o compartilhamento de garantias, com prioridade, pelo financiador DIP, confira-se a alínea "d" do §364: "*(d) (1) The court, after notice and a hearing, may authorize the obtaining of credit or the incurring of debt secured by a senior or equal lien on property of the estate that is subject to a lien only if: (A) the trustee is unable to obtain such credit otherwise; and (B) there is adequate protection of the interest of the holder of the lien on the property of the estate on which such senior or equal lien is proposed to be granted.*"

recuperação da empresa e proteção adequada do interesse individual do credor anterior, titular da garantia.

São inegáveis os benefícios desse sistema da perspectiva *ex post*. Sendo o financiamento (DIP ou Exit) crucial para o sucesso da recuperação judicial e sendo comum a existência de excesso de garantias em favor de determinados credores, a existência de mecanismo na lei que permita a captação de financiamento novo e a maximização da utilidade dos bens passíveis de serem oferecidos como garantia pela empresa é favorável ao alcance de soluções superiores do ponto de vista coletivo, sem o sacrifício exagerado do interesse individual do credor preexistente. Por outro lado, a impossibilidade de fazê-lo, como hoje ocorre na lei brasileira, pode inviabilizar a recuperação da empresa e a obtenção de resultado coletivamente superior, em benefício da superproteção do interesse individual de um credor preexistente, que pode usufruir, por exemplo, de excesso de garantias.

Poderiam ser endereçadas críticas a esse sistema sob a perspectiva *ex ante*. A possibilidade de o juiz, ou de o plano de recuperação aprovado, determinar o compartilhamento de garantias poderia prejudicar o mercado de crédito fora da recuperação judicial, porque aumentaria o risco para o financiador, na medida em que a garantia por ele anteriormente contratada poderia ser afetada na hipótese de recuperação judicial. Ainda que essa seja uma preocupação legítima, desde que definidos com rigor os requisitos para o compartilhamento da garantia em favor do financiador na recuperação judicial, o balanço pode ser positivo. Vale dizer, os custos *ex ante* não seriam elevados e seriam mais do que compensados pelos benefícios *ex post* dessa disciplina. É o que se verifica ocorrer no mercado norte-americano, no qual os benefícios concedidos ao financiamento DIP nos casos de *Chapter 11* não acarretaram impacto negativo material ao mercado de crédito *ex ante*.

Assim, a previsão na lei brasileira da possibilidade de o juiz (art. 66, LRE) ou de o plano de recuperação (arts. 50 e 66, LRE) aprovarem o compartilhamento de garantias entre o financiador (DIP ou Exit) e credores preexistentes, inclusive com prioridade para aquele, é de todo recomendável. Para tanto, o juiz deveria constatar a impossibilidade de a empresa em recuperação obter financiamento por outros meios, bem como a existência de proteção adequada ao credor anterior (v.g., hipótese de excesso de garantias, de modo que o bem dela objeto é suficiente para assegurar recebimento do crédito pelo novo financiador e pelo credor anterior). E o ônus dessa demonstração deve caber à empresa em recuperação.

Dessa forma, adotando-se na lei brasileira, com as necessárias adaptações, instituto similar ao financiamento DIP dos EUA, haveria um importante aumento da taxa de sucesso das recuperações judiciais (efeitos *ex post* positivos), sem que isso venha a significar prejuízo, ou aumento de custos e riscos, para o mercado de financiamento em geral (efeito *ex ante* neutro, ou pouco significativo).

Por outro lado, diante da disciplina prevista nos arts. 50, § 1º, 66 e 67 da LRE, está clara a dificuldade para fomentar o desenvolvimento de um mercado de financiamento DIP no Brasil, o que constitui um obstáculo muito importante para o desenvolvimento de um sistema efetivo e eficiente para a recuperação da empresa em crise.

3.4. Irreversibilidade de negócios de financiamento e investimento efetivados de boa-fé e autorizados judicialmente

Um dos principais problemas para a viabilização do financiamento e do investimento na empresa em crise relaciona-se com o risco dos negócios respectivos poderem ser revertidos ou anulados no futuro, por conta de recursos interpostos contra a decisão judicial que os autorizou.

Nos tópicos anteriores, ficou claro que, de acordo com a lei brasileira vigente, no caso de empresa em crise, com risco de insolvência e/ou ações ajuizadas para cobrança de dívidas, a única forma de viabilizar o investimento na aquisição de seus bens ou direitos é a aprovação de plano contemplando tais negócios no âmbito de processo de recuperação judicial. Somente dessa forma pode-se oferecer ao investidor, desde que observados outros requisitos mencionados anteriormente, a não-sucessão nas dívidas anteriores da empresa (art. 60, LRE), bem como proteção contra risco de invalidade ou de ineficácia do negócio (art. 131, LRE), ambas condições necessárias, ainda que não suficientes, para viabilizar o investimento no momento de crise.

Além da não-sucessão em dívidas e da proteção contra invalidade ou ineficácia, também ficou demonstrado, em tópico anterior, que o fomento ao financiamento da empresa em recuperação judicial depende da possibilidade de a empresa oferecer bens ou direitos em garantia, nos termos dos arts. 50 e 66 da LRE, dada a insuficiência da proteção ao financiador estabelecida pelo art. 67. Também essa oneração de bens depende de autorização do juiz, se concedida no curso do processo (art. 66, LRE), ou ainda que contemplada em plano de recuperação, dado que este está sujeito à homologação judicial (art. 58, LRE).

Depreende-se, portanto, que (i) a não-sucessão em dívidas, (ii) a proteção contra invalidade ou ineficácia do negócio e (iii) o oferecimento de bens em garantia de financiamento, fatores relevantes para viabilizar o financiamento e o investimento na empresa em crise, dependem necessariamente de decisão judicial, seja para aprovar a oneração do bem ou direito no curso do processo de recuperação (art. 66, LRE), seja para homologar o plano de recuperação judicial, que contemple a alienação, a oneração de bens ou direito, ou outros negócios jurídicos (arts. 50, 60, 66 e 131, LRE).

Ocorre que a decisão judicial que autoriza a alienação ou oneração de bens no curso do processo (art. 66, LRE) e a que concede a recuperação judicial (art. 58, LRE) são passíveis de serem atacadas por recurso de agravo (art., 59, §2º, LRE) e, contra a decisão que decidir o agravo, desde que haja contrariedade à Constituição, à lei federal, ou divergência de interpretação quanto à lei federal, cabe recurso extraordinário e recurso especial. A possibilidade de reforma da decisão judicial que autorizou o negócio jurídico poderia levar não apenas à anulação ou reversão dos negócios respectivos, como ainda modificar a regra de não-sucessão ou a proteção contra invalidade ou ineficácia em face de dívidas preexistentes.

Nesse contexto, investidores e financiadores têm receio de efetivar o negócio objeto da autorização judicial e, no futuro, terem a regra do jogo modificada, com repercussão que pode ser altamente danosa ao seu patrimônio. Não é difícil de entender a gravidade dos efeitos que podem decorrer da reforma da decisão judicial, após a realização de financiamento ou investimento vultoso. Por exemplo, a reforma da decisão poderia ser no sentido de determinar a sucessão nas dívidas anteriores da empresa, de reconhecer a invalidade ou a ineficácia do ato perante credores preexistentes, ou de decretar a anulação ou reversão de garantias concedidas, da aquisição de bens ou direitos, ou ainda de reorganizações societárias realizadas.

Ao atingir atos dessa natureza, a reforma da decisão pode atingir não apenas a esfera jurídica do financiador ou do investidor, mas também do devedor, de credores e de terceiros. Imagine-se a hipótese, muito concreta e nada teórica, de investidor que adquire o controle de uma sociedade controlada por empresa em recuperação, passando a comandar a sua atividade empresarial, fazendo novos aportes de recursos, entre outros atos, correr o risco de ter a transferência de controle anulada depois de passados longos anos. Como voltar ao *status quo ante*, como lidar com os terceiros que no curso desses anos realizaram negócios sob a nova realidade de controle de tal sociedade?

Esse ambiente de risco tem tornado cada vez mais comum a inclusão de cláusulas nos contratos de financiamento e/ou de investimento a empresa de recuperação que estabelecem, como condição suspensiva, o trânsito em julgado da decisão que aprovou a operação. Logo, somente depois do trânsito em julgado, seriam implementados o investimento ou o financiamento. É evidente que esse tipo de cláusula inviabiliza completamente a recuperação da empresa. O tempo do processo judicial, até o trânsito em julgado da decisão, que pode levar anos, não é o tempo da economia, do mundo dos negócios. Para a recuperação da empresa é crucial que o financiamento ou o investimento possam ser realizados no curto prazo, no período de semanas, ou de meses, e não de anos.

A prevalecer, portanto, esse quadro, pode-se afirmar que está absolutamente inviabilizado o financiamento e o investimento para a empresa em crise e, por consequência, a efetividade do direito concursal no tocante à recuperação. Se é assim, cabe à doutrina e à jurisprudência encontrar o caminho que atenda ao princípio da preservação da empresa, centro do direito concursal brasileiro, estabelecido no art. 47 da LRE.

Neste artigo, defende-se que a resposta para debelar esse quadro de iniquidade pode ser encontrada no princípio estabelecido no §2.º do art. 61 da LRE[25], segundo o qual, no caso de ser decretada a falência, durante o período de 2 anos após concedida a recuperação judicial, os credores terão reconstituídos seus direitos e garantias, "*ressalvados os atos validamente praticados no âmbito da recuperação judicial*".

A finalidade dessa norma, ao ressalvar os efeitos de atos validamente praticados no curso do processo de recuperação, é justamente evitar a ocorrência de danos irreparáveis à devedora, aos credores e demais titu-

---

[25] "Art. 61. § 2º Decretada a falência, os credores terão reconstituídos seus direitos e garantias nas condições originalmente contratadas, deduzidos os valores eventualmente pagos e ressalvados os atos validamente praticados no âmbito da recuperação judicial."

lares de interesses afetados, que decorreriam da anulação de determinados atos, assegurando-se, assim, a efetividade do plano de recuperação, aprovado em assembleia geral e homologado judicialmente. Dessa forma, o §2º do art. 61 da LRE reconhece a irreversibilidade de determinados atos jurídicos, desde que validamente praticados no âmbito da recuperação judicial.

Uma interpretação ampla do citado dispositivo, ou o recurso à integração analógica, permite estender o princípio nele preconizado – irreversibilidade de determinados atos validamente praticados no âmbito da recuperação judicial – para os recursos interpostos contra decisões judiciais que autorizem o financiamento ou o investimento na empresa em recuperação, seja com fundamento no art. 66, seja no art. 58, quando da concessão da recuperação judicial, uma vez aprovado o plano de recuperação.

Assim, negócios jurídicos realizados validamente no âmbito da recuperação judicial, ou seja, aprovados judicialmente nos termos do art. 66 (autorização para alienação ou oneração de bens do ativo permanente no curso do processo) ou do art. 58 da LRE (concessão da recuperação, em vista da aprovação do plano), uma vez implementados e *consumados substancialmente*, já não podem ser revertidos em virtude da eventual reforma da decisão respectiva por meio de recurso, salvo se a reversão puder ser realizada sem causar dano às partes na operação e/ou a terceiros. Também pode ser anulada ou revertida a operação se eivada de fraude ou má-fé.

Por exemplo, se um plano de recuperação que prevê a transferência de controle de uma sociedade, ou uma cisão, ou incorporação, é aprovado pela assembleia de credores e homologado pelo juiz, uma vez efetivada e consumada a operação correspondente (v.g., pagamento do preço, transferência das ações de controle, averbação da cisão do registro de comércio), esta já não pode ser anulada ou ter seus efeitos revertidos no âmbito de eventual recurso processual.

Desse modo, cabe à instância recursal cuidar para que os atos dessa natureza não sejam consumados substancialmente, seja mediante a concessão de efeito suspensivo ao recurso, seja mediante o seu julgamento antes que tal efetivação ocorra. Se isso não ocorrer, ou seja, se o recurso pendente não impedir a implementação/efetivação dos atos antes referidos, seus efeitos tornam-se irreversíveis, em virtude da aplicação analógica do §2º do art. 61 e da incidência do princípio da preservação da empresa, previsto no art. 47 da LRE. Afinal, essa é a única solução compatível com a viabilização da recuperação da empresa e do seu plano de reorganização. A incerteza por tempo indefinido, até que todos os recursos sejam julgados, é claramente incompatível com os imperativos da realidade econômica e com a finalidade do processo de recuperação judicial.

É interessante notar que a solução que ora se defende encontra amparo no direito comparado. Nos EUA, a doutrina e a jurisprudência desenvolveram a chamada *mootness doctrine* para lidar com as dificuldades inerentes à implementação de plano de recuperação judicial na pendência de recursos e ao financiamento DIP. Segundo a *mootness doctrine*, se um plano de recuperação é implementado, ou se um DIP é aprovado, afetando as esferas jurídicas do devedor, dos credores e dos terceiros, ainda que sob a pendência de um recurso judicial, este já não poderá revertê-los ou anulá-los, dada a impossibilidade de restaurar-se o *status quo ante*. Nesse caso, o recurso não pode levar à reversão do plano de recuperação ou do financiamento DIP consumados, porque isso levaria a um resultado não equitativo. A esse respeito, confira-se Knight[26]:

> "This typically arises in cases where the bankruptcy judge orders implementation of a reorganization plan or sale of assets pending appeal. In this situation, the appellant has generally failed to request, or has requested and been denied, a stay of implementation. Once the reorganization plan has been implemented, the debtor, creditors, and/or third parties have usually taken action in reliance on the plan. On this basis, the district court determines that it would be inequitable to disrupt the plan, and therefore declines to consider the merits of the claim. The doctrine of equitable mootness has been widely recognized and applied in bankruptcy proceedings".

---

[26] *Equitable mootness in bankruptcy appeals*, in *Santa Clara Law Review*, v. 49, 2009, p. 263. Ainda a respeito, cf. Caroline L. Rosiek, *Making equitable mootness equal – the need for a uniform approach to appeals in the context of bankruptcy reorganization plans*, in *Syracuse Law Review*, v. 57, 2007, p. 685: *"The doctrine of equitable mootness is 'grounded in the notion that, with the passage of time after a judgment in equity and implementation of that judgment, effective relief on appeal becomes impractical, imprudent, and therefore inequitable.' The court recognizes that changing the terms of a Chapter 11 reorganization plan after a certain stage in its implementation would do more harm than good."* (p. 690); ainda, cf. Ross E. Elgart, *Bankruptcy appeals and equitable Mootness*, in *Cardozo Law Review*, v. 19, 1997, p. 2.311.

Também neste aspecto, a experiência norte-americana é válida para o estudo do sistema brasileiro, corroborando que é coerente com o interesse público a orientação, antes esposada, quanto à irreversibilidade dos efeitos de atos praticados no âmbito de processo de recuperação judicial, ainda que na pendência de recursos processuais.

Assim, o §2.º do art. 61, da LRE, seja por interpretação extensiva, seja por integração analógica, deve ser aplicado para reconhecer que, após a consumação substancial do plano de recuperação, devidamente autorizado pelo juiz, os atos relacionados com sua implementação, na medida em que afetem devedor, credor e terceiros, já não podem ser revertidos ou anulados por meio do julgamento de recurso processual, salvo se houver fraude, ou se sua reversão for possível sem causar danos irreparáveis às partes do processo ou a terceiros. A mesma norma (impossibilidade de reversão via recurso processual) deve ser aplicada em relação à oneração ou alienação de bens ou direitos do devedor, que tenha sido consumada substancialmente, desde que previamente autorizada pelo juiz, nos termos do art. 66.

Essa abordagem é a única capaz de alinhar o tempo do processo com o tempo da recuperação da empresa, assegurando as efetividade do direito concursal quanto ao interesse público na recuperação da empresa viável.

4. Conclusão

Como se procurou demonstrar, o direito concursal brasileiro tem um longo caminho a percorrer na criação de um ambiente seguro e estável que permita o desenvolvimento do mercado de investimento e de financiamento para a empresa em crise, fator crucial para viabilizar a recuperação da empresa.

Este artigo procurou apontar diretrizes e orientações, algumas *de lege ferenda* e outras passíveis de serem construídas pela doutrina e pela jurisprudência, que muito contribuiriam para o aprimoramento do sistema, de forma a eliminar sérios obstáculos que hoje impedem que a empresa brasileira em crise tenha acesso a financiamento e a investimento. No momento atual (2015), em que o Brasil passa por crise econômica e em que grandes empresas brasileiras apresentam quadro de excesso de alavancagem, a construção de um ambiente institucional favorável à recuperação da empresa é particularmente relevante.

Nessa linha, o reconhecimento da regra da não-sucessão e da proteção contra invalidade e ineficácia dos negócios jurídicos no âmbito da recuperação extrajudicial seria especialmente importante. Da mesma forma, seria altamente bem-vinda a definição de mecanismos que permitam conferir ao financiador da empresa em crise efetiva prioridade no caso de falência, bem como a possibilidade de compartilhar garantias com credores preexistentes.

Finalmente, é muito importante o reconhecimento da irreversibilidade de atos validamente praticados no âmbito da recuperação judicial, em face de eventuais recursos processuais, especificamente no que diz com aqueles praticados com fundamento no art. 66 da LRF e nos que importam em consumação substancial do plano de recuperação. O risco de reforma futura da decisão que autoriza tais operações em decorrência de recursos processuais inviabiliza o financiamento e o investimento. Por isso, é preciso assegurar que, uma vez aprovados judicialmente os atos correspondentes, não havendo suspensão judicial da sua implementação, seus efeitos devem ser respeitados e considerados irreversíveis, sob pena de inviabilizar-se os objetivos da recuperação judicial. A esse respeito, a interpretação ampliativa e a integração analógica do § 2.º do art. 61, de que antes se cuidou, e a experiência do direito comparado, consistente na doutrina norte-americana da *equitable mootness*, devem ser consideradas e ponderadas pela doutrina e pela jurisprudência pátrias.

Este artigo, como não poderia deixar de ser, não ambiciona apontar verdades, mas contribuir para o aperfeiçoamento do direito concursal brasileiro. Terá cumprido seu objetivo se servir de estímulo para que outros autores aprofundem a pesquisa e o estudo dos temas nele abordados.

Acordo de leniência e a Recuperação Judicial da Corruptora

FÁBIO ULHOA COELHO

1. Introdução
A corrupção é pauta da globalização. Países mais tolerantes com a prática criminosa acabam distorcendo as condições de competitividade de sua economia. Grandes obras de infraestrutura, acesso às concessões públicas e às parcerias público-privadas, bem como a presença no bilionário mercado de fornecimento de bens e serviços para os governos não são, nos países tolerantes com a corrupção, segmentos competitivos, abertos às empresas globais na salutar disputa por melhor qualidade a preços menores[1].

---

[1] O alcance global da corrupção é apontado, com a costumeira acuidade, por Modesto Carvalhosa: "uma mesma multinacional conduz-se dentro das regras éticas em um determinado país e, ao mesmo tempo, age de maneira delituosa em outro, corrompendo suas autoridades e funcionários, fraudando licitações, cartelizando-se e contribuindo, dessa forma, para a criação e a manutenção de um regime administrativo, legislativo e judiciário moldado pela corrupção, como é o caso, sobretudo, de países da África, da Ásia, da Europa Central e da América Latina. Essas multinacionais operam licitamente, v.g., no seio da União Europeia e da Europa Ocidental, que ostentam os menores índices de corrupção do mundo (23%), ao passo que corrompem as autoridades dos demais países da América Latina (66%), da Ásia (64%), da Europa Oriental, da Ásia Central (95%), do Oriente Médio, do Norte da África (84%) e da África Subsaariana (90%). Desse modo, exemplificativamente, multinacionais canadenses, com um índice pequeno de corrupção (nota 81 numa escala de 0 a 100) ou alemãs (78) ou francesas (71) operam com probidade no interior desses países, o que não fazem nos países identificados como corruptos, em que desenvolvem um relacionamento, *ab initio*, vicioso com o Poder Público, para fraudar, em

A inserção de qualquer país na economia global depende, assim, entre muitas outras variáveis, da adoção de leis e políticas públicas de firme combate à corrupção, capazes de inspirarem credibilidade. Nos anos 1990, entidades internacionais como a OEA e a OCDE patrocinaram a celebração de Convenções destinadas à repressão da corrupção de autoridades estrangeiras. Estas convenções internacionalizaram uma preocupação que a legislação norte-americana ecoava já há mais de uma década (*Foreign Corrupt Practices Act* 1977): a punição mais acentuada do corruptor.

Com este objetivo de não restringir a punição ao agente público corrompido, mas centrar fogo no corruptor, a globalização vem forçando os países a incorporarem a seus direitos positivos uma figura que, aos olhos de juristas do século passado, poderia parecer no mínimo estranha: a identificação da própria pessoa jurídica como *autora* do crime e sua decorrente responsabilização. Bem sopesadas as coisas, contudo, esta maneira de tratar o tema é bastante pertinente, até mesmo porque não exclui a responsabilidade criminal das pessoas naturais (diretores, empregados, prestadores de serviços, advogados etc) que praticam os atos materiais da prática criminosa. Afinal, quem fornece os recursos para a corrupção e quem mais se beneficia com os resultados dela é a pessoa jurídica, em geral uma sociedade empresária. A busca, assim, do equilíbrio competitivo nos diversos mercados que pretendem se inserir na economia global depende da responsabilização das pessoas jurídicas corruptoras como um dos instrumentos jurídicos necessários ao sério combate à corrupção. Foi este contexto da edição da Lei Anticorrupção (Lei n. 12.846, de 1.º de agosto de 2013 – LA)[2].

concurso com os funcionários locais, as licitações e os contratos administrativos aí celebrados, como se pode ver em nosso país, com a conduta das empresas Alstom (francesa) e Siemens (alemã). Temos, assim, que a globalização econômica, como fenômeno ineutável, traz em si também o crime global da corrupção e de seus subprodutos específicos: a lavagem de dinheiro e a adoção dos produtos da corrupção nas *offshores*" (*Considerações sobre a Lei Anticorrupção das pessoas jurídicas*, São Paulo, RT, 2015, p. 100).

[2] Modesto Carvalhosa destaca corresponder a edição da LA ao cumprimento de obrigações internacionais assumidas pelo Brasil: "no âmbito do direito internacional público, o Brasil já havia se comprometido a responsabilizar de maneira ampla e universal pessoas jurídicas por atos de corrupção pública, ao ratificar: (i) a Convenção sobre o Combate da Corrupção de Funcionários Públicos Estrangeiros em Transações Comerciais Internacionais da Organização

A LA, por outro lado, abre às sociedades empresárias corruptoras a possibilidade de tomarem a iniciativa de propor à autoridade competente a negociação de um acordo de leniência, no qual, em contrapartida à efetiva colaboração nas investigações do crime de corrupção, a pessoa jurídica sofre sanções atenuadas em sua responsabilização administrativa.

As normas legais sobre o acordo de leniência devem ser, como todas as demais, interpretadas conforme a Constituição. Assim, em vista especificamente do art. 37 da CF, que submete a administração pública ao princípio da moralidade, a autoridade administrativa competente para a celebração da leniência simplesmente não pode deixar de condicioná-la à completa indenização dos danos causados pela pessoa jurídica corruptora[3]. Somente em casos muito excepcionais, em decorrência de exigência de manifesta ordem pública ou no caso de falência da sociedade corruptora (em que cálculos realistas projetam não serem suficientes os recursos da massa para o pagamento da indenização), é que se pode admitir a assinatura do acordo de leniência com objeto restrito à responsabilização administrativa da corruptora (isto é, sem o pleno ressarcimento dos danos causados pelo crime investigado).

Em outros termos, via de regra, os acordos de leniência da LA não poderão ser celebrados se não houver, prévia ou concomitantemente, a devida reparação dos danos causados à administração pública, pela pessoa jurídica corruptora. E, então, surge a questão: quais as cautelas a serem adotadas, pela autoridade competente para a leniência, para evitar que eventual recuperação judicial da corruptora (em curso ou a ser requerida) acabe frustrando o que se buscou alcançar com o acordo?

---

para a Cooperação e o Desenvolvimento Econômico – OCDE, de 1977 (Decreto n. 3.678, de 2000); (ii) a Convenção Interamericana contra a Corrupção, de 1996 (Decreto n. 4.410, de 2002); e (iii) a Convenção das Nações Unidas contra a Corrupção, de 2003 (Decreto n. 5.687, de 2006)" (*Considerações sobre a Lei Anticorrupção das pessoas jurídicas*, São Paulo, RT, 2015, p. 31).

[3] Destaca, com razão, Modesto Carvalhosa que "o princípio da moralidade administrativa, vale dizer, da probidade administrativa está intrinsicamente ligado ao conceito de legitimidade e não apenas de legalidade, como reiterado. A moralidade administrativa nao está no descumprimento da lei, mas na sua aplicação ilegítima, resultante do abuso e desvio de poder e do desvio de finalidade. E, com efeito, o princípio constitucional de moralidade administrativa (art. 37, caput, e § 4.º e art. 82, V) está intrinsicamente vinculado à aplicação da lei no interesse público. Nesse sentido, é o brocardo *non omne quod licet honestum est* (nem tudo o que é legal é honesto)" (*Considerações sobre a Lei Anticorrupção das pessoas jurídicas*, São Paulo, RT, 2015, pp. 273-274).

O objetivo deste artigo é bastante específico: definir e examinar estas cautelas. Para fins didáticos, optei por me referir, em geral, à hipótese de lesão às sociedades de economia mista, ambientando a discussão nos quadrantes do direito privado. Pode-se, contudo, generalizar as cautelas para o caso de ser a própria administração direta a vítima da corrupção. Em uma passagem somente, discuto questão alheia às sociedades de economia mista: a inscrição na dívida ativa dos créditos decorrentes do acordo de leniência (item 5.1).

O artigo está dividido em seis seções, incluindo esta breve introdução, numerada como primeira. Na segunda, assentam-se as premissas relacionadas ao acordo de leniência previsto na LA, examinando-se seus objetivos e a natureza da cláusula relativa à indenização civil dos danos decorrentes da infração em investigação. A terceira seção cuida dos efeitos da recuperação judicial da pessoa jurídica corruptora (sociedade empresária) no caso de ela se encontrar em recuperação judicial ou vir a requerê-la após a assinatura do acordo de leniência. A quarta fala da efetivação da indenização, principalmente frente a alguns entendimentos jurisprudenciais isolados. Na quinta seção, cuida-se de algumas situações pontuais, incluindo, além da questão da dívida ativa acima referida, a substituição dos administradores como cláusula do acordo de leniência e a falência da corruptora. Breves conclusões encontram-se na sexta e última seção.

2. O acordo de leniência na Lei Anticorrupção

A Lei Anticorrupção (LA) dispõe sobre a responsabilidade civil e administrativa das pessoas jurídicas pela prática de atos contra a administração pública, nacional ou estrangeira. Esta prática está tipificada no art. 5.º da LA e compreende a promessa, oferecimento ou doação, direta ou indireta, de vantagem indevida a agente público ou a pessoa a ele relacionada, bem como outras condutas que podem ser sintetizadas na noção de "corrupção". Um dos instrumentos previstos nesta lei para facilitar o aprofundamento de investigações, com vistas à responsabilização de pessoas jurídicas por atos de corrupção, é o "acordo de leniência" (arts. 16 e 17)[4].

---

[4] Para Ubirajara Custódio Filho: "'leniência' significa suavidade, brandura, ternura, e, no direito brasileiro, o uso desse vocábulo serve para qualificar determinados acordos celebrados entre a Administração Pública e particulares envolvidos em ilícitos, por meio dos quais estes últimos colaboram com a investigação e recebem em benefício a extinção ou redução das sanções a

O acordo de leniência, como a própria lei define, é celebrado com os que "colaborarem efetivamente com as investigações e o processo administrativo". A lei igualmente define o que caracteriza uma "colaboração efetiva": é aquela de que resulta "a identificação dos demais envolvidos na infração" (art. 16, inciso I) e "a obtenção célere de informações e documentos que comprovem o ilícito sob apuração" (art. 16, inciso II). Dois, assim, são os requisitos de validade do acordo de leniência previstos no art. 16 da LA (há outros requisitos nos demais dispositivos): um, que podemos chamar de "subjetivo", está relacionado à identificação de todos os envolvidos no ilícito, pessoas físicas ou jurídicas (inciso I); outro, de caráter "objetivo", consiste no fornecimento de informações ou documentos acerca do ilícito que proporcione maior celeridade na investigação deste.

Mesmo se o ilícito tiver sido praticado por uma só pessoa jurídica, se apenas ela estiver interessada em assinar o acordo de leniência, será indispensável que identifique todas as pessoas *físicas* que agiram em seu nome ou em seu interesse (diretores, empregados, colaboradores externos etc), bem como todos os agentes públicos corrompidos e, se houver, os terceiros a eles relacionados. Sem esta identificação completa, não estará preenchido o requisito subjetivo para a caracterização da "efetividade da colaboração".

O legislador foi um tanto "enigmático", na parte do final do inciso I do art. 16, ao estabelecer que o requisito subjetivo fosse exigível "quando couber". O enigma é o seguinte: se a lei trata da responsabilização administrativa e civil *apenas* de pessoas jurídicas[5] e estas *sempre* atuam por meio

---

que estariam sujeitos por tais ilícitos. Sua origem imediata, entre nós, está no direito antitruste, mais especificamente na MedPrv 2.055, de 11.08.2000, que acrescentou à Lei 8.884/1994 os arts. 35-B e 35-C, instituindo a possibilidade de celebração de acordos de leniência entre a União, por intermédio da Secretaria de Direito Econômico, e os particulares envolvidos em investigação sobre infrações à ordem econômica" (*Comentários à Lei 12.846/2013 – Lei Anticorrupção*, São Paulo, RT, 2014, p. 232).

[5] De acordo com Ubirajara Custódio Filho: "a segunda questão importante de ser discutida com respeito à dimensão pessoal/subjetiva da Lei 12.846/2013 é a da inclusão, ou não, de pessoas naturais. Isso porque o art. 3.º estabelece que 'a responsabilização da pessoa jurídica não exclui a responsabilidade individual de seus dirigentes ou administradores ou de qualquer pessoa natural, autora, coautora ou partícipe do ato ilícito'. Daí a dúvida: tal responsabilidade individual das pessoas naturais, referida neste art. 3.º, implica a inclusão delas no rol de destinatários da lei

de pessoas naturais, simplesmente não se pode verificar a hipótese de inexistência de "demais envolvidos". Além da pessoa jurídica signatária do acordo de leniência, sempre haverá inevitavelmente pelo menos mais duas pessoas naturais envolvidas: a que agiu em nome dela (corruptora) e o agente público indevidamente beneficiado (corrompido).

O acordo de leniência é celebrado sempre com a pessoa jurídica autora do ilícito, com o único efeito de atenuar as penas decorrentes de sua responsabilidade administrativa. No campo civil, a pessoa jurídica corruptora continuará inteiramente responsável. E as pessoas naturais participantes do ilícito continuarão igualmente responsáveis nos âmbitos civil, penal e administrativo. Quando, então, não caberia a identificação dos "demais envolvidos"? Esta indagação não pode ficar sem resposta, em vista do princípio hermenêutico da inexistência de expressões inúteis na lei. O enigma deve ser resolvido nos seguintes termos: quando todas as pessoas naturais envolvidas participarem, como *intervenientes*, do acordo de leniência, a pessoa jurídica signatária está dispensada de identificá-las, desde que declare não haver ninguém mais, além delas, envolvido na corrupção objeto de investigação.

O inciso I do art. 16 da LA somente não se aplica, assim, quando *todos* os envolvidos, sejam pessoas naturais ou jurídicas, corruptores ou corrompidos, intermediários ou terceiros beneficiários, participam do mesmo acordo de leniência, ainda que na condição de intervenientes. Se neste largo conjunto de pessoas, naturais e jurídicas, houver uma única sequer se negando a confessar o ilícito, o acordo somente será juridicamente viá-

anticorrupção? A resposta é negativa. A Lei 12.846/2013 é toda endereçada a pessoas jurídicas (ressalva feita às sociedades não personificadas, as quais, porém, também não se equiparam às pessoas naturais), como explicitamente reconhecido na Exposição de Motivos do anteprojeto de lei que lhe deu origem: (...) *7. Além disso, o anteprojeto apresentado inclui a proteção da Administração Pública estrangeira, em decorrência da necessidade de atender aos compromissos internacionais de combate à corrupção assumidos pelo Brasil ao ratificar a Convenção das Nações Unidas contra Corrupção (ONU), a Convenção Interamericana de Combate à Corrupção (OEA) e a Convenção sobre Combate da Corrupção de Funcionários Públicos Estrangeiros em Transações Comerciais Internacionais da Organização para a Cooperação e Desenvolvimento Econômico (OCDE). 8. Com as três convenções, o Brasil obrigou-se a punir de forma efetiva as pessoas jurídicas que praticam atos de corrupção, em especial o denominado suborno transnacional, caracterizado pela corrupção ativa de funcionários públicos estrangeiros e de organizações internacionais. Dessa forma, urge introduzir no ordenamento nacional regulamentação da matéria – do que, aliás, o país já vem sendo cobrado [...]"* (Comentários à Lei 12.846/2013 – Lei Anticorrupção, São Paulo, RT, 2014, pp. 79-80; ver, também, p. 235).

vel se ela for identificada pela pessoa jurídica corruptora. Reitere-se que a interveniência da pessoa natural no acordo de leniência não exime nem atenua sua responsabilidade civil, penal ou administrativa. O acordo de leniência só tem o efeito de reduzir as sanções administrativas cabíveis contra a pessoa jurídica que o assinou; nada mais.

O acordo de leniência da LA, como dito, não exime a pessoa jurídica signatária da responsabilidade civil, isto é, da obrigação de reparar integralmente o dano decorrente da corrupção. É o que estabelece, de modo claro e direto, o § 3.º do art. 16 da LA. Diante da premissa de se sujeitar o acordo de leniência ao completo ressarcimento dos danos provocados pela corrupção investigada, a indenização devida será objeto de cláusula daquele instrumento. Nada obsta (ao contrário, recomenda-se firmemente) que o próprio acordo de leniência contenha cláusula referente à obrigação de indenizar os danos causados pela corrupção investigada. Como visto, a autoridade competente para a assinatura do acordo de leniência tem o dever de incluir, nas negociações, a questão da completa indenização da responsabilidade civil da signatária pelos danos causados pela corrupção. Tal atitude é um visível indicativo de boa gestão da coisa pública.

Se a vítima da corrupção tiver sido uma sociedade de economia mista, o acordo de leniência contará, neste caso, com a participação dela, na condição de interveniente-anuente. E, neste caso, tendo em vista a sua natureza de pessoa jurídica de direito privado, resta indubitável que a cláusula de indenização dos danos contida no acordo de leniência será negócio jurídico bilateral (transação, prevista e regulada nos arts. 840 a 850 do Código Civil)[6] ou unilateral (confissão de dívida), conforme tenha havido, ou não, respectivamente, concessões mútuas[7].

---

[6] Uma das alterações que o Código Reale introduziu no direito civil brasileiro foi a de passar a disciplinar a "transação" como uma espécie de contrato, e não mais como hipótese de extinção de obrigação, como ocorria sob a vigência do Código Bevilacqua. Cfr. Carlos Roberto Gonçalves, *Direito civil brasileiro*, 9.ª ed., São Paulo, Saraiva, 2012, vol. 3, pp. 574-575.

[7] "A transação destina-se a prevenir ou terminar litígio, mediante concessoes mútuas das partes. Normalmente, cada contratante está convencido de sua própria razão e da injustiça do pleito do outro, mas considera o litígio ainda mais prejudicial. Concorda em recuar de algumas de suas posições, se a outra parte fizer o mesmo, para possibilitar que o encontro de vontades impeça ou encerre a demanda judicial. Quem transaciona não está, portanto, reconhecendo o direito alheio, nem admitindo não titular o que perseguia, mas declarando

3. Cláusula de indenização na recuperação judicial da corruptora

Não há, na lei aplicável (Lei n. 11.101, de 9 de fevereiro de 2005 – LF), nenhuma disposição específica sobre as declarações unilaterais de confissão de dívida ou os contratos de transação, no caso de recuperação judicial do devedor. Eles se submetem, então, às regras gerais da recuperação judicial. Em consequência, a cláusula de indenização dos danos causados por corrupção dos acordos de leniência não é objeto de nenhuma especificidade, caso a pessoa jurídica signatária esteja em recuperação judicial ou venha a requerê-la.

Deste modo, para a completa compreensão das cautelas a serem adotadas pela sociedade de economia mista, quando a corrupção investigada lhe causou danos, perante a eventualidade da recuperação judicial, devem-se distinguir duas situações: (i) o pedido de recuperação judicial antecede o acordo de leniência; (ii) o acordo de leniência antecede o pedido de recuperação judicial.

3.1. Leniência posterior ao pedido de recuperação

No primeiro caso, em que o acordo de leniência é posterior ao ingresso em juízo do pedido de recuperação formulado pela pessoa jurídica signatária, a regra básica é a de que a cláusula de indenização dos danos *não* será alcançada pelo plano de reorganização, por não se sujeitar este crédito aos efeitos da recuperação judicial. Diz o art. 49 da LRE: "*Estão sujeitos à recuperação judicial todos os créditos existentes na data do pedido, ainda que não vencidos*". Em razão desta previsão legal, os créditos constituídos

---

que prefere pacificar suas relações com o outro transator a desencadear a discussão judicial ou nela persistir. Não há transação sem esse ingrediente que a particulariza: as concessões mútuas destinadas a afastar o litígio" (Meu *Curso de direito civil*, 7.ª ed., São Paulo, Saraiva, 2014, vol. 3, p. 157). Para Pontes de Miranda, "a reciprocidade no conceder é essencial à transação. Se não há concessão, de um e de outro, não há transação: o que pode haver é reconhecimento, renúncia, desistência ou outra figura" (*Tratado de direito privado*, 3.ª ed., São Paulo, RT, 1984, vol. 25, p. 132).

posteriormente ao pedido de recuperação judicial *não* são alcançados por esta[8],[9].

Abro, aqui, parêntesis para assentar uma importante precisão conceitual. Alguns profissionais da área têm se habituado a chamar os "credores não sujeitos aos efeitos da recuperação judicial" de "extraconcursais". Esta designação está se disseminando extensivamente, mas ela é bastante equivocada sob o ponto de vista técnico. E não se trata, aqui, de nenhum preciosismo conceitual, que não ultrapasse o plano abstrato e acadêmico. Pelo contrário, chamar os "credores não sujeitos à recuperação judicial" de "extraconcursais" é lamentável equívoco que tem dado ensejo à má compreensão do próprio instituto recuperacional. O correto é falar-se em "credores sujeitos" e "credores não sujeitos" aos efeitos da recuperação judicial, porque esta *não é* um concurso de credores.

Embora seja ação coletiva, a recuperação judicial decididamente não se classifica como "concursal"! Sua natureza jurídica correta, conforme aponta a doutrina, é a de um "acordo judicial"[10]. Na recuperação judi-

---

[8] Marcos Andrey leciona: "o primeiro aspecto a considerar [na interpretação do art. 49 da LF] é o marco temporal, qual seja, a *data do pedido*. Os credores posteriores ao pedido não podem ser incluídos no plano de recuperação, mesmo que este seja elaborado e apresentado posteriormente. Aliás, a lei atribui efeitos diametralmente opostos aos credores posteriores, considerando-os inclusive extraconcursais na hipótese de falência do devedor, segundo o artigo 67 da nova lei" (in Newton de Lucca e Adalberto Simão Filho (coords.), *Comentários à nova lei de recuperação de empresas e de falências*, São Paulo, Quartier Latin, 2005, p. 228).

[9] "Os credores cujos créditos se constituírem depois de o devedor ter ingressado em juízo com o pedido de recuperação judicial estão absolutamente excluídos dos efeitos deste. Quer dizer, não poderão ter os seus créditos alterados ou novados pelo Plano de Recuperação Judicial. Aliás, esses credores, por terem contribuído com a tentativa de reerguimento da empresa em crise terão seus créditos reclassificados para cima, em caso de falência (art. 67). Assim, não se sujeita aos efeitos da recuperação judicial (tais como a suspensão da execução, novação ou alteração pelo Plano aprovado em Assembleia, participação em Assembleia etc) aquele credor cuja obrigação constituiu-se após o dia da distribuição do pedido de recuperação judicial" (meu *Comentários à Lei de Falências e de recuperação de empresas*, 10.ª ed., São Paulo, Saraiva, 2014, p. 180).

[10] Na síntese precisa de Sérgio Campinho: "O processo de recuperação judicial visa, no seu âmago, a uma única finalidade: a aprovação por parte do devedor e seus credores de uma proposta destinada a viabilizar a empresa por aquele até então realizada. O estado de crise econômico-financeira vai se revelar, assim, transitório e superável pela vontade dos credores, a qual conduzirá ao objetivo do procedimento, qual seja, a recuperação da empresa. [...] Por isso, em nossa visão, o instituto da recuperação judicial deve ser visto com a natureza de um <u>contrato judicial</u>, com feição novativa, realizável através de um plano de recuperação, obede-

cial, credores não estão concorrendo com seus créditos em torno de uma massa de bens. Ao contrário, eles estão negociando em conjunto com o devedor os meios de superação da crise. A intervenção do Poder Judiciário nesta negociação justifica-se exclusivamente para que aquela parcela minoritária eventualmente resistente ao entendimento da maioria submeta-se a este, para proveito da maior parte dos credores e preservação da empresa em crise.

Deste modo, sempre que o acordo de leniência for assinado *após* o deferimento do processamento da medida recuperacional, a sociedade de economia mista lesada pelo crime investigado será um dos "credores não sujeitos aos efeitos da recuperação judicial" da pessoa jurídica autora da corrupção investigada. Fecho os parêntesis.

Claro que, se a sociedade empresária (corruptora recuperanda) quiser levar ao conhecimento da assembleia geral de credores (AGC) a notícia da celebração do acordo de leniência, evidentemente isto será muito oportuno para a avaliação da viabilidade do plano de reorganização submetida a esta instância da recuperação judicial. O acordo de leniência, ao superar a questão da responsabilidade administrativa da recuperanda pela corrupção investigada, propicia aos credores considerarem determinados cenários de desenvolvimento dela, que, sem esta superação, deveriam ser cautelarmente descartados. Exaure-se, no entanto, no mero conhecimento da notícia a participação da AGC na questão.

É absolutamente dispensável (e, ademais, inconveniente sob todos os pontos de vistas) que a cláusula de indenização dos danos constante de acordo de leniência, ou mesmo este, seja submetida à consideração ou mesmo aprovação dos credores da pessoa jurídica corruptora. Sendo, como é, negócio jurídico celebrado pela recuperanda *após* o pedido de recuperação judicial, a confissão de dívida ou a transação não poderá ser alterada pela AGC. Sua confirmação igualmente não tem nenhum significado jurídico, por faltar competência a esta instância da recuperação judicial para tanto.

Também em razão do disposto no art. 49 da LRE, é totalmente descabida qualquer participação do administrador judicial ou do Comitê de

cidas, por parte do devedor, determinadas condições de ordens objetiva e subjetiva para sua implementação" (*Falência e recuperação de empresa*, 5.ª ed., Rio de Janeiro, Renovar, 2010, pp. 12-13, grifos acrescidos).

Credores na negociação ou celebração do acordo de leniência. A autorização do juiz recuperacional para a celebração do acordo de leniência é, em regra, igualmente desnecessária. Apenas se exige esta autorização na hipótese do art. 66 da LF, isto é, se a confissão de dívida ou a transação envolver alienação ou oneração de bens ou direitos do ativo permanente. Se a indenização a ser paga pela pessoa jurídica signatária do acordo de leniência não implicar nenhuma dação de bem do ativo permanente em pagamento ou mesmo outorga de garantia real sobre ele, a cláusula de indenização do acordo de leniência, ou mesmo este, *não* está sujeita à prévia autorização judicial; tampouco à homologação pelo juiz recuperacional.

3.2. Leniência anterior ao pedido de recuperação

Situação bem diversa se verifica na hipótese em que o acordo de leniência é anterior ao pedido de recuperação judicial. Quando a sociedade empresária não estava em recuperação judicial ao celebrar o acordo de leniência, mas requereu este benefício enquanto ainda não havia adimplido integralmente a cláusula de indenização dos danos causados pela corrupção, a sociedade de economia mista lesada terá seu crédito, em princípio, sujeito aos efeitos do plano de reorganização. Em outros termos, assim como todas as demais obrigações contraídas pela recuperanda *antes* da recuperação judicial, também a indenização decorrente do acordo de leniência será alcançada pelo art. 49 da LRE. Esta obrigação apenas não ficará sujeita aos efeitos da recuperação judicial se a indenização estiver garantida por um dos instrumentos previstos no § 3.º deste dispositivo, especificamente a de titularidade de posição de proprietário fiduciário de bens móveis ou imóveis.

Deste modo, em contando com a garantia fiduciária, o crédito da sociedade de economia mista lesada pela corrupção não estará sujeito aos efeitos da recuperação judicial da corruptora. Claro, se a garantia recair sobre bem de capital essencial à atividade empresarial dela, a execução do crédito inadimplido ficará sobrestada. O sobrestamento, aliás, perdurará até a conclusão da recuperação judicial, porque o Poder Judiciário tem sido excessivamente tolerante com o prazo de suspensão previsto no art. 6.º, § 4.º, da LRE, alongando-o em demasia.

Outra cautela a considerar é a previsão, no acordo de leniência, da rescisão deste, caso pedida a recuperação judicial antes do completo adimplemento da obrigação de indenizar os danos da corrupção, nele prevista. Igualmente viável, entre as cautelas, é a apresentação de seguro-garantia ou fiança bancária pela pessoa jurídica signatária como condição para a assinatura do acordo de leniência.

Evidentemente, estas cautelas só se justificam na hipótese de a indenização dos danos não ser paga no ato da assinatura do acordo de leniência, ou seja, quando se contratar o vencimento a prazo ou o parcelamento da obrigação de indenizar. Pode revelar-se, neste contexto, uma alternativa adequada a assinatura de pré-acordo de leniência (contrato preliminar) que: (a) defina de modo completo todas as cláusulas, condições, termos, encargos e tudo o mais que terá o acordo, tornando-os insuscetíveis de renegociação ou revisão; e (b) condicione a assinatura do acordo de leniência propriamente dito à prova do completo pagamento da indenização.

Caso estas cautelas não sejam adotadas e a corruptora venha a ingressar com o pedido de recuperação judicial, o crédito da sociedade de economia mista pela indenização dos danos sofridos poderá ser alcançado pelo plano de reorganização; neste caso, a devedora poderá propor a prorrogação dos prazos de pagamento ou até mesmo a redução do valor do crédito, ficando a critério da AGC aprovar, ou não. A sociedade de economia mista submeter-se-á à dilação ou remissão que for aprovada pela maioria dos credores (nas diversas instâncias deliberativas da assembleia). Submeter-se-á mesmo que não concorde com a alteração no que foi contratado no âmbito do acordo de leniência.

4. A efetividade da indenização prevista em acordo de leniência

Recomendam-se certas cautelas, por parte da sociedade de economia mista, quando da assinatura do acordo de leniência, tendo em vista um entendimento jurisprudencial que, embora francamente minoritário, não pode ser desconsiderado. Refiro-me a dois únicos e isolados precedentes, que deram ao art. 49 da LRE interpretação singular, no tocante a créditos decorrentes de indenização por fato ensejador da responsabilidade civil da recuperanda que *antecede* o pedido de recuperação judicial. Em ambos, verifica-se o ajuizamento da ação de indenização *antes* do ingresso do pedido de recuperação judicial por parte de quem está sendo demandado por perdas e danos. Que precedentes são estes?

O primeiro consiste no julgamento do Agravo de Instrumento n.º 0060505-11.2010.8.26.0000, da Câmara Reservada à Falência e Recuperação Judicial do Tribunal de Justiça de São Paulo, relatado pelo Eminente Desembargador Lino Machado, relativo a crédito no valor de R$ 5.000,00 (cinco mil reais). Neste caso, o credor ajuizara ação de indenização antes de o devedor ingressar com a recuperação judicial. A sentença condenatória, que constituiu o crédito, foi proferida *dois* dias após o ingresso do pedido de recuperação judicial. A sujeição deste crédito à recuperação judicial foi pedida pelo próprio credor.

Diante de caso tão específico (valor baixo, constituição no segundo dia seguinte ao ingresso do pedido de recuperação judicial e interesse do próprio credor em sujeitar-se a este procedimento), deu-se ao art. 49 da LRE, neste caso, interpretação singular, tendo o TJSP concluído:

> *Recuperação judicial – Habilitação de crédito oriundo de sentença condenatória posterior à distribuição do pedido – Viabilidade – Necessidade de observância do art. 9.º, caput, II, da LFR.*
>
> *Interpretando-se o art. 49, caput, em consonância com o art. 6.º, § 1.º, ambos da LFR, razoável admitir-se como abrangidos pelos efeitos da recuperação judicial os créditos decorrentes de fatos jurídicos anteriores à apresentação do pedido, ainda que a responsabilidade da devedora seja apurada posteriormente em juízo – Tendo a petição de recuperação judicial sido distribuída em data anterior à da sentença que condenou a recuperanda a pagar ao autor a quantia de cinco mil reais, esse é o valor nominal pelo qual o crédito deve ser habilitado.*

O segundo precedente não é, ressalte-se, uma decisão de mérito. Trata-se de julgamento de Agravo Regimental interposto contra a atribuição de efeito suspensivo a recurso especial, liminarmente concedido em medida cautelar. Seu número é 17.669-SP (2011/0012192-0), de relatoria da Eminente Ministra Maria Isabel Gallotti. Neste caso, o credor por indenização fundada em título executivo judicial requereu a execução deste (em curso perante a i. 32.ª Vara Cível do Foro Central da Comarca de São Paulo). A executada tentou suspender esta execução, sob a alegação de que se encontra em recuperação judicial, e embora esta tenha sido ajuizada após o ingresso da ação indenizatória, mas antes da sentença condenatória, o crédito deveria submeter-se aos efeitos da medida judicial de saneamento de empresas em crise. A recuperanda não teve sucesso em sua alegação nem em primeiro, nem em segundo grau de jurisdição[11] e interpôs o Recurso Especial, solicitando, em medida cautelar, que o STJ lhe concedesse o efeito suspensivo. A liminar solicitada, que havia sido inicialmente negada, foi concedida para suspender a execução da sentença condenatória. A decisão proferida em sede liminar e confirmada no julgamento do Agravo Regimental tem a seguinte ementa:

> *Medida Cautelar. Concessão de Efeito Suspensivo a Recurso Especial. Deferimento. Agravo Regimental. Empresa em Recuperação Judicial. Inclusão do crédito do requerido no Juízo da Recuperação. Lei n. 11.101/05, art. 51, IX.*
>
> *1. Execução de crédito oriundo de acórdão condenatório ao pagamento de indenização por dano moral, sendo o fato danoso anterior ao pedido de recuperação judicial e o acórdão posterior. Valor incluído no plano aprovado pela assembleia geral de credores e em cumprimento.*
>
> *2. Cautelar deferida para determinar a suspensão dos atos de execução que atinjam o patrimônio das empresas em recuperação, em desacordo com o plano aprovado.*

Estes precedentes podem ser considerados minoritários, diante de diversos julgados que, tratando no mérito de questões desvestidas de significativas especificidades, interpretam o art. 49 da LRE no sentido de considerar não sujeito aos efeitos da recuperação judicial o crédito constituído após o pedido desta, ainda que referente a indenização por fato anterior[12]. Em nenhum destes precedentes (predominantes ou isolados), o crédito relativo à indenização por responsabilidade civil havia sido estabelecido em negócio jurídico unilateral (confissão de dívida) ou bilateral (transação), como no caso do acordo de leniência. Em todos, já corria a ação judicial quando o demandado ingressou com o pedido de recuperação judicial, tendo a recuperanda a obrigação de informar a existência da

---

[11] TJSP, Agravo de Instrumento n.º 994.09.300763-0, relatoria do Eminente Desembargador Gilberto de Souza Moreira.

[12] Confiram-se, além do julgado mencionado na nota de rodapé anterior, também os seguintes: (i) TJSP, Agravo de Instrumento n.º 0245132-19.2011.8.26.000, relatoria do Eminente Desembargador Roberto Mac Craken; (ii) TJRS, Agravo de Instrumento n.º 2008.069909-0, de relatoria do Eminente Desembargador Monteiro Rocha; (iii) TJMG, Agravo de Instrumento Cível n.º 1.0647.09.097460-9/001, de relatoria do Eminente Desembargador Alberto Henrique.

ação judicial (LRE, art. 51, IX) e a de *provisionar*, em sua contabilidade, o valor necessário em face do risco de condenação judicial.

Mas, se o Poder Público tem o dever de garantir que o montante estabelecido no acordo de leniência a título de indenização dos danos sofridos não corra o menor risco de vir a ser alterado no juízo recuperacional da pessoa jurídica signatária, recomenda-se, como cautela, a inserção de determinadas cláusulas no instrumento. Em outros termos: a premissa do pleno ressarcimento de todos os prejuízos experimentados pela sociedade de economia mista lesada pela corrupção em investigação poderia frustrar-se, parcial ou completamente, na hipótese de a pessoa jurídica signatária vir a pleitear, no juízo recuperacional, a sujeição do crédito ao plano de reorganização aprovado e homologado.

O acordo de leniência deve conter cláusulas em que a pessoa jurídica corruptora se obriga a não incluir, no plano de reorganização a ser apresentado em sua recuperação judicial, ou em qualquer aditamento ou alteração deste, o crédito da sociedade de economia mista pela indenização devida, nem concordar com esta inclusão se solicitada por credores, pelo administrador judicial, pelo Ministério Público ou por quaisquer terceiros. Também deve ser prevista cláusula em que se obriga a não participar de nenhuma negociação com credores, acerca do seu plano de reorganização ou de qualquer aditamento ou alteração deste, que vise incluir o referido crédito em sua recuperação judicial. Igualmente, obriga-se a não concordar sequer com a inclusão na pauta de discussão e votação, em assembleia geral de credores em sua recuperação judicial, de qualquer cláusula, termo, condição ou disposição no plano de reorganização, ou de qualquer aditamento ou alteração deste, que possa alterar o crédito mencionado no acordo de leniência, ou mesmo comprometer seu pagamento, vetando qualquer discussão e votação desta matéria. Finalmente, a pessoa jurídica signatária deve se obrigar a não requerer, em juízo, a sujeição do crédito à sua recuperação judicial ou ao plano de reorganização nela aprovado, seus aditamentos ou alterações; não requerer, em juízo, a sujeição deste à novação recuperacional ou qualquer outra alteração, em decorrência da aprovação e homologação do plano de reorganização em sua recuperação judicial; a recorrer com a máxima diligência de qualquer decisão judicial que determine a inclusão do crédito em sua recuperação judicial ou no plano de reorganização.

O acordo de leniência deve prever que eventual descumprimento destas obrigações importará a sua rescisão imediata e incondicional. Claro que tais obrigações assumidas pela pessoa jurídica corruptora não a impedem de dar notícia da existência deste aos seus credores ou ao juízo recuperacional, ou mesmo de mencionar a importância do acordo de leniência para a implementação do plano de reorganização.

5. Algumas questões pontuais

Nesta seção, reúno breves reflexões sobre algumas questões pontuais que guardam relação com o tema central dos impactos da recuperação judicial da corruptora na obrigação de ressarcir os danos causados pela corrupção, mediante cláusula inserta em acordo de leniência. São três questões: o tratamento do crédito inscrito na dívida ativa no caso de recuperação judicial do devedor (5.1), a substituição dos administradores coautores do crime (5.2) e a falência da sociedade empresária corruptora (5.3).

5.1. Crédito inscrito na dívida ativa e a recuperação judicial da corruptora

Acordos de leniência para colaboração na investigação de corrupção geram sempre pelo menos um crédito para a administração direta, mesmo quando não é ela a pessoa lesada pela prática criminosa. É a sanção administrativa prevista no art. 6.º, I, da LA, de *"multa, no valor de 0,1% (um décimo por cento) a 20% (vinte por cento) do faturamento bruto do último exercício anterior ao da instauração do processo administrativo, excluídos os tributos, a qual nunca será inferior à vantagem auferida, quando for possível sua estimação"*. Esta multa será reduzida em até 2/3 como uma das contrapartidas da efetiva colaboração na investigação (LA, art. 16, § 2.º).

Além do crédito pela multa, a administração direta pode também tornar-se credora da corruptora, nos termos do acordo de leniência, a titulo de indenização pelos danos advindos do delito. Neste caso, claro, ela foi vítima da corrupção, tendo esta importado em "desvio" de recursos públicos.

Tanto o crédito pela multa (responsabilidade administrativa) como o concernente à indenização (responsabilidade civil) podem ser inscritos na dívida ativa, na forma do art. 2.º da Lei n.º 6.830/80 (LEF), para fins de cobrança via execução fiscal. Como se sabe, a LEF não se restringe aos créditos tributários, compreendendo também qualquer outro (não tributário) de que sejam titulares os entes da administração direta (União, Estados, Municípios e Distritos Federais) e suas autarquias.

A execução fiscal não se suspende em razão da recuperação judicial do devedor (LRE, art. 6.º, § 7.º), qualquer que seja a natureza do crédito em cobrança, tributário ou não tributário. Em outros termos, a recuperação judicial daquele que consta como devedor na dívida ativa não produz nenhum efeito relativamente ao crédito correspondente, que continuará exigível em sua totalidade, insuscetível de novação recuperacional ou de qualquer outra alteração no plano de reorganização. Nada há, por outro lado, de específico nos créditos fundados no acordo de leniência (multa administrativa e indenização pelos danos) se eles, inscritos na dívida ativa, tornarem-se aptos a serem cobrados por meio de execução fiscal. Como qualquer outra dívida ativa, está completamente fora do alcance da recuperação judicial do devedor.

5.2. Substituição dos administradores

Os agentes que praticaram os atos materiais de corrupção são, em geral, os administradores da pessoa jurídica corruptora. A continuidade deles à frente da empresa é algo, então, inteiramente desaconselhável, até que se cumpra a pena criminal. A autoridade administrativa responsável pelo acordo de leniência deve incluir, entre as condições para a assinatura desta, o afastamento da direção da pessoa jurídica signatária das pessoas naturais indicadas como corruptoras. Não negociar esta condição pode até mesmo implicar o desprestígio do instituto do acordo de leniência, por compactuar com a permanência da principal condição subjetiva que ocasionou o crime em investigação.

É legítimo, contudo, que o acordo de leniência preveja o afastamento do administrador de pessoa jurídica signatária que esteja em recuperação judicial, quando a LRE adota, como princípio o *debtor-in-possession*? A resposta é afirmativa. O art. 64 da LRE lista os casos de afastamento dos administradores da empresa em recuperação judicial, quando derivados de decisão do juízo recuperacional. Abriga um rol exaustivo, no sentido de que o juiz não pode afastar os administradores da recuperação judicial se não estritamente nas situações indicadas (condenação penal definitiva, indícios da prática de crime falimentar etc).

O elenco do art. 64 da LRE não abrange, portanto, a totalidade das hipóteses de substituição da administração da empresa em recuperação judicial. Aliás, só para citar exemplo de substituição não compreendida neste dispositivo, mas em outro da mesma LRE, vale lembrar o art. 50, inciso IV, que define "*a substituição total ou parcial dos administradores do devedor ou modificação de seus órgãos administrativos*" como um dos possíveis *meios de recuperação judicial*; mesmo que não verificadas as hipóteses abrigadas no art. 64 da LRE, a AGC, ao aprovar o plano, pode determinar a substituição dos administradores nele prevista como *meio* de superação da crise da devedora.

O acordo de leniência, por conseguinte, pode validamente estabelecer a obrigação de a corruptora destituir de seus órgãos diretivos (e, em seguida, até mesmo dispensar de seu corpo funcional, se for o caso), as pessoas naturais que agiram em nome dela, na prática da corrupção, mesmo que não se encontre caracterizada nenhuma das hipóteses listadas no art. 64 da LRE. Trata-se, ademais, de previsão plenamente compatível com a observância do princípio da moralidade, abrigado no art. 37 da Constituição Federal.

5.3. Falência da signatária do acordo de leniência

As hipóteses de ineficácia perante a massa falida, previstas em lei, não se aplicam ao acordo de leniência, mesmo que celebrado este no denominado "período suspeito" ou no "termo legal de falência". As hipóteses de ineficácia, seja subjetiva (LRE, art. 130) ou objetiva (art. 129), visam impedir que determinados atos, praticados às "vésperas" da falência, acabem por frustrar os objetivos desta (satisfação dos credores, tratamento paritário etc).

O acordo de leniência não frustra nenhum objetivo do concurso de credores, caso venha a ser decretada a quebra da respectiva pessoa jurídica corruptora. Não importa em pagamento de dívida não vencida (LRE, art. 129, I); não configura pagamento de obrigação por meio diverso do contratado (II); não consiste em outorga de direito real de garantia em favor de crédito quirografário anteriormente constituído (IV); não é ato gratuito, por indenizar danos efetivamente provocados pela autora com a corrupção praticada (IV); não se classifica como trespasse irregular (VI) etc. Ademais, revestido das características da LA, o acordo de leniência não será nunca ato fraudulento praticado com vistas a lesar direitos dos credores do falido (art. 130).

Os arts. 129 e 130 regem qualquer caso de falência, mesmo a derivada de convolação da recuperação judicial. Assim, também neste caso, não há que se cogitar de ineficácia do acordo de leniência perante a massa falida.

6. Conclusão

O crédito da sociedade de economia mista em face da corruptora pode ser *constituído* com a assinatura do acordo de leniência. Quando acontece, somente após a celebração deste, a confissão de dívida ou a transação embutida na cláusula de indenização dos danos decorrentes da corrupção, ter-se-á constituído como crédito. Deste modo, se a pessoa jurídica signatária do acordo de leniência está em recuperação judicial, em vista do disposto no art. 49 da LRE, o crédito pela indenização dos danos experimentados com a corrupção investigada *não* estará sujeito aos efeitos desta. Quer dizer, a sociedade de economia mista poderá executar seu crédito no valor e no prazo previstos no acordo de leniência, não precisará habilitar-se na recuperação judicial, não participará da assembleia de credores, não poderá ter seu crédito alterado ou novado pelo plano de reorganização, etc.

Mas, em nenhuma hipótese o acordo de leniência precisa ser expressamente mencionado no plano de recuperação da corruptora. Os efeitos perante terceiros, incluindo os credores da recuperanda sujeitos aos efeitos da recuperação judicial, não ficam a depender de sua inclusão em plano de reorganização. Se a recuperação judicial antecede o acordo de leniência, o crédito pela indenização não se sujeita aos efeitos dela (LRE, art. 49). A credora da indenização, aqui, não participa da recuperação judicial, porque esta simplesmente não pode alterar o valor do crédito, postergar vencimentos, novar as condições etc. Não há que se falar, portanto, em qualquer providência no âmbito da recuperação judicial como condição de eficácia do acordo de leniência perante terceiros, inclusive credores sujeitos.

Mesmo no caso de o acordo de leniência ter sido firmado *antes* da recuperação judicial, também sua inserção no plano de reorganização não é condição de eficácia perante os demais credores. Na verdade, embora a pessoa jurídica signatária do acordo de leniência possa incluir a obrigação relativa à indenização no seu plano de reorganização, isto não é minimamente obrigatório. Ao contrário. Afinal, o saneamento da crise que justificou o ingresso com o pedido de recuperação judicial pode prescindir de qualquer novação, alteração ou postergação do pagamento da indenização.

A pessoa jurídica signatária da leniência pode até mesmo avaliar não ser nada recomendável a inclusão, no plano de reorganização, do valor que deve a título de indenização; esta inclusão pode lhe trazer prejuízos maiores do que a manutenção da obrigação. Em primeiro lugar, porque a sua imagem ficará seriamente afetada, tendo em vista a tentativa de fugir às consequências da corrupção que praticara. Em segundo, porque a preservação de bom relacionamento comercial com a sociedade de economia mista (credora da indenização) pode ser uma das condições econômicas mais importantes para a superação da crise em que se encontra.

Em suma, tanto no caso de o acordo de leniência *anteceder* o pedido de recuperação judicial, como no caso de ser *posterior*, não está sua eficácia minimamente condicionada à previsão no plano de reorganização da sociedade empresária corruptora.

A corrupção é um mal a ser implacavelmente combatido pelo Estado de Direito. A recuperação judicial da corruptora não pode servir à atenuação de sua responsabilidade civil pelos danos que sua prática criminosa ocasionou. Conviria até mesmo que o legislador, atento a isto, viesse a excluir, de modo expresso, o ressarcimento dos danos advindos da corrupção dos efeitos da recuperação judicial da corruptora, assegurando a plena responsabilização desta. Enquanto não houver esta evolução legislativa, a administração pública direta ou indireta deve acautelar-se nas negociações do acordo de leniência, para que não seja surpreendida com a frustração ou a redução da responsabilização civil da corruptora, por via da recuperação judicial.

Cessão de Crédito na Recuperação Judicial

GABRIEL SAAD KIK BUSCHINELLI

1. Introdução

Com o pedido de processamento da recuperação judicial, inicia-se procedimento de negociação entre o devedor e os credores para a busca de solução coletiva para a situação de crise econômico-financeira. Nessa tarefa, a Lei 11.101/05 ("LRE") reserva aos credores papel de inegável protagonismo.[1] Pelos mais variados motivos, porém, nem todos podem aguardar pelo adimplemento de seus créditos. Em verdade, esperar a satisfação por meio de um plano de recuperação pode ser motivo para que o credor também ingresse em estado de crise. Nessa hipótese, transferir o crédito a terceiro, mesmo aceitando deságio, pode-se mostrar essencial. Na ocasião dos 10 (dez) anos da LRE constata-se, contudo, que há pouca clareza acerca da admissibilidade, dos limites e dos efeitos da cessão de crédito durante a recuperação judicial. O presente estudo pretende contribuir para o desiderato de melhor esclarecê-los.

2. Motivos da Cessão de Crédito na Recuperação Judicial

Esteja o devedor em crise econômico-financeira ou não, a decisão do credor de aguardar o adimplemento do crédito ou cedê-lo a um terceiro

---

[1] João Pedro Scalzilli, Rodrigo Tellechea e Luís Felipe Spinelli, *Objetivos e Princípio da Lei de Falência e Recuperação de Empresas*, in Revista Síntese de Direito Empresarial 26 (2012), pp. 15-30, pp. 20-22.

contra remuneração possivelmente inferior a seu valor nominal depende, principalmente, de três fatores: o prazo para o pagamento, a probabilidade de recebimento e o dispêndio de tempo e de recursos em que o credor estima incorrer caso não haja cumprimento voluntário por parte do devedor. O tema da cessão de crédito na recuperação judicial é particularmente relevante porque o pedido de processamento da recuperação judicial, apresentado pelo devedor unilateralmente (LRE, art. 48, *caput*), é apto a modificar a equação dos credores em relação a esses três aspectos.

O primeiro elemento alterado é o tempo. Com o processamento da recuperação judicial, todas as ações e execuções[2] contra o devedor são suspensas pelo prazo de seis meses (LRE, art. 52, III). Essa regra, semelhante à previsão de *automatic stay* norte-americana[3], obriga os credores que teriam créditos imediatamente exigíveis a financiar compulsoriamente a atividade do devedor.[4] Ademais, a satisfação dos créditos será decidida e implementada de forma coletiva, seja com a aprovação de um plano de recuperação, seja por meio de procedimento falimentar na hipótese de o plano não ser aprovado (LRE, art. 56, §4.º); com isso, o momento do recebimento efetivo do crédito pode ser adicionalmente diferido.

O segundo fator é o risco. Na recuperação judicial, os credores formam uma comunhão de interesses (LRE, art. 49).[5] Essa coletividade delibera por maioria acerca do plano de recuperação judicial proposto pelo devedor, o que poderá conduzir à novação do crédito com alteração

---

[2] Com exceção dos créditos que não estão sujeitos aos efeitos da recuperação judicial, como é o caso do credor fiduciário (LRE, art. 49, §3.º) e do credor de adiantamento de contrato de câmbio (LRE, art. 49, §4.º c/c art. 86, II).

[3] Ressalte-se que a suspensão imediata (*automatic stay*) norte-americana, prevista no §326(a) do *Bankruptcy Code*, pressupõe apenas a apresentação do pedido de reorganization (Charles J. Tabb, *The Law of Bankruptcy*, 2.ª ed., New York, Thomson Reuters/Foundation Press, 2009, p. 244), enquanto a suspensão brasileira depende do deferimento do processamento da recuperação judicial pelo magistrado (LRE, art. 52).

[4] Frederick Tung, *Confirmation and Claims Trading*, in *Nw. U. L. Rev.* 90 (1996), pp. 1684-1754, p. 1696.

[5] Sobre a qualificação da relação entre os credores no procedimento de recuperação judicial como comunhão de interesses, cf. Gabriel S. K. Buschinelli, *Abuso do Direito de Voto na Assembleia Geral de Credores*, São Paulo, Quartier Latin, 2014, pp. 29-41.

de suas condições (LRE, art. 58 c/c art. 59) mesmo contra a vontade do credor dissidente.

A terceira variável é o custo relacionado à efetivação do direito no âmbito recuperacional. O credor que mantinha um vínculo jurídico apenas com o devedor passa a integrar um processo com multiplicidade de partes, que exige o emprego de diligência na tutela dos interesses próprios. Os dispêndios de recursos associados à recuperação judicial iniciam-se com a habilitação do crédito. Se o crédito não for relacionado pelo administrador judicial, ou se for relacionado incorretamente, o credor deverá postular sua habilitação ou apresentar divergência (LRE, art. 7.º, §1.º) e, posteriormente, se o crédito houver sido habilitado, o credor poderá incorrer em custos para defender sua posição contra impugnações de terceiros ou do próprio devedor (LRE, art. 11). Para ambos os incidentes é necessária a constituição de advogado.[6] Adicionalmente, no curso do processo será necessária a interação com outros credores e com o devedor para a negociação de um plano de superação da crise econômico-financeira, impondo ao credor o ônus de se informar a respeito da situação do devedor e, exercendo o contraditório, avaliar a veracidade de suas alegações. Há credores que não dispõem da expertise necessária para acompanhar um procedimento de complexidade mais elevada[7], e outros com créditos de valor proporcionalmente reduzido em vista dos custos envolvidos[8], que podem se beneficiar de uma cessão a terceiros por meio da qual obtêm liquidez imediata.

Para além dos fatores gerais mencionados (tempo, probabilidade e custo), no âmbito da recuperação judicial a decisão de transferir o crédito a terceiros pode estar associada a específicos motivos contábeis, tributários ou comerciais. Regramentos contábeis podem exigir que entidades sujeitas a regulação como instituições financeiras realizem provisões muito

---

[6] José A. T. Guerreiro, *Artigo 7.º*, in Francisco Satiro de Souza Jr., Antônio S. A. de M. Pitombo (coords.), *Comentários à Lei de Recuperação de Empresas e Falência*, 2ª ed., São Paulo, RT, 2007, pp. 144-147, p. 146.

[7] Chaim J. Fortgang e Thomas M. Mayer, *Trading Claims and Taking Control of Corporations in Chapter 11*, in Cardozo L. Rev. 12 (1990), pp. 1-115, p. 4; Paul M. Goldschmid, *More Phoenix than Vulture: the Case for Distressed Investor Presence in the Bankruptcy Reorganization Process*, in Colum. Bus. L. Rev. 2005, pp. 191-274, p. 206.

[8] Frederick Tung, *Confirmation and Claims Trading*, in Nw. U. L. Rev. 90 (1996), pp. 1684-1754, p. 1700.

elevadas, limitando sua capacidade de conceder crédito.[9] Atualmente, no Brasil, a Resolução CMN n. 2.682/99 determina que as instituições financeiras provisionem o equivalente a 100% do valor contratado em caso de inadimplemento por prazo superior a 180 (cento e oitenta) dias.[10] Nessa circunstância, a cessão a terceiro mediante obtenção de contraprestação libera a instituição financeira de manter provisão, aumentando a capacidade de concessão de novos financiamentos. Ademais, a cessão pode ser realizada para que o credor contabilize definitivamente a perda incorrida, utilizando o prejuízo para reduzir seu lucro tributável no período.[11] Finalmente, é possível que fornecedores que continuaram a manter relação comercial com o devedor em crise transfiram suas posições a terceiros com receio de serem comercialmente retaliados caso busquem a melhor satisfação de seu crédito no âmbito da recuperação judicial – o que, por vezes, exige a adoção de posição adversarial estrategicamente inconveniente em uma relação de trato continuado.[12]

Sob o ponto de vista do cessionário, a recuperação judicial pode oferecer uma oportunidade de lucro. Investidores que atuam na aquisição de créditos detidos em face de empresas em crise geralmente podem investigar o potencial econômico do devedor com maior profundidade; contam com equipes jurídicas estruturadas, o que diminui o custo marginal de acompanhar um novo processo; e dedicam-se à recuperação de créditos como atividade principal.[13] Foi essa circunstância que impulsionou nos Estados Unidos, nas décadas de 80 e 90 do século passado, a constituição de fundos especializados na aquisição de créditos de empresas em crise,

---

[9] Chaim J. Fortgang e Thomas M. Mayer, *Trading Claims and Taking Control of Corporations in Chapter 11*, in *Cardozo L. Rev.* 12 (1990), pp. 1-115, p. 4; Paul M. Goldschmid, *More Phoenix than Vulture: the Case for Distressed Investor Presence in the Bankruptcy Reorganization Process*, in *Colum. Bus. L. Rev.* 2005, pp. 191-274, p. 206; Frederick Tung, *Confirmation and Claims Trading*, in *Nw. U. L. Rev.* 90 (1996), pp. 1684-1754, p. 1701.
[10] Resolução CMN n.º 2.682, de 21.12.1999, art. 1, IX; art. 4.º, I, "g"; art. 6.º, VIII.
[11] Luciana D. C. Lachini, *Amantes da Desgraça*, in *Revista Capital Aberto* 96 (2011), pp. 34-38, p. 36.
[12] Andrew Africk, *Trading Claims in Chapter 11: How Much Influence Can Be Purchased in Good Faith under Section 1126?*, in *U. Pa. L. Rev.* 139 (1991), pp. 1393-1422, p. 1400; Frederick Tung, *Confirmation and Claims Trading*, in *Nw. U. L. Rev.* 90 (1996), pp. 1684-1754, p. 1703.
[13] Lynn M. LoPucki, William C. Whitford, *Bargaining over Equity's Share in the Bankruptcy Reorganization of Large, Publicly Held Companies*, in *U. Pa. L. Rev.* 139 (1990), pp. 125-196, p. 163; Frederick Tung, *Confirmation and Claims Trading*, in *Nw. U. L. Rev.* 90 (1996), pp. 1684-1754, p. 1700.

pejorativamente alcunhados como "abutres" (*vulture funds*).[14] Estima-se que o mercado de negociação de créditos no âmbito de procedimentos de reorganização (*reorganization*) naquele país alcance a cifra das centenas de bilhões de dólares.[15]

A atuação dos investidores segue duas estratégias principais, denominadas investimento passivo e ativo.[16] Elas distinguem-se pela intenção do investidor de interferir na condução do procedimento de recuperação.

No investimento passivo, o crédito é negociado tendo em consideração apenas seu valor econômico. O cessionário pode promover atividade de mera arbitragem, adquirindo o crédito com a intenção de cedê-lo novamente a um terceiro – prática denominada nos Estados Unidos como *claim flipping*[17] –, ou investir na posição de crédito por considerar que paga um valor inferior ao que poderá obter sob um plano de recuperação judicial, mesmo que o crédito não confira ao investidor especial capacidade de intervir na decisão coletiva acerca de sua aprovação.[18]

Diverso é o investimento ativo, no qual o cessionário avalia a posição creditícia sobretudo à luz das prerrogativas processuais e dos poderes políticos que ela outorga no âmbito da recuperação judicial. Nessa modalidade, o crédito não é visto apenas sob a perspectiva de direito material como pretensão ao recebimento de uma prestação, senão, concomitantemente, como posição jurídica processual que confere ao credor a prerrogativa de participar do procedimento e negociar com o devedor. No investimento ativo, há formas diversas pelas quais o credor pode aumentar sua perspectiva de recuperação do crédito exercendo poderes proces-

---

[14] Charles J. Tabb, *The Law of Bankruptcy*, 2.ª ed., New York, Thomson Reuters/Foundation Press, 2009, p. 1129.

[15] Adam J. Levitin, *Finding Nemo: Rediscovering the Virtues of Negotiability in the Wake of Enron*, in *Colum. Bus. L. Rev.* (2007), pp. 83-177, p. 86.

[16] Nathan A. Hertzog, *Passive Claims Trading, the Unsophisticated Creditor, and Online Exchanges as a Market Remedy*, in *Rev. Banking & Fin. L.* 32 (2012-2013), pp. 511-564, p. 519; Adam J. Levitin, *Bankruptcy Markets: Making Sense of Claims Trading*, in *Brook. J. Corp. Fin. & Com. L.* 4 (2009), pp. 67-112, p. 95.

[17] Richard D. Thomas, *Tipping the Scales in Chapter 11: How Distressed Debt Investors Decrease Debtor Leverage and the Efficacy of Business Reorganization*, in *Emory Bankr. Dev. J.*, 27 (2010), pp. 213-253, p. 215.

[18] Tally M. Wiener, Nicholas B. Malito, *On the Nature of the Transferred Bankruptcy Claim*, in *U. Pa. J. Bus. L.* 12 (2009), pp. 35-59, p. 36.

suais.[19] As mais simples referem-se (i) a um acesso maior a informações por ostentar a condição de credor; (ii) ao poder de negociar diretamente com o devedor e influenciar na configuração do plano; ou (iii) ao exercício do direito de impugnar créditos de outros credores. Ademais, a depender da importância e do vulto do crédito e da composição das classes, será possível que o credor promova a constituição de comitê de credores e seja eleito para integrá-lo (LRE, art. 26). A posição estratégica de maior força, porém, é o poder de bloqueio em uma classe, apto a permitir que o credor impeça a aprovação de qualquer plano que não atenda a seus interesses.[20] No Brasil, isso seria possível por meio da titularidade de créditos correspondentes a 2/3 de uma classe, o que impossibilitaria que terceiros alcançassem o quórum previsto no art. 45 da LRE ou o quórum alternativo do art. 58 da LRE.

3. Benefícios e Possíveis Riscos da Cessão de Crédito para o Procedimento de Recuperação Judicial

Tendo em vista as alterações na posição do credor suscitadas pelo início da recuperação judicial (cf. item 2 *supra*), são claras as vantagens proporcionadas por um mercado ativo de créditos concursais. Um trabalhador pode ter de satisfazer necessidades fundamentais e a cessão de crédito pode ser a única forma de obter remuneração imediata. A falta de liquidez pode impactar credores fornecedores, gerando um efeito cascata que pode-se alastrar por diferentes elos da cadeia produtiva. Uma possibilidade de deixar o procedimento, mesmo que mediante pagamento de valor inferior ao de face, promove benefícios que não devem ser desprezados. Ademais, a possibilidade de contar com um mercado líquido de

---

[19] Michelle M. Harner, *The Corporate Governance and Public Policy Implications of Activist Distressed Debt Investing*, in *Fordham L. Rev.* 77 (2008), pp. 703-773, p. 731-734 (descrevendo os mecanismos para que o credor influencie o plano nos Estados Unidos).

[20] Scott K. Charles, *Trading Claims in Chapter 11 Cases: Legal Issues Confronting the Postpetition Investor*, in *Ann. Surv. Am. L.* (1991), pp. 261-332, p. 262; Andrew Africk, *Trading Claims in Chapter 11: How Much Influence Can Be Purchased in Good Faith under Section 1126?*, in *U. Pa. L. Rev.* 139 (1991), pp. 1393-1422, p. 1395; Paul M. Goldschmid, *More Phoenix than Vulture: the Case for Distressed Investor Presence in the Bankruptcy Reorganization Process*, in *Colum. Bus. L. Rev.* 2005, pp. 191-274, p. 208.

negociação de créditos sujeitos à recuperação potencialmente impacta até mesmo a concessão de novos créditos.[21]

Nos Estados Unidos, país que há muito vivencia intensamente as cessões de créditos concursais, ressalta-se, contudo, o risco de que sejam gerados também efeitos deletérios. Sob o ponto de vista individual dos credores, a cessão pode ser prejudicial pelo fato de o credor não contar com informações adequadas acerca da posição patrimonial do devedor, situação da qual os chamados "fundos abutres" poderiam extrair benefícios indevidos. Sob o ponto de vista do procedimento, a cessão pode impactar a operacionalidade do sistema de negociação da recuperação judicial, seja porque (i) conduz a uma alteração do perfil dos credores; (ii) impõe custos mais elevados de monitoramento ao devedor e ao administrador judicial; ou (iii) desestimula a formação de consensos entre as partes.

Na relação entre cedente e cessionário, é possível que o último conte com maiores informações acerca da capacidade de pagamento do devedor em crise, seja porque já mantém relacionamento com o devedor, seja porque tem capacidade técnica para melhor compreender a sua condição econômico-financeira. Haveria, portanto, um risco de que o cedente vendesse seu crédito por menos do que vale. Nos Estados Unidos, considerando que haveria uma presumida hipossuficiência dos cessionários abordados pelos investidores, chegou-se a defender que a negociação de créditos fosse regida por princípios similares aos aplicáveis às ofertas públicas no mercado de capitais,[22] ou que ficasse sujeita a exigências de publicidade que permitissem o controle das transações por parte do juízo.[23] Há, porém, quem sustente que a tutela dos cedentes deva ser pro-

---

[21] Adam J. Levitin, *Bankruptcy Markets: Making Sense of Claims Trading*, in Brook. J. Corp. Fin. & Com. L. 4 (2009), pp. 67-112, p. 93.

[22] Chaim J. Fortgang, Thomas M. Mayer, *Trading Claims and Taking Control of Corporations in Chapter 11*, in Cardozo L. Rev. 12 (1990), pp. 1-115, p. 46.

[23] Michael H. Whitaker, *Regulating Claims Trading in Chapter 11 Bankruptcies: A Proposal for Mandatory Disclosure*, in Cornell J. L. and Pub. Pol'y 3 (1994), pp. 303-342, p. 339 (propondo que fosse exigida a informação acerca do preço pago e do nome das partes); Joy F. Conti, Raymon F. Kozlowski Jr. e Leonard S. Ferleger, *Claims Trafficking in Chapter 11 – Has the Pendulum Swung Too Far?*, in Bankr. Dev. J. 9 (1992), pp. 281-355, p. 347-352 (propondo regras de publicidade das aquisições e proteção para os demais credores na hipótese de o cessionário intentar adquirir o controle de uma classe de créditos).

movida exclusivamente por meio do direito privado.[24] No Brasil, apesar de a LRE exigir o fornecimento de informações pelo devedor em crise, essenciais para a deliberação consciente por parte dos credores, não há clareza quanto ao papel ativo do Judiciário para assegurar a veracidade das informações prestadas pelo devedor.[25] Adicionalmente, é possível que um credor com posição de crédito relevante para o desfecho da recuperação judicial obtenha acesso privilegiado às informações do devedor, utilizando-se desses dados para adquirir créditos de terceiros. A solução para uma situação como esta no Brasil, contudo, teria de ser buscada no regramento geral relativo aos vícios da vontade (erro ou dolo) e ao regime do adimplemento.

Sob o ponto de vista do procedimento, ressalta-se que a cessão de créditos pode alterar o perfil dos credores. A lógica concursal baseia-se na premissa de que os credores detêm interesses minimante paralelos e dirigidos a alcançar o soerguimento da empresa, razão pela qual se admite a adoção de decisões por maioria.[26] Na recuperação judicial, as classes são compostas por credores que geralmente mantiveram relacionamento negocial prévio com o devedor e que, muitas vezes, têm a perspectiva de desenvolver também uma ligação futura.[27] De forma diversa, os credores profissionais adquirem créditos e, normalmente, são desconhecidos da empresa e não tendem a se tornar parceiros comerciais.[28] Nos Estados Unidos, ademais, registra-se crescente presença de investidores institucionais agressivos que se valem de instrumentos derivativos, sobretudo os chamados *credit default swaps*, por meio dos quais obtém a garantia de que receberão o valor total de seu crédito na hipótese de

---

[24] Herbert P. Minkel Jr., Cynthia A. Baker, *Claims and Control in Chapter 11 Cases: a Call for Neutrality*, in *Cardozo L. Rev.* 13 (1991), pp. 35-101, p. 44.

[25] Sobre o assunto, cf. Emanuelle U. Maffioletti e Sheila C. Neder Cerezetti, *Transparência e Divulgação de Informações nos Casos de Recuperação Judicial de Empresas*, in Newton de Lucca (coord., et. al.), *Direito Recuperacional: Aspectos Teóricos e Práticos*, v. 2, São Paulo, Quartier Latin, 2012, pp. 79-105, p. 93.

[26] Douglas G. Baird, Robert K. Rasmussen, *Antibankruptcy*, in *Yale L. J.* 119 (2010), pp. 648-699, p. 654.

[27] Frederick Tung, *Confirmation and Claims Trading*, in *Nw. U. L. Rev.* 90 (1996), pp. 1684-1754, p. 1726.

[28] Frederick Tung, *Confirmation and Claims Trading*, in *Nw. U. L. Rev.* 90 (1996), pp. 1684-1754, pp. 1728-1729.

inadimplemento pelo devedor.[29] Ressalta-se, por fim, reduzida tendência à cooperação dos investidores institucionais, pois, em geral, cada um deles persegue objetivos próprios,[30] estando muitas vezes diretamente interessados na liquidação do devedor, seja por contarem com a referida proteção de instrumentos derivativos,[31] seja por participarem do capital de companhias concorrentes que serão beneficiadas com a exclusão do devedor do mercado.[32]

Um segundo efeito nocivo sobre o procedimento pode ser causado pelo aumento de custos de monitoramento dos credores.[33] No Brasil, há credores impedidos de votar nas assembleias gerais (LRE, art. 43) e incumbe ao devedor e ao administrador judicial verificar a ocorrência de situações de impedimento. Quanto mais cessões, maiores os custos atrelados à referida fiscalização.

A permissão para que ocorram cessões de crédito, por fim, pode desestimular a formação de consensos entre os credores. É possível que ingressem no procedimento investidores interessados apenas em adquirir créditos para depois revendê-los a preço superior (*claim flipping*), sem nenhuma intenção de ouvir as propostas do devedor.[34] Ademais, argumenta-se que, em um procedimento de satisfação coletiva, os credores estabelecem relação de interdependência, e toda a negociação que se desenvolve no âmbito do procedimento reorganizativo passa a ser baseada na coo-

---

[29] Sobre os CDS, cf. United States Government, *The Financial Crisis Inquiry Report*, Washington, U.S. Government Printing Office, 2011, p. 50.

[30] Douglas G. Baird, Robert K. Rasmussen, *Antibankruptcy*, in Yale L. J. 119 (2010), pp. 648-699, p. 657.

[31] Douglas G. Baird, Robert K. Rasmussen, *Antibankruptcy*, in Yale L. J. 119 (2010), pp. 648-699, pp. 678-686.

[32] Douglas G. Baird, Robert K. Rasmussen, *Antibankruptcy*, in Yale L. J. 119 (2010), pp. 648-699, p. 686. Para uma crítica às formulações de Baird e Rasmussen, cf. Adam J. Levitin, *Bankruptcy Markets: Making Sense of Claims Trading*, in Brook. J. Corp. Fin. & Com. L. 4 (2009), pp. 67-112 (para quem as cessões de crédito permitiriam o ingresso de credores especializados que tornariam as recuperações mais céleres e eficientes).

[33] *In re Ionosphere Clubs, Inc.*, 119 Bankr. 440 (Bankr. S.D.N.Y. 1990), p. 444 (afirmando que as cessões aumentam os custos com o monitoramento, com a administração e com a objeção de claims).

[34] Richard D. Thomas, *Tipping the Scales in Chapter 11: How Distressed Debt Investors Decrease Debtor Leverage and the Efficacy of Business Reorganization*, in Emory Bankr. Dev. J. 27 (2010), pp. 213-253, pp. 227-229.

peração e na confiança mútua, adquirida durante a discussão do plano.[35] A livre negociação de créditos destruiria esse relacionamento e limitaria o incentivo para que as partes o construíssem, pois saberiam que poderia ser desfeito a qualquer momento.[36]

Em síntese, percebe-se que o fenômeno da cessão de créditos é complexo, proporciona benefícios aos credores existentes e mesmo aos prospectivos, mas também envolve riscos que devem ser atentamente avaliados pelo legislador e pela jurisprudência.

4. Admissibilidade da Substituição Processual do Cedente pelo Cessionário na Recuperação Judicial

A cessão de crédito no âmbito da recuperação judicial é negócio jurídico praticado pelo credor original e pelo cessionário. A recuperação judicial não limita o poder de disposição do credor em relação ao crédito, razão pela qual basta que cedente e cessionário promovam a cessão pela forma consensual (CC, art. 286 ss) ou cambiária, no caso de títulos de crédito (CC, art. 904; art. 910; art. 922), para que seja alterada a titularidade do crédito. Para além da questão de direito material, contudo, deve-se questionar se o cessionário pode ingressar no procedimento de recuperação judicial no lugar do cedente e exercer as prerrogativas processuais pertinentes ao crédito, entre as quais se inclui o direito de voto em assembleia geral de credores.

No direito estrangeiro, encontram-se exemplos de legislações que admitem a cessão de crédito no âmbito de procedimento coletivo de renegociação de dívidas, mas, em maior ou menor medida, limitam o exercício de prerrogativas processuais pelo cessionário. Na Itália, por exemplo, as cessões de crédito posteriores à declaração de falência não atribuem aos cessionários direito de voto no *concordato fallimentare*.[37] Segundo Roberto Sacchi, a *ratio* desse artigo seria a presunção de que o crédito foi adquirido

---

[35] Frederick Tung, *Confirmation and Claims Trading*, in *Nw. U. L. Rev.* 90 (1996), pp. 1684-1754, p. 1707.
[36] Frederick Tung, *Confirmation and Claims Trading*, in *Nw. U. L. Rev.* 90 (1996), pp. 1684-1754, p. 1718.
[37] *Leg. Fall.*, art. 127: "I trasferimenti di crediti avvenuti dopo la dichiarazione di fallimento non attribuiscono diritto di voto, salvo che siano effettuati a favore di banche o altri intermediari finanziari."

em manobra dirigida a influenciar a votação, e de que, por conta disso, o cessionário se encontraria em situação de incompatibilidade de interesses com os demais credores,[38] razão pela qual a regra deveria ser aplicada por analogia também ao *concordato preventivo*.[39] Na Espanha, o art. 122 da *Ley 22/2003* subtrai o direito de voto daqueles que, após a declaração do concurso, adquirem créditos de pessoas especialmente relacionadas ao devedor, como é o caso de parentes e pessoas jurídicas descritas no art. 93 da mesma *Ley 22/2003*. De forma semelhante, na Argentina, segundo o art. 45 da *Ley de Concursos y Quiebras* (Ley 24.522/1995), o cônjuge ou os parentes do devedor até o quarto grau são excluídos do cômputo de votos acerca de proposta de acordo preventivo, proibição de voto que se estende aos cessionários que adquiriram crédito desde o ano anterior à apresentação da proposta.[40]

No Brasil, há posições diversas acerca da admissão do exercício do direito de voto pelo credor cessionário. O Desembargador Alexandre Alves Lazzarini, enquanto titular da 1.ª Vara de Falência e Recuperação Judicial de São Paulo, proferiu decisões e, posteriormente, também em sede doutrinária, defendeu o entendimento de que o direito de voto constituiria um atributo e uma condição personalíssima do credor originário e, por conta disso, "não negociável, não se confundindo com um acessório".[41] Contrariando essa orientação, o Tribunal de Justiça avaliou que o credor cessionário poderia exercer o direito de voto,[42] pois este

---

[38] Roberto Sacchi, *Il principio di maggioranza nel concordato e nell'amministrazione controllata*, Milano, Giuffrè, 1984, p. 461.

[39] Roberto Sacchi, *Il principio di maggioranza nel concordato e nell'amministrazione controllata*, Milano, Giuffrè, 1984, p. 462.

[40] Hector Osvaldo Chomer e Jorge Silvio Sicoli, *Ley de Concursos y Quiebras – Comentario Exegetico*, 2.ª ed, Buenos Aires, La Ley, 2011, p. 86.

[41] Alexandre A. Lazzarini, *Reflexões sobre a Recuperação Judicial de Empresas*, in Newton De Lucca e Alessandra de Azevedo Domingues (coords.) e Nilva M. Leonardi Antonio (org.), *Direito Recuperacional: Aspectos Teóricos e Práticos*, São Paulo: Quartier Latin, 2009, pp. 124-136, p. 131.

[42] Cf., entre outros, os seguintes acórdãos proferidos no âmbito da recuperação judicial da Parmalat Participações do Brasil Ltda: (i) TJSP, AI n.º 429.557-4/4-00, Câm. Esp. Fal. Rec. Jud., rel. Des. Pereira Calças, j. 15.03.2006; (ii) TJSP, AI n.º 429.540-4/7-00, Câm. Esp. Fal. Rec. Jud., rel. Des. Pereira Calças, j. 19.04.2006; (iii) TJSP, AI n.º 433.182-4/7-00, Câm. Esp. Fal. Rec. Jud., rel. Des. Pereira Calças, j. 07.06.2006; (iv) TJSP, AI n.º 430.714-4/4-00, Câm. Esp. Fal. Rec. Jud., rel. Des. Pereira Calças, j. 15.03.2006; (v) TJSP, AI n.º 431.567-4/0-00, Câm. Esp. Fal. Rec. Jud., rel. Des. Pereira Calças, j. 15.03.2006.

constituiria um acessório do crédito. Por conta disso, o credor cessionário teria "direito de participar da Assembléia Geral de Credores com voz e voto, este na proporção do valor do crédito que lhe foi cedido, bastando, para tanto, que tenha pedido sua habilitação, formulado divergência ou deduzido impugnação judicial, até que esta seja definitivamente julgada".[43] A doutrina fundamentalmente endossa o posicionamento de que o direito de voto acompanharia o crédito.[44]

Ainda que se concorde com o resultado alcançado pela jurisprudência paulista, discorda-se da linha de fundamentação adotada nos acórdãos. Não parece adequado considerar que o direito de voto seja um acessório do crédito. O direito de voto, em si, não constitui um direito material conferido pela ordem jurídica e que possa ser objeto de disposição. Não se trata, portanto, nem de um bem acessório, nem de um bem principal, pois não é um direito material; constitui, pelo contrário, um poder processual.

O direito de crédito autoriza o seu titular a pleitear sua habilitação no procedimento (LRE, art. 7, §1.º), caso não tenha sido relacionado pelo devedor. Se o crédito for habilitado, o credor adquire o *status* de credor concursal, posição jurídica subjetiva complexa integrada por posições ativas (poderes e faculdades) e passivas (deveres, sujeição e ônus) de ordem processual[45] e material. O direito de voto na assembleia geral de credores, por sua vez, é poder instrumental de ordem processual que será concedido ou não conforme condições previstas na lei para cada deliberação. Como nota a doutrina norte-americana, o direito de voto não é um direito ínsito ao crédito, senão uma posição criada pelo início

---

[43] *Id.*
[44] Luiz Fernando V. de Paiva e Giuliano Colombo, *Recuperação Judicial e Cessão de Créditos: A Polêmica do Direito de Voto*, in *Revista do Advogado* 105 (2009), pp. 107-114, p. 114; Eduardo F. Mange, *Assembleia Geral de Credores na Recuperação Judicial*, Mestrado (PUC/SP), 2010, p. 75; Marcelo G. Taddei, *Aspectos Relevantes da Assembleia Geral de Credores no Processo de Recuperação Judicial*, in Gilberto G. Bruschi (et. al., org.), *Direito Processual Empresarial: Estudos em Homenagem a Manoel de Queiroz Pereira Calças*, Rio de Janeiro, Elsevier, 2012, pp. 452-489, p. 463 (referindo a linha jurisprudencial); Erasmo V. A. N. França, Artigo 39, in Francisco Satiro de Souza Jr., Antônio S. A. de M. Pitombo (coords.), *Comentários à Lei de Recuperação de Empresas e Falência*, 2ª ed., São Paulo, RT, 2007, pp. 209-212, p. 211, nota 202.
[45] Cf. Antonio C. de A. Cintra, Ada P. Grinover, Cândido R. Dinamarco, *Teoria Geral do Processo*, 21.ª ed., São Paulo, Malheiros, 2005, pp. 290-291 (caracterizando a relação jurídica processual como composta por posições jurídicas ativas e passivas).

do procedimento concursal.⁴⁶ Assim, é possível que um crédito habilitado autorize seu titular a exercer direito de voto em deliberações na falência, mas não na recuperação judicial (caso do crédito retardatário, nos termos do art. 10, §1.º e §2.º da LRE); que confira direito de voto para deliberações ordinárias na recuperação judicial, mas não para deliberação acerca de plano de recuperação judicial, por ter sido proposto plano que não altera as condições do crédito (LRE, art. 45, §3.º); ou não confira voto ao seu titular porque este se enquadra em hipótese de impedimento de voto (LRE, art. 43). Não basta, portanto, ser titular de crédito (posição jurídica de direito material) para que se obtenha direito de voto na recuperação judicial; é necessário ser credor habilitado ao procedimento (posição jurídica de direito processual) e, mais do que isso, preencher as condições previstas em lei para participar da específica deliberação em questão.

Na cessão de crédito subsequente ao início do procedimento concursal ocorre a sucessão no direito material. Posteriormente, se o credor cessionário pleitear também sua substituição (observando o procedimento analisado no item 5 *infra*), assumirá a posição jurídica de direito processual de credor concursal e, verificadas as condições previstas em lei para a obtenção do direito de voto, poderá exercê-lo em assembleia de credores.

Assumindo-se que o voto não representa um acessório do direito de crédito e que somente será obtido mediante regular sucessão processual, pode-se questionar se a alteração subjetiva do quadro de credores seria admitida sem o consentimento do devedor. Como se sabe, a negociação de bens litigiosos, incluindo créditos, é livre no direito brasileiro; questão mais delicada diz respeito à possibilidade de o adquirente substituir-se ao alienante ou cessionário no curso do processo. Isso porque o Código de Processo Civil recém aprovado (Lei n. 13.105/2015, adiante referido como "CPC/2015"), assim como seu predecessor (Lei n. 5.869/1973, ou "CPC/1973"), é claro ao afirmar que "no curso do processo, somente é lícita a sucessão voluntária das partes nos casos expressos em lei" (CPC/2015, art. 108, reproduzindo o teor do CPC/1973, art. 41).

A LRE não disciplina especificamente a possibilidade de o credor cessionário substituir-se ao credor original. Dessa forma, aplica-se subsidia-

---

⁴⁶ Frederick Tung, *Confirmation and Claims Trading*, in Nw. U. L. Rev. 90 (1996), pp. 1684-1754, p. 1696.

riamente o disposto no Código de Processo Civil (LRE, art. 189). O Novo Código de Processo Civil (repetindo a sistemática do CPC/1973) confere tratamentos distintos à substituição processual conforme a natureza do direito litigioso transferido. Na regra constante do art. 109 do CPC/2015 (que reproduz o art. 42 do CPC/1973), determina-se que a alienação da coisa ou do direito litigioso por ato entre vivos, a título particular, não altera a legitimidade das partes. Sem o consentimento da parte contrária (CPC/2015, art. 109, §1.º), o cessionário não pode suceder o cedente em juízo, somente intervir como seu assistente litisconsorcial (CPC/2015, art. 109, §2.º). A sentença proferida entre as partes originárias, contudo, estende seus efeitos sobre o cessionário (CPC/2015, art. 109, §3.º). Já no âmbito da execução, há regra especial no sentido de que o cessionário pode promover a execução ou nela prosseguir em sucessão ao exequente originário quando o direito resultante do título executivo lhe for transferido por ato entre vivos (CPC/2015, art. 778, §1.º, III, que reproduz a regra constante do art. 567, II do CPC/1973).

Durante a vigência do Código de Processo Civil de 1973, a doutrina passou a distinguir a cessão de crédito na pendência de processo de conhecimento da cessão de crédito depois de constituído o título executivo, considerando que a regra relativa à execução teria caráter especial em relação à norma contida no artigo 42 do CPC/1973. Assim, se a cessão fosse de crédito cujo título executivo já estivesse constituído, o ingresso do cessionário no polo processual (substituição da parte) seria admissível mesmo sem o consentimento do devedor.[47] Esse entendimento foi sufragado pela Corte Especial do Superior Tribunal de Justiça, em decisão de recurso especial representativo de controvérsia (CPC/1973, art. 543-C), dotado de eficácia vinculante.[48] Como regra geral, portanto, pode-se afirmar que o cessionário só pode substituir processualmente o cedente sem concordância do réu se a cessão for de crédito ou título executivo constituído. Caso a cessão ocorra na pendência de processo de conhecimento, a substituição processual pressupõe o consentimento do réu.

---

[47] Cândido R. Dinamarco, *Instituições de Direito Processual Civil*, vol. 4, 3.ª ed., São Paulo, Malheiros, 2009, p. 144; Humberto Theodoro Jr., *Curso de Direito Processual Civil*, vol. 2, 46.ª ed., Rio de Janeiro, Forense, 2011, p. 159; Araken de Assis, *Comentários ao Código de Processo Civil*, vol. 4, Rio de Janeiro, Forense, 2009, pp. 66-67.
[48] STJ, REsp n. 1.091.443-SP, Corte Esp., rel. Min. Maria Thereza de Assis Moura, j. 02.05.2012.

Estão sujeitos à recuperação judicial todos os créditos existentes na data do pedido, ainda que não vencidos (LRE, art. 49). Do processo de recuperação judicial participam, dessa forma, tanto credores munidos de título executivo judicial ou extrajudicial como credores de quantias ilíquidas, que podem pleitear ao juízo da recuperação judicial a reserva de importância estimada de seu crédito enquanto prossegue a ação de conhecimento.[49] Com base no regramento do Código de Processo Civil, seria possível sustentar que também no âmbito da recuperação judicial a cessão de crédito apenas autorizaria a substituição processual – e, com ela, a alteração da legitimidade para o exercício de direito de voto – dos cessionários de créditos dotados de executividade. Nos demais casos, enquanto pendente o processo de conhecimento, não poderia ocorrer substituição sem consentimento do devedor, o que impediria a obtenção do direito de voto pelo cessionário.

Apesar de ser teoricamente defensável uma interpretação que propugnasse a obtenção do direito de voto apenas em caso de cessão de crédito dotado de executividade, acredita-se que essa não seria a melhor exegese da LRE sob um ponto de vista funcional e teleológico. Como já se apontou[50], na recuperação judicial a aplicação da norma constante do artigo 109 do CPC/2015 deve ser precedida por uma análise de sua compatibilidade com o objetivo do procedimento e com a finalidade da atribuição de direito de voto. O direito de voto é conferido aos credores economicamente interessados na melhor satisfação de seu crédito para que exerçam coletivamente seu juízo de valor sobre a viabilidade do devedor e sobre a conveniência de aceitar plano de recuperação judicial que altera as condições originais de pagamento (LRE, art. 45, §3.º), promovendo novação do crédito (LRE, art. 59). Ademais, a lei não distingue entre créditos vencidos e não vencidos, sujeitando todos aqueles existentes à data do pedido aos efeitos da recuperação judicial (LRE, art. 49). Com base nessa peculiaridade do processo recuperacional, a substituição processual apresenta-se como instrumento necessário para a tutela

---

[49] Mauro R. Penteado, *Artigo 6.º*, in Francisco Satiro de Souza Jr., Antônio S. A. de M. Pitombo (coords.), *Comentários à Lei de Recuperação de Empresas e Falência*, 2ª ed., São Paulo, RT, 2007, pp. 135-143, p. 138.
[50] Gabriel S. K. Buschinelli, *Abuso do Direito de Voto na Assembleia Geral de Credores*, São Paulo, Quartier Latin, 2014, p. 127.

efetiva dos interesses do novo credor ainda que seu crédito não possa ser executado, pois, estando sujeito à recuperação judicial, sofrerá diretamente as consequências econômicas de eventual plano aprovado pelos credores.

5. Procedimento para Substituição do Credor no Processo e Obtenção do Direito de Voto

O direito de voto representa poder decorrente da assunção do *status* de credor concursal e que pressupõe a ocorrência de substituição processual. Mostra-se necessária, portanto, a investigação do procedimento que deverá ser observado pelo cessionário para que seja autorizado a influenciar as decisões tomadas pela comunhão de credores.

Com o deferimento do pedido de recuperação judicial, inaugura-se a fase administrativa de verificação dos créditos, caracterizada pelo protagonismo do administrador judicial.[51] Cabe a ele examinar os débitos com base nos livros contábeis e documentos comerciais e fiscais do devedor (LRE, art. 7.º) e publicar edital para que sejam apresentadas habilitações ou divergências pelos credores no prazo de 15 (quinze) dias (LRE, art. 7.º, §1.º). Os credores que não apresentarem suas habilitações ou divergências no prazo de 15 (quinze) dias são considerados retardatários (LRE, art. 10). Caso a cessão seja comunicada pelo cessionário no prazo de 15 (quinze) dias da publicação do edital com a relação de credores, não é necessário pronunciamento judicial para a alteração subjetiva do quadro de credores, pois o administrador judicial terá prazo de 45 (quarenta e cinco) dias para publicar novo edital após averiguar a documentação que lhe for apresentada pelos credores originários ou cessionários. Não há, pois, nenhuma razão para distinguir o ingresso de um credor no procedimento por meio da habilitação ordinária ou por meio da comunicação de cessão do crédito. A cessão, nesse caso, apenas precisa ser participada pela via administrativa.[52]

---

[51] José A. T. Guerreiro, *Artigo 7.º*, in Francisco Satiro de Souza Jr., Antônio S. A. de M. Pitombo (coords.), *Comentários à Lei de Recuperação de Empresas e Falência*, 2ª ed., São Paulo, RT, 2007, pp. 144-147, p. 145.

[52] Cf., entre outros, os seguintes acórdãos proferidos no âmbito da recuperação judicial da Parmalat Participações do Brasil Ltda: (i) TJSP, AI n.º 429.557-4/4-00, Câm. Esp. Fal. Rec. Jud., rel. Des. Pereira Calças, j. 15.03.2006; (ii) TJSP, AI n.º 429.540-4/7-00, Câm. Esp. Fal.

Se já houver transcorrido o prazo de 15 (quinze) dias, porém, toda alteração ao quadro de credores deve-se processar perante o juízo. Trata-se de princípio que deflui do regramento aplicável à habilitação de crédito (LRE, art. 9º) e à impugnação (LRE, art. 11) e que, logicamente, também é aplicável às cessões, que promovem alteração subjetiva ao quadro. Decorrido o prazo de 15 (quinze) dias previsto no art. 7º da LRE, toda alteração do quadro de credores admitidos ao procedimento deve ser comunicada ao juízo, com ampla publicidade, pois tanto o devedor quanto todos os demais credores têm o direito de fiscalizar eventual exercício do direito de voto pelo cessionário. Parece inadequado, nesse sentido, o enunciado número 9 aprovado na I Jornada de Direito Comercial de São Paulo, realizada em 09.12.2013, segundo o qual "o administrador judicial deverá indagar aos credores se participam na qualidade de cessionários ou promitentes cedentes, fazendo constar tal declaração em ata". Tal enunciado parece partir do pressuposto de que um credor poderia participar de assembleia de credores na qualidade cessionário, sem que tal cessão houvesse sido previamente aprovada pelo juízo e informada aos demais participantes do processo recuperacional, de tal forma que caberia ao administrador judicial, no curso da assembleia, provocar os credores para que informassem o título sob o qual comparecem ao conclave. Essa falta de prévia comunicação e submissão da cessão ao juízo como requisito para a regular substituição processual afrontaria a higidez do procedimento, pois seria impraticável averiguar in loco se o cessionário incidiria em uma das hipóteses de proibição de voto (LRE, art. 43). Dessa forma, considera-se que, havendo cessão de crédito, somente pode exercer direito de voto o credor regularmente admitido ao procedimento mediante decisão judicial.

Discutível, porém, é o procedimento que rege a substituição. Uma primeira possibilidade seria a de considerar aplicável a regra de que as habilitações de crédito posteriores ao prazo de 15 (quinze) dias deveriam ser recebidas como retardatárias (LRE, art. 10), sujeitas ao rito processual pertinente às impugnações (LRE, art. 10, §5.º). Acredita-se, porém,

Rec. Jud., rel. Des. Pereira Calças, j. 19.04.2006; (iii) TJSP, AI n.º 433.182-4/7-00, Câm. Esp. Fal. Rec. Jud., rel. Des. Pereira Calças, j. 07.06.2006; (iv) TJSP, AI n.º 430.714-4/4-00, Câm. Esp. Fal. Rec. Jud., rel. Des. Pereira Calças, j. 15.03.2006; (v) TJSP, AI n.º 431.567-4/0-00, Câm. Esp. Fal. Rec. Jud., rel. Des. Pereira Calças, j. 15.03.2006.

que essa interpretação levaria à observância de formalidade incompatível com a necessidade de cognição imposta na substituição do credor. Na habilitação retardatária devem ser comprovados a existência (LRE, art. 9.º, III) e o valor do crédito (LRE, art. 9.º, II), com apresentação dos documentos ou títulos que o legitimam (LRE, art. 9.º, parágrafo único). Mas se o crédito já foi reconhecido pelo administrador judicial e só se pretende a substituição do credor no processo em razão de cessão, tudo que se precisa demonstrar é a alteração da pertinência subjetiva do direito material.

Para a substituição do credor no curso do procedimento considera-se devida, portanto, a aplicação analógica do regramento constante do procedimento de habilitação do Código de Processo Civil, previsto para promoção da sucessão processual na hipótese de falecimento da parte (CPC/2015, art. 687 ss; CPC/1973, art. 1.055 s s). Apesar de não se tratar de hipótese de falecimento, avalia-se esse regramento mais adequado, pois, por meio dele, o sucessor (no caso, o cessionário) deve apenas comprovar sua capacidade de novo titular do direito material. Recebida a petição, o magistrado ordena a citação do administrador judicial para se pronunciar no prazo de 5 (cinco) dias (CPC/2015, art. 690; CPC/1973, art. 1.057) e, a menos que haja impugnação – que pode questionar, por exemplo, a legitimidade do título de transmissão –, deve decidir imediatamente acerca da substituição processual (CPC/2015, art. 691; CPC/1973, art. 1.058).

Admitindo-se a possibilidade de livre alteração da posição jurídica processual, cria-se, contudo, o risco de que as bases sobre as quais o plano foi elaborado se percam. Tome-se como exemplo a cessão de crédito que ocasionasse alteração da classificação do credor (cf. item 8 *infra*), tornando inexequível a equação econômica de satisfação dos credores projetada no plano. Ou a cessão de um crédito a diversos cessionários, alterando a quantidade de credores necessária para a obtenção da maioria *per capita* prevista para a aprovação do plano de recuperação judicial (LRE, art. 45, §§ 1.º e 2.º). Nesses casos, será preciso adaptar a proposta de plano à nova distribuição de créditos nas classes de credores, tarefa que pode demandar tempo. Trata-se de situação potencialmente problemática em vista da vedação legal à concessão de provimento liminar de caráter cautelar ou antecipatório dos efeitos da tutela para a suspensão ou adiamento da assembleia geral de credores em razão de pendência de discussão sobre a existência, quantificação ou classificação do crédito

(LRE, art. 40). Como aponta Oreste Laspro, contudo, a aplicação literal da regra constante do art. 40 da LRE não seria compatível com a garantia de tutela jurisdicional,[53] razão pela qual se deve interpretar referido dispositivo em conformidade com a Constituição Federal. Nesse sentido, havendo risco concreto de que a deliberação seja tomada com base em plano gravemente contrastante com o quadro de credores posterior à cessão, o julgador teria discricionariedade para ponderar quais seriam os custos que a medida geraria no caso concreto e, avaliando-a proporcional e necessária, deferir a prorrogação da assembleia geral.[54]

6. Proibição de Aquisição de Crédito por Devedor em Recuperação Judicial

Percebendo a ocorrência de cessões de crédito por valores ínfimos, também o devedor em crise pode interessar-se pela aquisição do crédito, já que, nesse caso, operar-se-ia a confusão (CC, art. 381 e ss.) com a consequente extinção do débito. A LRE não regula expressamente a questão, mas determina que é crime a prática de ato de disposição ou oneração patrimonial destinado a favorecer um ou mais credores em prejuízo dos demais (LRE, art. 172). A primeira questão é a de determinar se a aquisição de crédito por valor eventualmente inferior ao que é oferecido aos demais credores representaria delito penal ou hipótese de favorecimento vedada e que levaria à destituição do devedor ou de seus administradores da condução da atividade empresarial (LRE, art. 64, II).

Nem sempre será possível afirmar que um negócio jurídico realizado pelo devedor com um credor é penalmente tipificado. Como aponta Guilherme Nostre, se a conduta do devedor for pautada por um objetivo empresarial, não há crime, como na hipótese, por ele formulada, de ser oferecido bem em hipoteca a instituição financeira para obter redução de

---

[53] Oreste N. de S. Laspro, *Da Restrição à Concessão de Tutelas de Urgência na Lei de Recuperações Judiciais*, in Flávio L. Yarshell, Guilherme S. J. Pereira, *Processo Societário*, São Paulo, Quartier Latin, 2012, pp. 571-590, p. 579.

[54] Oreste N. de S. Laspro, *Da Restrição à Concessão de Tutelas de Urgência na Lei de Recuperações Judiciais*, in Flávio L. Yarshell, Guilherme S. J. Pereira, *Processo Societário*, São Paulo, Quartier Latin, 2012, pp. 571-590, p. 587.

taxa de juros.[55] Dessa forma, a aquisição de crédito detido em face de si próprio poderia ser considerada atípica.

Não obstante a atipicidade penal, considera-se que a aquisição de créditos pelo próprio devedor caminharia de encontro ao princípio motor do processo de recuperação judicial e que consiste na obtenção de solução coletiva para a situação de crise, com respeito ao princípio do tratamento igualitário entre os credores. Tal princípio, ainda que não previsto expressamente no âmbito da recuperação judicial, deve ser entendido como concretização do dever de tratamento igualitário que vige em todas as coletividades.[56] Também na recuperação judicial não deve ser admitido tratamento discriminatório entre os credores[57], e a autorização de acordos fora dos autos, por meio da negociação direta de uma remuneração paga pelo devedor a cada um dos credores, abriria caminho para tratamentos desiguais ao menos quanto ao tempo do recebimento do crédito. Não há, porém, nenhuma restrição a que os sócios do devedor pessoa jurídica adquiram créditos, hipótese em que não poderão exercer direito de voto (LRE, art. 43).

7. Cessão e Impedimento de Voto

A LRE prevê situações de impedimento de voto, nas quais determinados credores podem participar da assembleia (direito de voz), mas não deliberar (ausência de direito de voto). É o caso dos credores retardatários (LRE, art. 10, §1.º) e das pessoas relacionadas ao devedor (LRE, art. 43). Com a cessão de crédito, pode ocorrer alteração no conjunto de pessoas que poderiam deliberar na assembleia geral de credores, tanto

---

[55] Guilherme A. de M. Nostre, *Artigo 172*, in Franciso Satiro de Souza Jr., Antônio S. A. de M. Pitombo (coords.), *Comentários à Lei de Recuperação de Empresas e Falência*, 2.ª ed., São Paulo, RT, 2007, pp. 560-561, p. 561.

[56] Nesse sentido, aponta Götz Hueck que o princípio da igualdade em direito privado é aplicável às comunhões de interesse (*Der Grundsatz der gleichmässigen Behandlung im Privatrecht*, München/Berlin, C. H. Beck, 1958, p. 170).

[57] Nesse sentido, cf. Paulo F. C. Salles de Toledo, *Recuperação Judicial – Sociedades Anônimas – Debêntures – Assembléia Geral de Credores – Liberdade de Associação – Boa-fé Objetiva – Abuso de Direito – Cram Down – Par Conditio Creditorum*, in *RDM* 142 (2006), pp. 263-281, pp. 273-276; e TJSP, AI n.º 0136362-29.2011.8.26.0000, Câm. Res. Fal. Rec., rel. Des. Pereira Calças, j. 28.02.2012 (afirmando que "o postulado do pars conditio creditorum é a pedra angular sobre a qual se assenta qualquer tipo de processo judicial de insolvência").

na hipótese de cessão por um credor impedido de votar a outro que não estaria, quanto na situação inversa, de cessão por credor admitido a outro sujeito a impedimento.

Os titulares de créditos habilitados retardatariamente – créditos que não sejam derivados de relação de trabalho cuja habilitação ocorreu após o prazo de 15 (quinze) dias previsto no art. 7.º, §1.º da LRE – não podem votar nas assembleias de credores durante a recuperação judicial (LRE, art. 10, §1.º). Parte da doutrina defende que esse impedimento de voto teria caráter transitório e perduraria somente até o julgamento da habilitação do crédito, apoiando tal argumentação em uma interpretação sobretudo literal do art. 39 da LRE (segundo o qual têm direito a voto na assembleia geral as pessoas arroladas no quadro-geral de credores acrescidas das que estejam habilitadas na data de realização da assembleia ou que tenham créditos admitidos ou alterados por decisão judicial, observado o disposto no §1.º do art. 10 da LRE).[58] Respeitosamente discorda-se desse ponto de vista. O ônus da habilitação tempestiva imposto ao credor sob pena de perda do direito de voto na recuperação judicial desempenha importante função na promoção da celeridade do procedimento concursal, necessária para que não ocorra destruição de riquezas pelo prolongamento das tratativas. Considerando o caráter sancionatório do dispositivo, acredita-se que, mesmo após a homologação do crédito, o credor não deve participar da assembleia geral de credores ocorrida durante a recuperação judicial.[59]

---

[58] Cf. Paulo F. C. S. de Toledo, *Artigo 10*, in Paulo F. C. S. de Toledo, Carlos H. Abrão (coords.), *Comentários à Lei de Recuperação de Empresas e Falência*, São Paulo, Saraiva, 2005, pp. 29-31, p. 30; Jorge Lobo, *Artigo 39*, in Paulo F. C. S. de Toledo, Carlos H. Abrão (coords.), *Comentários à Lei de Recuperação de Empresas e Falência*, São Paulo, Saraiva, 2005, pp. 95-97, p. 95.

[59] Nesse sentido, TJSP, AI n.º 0328576-81.2010.8.26.0000, Câm. Res. Fal. Rec., rel. Des. Boris Kauffmann, j. 29.03.2011 (afastando a antinomia aparente entre o art. 10, §2.º e o art. 39 da LRE e afirmando que "as habilitações retardatárias, ainda que admitidas e julgadas, não dão direito aos respectivos credores de ter voto nas assembleias-gerais"); e TJRS, AI n.º 70052292802, 6.ª Câm. Cív., rel. Des. Artur Arnildo Ludwig, j. 25.04.2013. Na doutrina, cf. Erasmo V. A. N. França, *Artigo 39*, in Franciso Satiro de Souza Jr., Antônio S. A. de M. Pitombo (coords.), *Comentários à Lei de Recuperação de Empresas e Falência*, 2ª ed., São Paulo, RT, 2007, pp. 209-212, p. 211; e Fábio Ulhoa Coelho, *Comentários à Nova Lei de Falências e de Recuperação de Empresas*, 3.ª ed., São Paulo, Saraiva, 2005, p. 103.

Caso ocorra cessão do crédito retardatário, não há razão para que o cessionário adquira o direito de voto de que o cedente não dispunha, pois o crédito permanece com a natureza de retardatário.[60] Por outro lado, tendo em vista que o impedimento de voto é imposto ao crédito, e não ao credor, um titular de crédito retardatário que adquira outro tempestivamente habilitado pode exercer o direito de voto pertinente a este último crédito.

Há, ademais, impedimento de voto para pessoas relacionadas ao devedor. Estão proibidos de votar os sócios do devedor e as sociedades coligadas, controladoras, controladas ou as que tenham sócio ou acionista com participação superior a 10% (dez por cento) do capital social do devedor (LRE, art. 43, *caput*). Referida vedação é estendida ao cônjuge ou parente, consanguíneo ou afim, colateral até o 2.º (segundo) grau, ascendente ou descendente do devedor, de administrador, do sócio controlador, de membro dos conselhos consultivo, fiscal ou semelhantes da sociedade devedora; e à sociedade em que quaisquer dessas pessoas exerçam essas funções (LRE, art. 43, par. único).

Apesar de a lei buscar abranger o maior número de configurações societárias nas quais o credor possa não apresentar a isenção necessária para contribuir para a formação da vontade da comunhão de credores, não há clareza quanto a dois aspectos. Em primeiro lugar, se os próprios administradores, sócios controladores ou membros de conselhos da sociedade devedora estão impedidos de votar – a lei refere-se somente aos credores que sejam parentes dos titulares desses cargos. Em segundo lugar, se o impedimento de voto persistiria com o encerramento do mandato desses titulares ou com a desconstituição de relação societária que eles mantêm com o devedor.

Considerando-se a finalidade da lei, voltada a proteger a higidez do processo deliberativo[61], parece adequado o raciocínio *a fortiori* de que,

---

[60] Entendimento similar é adotado na jurisprudência norte-americana para o caso do crédito que sofre subordinação por conta da conduta do credor (*equitable subordination*). Caso cedido a terceiro, entende-se que o crédito permanece sujeito aos efeitos da subordinação. Cf. Chaim J. Fortgang e Thomas M. Mayer, *Trading Claims and Taking Control of Corporations in Chapter 11*, in *Cardozo L. Rev.* 12 (1990), pp. 1-115, p. 14; Tally M. Wiener, Nicholas B. Malito, *On the Nature of the Transferred Bankruptcy Claim*, in *U. Pa. J. Bus. L.* 12 (2009), pp. 35-59, p. 47.

[61] Nesse sentido, cf. Erasmo V. A. e N. França, *Artigo 43*, in Francisco Satiro de Souza Jr., Antônio S. A. de M. Pitombo (coords.), *Comentários à Lei de Recuperação de Empresas e Falência*, 2ª ed., São

apesar da deficiente técnica, se a lei impediu o voto das pessoas relacionadas aos administradores e controladores, por maior razão avalia que os próprios não poderiam participar da deliberação. Quanto à permanência do impedimento de voto quando desfeito o vínculo que ligava a pessoa impedida ao devedor, a lei não é clara, mas parece razoável a adoção de interpretação restritiva, pois é a concomitância do exercício do cargo ou da condição de controlador com a posição de credor que presumivelmente retira a isenção necessária para participar da deliberação.[62]

Diferente do impedimento de voto imposto ao titular do crédito retardatário, pertinente a circunstância objetiva do crédito, na hipótese de credor relacionado ao devedor é sua condição subjetiva que conduz ao seu afastamento da deliberação. Se a pessoa impedida for cessionária de crédito, seu voto não será admitido.[63]

Mais complexa é a questão da cessão do crédito detido por pessoa que se enquadra em uma das hipóteses do art. 43 da LRE a um cessionário que não estaria sujeito ao impedimento. Há motivos, por um lado, para que se defenda que também o cessionário estaria proibido de votar. Tratando-se de um credor ao qual não se confere o direito de voto exatamente porque a lei não considera que tenha a isenção necessária para avaliar eventual plano de recuperação, há o risco de que também o cessionário atue sem a isenção exigida, seguindo orientações providas pelo credor impedido. Por outro lado, é plenamente possível que a cessão seja realizada por outros motivos que não a orientação do cessionário. Em

---

Paulo, RT, 2007, pp. 215-216, p. 216 (afirmando que haveria "suspeição decorrente da proximidade das pessoas arroladas no artigo com o devedor"); e Fábio Ulhoa Coelho, *Comentários à Nova Lei de Falências e de Recuperação de Empresas*, 3.ª ed., São Paulo, Saraiva, 2005, p. 109 (para quem o motivo do impedimento seria o conflito de interesses).

[62] Cf. TJSP, AI n.º 429.666-4/1-00, Câm. Esp. Fal. Rec. Jud., rel. Des. Pereira Calças, j. 15.03.2006 (afirmando que "enquanto não for decidida definitivamente a lide, a situação de sócia controlada da recorrente persiste e a impede de participar com direito de voto da Assembléia Geral de Credores", o que sugere que o fim da relação societária conduziria à autorização para voto); e TJSP, AI n.º 2024026-77.2013.8.26.0000, 1.ª Câm. Res. Dir. Emp., rel. Des. Teixeira Leite, j. 06.02.2014 (afirmando que o sócio participante não pode votar como credor na recuperação da sócia ostensiva enquanto não liquidada a sociedade em conta de participação, igualmente sugerindo que, após a liquidação, seria admitido o direito de voto).

[63] Nesse sentido, cf. TJSP, AI n.º 0271930-51.2010 e n.º 0271933.06.2010, Câm. Res. Fal. Rec., rel. Des. Romeu Ricupero, j. 01.02.2011 (em que empresa controlada por filhos de sócios da devedora foi cessionária de créditos e se considerou que estava impedida de votar).

verdade, justamente pelo fato de o credor não ter direito a voto é que pode ser atrativa a cessão a terceiro que não esteja vinculado ao devedor e que possa exercer o direito de voto livremente, atribuindo, portanto, maior valor à posição jurídica patrimonial.

Encontram-se três posicionamentos principais acerca da questão. O primeiro, filiado à visão do voto como acessório do crédito, defende que o cessionário não adquiriria o direito a voto "pois a ninguém é permitido transferir mais direitos do que aqueles que possui".[64] O segundo propõe uma correlação entre o art. 43 e o art. 83, *caput*, VIII, "b" da LRE, que classifica como subordinados os créditos dos sócios e dos administradores sem vínculo empregatício, afirmando que seria "razoável interpretarem-se tais dispositivos de tal modo que a restrição e a qualidade de subordinados de tais créditos os acompanhem, se transferidos a terceiros, ainda que estes não tenham nenhum vínculo com a recuperanda, ao menos nos casos em que a cessão tenha ocorrido depois de protocolado o pedido de recuperação judicial".[65] O terceiro, proposto por Samuel Hübler, presume que o cessionário de credor impedido buscaria favorecer o devedor. O autor acredita que "a cessão de crédito realizada por credor cedente impedido de votar é uma cessão suspeita, considerada enquanto manobra empregada para tentar superar a proibição de voto".[66] Referida presunção, contudo, não admitiria prova em contrário da isenção do cessionário e alcançaria as cessões realizadas no período de dois anos anteriores ao requerimento da recuperação judicial.[67]

Já se apontou os motivos pelos quais o voto não constitui acessório do crédito (cf. item 4 *supra*). Dessa forma, não há transferência de mais direitos do que se possui. O cedente transfere o crédito e a possibilidade de exercer os direitos processuais que o crédito confere; se o cedente não podia exercer o direito de voto, mas o cessionário não está sujeito a impedimento, não há razão para avaliar que este último não poderia par-

---

[64] TJSP, AI n.° 990.10.021655-4, Câm. Res. Fal. Rec., Des. Elliot Akel, j. 01.06.2010.
[65] TJSP, AI n.º 994.09.287683-7, Câm. Res. Fal. Rec., rel. Des. Lino Machado, j. 01.06.2010.
[66] Samuel Hübler, *Recuperação Judicial: Credor Cedente Proibido de Votar e Extensão dos Efeitos da Proibição ao Cessionário*, in *RDB* 65 (2014), pp. 233-260, p. 254.
[67] Samuel Hübler, *Recuperação Judicial: Credor Cedente Proibido de Votar e Extensão dos Efeitos da Proibição ao Cessionário*, in *RDB* 65 (2014), pp. 233-260, p. 256.

ticipar da assembleia de credores. O segundo posicionamento referido, no sentido de que o crédito permaneceria subordinado mesmo após a cessão, não contribui para resolver a questão do voto. O impedimento de voto é imposto tanto a titulares de créditos subordinados (detidos por sócios ou administradores sem vínculo empregatício, nos termos do art. 83, VIII, "b" da LRE) quanto a outras pessoas (como, por exemplo, sociedades controladas) que são titulares de créditos quirografários ou mesmo com garantia e, ainda assim, não podem exercer direito de voto. Por essa razão, a leitura conjunta dos artigos de impedimento e subordinação não justifica o impedimento de voto do cessionário. Por fim, a extensão do impedimento de voto ao cessionário sob a presunção de que ele estaria "afetado" pela falta de isenção pressuposta pelo legislador não se justifica. Primeiramente, o posicionamento em questão analisa apenas a motivação política para a aquisição do direito de crédito, típica da estratégia ativa (item 2 *supra*). Mas é possível que o crédito seja negociado por uma consideração estritamente econômica, não cabendo ao magistrado presumir que o cessionário atue sob uma ou outra inspiração. Ademais, como se referiu, a presunção não se justifica, pois é justamente pelo fato de o credor original estar privado do voto que pode se tornar atrativa a cessão a terceiro. Tal cessão não frauda o intento legislativo de garantir a higidez da deliberação, senão o promove, com o afastamento do credor original e sua substituição por outro sem relação prévia com o devedor. Por fim, o impedimento de voto é medida drástica, pois pode levar a uma alteração do crédito sem a participação do credor, razão pela qual deve ser interpretada restritivamente.

Por certo, não se ignora que há risco de que o cessionário vote de acordo com orientação ministrada pelo cedente impedido. Mas esse risco não se apresenta apenas quando o credor é cessionário de credor impedido, senão em relação a todos os credores. Não é sem razão, portanto, que a Lei n. 2.024/1908 considerava crime o credor (ressalte-se, qualquer um) "transigir com o seu voto para obter vantagens para si nas deliberações e actos de concordata preventiva ou formada na fallencia, na quitação e rehabilitação" (Lei n. 2.024/1908, art. 170, n. 10), dispositivo cuja importância Carvalho de Mendonça sublinhou afirmando serem "absolutamente condemnados os *pagamentos por fóra*, como vulgarmente são chamados, e que representam a chaga das fallencias e das concordatas preventivas".[68] Atualmente, o voto proferido segundo a orientação do devedor contra remuneração (e, como remuneração, poderia ser entendida a cessão do crédito a valor inferior ao de mercado) constitui modalidade de abuso do direito de voto[69], que conduz à anulação da deliberação tomada com base no voto assim proferido.[70] Não é possível, porém, presumir o abuso pelo mero fato de o cedente ser pessoa impedida.

Defende-se, portanto, que o cessionário que não está sujeito a um impedimento pessoal de voto possa participar da deliberação tomada pela comunhão de credores,[71] ressalvando-se a necessidade de que seja coibida qualquer conduta do cessionário mancomunado com o devedor e que constituiria hipótese de abuso do direito de voto.

8. Cessão de Crédito e Classe de Credores

O cessionário de um crédito concursal pode não ostentar as mesmas características que justificavam a pertinência a uma classe de credores. Na recuperação judicial, os credores são separados na assembleia geral nas seguintes classes: (i) titulares de créditos derivados da legislação do trabalho ou decorrentes de acidentes de trabalho (LRE, art. 41, I); (ii) titulares de créditos com garantia real (LRE, art. 41, II); (iii) titulares de créditos quirografários, com privilégio especial, com privilégio geral ou subordinados (LRE, art. 41, III); e (iv) titulares de créditos enquadrados como microempresa ou empresa de pequeno porte (LRE, art. 41, IV).

---

[68] J. X. Carvalho de Mendonça, *Tratado de Direito Commercial Brasileiro*, 3.ª ed. posta em dia por Achilles Bevilaqua e Roberto Carvalho de Mendonça, v. VIII, Rio de Janeiro, Freitas Bastos, 1953, p. 580.

[69] Gabriel S. K. Buschinelli, *Abuso do Direito de Voto na Assembleia Geral de Credores*, São Paulo, Quartier Latin, 2014, pp. 112-114.

[70] Gabriel S. K. Buschinelli, *Abuso do Direito de Voto na Assembleia Geral de Credores*, São Paulo, Quartier Latin, 2014, pp. 169-171.

[71] Em outra sede, defendeu-se que o cessionário de credor impedido de votar também ficaria sujeito à restrição ao voto, pois assumiria a posição jurídica sujeito aos mesmos ônus e restrições impostos ao credor original (Gabriel S. K. Buschinelli, *Abuso do Direito de Voto na Assembleia Geral de Credores*, São Paulo, Quartier Latin, 2014, p. 103). Pelas razões expostas no presente estudo, contudo, acredita-se que o impedimento de voto motivado por ligação entre o credor e o devedor (LRE, art. 43) seja uma limitação pessoal que não se transfere com o crédito, razão pela qual o cessionário está autorizado a votar.

Como regra, no pagamento com sub-rogação, ou na sub-rogação convencional, o novo credor sub-roga-se em "todos os direitos, ações, privilégios e garantias do primitivo, em relação à dívida, contra o devedor principal e os fiadores" (CC, art. 349). A referência a "privilégios", nesse dispositivo, permite a inferência de que também o enquadramento no âmbito da recuperação judicial ou falência deve ser transmitido no pagamento com sub-rogação. Ademais, tendo em vista que a regra é aplicável à sub-rogação convencional (CC, art. 347, I), não há motivos para considerar que não o seria às cessões de crédito em geral. Há, porém, situações particulares que podem justificar a alteração da classe de que o credor participa na recuperação judicial.

8.1. Cessão de Crédito com Garantia Real
No caso da cessão de crédito com garantia real, há pouca dificuldade. O enquadramento deriva de uma condição objetiva do próprio crédito garantido, independentemente do titular. Se a cessão não afastar a regra geral de que o acessório segue o principal (CC, art. 287), o cessionário será credor com garantia real tal qual o cedente o era e exercerá o direito de voto na mesma classe II.

8.2. Cessão de Crédito Derivado da Legislação do Trabalho
Na cessão de crédito derivado da legislação do trabalho ou decorrente de acidente de trabalho, seria possível sustentar que mesmo um cessionário que não fosse trabalhador integraria a classe I, já que a origem – a regra utiliza os termos "derivado" ou "decorrente" – do crédito não se alteraria com a posterior cessão. No âmbito da falência, porém, a LRE determina que a cessão do crédito trabalhista leva a uma alteração de sua qualificação, de tal forma que o cessionário passa a se enquadrar como quirografário (LRE, art. 83, §4.º). Não há regra semelhante no âmbito da recuperação judicial. Questiona-se, dessa forma, se a cessão do crédito trabalhista na pendência da recuperação judicial autorizaria o cessionário a integrar a classe de credores I (trabalhistas) ou se este passaria a integrar a classe III (como credor quirografário).

A doutrina considera que a reclassificação do crédito para nível inferior na falência teria por objetivo oferecer proteção aos trabalhadores, pois, caso contrário, "especuladores teriam interesse em assediar os empregados credores para deles adquirirem com deságio significativo o crédito".[72] Ademais, avalia-se que a norma visaria a preservar os interesses da comunhão de credores, pois cessionários interessados em obter o poder de decisão na assembleia de credores teriam facilidade maior para adquirir créditos trabalhistas, cujo valor costuma ser inferior.[73] Dessa forma, afirma-se que, apesar de a regra dizer respeito à falência, também seria aplicável no âmbito da recuperação judicial, de tal forma que o cessionário não trabalhador integraria a classe III, enquanto credor quirografário.[74] Na jurisprudência, igualmente, já se afirmou que a LRE "coibiu a cessão de créditos trabalhistas, pois agora, uma vez cedidos, tornam-se automaticamente quirografários, perdendo a preferência. O legislador foi muito feliz ao inserir no texto de Lei tal limitação, pois protege os Credores Trabalhistas que muitas vezes, em virtude de necessidade, cedem seus créditos por valores módicos, amargando profundo prejuízo de direitos que são irrenunciáveis, visto o caráter alimentar que possuem".[75]

Aos argumentos mencionados pode-se acrescentar a consideração de que a exigência de que os credores trabalhistas aprovem a recuperação judicial por maioria de presentes, e não apenas por maioria de créditos (LRE, art. 45, §1.º), buscaria dar voz exatamente aos trabalhadores com vínculo prévio de subordinação laboral, não a credores com interesses estritamente financeiros. Ademais, a LRE tutela os titulares de créditos derivados da legislação do trabalho exigindo que o plano preveja pagamento em prazo não superior a 1 (um) ano, bem como não superior a 30 (trinta) dias para o pagamento até o limite de 5 (cinco) salários-mínimos dos créditos de natureza estritamente salarial vencidos nos 3 (três)

---

[72] Fábio Ulhoa Coelho, *Comentários à Nova Lei de Falências e de Recuperação de Empresas*, 3.ª ed., São Paulo, Saraiva, 2005, p. 231.

[73] Erasmo Valladão A. N. França, *Artigo 83*, in Francisco Satiro de Souza Jr., Antônio S. A. de M. Pitombo (coords.), *Comentários à Lei de Recuperação de Empresas e Falência*, 2.ª ed., São Paulo, RT, 2007, pp. 357-369, p. 363.

[74] Erasmo Valladão A. N. França, *Artigo 83*, in Francisco Satiro de Souza Jr., Antônio S. A. de M. Pitombo (coords.), *Comentários à Lei de Recuperação de Empresas e Falência*, 2ª ed., São Paulo, RT, 2007, pp. 357-369, p. 363; Eduardo F. Mange, *Assembleia-Geral de Credores na Recuperação Judicial*, Mestrado (PUC/SP), 2010, p. 76; Cláudia A. E. Fernandes, *O Crédito Trabalhista e os Limites que o Direito do Trabalho Impõe ao Plano de Recuperação Judicial*, Mestrado (FDUSP), 2011, p. 67.

[75] TJPR, AI n.º 446.245-3, 18.ª Câm. Cív., rel. Des. Lidia Maejima, j. 27.02.2008.

meses anteriores ao pedido de recuperação judicial (LRE, art. 54).[76] Pode-se argumentar que a regra não deveria ser estendida a credores sem a presunção de hipossuficiência característica de credores trabalhistas.

Por outro lado, o dispositivo constante do art. 83, §4.º da LRE teve sua constitucionalidade questionada na ADI n.º 3424, sob o argumento de que "afrontaria o direito de propriedade (artigo 5.º, inciso XII da Constituição Federal), visto restringir a disponibilidade da coisa".[77] Adicionalmente, pode-se pretender uma interpretação restritiva do art. 83, §4.º da LRE como aplicável somente à falência e não à recuperação judicial, tendo em vista que há regras diversas para o pagamento dos credores trabalhistas em cada um dos procedimentos. Com efeito, na falência os créditos trabalhistas são os primeiros a obter satisfação até o limite de 150 (cento e cinquenta) salários mínimos por credor (LRE, art. 83, I). Na recuperação judicial, há regramento diverso, com limite temporal para o diferimento do pagamento dos credores trabalhistas no plano (LRE, art. 54).

Acredita-se que a melhor interpretação seja a de que o crédito mantenha a característica trabalhista caso cedido durante a recuperação judicial, diferente do que ocorre na falência. O argumento de que

---

[76] No início da vigência da lei, entendeu-se que a norma constante do art. 54 da LRE teria caráter disponível, sendo passível de derrogação pela vontade majoritária dos credores integrantes da classe trabalhista (entre os diversos agravos de instrumento julgados no caso da recuperação judicial da Viação Aérea São Paulo-VASP, em que se discutiu a questão, cf. TJSP, AI n.º 471.362-4/7-00, 1.ª Câm. Esp. Fal. Rec. Jud., rel. Des. Pereira Calças, j. 30.05.2007, em que se decidiu que "não compete ao Poder Judiciário determinar o cumprimento de referidas normas legais, que tratam de direitos disponíveis dos trabalhadores e que, só por eles poderiam ser pleiteados, quando da realização da Assembléia-Geral de Credores"). Essa posição não era compartilhada pela doutrina, que compreendia a regra como cogente, em função da literalidade do art. 54 e da geral indisponibilidade das proteções trabalhistas (cf. Sheila C. Neder Cerezetti, *A Recuperação Judicial de Sociedade por Ações: o Princípio da Preservação da Empresa na Lei de Recuperação e Falência*, São Paulo, Malheiros, 2012, pp. 218-219). Mais recentemente, contudo, passou-se a considerar que a regra efetivamente teria caráter cogente (cf. TJSP, AI n.º 0288896-55.2011.8.26.0000, 1.ª Câm. Res. Dir. Emp., rel. Des. Pereira Calças, j. 31.07.2012, em que se afirma que "pacificado na doutrina, a exigência do art. 54 é imperativa, indisponível e irrenunciável, sendo que sua inobservância impõe ao Juiz o decreto '*ex officio*' e automático da falência da empresa em recuperação judicial"; e TJSP, AI n.º 0119660-37.2013.8.26.0000, 1.ª Câm. Res. Dir. Emp., rel. Des. Francisco Loureiro, j. 06.02.2014).

[77] Cf. informação sobre o andamento processual da ADI n. 3424, disponível em: http://m.stf.jus.br/portal/noticia/verNoticiaDetalhe.asp?idConteudo=64374.

a reclassificação como quirografário protegeria os credores trabalhistas não pode ser compartilhado. Se é verdade que a reclassificação torna a cessão menos atrativa, potencialmente reduzindo o número total de cessões, por outro, nos casos em que efetivamente ocorrer, será realizada por um valor ainda inferior dada a reclassificação sofrida pelo cessionário. O resultado, como apontou Fracisco Satiro, é o de que "ao se permitir a cessão, mas retirando-se do crédito seu cárater privilegiado, o legislador tão somente oferece a quem tem a força do capital um argumento a mais para impor um maior deságio ao trabalhador cedente, que em geral só cogita ceder seu crédito justamente por precisar de recursos imediatos".[78] Ademais, apesar de se poder sustentar que a votação por cabeça na classe dos trabalhadores seria incompatível com a presença de credores que não mantiveram vínculo de subordinação laboral com o devedor, deve-se ter em mente que, de toda sorte, não se trata de uma classe completamente homogênea, já que pode ser integrada também por credores que não mais mantêm vínculo empregatício com a empresa – por exemplo, trabalhadores demitidos – e reduziram seu interesse ao de obter satisfação financeira. Por fim, sob um ponto de vista finalístico, deve-se ter atenção ao fato que qualquer rebaixamento de privilégios ou garantias por meio do ato de cessão tem como consequência indireta restringir a possibilidade de obter liquidez imediata, o que pode ser especialmente prejudicial aos próprios trabalhadores. Dessa maneira, ao manter a classificação do crédito como integrante da classe I, permite-se que o trabalhador, que pode precisar de recursos com urgência para a satisfação de necessidades existenciais, disponha de um mercado com maior demanda no correr da recuperação judicial.

8.3. Cessão de Crédito de Titularidade de Microempresa (ME) ou Empresa de Pequeno Porte (EPP)

Titulares de créditos enquadrados como microempresa ("ME") ou empresa de pequeno porte ("EPP") integram a Classe IV, criada pela Lei Complementar n.º 147/2014, e podem ceder seus créditos a terceiros ou adquirir outros no curso da recuperação judicial. Diferente do que ocorre

---

[78] Francisco Satiro de Souza Jr., *Artigo 83*, in Franciso Satiro de Souza Jr., Antônio S. A. de M. Pitombo (coords.), *Comentários à Lei de Recuperação de Empresas e Falência*, 2ª ed., São Paulo, RT, 2007, pp. 357-369, p. 363, nota 393.

nas classes I a III, em que é a natureza ou a origem do crédito que justifica a pertinência a uma categoria de credores, na classe IV é uma condição pessoal do titular (ostentar o caráter de ME ou EPP) que justifica a votação em separado. Essa peculiaridade traz dificuldades para o próprio enquadramento adequado de um crédito (independente de ter ou não sido cedido), pois o microempresário ou empresário de pequeno porte pode ser titular de crédito subordinado ou com garantia real, por exemplo, e não se sabe qual dos parâmetros prevaleceria para sua classificação.

De toda forma, assumindo-se que a intenção do legislador foi a de criar uma classe especial para essa categoria de credores, não há razões para diferenciar a ME ou EPP credora originária daquela que se torna credora por meio da aquisição de créditos de terceiros. Em ambos os casos, a votação em separado é devida, respeitando-se a disposição legislativa, por mais duvidosa que seja a razoabilidade da distinção entre esse tipo de credor e os demais.

Por outro lado, caso a ME ou a EPP ceda seu crédito a terceiro que não ostente essa qualidade, deve ocorrer o reenquadramento do crédito para a classe III (créditos quirografários, com privilégio especial, com privilégio geral ou subordinados).

8.4. Cessão de Créditos Quirografários, com Privilégio Especial, com Privilégio Geral ou Subordinados

A classe III, relativa aos créditos quirografários, com privilégio especial, com privilégio geral ou subordinados, pode ser considerada uma classe residual. O crédito será enquadrado nessa classe se não ostentar características objetivas (garantia real ou origem trabalhista) nem subjetivas (titularidade por ME ou EPP) peculiares. A cessão do crédito integrante da classe III não altera sua natureza jurídica, razão pela qual não pode ocorrer reenquadramento para as classes I ou II; se o cessionário tampouco for ME ou EPP, o crédito permanece na classe III.

A cessão pode gerar dificuldades, porém, para que se proceda à votação de plano de recuperação judicial. Os credores integrantes da classe III têm prioridades diversas na falência (LRE, art. 83, IV a VIII) e podem ser mais ou menos relevantes para a superação da crise econômico-financeira, como é o caso do credor fornecedor. Nesse sentido, admite-se a formação de subclasses entre os credores, oferecendo-se a eles tratamento justificamente diferenciado, seja por sua disposição de conceder novos empréstimos ao devedor,[79] seja por outra característica objetiva ou por especificidade que fundamente o agrupamento em uma classe apartada[80]. Questão ainda pouco debatida na doutrina diz respeito à forma como deve ser realizada a deliberação dentro da classe III nessa hipótese. Há decisões que aceitaram a realização de uma única votação por todos os credores.[81] Trata-se de assunção problemática, pois uma decisão majoritária não é legítima se não houver mínima homogeneidade entre os eleitores e não se pode admitir que credores aceitando sacrifícios reduzidos vinculem minoria que sofre restrições mais gravosas a suas posições patrimoniais. Uma proposta importante para compatibilizar a necessidade de agrupamento de interesses homogêneos e a higidez da manifestação de vontade dos credores é a de que o plano seja aprovado apenas se cada uma das subclasses deliberar separadamente e a maioria delas aprovar a proposta.[82]

Admitindo-se a criação de subclasses, porém, coloca-se a problemática do tratamento de cessões de crédito de um integrante de uma

---

[79] Fábio Ulhoa Coelho, *O Credor Colaborativo na Recuperação Judicial*, in Paulo F. C. Salles de Toledo, Francisco Satiro (coords.), *Direito das Empresas em Crise: Problemas e Soluções*, São Paulo: Quartier Latin, 2012, pp. 103-118, p. 117.

[80] Sheila C. Neder Cerezetti, *As Classes de Credores como Técnica de Organização de Interesses: em Defesa da Alteração da Disciplina das Classes na Recuperação Judicial*, in Paulo F. C. Salles de Toledo, Francisco Satiro (coords.), *Direito das Empresas em Crise: Problemas e Soluções*, São Paulo: Quartier Latin, 2012, pp. 367-386, p. 380.

[81] TJSP, AI n.° 990.10.031858-6, Câm. Res. Fal. Rec., rel. Des. Lino Machado, j. 10.08.2010 ("não há, em tese, vedação de tratamento diferenciado aos credores que se sujeitem a continuar dando crédito ao devedor numa fase crítica como a que incorre a empresa sob o regime de recuperação judicial"); TJSP, AI n.° 0372448-49.2010.8.26.0000, Câm. Res. Fal. Rec., rel. Des. Pereira Calças, j. 01.02.2011 ("Não há ilegalidade ou inconstitucionalidade, em princípio, da previsão no plano de recuperação judicial de tratamento diferenciado entre credores integrantes da mesma classe"); TJSP, AI n.° 493.240.4/1-00, Câm. Esp. Fal. Rec. Jud., rel. Des. Boris Kauffmann, j. 01.08.2007 (admitindo a concessão de tratamento diferenciado aos credores subordinados); TJSP, AI n.° 0136462-81.2011.8.26.0000, Câm. Res. Fal. Rec., rel. Des. Elliot Akel, j. 18.10.2011 (afirmando que a LRE não veda a formação de subclasses, mas que, ainda assim, a deliberação se dá por maioria).

[82] TJSP, AI n.° 0010246-41.2012.8.26.0000, 2.ª Câm. Res. Dir. Empr., rel. Des. Ricardo Negrão, j. 29.01.2013 ("A previsão de planos distintos dentro de uma única classe prevista no art. 41 da Lei n. 11.101/2005 impõe, necessariamente, a colheita de votos em separado"); Sheila C. Neder Cerezetti, *O Passo Seguinte ao Enunciado 57: em Defesa da Votação nas Subclasses*, in *Revista Comercialista* 13 (2015), pp. 24-27.

subclasse para outra. Pense-se, por exemplo, na cessão do crédito de um fornecedor a uma instituição financeira. Nessa hipótese, seria necessário o reenquadramento do crédito, pois a subclasse é formada tendo em vista circunstâncias pessoais do titular. Poderá ser necessário, assim, ajustar os termos do plano proposto à nova configuração de credores.

9. Cessão e Votação por Maioria de Credores

Para os quóruns de votação, a lei exige, na classe dos trabalhadores (classe I) e dos ME e EPP (classe IV), a votação pela maioria dos presentes (LRE, art. 45, §2.º). Para os credores com garantia real (classe II) e credores quirografários, com privilégio especial, com privilégio geral ou subordinados (classe III), é requerida maioria dupla: dos créditos e dos presentes (LRE, art. 45, §1.º). Diante da relevância no número de titulares para a deliberação, deve-se averiguar qual o tratamento no caso de cessão de um crédito para múltiplos cessionários ou de aquisição de diversos créditos por um único cessionário.

No caso de aquisição de créditos por um credor, a jurisprudência norte-americana ressalta que aquele que adquire uma multiplicidade de créditos (*claims*) deve ser tratado como um único.[83] No Brasil, igualmente, encontram-se decisões no sentido de que o cessionário deve ser considerado como credor singular para cálculo da maioria de credores,[84] posicionamento endossado pela doutrina.[85]

---

[83] No caso *In re Gilbert*, 104 B.R. 206 (Bankr. W.D. Mo. 1989), decidiu-se que o adquirente de dois créditos (claims) teria direito a dois votos para os fins da *Section 1126(c) Bankruptcy Code*, que requer a obtenção de dupla maioria para aprovação na classe ("two-thirds in amount and more than one-half in number of the allowed claims of such class"). A doutrina considera, porém, que a decisão foi errônea ao negligenciar o histórico jurisprudencial sobre o assunto e que a melhor interpretação do dispositivo seria de que o investidor teria direito a apenas um voto. Nesse sentido, cf. Chaim J. Fortgang e Thomas M. Mayer, *Trading Claims and Taking Control of Corporations in Chapter 11*, in *Cardozo L. Rev.* 12 (1990), pp. 1-115, p. 86-88; Scott K. Charles, *Trading Claims in Chapter 11 Cases: Legal Issues Confronting the Postpetition Investor*, in *Ann. Surv. Am. L.* (1991), pp. 261-332, p. 299.

[84] TJSP, AI n.º 990.09.364235-2, Câm. Res. Fal. Rec., rel. Des. Elliot Akel, j. 04.05.2010; TJSP, AI n.º 0493696-79.2010.8.26.0000, Câm. Res. Fal. Rec., rel. Des. Pereira Calças, j. 22.11.2011.

[85] Eduardo F. Mange, *Assembleia Geral de Credores na Recuperação Judicial*, Mestrado (PUC/SP), São Paulo, 2010, pp. 77-78; Alexandre A. Lazzarini, *Reflexões sobre a Recuperação Judicial de Empresas*, in Newton De Lucca e Alessandra de Azevedo Domingues (coords.) e Nilva M.

Questão mais complexa diz respeito ao lado reverso da moeda. Não se encontra posicionamento doutrinário ou jurisprudencial a respeito da hipótese de pluralidade de credores assumir a posição antes detida pelo credor único. Seria possível argumentar que a multiplicação voluntária do número de credores não poderia ser admitida por permitir manipulação dos quóruns de aprovação. Não parece, contudo, que esse argumento seja sustentável. Como já se apontou[86], se a lei admite que surjam maiorias espontâneas em certas classes, não há impedimento para que possam ser formadas maiorias derivadas. Isso não significa, porém, que seja tolerada a cessão de crédito com o escopo de promover indevida multiplicação dos votos. Nos Estados Unidos, se a cessão for fraudulentamente dirigida a multiplicar o número de credores, considera-se proferido apenas um voto.[87] No Brasil, igualmente, credores cessionários podem ser considerados como um único credor na contagem *per capita* caso fique comprovado que não atuam com independência. Com efeito, a doutrina da desconsideração da personalidade jurídica para fins de imputação atributiva[88] reconhece que diversos sujeitos podem ser tratados como um único caso estejam submetidos a direção unitária. Essa teoria, embora criada para a desconsideração da personalidade jurídica coletiva, poderia ser aplicada também à atuação conjunta de cessionários pessoas físicas, pois o escopo da norma é o de evitar que a separação formal de identidades jurídicas (coletivas ou singulares) seja utilizada para acobertar abusos ou fraudes, como seria aquele promovido pela multiplicação artificial de credores. Dessa forma, cessionários que atuam conforme orientação do cedente, sociedades integrantes de um mesmo grupo de fato sob direção unitária ou pessoas vinculadas por relações de parentesco, por exemplo,

---

Leonardi Antonio (org.), *Direito Recuperacional: Aspectos Teóricos e Práticos*, São Paulo, Quartier Latin, 2009, pp. 124-136, p. 131.

[86] Gabriel S. K. Buschinelli, *Abuso do Direito de Voto na Assembleia Geral de Credores*, São Paulo, Quartier Latin, 2014, p. 128.

[87] Chaim J. Fortgang e Thomas M. Mayer, *Trading Claims and Taking Control of Corporations in Chapter 11*, in *Cardozo L. Rev.* 12 (1990), pp. 1-115, p. 89; Scott K. Charles, *Trading Claims in Chapter 11 Cases: Legal Issues Confronting the Postpetition Investor*, in *Ann. Surv. Am. L.* (1991), pp. 261-332, p. 299.

[88] Calixto Salomão Filho, *A Teoria da Desconsideração da Personalidade Jurídica*, in *O Novo Direito Societário*, 3.ª ed. rev. e ampl., São Paulo, Malheiros, 2006, pp. 208-247, pp. 219-220.

poderiam ser consideradas como voto único para apuração de votação *per capita* na assembleia de credores.

10. Cessão e Abuso do Direito de Voto

Um credor abusa do direito de voto quando o exerce para perseguir interesse estranho à comunhão de credores e à sua condição de credor (abuso positivo do direito de voto) ou quando adota comportamento obstrutivo injustificado e prejudicial à comunhão de credores (abuso negativo do direito de voto).[89] É possível questionar se o fato de um investidor adquirir créditos tornaria abusivo o exercício do direito de voto a eles pertinentes.

A discussão a respeito do assunto é rica na jurisprudência norte-americana tendo em vista a interpretação da *Section 1126(e)* do *Bankruptcy Code*, segundo a qual, na deliberação sobre o plano, a Corte pode desconsiderar (*designate*) o voto de aceitação ou rejeição que não houver sido proferido em boa-fé. Aplicando tal dispositivo,[90] decidiu-se que o voto é exercido de má-fé, por exemplo, quando o credor busca a rejeição de um plano proposto por um concorrente[91] ou quando exige um tratamento superior àquele conferido aos integrantes da mesma classe.[92] Por outro lado, ausente um motivo ulterior, julgou-se que a mera aquisição de créditos não faz presumir má-fé no exercício do voto, mesmo que o investidor tenha alcançado um poder de bloqueio ao plano por meio da obtenção da maioria dos créditos de uma classe.[93] O princípio fundamental é o de

---

[89] Gabriel S. K. Buschinelli, *Abuso do Direito de Voto na Assembleia Geral de Credores*, São Paulo, Quartier Latin, 2014, p. 107.

[90] Para análise da jurisprudência sobre o assunto, cf. Chaim J. Fortgang e Thomas M. Mayer, *Trading Claims and Taking Control of Corporations in Chapter 11*, in *Cardozo L. Rev.* 12 (1990), pp. 1-115, pp. 83-99; Andrew Africk, *Trading Claims in Chapter 11: How Much Influence Can Be Purchased in Good Faith under Section 1126?*, in *U. Pa. L. Rev.* 139 (1991), pp. 1393-1422, pp. 1403-1414; Scott K. Charles, *Trading Claims in Chapter 11 Cases: Legal Issues Confronting the Postpetition Investor*, in *Ann. Surv. Am. L.* (1991), pp. 261-332, pp. 301-303; Richard G. Mason, Neil M. Snyder e Corinne C. Nippert, *Vote Designation in the Aftermath of DBSD*, 2011, disponível em: http://www.wlrk.com/webdocs/wlrknew/AttorneyPubs/WLRK.21543.11.pdf.

[91] *In re MacLeod Co, Inc.*, 63 B.R. 654 (1986), p. 656; *In re Allegheny International, Inc.*, 118 B.R. 282 (Bankr. W.D. Pa. 1990); *In re DBSD N. Am., Inc.*, 421 B.R. 133, 137 (Bankr. S.D.N.Y. 2009).

[92] *Young v. Higbee Co.*, 324 U.S. 204 (1945).

[93] *In re Marin Town Center*, 142 B.R. 374 (N.D. Cal. 1992), p. 379; *In re Figter Ltd.*, 118 F.3d 635 (9th Cir. 1997).

que, se a motivação egoística do credor fosse suficiente para considerar o voto como proferido de má-fé, poucos votos, ou talvez nenhum, passariam no teste.[94]

No Brasil, igualmente, deve ser afastada qualquer tendência de preconceito em relação ao investidor que adquira créditos para participar do processo de recuperação judicial, geralmente atacado sob o argumento de que privilegiaria interesses especulativos e prejudiciais à empresa. Como já se afirmou (cf. item 3 *supra*), um mercado ativo de créditos não beneficia apenas os potenciais adquirentes, mas também aqueles que ficaram sujeitos à recuperação judicial sem condições de esperar pelo adimplemento. Ademais, não é possível pretender discriminar o investidor sob a justificativa de que seu interesse tenderia ao lucro, enquanto o dos demais credores seria direcionado à mitigação de suas perdas, pois ambas as disposições subjetivas são expressões análogas de uma legítima tutela dos interesses patrimoniais próprios. Conclui-se, dessa forma, que o parâmetro para aferir o abuso do direito de voto pelo credor original ou derivado é rigorosamente idêntico e que não há abuso pela mera circunstância de o credor ter aumentado sua participação em uma classe, ou mesmo obtido uma posição apta a lhe permitir bloquear a aprovação de plano proposto pelo devedor, desde que o voto não tenha sido motivado por interesses estranhos à sua condição de credor ou represente obstrução economicamente imotivada ao plano proposto.[95]

11. Conclusão

A cessão de crédito durante a recuperação judicial é importante instrumento para conceder liquidez aos credores sujeitos à recuperação – o que pode ser vital para evitar novas crises –, ao mesmo tempo em que oferece perspectivas de lucro a investidores com *expertise* na negociação de créditos e no acompanhamento de processos concursais. Devem ser afastadas, assim, visões reducionistas que percebem na cessão do crédito apenas manobra tendente a fraudar os quóruns de votação ou a promo-

---

[94] Cf. *In re Pine Hill Collieries Co.*, 46 F. Supp. 669 (E.D. Pa. 1942), p. 671.

[95] Nesse sentido, Francisco Satiro, *Autonomia dos Credores na Aprovação do Plano de Recuperação Judicial*, in *Direito Empresarial e Outros Estudos em Homenagem ao Professor José Alexandre Tavares Guerreiro*, São Paulo, Quartier Latin, 2013, pp. 101-114, p. 112; Gabriel S. K. Buschinelli, *Abuso do Direito de Voto na Assembleia Geral de Credores*, São Paulo, Quartier Latin, 2014, p. 128.

ver interesses escusos, e reconhecer que a cessão na recuperação é um fenômeno complexo. Diversos motivos lícitos e legítimos justificam a tramissão da titularidade do crédito pelos cedentes. Por parte dos cessionários, diversas estratégias podem ser adotadas para atuar no processo de recuperação. Dessa forma, impõem-se à doutrina e à jurisprudência dois desafios principais que este artigo buscou enfrentar: o primeiro é o de refletir acerca das externalidades que podem ser causadas pelas cessões de crédito e coibir abusos ou fraudes; o segundo, tão importante quanto o primeiro, é o de garantir que, às naturais inseguranças econômicas relativas ao processo concursal, não se somem outras derivadas da incerteza jurídica ou interpretativa e que impeçam negociações relevantes com prejuízo à liquidez de credores envolvidos no complexo processo recuperacional.

Recuperar ou não recuperar, eis a questão: o poder/dever do juiz objetivando a preservação da empresa – configuração e limites

Haroldo malheiros duclerc verçosa

"Tudo isso, entretanto, pode ser infrutífero. Acumulam-se os azares, que são muitíssimos maiores"

"Tratado", vol. 14, p. 3.

1. Introdução
Os azares aos quais Waldemar Ferreira fez referência, diziam respeito aos fatores que levavam os comerciantes à falência, mesmo que tivessem tomado todo os cuidados prévios para dar nascimento ao seu negócio e administrá-lo corretamente. Como se sabe, a atividade comercial é uma atividade de alto risco.

Nossa lei de falências e de recuperação de empresas está completando dez anos e é o caso de se perguntar se ela foi bem sucedida nos seus objetivos, especialmente no que diz respeito ao novo instituto da recuperação, especialmente na sua forma judicial. No âmbito das múltiplas questões que podem ser suscitadas este texto tem por limite a verificação de como a doutrina e o Judiciário têm enfrentado a questão *hamletiana* acima colocada. Ou seja, diante dos poderes que são concedidos ao juiz, tem ele, em certos casos concretos, o poder de escolher entre determinar ou não a recuperação de uma empresa em dificuldades e, se isto é verdade, quais os critérios que deve utilizar e quais os limites de tais poderes? De uma forma simples, como se interpreta e se aplica, no fundo, o art. 47 e seus correlatos da Lei 11.101/2005?

Vamos começar por um pouco da história recente do nosso direito falimentar para que se possa fazer uma comparação entre o passado e o presente.

2. A subsistência do negócio no Dec.-Lei 7.661/45

2.1. Na falência

A preocupação com a preservação da empresa na lei anterior era muito pobre e na vida real, sem estatísticas à mão, penso que os institutos correspondentes foram usados com muita parcimônia, seja quanto às oportunidades abertas na esfera da falência, seja no campo da concordata, cuja índole teria sido a salvação do negócio. Não façamos uma apreciação anacrônica da lei e dos fatos. A ideia da preservação da empresa ao tempo do Dec.-Lei 7.661/45 (se é que essa expressão pode ser utilizada em relação àquele texto legal) deve ser vista sob uma ótica muito diversa daquela que teve nascimento fundamental no direito norte-americano e de lá passou para o nosso ordenamento jurídico há dez anos.

O fenômeno de transposição acima já fora notado por Nelson Abrão em sua tese de livre-docência defendida em 1975, quando afirmou que sob a *"influência da legislação anglo-saxônia que sempre encarou a falência como fato mais econômico do que processual, que as doutrina e legislação latinas, as mais influentes no nosso ordenamento, começaram a se orientar no sentido da conservação da empresa, através de medidas preventivas ou corretivas"*. O mesmo autor acima anota que nos ordenamentos anglo-saxões se observou uma dissociação entre a sorte do falido e os bens da empresa[1].

Grande defensor desse instituto, Nelson Abrão apontou em seu trabalho tão somente as virtudes que nele viu, deixando de apreciar os aspectos negativos que determinaram fortemente a sua inutilidade no direito brasileiro até a chegada da recuperação da empresa com a Lei 11.101/2005.

---

[1] *A Continuação do Negócio na Falência*, Tese de concurso à Livre-Docência em Direito Comercial defendida na Faculdade de Direito da Universidade de São Paulo, 1975, p. 44.

No regime anterior a falência era decretada diante da impontualidade do devedor comerciante. Seguiam-se as fases nas quais: (i) dava-se efeito à sentença falimentar (quanto aos direitos dos credores, à pessoa do falido, aos seus bens e aos contratos por ele celebrados, finalmente revogando-se alguns atos praticados antes da falência); (ii) iniciava-se a administração da falência por meio do síndico e sob a imediata superintendência do juiz; (iii) tinha lugar a arrecadação e guarda dos bens, livros e documentos do falido; (iv) dava-se a restituição de bens de terceiros que se encontravam na posse do falido; (v) fazia-se a verificação e a classificação dos créditos segundo a ordem hierárquica legal; (vi) paralelamente corria o inquérito judicial; (vii) seguia-se a liquidação com a realização do ativo e pagamento dos credores da massa e da falência; e (viii) finalmente dava-se a extinção das obrigações do falido.

Como se verifica o processo era bastante lógico e sua ineficiência se deu por diversos motivos que não cabe aqui examinar.

Durante todo o percurso da falência acima citado, surgiam oportunidades para que alguma coisa fosse salva, a saber: (i) a continuação do negócio do falido (art. 74, *caput* e §1.º); (ii) a venda englobada dos bens (art. 116); (iii) a organização de sociedade pelos credores para a continuação do negócio (art. 123, §1.º); e (iv) a autorização dada pelos credores ao síndico para ceder o ativo a terceiro (idem).

A referência à *continuação do negócio* no nosso direito anterior significava a continuação da empresa, como atividade organizada a qual, para tal fim, deveria dispor do estabelecimento do devedor, este conceituado como uma universalidade de fato, como seja, o conjunto fático e harmonizado dos bens que serviam para o exercício daquela mesma atividade.

Como regra geral a continuação do negócio do falido somente poderia se dar após o término da arrecadação e juntada dos inventários aos autos da falência. Ora, a proverbial demora do andamento da falência no direito anterior, aliada à velocidade da vida comercial tornava essa opção em grande parte marginal, uma vez que nesse período de tempo a clientela do falido já se encontrava dispersa, arregimentados pelos antigos concorrentes daquele ou por novos estabelecimentos que tivessem surgido no vazio nascido pelo desaparecimento da antiga empresa.

E como fator agravante, tal instituto somente poderia ser requerido pelo próprio falido, devendo ser ouvidos o síndico e o representante do Ministério Público. Uma vez aprovado o pedido, era designado um administrador, pessoa idônea indicada pelo síndico. Aquele momento podia ser antecipado excepcionalmente a critério do juiz. Veja-se a extrema formalidade do processo de continuação do negócio e o desinteresse frequente do falido, que não desejava um estranho à frente da atividade.

Rubens Requião apontou algumas dificuldades para esse tipo de solução, tais como a administração da empresa por um estranho, que não conhece todas as suas peculiaridades; os aspectos extremamente formais da lei; a dificuldade de crédito; a restrição à liberdade quanto à prática de preços; etc[2].

A segunda hipótese correspondia à venda englobada dos bens, isto é, do estabelecimento do falido ou de partes autônomas que pudessem proporcionar algum tipo de exploração comercial. Mas esse negócio não alcançava de forma natural os contratos do falido nem os seus empregados. O interessado deveria compor-se com os antigos fornecedores e contratar os antigos empregados do falido que considerasse necessários para o bom andamento da empresa.

A antiga Lei de Luvas (Dec. 24.150/34) determinava que o estabelecimento comercial ou industrial do falido deveria ser vendido obrigatoriamente na sua integridade, incluindo-se na alienação a transferência do mesmo contrato. Este era um fator favorável a tal opção, desde que surgisse algum interessado, na dependência da viabilidade da retomada do negócio.

Por último era possível aos credores formarem uma sociedade nova para a continuação do negócio ou autorizarem o sindico a ceder o ativo a terceiro. Um problema no primeiro caso residia na necessidade de serem pagos os credores dissidentes da formação daquela sociedade, em dinheiro, com base na avaliação dos bens, deduzidas as importâncias correspondentes aos encargos e dívidas da massa. Conforme observou Waldemar Ferreira[3], a lei falimentar foi omissa quanto às particularidades da sociedade que poderia ser organizada para a finalidade acima, tendo-as deixado ao próprio alvitre dos credores.

Observe-se que qualquer forma qualificada de liquidação do ativo nunca poderia ser feita por preço inferior ao da avaliação, procedida pelo

---

[2] *Curso de Direito Falimentar*, vol. 1, 18.ª ed. atualizada por Rubens Requião, São Paulo, Saraiva, 1998, pp. 272-273.
[3] *Tratado de Direito Comercial*, vol. 15, São Paulo, Saraiva, 1966, p. 173.

síndico. Esta era ao mesmo tempo uma proteção para os interesses do falido e uma limitação para a adoção de tais soluções.

2.2. Na concordata

A concordata é um antiquíssimo instituto do direito continental europeu, tendo florescido com a noção moderna na Itália e dali se expandido pela Europa. Solidificou-se na Espanha por meio da famosa *Lei das Sete Partidas*, de onde se infiltrou nas Ordenações portuguesas e de lá para o Brasil[4].

Não está presente aqui a necessidade de se fazer uma retrospectiva histórica da concordata, bastando anotar alguns pontos que a justificavam e aqueles que operaram em conjunto para o seu fracasso como ferramenta para a salvação da empresa.

Costumava-se dizer que esse instituto era destinado *ao comerciante honesto e de boa fé, mas infeliz nos seus negócios*. Não se sabe precisamente quem foi o autor dessa assertiva que Rubens Requião afirma originar-se, em parte da lei belga, que se dirigia para o empresário comercial *malhereux et de bonne foi*[5].

No Brasil a teoria mais aceita sobre a sua natureza era a de um favor legal, destinado ao comerciante encontrado na situação acima citada.

Vejamos alguns pontos mais importantes para a sua concessão: (i) regularidade do comerciante perante a Junta Comercial; (ii) exercer o comércio há mais de dois anos; (iii) não ter título protestado por falta de pagamento; (iv) possuir ativo que corresponda a mais de 50% do seu passivo quirografário; (v) não ser falido ou se o foi no passado, estarem declaradas extintas todas as suas obrigações; (vi) não tinha direito o devedor que havia deixado de pedir a falência no prazo legal; (vii) ter o comerciante sido condenado criminalmente; e (viii) não poder o comerciante fazer um segundo pedido de concordata se há menos de cinco anos impetrou igual favor ou não cumpriu a concordata anterior.

Alguns desses aspectos foram ao longo do tempo sendo flexibilizados pela doutrina e pela jurisprudência.

O problema principal da concordata é que ela se aplicava tão somente aos credores quirografários. Do lado do comerciante ela não resolvia as

---

[4] Cf. Waldemar Ferreira, *Tratado*, vol. 15, São Paulo, Saraiva, 1966, pp. 258-302, passim.
[5] *Curso de Direito Falimentar*, vol. 2, 18.ª ed. atualizada por Rubens Requião, 1998, pp. 4 e 16.

suas principais dificuldades localizadas via de regra nas suas dívidas protegidas por garantias e aquelas relacionadas às fazendas públicas e à previdência. As obrigações fiscais e previdenciárias inadimplidas nasciam no momento das primeiras dificuldades do comerciante, que as postergava, pois a sua exigência em juízo não se dava em um momento imediato. Do lado dos credores privilegiados, especialmente os bancos, o devedor as renegociava em cascata, endividando-se cada vez mais. A par disto, os salários dos empregados continuavam devidos pelo comerciante no curso da concordata.

Desta maneira, o cumprimento da concordata perante aqueles credores privilegiados era um sério óbice ao seu sucesso, porque o concordatário precisaria ter os recursos necessários para o seu pagamento.

Do lado dos credores quirografários a situação era péssima, pois quando na condição de fornecedores do concordatário, perdiam o seu capital de giro ao mesmo tempo em que necessitavam continuar a vender para aquele, como forma de tentar salvar a empresa e os seus créditos, ao menos em parte. A situação era particularmente ingrata seja para o concordatário dotado de efetiva boa fé, seja para aqueles credores. Isto porque, conforme ensinava Miranda Valverde, os credores favorecidos por privilégio especial e real na concordata suspensiva ela lhes era indiferente, pleiteando livremente as suas pretensões. Por outro lado, na concordata preventiva não eram obrigados à habilitação dos seus créditos, mantendo seu direito de acionar o devedor conforme lhes aprouvesse[6].

Essa era a teoria. Na verdade, boa parte – senão a grande maioria – das concordatas era uma armadilha preparada com cuidado e antecedência pelo devedor para locupletar-se à custa dos credores quirografários. Uma das primeiras medidas era abarrotar o seu estabelecimento com os gêneros do seu negócio por meio de grandes compras a prazo (como é o costume no comércio), desaparecer com o dinheiro vivo do caixa, guardando-o para pagar os credores privilegiados, passando a deixar de pagar as suas obrigações de forma generalizada, sob pretextos diversos que não pudessem caracterizar má fé e desonestidade.

Uma agravante que durou muito tempo foi a recusa de se aplicar a correção monetária aos débitos do concordatário, o que demandou muita

---

[6] *Comentários à Lei de Falências*, v. II, n.º 914, pp. 250-251.

discussão na doutrina e nos tribunais, até que venceu a tese da atualização de tais obrigações. Em situação de inflação elevada, como o Brasil experimentou durante muitas décadas – bastava deixar correr o tempo para que o valor dos créditos quirografários viesse a se tornar cada vez menos significativo. Em tal circunstância o concordatário poderia até mesmo pagá-los à vista com os recursos que havia desviado e retomar o seu negócio. Mas a situação para tais credores se tornava ainda mais prejudicial pela demora no cumprimento da concordata, o que permitia ao concordatário, por meio de interpostas pessoas, comprar os créditos com grande deságio.

Em um dado momento o devedor comparecia perante o juiz com a prova do cumprimento da concordata, que era levantada, vindo ele a retomar o seu negócio.

A história do instituto mostra alguns concordatários que eram useiros e vezeiros na sua abusiva, até mesmo abrindo novas empresas para passar por cima do limite legal de cinco anos acima mencionado. Desta forma podia-se dizer que a concordata havia se transformado em um *favor legal para o comerciante desonesto e de má fé, porém esperto em seus negócios.*

A conclusão geral feita a partir da análise acima é que nem a falência e nem propriamente a concordata tiveram qualquer sucesso em proporcionar um mínimo esquema de preservação da empresa e/ou do estabelecimento do devedor.

3. O cabimento da recuperação judicial

Nosso objetivo é cuidar da recuperação judicial, considerando que a extrajudicial tem natureza negocial entre o falido e seus credores, exceto quanto aos créditos tributários, os derivados da legislação do trabalho e os decorrentes de acidentes de trabalho. Ela padece da insuficiência de eficácia semelhantemente à concordata no direito anterior.

De acordo com o art. 47 da Lei 11.101/2005 "a recuperação judicial tem por objetivo viabilizar a superação da crise econômico-financeira do devedor, a fim de permitir a manutenção da fonte produtora, do emprego dos trabalhadores e dos interesses dos credores, promovendo, assim, a preservação da empresa, sua função social e o estímulo à atividade econômica".

Examinemos os elementos dessa definição legal.

Primeira pergunta: os elementos acima são de natureza exemplificativa ou taxativa, ou seja, todos os objetivos previstos na lei são essencialmente necessários no seu conjunto, ou podem faltar um ou mais deles e, neste caso, quais não poderiam deixar de estarem presentes.

Verifica-se que a maneira pela qual a lei coloca a questão, pode-se entender que tais elementos se completam de forma harmônica menos, a meu ver, a referência à função social da empresa. Muito se tem escrito sobre isto e, depois de longa pesquisa, este autor a tem visto sob um ângulo amplamente negativo. Fazendo-se uma comparação a com a função social do contrato (CC, art. 421), este sempre cumpre naturalmente uma função social típica (contratos nominados) ou tornada típica (contratos inominados), fazendo circular a riqueza e, consequentemente, os benefícios que vêm deste fato[7]. No tocante à função social da empresa, exercida esta licitamente pelo empresário individual ou por meio de uma sociedade empresária, a função social está sendo implicitamente exercida, sem necessidade de qualquer elemento qualificativo extraordinário.

Foi pelos motivos acima que Rachel Sztajn afirma que, para ser útil, tal instituto deveria mostrar ao intérprete uma *inteligência prestável*, passando a solução por considerá-la uma (mera) figura de retórica, vazia de conteúdo, neutra no que concerne ao exercício da empresa. Inversamente, para a mesma autora, a função social do contrato seria uma criação portadora de efeitos perniciosos, os quais restringem ou reduzem o exercício da autonomia privada e, de tal forma, trazem um impacto negativo sobre a organização da empresa, com redução do bem estar geral[8]. Acrescentamos que esse resultado é precisamente o oposto daquele buscado pela recuperação judicial.

Em outro texto a mesma autora afirma que uma interpretação *viesada* da norma relativa ao atendimento da função social da empresa leva ao assistencialismo, observando que enquanto os credores preferem de maneira geral receberem os seus créditos, os trabalhadores muito espe-

---

[7] Haroldo Malheiros Duclerc Verçosa e Rachel Sztajn, in *Direito Comercial, Teoria Geral do Contrato – Fundamentos da Teoria Geral do Contrato – Direito e Economia dos Contratos. Os conceitos Fundamentais*, 2ª ed. rev., atualiz, e ampl., São Paulo, RT, 2014, p. 204.

[8] Haroldo Malheiros Duclerc Verçosa e Rachel Sztajn, *Teoria Geral do Contrato*, 2.ª ed. rev., atualiz. e ampl., São Paulo, RT, 2014, p. 205.

cializados e os nada especializados preferem a continuação da empresa, mostrando-se a presença de interesses irreconciliáveis[9].

A imposição do atendimento da função social em diversas áreas do direito, tendo nascido entre nós com a função social da propriedade, não passa de um modismo jurídico que, como acontece no campo do vestuário, frequentemente torna absolutamente ridículo quem a ele se rende de forma incondicional. No direito se tornou um mistério que o decifrador perante a esfinge não consegue desvendar, somente servindo para o aumento dos custos de transação.

Por sua vez, examinemos a referência à crise econômico-financeira do devedor à sua situação patrimonial e/ou de caixa. Um caso é o do devedor que tem patrimônio suficiente para o pagamento das suas obrigações, mas não tem recursos para fazê-lo nos respectivos vencimentos, pois o seu ativo é formado fundamentalmente por bens ilíquidos. O outro caso é o do devedor que já chegou à situação de patrimônio líquido negativo, podendo ter recursos até para pagar os credores durante algum tempo, mas que cedo chegará à míngua.

A referência à manutenção *da* fonte produtora corresponde a um conceito impreciso. Melhor seria dizer manutenção da empresa ou do estabelecimento, mediante a renovação dos recursos necessários porque, no final das contas, tudo se refere a dinheiro novo destinado a fazer mais dinheiro novo que pague as obrigações correntes e as antigas, dentro do esquema que vier a ser aprovado.

É claro que o interesse dos trabalhadores deve ser protegido e na recuperação judicial eles não o serão de forma absoluta, tal como preconizava a concordata, residindo neste aspecto um dos fatores que prejudicavam a sua insuficiência. Mesmo no Brasil, tão renitente a aberturas de preservação do emprego a qualquer custo, já se passou a aceitar que vale mais para o empregado manter o seu emprego com um salário menor, trabalhando por menos tempo, do que perdê-lo de uma vez. Claro, que isto se realize sem abuso por parte do empregador que procura uma recuperação.

---

[9] Sobre este e os demais elementos do art. 47 vide Rachel Sztajn, in Francisco Satiro Junior, Antônio Sérgio A. de Moraes Pitombo (coords.), *Da Recuperação Judicial, Comentários à Lei de Recuperação de Empresas e Falência*, São Paulo, RT, 2006, pp. 217-222. Vide Também, Jorge Lobo in Paulo F. C. Salles de Toledo e Carlos Henrique Abrão (coords.), *Comentários à Lei de Recuperação de Empresas e Falência*, São Paulo, Saraiva, 2005, pp. 47 e segs.

E finalmente tudo deve ser coordenado com os interesses dos credores na forma e nos limites determinados pela nova lei.

4. O atendimento dos interesses em jogo para o fim da concessão da recuperação judicial

Essa gama de interesses deve ser alcançada na assembleia geral de credores, exceto se todos estiverem de acordo com o plano apresentado pelo devedor ou daquele modificado pelos credores desde que seja aprovado pelo devedor e não implique na diminuição exclusivamente dos direitos exclusivamente dos credores ausentes (art. 56).

A assembleia-geral será composta pelas seguintes classes de credores (art. 41):

I – titulares de créditos derivados da legislação do trabalho ou decorrentes de acidentes de trabalho;
II – titulares de créditos com garantia real;
III – titulares de créditos quirografários, com privilégio especial, com privilégio geral ou subordinados.
IV – titulares de créditos enquadrados como microempresa ou empresa de pequeno porte (inciso incluído pela Lei Complementar n.º 147, de 2014).

Observe-se que os titulares de créditos derivados da legislação do trabalho votam com a classe prevista no inciso I do caput deste artigo com o total de seu crédito, independentemente do valor.

Os titulares de créditos com garantia real votam com a classe prevista no inciso II do caput deste artigo até o limite do valor do bem gravado e com a classe prevista no inciso III do caput deste artigo pelo restante do valor de seu crédito.

Será considerada aprovada a proposta que obtiver votos favoráveis de credores que representem mais da metade do valor total dos créditos presentes à assembleia-geral. A exceção está nas deliberações sobre o plano de recuperação judicial nos termos da alínea *a* do inciso I do caput do art. 35, a composição do Comitê de Credores ou forma alternativa de realização do ativo nos termos do art. 145.

O voto do credor será proporcional ao valor de seu crédito, ressalvado, nas deliberações sobre o plano de recuperação judicial, o disposto no §2.º do art. 45 da Lei (art. 38), isto é, os créditos derivados das relações de trabalho ou decorrentes de acidentes do trabalho ou relativos a micro empresas ou empresas de pequeno porte.

Nas deliberações sobre o plano de recuperação judicial, todas as classes de credores referidas no art. 41 desta Lei deverão aprovar a proposta (art. 45), observando-se que: (i) em cada uma das classes referidas nos incisos II e III do art. 41 desta Lei, a proposta deverá ser aprovada por credores que representem mais da metade do valor total dos créditos presentes à assembleia e, cumulativamente, pela maioria simples dos credores presentes; (ii) na classe prevista no inciso I do art. 41, a proposta deverá ser aprovada pela maioria simples dos credores presentes, independentemente do valor de seu crédito; e (iii) nas classes previstas nos incisos I e IV do art. 41 desta Lei, a proposta deverá ser aprovada pela maioria simples dos credores presentes, independentemente do valor de seu crédito.

5. Recuperar ou não recuperar. As condições da lei

Conforme se verificou acima, o preceito básico que rege a recuperação é a sua aprovação por todas as classes de credores, abrindo-se uma exceção no §1.º do art. 58:

> *Cumpridas as exigências desta Lei, o juiz concederá a recuperação judicial do devedor cujo plano não tenha sofrido objeção de credor nos termos do art. 55 desta Lei ou tenha sido aprovado pela assembleia-geral de credores na forma do art. 45 desta Lei.*
>
> *§1.º O juiz poderá conceder a recuperação judicial com base em plano que não obteve aprovação na forma do art. 45 desta Lei, desde que, na mesma assembleia, tenha obtido, de forma cumulativa:*
>
> *I – o voto favorável de credores que representem mais da metade do valor de todos os créditos presentes à assembleia, independentemente de classes;*
>
> *II – a aprovação de 2 (duas) das classes de credores nos termos do art. 45 desta Lei ou, caso haja somente 2 (duas) classes com credores votantes, a aprovação de pelo menos 1 (uma) delas;*
>
> *III – na classe que o houver rejeitado, o voto favorável de mais de 1/3 (um terço) dos credores, computados na forma dos §§ 1.º e 2.º do art. 45 desta Lei.*
>
> *§2.º A recuperação judicial somente poderá ser concedida com base no § 1.º deste artigo se o plano não implicar tratamento diferenciado entre os credores da classe que o houver rejeitado.*

A segunda forma de recuperação judicial, referente ao §1.º do art. 58 da Lei, ou seja, decisão favorável do juiz superando o veto de uma classe de credores não chega a ser o correspondente ao chamado *cram down* do direito comparado, pois apenas teria criado um quórum alternativo para a aprovação do plano pela assembleia geral[10].

Segundo Eduardo Secchi Munhoz, aprovado o plano, o juiz está obrigado a conceder a recuperação judicial, sem margem de discricionariedade. Para o autor citado a viabilidade da recuperação do devedor e do atendimento dos objetivos presentes no art. 47 não está nas mãos do juiz, mas deverá resultar do processo de negociação entre o devedor e os credores, conforme se encontra estritamente regulado[11].

No *cram down* brasileiro veja-se que a lei não disse que o juiz *deverá* aprovar a recuperação nas hipóteses acima, mas que *poderá* fazê-lo. Portanto, tendo em conta que no direito os termos devem ser utilizados em seu significado simples e direto, não se pode reconhecer que os interessados tenham direito subjetivo em relação a essa aprovação que, desta forma, se revela excepcional, ainda que relativizada pelas circunstâncias presentes no texto legal[12].

Sendo assim, que critério deverá utilizar o juiz para resolver se defere ou não o plano nas circunstâncias do art. 58, §1.º? Penso que a solução esteja em se revisitar o art. 47 para o fim de se verificar se os objetivos ali presentes serão atendidos na condição sob exame, evidentemente, segundo penso, afastada qualquer cogitação a respeito da função social. Mas ele, juiz, é o titular absoluto dessa prerrogativa.

A *pureza* da recuperação judicial não resiste à análise de deturpações realizadas entre o devedor e uma parte dos credores (por fora) até o

---

[10] Sobre estes pontos vide Eduardo Secchi Munhoz, in Francisco Satiro Junior, Antônio Sérgio A. de Moraes Pitombo (coords.), *Da Recuperação Judicial, Comentários à Lei de Recuperação de Empresas e Falência*, São Paulo, RT, 2006, pp. 285 e segs.

[11] *Do Procedimento do Processo de Recuperação Judicial*, in Francisco Satiro Junior, Antônio Sérgio A. de Moraes Pitombo (coords.), *Da Recuperação Judicial, Comentários à Lei de Recuperação de Empresas e Falência*, São Paulo, RT, 2006, p. 284.

[12] "O vocábulo 'poderá' empregado no texto legal (§1º, do artigo 58) não quer traduzir uma faculdade do juiz, mas sim um poder-dever. Só não irá concedê-la caso verifique a ocorrência de ilegalidade no conteúdo do plano ou nas pré-condições para o devedor entrar em recuperação". Cf. Sérgio Campinho, *Falência e Recuperação de Empresa: o Novo Regime da Insolvência Empresarial*, 3ª ed., rev. r atualiz., Rio de Janeiro, Renovar, 2008, p. 84.

momento em que eles chegam (dentro do *plano oficial*) a uma porcentagem de adesões suficientes para chegar à metade mais um dos votos daqueles em pelo menos duas classes e 1/3 na terceira classe. Com os demais não se faz acordo, o que os leva a terem de suportar o falso plano que foi aprovado[13].

Trata-se, claro, de fraude, fundada em discriminação de má fé (*unfair discrimination*). Esta, se provada (e este é o grande problema) levará à anulação do plano pelo juiz, que deverá decretar a falência da empresa. Como se sabe, o plano deve obrigatoriamente ser justo e equitativo (*fair and equitable*) e efetivamente exequível, isto é de realização possível (*feasible*). Em função de fatores como os acima mencionados, tem havido decisões judiciais no sentido de anular o plano aprovado e determinação de outro que atenda os requisitos legais, sob pena de futura decretação da falência:

> *Agravo. Recuperação Judicial. Plano aprovado pela assembleia-geral de credores. Plano que prevê o pagamento do passivo em 18 anos, calculando-se os pagamentos em percentuais (2,3%, 2,5% e 3%) incidentes sobre a receita líquida da empresa, iniciando--se os pagamentos a partir do 3.º ano contado da aprovação. Previsão de pagamento por cabeça até o 6.º ano, acarretando pagamento antecipado dos menores credores, instituindo conflitos de interesses entre os credores da mesma classe. Pagamentos sem incidência de juros. Previsão de remissão ou anistia dos saldos devedores caso, após os pagamentos do 18.º ano, não haja recebimento integral. Proposta que viola os princípios gerais do direito, os princípios constitucionais da isonomia, da legalidade, da propriedade, da proporcionalidade e da razoabilidade, em especial o princípio da "pars conditio creditorum" e normas de ordem pública. Previsão que permite a manipulação do resultado das deliberações assembleares. Falta de discriminação dos valores de cada parcela a ser paga que impede a aferição do cumprimento do plano e sua execução específica, haja vista a falta de liquidez e certeza do "quantum" a ser pago. Ilegalidade da cláusula que estabelece o pagamento dos credores quirografários e com garantia real após o decurso do prazo bienal da supervisão judicial (art. 61, 'caput', da Lei n.º 11.101/2005). Invalidade (nulidade) da deliberação da assembleia-geral de credores declarada de ofício, com determinação de apresentação de outro plano, no prazo de 30 dias, a ser elaborado em consonância com a Constituição Federal e Lei n.º 11.101/2005,*

---

[13] Vide a esse respeito, Luiz Fernando Höfling, *O "cram down" da Lei de Falências e Recuperações Judiciais*, in jornal eletrônico "Migalhas", de 26.11.2011.

a ser submetido à assembleia geral de credores em 60 dias, sob pena de decreto de falência (TJSP, Agravo de Instrumento n.º 0136362- 29.2011.8.26.0000, Des. Pereira Calças, 28/02/2012).

Mas está presente uma visão do Judiciário no sentido do acatamento do *cram down*, fundada em interpretação mais aberta dos requisitos da Lei 11.101/2005 e em outros princípios a ela externos. Vale a pena a transcrição na íntegra de uma dessas decisões, destacando-se as bases sobre as quais veio a ser estendida a amplitude do *cram down*, tal como tem entendido a maior parte dos doutrinadores.

Acórdão: Agravo de Instrumento n. 70045411832, de Porto Alegre.
Relator: Des. Romeu Marques Ribeiro Filho.
Data da decisão: 29.02.2012.
EMENTA: AGRAVO DE INSTRUMENTO. RECUPERAÇÃO JUDICIAL. PLANO APROVADO POR DUAS CLASSES DE CREDORES. APLICAÇÃO DO INSTITUTO DO CRAM DOWN. PRINCÍPIO DA PRESERVAÇÃO DA EMPRESA. AGRAVO DE INSTRUMENTO DESPROVIDO. AGRAVO DE INSTRUMENTO QUINTA CÂMARA CÍVEL N.º 70045411832 COMARCA DE PORTO ALEGRE. BANCO DO BRASIL S/A – AGRAVANTE. AEROMOT INDÚSTRIA MECANICO METALURGICA LTDA – AGRAVADO AEROSPACO SERV E REPRESENTACOES LTDA – EM RECUPERACAO JUDICIARIA – INTERESSADO.
ACÓRDÃO
Vistos, relatados e discutidos os autos.
Acordam os Desembargadores integrantes da Quinta Câmara Cível do Tribunal de Justiça do Estado, à unanimidade, em negar provimento ao agravo. Custas na forma da lei.
Participaram do julgamento, além do signatário, os eminentes Senhores DES. GELSON ROLIM STOCKER (PRESIDENTE) E DES.ª ISABEL DIAS ALMEIDA.
Porto Alegre, 29 de fevereiro de 2012.
DES. ROMEU MARQUES RIBEIRO FILHO, Relator.
RELATÓRIO
DES. ROMEU MARQUES RIBEIRO FILHO (RELATOR)
Trata-se de agravo de instrumento interposto pelo BANCO DO BRASIL contra a decisão das fls. 664-668 que concedeu a recuperação judicial requerida por

AEROMOT - INDÚSTRIA MECÂNICO METALÚRGICA LTDA. e AEROSPAÇO SERVIÇOS E REPRESENTAÇÕES LTDA.

Sustenta o ora agravante, em suas razões (fls. 02/08), que não foram preenchidos os requisitos da Lei n.º11101/05 para a homologação do plano de recuperação judicial. Refere que tal plano foi rejeitado na Assembleia Geral de Credores, isto porque não obteve aprovação na categoria dos créditos com garantia, uma vez que o agravante é detentor do crédito no valor de R$ 1.024.752,64. Aduz que não foi observado o que determina o art. 45 da referida lei, qual seja, aprovação pelas três classes de credores referidas no art. 41. Refere que a decisão que homologou o plano de recuperação judicial da agravada, não preencheu os requisitos necessários e cumulativos dispostos na Lei de Falências, impondo prejuízos ao agravante, credor principal das recuperandas, devendo, por isso, ser desconstituída.

Foi agregado o efeito suspensivo ao recurso (fl. 670).

O Ministério Público ofertou parecer (fls. 675-682), opinando pelo conhecimento e desprovimento do recurso.

Após, vieram os autos conclusos para julgamento.

É o relatório.

VOTOS
DES. ROMEU MARQUES RIBEIRO FILHO (RELATOR)

Verificados os pressupostos legais, conheço do recurso intentado para o exame da questão suscitada.

Tenho que a brilhante e criteriosa a decisão do Magistrado a quo não merece reforma.

Com efeito, o fato de o agravante, Banco do Brasil S/A, ser o detentor da supremacia dos créditos com garantia real, alcançando a expressiva soma de R$ 1.024.752,64, superando o crédito do único outro credor desta classe, a Caixa RS Fomento Econômico S/A, no montante de R$ 74.295,46, não pode se constituir em poder absoluto para obstar a recuperação judicial das empresas, impedindo seu saneamento e investindo contra o próprio espírito da Lei n.º 11.101/05.

Não escapa que na Assembleia de Credores o plano foi aprovado por duas de suas classes, os trabalhistas e quirografários, sendo rejeitada pelos de garantia real, o que, nos termos do art. 45 da Lei de Recuperação Judicial, levou à aplicabilidade do quanto disposto no inc. III do § 1.º do art. 58 da Lei de Falências. **É certo que a previsão do mencionado art. 58 foi abrandada pelo digno Juízo singular**, sob pena de restar inviabilizada a aprovação do plano, haja vista, como já referido, apenas dois credores estarem contemplados na classe em que o Banco do Brasil S/A detém crédito sobejamente superior.

Entretanto, bem destacou o Juízo singular que o ora agravante, por ocasião da Assembleia de Credores, **a despeito da supremacia de seu crédito, sequer explicitou as razões da não aceitação das propostas apresentadas.** Evidentemente que, mantida tal rejeição, restaria inviabilizada a recuperação das empresas, obstando-se a manutenção de suas atividades e, consequentemente, o pagamento de seus débitos.

Calha transcrever o seguinte excerto do irretocável parecer ofertado pelo ilustre Procurador de Justiça junto a este Colegiado, Dr. Antônio Augusto Vergara Cerqueira, porquanto bem observou a situação posta nos autos:

Neste norte, importante ressaltar que o processo de recuperação judicial de empresa busca, entre seus princípios objetivos, preservar empresas economicamente viáveis, mas prejudicadas pela insolvência momentânea. Contudo, como no caso em tela, essa pretensão pode restar frustrada por um **credor relevante que se oponha injustificadamente ao plano de recuperação.**

A fim de que evitar-se tal situação a qual, repisa-se, não faz parte do objeto principal da Lei de Recuperações Judiciais, foi desenvolvido, no sistema norte-americano, o instituto do cram down que consiste em autorizar o juiz a aprovar o plano rejeitado por alguma classe de credores, desde que se verifique a viabilidade econômica daquele plano e a necessidade de se tutelar o interesse social vinculado à preservação da empresa.

No ordenamento jurídico pátrio, mais especificamente, no artigo 58, parágrafo primeiro, da Lei 11.101/05, estabeleceu-se o mecanismo acima mencionado, o qual existe para possibilitar-se de corrigir os excessos da legislação. É o interesse coletivo que deve prevalecer com a preservação da empresa e, consequentemente, da dignidade da pessoa humana envolvida no ciclo dessa atividade econômica. Em não ocorrendo a aprovação da proposta de recuperação o cram down é a única hipótese do juiz não decretar a falência.

Nesse sentido, já decidiu esta Câmara:

AGRAVO DE INSTRUMENTO. RECUPERAÇÃO JUDICIAL. HOMOLOGAÇÃO DA DECISÃO QUE APROVOU O PLANO. PRINCÍPIO DA PRESERVAÇÃO DA EMPRESA.

(...)

4.Ressalte-se que cabe ao Judiciário aferir sobre a regularidade do processo decisório da Assembleia de Credores, se esta foi realizada de forma adequada e foram atendidos os requisitos legais necessários para tanto, levando-se em consideração, ainda, a viabilidade econômica de a empresa cumprir o plano ajustado, ou mesmo se há a imposição de sacrifício maior aos credores, para só então proferir decisão concedendo ou não a recuperação judicial à empresa agravada, pressupostos que foram observados no caso dos autos. 5. Ademais, o **princípio da preservação da empresa**, insculpido no art.

*47 da Lei 11.101/2005, dispõe que a recuperação judicial tem por objetivo viabilizar a superação da situação de crise econômico-financeira do devedor, a fim de permitir a manutenção da fonte produtora, do emprego dos trabalhadores e dos interesses dos credores, promovendo, assim, a preservação daquela, sua função social e o estímulo à atividade econômica. 6. Assim, observadas as peculiaridades do caso em concreto, onde entendo que restaram preenchidos os requisitos legais atinentes ao ato de convocação para a assembleia geral de credores no procedimento de recuperação judicial, presente o fato de que por ocasião da realização do referido ato o Plano de Recuperação Judicial restou aprovado, nos termos do art. 45 do diploma legal precitado, bem como em consonância com o princípio da preservação da empresa, norte balizador presente na novel lei que trata da insolvência corporativa, a manutenção da decisão agravada que concedeu a recuperação judicial, é a medida que se impõe. 7. Por fim, é de se **destacar que a recuperação judicial se trata de um favor creditício, de sorte que deve prevalecer o princípio da relevância do interesse dos credores, ou seja, a vontade majoritária destes no sentido de que o custo individual a ser suportado pelos mesmos é menor do que o benefício social que advirá à coletividade com a aprovação do plano de recuperação, preservando com isso a atividade empresarial, em última análise, o parque industrial ou mercantil de determinada empresa, bem como os empregos** que esta mantém para geração da riqueza de um país. Rejeitada a preliminar contra-recursal e, no mérito, negado provimento ao agravo de instrumento. (Agravo de Instrumento N.º 70043514256, Quinta Câmara Cível, Tribunal de Justiça do RS, Relator: Jorge Luiz Lopes do Canto, Julgado em 31/08/2011).*

Entendo, pois, que o digno Magistrado a quo, mediante ponderação e discricionariedade, bem decidiu a questão posta nos autos, devendo ser mantida a decisão agravada por seus próprios e jurídicos fundamentos.

Diante disso, nego provimento ao presente agravo de instrumento.

DES.ª ISABEL DIAS ALMEIDA – *De acordo com o(a) Relator(a).*

DES. GELSON ROLIM STOCKER (PRESIDENTE) – *De acordo com o(a) Relator(a).*

DES. GELSON ROLIM STOCKER – Presidente – Agravo de Instrumento n.º 70045411832, Comarca de Porto Alegre: "NEGARAM PROVIMENTO AO AGRAVO DE INSTRUMENTO. UNÂNIME."

Julgador(a) de 1.º Grau: NEWTON LUIS MEDEIROS FABRICIO

No mesmo sentido da aplicação extensiva do *cram down* temos em São Paulo uma decisão no AI n.º 2050098-67.2014.8.26.0000, onde se lê, nas palavras do Relator:

"Pretende o agravante ver desconstituída a decisão que homologou o plano de recuperação judicial da empresa Polyform Termoplásticos Ltda. Em que pesem os argumentos tecidos pelo agravante, a Lei da Recuperação Judicial deve ser analisada em seu sentido social, qual seja, a superação da situação de crise econômico-financeira do devedor, a fim de permitir a manutenção da fonte produtora, do emprego dos trabalhadores e dos interesses dos credores, promovendo, assim, a preservação da empresa, sua função social e o estímulo à atividade econômica, tudo no intuito de possibilitar o cumprimento das obrigações assumidas pela recuperanda. (...). Os quóruns previstos em lei para fins de aprovação do plano de recuperação judicial não podem ser vistos de forma absoluta, sob pena de criarem obstáculos à aplicação do instituto."

Relativizar os quóruns previstos na lei é torná-los inúteis. A lei estabeleceu parâmetros mínimos, não tendo o juiz competência para modificá-los com base em uma interpretação subjetiva do caso sob seu julgamento.

De forma mais equilibrada o STJ, no único caso que trata diretamente do *cram down*, entendeu que é necessária a prova de fraude na assunção de créditos relativos a sociedades credoras das quais participariam sócios da sociedade em recuperação.

AGRAVO REGIMENTAL NO RECURSO ESPECIAL. RECUPERAÇÃO JUDICIAL.

DISCUSSÃO DEVOLVIDA NO AGRAVO QUE SE LIMITA À COMPETÊNCIA E HIGIDEZ

DA APROVAÇÃO DO PLANO DE RECUPERAÇÃO.

1. A questão relativa à competência para o processo e julgamento da recuperação judicial (art. 3.º da Lei 11.101/05), não dispensaria a análise de contratos sociais e das circunstâncias fático probatórias ligada à configuração de determinado estabelecimento como principal para fins de fixação da competência. Atração do enunciado 7/ STJ. 2. A existência de alegada fraude na assunção de créditos relativos a sociedades credoras das quais participariam sócios da sociedade em recuperação deverá, consoante reconhecera o acórdão recorrido, ser analisada quando do julgamento das impugnações. Incidência do art. 39 da LRE. A declaração de inexistência do crédito não altera as decisões assembleares. 3. Possibilidade de aprovação do plano de recuperação mesmo quando, por pouco, não se alcance o quórum qualificado exigido na lei. Princípio da preservação da empresa. 4. **Necessidade de prévio reconhecimento na origem da alegada fraude para, então, partir-se para a análise dos requisitos para aplicação do "cram down".** *5. AGRAVO REGIMENTAL DESPROVIDO. AGRg no*

REsp 130075/AL – 2012/0035665-1, Rel. Min Paulo de Tarso Sanseverino, 3.ª T., j. 02.12.2014. DJe 10.10.2014.

No Tribunal de Justiça do Rio de Janeiro tem prevalecido uma interpretação da lei mais condizente com as limitações legais do *cram down* no direito Brasileiro, conforme a ementa abaixo:

> 65.2011.8.19.0000-
> AGRAVO DE INSTRUMENTO
> DES. NAGIB SLAIBI -
> Julgamento: 19/10/2011 -
> SEXTA CAMARA CIVEL
> Direito empresarial. Recuperação judicial. Homologação do plano apresentado pelo Administrador Judicial. Insurgência do credor. Alegação de que o plano de recuperação foi rejeitado pela assembleia de credores e viola o princípio "pars conditio creditorum". O art. 58, § 1.º, da Lei n.º **11.101/2005 faculta ao magistrado homologar plano de recuperação judicial, ainda que sem a aprovação dos credores na forma do art. 45 da referida Lei, desde que preenchidos alguns requisitos.** No caso, ponderando-se os interesses em conflito, quais sejam, a viabilidade de recuperação da sociedade empresarial e o tratamento diferenciado que seria dispensado aos credores que oferecessem novas linhas de crédito à sociedade recuperanda, há de prevalecer o plano de recuperação, de modo a assegurar o princípio da preservação da empresa e o cumprimento da sua função social, sendo este o objetivo primordial da nova lei de falências. Desprovimento do recurso primeiro recurso e perda do objeto do segundo (J. 19.10.2011).

6. Conclusão

Na verdade, a dúvida *hamletiana* sobre recuperar ou não recuperar não se coloca como uma prerrogativa do juiz, no direito brasileiro ou, mesmo em qualquer outro. Sempre existem condicionamentos, correspondendo a regras mais abertas ou mais restritas, como é o caso da lei brasileira.

A concessão da recuperação além dos termos estritos dos artigos 47 e 58, §.º 1.º é contrária aos objetivos postos pelo legislador, não se admitindo a interpretação mais livre que se tem por alguns tribunais. Não pode recorrer de forma simplória, gratuita e distorcida aos princípios da função social da empresa e de sua preservação, entre outros.

No acórdão do TJRS acima transcrito foi condenada a posição do Banco do Brasil quanto à alegada falta de explicação da rejeição às propostas apresentadas, tem em conta o valor significativamente maior do seu crédito em relação ao outro credor da mesma natureza. Ao referir-se à objeção de credores, a lei não faz exigência no sentido de que seja fundamentada (arts. 53, parágrafo único e 55). Também não existe exigência em tal sentido no tocante à realização da assembleia de credores (art. 56). Evidentemente a negativa do credor pode corresponder a abuso de direito, que não poderá ser presumido pelo juiz.

O exemplo do banco é interessante na medida em que se trata de um credor diferenciado do ponto de vista macro econômico. No sistema bancário os bancos são simples intermediários entre os *doadores* de recursos e os tomadores, isto é, entre os depositantes e os mutuários. É necessário que haja um equilíbrio entre as duas posições, o lado passivo e o lado ativo. Se o banco não recebe o que lhe é devido no vencimento das obrigações correspondentes, ele não poderá cobrir os saques nos depósitos e operações nas quais é devedor. Se ele deixa os recursos parados sem aplicação, não terá rentabilidade para pagar os juros aos seus respectivos credores. Se o crédito do banco revelar-se de valor muito elevado ele poderá passar por sérias dificuldades quanto ao pagamento de suas obrigações e, ficando inadimplente dentro do sistema este fato é capaz de gerar risco sistêmico. Foi o que aconteceu com muitas instituições financeiras por todo o mundo ao longo das crises de 2007/2008 e 2011.

Observe-se que o papel do capital dos bancos não é financiar perdas individualmente consideradas, mas a de lhe dar segurança como parte de um sistema, não podendo esse capital cair fisicamente abaixo do seu equivalente contábil.

Não se pode estender a lei além dos seus limites, sob qualquer pretexto, de forma a que a recuperação judicial não venha a sofrer dos mesmos padecimentos da antiga concordata, não se prestando efetivamente à recuperação de uma empresa inviável. Dela não podem se valer nem o devedor nem os credores de má fé e o juiz não pode participar desse jogo de interesses contraditórios que se desenvolva de forma abusiva.

O Plano de Recuperação Judicial para além dele
(o Plano além do Plano)

JOSÉ ANCHIETA DA SILVA

1. Introdução

A investigação sobre o instituto da Recuperação de Empresas, especialmente sobre a 'Ação de Recuperação Judicial' regida pela Lei n.º 11.101/2005 é fascinante. E, dentro dela, o exame das vicissitudes que habitam o 'Plano de Recuperação' revela novidades, descobertas e frustrações a cada passo. Dentre as duas maneiras de ver e analisar o 'Plano' – de dentro para fora e de fora para dentro – escolhemos a primeira. Este texto tratará do 'Plano', portanto, visto sob a ótica do empresário em crise e que dele necessita. A segunda visão, não necessariamente antônima da primeira, seria analisá-lo a partir da ótica da comunidade dos credores e demais agentes da recuperação. São visões diferentes.

Para o caso, o cenário proposto (o pano de fundo) seria a de uma casa um tanto desarrumada, em cujo interior está o empresário com todos os seus problemas a serem enfrentados, organizando a papelada que a lei exige para postular a sua ação de recuperação judicial. O empresário está cheio de indagações, perguntas para as quais nunca há uma só resposta.

O empresário abre a sua janela, enfrentando o desafio de encarar os seus credores, de antemão já avisado que a ação de recuperação judicial possui três características, todas cruéis em relação ao devedor: é uma ação cara. É invasiva. É estigmatizante.

2. O Empresário e a Crise

A lei brasileira é expressa em seu artigo 1.º ao dizer que ali se está a disciplinar *a recuperação judicial, a recuperação extrajudicial e a falência do empresário e da sociedade empresária, doravante denominados simplesmente como devedor*. Portanto e para delimitação do âmbito deste texto, se está a tratar da figura do empresário, pessoa natural ou pessoa jurídica e de suas vicissitudes quando estiver em causa a ação de recuperação da empresa. Esta ação, em tudo especial, está prevista no artigo 47 do mesmo diploma legal que assim se contém: *A recuperação judicial tem por objetivo viabilizar a superação da situação de crise econômico-financeira do devedor, a fim de permitir a manutenção da fonte produtora, do emprego dos trabalhadores e dos interesses dos credores, promovendo, assim, a preservação da empresa, sua função social e o estímulo à atividade econômica.* É ação que pode ser intentada como resposta, no prazo da contestação, quando o devedor empresário for vitimado de ação de falência. É o que contém o permissivo 95 da mesma lei. Proposta a ação de recuperação judicial, o seu 'Plano de Recuperação' deverá ser apresentado pelo devedor, em juízo, no prazo improrrogável de 60 (sessenta) dias contados da publicação da decisão que deferir o processamento da recuperação judicial. Da lei, com efeito, se recolhe extraordinário esforço no sentido de propiciar a recuperação da empresa em crise.[1] A sanção à não apresentação do 'Plano' será a convolação da recuperação em falência (artigo 53). Estes são os pontos da reflexão proposta pelo empresário em crise, debruçado à janela, receoso de que o seu isolamento poderá representar, de fato, um abandono. A ação de recuperação judicial é estigmatizante.

---

[1] Com docente precisão, Manoel Alonso conseguiu elencar as pretensões contidas na lei brasileira de falências e de recuperação de empresas, dela extraindo doze princípios básicos e que bem a caracterizam: A lei brasileira busca: 1) a preservação da empresa; 2) a separação dos conceitos de empresa e empresário; 3) a recuperação das sociedades ou empresários recuperáveis; 4) a retirada do mercado de sociedades ou empresários não recuperáveis; 5) alguma proteção aos trabalhadores; 6) a redução do custo do crédito no Brasil; 7) a celeridade e eficiência dos processos judiciais; 8) a segurança jurídica; 9) a participação ativa dos credores; 10) a maximização do valor dos ativos do falido; 11) a desburocratização da recuperação de microempresas e empresas de pequeno porte; 12) maior rigor na punição de crimes relacionados à falência e à recuperação judicial. (in Newton de Lucca e Adalberto Simão Filho (coords.), *Comentários à Nova Lei de Recuperação de Empresas e de Falências*, São Paulo, Quartier Latin, 2005, p. 248).

É preciso trazer a texto a certeza de que a atividade empresarial é fundamental para a sociedade. O desenvolvimento silencioso da atividade empresarial responde, afinal, pela harmoniosa caminhada da vida moderna, em todos os setores. O dia-a-dia da engrenagem social, da vida das pessoas, nas manhãs de segunda-feira, assim como nas tardes de domingo não é produto do acaso. Decorre de milhares de atividades, conduzidas por interesses diversos e legítimos de todas as atividades desenvolvidas pelo ser humano sobre a terra. A confirmação dessa assertiva está na consagrada afirmação de Adam Smith, conhecida como 'a mão invisível'[2] (*'the invisible hand'*) a dizer que "não é da benevolência do açougueiro, do cervejeiro ou do padeiro que se tem a expectativa de seu bom jantar, mas do interesse de todos eles". Esta é a ação do homem de empresa. É dizer, a desorganização da empresa produz um caos social.

Empresar é assumir riscos. O verbete negócio decorre da junção de duas palavras latinas '*nec*' (negação) e '*ócio*' (ócio). Exercer o comércio ('*commutatio mercium*' – troca de mercadorias) correspondente, pois, à negação do ócio. A expressão latina '*finis commercium est lucrum*' define bem os propósitos da indústria, do comércio e dos serviços, mas, trata-se de uma vocação e nunca de uma certeza porque os prejuízos aparecem.

O conceito de crise, de origem latina '*crise*' e do grego '*krises*', compreende perturbações que alteram o curso ordinário das coisas e cabe aos ordenamentos jurídicos proporcionar soluções para tais situações excepcionais, já que para a crise as soluções não são encontradas na legislação comum. Para seu enfrentamento há necessidade de leis especiais, pontuais.[3] É preciso encontrar caminhos novos e proporcionar soluções para situações excepcionais, lembrando que assim como a crise não se previne com a legislação ordinária, a solução para os seus males não se escolhe num catálogo de oportunidades. Toda crise tem suas peculiaridades. Há crises isoladas, motivadas por ação do próprio empresário ou por determinado setor da economia. Há, também, crises gerais, mais amplas,

---

[2] Pedro Pais de Vasconcelos, *Direito Comercial – Parte Geral, Contratos Mercantis, Títulos de Crédito*, Lisboa, AO, 2011, p. 11: "*it is not from the benevolence of the butcher, the brewer, or the baker that we expect our dinner, but from their regard to their own interest*".

[3] Raquel Pinheiro Rodrigues, *Crise e reestruturação empresarial – as respostas do Direito das Sociedades Comerciais*, in *Revista de Direito das Sociedades*, ano III (2011) – número 1, Lisboa, Almedina, 2011, pp. 231 e 255.

cujas causas nem sempre estarão na ação do empresário ou do seu setor. A crise vista numa alça maior, de um modo geral, não fica acantonada a determinado setor.[4] Ela surpreende e é perversa.

Há, e é frequente, crises provocadas (ou agravadas) por atos ou comportamentos do próprio Estado, e que acabam comprometendo todo um sistema e toda uma estrutura de funcionamento da máquina empresarial. O reconhecimento da crise empresarial, portanto, não se fará a partir de conceitos acabados, assim como a solução para a crise não se obterá mediante aplicação de soluções preconcebidas ou com os remédios prescritos a partir de soluções encontradas em manuais. É modo de se dizer que cada 'Plano de Recuperação Judicial' carrega consigo a sua dose própria de originalidade.

Insolvência, falência, a crise empresarial, enfim, não guardam, necessariamente, relação direta com a prática de delitos. Insucesso, desde sempre, é o outro nome da insolvência. Em Portugal, nas Ordenações Filipinas surgiram as primeiras regras determinando que os mercadores que quebravam seus tratos seriam havidos como ladrões públicos, devendo ser castigados, despidos de nobreza e liberdades. Levava-se ao pé da letra o sentido dos termos latinos *'fallens'*, *'fallentis'*, *'fallo'*, *'falsum'* designativo daquele que engana, daquele que trai dissimuladamente. Havia, no entanto, ressalva para a falência não fraudulenta, restando escrito que os falidos sem culpa *"por receberem grandes perdas no mar ou na terra, sem dolo e sem malícia, não incorrerão em pena"*. Ainda em Portugal vieram as reformas do Marquês de Pombal e do Código Comercial de 1833 (de Ferreira Borges) trazendo, esse último, uma rubrica intitulada *"Das quebras"*, tratando da reabilitação de falidos e de moratórias.

3. O 'Plano de Recuperação judicial'

De acordo com a lei brasileira o 'Plano de Recuperação' deverá conter a discriminação pormenorizada dos meios de recuperação a serem utilizados, demonstrando sua viabilidade econômica, acompanhada de laudo econômico-financeiro e de avaliação dos bens ativos do devedor. Especialmente sobre os modos de recuperação, a lei traz um elenco de dezesseis operações ou possibilidades que isoladas ou combinadas

---

[4] António Menezes Cordeiro, *Perspectivas evolutivas do Direito da Insolvência*, in *Revista de Direito das Sociedades*, ano IV – número 3, Lisboa, Almedina, 2012.

servirão para animar a recuperação do devedor (artigo 50). Não é uma lista fechada.

Na elaboração do 'Plano' é falsa a ideia de que o devedor tenha alguma liberdade na organização de seus credores. Afinal os créditos alinhados no momento da crise do devedor não são todos iguais. Há créditos de natureza tributária (as exações) e equiparados, destinados ao Estado e que por força da quase impossibilidade de se exercer, em relação a esses, transação ou diferimento de sua exigibilidade, a não ser em relação àqueles expressamente em lei autorizados, não seria correto supor que a deliberação pela recuperação da empresa pudesse depender dessa categoria de credores (créditos fiscais e tributários e assemelhados). Recebem tratamento especial os créditos trabalhistas e os que lhe sejam equiparados porque, representando créditos detidos pela força de trabalho (crédito alimentar), não responderiam, sozinhos, os empregados, pelo êxito de uma recuperação. Os créditos protegidos por garantias só se submeterão ao 'Plano' se com ele expressamente concordarem, sem o que restarão intocadas as garantias dadas. Na última fila estão os credores quirografários e, depois, os subordinados, os quais só muito excepcionalmente terão poder e força para ditar a sorte de uma recuperação da empresa devedora. São os considerados credores fracos.[5]

Observe-se que, no ambiente próprio da recuperação da empresa coexistem interesses legítimos e às vezes contrapostos, uns em relação aos outros, em três dimensões diferentes, quais sejam: (i) os interesses do empresário vitimado da crise que pretende a sua recuperação; (ii) os interesses dos credores que, de alguma forma, pretendem receber os seus créditos; (iii) os interesses da empresa, o que, necessariamente, não confere com os interesses do empresário. A noção de "empresa" no caso, corresponde à "atividade empresarial" (como objeto) e não à figura do empresário que é o sujeito da ação.

---

[5] A distinção entre credores fortes e credores fracos é esclarecedora: "Note-se que os credores comuns coincidem em regra com os chamados credores 'fracos', aqueles que não tem a força econômica suficiente para exigir o pagamento a pronto ou a prestação de uma garantia, sendo os credores 'fortes' aqueles que pode exigir a prestação de uma garantia (ou a que a lei confere uma garantia" (L. Miguel Pestana Vasconcelos, *A Cessão de Créditos em Garantia e a Insolvência*, Coimbra, Coimbra, 2007, pp. 992-993; Maria de Fátima Ribeiro, *A Tutela dos Credores da Sociedade por Quotas e a Desconsideração da Personalidade Jurídica*, Coimbra, Almedina, 2012, p. 172).

À janela, um dos medos do empresário está na possibilidade, sempre presente, de os seus credores, pretendendo salvar a si (aos seus interesses de credores) optarem pela salvação da empresa, catapultando, todavia, a figura do empresário autor (na verdade, vítima) de sua própria crise. A ação de recuperação, portanto, além de ser estigmatizante é invasiva.

Sob vários aspectos o 'Plano de Recuperação' estabelece uma concorrência silenciosa nas pontas desse "cabo de guerra". São vários os autores que reconhecem nesta quadra a presença da chamada "teoria dos jogos" segundo a qual cada um luta por si, procurando tirar do *status quo* o melhor proveito individual porque todos querem ganhar. É preciso conhecer os limites de eventuais sacrifícios que podem ser impostos aos credores (precipuamente os garantidos – credores fortes), em benefício de uma recuperação da empresa, sendo de admitir a falência e a liquidação do devedor, quando não se justificar a recuperação postulada (o que pode, também, sob outro e moderno enfoque, compreender-se como meio de recuperação da empresa). Será preciso, afinal, pesar e medir os interesses envolvidos. É preciso decidir entre os interesses (legítimos) da coletividade de credores, em cada categoria distinta, e o interesse (também legítimo) do empresário em crise.[6] O que assalta o empresário recuperando nesta quadra é, também, a ausência de uma liderança natural nesse tipo de processo. Afinal, o devedor, neste momento febril, não seria o líder de seus credores, correndo o risco de, dentre eles, encontrar detratores. Por outro lado, a não ser em casos excepcionais, também dentre os credores não aparece liderança natural. Esta é uma vicissitude do 'Plano de Recuperação'.

Como resultado dessas constatações, se percebe que o 'Plano de recuperação' é, de fato, instrumento especial. A doutrina se consome em argumentos de matizes variados para encontrar o seu conceito. O Código de Insolvência e de Recuperação de Empresas de Portugal (CIRE), antes de tratar do Plano de Recuperação (que poderá ou não vir a existir), cuida, numa alça maior, do chamado 'Plano de Insolvência' que tanto pode levar à liquidação quanto às formas de recuperação. Sobre o seu conteúdo, Menezes Leitão registra que os credores tem, em relação ao

---

[6] É preciso lembrar Carnelutti, no Brasil repetido por Arnold Wald: "*a função do direito é de submeter a economia à ética*", in *Revista de Direito Mercantil, Industrial, Econômico e Financeiro*, São Paulo, RT, 1984, p. 10.

seu conteúdo, ampla liberdade de estipulação, podendo, inclusive, adaptar algumas das soluções que a lei sugere, o que traz ao 'Plano' a característica de negócio jurídico atípico.[7]

De forte viés contratual, novador, o 'Plano' é, pode se dizer, um modo de autocomposição de interesses.[8] Na França, o 'Plano' é considerado como um contrato legal (ou judicial), nele se reconhecendo um produto de decisão judicial ou de caráter judicial dominante, presente o controle e a decisão do juízo.[9]

Do ponto de vista prático, a lei brasileira deixou aparentemente resolvida a questão ao reconhecer que o 'Plano de Recuperação Judicial' implica em novação dos créditos anteriores ao pedido, obrigando o devedor e todos os credores a ele sujeitos, sem, todavia, prejuízo das garantias na forma em que estabelecidas nas leis próprias (artigo 59). Não se está a dizer, no entanto, daquela novação como compreendida na legislação civil em face dos terceiros garantidores da obrigação.

Pelo sistema adotado no Brasil, a apresentação do 'Plano' é atribuída unicamente ao devedor e numa única oportunidade. Esta determinação é razoável porque, apresentado o 'Plano' a ele será dada ampla publicidade para que seja conhecido, discutido e questionado no âmbito dos credores. Não se perca de vista que ao tempo da apresentação, o devedor estará gozando daquele período da graça – o *stay period* que é de seis meses – estação na qual os processos envolvendo as dívidas do devedor estarão suspensos. Se se permitisse a apresentação de mais de um plano, o processo não caminharia. A solução para as questões postas pelos credores, quanto ao plano de recuperação, serão resolvidas na assembleia de credores, que é o foro para o debate e aprovação ou desaprovação do plano proposto. É dizer, os interessados poderão promover alterações no plano proposto e o foro para as decisões a respeito será a assembleia de credores. A ação de recuperação judicial é, pois, invasiva. Este é o modelo.

---

[7] Luis Manuel Teles de Menezes Leitão, *Direito da Insolvência*, 4.ª ed., Lisboa, Almedina, 2012, p. 285.
[8] Gisela Teixeira Jorge Fonseca, *Natureza Jurídica do Plano de Insolvência, Estado de insolvência*, in Rui Pinto (coord.), *Direito da Insolvência, Estudos*, 1.ª ed., Coimbra, Coimbra, 2011, pp. 120-121.
[9] André Jacquemont, *Droit des Entreprises em Difficulté*, 8.ª ed., Paris, Lexis Nexis, 2013, pp. 438-439.

Das alterações poderá resultar desfigurado aquele plano inicial, dando-lhe configuração inteiramente nova. O 'Plano de Recuperação' é, portanto, um instrumento de muitas faces: econômico, financeiro, estratégico, contábil, gerencial e até jurídico. É, indiscutivelmente, um diploma multidisciplinar.

4. As vicissitudes do Plano de Recuperação Judicial (para além dele)

Estabelecidos, em ligeiras e apressadas pinceladas, os contornos do 'Plano de Recuperação' será fácil observar que dele decorrem efeitos que vão muito além daquela relação direta entre o devedor e seus credores submetidos à recuperação judicial. Reconhecendo ser impossível esgotar o tema, para este adminiculo adotou-se a eleição de alguns dos pontos cuja controvérsia está mais acesa, despertando olhares e preocupações dos devedores, dos doutrinadores e dos julgadores.

4.1. O Princípio do Juízo Universal na Ação de Recuperação Judicial

O juízo universal no processo de falência é uma certeza e uma segurança de que o processo de falência terá uma única condução. Afinal, todo corpo tem que ter cabeça. A falência é mesmo uma execução coletiva e é preciso que o trabalho de aglutinação, organização e venda dos bens existentes (o monte ativo) seja presidido por um único magistrado, como forma de otimizar a segunda fase, qual seja a de realizar este ativo para distribuí-lo aos credores da massa (o monte passivo), observando toda a ordem de prelações legais.

Recuperação judicial não é falência (embora dela seja vizinha) e o princípio da universalidade, com algumas adaptações, é de todo indispensável para que a condução do 'Plano' não seja contaminada por decisões de outros magistrados, a pretexto, apenas, do argumento de que há créditos que não se submetem à recuperação judicial. Afinal, nenhum plano fica de pé se com ele concorrendo estiverem decisões judiciais de outros juízos, leiloando e esvaziando o patrimônio da empresa em recuperação. Exemplos claros dessa vicissitude estão nas decisões que, vindos das justiças especializadas do trabalho, da justiça federal e dos juízos de execução de garantias reais põe a pique o 'Plano de Recuperação' e todo o trabalho em torno dele realizado. É assunto que tem dado muito trabalho à jurisprudência em construção.

O princípio da universalidade do juízo na ação de recuperação judicial implica em reconhecer nesse juízo a primazia para conduzir o 'Plano' até a deliberação da assembleia de credores, respeitando-se o *stay period* e não se admitindo o esvaziamento patrimonial da empresa em recuperação. Há de ser, então, o juízo da recuperação o lugar-onde se resolve e se ajusta a recuperação através do 'Plano' proposto. É seguro que para os créditos, direitos e pretensões ainda não constituídos, as demandas correrão em seus leitos naturais, disto, todavia, não se pode servir nem a autoridade e nem os autores de tais demandas para inviabilizar, previamente, a recuperação do devedor autor da ação especial que lhe é própria e peculiar.

4.2. A função do juiz (o controle da legalidade)

A primeira decisão do magistrado que preside o processo de recuperação judicial é de caráter formal, recebendo e mandando processar a ação. Dessa decisão decorrem efeitos graves e imediatos, dentre os quais se destacam a suspensão das ações, execuções e constrições pelo período de seis meses e a nomeação do administrador judicial. Correndo bem a recuperação e havendo a aprovação do 'Plano', em regra pela sua assembleia de credores, outra decisão virá, a de homologação do 'Plano' (*rectius*: da recuperação como aprovada), com caráter, nesta parte, de decisão homologatória. Não se trata, todavia, de uma homologação comum. Vem a texto e a tempo, a doutrina de Moacyr Lobato para quem não exerce o magistrado, em sede de recuperação judicial, atribuições meramente homologatórias, chancelando com uma espécie de visto judicial a vontade imperativa dos credores. Caberá a esta decisão a análise de sua efetiva legalidade, evitando-se desequilíbrio e disparidades que certo poderio poderá ensejar.[10] Esta pertinente advertência doutrinária deverá ser analisada a partir de duas motivações sem as quais não teria sentido. Caberá ao magistrado, no caso, decidir pedido em concreto, o que equivale dizer, deverá, para tanto, ter sido provocado pelos prejudicados com a decisão da assembleia. E, em não havendo provocação, também esta decisão permanece naquele sítio das decisões judiciais onde o função do magistrado outra não será que a do controle estrito da legalidade do ato. Neste passo

---

[10] Moacyr Lobato, *Falência e Recuperação*, Belo Horizonte, Del Rey, 2007, p. 145.

e neste ponto, tenha-se presente o viés contratual, de deliberação privada compreendia no plano aprovado a partir – é o que se pressupõe – da manifestação da vontade livre dos credores em assembleia. Não se trata, todavia, por estas razões, de decisão meramente homologatória.[11]

O processo de recuperação judicial, no Brasil, se divide em três fases: a postulatória, que se inicia com a petição inicial (art. 51) e se encerra com o despacho de processamento (art. 52); a fase deliberativa, que termina com a decisão de concessão da recuperação (art. 58); fase da execução, que regula o cumprimento do plano e conclui a sentença de encerramento do processo de recuperação (art. 63). São, portanto, no mínimo três as intervenções decisivas do magistrado no processo que, bem sucedido, tem data marcada para acabar, o que não ocorria no sistema anterior.[12] Há, neste ponto, uma tentativa de desjudicialização do processo, devolvendo a atividade empresarial ao leito da normalidade após a sentença de encerramento da recuperação, restando, ao devedor, a obrigação de cumprir o 'Plano' no tempo e na forma em que novadas terão sido as obrigações.

Há, todavia, no meio do caminho e no que toca à aprovação do 'Plano', oportunidade de o magistrado exercer a autoridade do Poder Judiciário para viabilizar a aprovação de plano aprovável, trazendo a exercício aquilo que a doutrina identifica como o *Cram Down*.[13] A lei brasileira prevê a possibilidade de o magistrado conceder a recuperação

---

[11] Quem melhor definiu o conteúdo de decisão judicial homologatória foi o Ministro Sálvio de Figueiredo Teixeira, ao ensinar em emblemático acórdão do qual foi relator no Superior Tribunal de Justiça que a jurisdição voluntária é distinta da contenciosa porque *"na jurisdição voluntária não há ação, embora haja pedido; não há processo, há procedimento; não há partes; há interessados; não produz coisa julgada e nem há lide porque em juízo homologatório presume-se que não há resistência. Na expressão de outros juristas, homologar significa agregar a um ato realizado por outro sujeito a autoridade do sujeito que o homologa porque homologar corresponde ao ato que se examina, semelhante, adequado ao ato que deveria ser."* Acórdão proferido em 29.08.2000 pela 4.ª turma do Superior Tribunal de Justiça, nos autos do recurso especial n.º 238.573/SE. (fonte recente: Lígia Paula Pires Pinto, *Recuperação Extrajudicial de empresa – O Direito Empresarial Atual – princípios da preservação da empresa – reorganização empresarial – meios de reorganização*, São Paulo, Elsevier, 2014, pp. 89 e 91).

[12] Newton de Lucca, in Newton de Lucca e Adalberto Simão Filho (coords.), *Comentários à Nova Lei de Recuperação de Empresas e de Falências*, São Paulo, Quartier Latin, 2005, p. 275).

[13] *"Cram Down [...] instituto del derecho norteamericano que faculta al juez a imponer el concordato a uma o más categorias de acreedores dissidentes (claro que dentro de ciertos condicionamentos legalmente establecidos)"* in Lídia Vaiser (coord.), *Estudios de Derecho Concursal (em homenagem a Gullermo*

(deferindo-a, portanto) em benefício do devedor cujo plano não tenha obtido a aprovação normal desde que, cumulativamente: tenha havido voto favorável de credores que representem mais da metade do valor de todos os créditos presentes à assembleia, independentemente de classes e com a aprovação de duas das classes de credores ou, havendo somente duas classes, que tenha havido a aprovação de pelo menos uma delas e na classe em que for rejeitado o plano tenha havido voto favorável de mais de um terço dos credores. Nesse caso e ainda assim, a recuperação não será concedida se houver tratamento diferenciado entre os credores da classe em que se der a rejeição (art. 58). Mediante o *Cram Down*, concede-se ao magistrado uma liberdade mais ampla, facultando-lhe suprir esta falta de aprovação e deferir judicialmente a aprovação do 'Plano' em risco. Compreende a doutrina que não se pode privar o juízo de poderes e atribuições que lhe são assegurados constitucionalmente. Tem-se, no caso, o controle da legalidade formal e substancial, competindo ao magistrado analisar em concreto, dentre outras questões que a singularidade de cada caso suscitar, aquelas que pertinentes (i) ao interesse público envolvido; (ii) ao comportamento ético dos votantes; (iii) à preservação da atividade econômica.[14]

Para bem apreender a relevância da questão, necessário trazer a texto que com o 'Plano' não aprovado restaria ao magistrado outra mais grave decisão, a de decretação da falência do devedor. Com efeito, mero desentendimento entre grupos de credores ou mero embate de interesses menores entre credores e devedor não podem ser suficientes para orientar uma quebra. Ação de falência é de outra etiologia. Necessário refletir que a decretação da quebra implicaria em comportamento mais explícito de parte dos credores recalcitrantes em relação ao 'Plano'. É dizer, não parece razoável a decretação de uma falência sem que haja pedido expresso de quebra. E, neste caso, caberia ao credor, defensor da decretação da falência, a demonstração de que a quebra seria, para o caso, mais

---

Mosso) – Categorización de Acreedores em el Concurso reventivo el estado de las cosas, Buenos Aires, Ad-Hoc, 2003, p. 30.

[14] Jorge Lobo, *Comentários à Lei de Recuperação de Empresas e Falências*, 2.ª ed., São Paulo, Saraiva, 2007, pp. 169 e 172.

benéfica aos interesses daquela comunidade de credores.[15] Esta, afinal, é a questão relevante.

Recente modificação no texto da Lei 11.101/2005 (pela Lei Complementar n.º 147, de 07.08.2014), a nosso aviso traz mais uma atribuição ao magistrado. A lei inova, em seu artigo 5.º que altera dentre outros, os artigos 26, inciso IV e 41, inciso IV, e 45, § 2.º, da lei original cria em benefício das microempresas e das empresas de pequeno porte outra categoria de credores (sem lhes retirar a característica que seus créditos, naturalmente, já carregam) algo de um tipo especial. Andou mal o legislador. Agora, além da distribuição dos créditos entre as conhecidas classes: trabalhistas, garantidos e quirografários (os tributários recebem outro tipo de tratamento) votarão em separado, os credores que sejam ou microempresários ou empresários de pequeno porte. A classificação dos créditos se dava, até então, a partir do tipo de crédito e com a alteração, sem revogar qualquer dispositivo que organiza as categorias de créditos, criou-se esta outra categoria, não mais em função da qualidade do crédito, mas em função da qualidade do credor. Logo, os credores que sejam ou microempresários ou empresas de pequeno porte detém, para o efeito, duas identidades: uma em relação à qualidade do crédito e outra em relação à sua qualidade de pessoa. E essas duas situações se superpõem. A título de exemplo, o microempresário, detentor de hipoteca, reúne condições para figurar nas duas situações: a de credor garantido e a de um credor microempresário. Caberá ao magistrado, propomos, no primeiro despacho a cuidar da realização da assembleia determinar que os credores que sejam ou microempresários ou empresas de pequeno porte deverão declarar, antes, qual das qualidades de voto exercerá em assembleia. Sem este conhecimento prévio não se terá como aferir o quórum de deliberação em assembleia. É tarefa para a autoridade judiciária evitar, previamente, esse imbróglio que a lei criou, não cabendo às partes faze-lo, sob pena restar comprometida a inteireza da deliberação da assembleia de credores.

---

[15] Júlio Kahan Mandel, *Nova Lei de Falências e Recuperação de Empresas*, São Paulo, Saraiva, 2005, p. 127.

4.3. A função do administrador judicial (auxiliar do juiz)

Diferentemente de outros ordenamentos jurídicos, o administrador judicial na ação de recuperação judicial em exame não administra a 'empresa' em recuperação (artigo 22), porque a lei não arreda de suas funções os órgãos sociais do devedor. Mal comparando, a figura do administrador judicial na moderna ação de recuperação corresponde à figura do comissário da concordata na lei antiga (comissário com indumentária nova). Na ação de recuperação judicial o administrador judicial não é credor. Não vota. Não corre risco algum. A rigor nem é administrador de bens de terceiros já que o seu foco há de ser a boa condução do 'Plano de Recuperação' ainda que para isso tenha que acompanhar o desenvolvimento das atividades da empresa, conferindo-lhe a viabilidade e a seriedade de seu 'Plano'.

Quando se afirma que um dos problemas da ação de recuperação está exatamente no preço que por ela se paga (ação de recuperação é uma ação cara), em boa medida se está a reclamar dos custos representados pela figura do administrador judicial, cujo ministério legal está em conduzir o plano, estabelecendo duas interfaces da maior importância: uma em relação aos credores da recuperação e outra em relação ao juiz que preside o processo. Não terá sido feliz a lei brasileira quando tratou da remuneração do administrador, fazendo-o em relação a percentuais sobre o monte devedor (artigo 24, § 1.º). A boa doutrina está a considerar que na fixação dessa remuneração, o magistrado levará em consideração a complexidade da hipótese, mas, com bom senso. Será preciso levar em consideração a capacidade de pagamento do devedor e as horas de trabalho que a empreitada consumirá, de outra forma será a recuperação que estará sendo inviabilizada.[16]

4.4. O Parcelamento dos Débitos Tributários Federais

O Estado, credor de suas exações fiscais, não se submete a plano de recuperação algum, dada a impossibilidade de se transigir com o cré-

---

[16] Cuidam desse tema, os juristas de São Paulo, Paulo Fernando Campos Salles de Toledo, in Paulo Fernando Campos Salles de Toledo, Carlos Henrique Abrão (coords.), *Comentários à Lei de Recuperação de Empresas e Falência*, 2.ª ed., São Paulo, Saraiva, 2007, p. 68; Manoel Justino Bezerra Filho, *Nova Lei de Recuperação e Falências*, São Paulo, RT, 2005, p. 99; Julio Kaham Mandel, *Nova Lei de Falências e Recuperação de Empresas*, São Paulo, Saraiva, 2005, p. 61.

dito público. Neste ponto, em face de suas peculiaridades, a situação brasileira reclama atenção toda especial. Não recolher impostos é sintoma de crise. No Brasil, segundo Ives Gandra da Silva Martins, a carga tributária resvala os 40% do Produto Interno Bruto.[17] Nenhuma recuperação judicial obterá êxito sem que se resolva a questão de seu passivo tributário. O instituto da indisponibilidade dos créditos fiscais (art. 37 da Constituição da República) precisa ser analisado em concreto. A lei de execuções fiscais (n.º 6.830/80) é, no Brasil, responsável pela letargia do Estado credor que sequer comparece nos processos de recuperação e de falência.

A propósito da lei de recuperação, promoveu-se alteração expressa no Código Tributário Nacional – CTN, com a Lei Complementar n.º 118/2005 (artigo 155-A), conferindo aos empresários submetidos à recuperação judicial o direito a parcelamentos especiais de seus tributos, na forma em que a lei haveria de dispor. Ao mesmo tempo e praticando absoluta incoerência legal, o texto expresso da lei de recuperações faz (art. 191-A) exigência da apresentação da prova de quitação de todos os tributos, para efeito da homologação judicial de seu 'Plano de recuperação judicial' (art. 68). O dispositivo legal expresso, ao tratar dos parcelamentos das dívidas tributárias, faz uso da alocução 'poderá' (o Estado poderá fornecer parcelamentos especiais) em absoluta falta de sintonia dessa lei (também) com aquele comando da disposição modificada do Código Tributário Nacional. Esse 'poderá' só pode ter o sentido mandatório ['deverá']. A obtenção de parcelamento das obrigações tributárias é direito do devedor e, portanto, a autoridade encarregada de apreciar o pedido, uma vez preenchidos os requisitos objetivos para tanto, 'deverá' conceder o parcelamento. A lei não reserva à autoridade o direito à decisão subjetiva de não conceder o benefício. A questão é de fundo constitucional, em nome do princípio da isonomia.

Fato é que o legislador brasileiro, finalmente, sanou aquela omissão legislativa, editando a lei n.º 13.043, de 13.11.2014, em cujo texto, alterando legislação anterior (Lei n.º 10.522, de 19.07.2002), em seu artigo 43, confere ao empresário na ação de recuperação judicial, o direito de

---

[17] Ives Gandra da Silva Martins, *Comentários à Lei Complementar n.º 118/2005*, in Rubens Approbato Machado (coord.), *Comentários à Nova Lei de Falências e de Recuperação de Empresas – Doutrina e Prática*, São Paulo, Quartier Latin, 2005, pp. 321-322.

pleitear o parcelamento de seus débitos com a Fazenda Nacional, acenando-lhe com a concessão do prazo de 84 (oitenta e quatro) meses, fazendo-o de modo escalonado, de maneira que a parte mais substancial da dívida parcelada seja quitada na última das prestações. A lei tem sido objeto de acirradas críticas e com razão.

Se é certo que, com a edição dessa lei, restou afastado o argumento da omissão do legislador, longe ainda se está de admitir que a solução legal terá sido razoável. Em primeiro lugar porque é da tradição brasileira a concessão de prazos mais generosos para os devedores junto ao fisco. Os vários modelos de parcelamentos (padrão REFIS) são exemplos claros desta afirmativa. Padece de justificativa razoável a escolha, por mera ficção, do número de meses (84 de meses) fixado pelo legislador.

Em segundo lugar porque a lei (§ 1.º do artigo 43) determina a aplicação do parcelamento à totalidade dos débitos, compreendendo os débitos constituídos ou não, inscritos ou não na dívida ativa da União. A determinação legal não parece correta. Cabe, afinal, ao contribuinte dizer o que é que pretende parcelar. Cabe ao devedor, e só a ele, decidir sobre as matérias e os temas tributários em relação aos quais possa pretender outra solução, tais como, promover outra forma de quitação; fazer pedido específico de compensação onde cabível e discutir judicialmente a parte da dívida em relação à qual entenda cabível alguma discussão razoável. O parágrafo seguinte da mesma norma insiste na exigência de se desistir, expressamente, do direito de impugnar ou de recorrer em relação aos recursos ou ações existentes à data da postulação do parcelamento. São disposições eivadas de manifesta inconstitucionalidade.

Ainda desse mesmo conjunto normativo (§ 4.º do artigo 43) se tem a falência eventualmente decretada como causa de rescisão do parcelamento. Trata-se de imposição legal arcaica e na contramão de uma visão mais moderna e mais saudável do instituto da falência. Afinal, perde o legislador oportunidade de inovar sobre o tema, admitindo, mesmo para as massas, o direito de continuar pagando parcelamento regularmente obtido. Faltou ao legislador, voraz e predador, um gesto de humanização das quebras. E se arremata (o texto legal), obrigando que o empresário se submeta a um único parcelamento. Trata-se de uma disposição legal em si contraditória porque está em contradição com outras leis e regulamentos que tratam, exatamente, de parcelamentos, admitindo ao devedor, mais de um parcelamento e de forma mais vantajosa.

No plano geral, a lei não enfrentou outro aspecto fundamental para a segurança e para a efetividade da ação de recuperação judicial, no sentido de obrigar que o credor dos tributos (o Estado, nas várias instâncias e manifestações de Estado: União, Estados, Municípios, Autarquias) compareça no processo de recuperação para dizer, ele próprio, (credor que é), do valor que entende ser-lhe devido.

Noutro escrito tivemos oportunidade de sugerir e de propor solução que melhor atenderia às necessidades do empresário devedor em crise. Seria a proposta de uma recuperação fiscal na recuperação judicial, compreendida em três pontos fundamentais:

I – A consolidação das dívidas tributárias do devedor, na data da impetração de sua ação de recuperação judicial, sobre cuja consolidação o Estado credor manifestaria, desde logo, o seu de acordo. É preciso tirar o Estado desse seu estado letárgico de não comparecimento na ação de recuperação. Afinal, tanto o devedor quanto os seus credores têm o direito de conhecer, de modo destacado, o exato valor do montante devido ao Estado, antes da elaboração de um plano de recuperação.

II – Com o plano a ser aprovado se submeteria, também, à assembleia de credores, e no mesmo prazo, a forma de parcelamento pretendida e condizente com as condições do plano no que se refira a prazo/número de parcelas do débito.

III – Com a aprovação do plano, com a sua homologação judicial se homologaria, também, o plano de recuperação fiscal, na forma em que proposta e aprovada pela assembleia de credores. Assim se traria para o mundo da realidade o sentido daquela 'indisponibilidade' e daquele 'interesse público' envolvido.[18]

Por fim, ressalte-se que a lei reguladora dos parcelamentos para os devedores em regime de recuperação judicial cuida apenas e exclusivamente de parcelamento das obrigações no âmbito federal. No que toca às

---

[18] A fundamentação doutrinária dessa proposta está contida em trabalho deste expositor intitulado: *A 'Recuperação Fiscal' na Recuperação Judicial: Proposta de uma 'Recuperação Fiscal' dentro da ação de Recuperação Judicial*, in Paulo Fernando Campos Salles de Toledo e Francisco Satiro (coords.), Direito das Empresas em Crise: problemas e Soluções, publicação do IBR – Instituto Brasileiro de Estudos de Recuperação de Empresas, São Paulo, Quartier Latin, 2012, pp. 175-192.

unidades da federação tem sido tímidas as iniciativas de parcelamento, o que é grave, tendo em vista o peso que representa na atividade empresarial brasileira, o imposto sobre circulação de mercadorias e serviços – ICMS. A lei federal não deu bom exemplo.

4.5. Os votos (não votos) em assembleia de credores ausentes ou que se abstêm

Na assembleia de credores a lei considera, em primeiro lugar, o quórum de instalação, a partir do qual se organizarão os grupos de credores. Em segundo lugar se tem o quórum de deliberação, equivale dizer, aquele da contagem de votos para se conhecer o resultado útil do conclave. Nesse passo, a doutrina e a jurisprudência precisam preencher a lacuna da lei no que diz respeito aos credores ausentes e em relação àqueles que, presentes, preferem a abstenção de voto na aprovação do plano.

Animando a discussão em relação ao tema, tenha-se presente que, do ponto de vista legal, a lei não obriga credor algum a comparecer à assembleia. Não parece, portanto, razoável, penalizar a figura do devedor e o seu 'Plano' em face da ausência de devedores que, simplesmente, não querem comparecer ao conclave assemblear. Se razão não há para interpretar a leitura dos ausentes como comportamento de aprovação ao 'Plano', razão também não há para computar essa ausência como se fosse voto desaprovador do 'Plano'. Seria razoável, para tais hipóteses, considerar os ausentes como aprovadores do projeto de recuperação, afinal, publicado e dependente dessa assembleia de credores para sua sagração ou não. De outro modo se estaria considerando o 'credor de pijama' (aquele que ficou em casa) como se tivesse requerido a falência do devedor. Isto é que não seria razoável.

Noutra consideração, mas, para sustentar aquela mesma conclusão, está em que os credores que, estando presentes, se abstêm (e apenas se abstêm) de aprovar o 'Plano' não podem ser considerados como votos contrários à sua aprovação. É que, presentes à assembleia, se se tem a intenção de levar o devedor à falência, o voto deve ser declarado e neste sentido, deve ser fundamentado e claro.[19] É preciso, afinal, conhecer a *causa mortis* do moribundo, propiciando-lhe o que seria um *requien cum*

---

[19] Júlio Kahan Mandel, *Nova Lei de Falências e Recuperação de Empresas*, São Paulo, Saraiva, 2005, pp. 125 e 127.

dignitate. A abstenção contém, de certo modo, um comportamento estranho e às vezes, munido de certa covardia, já que o abstente não torna clara a intenção velada de seu comportamento. É preciso recorrer ao léxico para deixar arredado de dúvida, que reprovação do 'Plano' é reprovação do 'Plano' e abstenção não se confunde com reprovação. Não se pode, afinal, chamar de reprovação qualquer outra manifestação de vontade livre que reprovação não tenha sido. Cada palavra tem o seu sentido próprio e neste caso, não se confundem. Logo, as abstenções não servem para fundamentar desaprovação de 'Plano' algum e, com menor razão ainda serviria de fundamento para a decretação de falência porque decreto de falência não pode ter por fundamento comportamentos de manifesta e pública tibieza.

É sabido que lei alguma pode ter por finalidade resolver todas as questões passíveis de verificação. O legislador não é adivinho. Tem sido comum a realização de assembleias com questões ainda em aberto, não resolvidas e relacionadas com os créditos postos no 'Plano'. Embora de imprevisão legal, parece razoável e tem sido utilizado, nesses casos, e com razoável sucesso, a coleta de 'votos condicionais', ou em separado, deixando-se o seu cômputo ou a sua eficácia a cargo da decisão judicial que declarar o direito em torno do qual a assembleia não tenha poderes para decidir.

4.6. A Situação dos Coobrigados dos devedores em Recuperação Judicial

A situação dos garantidores das obrigações do devedor que se submete à ação de recuperação judicial é questão ainda não resolvida e corresponde a um desafio para a doutrina e para a jurisprudência em construção. É seguro que a própria lei sustenta que a novação é o resultado do 'Plano' de recuperação aprovado, estabelecendo-se um novo tempo para aquele conjunto de obrigações abrigadas no 'Plano' dentro de uma nova conformação. No entanto, a mesma lei não diz da exoneração da obrigação dos garantidores originais da dívida perante os credores que estão, assim e dessa forma, garantidos por coobrigação de terceiros.[20] Este debate

---

[20] A segunda Secção do Superior Tribunal de Justiça, julgando caso condutor (dos chamados recursos repetitivos) Recurso Especial de n.º 1333349/SP, para efeitos do artigo 543-C do CPC decidindo que *"A recuperação judicial do devedor principal não impede o prosseguimento das execuções,*

necessita ser retomado porque cada plano tem as suas singularidades e as garantias outorgadas não são iguais.

A lei de recuperação, como já se demonstrou está conferindo ao instituto da novação um sentido apenas parcial porque o credor da obrigação garantida tem em seu favor, a novação da lei enquanto lhe convier, e fica-lhe também à sua conveniência, reservado o direito de negá-la, para exigir dos garantidores, noutra condição, aquela mesma obrigação novada. Cumprindo o garantidor a obrigação garantida, em regra, terá direito de regresso contra o devedor original e este círculo vicioso não se encerra, grassando a insegurança jurídica, o que a ninguém interessa. Por outro lado, se está deixando de considerar, do ponto de vista conceitual, as obrigações que, por sua natureza, são obrigações autônomas, cujo melhor exemplo é a obrigação do aval (que não guarda relação com a obrigação garantida) dando-lhes o mesmo tratamento que se dá às obrigações que são necessariamente acessórias, cujo melhor exemplo é a fiança (que guarda relação direta com a obrigação garantida porque é dela um acessório). Sempre que estiver em pauta uma obrigação acessória, sentido não faz adotar outro entendimento, segundo o qual a novação não teria sido alcançada pelo 'Plano' aprovado. Afinal, ao se aprovar o 'Plano de recuperação' terá sido o credor aquele que aceitou as novas condições da obrigação a ser adimplida. Essa questão aponta ainda para uma singularidade que mais agrava a situação do garantidor porque não sendo credor da recuperação em causa, nela não possuindo direito de voto, não tem mesmo o que fazer.[21] A doutrina e a jurisprudência, com maior acerto, ainda se debruçarão sobre este tema.

---

nem tampouco induz suspensão ou extinção de ações ajuizadas contra terceiros devedores solidários ou coobrigados em geral, por garantia cambial, real ou fidejussória, pois não se lhes aplicam a suspensão prevista nos artigos 6.º, e 52, inciso III, ou a novação a que se refere o artigo 59, caput, por força do que dispõe o artigo 49, parágrafo 1.º, todos da Lei n.º 11.101/05."

[21] É o que pensa, dentre outros Francisco Satiro, em *Credor versus fiador na recuperação judicial*, publicado no Valor Econômico, Caderno legislação e Tributos, edição de sábado, domingo e segunda, 1, 2, e 3, de novembro de 2014, p. E2; e Caio Soares Junqueira, em *A Evolução do Entendimento Jurisprudencial a respeito dos efeitos da novação sobre os coobrigados do devedor em recuperação judicial*, publicação de José Anchieta da Silva Advocacia – 25 anos, Belo Horizonte, Del Rey, 2015, no prelo.

5. Conclusões

As conclusões que esta breve caminhada possam suscitar serão sempre menores se comparadas com o permanente e concreto desafio que cada um desses pontos abordados, dentre tantos outros, está a representar em sede de recuperação judicial da empresa.

Segundo pertinente reflexão de Orlando de Carvalho, o Direito Comercial é direito típico do capitalismo e, portanto, não pode deixar de exprimir as contradições que são próprias desse sistema. Nele se manifesta um 'direito de classe' (cuja origem está naquele direito das guildas da Idade Média). É um 'direito de privilégios' (criados para garantir o funcionamento de seus institutos), repleto de flutuações. É 'singularizante'. Com esses atributos, a contradição mais à mostra está no trato de um sistema econômico onde se vive, ao mesmo tempo, rotina e aventura.[22]

Pode-se dizer que uma das finalidades (ainda que não declarada) do instituto da recuperação da empresa está na necessidade de manutenção dos contratos.[23] Arriscaria mesmo a dizer que esta deve ser a sua preocupação primordial porque é no contrato que está a essência do ato de comércio. Não fosse a existência do contrato e a sua constante evolução é possível que a humanidade ainda estivesse parada nalguma estação da Idade Média. Não pode o contrato, afinal, ser visto, apenas, na sua dimensão jurídica, na medida em que ele reflete uma realidade exterior. O contrato é a veste jurídica das operações econômicas, seu instrumento legal. A história do contrato e a sua função dentro do Direito Comercial demonstram a sua importância como instrumento de mediação social.[24]

Noutro giro, se depara com as frequentes lacunas da legislação comercial-falencial, produto mesmo da dinâmica da atividade empresarial e que, paradoxalmente, convivem com uma permanente alteração dos textos legais postos a seu serviço. O consolo, a este respeito, vem de preciosa e arguta observação de Menezes Leitão que encontrou

---

[22] Orlando Carvalho, *Direito das Empresas*, (coordenação de Francisco Liberal Fernandes, Maria Raquel Guimarães e Maria Regina Redinha), 1.ª ed., Coimbra, Coimbra, 2012, pp. 242-243.

[23] Na França, Saint-Alary-Hovin anota o esforço da lei e da jurisprudência no sentido de se manter, apesar da crise, os contratos firmados nas suas condições originais. (Corinne Saint-Alary-Hovin, *Droit Entreprises em Dificulté*, 8.ª ed., Paris, LGDJ Lextenso Éditions, 2013, p. 360).

[24] Enzo Roppo, *O Contrato*, (tradução de Ana Coimbra e Manuel Januário da Costa Gomes), Coimbra, Almedina, 2009, pp. 7, 11, 127 e 335.

no preâmbulo do Código de Falências de Portugal, no distante ano de 1.899 a seguinte justificativa: *"em matéria de falência não há previsões legislativas que bastem, nem reformas que muito durem"*.[25] Em face dessas lacunas, o Direito de falências e de recuperação das empresas há de recorrer aos princípios jurídicos que lhes sejam aplicáveis, dentre os quais os princípios da preservação da empresa e da conservação dos contratos. Os princípios são a luz da norma.

No Brasil, de se reconhecer que ainda não foram assimilados ou suficientemente experimentados vários pontos que a lei de 2005 disponibiliza, dentre os quais se destacam o trespasse, o arrendamento, a cessão de unidades produtivas sem os encargos da sucessão de obrigações.

O Direito Comercial e nele inserido o Direito de falências e de recuperação de empresas é necessariamente um direito moderno, do tempo presente. É Direito que não tem medo do novo. Necessita ter respostas rápidas para todas as vicissitudes da atividade mercantil. Por tais razões é um direito em permanente ebulição. É vulcânico. É o Direito do enfrentamento dos fatos empresariais do dia-a-dia. Não se pode, todavia, esquecer que o direito da crise trata de empresas doentes, mas, lida com pessoas.[26]

Dentre os vários ramos do Direito, em relação ao Direito Comercial, Mercantil ou dos Negócios, (qualquer que seja o patronímico que se lhe dê), dele se pode afirmar que a busca de soluções (dentro do direito) não pode ficar para o amanhã. O Direito Comercial não pode confiar no futuro, porque este rouba de todos nós, indistintamente, 24 horas, todos os dias. A afirmação de Arthur Miller vem a calhar, *para um caixeiro-viajante a vida não tem chão firme*.[27]

---

[25] Luis Manuel Teles de Menezes Leitão, *Direito da insolvência*, 5.ª ed., Coimbra, Almedina, 2013, em prefácio.

[26] António Menezes Cordeiro, *Perspectivas evolutivas do Direito da Insolvência*, in *Revista de Direito das Sociedades*, ano IV (2012) – número 3, Lisboa, Almedina, 2012.

[27] Arthur Miller, *A Morte de um Caixeiro-Viajante (e outras quatro peças)*, traduzido por José Rubens Siqueira, São Paulo, Companhia das Letras, 2009, p. 267.

Recuperação judicial e o regime jurídico do consórcio: os impactos da crise econômico-financeira de uma consorciada*

LUÍS FELIPE SPINELLI
RODRIGO TELLECHEA
JOÃO PEDRO SCALZILLI

1. Introdução

O caráter multifacetário (*e.g.* jurídico, econômico, social) da Lei 11.101/ /2005 (LRE) faz com que as demandas que circunscrevem seus dispositivos legais sejam de natureza variada e, muitas vezes, de complexo equacionamento. Ao longo de seus 10 anos de vigência, inúmeros foram os temas debatidos pela doutrina, enriquecidos pela prática e sedimentados pela jurisprudência.

A juventude do referido diploma legal contrapõe-se à complexidade dos interesses que orbitam no seu entorno. De um lado, a LRE caminha em direção à puberdade com a (quase) certeza do amadurecimento, na cultura jurídica pátria, do princípio da preservação da empresa; de outro,

---

* Agradecemos a contribuição do amigo Gilberto Deon Corrêa Júnior na elaboração do presente ensaio. O interesse em estudar e escrever sobre o tema adveio de um trabalho jurídico realizado em conjunto.

os intérpretes e profissionais do direito anteveem um percurso com enormes desafios, muitos deles inimagináveis quando da sua concepção.

Nesse contexto, um dos temas mais atuais do direito recuperatório brasileiro diz respeito aos impactos que a recuperação judicial de uma consorciada pode acarretar no âmbito de um contrato de consórcio, regrado pela Lei 6.404/76 (LSA) nos arts. 278[1] e 279[2]-[3].

A urgência e a relevância do assunto decorrem de pelo menos dois fatores elementares: (*i*) a omissão da LRE no trato da matéria; e (*ii*) a dimensão do problema, potencializada pela crise econômica que assombra o país. O presente ensaio tratará dos aspectos jurídicos inerentes ao

---

[1] "Art. 278. As companhias e quaisquer outras sociedades, sob o mesmo controle ou não, podem constituir consórcio para executar determinado empreendimento, observado o disposto neste Capítulo.
§ 1.º O consórcio não tem personalidade jurídica e as consorciadas somente se obrigam nas condições previstas no respectivo contrato, respondendo cada uma por suas obrigações, sem presunção de solidariedade. § 2.º A falência de uma consorciada não se estende às demais, subsistindo o consórcio com as outras contratantes; os créditos que porventura tiver a falida serão apurados e pagos na forma prevista no contrato de consórcio".
[2] "Art. 279. O consórcio será constituído mediante contrato aprovado pelo órgão da sociedade competente para autorizar a alienação de bens do ativo não circulante, do qual constarão: I – a designação do consórcio se houver; II – o empreendimento que constitua o objeto do consórcio; III – a duração, endereço e foro; IV – a definição das obrigações e responsabilidade de cada sociedade consorciada, e das prestações específicas; V – normas sobre recebimento de receitas e partilha de resultados; VI – normas sobre administração do consórcio, contabilização, representação das sociedades consorciadas e taxa de administração, se houver; VII – forma de deliberação sobre assuntos de interesse comum, com o número de votos que cabe a cada consorciado; VIII – contribuição de cada consorciado para as despesas comuns, se houver. Parágrafo único. O contrato de consórcio e suas alterações serão arquivados no registro do comércio do lugar da sua sede, devendo a certidão do arquivamento ser publicada".
[3] Não estamos tratando das administradoras de consórcio para a compra de bens e serviços (imóveis, carros, motos, por exemplo) por meio de autofinanciamento (as chamadas "administradoras de consórcios"), que não estão sujeitas à LRE (art. 2.º, II) mas que se submetem aos regimes de administração especial temporária (RAET) (Decreto-Lei 2.321/87: remissão feita pelo art. 39 da Lei 11.795/08, que dispõe sobre o "Sistema de Consórcio") e de liquidação extrajudicial (Lei 6.024/74: remissão feita pelo art. 39 da Lei 11.795/08), decretados e efetuados pelo Banco Central do Brasil, assim como as instituições financeiras, justamente porque a elas se equiparam pelo fato de que igualmente captam poupança popular. De se observar, no entanto, que as administradoras de consórcio podem falir, nas mesmas especiais condições das instituições financeiras, hipótese em que a elas se aplica a LRE.

tema, na tentativa de contribuir para o preenchimento da lacuna legislativa, doutrinária e jurisprudencial existente.

O consórcio, como arquétipo jurídico adequado para dar sustentação a operações de grande envergadura econômica, ganhou imenso destaque no cenário nacional a partir do programa de reformas governamentais implementado na área de infraestrutura, incluindo a revisão do regime legal das concessões de setores públicos estratégicos (*e.g.* energia e aeroportos).

Ocorre que, se do ponto de vista societário, a veste e o arcabouço contratual plurilateral asseguram ao regime do consórcio certa margem de segurança operacional, em uma perspectiva recuperatória, a omissão da LRE traz uma série de dúvidas e questionamentos, cuja resposta não advém de um simples silogismo legal.

A rigor, o fato de uma sociedade consorciada estar em recuperação judicial não altera seu regime com relação ao consórcio, nem com as demais consorciadas ou terceiros[4]. Na verdade, a sociedade consorciada (em recuperação judicial) continuará exercendo sua atividade empresária, cumprindo sua função no empreendimento e permanecendo como parte do consórcio.

Essa constatação, porém, não invalida a conclusão de que o advento da recuperação judicial de uma consorciada pode, além de afetar a relação externa do consórcio junto aos clientes, acarretar uma série de impactos tanto perante terceiros credores quanto perante as demais consorciadas, bem como ensejar outras eventuais consequências perante órgãos públicos, por exemplo.

2. O consórcio, a recuperação judicial de consorciada e os débitos perante terceiros

Segundo a LSA, com respaldo na doutrina, o consórcio é um contrato plurilateral por meio do qual duas ou mais sociedades (ou pessoas naturais, para quem assim sustenta[5]) comprometem-se a executar determinado

---

[4] Lembre-se que a sociedade em recuperação judicial não perde a posse de seus bens nem se torna inabilitada para o exercício da sua atividade empresária, continuando a explorar normalmente seu objeto social (art. 64 da LRE), razão pela qual deve cumprir as obrigações que assumiu por meio do contrato de consórcio.

[5] Sobre o tema, entre outros, ver: Mauro Rodrigues Penteado, *Consórcios de Empresas*, São Paulo, Livraria Pioneira, 1979, pp. 141-142; Ernesto Luís Silva Vaz, *Consórcio de Empresas: regime jurídico*,

empreendimento, obrigando-se nas condições previstas no respectivo contrato de consórcio, respondendo cada consorciada por suas obrigações, sem presunção de solidariedade (LSA, art. 278, *caput* e §1.º).

Como não possui personalidade jurídica, o consórcio não goza dos atributos decorrentes da personificação, especificamente a autonomia patrimonial, razão pela qual seu contrato constitutivo deve regular a relação jurídica de cada consorciada com os bens e direitos destinados ao consórcio (sem prejuízo de que o bem seja de propriedade de todas as consorciadas em condomínio)[6].

A representação do consórcio perante terceiros (faceta externa)[7], bem como o debate acerca da existência ou não de sua capacidade negocial e processual, é tema polêmico na doutrina e na jurisprudência[8], dos

---

Dissertação de Mestrado, Faculdade de Direito da Universidade de São Paulo, São Paulo, 2010, p. 84; Fabiana Carsoni Alves Fernandes da Silva, *Consórcios de Empresas: aspectos jurídicos relevantes*, São Paulo, Quartier Latin, 2015, pp. 77 ss.

[6] Nelson Eizirik, *A Lei das S/A Comentada*, v. III, São Paulo, Quartier Latin, 2011, p. 560; Fabiana Carsoni Alves Fernandes da Silva, *Consórcios de Empresas: aspectos jurídicos relevantes*, São Paulo, Quartier Latin, 2015, p. 55.

[7] Para aprofundamento sobre as facetas externas e internas do contrato plurilateral ver: Arturo Dalmartello, *I rapporti giuridici interni nelle società commerciale*, Milano, Giuffrè, 1937.

[8] De um lado, há quem entenda que o consórcio teria capacidade negocial e processual e seria representado pela consorciada líder ou por aquela que exerce a função de administradora, nos termos do contrato de consórcio. Nesse sentido: Nelson Eizirik, *A Lei das S/A Comentada*, v. III, São Paulo, Quartier Latin, 2011, p. 559; Modesto Carvalhosa, *Comentários à Lei de Sociedades Anônimas*, v. 4, t. II, 4.ª ed., São Paulo, Saraiva, 2011, pp. 433-434; José Waldecy Lucena, *Das sociedades anônimas*, v. 3, Rio de Janeiro, Renovar, 2012, pp. 1090-1091; Fabiana Carsoni Alves Fernandes da Silva, *Consórcios de Empresas: aspectos jurídicos relevantes*, São Paulo, Quartier Latin, 2015, pp. 53 ss. Modesto Carvalhosa, todavia, que vislumbra a existência de personalidade judicial e negocial do consórcio, não entende possível que o consórcio acione uma de suas consorciadas, salvo convenção expressa em contrário (Modesto Carvalhosa, *Comentários à Lei de Sociedades Anônimas*, v. 4, t. II, 4.ª ed., São Paulo: Saraiva, 2011, pp. 453-454). Na jurisprudência, especificamente no que tange à capacidade processual, ver, exemplificativamente: STJ, REsp 147997/RJ, Rel. Min. Edson Vidigal, 5.ª Turma, j. 15/04/1999; TRF-1, Agravo Regimental na Apelação em Mandado de Segurança 2005.34.00.018454-8/DF, Rel. Des. Selene Maria de Almeida, 5.ª Turma, j. 10/08/2005; TRF-1, Agravo de Instrumento 0027498-57.2010.4.01.0000/DF, Rel. Des. Souza Prudente, 8.ª Turma, j. 07/10/2011; TJRS, Agravo de Instrumento 70062579321, Rel. Des. Carlos Eduardo Zietlow Duro, 22.ª Câmara Cível, j. 19/12/2014; TJSP, Agravo de Instrumento 2066568-13.2013.8.26.0000, Rel. Des. Rubens Rihl, 8.ª Câmara de Direito Público, j. 02/04/2014. De outro lado, afirmando que o consórcio não pode assumir obrigações enquanto tal, nem possui capacidade processual, ver: Egberto Lacerda Teixeira, José Alexandre Tavares

quais não nos ocuparemos neste ensaio. De qualquer sorte, ainda que o consórcio venha a atuar por intermédio da sociedade líder[9], cada uma das consorciadas assume, perante terceiros, direitos e obrigações em nome próprio[10], sendo suas responsabilidades reguladas pelo contrato de consórcio e pelos pactos firmados com terceiros[11].

Ademais, no consórcio, não existe solidariedade entre as consorciadas, salvo nos seguintes casos: (*i*) estipulação expressa no contrato de consórcio (LSA, art. 278, §1.º); (*ii*) previsão na legislação especial (como ocorre na Lei 8.666, art. 33, V; no Código de Defesa do Consumidor, art. 28, §3.º; ou em caso de prática de ato ilícito por mais de uma consorciada); (*iii*) em decorrência de criação jurisprudencial (como se dá na esfera trabalhista)[12]; – ou, logicamente, (*iv*) caso a solidariedade tenha sido estipulada em eventual contrato apartado firmado pelas consorcia-

---

Guerreiro, *Das sociedades anônimas no direito brasileiro*, v. 2, São Paulo, José Bushatsky, 1979, pp. 796-797; Ernesto Luís Silva Vaz, *Consórcio de Empresas: regime jurídico*, Dissertação de Mestrado, Faculdade de Direito da Universidade de São Paulo, São Paulo, 2010, pp. 91 ss (apesar de não manifestar sua posição de modo expresso ao trabalhar a questão da capacidade processual). Ver, especificamente no que tange à ilegitimidade de estar em juízo, por exemplo: TRF-1, Mandado de Segurança 0073071-21.2010.4.01.0000/DF, Rel. Des. Selene Maria de Almeida, Corte Especial, j. 17/11/2011; TJRS, Recurso Cível 71005039839, Rel. Juiz Cleber Augusto Tonial, 3.ª Turma Recursal Cível, j. 11/12/2014.

[9] O que muitas vezes ocorre na prática, sendo emitidas notas fiscais e ordens de pagamento, por exemplo, em nome do próprio consórcio, isso quando não é feito em nome da consorciada líder.

[10] Justamente pelo fato de não ser o consórcio que exerce atividade empresária nem se responsabiliza perante terceiros, o consórcio não pode falir ou se valer da recuperação judicial ou extrajudicial, mas somente suas consorciadas.

[11] Fabiana Carsoni Alves Fernandes da Silva, *Consórcios de Empresas: aspectos jurídicos relevantes*, São Paulo, Quartier Latin, 2015, pp. 53 ss. Ver, também: Nelson Eizirik, *A Lei das S/A Comentada*, v. III, São Paulo, Quartier Latin, 2011, pp. 559-560; Egberto Lacerda Teixeira, José Alexandre Tavares Guerreiro, *Das sociedades anônimas no direito brasileiro*, v. 2, São Paulo, José Bushatsky, 1979, p. 797; Ernesto Luís Silva Vaz, *Consórcio de Empresas: regime jurídico*, Dissertação de Mestrado, Faculdade de Direito da Universidade de São Paulo, São Paulo, 2010, pp. 91 ss.

[12] Esse tem sido o entendimento da Justiça do Trabalho, que estende às consorciadas o conceito de grupo econômico: TST, RR 98500-78.2008.5.03.0110, Rel. Min. José Roberto Freire Pimenta, 2.ª turma, j. 18/06/2014; TRT-1, RO 00017206120125010023 RJ, Rel. Des. Giselle Bondim Lopes Ribeiro, 7.ª Turma, j. 30/06/2014; TRT-10, RO 01305-2012-017-10-00-8 DF, Rel. Des. Elke Doris Just, 2.ª Turma, j. 22/01/2014.

das. Assim, em regra, cada consorciada será, no âmbito externo, responsável pelas obrigações por ela assumidas[13].

Diante desse cenário, caso alguma das consorciadas ingresse no regime jurídico da recuperação judicial (tendo, portanto, débitos perante terceiros)[14], tais credores poderão se sujeitar à recuperação judicial, nos termos do art. 49 da LRE – ou, eventualmente, incidirão no regime dos créditos extraconcursais do art. 67.

Caso haja responsabilidade solidária de todas (ou algumas) as consorciadas, o credor poderá satisfazer seu crédito no patrimônio individual das responsáveis solidárias (LRE, art. 49, §1.º)[15], conforme entendimento

---

[13] Nelson Eizirik, *A Lei das S/A Comentada*, v. III, São Paulo, Quartier Latin, 2011, pp. 561-562. Ver, também: José Waldecy Lucena, *Das sociedades anônimas*, v. 3, Rio de Janeiro, Renovar, 2012, pp. 1111-1112; Egberto Lacerda Teixeira, José Alexandre Tavares Guerreiro, *Das sociedades anônimas no direito brasileiro*, v. 2, São Paulo, José Bushatsky, 1979, pp. 799-801; Fabiana Carsoni Alves Fernandes da Silva, *Consórcios de Empresas: aspectos jurídicos relevantes*, São Paulo, Quartier Latin, 2015, pp. 87-89; Ernesto Luís Silva Vaz, *Consórcio de Empresas: regime jurídico*, Dissertação de Mestrado, Faculdade de Direito da Universidade de São Paulo, São Paulo, 2010, pp. 96-97.

[14] Tendo em vista o regime jurídico do consórcio no ordenamento jurídico brasileiro e as discussões existentes em torno da sua capacidade negocial, não se pode descartar o argumento de que o próprio consórcio poderia, eventualmente, ser titular de algum crédito contra a consorciada em recuperação judicial. Nesse sentido, opina José Waldecy Lucena: "Do exposto, já se vê que também admitimos que o consórcio tem capacidade jurídica para figurar em relações jurídicas de direito material, ativa e passivamente, pertinentes às suas finalidades, tanto pode o consórcio receber receitas e partilhar os resultados (art. 279, V), por isso mesmo tendo administração e contabilidade próprias (art. 279, VI). E embora não seja dotado de capital social, tem patrimônio próprio, independente dos patrimônios de cada sociedade consorciada, formado com recursos que lhe são por elas destinados, justamente para que possa exercer a administração consorcial". (José Waldecy Lucena, *Das sociedades anônimas*, v. 3, Rio de Janeiro, Renovar, 2012, p. 1090). E, aqui, remetemos, por exemplo, às palavras de Nelson Eizirik ao comentar o art. 278, §2.º, da LSA: "A [consorciada] falida ou liquidada deve retirar-se **e os créditos que porventura tiver diante do consórcio ou das demais consorciadas** deverão ser apurados e pagos na forma prevista no contrato. Assim, é recomendável que as consorciadas regulem a matéria com cuidado, inclusive já indicando, no contrato, como se procederá à avaliação de tais créditos". (Nelson Eizirik, *A Lei das S/A Comentada*, v. III, São Paulo, Quartier Latin, 2011, p. 563, grifo nosso).

[15] Nessa direção já decidiu o TJRJ: "Dimana diretamente da lei de regência a 'responsabilidade solidária dos integrantes pelos atos praticados em consórcio, tanto na fase de licitação quanto na de execução do contrato' (art. 33, V, Lei 8.666/93). Inescondível, portanto, a solidariedade da consorciada recuperanda pelo crédito relativo a contrato celebrado pelo consórcio com terceiro, cujo objetivo é declaradamente viabilizar a execução dos serviços objeto do contrato primitivo, fruto da licitação" (TJRJ, Agravo de Instrumento 0057801-15.2013.8.19.0000, Rel. Des. Elisabete Filizzola, 2.ª Câmara Cível, j. 29/01/2014).

pacificado[16], sub-rogando-se no crédito a consorciada que eventualmente efetuar o pagamento[17], desde que respeitado o previsto no contrato de consórcio (e nos eventuais outros regramentos previstos no âmbito do consórcio) – o qual poderá, inclusive, ensejar a não sujeição do crédito à recuperação judicial (como veremos no próximo item deste ensaio)[18].

3. A recuperação judicial de consorciada e os débitos perante outras consorciadas na sistemática do contrato de consórcio

No âmbito interno do consórcio, a relação se estabelece entre as sociedades consorciadas[19], na medida em que as partes decidem somar esforços para atuar de modo coordenado na consecução de um objetivo comum

---

[16] O STJ já sedimentou entendimento em torno da previsão do art. 49, §1.º, da LRE (no sentido de que o credor pode exercer seus direitos contra terceiros garantidores, impondo a manutenção das ações e execuções ajuizadas contra os coobrigados). Por todos, ver: STJ, REsp 1333349/SP (Recurso Repetitivo), Rel. Min. Luis Felipe Salomão, 2.ª Seção, j. 26/11/2014. Na doutrina, por exemplo, ver: Luiz Roberto Ayoub, Cássio Machado Cavalli, *A Construção Jurisprudencial da Recuperação Judicial de Empresas*, Rio de Janeiro, Forense, 2013, pp. 65 ss.

[17] Embora não haja previsão expressa na LRE, a sub-rogação no contexto recuperatório/falimentar tem efeitos jurídicos distintos da sub-rogação regulada pelo Código Civil. Enquanto nesta transfere-se ao novo credor todos os direitos, ações, privilégios e garantias do primitivo, em relação à dívida, contra o devedor principal e os fiadores (art. 349), naquela essa transferência não é plena, nem absoluta. Exemplo típico dessa distinção é o caso do responsável subsidiário condenado a pagar verbas trabalhistas em reclamatória laboral, o qual deve ter de se habilitar no processo falimentar na classe quirografária, a despeito do crédito em que se sub-rogou ter natureza trabalhista. O entendimento majoritário da jurisprudência é no sentido de que o crédito trabalhista tem natureza alimentar e está atrelado à própria pessoa do credor, não podendo ser transferido para terceiros (STJ, Conflito de Competência 90477/SP, Rel. Min. Fernando Gonçalves, 2.ª Seção, j. 25/06/2008; TJRS, Agravo de Instrumento 70051047538, Rel. Des. Artur A. Ludwig, 6.ª Câmara Cível, j. 13/12/2012; TJSP, Agravo de Instrumento 2025787-12.2014.8.26.0000, Rel. Des. Fortes Barbosa, 1.ª Câmara Reservada de Direito Empresarial, j. 03/07/2014; TJMG, Apelação Cível 1.0000.00.271185-1/000, Rel. Des. Francisco Figueiredo, 2.ª Câmara Cível, j. 17/12/2002). Em sentido contrário, admitindo que o crédito sub-rogado seja habilitado na sua classe de origem (mesmo que trabalhista), ver: TJSP, Agravo de Instrumento 02390754820128260000, Rel. Des. Francisco Loureiro, 1.ª Câmara Reservada de Direito Empresarial, j. 26/03/2013. Sobre o tema ver: Luiz Roberto Ayoub, Cássio Machado Cavalli, *A Construção Jurisprudencial da Recuperação Judicial de Empresas*, Rio de Janeiro, Forense, 2013, pp. 71-72.

[18] Em nosso sentir, a mesma linha de raciocínio aplica-se à recuperação extrajudicial ou à falência de uma das consorciadas.

[19] Egberto Lacerda Teixeira, José Alexandre Tavares Guerreiro, *Das sociedades anônimas no direito brasileiro*, v. 2, São Paulo, José Bushatsky, 1979, p. 797.

(como a prestação de um serviço ou a execução de uma obra). As consorciadas assumem uma série de obrigações (de custeio, de fornecimento de mão de obra e/ou equipamentos, de transferência de *know-how*, etc.) em troca, normalmente, da participação em uma parcela do resultado do empreendimento comum. Tudo em conformidade com o contrato de consórcio (e outros regramentos internos).

Não raras vezes, quando da impossibilidade de aporte de recursos por uma das consorciadas (cuja crise pode ensejar pedido de recuperação judicial), outra consorciada (ou outras consorciadas) aporta o valor necessário para o desenvolvimento do empreendimento acordado – o que se torna especialmente comum quando as consorciadas respondem solidariamente perante terceiros, como no caso de consórcios constituídos para a contratação com o Poder Público.

No cenário em que uma das consorciadas ajuíza recuperação judicial, resta saber se a integralização substitutiva de um dos aportes será considerada crédito da consorciada substituta em face da parte inadimplente, estando ou não sujeito ao regime da recuperação judicial. O cerne do problema está em saber o exato momento do nascimento de eventual crédito/débito no âmbito do contrato de consórcio. Ou seja: se (*i*) o crédito das consorciadas nasce necessariamente de um permanente *encontro de contas*, de tal sorte que em cada momento a consorciada terá um crédito ou um débito em face das demais, conforme o confronto de seus direitos e obrigações naquele momento (*i.e.*, cada ingresso de receita no âmbito do consórcio gera automaticamente um crédito para a consorciada, assim como a cada vencimento de uma obrigação não cumprida lhe é imputado um débito); ou se, de outro lado, (*ii*) o crédito nasce de um encontro de contas em certos períodos contratualmente pré-determinados ou apenas ao final, como uma espécie de *conta corrente*[20].

---

[20] Nesse sentido, ao comentar o art. 279, VIII, da LSA, cujo teor determina que do contrato de consórcio deve constar a contribuição de cada consorciado para as despesas comuns, Modesto Carvalhosa ilustra, em certa medida, o que aqui queremos dizer: "A criação de um fundo comum é geralmente indispensável para a cobertura de pequenos gastos, como será o caso de consórcios instrumentais, ou para atender às relevantes despesas próprias dos consórcios operacionais. Esses fundos apartam-se do patrimônio das consorciadas, tornando-se *patrimônio separado*, a cargo da direção autônoma ou da sociedade líder, na sua qualidade de mandatária mercantil das consorciadas. **Ainda que o fundo não se constitua formalmente, as despesas feitas por uma consorciada (v.g., a sociedade líder) em favor do consórcio serão sempre exigíveis**

Embora o exato equacionamento da questão dependa diretamente do que está disposto no contrato de consórcio (ou em eventuais outros regramentos internos), o exame de algumas hipóteses auxilia na compreensão e na fundamentação do raciocínio ora exposto.

Com efeito, o fato, por exemplo, de uma consorciada ter feito frente a aportes que deveriam ter sido realizados por outra consorciada não a torna automaticamente credora desta, nem determina que o acerto de contas seja necessariamente feito diretamente entre elas e que eventual crédito deva ser habilitado na recuperação judicial da consorciada devedora.

É possível – e, na prática, é o que normalmente ocorre – que esse acerto de contas seja feito no âmbito interno do próprio consórcio, mesmo que somente ao final da parceria. Não raro, o contrato de consórcio (ou o regulamento interno) contém disposição no sentido de que ele (consórcio) terá administração do seu caixa, emitindo notas fiscais, pagamentos, etc., em nome próprio, hipótese em que, então, terá uma conta bancária, na qual serão depositados os pagamentos efetuados por seus clientes e as contribuições pecuniárias realizadas pelas consorciadas, bem como debitadas determinadas despesas. É lógico que, após a finalização do empreendimento objeto do consórcio, cumpridas todas as obrigações perante terceiros e realizadas as devoluções dos aportes feitos por cada uma das consorciadas, os resultados sejam divididos na proporção estabelecida no respectivo contrato (sendo, eventualmente, permitida a partilha antecipada de resultados, *i.e.*, antes da finalização do empreendimento)[21-22].

---

da outra, segundo os critérios de rateio estabelecidos." (Modesto Carvalhosa, *Comentários à Lei de Sociedades Anônimas*, v. 4, t. II, 4.ª ed., São Paulo, Saraiva, 2011, p. 470, grifo nosso). No mesmo sentido, dando a entender que, formado o fundo comum, este seria detido em comunhão pelas consorciadas (ao falar em quota-parte de cada consorciada no fundo consórtil), ver: José Waldecy Lucena, *Das sociedades anônimas*, v. 3, Rio de Janeiro, Renovar, 2012, pp. 1131-1132.

[21] Em sentido semelhante, nada impede que as operações do consórcio se concentrem na consorciada líder, a qual receberá as receitas, realizará pagamentos, etc. (cf. Fabiana Carsoni Alves Fernandes da Silva, *Consórcios de Empresas: aspectos jurídicos relevantes*, São Paulo, Quartier Latin, 2015, p. 116).

[22] Esse entendimento ganha muito mais força se considerarmos o consórcio como uma sociedade não personificada ou se, ao menos, aplicarmos a ele o regramento geral das sociedades (como é feito por uma parcela da doutrina – como veremos no próximo item – ao analisar a

Pode-se pensar, inclusive, que o consórcio funcione como uma espécie de contrato de conta corrente[23]. Da mesma forma, não é raro encontrar previsão (no contrato de consórcio ou no regulamento interno, por exemplo) no sentido de que a consorciada que realiza o aporte no lugar da consorciada inadimplente se sub-rogue automaticamente em eventuais receitas auferidas pelo consórcio (*i.e.*, pelas consorciadas) quando dos pagamentos realizados pelo cliente[24], ou que ocorram compensa-

---

exclusão da consorciada falida, devendo-se ser pago os eventuais haveres da falida à massa, como, inclusive, determina o art. 123 da LRE). Se aceitarmos a premissa de se tratar de uma sociedade, torna-se evidente que o saldo credor ou devedor da consorciada recuperanda deve ser apurado no âmbito interno do consórcio. Aqui, é importante lembrar que consta da exposição de motivos da LSA (Exposição de Motivos n.º 196, de 24 de junho de 1976, do Ministério da Fazenda), a referência de que o consórcio é uma sociedade sem personalidade jurídica, o que enrobustece a analogia: "Completando o quadro das várias formas associativas de sociedades, o Projeto, nos artigos 279 e 280 [arts. 278 e 279 da LSA em vigor], regula o consórcio, como modalidade de sociedade não personificada que tem por objeto a execução de determinado empreendimento. Sem pretensão de inovar, apenas convalida, em termos nítidos, o que já vem ocorrendo na prática, principalmente na execução de obras públicas e de grandes projetos de investimento".

[23] Caso se venha a interpretar (ou que assim se entenda por aplicação analógica) que o surgimento do crédito se dê como em um contrato de conta corrente, deve-se atentar para o fato de que, nessa espécie contratual, o crédito somente surge no momento do fechamento da respectiva conta corrente (*i.e.*, com o seu vencimento), o que pode ocorrer após a distribuição do pedido de recuperação judicial, hipótese em que o crédito não se sujeitará à recuperação judicial, na linha do art. 49 da LRE. Sobre o momento de fechamento do contrato de conta corrente, colacionamos as lições de Pontes de Miranda: "Pelo contrato de conta corrente, nenhum dos figurantes se vincula a prestar dinheiro, ou outro bem. Apenas se promete escriturar os créditos decorrentes de operações em que os figurantes sejam titulares. Pelo contrato de conta corrente, não se *mutua*, nem se *abre crédito*. Alude-se ao que se *há de fazer* quanto a créditos, passados, presentes e futuros. Até que se feche a conta não se pode exigir nem dispor dos créditos e dos débitos. Mediante tal vinculação contabilística, os créditos e os débitos que se lancem se contrapõem automaticamente, e o saldo só é exigível quando se dê o vencimento, pré-estabelecido para a conta corrente. Note-se bem: o vencimento do dever de lançar e anotar, com eficácia, então, de computação automática". "*Contrato de conta corrente* é o contrato pelo qual os figurantes se vinculam a que se lancem e se anotem, em conta, os créditos e débitos de cada um para com o outro, só se podendo exigir o *saldo* ao se fechar a conta. Trata-se, portanto, de conta que anda, que se move, que *corre*. Daí o nome". (Francisco Cavalcanti Pontes de Miranda, *Tratado de Direito Privado*, t. XLII, 3.ª ed., São Paulo, RT, 1984, pp. 119, 120-121).

[24] A situação se agravará quando o pagamento ocorrer de forma antecipada (ainda que tenha sido somente uma parcela do montante devido) e a quantia já tenha sido distribuída para as consorciadas, as quais deveriam, oportunamente, aportar o montante necessário para fazer

ções, sempre que possível. Igualmente, é possível vislumbrar, caso assim previsto contratualmente, a diluição da consorciada inadimplente, a qual passará a participar do consórcio em percentual inferior ao até então detido.

De qualquer sorte, é possível que uma consorciada tenha crédito perante outra, como na hipótese em que as consorciadas atuem individualmente, sem que exista regra de administração de caixa do consórcio, de sub-rogação em eventuais créditos a receber, de diluição de participação, etc. Esse crédito pode ter origem, inclusive, da aplicação de multas ou mesmo do acerto de contas no âmbito interno do consórcio – divisão de despesas, receitas e resultado/lucro, nos termos e nas proporções estabelecidas no contrato de consórcio e/ou no regulamento interno. Por fim, o próprio contrato de consórcio (ou o regulamento interno) pode estabelecer que eventuais créditos devidos por uma consorciada à outra devam ser acertados diretamente entre elas, sem qualquer espécie de ajuste no âmbito interno da parceria. E, existindo eventual crédito, ele pode estar sujeito à recuperação judicial, nos termos do art. 49 da LRE[25]

---

frente às obrigações contratadas, dever este que vem a ser descumprido pela consorciada em recuperação judicial. Entender de modo diverso consiste em permitir que uma consorciada possa se valer de sua crise econômico-financeira (e do fato de estar em recuperação judicial) para descumprir suas obrigações sem que, em contrapartida, tenha afetado o seu fluxo de entrada de recebimentos com base no consórcio. Nesse contexto, a consorciada em recuperação judicial poderia exigir que os pagamentos feitos por clientes ao consórcio fossem a ela entregues na proporção a que teria direito pelo contrato de consórcio, mesmo sem cumprir com as suas obrigações (e, pior, impondo, por exemplo, que as demais consorciadas cumprissem as obrigações no seu lugar sem que pudessem receber eventuais pagamentos feitos por clientes do consórcio). Estaria configurado, aqui, o enriquecimento sem causa – vedado pelo Código Civil (art. 884 ao art. 886), pois o crédito da consorciada nasce nos termos do contrato, que não pode ser considerado apenas parcialmente, isto é, para reconhecer crédito e afastar (ou postergar) débito.

[25] Nesse caso, pode ser objeto de discussão a existência de restrição ao direito de voto de consorciada credora na assembleia geral de credores de outra consorciada, tendo em vista o fato de ambas integrarem o mesmo consórcio. O legislador, ao tratar das hipóteses de impedimento de voto no art. 43 da LRE, não previu expressamente entre as proibições listadas o consórcio ou a participação de consorciadas. De qualquer sorte, entendendo-se o consórcio como uma sociedade, a hipótese ora suscitada poderia cair dentro do suporte fático da regra do art. 43 da LRE.

– podendo também incidir no regime dos créditos extraconcursais do art. 67 da Lei 11.101/2005[26].

4. A recuperação judicial de consorciada e sua exclusão do consórcio

O consórcio, enquanto contrato plurilateral, pode regrar de forma mais ou menos detalhada a relação entre os consorciados (arts. 278 e 279 da LSA). Essa permissão inclui, logicamente, a possibilidade de dispor sobre eventuais efeitos decorrentes do inadimplemento de obrigações contratuais ou do ingresso em recuperação judicial de uma das consorciadas.

A situação de crise econômico-financeira da consorciada em recuperação judicial pode ensejar o descumprimento de várias obrigações previstas no contrato de consórcio e/ou no seu regulamento interno, motivando as demais consorciadas a adotar algumas medidas contratualmente previstas para o caso de inadimplemento, tais como a incidência de multas, a suspensão do direito de voto, a diluição da sua participação ou, até mesmo, a exclusão[27]-[28].

A rigor, e sempre considerando as circunstâncias do caso concreto, o fato de a consorciada estar em recuperação judicial em nada afeta o direito das demais consorciadas de adotar eventuais sanções contratualmente previstas, seja por inadimplementos anteriores à distribuição do pedido de recuperação judicial, seja por descumprimentos posteriores

---

[26] A lógica aqui exposta também se aplica à recuperação extrajudicial – sendo adotada, em boa medida, pelo art. 278, §2.º, da LSA em caso de falência de uma das consorciadas ao determinar que, nesta situação, "os créditos que porventura tiver a falida serão apurados e pagos na forma prevista no contrato de consórcio".

[27] Mauro Rodrigues Penteado, *Consórcios de Empresas*, São Paulo, Livraria Pioneira, 1979, p. 153; Ernesto Luís Silva Vaz, *Consórcio de Empresas: regime jurídico*, Dissertação de Mestrado, Faculdade de Direito da Universidade de São Paulo, São Paulo, 2010, p. 99. Ver, também: Luis Felipe Spinelli, *A exclusão de sócio por falta grave na sociedade limitada*, São Paulo, Quartier Latin, 2015, p. 180-181, 273.

[28] Na hipótese de o contrato de consórcio (ou o regulamento interno) ser omisso quanto à exclusão em caso de inadimplemento das obrigações de uma consorciada (e não contemplar outra medida satisfatória para o caso concreto), a aplicação da sanção depende de uma construção jurídica mais elaborada, que dependerá umbilicalmente das circunstâncias do caso concreto. Por exemplo, seria possível buscar a exclusão da consorciada inadimplente – com base, por exemplo, no art. 1.030 e/ou no art. 474 do Código Civil. Porém, em tais situações, a exclusão operar-se-ia judicialmente – ou por arbitragem, caso exista cláusula compromissória ou compromisso arbitral.

ao ajuizamento da referida ação – sendo que, em caso de eventual litígio resultante do consórcio, este poderá ser solucionado por meio da arbitragem, caso o contrato contenha cláusula compromissória[29].

No entanto, é discutível a licitude de previsão contratual (ou no regulamento interno) que arrole a recuperação judicial como uma causa de exclusão automática da consorciada do contrato de consórcio[30] – o

---

[29] Considerando que a eventual consorciada em recuperação judicial continuará na posse de seus bens, na administração de seus negócios e na exploração de sua atividade, não havendo restrição legal à sua capacidade, entendemos que eventual litígio decorrente do contrato de consórcio poderá ser discutido e dirimido na seara arbitral, nos exatos termos previstos na cláusula compromissória – ressalvadas eventuais medidas de urgências anteriores à instalação do procedimento arbitral, a depender das circunstâncias do caso concreto (inclusive da previsão da cláusula compromissória e do regulamento da câmara arbitral). Nesse sentido, o Tribunal de Justiça de São Paulo já julgou extinto processo por falta de interesse de agir de uma das partes, uma vez que a parte autora, em recuperação judicial, não respeitou a cláusula compromissória prevista no contrato que embasava a demanda (cf. TJSP, Apelação 0038562-13.2008.8.26.0224, Rel. Des. Jovino de Sylos, 16.ª Câmara de Direito Privado, j. 17/09/2013). Da mesma forma, já se decidiu que nem mesmo a superveniência da falência de umas das partes impede o prosseguimento da arbitragem e a consequente aplicação da Lei 9.307/96 (TJSP, Agravo de Instrumento 531.020-4/3-00, Rel. Des. Pereira Calças, Câmara Especial de Falências e Recuperações Judiciais de Direito Privado, j. 25/06/2008; TJSP, Embargos de Declaração 644.204-4/4-01, Rel. Des. Maia da Cunha, 4.ª Câmara de Direito Privado, j. 10/12/2009). Com base em tais fundamentos, entendemos que eventual processo de recuperação judicial de uma consorciada não prejudica o direito das partes de acionar a via arbitral para discutir questões relacionadas ao consórcio, cujo contrato de constituição tenha cláusula compromissória (respeitados os requisitos da Lei 9.307/1996, logicamente) – da mesma forma como entendemos possível, respeitada a legislação pertinente, o recurso à arbitragem por meio de compromisso arbitral, ainda que uma das partes esteja em recuperação judicial. De qualquer sorte, a arbitragem sujeitar-se-á às regras da Lei 11.101/2005 – sendo que, então, a confidencialidade do procedimento arbitral, regra normalmente acordada entre as partes ou existente no regulamento da câmara arbitral, pode restar afetada (sobre o tema, ver: Eduardo Spinola e Castro, *A arbitragem e a nova Lei de Falências*, in Rodrigo R. Monteiro de Castro, Leandro Santos de Aragão (coords.), *Direito Societário e a nova Lei de Falências e Recuperação de Empresas*, São Paulo, Quartier Latin, 2006, pp. 129-146, pp. 143-145).

[30] Por exemplo, o contrato de consórcio ou o regulamento interno pode prever a exclusão de consorciada que distribua pedido, que tenha deferido o processamento ou que tenha concedida a recuperação judicial. Remetemos, aqui, às palavras de José Waldecy Lucena: "Já em caso de recuperação de uma das sociedades consorciadas, sem importar o número de sociedades que compõem o consórcio (duas ou mais), subscrevemos a lição de Duclerc Verçosa, segundo a qual, 'diante da superveniência de dificuldades financeiras, a participação de sociedade em um consórcio deverá servir como elemento favorável para o deferimento de pedido de recuperação

que, se aplicável, pode dar origem a algum crédito a que a recuperanda venha a fazer jus, ou débito de sua responsabilidade que pode estar sujeito à recuperação judicial. Por se tratar de contexto que envolve a recuperação de empresas (especialmente diante da interpretação que tem sido dada ao princípio da preservação da empresa pelos tribunais e o potencial impacto social que eventual exclusão da consorciada pode ocasionar), cláusulas dessa natureza (*i.e.*, exclusão automática) podem ter sua legalidade questionada, sendo, eventualmente, declaradas inválidas ou ineficazes[31].

De qualquer sorte, a discussão acerca da possibilidade de excluir a consorciada em recuperação judicial do contrato de consórcio terá algum

---

empresarial, nos termos da LFRE, pois a continuidade de sua atividade a serviço do grupo lhe trará resultados positivos, ao mesmo tempo em que o objetivo econômico geral do grupo não será prejudicado'. Claro que essa interpretação somente prevalecerá se o contrato não prever a exclusão, como ocorre com a consorciada falida, de sociedade que, em dificuldades financeiras, ingresse no estado de recuperação judicial." (José Waldecy Lucena, *Das sociedades anônimas*, v. 3, Rio de Janeiro, Renovar, 2012, p. 1113).

[31] Apesar de não se tratar de contrato de consórcio, o Tribunal de Justiça de São Paulo, v.g., já decidiu que previsão contratual no sentido de que o contrato é automaticamente extinto diante do requerimento ou deferimento do processamento da recuperação judicial de uma das partes não pode se sobrepor ao espírito da LRE, declarando sua nulidade (TJSP, Agravo de Instrumento 9038657-43.2009.8.26.0000, Rel. Des. Elliot Akel, Câmara Especial de Falência e Recuperação de Empresas, j. 18/08/2009); caminhando na mesma direção, ver: TJSP, Agravo de Instrumento 0121739-23.2012.8.26.0000, Rel. Des. Teixeira Leite, 1.ª Câmara Reservada de Direito Empresarial, j. 12/03/2013 (assim decidindo: "Insistência da recuperanda para que a concessionária pública fornecedora de gás natural canalizado (GNC) não interrompa/ suspenda o fornecimento de gás, rescinda o contrato ou exija garantia de pagamento, em razão dos débitos sujeitos à recuperação. (...) II. Pedido de proibição de rescisão de contratos, em razão do ajuizamento do pedido de recuperação. (...). Proibição, contudo, que se deve impor às fornecedoras de GNC e GNV (gás natural veicular), sob pena de inviabilizar a tentativa de recuperação econômica da empresa. Regime de monopólio no fornecimento de gás, que impede a recuperanda de buscar outro fornecedor, que não aquele com o qual firmou contrato"). Esse entendimento aplica o princípio da preservação da empresa, uma vez que a resolução do contrato pode inviabilizar a recuperação (como já foi frisado pelo tribunal paulista ao tratar de cláusula resolutiva expressa em caso de concordata da parte devedora: TJSP, Apelação com Revisão 0022394-75.1998.8.26.0000, Rel. Des. Laerte Sampaio, 5.ª Câmara do 3.º Grupo, j. 04/11/1998: "Cumpre alertar, principalmente em se tratando de concordata, que a admitir-se a rescisão do contrato poder-se-ia estar inviabilizando o próprio favor legal".). Na doutrina, ver: Deborah Kirschbaum, *Cláusula Resolutiva Expressa por Insolvência nos Contratos Empresariais: Uma Análise Econômico-Jurídica*, in Revista Direito GV 2 (2006), pp. 37-54.

fundamento jurídico apenas quando existir previsão contratual expressa nesse sentido, uma vez que o mero fato de distribuir o pedido, ter deferido o processamento ou ter concedida a recuperação judicial não afeta, necessariamente, a sua condição de consorciada (como também não afetaria a sua condição de sócia em qualquer sociedade)[32], mesmo porque continua de posse de seus bens e na administração de seus negócios, explorando a sua atividade como outrora fazia – diferentemente do que ocorre em caso de falência, hipótese legal na qual ocorre automaticamente a exclusão da consorciada do consórcio, subsistindo o consórcio com as outras contratantes[33]-[34].

5. Considerações finais

O regime jurídico do consórcio aliado à crise econômico-financeira de uma sociedade consorciada e ao seu ingresso em recuperação judicial (ou extrajudicial) forma uma combinação de fatores que suscita inúmeras controvérsias, nem sempre solucionáveis pela letra da lei.

---

[32] Cf. Fabiana Carsoni Alves Fernandes da Silva, *Consórcios de Empresas: aspectos jurídicos relevantes*, São Paulo, Quartier Latin, 2015, pp. 66-67; Ernesto Luís Silva Vaz, *Consórcio de Empresas: regime jurídico*, Dissertação de Mestrado, Faculdade de Direito da Universidade de São Paulo, São Paulo, 2010, p. 98. Ver, também: Luis Felipe Spinelli, *A exclusão de sócio por falta grave na sociedade limitada*, São Paulo, Quartier Latin, 2015, pp. 180-181.

[33] Assim dispõe o art. 278, §2.º, da Lei 6.606/76: "§ 2.º A falência de uma consorciada não se estende às demais, subsistindo o consórcio com as outras contratantes; os créditos que porventura tiver a falida serão apurados e pagos na forma prevista no contrato de consórcio". Sobre o tema, válidas são as lições de José Waldecy Lucena: "Daí que falida uma das consorciadas, é esta excluída do grupo consorcial, *subsistindo o consórcio com as outras contratantes*, com a consequente apuração dos haveres da falida, os quais serão pagos à massa falida, na forma prevista no contrato consorcial. E se não houver previsão contratual, a apuração far-se-á judicialmente. Tal como de resto, estipulado no artigo 123 e parágrafo 1.º, da Lei n. 11.101, de 9 de fevereiro de 2005 (a chamada Lei de Recuperação de Empresas e de Falência)" (José Waldecy Lucena, *Das sociedades anônimas*, v. 3, Rio de Janeiro, Renovar, 2012, p. 1112). No mesmo sentido, ver: Modesto Carvalhosa, *Comentários à Lei de Sociedades Anônimas*, v. 4, t. II, 4.ª ed., São Paulo, Saraiva, 2011, pp. 452-453; Egberto Lacerda Teixeira, José Alexandre Tavares Guerreiro, *Das sociedades anônimas no direito brasileiro*, v. 2, São Paulo, José Bushatsky, 1979, pp. 801-802; Ernesto Luís Silva Vaz, *Consórcio de Empresas: regime jurídico*, Dissertação de Mestrado, Faculdade de Direito da Universidade de São Paulo, São Paulo, 2010, pp. 98-99.

[34] Entendemos que o até aqui exposto também se aplica caso uma das consorciadas distribua pedido ou tenha homologada sua recuperação extrajudicial.

Sem intenção de reproduzir integralmente o que foi dito até agora, exporemos abaixo algumas das conclusões advindas do raciocínio exposto nos itens anteriores:

(i) Os terceiros credores de sociedade consorciada em recuperação judicial (ou extrajudicial) devem verificar o momento do nascimento do seu crédito; se for anterior à distribuição do pedido, estará sujeito ao procedimento, podendo direcionar processo de execução autônomo em face dos demais consorciados, caso sejam responsáveis solidários;

(ii) Os créditos de titularidade de uma ou mais consorciadas devem ser apurados nos termos do contrato de consórcio (e/ou do regulamento interno), cuja solução/procedimento a ser adotado pode ser de ordem variada, destacando-se a possibilidade de resolução *interna corporis* da relação creditícia, sem necessidade de sujeitá-la à recuperação judicial (ou extrajudicial); e

(iii) As consorciadas podem adotar medidas eventualmente previstas no contrato de consórcio (e/ou no regulamento interno), as quais podem determinar, inclusive, a exclusão da consorciada em recuperação (seja porque existe previsão de exclusão em caso de distribuição do pedido, deferimento do processamento ou concessão de recuperação judicial – ou distribuição do pedido ou homologação a recuperação extrajudicial –, seja porque existe previsão de que o descumprimento de determinadas obrigações pode ensejar o afastamento da consorciada inadimplente), embora a validade/eficácia de algumas dessas previsões seja questionável.

Além do que acima expusemos, parece que a recuperação judicial (ou extrajudicial – ou mesmo a falência) de uma das consorciadas, ainda que em decorrência de medidas adotadas no âmbito interno do consórcio, pode ensejar a extinção do próprio consórcio (a depender das circunstâncias do caso e das previsões existentes no contrato de consórcio).

Ainda, eventuais contratos de financiamento celebrados pelas consorciadas (ou pelo consórcio) para a realização de determinados empreendimentos podem conter cláusulas restritivas à recuperação judicial (extrajudicial ou falência) de alguma das consorciadas, podendo acarretar o vencimento antecipado da dívida. Da mesma forma, deve-se atentar para os impactos que a recuperação judicial (ou extrajudicial

– ou falência) de uma consorciada pode trazer na relação com o Poder Público[35] – bem como eventuais efeitos que a tomada de certas medidas no bojo do consórcio (como a eventual exclusão ou a diluição da participação de uma consorciada) pode ocasionar nos contratos firmados com a Administração Pública.

---

[35] Em recente decisão sobre o tema, o Tribunal de Justiça do Rio de Janeiro entendeu no seguinte sentido: "Recuperação Judicial – Sucessivas decisões – Antecipação de tutela para dispensar a empresa em recuperação judicial de apresentar certidões negativas, inclusive para contratação com o Poder Público; decisão rejeitando os Embargos de Declaração opostos pelo Ministério Público, onde sustentava a incompetência da Justiça Estadual; e, determinação para que a Caixa Econômica Federal se abstenha de desclassificar ou de recusar a contratação do Consórcio Globalweb/DBA Engenharia, vencedor do Pregão Eletrônico n.º 176/066-2012, em virtude da condição de "empresa em recuperação". Preliminares de ausência de preenchimento dos requisitos formais do recurso e falta de interesse recursal, rejeitadas. Não há que se falar em falta de interesse recursal do Ministério Público, que atua como fiscal da lei nos processos relacionados com a recuperação judicial, na forma do artigo 52, inciso V da Lei n.º 11.101/2005, bem como aplicável a regra do artigo 82, inciso III, 2.ª parte, porque evidente o interesse público evidenciado pela natureza da lide, para a intervenção do Parquet, e a atribuição tem inclusive assento constitucional, conforme se verifica do disposto no artigo 127 da Constituição Federal. O artigo 499 do Código de Processo Civil reconhece a legitimidade para recorrer por parte do Ministério Público. Mérito – Aplicação do princípio da preservação da empresa, expresso no artigo 47 da Lei n.º 11.101/2005, que visa a propiciar meios de manutenção da empresa em recuperação judicial no exercício normal da atividade, e isto somente será possível se puder participar, em igualdade de condições com terceiros, de concorrências públicas – Proibir-se ou excluir-se a participação, liminarmente, da empresa recuperanda, violaria a finalidade da própria recuperação judicial. Possibilidade de o Juízo da recuperação judicial certificar que a recuperanda "está apta economicamente e financeiramente a participar de procedimento nos termos da Lei 8.666/93", reproduzindo parte da Decisão proferida pelo Tribunal de Contas da União, proferida no Acórdão n.º 8271/2011, que recomendou ao Departamento Nacional de Infraestrutura de Transportes – DNIT do Estado do Espírito Santo, possibilitar a participação, em suas licitações, de empresas em recuperação judicial. Não cabe ao Juízo da recuperação determinar "seja expedido (ofício) à CEF para que se abstenha de desclassificar ou de recusar a contratação do Consórcio GLOBALWEB/DBA ENGENHARIA vencedor do Pregão Eletrônico 176/7066-2012, em virtude da condição de 'empresa em recuperação' da sociedade empresária DBA ENGENHARIA DE SISTEMAS LTDA". Compete à CEF a análise da habilitação ou inabilitação do referido consórcio, em virtude da participação de sociedade em recuperação judicial – Provimento parcial do Agravo de Instrumento." (TJRJ, Agravo de Instrumento 0044743-42.2013.8.19.0000, Rel. Des. Camilo Ribeiro Rulière, 1.ª Câmara Cível, j. 20/05/2014). Ver, também: TJRJ, Agravo de Instrumento 0031568-78.2013.8.19.0000, Rel. Des. Camilo Ribeiro Rulière, 1.ª Câmara Cível, j. 25/02/2014).

Finalmente, o contrato de consórcio (ou seu regulamento interno) pode estabelecer restrições à recuperação judicial (ou extrajudicial) da consorciada e/ou de sua controladora, tais como a vedação da troca de controle, direta ou indireta, das consorciadas, como medida recuperatória. A própria cessão da posição no consórcio como meio de recuperação pode encontrar obstáculos: nesse particular, é possível imaginar que a natureza personalíssima do consórcio, mesmo na ausência de cláusula específica, pode impedir a cessão da posição contratual da consorciada (e, conforme o contexto fático, o próprio controle) sem anuência das demais consorciadas ou, ao menos, sem a aprovação delas segundo as regras fixadas no contrato de consórcio[36-37].

Verdade é que os efeitos e a problemática da recuperação judicial de uma das consorciadas, no âmbito do contrato de consórcio, podem ir muito além do ora exposto, sendo tema que desafiaria, inclusive, indagações acadêmicas mais ambiciosas.

---

[36] Cf. Ernesto Luís Silva Vaz, *Consórcio de Empresas: regime jurídico*, Dissertação de Mestrado, Faculdade de Direito da Universidade de São Paulo, São Paulo, 2010, p. 112. A rigor, é preciso verificar se se trata de um consórcio aberto ou fechado; sobre o tema, entre outros, ver: Ernesto Luís Silva Vaz, *Consórcio de Empresas: regime jurídico*, Dissertação de Mestrado, Faculdade de Direito da Universidade de São Paulo, São Paulo, 2010, p. 118; Fabiana Carsoni Alves Fernandes da Silva, *Consórcios de Empresas: aspectos jurídicos relevantes*, São Paulo, Quartier Latin, 2015, pp. 32-33.

[37] Também demonstrando preocupação com possíveis medidas a serem adotadas no bojo da recuperação judicial (ou extrajudicial) de uma consorciada, eventuais restrições existentes no contrato de consórcio e seus impactos no empreendimento em si, ver: Ernesto Luís Silva Vaz, *Consórcio de Empresas: regime jurídico*, Dissertação de Mestrado, Faculdade de Direito da Universidade de São Paulo, São Paulo, 2010, p. 98.

A controvérsia sobre a natureza jurídica das contribuições devidas ao Fundo de Garantia por Tempo de Serviço por empresa em recuperação judicial

MANOEL DE QUEIROZ PEREIRA CALÇAS

Este ensaio tem por escopo fixar a natureza jurídica das contribuições devidas por empresa em recuperação judicial ao Fundo de Garantia por Tempo de Serviço, para se decidir sobre a legalidade da inclusão, ou não, dos valores devidos ao FGTS na lista de credores submetidos aos efeitos do plano recuperacional.

Algumas empresas em recuperação judicial têm defendido a tese de que seus débitos relativos ao FGTS devem ser incluídos na classe dos créditos derivados da legislação do trabalho, nos termos do art. 83, inciso I, da Lei n.º 11.101/2005, em face do que, sustentam a possibilidade de negociação com a classe dos trabalhadores a respeito de tais valores, admitindo-se a transação e a novação da respectiva dívida.

Há, também, posicionamento doutrinário e jurisprudencial que sustenta a natureza parafiscal das contribuições devidas ao FGTS, mercê do que não estariam submetidas aos efeitos da recuperação judicial.

Aparentemente, no que diz respeito à assertiva da natureza tributária das contribuições destinadas ao FGTS, a questão seria de fácil solução, haja vista a edição da Súmula 353, do Egrégio Superior Tribunal de Justiça, publicada em 19 de junho de 2008, que proclama: "*As disposições do Código Tributário Nacional não se aplicam às contribuições para o FGTS*".

No entanto, em que pese tratar-se de súmula editada pela Corte que tem a competência constitucional de harmonizar a interpretação da legislação federal infraconstitucional, da análise dos precedentes invocados para fundamentá-la, verifica-se que eles fazem referência ao julgamento do Recurso Extraordinário n.º 100.249-2 do Supremo Tribunal Federal, realizado na vigência da Constituição Federal de 1967, que, efetivamente, proclamou que as contribuições para o FGTS não têm natureza tributária, nem se equiparam aos tributos, consoante ementas a seguir transcritas:

"1. A responsabilidade do sócio não é objetiva. Para que exsurja a sua responsabilidade pessoal, disciplinada no art. 135 do CTN é mister que haja comprovação de que o sócio, agiu com excesso de mandato, ou infringiu a lei, o contrato social ou o estatuto.
2. Em recente julgamento a Corte decidiu que as contribuições para o FGTS não têm natureza tributária, por isso são inaplicáveis às execuções fiscais destinadas à cobrança dessas contribuições, as disposições do CTN" (REsp. n.º 396.275-PR, j. em 1.º/10/2002, rel. Min. Luiz Fux).

"1. As contribuições destinadas ao FGTS não possuem natureza tributária, mas de direito de natureza trabalhista e social, destinado à proteção dos trabalhadores (art. 7.º, III, da Constituição). Sendo orientação firmada pelo STF 'a atuação do Estado, ou de órgão da Administração Pública, em prol do recolhimento da contribuição do FGTS, não implica torná-lo titular do direito à contribuição, mas, apenas decorre do cumprimento, pelo Poder Público, de obrigação de fiscalizar e tutelar a garantia assegurada ao empregado optante pelo FGTS. Não exige o Estado, quando aciona o empregador, valores a serem recolhidos ao Erário, como receita pública. Não há, daí, contribuição de natureza fiscal ou parafiscal' (RE 100.249/SP). Precedentes do STF e STJ.
2. Afastada a natureza tributária das contribuições ao FGTS, consolidou-se a jurisprudência desta Corte no sentido da inaplicabilidade das disposições do Código Tributário Nacional aos créditos do FGTS, incluindo a hipótese de responsabilidade do sócio-gerente prevista no art. 135, III, do CTN. Precedentes" (REsp. n.º 898.724-SP, j. em 28/8/2007, rel. Min. Teori Albino Zavascki).

"1. Ante a natureza não-tributária dos recolhimentos patronais para o FGTS, deve ser afastada a incidência das disposições do Código Tributário Nacional, não havendo autorização legal para o redirecionamento da execução, só previsto no art. 135 do CTN" (REsp. n.º 981.934-SP, j. em 6/11/2007, rel. Min. Castro Meira).

A CONTROVÉRSIA SOBRE A NATUREZA JURÍDICA DAS CONTRIBUIÇÕES DEVIDAS

O acórdão do Supremo Tribunal Federal que serviu de fundamento aos precedentes que originaram a Súmula 353 do Superior Tribunal de Justiça assim está ementado:

"Fundo de Garantia por Tempo de Serviço. Sua natureza jurídica. Constituição, art. 165, XIII. Lei n.º 5.107, de 13.9.1966. As contribuições para o FGTS não se caracterizam como crédito tributário ou contribuições a tributo equiparáveis. Sua sede está no art. 165, XIII, da Constituição. Assegura-se ao trabalhador estabilidade, ou fundo de garantia equivalente. Dessa garantia, de índole social, promana, assim, a exigibilidade pelo trabalhador do pagamento do FGTS, quando despedido, na forma prevista em lei. Cuida-se de um direito do trabalhador. Dá-lhe o Estado garantia desse pagamento. A contribuição pelo empregador, no caso, deflui do fato de ser ele o sujeito passivo da obrigação, de natureza trabalhista e social, que encontra, na regra constitucional aludida, sua fonte. A atuação do Estado, ou de órgão da Administração Pública, em prol do recolhimento da contribuição do FGTS, não implica torná-lo titular do direito à contribuição, mas, apenas, decorre do cumprimento, pelo Poder Público, de obrigação de fiscalizar e tutelar a garantia assegurada ao empregado optante pelo FGTS. Não exige o Estado, quando aciona o empregador, valores a serem recolhidos ao Erário, como receita pública. Não há, aí, contribuição de natureza fiscal ou parafiscal. Os depósitos do FGTS pressupõem vínculo jurídico, com disciplina no Direito do Trabalho. Não se aplica às contribuições do FGTS o disposto nos arts. 173 e 174, do CTN. Recurso extraordinário conhecido, por ofensa ao art. 165, XIII, da Constituição, e provido, para afastar a prescrição qüinqüenal da ação" (RE 100.249-2, rel. p/ acórdão Min. Néri da Silveira, DJU de 1/7/88) (grifei).

Dalton Luiz Dallazem, em estudo sobre o tema, no qual sustenta a natureza tributária do FGTS, apresenta fundamentada pesquisa que elenca diversos precedentes do Supremo Tribunal Federal, nos quais se afirma que o FGTS não é tributo, esclarecendo, porém, que tais julgamentos, apesar de proferidos após a vigência da Constituição Federal de 1988, referem-se a períodos anteriores à nova Carta, detalhe que não foi considerado pelo E. Superior Tribunal de Justiça ao editar a Súmula 353. Confira-se: RE 114.252-SP, rel. Min. Moreira Alves, DJ de 11/3/1988; RE 118.107-SP, rel Min. Octavio Gallotti, DJ de 14/2/1997; RE 120.939-SP, rel. Min. Octavio Gallotti, DJ de 7/2/1997; RE 120.189-SC, rel. Min. Marco Aurélio, DJ de 19/2/1999; RE 134.328-DF, rel. Min. Ilmar Galvão, DJ de 19/2/1993. (Artigo – *FGTS: Um inegável tributo, a despeito da Súmula 353 do STJ*; http://www.fiscosoft.com.br/a/4od0/fgts-um-inegavel-tributo-a-despeito-da-sumula-353-do-stj-dalton-luiz-dallazem, consultado em 12/11/2010).

Posteriormente, após a vigência da Carta da República de 1988, a Suprema Corte reexaminou a matéria e a ela deu novo equacionamento, passando a afirmar a natureza parafiscal das contribuições sociais, entre elas inserida a contribuição do FGTS.

No Recurso Extraordinário n.º 138.284-8, do Ceará, relatado pelo Ministro Carlos Velloso, firmou-se pela vez primeira, em votação unânime do Tribunal Pleno (j. em 1/7/1992), novo entendimento sob a luz da Carta Federal de 1988, consoante ementa assim redigida:

> "*Constitucional. Tributário. Contribuições Sociais. Contribuições incidentes sobre o lucro das pessoas jurídicas. Lei n.º 7.689, de 15.12.88.*
>
> *I – Contribuições parafiscais: contribuições sociais, contribuições de intervenção e contribuições corporativas. C.F., art. 149. Contribuições sociais de seguridade social. C.F., arts. 149 e 195. As diversas espécies de contribuições sociais.*
>
> *II – A contribuição da Lei 7.689, de 15.12.88, é uma contribuição social instituída com base no art. 195, I, da Constituição. As contribuições do art. 195, I, II, III, da Constituição, não exigem, para a sua instituição, lei complementar. Apenas a contribuição do parágrafo 4.º do mesmo art. 195 é que exige, para a sua instituição, lei complementar, dado que essa instituição deverá observar a técnica da competência residual da União (C.F., art. 195, parágrafo. 4.º; C.F., art. 154, I). Posto estarem sujeitas à lei complementar do art. 146, III da Constituição, porque não são impostos, não há necessidade de que a lei complementar defina o seu fato gerador, base de cálculo e contribuintes (C.F., art. 146, III, "a")".*

Consta do acórdão entendimento que merece ser reproduzido:

> "*As diversas espécies tributárias, determinadas pela hipótese de incidência ou pelo fato gerador da respectiva obrigação (CTN, art. 4.º), são as seguintes: a) os impostos (CF, arts. 145, I, 153, 154, 155 e 156); b) as taxas (CF, art. 145, II); c) as contribuições, que podem ser assim classificadas: c.1. de melhoria (CF, art. 145, III); c.2. parafiscais (CF, art. 149), que são: c.2.1. sociais, c.2.1.1. de seguridade social (CF, art. 195, I, II, III), c.2.1.2. outras de seguridade social (CF, art. 195, parágrafo. 4.º), c.2.1.3. sociais gerais (o FGTS, o salário-educação, CF, art. 212, parágrafo. 5.º, contribuições para o SESI, SENAI, SENAC, CF, art. 240) e c.3. especiais: c.3.1. de intervenção no*

domínio econômico (CF, art. 149) e c.3.2. corporativas (CF, art. 149). Constituem, ainda, espécie tributária: d) os empréstimos compulsórios (CF, art. 148).

As contribuições parafiscais têm caráter tributário. Sustento que constituem essas contribuições uma espécie própria de tributo ao lado dos impostos e das taxas, na linha, aliás, da lição de Rubens Gomes de Souza ("Natureza tributária da contribuição do FGTS", RDA 112/27, RDP 17/305). Quer dizer, as contribuições não são somente as de melhoria. Estas são uma espécie do gênero contribuição; ou uma subespécie da espécie contribuição. Para boa compreensão do meu pensamento, reporto-me ao voto que proferi, no antigo T.F.R., na AC 71.525 (RDTrib. 51/264).

(...)

Verifica-se que a Constituição de 1988 eliminou a faculdade que tinha o Poder Executivo, na Constituição pretérita, de alterar as alíquotas e a base de cálculo dentro de limites fixados em lei (CF/67, art. 21, parág. 2.º, I). Deverá ser observado, agora, em toda a sua plenitude, o princípio da legalidade (CF., art. 150, I). Somente a União Federal poderá instituir contribuições parafiscais. As demais entidades políticas, os Estados, o Distrito Federal e os Municípios, apenas poderão instituir contribuições, cobradas de seus servidores, para o custeio, em benefício destes, de sistemas de previdência e assistência social (CF, art. 149, parágrafo único).

O citado artigo 149 institui três tipos de contribuições: a) contribuições sociais, b) de intervenção, c) corporativas. As primeiras, as contribuições sociais, desdobram-se, por sua vez, em a.1) contribuições de seguridade social, a.2) outras de seguridade social e a.3) contribuições sociais gerais.

(...)

As contribuições sociais, falamos, desdobram-se em a.1. contribuições de seguridade social: estão disciplinadas no art. 195, I, II e III, da Constituição. São as contribuições previdenciárias, as contribuições do FINSOCIAL, as da Lei 7.689, o PIS e o PASEP (CF, art. 239). Não estão sujeitas à anterioridade (art. 149, art. 195, parágrafo. 6.º); a.2. outras de seguridade social (art. 195, parágrafo. 4.º): não estão sujeitas à anterioridade (art. 149, art. 195, parágrafo. 6.º). A sua instituição, todavia, está condicionada à observância da técnica da competência residual da União, a começar, para a sua instituição, pela exigência de lei complementar (art. 195, parágrafo. 4.º, art. 154, I); a.3. contribuições sociais gerais (art. 149): o FGTS, o salário-educação (art. 212, parágrafo. 5.º), as contribuições do SENAI, do SESI, do SENAC (art. 240). Sujeitam-se ao princípio da anterioridade." (grifei).

Ulteriormente, editada a Lei Complementar n.º 110, de 29 de junho de 2001, cujo art. 1.º instituiu a *"contribuição social devida pelos empregadores em caso de despedida de empregado sem justa causa, à alíquota de dez por cento sobre o montante de todos os depósitos devidos, referentes ao Fundo de Garantia do Tempo de Serviço – FGTS, durante a vigência do contrato de trabalho"*, foi proposta Medida Cautelar em Ação Direita de Inconstitucionalidade n.º 2.556-2 perante o Supremo Tribunal Federal; prolatado em 9 de outubro de 2002, voto relatado pelo eminente Ministro Moreira Alves, que no que interessa a este julgamento, proclamou: *"A natureza jurídica das duas exações criadas pela lei em causa, neste exame sumário, é a de que são elas tributárias, caracterizando-se como contribuições sociais que se enquadram na sub- -espécie 'contribuições sociais gerais' que se submetem à regência do artigo 149 da Constituição, e não à do art. 195 da Carta Magna."* (grifei).

No julgamento da cautelar acima ementada, consta a manifestação do Min. Sepúlveda Pertence, que, ao acompanhar o posicionamento do relator e do Min. Carlos Velloso, afirmou: *"Que as contribuições ou que as exações criadas pela Lei Complementar 110 são tributos, parece induvidoso; mas eles não geram receita pública; logo, não são impostos. Destinando-se ao Fundo de Garantia por Tempo de Serviço, direito social previsto no rol do art. 7.º da Constituição Federal, são contribuições sociais. Demonstrou S. Exa., na trilha do voto do eminente Ministro Carlos Velloso, no RE 138.284, que o art. 195 não esgota as contribuições sociais (...)".*

O Min. Marco Aurélio, apesar de entender que os depósitos do FGTS não têm natureza de contribuição, afirmou que se trata de modalidade de tributo, mas "não se trata de imposto".

Cumpre ressaltar que o entendimento acima transcrito vem sendo aplicado pelo Supremo Tribunal Federal em diversos julgamentos, reconhecendo, destarte, a natureza tributária dos valores recolhidos ao FGTS, nos termos em que foi redefinido pela Carta Constitucional de 1988 o atual sistema tributário nacional, apesar de ainda não haver pronunciamento de mérito definitivo da Suprema Corte sobre a natureza jurídica do FGTS, criado pela Lei n.º 5.107/66 e que atualmente é regulado pela Lei n.º 8.036/90 e regulamentado pelo Decreto n.º 99.684/90.

Reconhecida a natureza tributária dos valores devidos ao FGTS, cumpre trazer à baila entendimento que vem sendo consagrado no Tribunal Superior do Trabalho, corte especializada para tratar da matéria, que tem afirmado a natureza híbrida ou dúplice das contribuições ao Fundo de Garantia por Tempo de Serviço.

Neste sentido é o voto do Min. Vieira de Mello Filho (TST-RR-759842/ /2001), que analisa a natureza jurídica das contribuições devidas ao FGTS, apresentando a seguinte argumentação:

> "Entretanto, tal maneira de considerar o problema ignora aspecto peculiar das contribuições para o FGTS, qual seja, a sua natureza dúplice. Para o Estado, a contribuição em comento enquadra-se no conceito de tributo, pois constitui uma prestação pecuniária cobrada mediante atividade administrativa plenamente vinculada, distinta da imposição de sanções pela prática de atos ilícitos. Para o empregado, entretanto, os depósitos em comento constituem salário diferido, por força dos arts. 7.º, I, c/c 10, I, do ADCT, ambos da Constituição Federal, diploma que lhes atribui a condição de única proteção conferida ao obreiro em face da dispensa arbitrária ou sem justo motivo. Isso porque, ao trabalhador subordinado que se vê abruptamente privado de sua fonte de sustento, a Lei n.º 8.036/90, regulamentando os dispositivos constitucionais acima citados, garante o levantamento dos aludidos depósitos (incidentes sobre a remuneração do empregado), acrescidos de uma indenização de 40%." (j. em 16/12/2009).

Acompanho, neste passo, a posição sustentada pelo Min. Vieira de Mello Filho, no sentido de que a contribuição ao FGTS tem natureza dúplice, vale dizer, tributária e trabalhista.

Em razão disso, mesmo em se considerando a possibilidade legal de o trabalhador ajuizar reclamação trabalhista para exigir os depósitos que lhe são devidos, em virtude do não recolhimento do FGTS pelo empregador, bem como de ser admitida a realização de transação sobre tais verbas no âmbito da reclamatória, tais créditos não se sujeitam aos efeitos da recuperação judicial, tendo em vista o indiscutível perfil tributário (não de imposto) que o STF e o TST visualizam na aludida contribuição, não se justificando a inclusão dos valores concernentes ao FGTS devido aos empregados ou ex-empregados da empresa em recuperação na relação de créditos derivados da legislação do trabalho (art. 83, I, da Lei n.º 11.101/2005). Ressalte-se que o Tribunal Superior do Trabalho tem posição firmada no sentido de que o Ministério Público do Trabalho tem legitimidade para propor ação civil pública contra empresa, objetivando o cumprimento da obrigação de fazer consistente no recolhimento dos depósitos do FGTS, por se tratar de um direito coletivo e indisponível de toda a categoria profissional.

Correto, a nosso aviso, portanto, o posicionamento que afirma que os débitos relativos ao FGTS da empresa em recuperação judicial não são submetidos aos efeitos da recuperação judicial e não devem ser incluídos na classe dos créditos trabalhistas, mas devem constar do edital para a ciência dos interessados, tal qual ocorre com os créditos tributários, nos termos do art. 52, § 1.º, da Lei n.º 11.101/2005.

Lei de Recuperação de Empresas e Falência – modificações introduzidas pela Lei 13.043, de 13 de novembro de 2014

MANOEL JUSTINO BEZERRA FILHO

1. Introdução

A recente Lei 13.043, de 13.11.2014, com 114 artigos, em sua ementa esclarece dispor sobre fundos de índice de renda fixa; sobre responsabilidade tributária na integralização de cotas e fundos ou clube de investimentos; sobre tributação de operações de empréstimos de ativos financeiros e finalmente, sobre isenção de imposto de renda na alienação de empresas pequenas e médias. A seguir, ainda na ementa, diz alterar e/ou revogar 51 Leis, 3 Decretos-Lei e uma única Medida Provisória, cujos números e datas relaciona. Em seu último artigo, o 114, relaciona ainda quatro leis e um decreto-lei, indicando as partes das leis e do decreto-lei que estão sendo revogados. Ressalte-se ainda que a parte preliminar anota, ao lado da ementa, que se trata de "conversão da Medida Provisória n.º 651, de 2014". A quantidade de legislação anterior que está sendo revogada ou alterada é tamanha que já se pode imaginar a dificuldade que a aplicação desta lei apresentará na prática. De qualquer forma, a menos que a lei venha a ser declarada inconstitucional ou venha a ser revogada, deve ser cumprida para que o sistema possa continuar funcionando, ante o dogmatismo da lei positiva no sistema romano por nós adotado.

Aliás, o legislador aqui primou pela falta de técnica e, mais que isso, pelo frontal descumprimento do sistema a ser observado nos termos da Lei Complementar n.º 95, de 26.2.1998, que "dispõe sobre a elaboração, a redação, a alteração e a consolidação das leis, conforme determina o parágrafo único do art. 59 da Constituição Federal, e estabelece normas para a consolidação dos atos normativos que menciona". Esta LC 95 veio especificamente para ordenar a forma de redação e apresentação das leis a serem elaboradas e promulgadas, exatamente para que fosse facilitada sua interpretação e para que, no verdadeiro cipoal legislativo existente, a cada dia agravado pela promulgação de mais e mais leis, houvesse um mínimo de ordem, em benefício do melhor funcionamento do sistema. No entanto, infelizmente, ao que se vê, a LC 95 "não pegou", como se diz jocosamente em tais situações.

Observe-se que esta LC 95, no inciso I de seu artigo 7.º, estabelece que "excetuadas as codificações, cada lei tratará de um único objeto". Este mesmo artigo 7.º, no *caput*, estabelece que "o primeiro artigo do texto indicará o objeto da lei e o respectivo âmbito de aplicação (...)". Compulsando-se a Lei 13.043, ora sob exame, verifica-se que a LC 95 foi olimpicamente ignorada, pois legislou-se sobre matérias diversas entre si e o primeiro artigo não obedece, nem mesmo como simples arremedo, à disposição do inciso I do artigo 7.º acima transcrito. Ou seja, o louvável intento que levou à promulgação da LC 95 caiu por terra, ante a absoluta desconsideração do que nela está determinado, o que é mais grave ainda quando se vê que a desobediência frontal à lei parte daquelas instituições que deveriam ser o sustentáculo do respeito à norma legal, ou seja, o Executivo e o Legislativo Federal.

Ressalte-se ainda que os legisladores, é certo, não desconheciam a existência da LC 95 e resolveram ignorá-la, até porque esta própria LC, de forma contraditória, traz um artigo final que permite a sua não aplicação, que autoriza sua desobediência sem qualquer consequência legal. Com efeito, o artigo 18 da LC 95, de forma até contraditória, explicita que "Eventual inexatidão formal de norma elaborada mediante processo legislativo regular não constitui escusa válida para o seu descumprimento". Ou seja, se as determinações da LC, no que tange à redação da lei elaborada, forem descumpridas, não haverá qualquer sanção, o que equivale dizer que tais determinações não precisam ser cumpridas, se não houver vontade de cumprimento.

De qualquer forma, *"legem habemus"* e, ante o dogmatismo do direito positivo no sistema de origem romana, como já acima lembrado, ao estudioso cabe examinar a lei e dela tirar o seu correto significado, sempre lembrando que este trabalho preliminar doutrinário, escrito logo após a promulgação da lei, não raro vem a ser contraditado e corrigido pela atividade doutrinária posterior e pela atividade jurisprudencial, esta obrigada à interpretação que atenda o caso específico sob julgamento. Com esta limitação necessária é que deve ser lido o presente texto.

2. Alterações na Lei de Recuperação e Falência (LRE), a Lei 11.101, de 9 de fevereiro de 2005, relativas a parcelamento e busca e apreensão

A Lei 13.043/2014 trouxe alguns artigos que interferem diretamente na LRE e, para que o estudo possa ser feito com maior completude, transcrevem-se aqui tais disposições, que serão a seguir examinadas. Abaixo vão transcritos os artigos 43, 44 e 101 da nova Lei, com a observação de que parte destes artigos não afeta, nem indiretamente, a LRE; no entanto, apenas para facilidade de exame, a transcrição dos artigos mencionados é feita de forma integral. O exame que é feito a seguir na continuação do texto, aborda apenas as disposições que interferem na LRE.

Art. 43. A Lei n.º 10.522, de 19 de julho de 2002, passa a vigorar acrescida do seguinte art. 10-A:

"Art. 10-A. O empresário ou a sociedade empresária que pleitear ou tiver deferido o processamento da recuperação judicial, nos termos dos arts. 51, 52 e 70 da Lei n.º 11.101, de 9 de fevereiro de 2005, poderão parcelar seus débitos com a Fazenda Nacional, em 84 (oitenta e quatro) parcelas mensais e consecutivas, calculadas observando-se os seguintes percentuais mínimos, aplicados sobre o valor da dívida consolidada:

I – da 1.ª à 12.ª prestação: 0,666% (seiscentos e sessenta e seis milésimos por cento);

II – da 13.ª à 24.ª prestação: 1% (um por cento);

III – da 25.ª à 83.ª prestação: 1,333% (um inteiro e trezentos e trinta e três milésimos por cento); e

IV – 84.ª prestação: saldo devedor remanescente.

§ 1.º O disposto neste artigo aplica-se à totalidade dos débitos do empresário ou da sociedade empresária constituídos ou não, inscritos ou não em Dívida Ativa da União, mesmo que discutidos judicialmente em ação proposta pelo sujeito passivo ou em fase de execução fiscal já ajuizada, ressalvados exclusivamente os débitos incluídos em parcelamentos regidos por outras leis.

§ 2.º No caso dos débitos que se encontrarem sob discussão administrativa ou judicial, submetidos ou não à causa legal de suspensão de exigibilidade, o sujeito passivo deverá comprovar que desistiu expressamente e de forma irrevogável da impugnação ou do recurso interposto, ou da ação judicial, e, cumulativamente, renunciou a quaisquer alegações de direito sobre as quais se fundem a ação judicial e o recurso administrativo.

§ 3.º O empresário ou a sociedade empresária poderá, a seu critério, desistir dos parcelamentos em curso, independentemente da modalidade, e solicitar que eles sejam parcelados nos termos deste artigo.

§ 4.º Além das hipóteses previstas no art. 14-B, é causa de rescisão do parcelamento a não concessão da recuperação judicial de que trata o art. 58 da Lei n.º 11.101, de 9 de fevereiro de 2005, bem como a decretação da falência da pessoa jurídica.

§ 5.º O empresário ou a sociedade empresária poderá ter apenas um parcelamento de que trata o caput, cujos débitos constituídos, inscritos ou não em Dívida Ativa da União, poderão ser incluídos até a data do pedido de parcelamento.

§ 6.º A concessão do parcelamento não implica a liberação dos bens e direitos do devedor ou de seus responsáveis que tenham sido constituídos em garantia dos respectivos créditos.

§ 7.º O parcelamento referido no caput observará as demais condições previstas nesta Lei, ressalvado o disposto no § 1.º do art. 11, no inciso II do § 1.º do art. 12, nos incisos I, II e VIII do art. 14 e no §2.º do art. 14-A."

Art. 44. A Secretaria da Receita Federal do Brasil e a Procuradoria-Geral da Fazenda Nacional, inclusive por meio de ato conjunto quando couber, editarão os atos necessários à efetivação do disposto nesta Seção.

Da Alienação Fiduciária

Art. 101. O Decreto-Lei n.º 911, de 1.º de outubro de 1969, passa a vigorar com as seguintes alterações:

"Art. 2.º No caso de inadimplemento ou mora nas obrigações contratuais garantidas mediante alienação fiduciária, o proprietário fiduciário ou credor poderá vender a coisa a terceiros, independentemente de leilão, hasta pública, avaliação prévia ou qualquer outra medida judicial ou extrajudicial, salvo disposição expressa em contrário prevista no contrato, devendo aplicar o preço da venda no pagamento de seu crédito e das despesas decorrentes e entregar ao devedor o saldo apurado, se houver, com a devida prestação de contas.

....

§ 2.º A mora decorrerá do simples vencimento do prazo para pagamento e poderá ser comprovada por carta registrada com aviso de recebimento, não se exigindo que a assinatura constante do referido aviso seja a do próprio destinatário.

§ 4.º Os procedimentos previstos no caput e no seu § 2.º aplicam-se às operações de arrendamento mercantil previstas na forma da Lei n.º 6.099, de 12 de setembro de 1974." (NR)

"Art. 3.º O proprietário fiduciário ou credor poderá, desde que comprovada a mora, na forma estabelecida pelo § 2.º do art. 2.º, ou o inadimplemento, requerer contra o devedor ou terceiro a busca e apreensão do bem alienado fiduciariamente, a qual será concedida liminarmente, podendo ser apreciada em plantão judiciário.

§ 9.º Ao decretar a busca e apreensão de veículo, o juiz, caso tenha acesso à base de dados do Registro Nacional de Veículos Automotores – RENAVAM, inserirá diretamente a restrição judicial na base de dados do Renavam, bem como retirará tal restrição após a apreensão.

§ 10. Caso o juiz não tenha acesso à base de dados prevista no § 9.º, deverá oficiar ao departamento de trânsito competente para que:

I – registre o gravame referente à decretação da busca e apreensão do veículo; e

II – retire o gravame após a apreensão do veículo.

§ 11. O juiz também determinará a inserção do mandado a que se refere o § 9.º em banco próprio de mandados.

§ 12. A parte interessada poderá requerer diretamente ao juízo da comarca onde foi localizado o veículo com vistas à sua apreensão, sempre que o bem estiver em comarca distinta daquela da tramitação da ação, bastando que em tal requerimento conste a cópia da petição inicial da ação e, quando for o caso, a cópia do despacho que concedeu a busca e apreensão do veículo.

§ 13. A apreensão do veículo será imediatamente comunicada ao juízo, que intimará a instituição financeira para retirar o veículo do local depositado no prazo máximo de 48 (quarenta e oito) horas.

§ 14. O devedor, por ocasião do cumprimento do mandado de busca e apreensão, deverá entregar o bem e seus respectivos documentos.

§ 15. As disposições deste artigo aplicam-se no caso de reintegração de posse de veículos referente às operações de arrendamento mercantil previstas na Lei n.º 6.099, de 12 de setembro de 1974." (NR)

"Art. 4.º Se o bem alienado fiduciariamente não for encontrado ou não se achar na posse do devedor, fica facultado ao credor requerer, nos mesmos autos, a conversão do pedido de busca e apreensão em ação executiva, na forma prevista no Capítulo II do Livro II da Lei n.º 5.869, de 11 de janeiro de 1973 – Código de Processo Civil." (NR)

"Art. 5.º Se o credor preferir recorrer à ação executiva, direta ou a convertida na forma do art. 4.º, ou, se for o caso ao executivo fiscal, serão penhorados, a critério do autor da ação, bens do devedor quantos bastem para assegurar a execução.
..." (NR)
"Art. 6.º-A. O pedido de recuperação judicial ou extrajudicial pelo devedor nos termos da Lei n.º 11.101, de 9 de fevereiro de 2005, não impede a distribuição e a busca e apreensão do bem."
"Art. 7.º-A. Não será aceito bloqueio judicial de bens constituídos por alienação fiduciária nos termos deste Decreto-Lei, sendo que, qualquer discussão sobre concursos de preferências deverá ser resolvida pelo valor da venda do bem, nos termos do art. 2.º."

Como se vê, o artigo 43 da Lei 13.043 acrescentou à Lei 10.522, de 19.7.2002, a chamada "lei geral do parcelamento", o artigo 10-A, que diz respeito especificamente à LRE. A mesma Lei 13.043, por seu artigo 101, alterou o Decreto-Lei 911/69; deste artigo 101, o que interessa especificamente à LRE é o artigo incluído como "6.º-A". Por questão de método, a seguir será examinado o artigo 43 e, por último, a parte que interessa do artigo 101, desta Lei 13.043. No entanto, antes será feito ligeiro exame do artigo 57 da LRE.

Mais uma vez, terceira vez, relembre-se que a lei é dogmática e que, por isto mesmo, criticar a lei em vigor não é o caminho melhor para o jurista, até porque a lei não tem erros e não tem palavras inúteis. No entanto, ainda assim, a crítica é feita, não para que se afaste o cumprimento da norma e sim, para tentar demonstrar a falta de cuidado em sua elaboração, a permitir e exigir um trabalho ainda mais cuidadoso e detalhado do intérprete. A falta de técnica salta à vista quando se verifica que o artigo 43 da Lei 13.043/2014 alterou a Lei 10.522/2002, introduzindo nesta última o artigo 10-A, que cuida do pedido de parcelamento especial a ser abaixo examinado. No entanto, a seguir, na sequência, traz o artigo 44 e mantém tal artigo na própria Lei 13.043/2014. Deveria, como é claro, criar o artigo 10-B e introduzir na Lei 10.522/2002 esta disposição que agora fica solta no espaço, de tal forma que ao intérprete é necessário a consulta a duas leis (13.043/2014 e 10.522/2012) para que possa saber exatamente o que foi prescrito na legislação.

3. Exame do artigo 57 da Lei 11.101/2005

O artigo 43 da Lei 13.043/2014 acrescenta um artigo (artigo 10-A) à Lei 10.522, de 19.7.2002. Esta Lei 10.522/2002 "dispõe sobre o cadastro informativo dos créditos não quitados de órgãos e entidades federais e dá outras providências". O artigo 10 da Lei 10.522/2002, deixou estabelecido que "os débitos de qualquer natureza para com a Fazenda Nacional poderão ser parcelados em até sessenta parcelas mensais, a exclusivo critério da autoridade fazendária, na forma e condições previstas nesta Lei", tudo de acordo com a redação dada pela Lei 10.637, de 2002. A LRE, Lei 11.101, de 9.2.2005, em seu artigo 68, trouxe a previsão de promulgação de legislação específica para parcelamento dos créditos das Fazendas Públicas e do INSS, para as sociedades empresárias em recuperação judicial, de tal forma que se esperava a promulgação de lei que trouxesse aos recuperandos em geral, uma possibilidade de parcelamento em condições mais vantajosas do que aquelas já concedidas na lei então vigente.

Aliás, era natural que assim fosse, tendo em vista que, quando há uma crise, seja de sociedade empresária, seja mesmo de pessoa natural, a tradição que é quase impossível de ser contrariada é aquela, segundo a qual, o primeiro credor que se deixa de pagar é o credor fiscal; o último que se deixa de pagar é o fornecedor (no caso de sociedade empresária, os fornecedores de matéria prima e insumos; no caso de pessoa natural, a "padaria da esquina"). Claro, o credor fiscal, embora inexorável em sua cobrança, é o mais lento dos cobradores; de outro lado, o fornecedor é o que atinge mais rapidamente o devedor inadimplente, simplesmente porque deixa de fornecer e provoca crise imediata para o devedor. A consequência natural é que, quando a sociedade empresária opta por pedir recuperação judicial, reconhecendo seu estado de crise e submetendo seus fornecedores a uma dilação no recebimento do que é devido, certamente há muito tempo já deixou de pagar os débitos fiscais. Por isto mesmo, segundo o entendimento do legislador, seria necessário um tipo especial de parcelamento para o recuperando, até porque, por força do § 7.º do artigo 6.º da LRE e do artigo 187 do Código Tributário Nacional, a execução fiscal prosseguirá normalmente em caso de recuperação judicial. É intuitivo portanto que, sem tratamento fiscal privilegiado, dificilmente a sociedade empresária conseguiria levar a bom termo a recuperação judicial, pois seus bens e valores seriam drenados para o pagamento do fisco.

Outro aspecto ainda passou a tornar indispensável a concessão deste parcelamento especial, aspecto que deflui da leitura do famoso artigo 57 da LRE. Tal artigo prevê que, após a aprovação do plano de recuperação pela assembleia geral de credores, o recuperando "apresentará" certidão negativa de débitos tributários. Ora, pelas razões acima, já era possível saber que o recuperando não teria condições de apresentar tal certidão, mesmo considerando-se a possibilidade de certidão positiva com efeito de negativa, nos termos do inciso VI do artigo 151 e artigo 206, ambos do CTN. O artigo 57 chocava-se de maneira tão frontal com o princípio da LRE, consagrado no também famoso e sempre invocado artigo 47 da LRE (possibilitar recuperação à sociedade empresária em crise econômico--financeira superável), que as decisões judiciais tomadas nos processos de recuperação deixavam de exigir tal certidão negativa, com uma série de fundamentos de peso, que não vem ao caso aqui discutir, fundamentos uns às vezes bastante diversos de outros. No entanto, o que se viu foi a esperada resistência do Judiciário de Primeira Instância, a fazer cumprir a exigência do artigo 57, resistência que sempre encontrou confirmação nas Instâncias Superiores das diversas unidades da Federação.

Este entendimento de inaplicabilidade do artigo 57, como era de se esperar, chegou ao Superior Tribunal de Justiça, redundando no entendimento expresso no REsp 1.187.404/MT, julgado pela Corte Especial em 19.6.2013, Relator o Ministro Luis Felipe Salomão, justificando-se aqui o exame resumido da ementa, suficiente para o entendimento do que foi fixado. No início da ementa (número "1"), o julgado lembra que o artigo 47 fixa o princípio da LRE, servindo como "um norte a guiar a operacionalidade da recuperação judicial, sempre com vistas ao desígnio do instituto", ou seja, a manutenção da fonte produtora, dos empregos e do interesse dos credores, "promovendo, assim, a preservação da empresa". A seguir, o número "2" da ementa, fala sobre as novas diretrizes da LRE, dizendo: "O art. 57 da Lei 11.101/2005 e o art. 191-A do CTN devem ser interpretados à luz das novas diretrizes traçadas pelo legislador para as dívidas tributárias, com vistas, notadamente, à previsão legal de parcelamento do crédito tributário em benefício da empresa em recuperação, que é causa de suspensão da exigibilidade do tributo, nos termos do art. 151, inciso VI do CTN". Conclui a ementa sob número "3", fixando: "O parcelamento tributário é direito da empresa em recuperação judicial que conduz a situação de regularidade fiscal, de modo que eventual descumprimento do que dispõe o art. 57 da LRE só pode ser atribuído, ao menos imediatamente e por ora, à ausência de legislação específica que discipline o parcelamento em sede de recuperação judicial, não constituindo ônus do contribuinte, enquanto se fizer inerte o legislador, a apresentação de certidões de regularidade fiscal para que lhe seja concedida a recuperação".

Enfim, resumindo a situação, a Corte Especial do Superior Tribunal de Justiça tornou letra morta o artigo 57 da LRE, pelo menos "imediatamente e por ora", até que viesse a ser promulgada a lei prevista no artigo 68 da LRE, possibilitando o parcelamento específico para sociedades empresárias em processo de recuperação. Embora bem clara a questão, apenas para resumir o ocorrido, o que se vê é que o julgado do STJ estabeleceu que, em princípio, o artigo 57 deve ser cumprido, com a apresentação de certidão negativa de tributos; no entanto, como a própria LRE, em seu artigo 68, acena com a promulgação de legislação específica para os devedores em recuperação, o julgado conclui: enquanto não for promulgada a lei prevista no artigo 68, concedendo parcelamento específico, também não se aplica o artigo 57. Esta lei esperada e necessária, veio agora na forma do artigo 43 da Lei 13.043/2014; necessário porém examinar se tal lei preencheu de forma correta o vazio legislativo que existia.

4. Exame do artigo 43 da Lei 13.043, de 13.11.2014

Como visto, o artigo 43 acresceu o artigo 10-A à Lei 10.522/2002, estabelecendo que "o empresário ou sociedade empresária" poderá parcelar seus débitos com a Fazenda Nacional em 84 parcelas, portanto em 24 parcelas a mais do que o estabelecido no artigo 10, para parcelamentos em geral. Não parece haver razão lógica para que o legislador não tenha incluído aqui a eireli (art. 980-A do CC); no entanto, sem qualquer dúvida, também a eireli pode gozar dos benefícios deste tipo de parcelamento, superada por desnecessária a discussão sobre se aqui se trata de sociedade empresária unitária ou ente jurídico personalizado criado por lei. Este pedido de parcelamento é passível de ser concedido tanto no momento em que é ajuizado o pedido de recupcração (art. 51 da LRE) como no momento em que é deferido o processamento da recuperação (art. 52). O § 4.º deste artigo 10-A prevê que são causas de rescisão do parcelamento as hipóteses previstas no artigo 14-B da Lei 10.522/2002 (ou seja, a falta de pagamento de três parcelas, consecutivas ou não; ou a falta de pagamento de uma parcela, estando pagas todas as demais). Claro, a falta de pagamento tanto de uma quanto de duas parcelas é causa de rescisão, tendo este artigo 14-B dito menos do que pretendia. Também é causa de rescisão, ainda segundo o § 4.º, a não concessão da recuperação judicial "bem como a decretação da falência da pessoa jurídica". Pessoas jurídicas são a sociedade empresária e a eireli, o empresário individual não é pessoa jurídica.

Primeiro aspecto a ser aqui ressaltado é que a lei não prevê que o decreto de falência é causa de rescisão do parcelamento para o empresário individual. O § 4.º é taxativo ao referir-se apenas à decretação da falência "da pessoa jurídica" e, na forma do artigo 44 do CC, o empresário individual não é considerado pessoa jurídica. No entanto, o lapso do texto não trará maiores consequências de ordem prática pois evidentemente, se vier a ser decretada a falência do empresário individual, este não terá como cumprir o parcelamento, o qual faticamente não produzirá mais qualquer efeito, cumprindo ao credor tributário declarar seu crédito na falência, se entender o caso. Deve-se considerar ainda que tanto a sociedade empresária quanto o empresário individual, obrigatoriamente são inscritos no CNPJ e, por isto mesmo, é comum a legislação tributária referir-se indistintamente a ambos como "pessoas jurídicas". De qualquer forma, de acordo com a letra da lei, o único decreto de falência que é causa de rescisão do parcelamento é o da pessoa jurídica, não o do empresário individual. No entanto, prevalecerá sobre a letra da lei, o entendimento sistemático de que também se refere ao empresário individual.

Outra hipótese que merece atenção: imagine-se que o juiz não concede a recuperação na forma do artigo 58, mas também não decreta a falência. Tal situação pode ocorrer, apenas como exemplo, no caso de o pedido de recuperação arrastar-se por prazo superior a 180 dias, sem que tenha havido porém assembleia geral de credores que tenha rejeitado o plano na forma do § 4.º do artigo 56 da LRE. Em princípio, em tal situação, os processos, cujos andamentos estavam suspensos por força do artigo 6.º, retomam seu curso normal, sendo porém possível que, para eventual pedido de falência que estivesse suspenso, não mais haja interesse em sua retomada ao credor requerente. Este é apenas um exemplo, pois há inumeráveis hipóteses nas quais a recuperação pode não ser concedida na forma do artigo 58 e, mesmo assim, não ocorrer decreto de falência. Neste caso, se não houver interrupção no pagamento do parcelamento, não há qualquer razão para dá-lo por rescindido.

Outro ponto ainda merece consideração, pois parece aqui haver um campo aberto para manobras que permitam este parcelamento especial mesmo para empresas não interessadas em recuperação. Como visto, o *caput* do artigo 10-A permite a concessão do parcelamento em dois momentos processuais, ou seja, no momento do ajuizamento do pedido de recuperação ou no momento do deferimento do processamento do pedido. No entanto, na forma do que prevê o § 4.º do artigo 52 da LRE, interpretado *contrario sensu*, o devedor pode desistir do pedido de recuperação antes do deferimento do processamento por simples manifestação unilateral não fundamentada; pode também desistir mesmo depois do deferimento, se houver concordância da assembleia geral de credores. Em tal situação, já poderá ter sido beneficiado com o parcelamento especial de 84 parcelas e desistir do pedido, sem que tal desistência possa ser considerada causa de rescisão do parcelamento, ante a ausência de previsão legal para tanto. Estaria configurada aí uma forma de desvio da finalidade da lei, pois em tese seria possível conceder este parcelamento especial mesmo para sociedade empresária que não esteja mais em recuperação ou em procedimento de pedido de recuperação.

Os incisos I a III do artigo 10-A estabelecem as porcentagens dos valores das prestações do parcelamento a serem pagas, devendo a última parcela girar em torno de dois por cento (1,361%, considerando-se as porcentagens já pagas). Estas porcentagens serão calculadas sobre o valor da dívida consolidada, conforme parte final do artigo 10-A. Conforme o § 1.º, o parcelamento abrangerá a totalidade do débito, constituído ou não, inscrito ou não, mesmo que eventual valor seja objeto de discussão judicial em ação proposta pelo recuperando ou em fase de execução já ajuizada, excluindo-se apenas eventuais débitos já parcelados com base em outras leis, sendo possível ao devedor desistir destes outros parcelamentos em curso para inclusão no parcelamento que está sendo celebrado, conforme § 3.º abaixo. Este § 1.º já delineia o problema que se explicita mais no § 2.º abaixo examinado, ou seja, a obrigação de o recuperando ter que incluir no parcelamento eventuais valores dos quais discorde e em relação aos quais tenha apresentado ação declaratória de inexistência do débito, de repetição, compensação, ou mandado de segurança, medida cautelar, etc.. Sem embargo de haver ações deste tipo interpostas com fins meramente protelatórios, como se sabe, ainda assim pode haver - e há muitas vezes -, casos nos quais o débito fiscal deverá mesmo ser declarado inexistente e, neste caso, o recuperando estará sendo obrigado a reconhecer uma dívida inexistente, sob pena de não lhe ser concedido o parcelamento.

Esta situação iníqua na qual o recuperando é posto e que se vislumbra no § 1.º, vem explicitada com todas as palavras no § 2.º, que estabelece como condição para o parcelamento, a desistência de qualquer defesa administrativa ou judicial, desistência que deverá ser expressa e irrevogável, com renúncia "a quaisquer alegações de direito sobre os quais se fundem a ação judicial e o recurso administrativo". Embora o termo não seja jurídico, é lamentável a verdadeira truculência com que o fisco trata o devedor, pretendendo obrigá-lo a abrir mão de qualquer direito, não importa se este devedor está ou não correto em suas postulações administrativas ou judiciais. Este dispositivo pode ser causa de desinteresse do recuperando para este tipo de parcelamento, sem embargo do entendimento já pacificado jurisprudencialmente, no sentido de que a desistência apenas opera sobre matéria de fato e não sobre matéria de direito. De qualquer forma, como é sabido, o fisco apenas concede o parcelamento se houver desistência sem reservas.

Desde já é necessário lembrar que ao caso não se aplica a jurisprudência pacificada pelo STF, no sentido de que a obrigação de desistência de discussões judiciais é condição para que o parcelamento possa ser concedido, vez que, segundo tal entendimento, não se pode admitir a discussão concomitante nos dois campos, o administrativo e o judicial. É que o entendimento do STF dirige-se àquele devedor tributário que opta por pedir o parcelamento, para fazer o pagamento dos valores que entende devidos, o que não ocorre aqui. Evidentemente, também aqui parte-se do princípio de que o devedor pretende pagar o débito tributário; no entanto, não se pode perder de vista que, fundamentalmente, o pedido de parcelamento está sendo feito para que o artigo 57 da Lei 11.10/2005 possa ser atendido e possa o juiz da recuperação, conceder o benefício pretendido.

Ou seja, tentando simplificar a questão e pretendendo reduzi-la à sua mais direta proposição: para que ao recuperando seja concedida a recuperação pedida na forma do artigo 58 da Lei 11.101/2005, terá que apresentar certidão negativa na forma do artigo 57. E, para que apresente tal certidão terá de, segundo a lei, desistir de toda e qualquer discussão judicial, mesmo que esteja absolutamente convencido de que nada deve ao fisco, mesmo que esteja demonstrado que a execução judicial em curso surgiu a partir de evidente erro na constituição ou na inscrição do débito tributário. Este é aspecto que deve ser levado em consideração pelo juiz da recuperação pois, se ficar demonstrado que houve pedido de parcelamento e que tal pedido foi negado por recusa do recuperando à desistência da defesa de processo administrativo ou judicial que estava em curso, poderá o juiz da recuperação, em tese, conceder o benefício mesmo sem a apresentação de tal certidão negativa, como aliás vinha sendo feito e conforme entendimento consagrado no julgamento do REsp 1.187.404, pela Corte Especial do STJ, Relator o Ministro Luis Felipe Salomão, julgamento de 19.6.2013. Este exame é retomado abaixo.

Parece portanto estéril a discussão que já se apresentou, sobre de quem seria a competência para decidir tal questão, se acaso o devedor se visse obstado de conseguir o parcelamento, por ter se recusado a desistir de determinada defesa administrativa ou judicial em curso. Não haveria necessidade de o devedor ajuizar mandado de segurança ante o juízo competente (no caso, por exemplo, de imposto de renda, ante o judiciário federal), pois ao juízo da recuperação é que compete decidir tais incidentes que interferem diretamente na possibilidade (ou não) de conceder a recuperação. A jurisprudência do STJ já se manifestou, em inúmeras ocasiões e em diferentes situações, sobre esta competência do juízo da recuperação. Embora não se possa falar em universalidade do juízo da recuperação --- universalidade que apenas existe para o juízo falimentar, conforme artigo 76 da LRE ---, ainda assim o entendimento jurisprudencial pacificado é no sentido de que em questões trabalhistas, quem é competente para decidir sobre o destino de bem lá penhorado é o juízo da recuperação. Também como visto acima, em caso de penhora em execução fiscal, competente para a decisão é sempre o juízo da recuperação. Na esteira de tal entendimento, a este juízo da recuperação é que competirá examinar a consequência de eventual não concessão de parcelamento por recusa à desistência de defesa judicial ou administrativa, por parte do recuperando. Examinando a questão, se entender que é o caso, concederá a recuperação mesmo sem o parcelamento, reconhecendo óbice intransponível a tal parcelamento.

O § 6.º dispõe que a concessão do parcelamento não implica a liberação dos bens e direitos de devedor que estejam constituídos em garantia dos créditos tributários. Aqui surge outra questão que poderá criar áreas de atrito na prática do dia a dia. A jurisprudência é firme no sentido de reconhecer que ao juiz da recuperação é que cabe decidir sobre o destino dos bens do recuperando, tendo em vista que tais bens podem ser – como normalmente são -, indispensáveis ao bom resultado da recuperação almejada. Tanto é assim que, embora não haja juízo universal da recuperação, universalidade que apenas existe para a falência conforme artigo 76 da LRE e conforme já acima anotado, o STJ já pacificou o entendimento sobre esta prevalência da decisão do juiz da recuperação sobre o juiz de qualquer execução, seja trabalhista, tributária, ou de qualquer outra espécie. Por outro lado, a venda de bens, ou mesmo "filiais" ou "unidades produtivas isoladas", conforme previsão do artigo 60 da LRE, poderá vir a chocar-se com este impedimento de liberação dos bens constitutivos de garantia. Este ponto também volta a ser examinado abaixo.

Especificamente quanto à execução fiscal, o STJ já fixou o entendimento no sentido de que tal execução pode prosseguir normalmente, mas que o destino dos bens penhorados sempre dependerá de decisão do juiz da recuperação. Neste sentido é o julgamento do AgRg no AgRg no CC 119.970/RS, julgado em 17.9.2013, Relatora a Ministra Nancy Andrighi. Assim, a conclusão a que se chega é que haverá resistência na jurisprudência à aplicação da letra deste dispositivo pois, se não se permitia a completa constrição do bem mesmo em execução fiscal, provavelmente não se irá permitir também esta constrição prevista no § 6 .º ora sob exame.

Anote-se que o § 5.º fala em parcelamento de "débitos constituídos, inscritos ou não", enquanto o § 1.º fala em débitos "constituídos ou não, inscritos ou não". É imprecisão do texto, que dará margem a discussões sobre a inclusão de débitos ainda não constituídos. Apenas para completude, relembre-se a diferença entre débito constituído e débito inscrito. A constituição ocorre com o lançamento, tornando o crédito exigível mas não exequível; o ato posterior da inscrição é que torna o crédito exequível. De qualquer forma, este § 5.º determina que o recuperando poderá ter apenas um único parcelamento do tipo previsto no *caput* do artigo 10-A. Estipula ainda que os débitos poderão ser incluídos até a data do pedido de parcelamento, lembrando-se que o *caput* do artigo 10-A prevê que o pedido de parcelamento pode ser feito tanto no momento do pedido de recuperação (art. 51 da LRE) quanto no momento do deferimento do processamento (art. 52).

5. Exame do artigo 44 da Lei 13.043, de 13.11.2014

Com isto, examinamos o art. 10-A, seus incisos e §§, acrescidos à Lei 10.522/2002, pelo artigo 43 da Lei 13.043/2014. O artigo 44 prevê que a Secretaria da Receita Federal e a Fazenda Nacional deverão editar os atos necessárias à efetivação do disposto nesta norma. No entanto, como o artigo 113 estabelece que esta lei entra em vigor na data de sua publicação, o recuperando já tem assegurado o direito ao parcelamento, que não poderá ser obstado por ausência dos atos a serem expedidos pelos órgãos mencionados. De forma expedita porém, para atendimento ao disposto neste artigo 44, foi baixada a Portaria Conjunta PGFN/RFB n. 1, de 15.2.2015 que, estabelece "Art. 36-A. (...) §1.º. O requerimento do parcelamento deverá ser: I (...) II. Assinado pelo seu devedor ou por seu representante legal com poderes especiais, nos termos da lei, ou pelo administrador judicial se deferido o processamento da recuperação judicial".

A portaria prevê duas situações: (1) se o pedido de recuperação foi distribuído e o processamento ainda não foi deferido, o pedido de parcelamento será assinado pelo representante legal do devedor; (2) se o pedido de recuperação já foi deferido, o pedido de parcelamento será assinado pelo administrador judicial. Aí, novamente labora-se em equívoco, pois o administrador judicial não tem qualquer poder de representação do devedor em recuperação e, por óbvio, a portaria não pode alterar a LRE que, em seu artigo 22, estabelece quais são as atribuições do administrador judicial, não prevendo qualquer possibilidade de representação do recuperando por parte do administrador judicial. A única situação na qual se poderia falar em tal tipo de representação, seria no caso de o administrador judicial, temporariamente, assumir as funções de gestor, conforme previsto no parágrafo 1.º do artigo 65 mas, evidentemente, não é a esta situação passageira a que a portaria em questão quis se referir. Por outro lado, com as pesadas responsabilidades que a lei atribui ao administrador judicial e com a expressa previsão do artigo 32, no sentido de que responderá por qualquer prejuízo causado ao devedor, provavelmente – ou certamente –, o administrador judicial vai se recusar a assinar qualquer pedido de parcelamento, sob a dupla fundamentação de que não há previsão legal de representação do devedor e de que a portaria não pode alterar a lei.

O artigo 57 da LRE, ao estabelecer que o recuperando deverá apresentar "certidões negativas de débitos tributários", evidentemente abrange os débitos tributários estaduais e municipais. Para tanto, cada unidade da Federação e cada município deveria expedir lei que permitisse igual forma de parcelamento, tendo em vista que a expressão "Fazendas Públicas" do artigo 68 da LRE inclui tanto a Fazenda Federal, quanto as Estaduais e Municipais. A propósito, em data anterior às alterações ora sob análise, já havia sido firmado o "Convênio ICMS 59, de 22 de junho de 2012", pelo Conselho Nacional de Política – CONFAZ –, pelo qual os Estados e o Distrito Federal ficaram autorizados a conceder parcelamento no limite máximo de 84 meses, para as empresas em processo de recuperação judicial. Compete agora aos Estados e ao Distrito Federal tomar as medidas legislativas que venham a viabilizar tal tipo de parcelamento, quando então ficará pendente de solução apenas o parcelamento dos tributos municipais. Imagina-se até, o que ainda não foi objeto de pesquisa, que a lei federal teria levado em consideração este convênio já existente, quando fixou o parcelamento em 84 vezes.

6. A "nova" situação criada com a Lei 13.043/2014

Como já acima examinado, o REsp 1.187.404/MT, de 21.8.2013, fixou o entendimento de que, enquanto não cumprido o artigo 68, não haveria razão jurídica para aplicação do artigo 57, todos da LRE. Com a promulgação da Lei 13.043/2014, estaria em tese cumprido o artigo 68, desaparecendo portanto o óbice que foi o fundamento do julgamento do STJ, no recurso especial acima. No entanto, e sem embargo de, ao que tudo indica, a lei ter sido mesmo votada e promulgada de forma rápida, exatamente para afastar o óbice retro apontado, é necessário agora examinar se efetivamente o artigo 57 tornou-se passível de aplicação ou se, ao contrário, novos óbices foram criados. Remete-se agora à leitura do item 4. acima, no que tange à exigência de que o devedor desista de todas as defesas administrativas e judiciais que estejam em andamento quanto aos tributos em aberto.

Reiteradas as observações do item 4, já houve manifestação do STJ sobre este ponto, no julgamento do AgRg no Conflito de Competência

136.130-SP, Segunda Seção, em 13.5.15, Rel. sorteado o Min. Raul Araújo, Rel. para o Acórdão o Min. Antonio Carlos Ferreira, maioria de votos, no qual foi examinado de forma indireta o ponto relativo à desistência exigida pela Lei 13.043/2015, merecendo transcrição o tópico relativo ao § 2.º do artigo 10-A: "O § 2.º, por sua vez, deixa claro que, em relação aos débitos que se encontrarem sob discussão judicial, "o sujeito passivo deverá comprovar que desistiu expressamente e de forma irrevogável da impugnação ou do recurso interposto, ou da ação judicial, e, cumulativamente, renunciou a quaisquer alegações de direito sobre as quais se fundem a ação judicial". A lei, portanto, obsta o exercício de direito constitucionalmente garantido (art. 5.º, XXXV, da CF), impedindo que a empresa discuta seus débitos judicialmente. Em tal circunstância, em tese, mesmo sendo indevido o tributo cobrado pela Fazenda, ou parte dele – o que não é raro –, a empresa estaria compelida a renunciar ao seu direito, o que pode dificultar ou inviabilizar a recuperação econômica da pessoa jurídica. Observe-se que, na hipótese, a sociedade estaria obrigada ao pagamento de quantia indevida à Fazenda Pública, afetando patrimônio indispensável para o seu soerguimento". Ou seja, é curioso observar que, embora julgando aspecto que diz respeito exclusivamente a questão de conflito de competência entre o juízo da recuperação e o juízo federal, ainda assim, o STJ trouxe indicações no sentido de apontar a inconstitucionalidade do referido artigo 10-A, por força da inconstitucionalidade de um de seus parágrafos.

Da mesma forma, reiterado o item 4 acima, no mesmo AgRg acima anotado, houve também pronunciamento sobre o § 6.º do artigo 10, ora transcrito: "O princípio da preservação da empresa é contrariado, igualmente, pelo § 6.º. Sob esse enfoque, destaco que (i) a norma legal referida (§ 6.º) estabelece que os bens e os direitos da empresa executada, constituídos em garantia dos créditos, não serão liberados, e que (ii) a Primeira Seção desta Corte, no julgamento do REsp n. 957.509/RS, processado sob o rito do art. 543-C do CPC, Rel. Ministro Luis Fux, DJe de 25.8.2010, decidiu que, em relação ao parcelamento da dívida fiscal, 'a suspensão da exigibilidade do crédito tributário, perfectibilizada após a propositura da ação, ostenta o condão somente de obstar o curso do feito executivo e não de extingui-lo'. Nessa situação, mesmo suspensa a execução, o conflito de competência persistiria. Na hipótese, por exemplo, de o juiz da recuperação precisar alienar bens da sociedade vinculados à execução, terá que resolver se prevalecerá (i) a ordem de penhora emanada do juízo da execução fiscal ou (ii) a decisão de venda proferida pelo magistrado da recuperação. A nova lei, portanto, não evita o conflito, decorrente da necessidade de se saber a quem compete decidir acerca da disposição do referido patrimônio. Mantida a competência do juízo da recuperação, poderá a Fazenda Pública, naturalmente, recorrer de decisões que entenda contrárias à legislação em vigor. O mais importante aqui é manter concentrado em um único juízo – no caso o da recuperação judicial, mais aparelhado para definir as necessidade da pessoa jurídica recuperanda – o poder de decidir acerca do destino dos bens pertencentes à empresa em recuperação. Com efeito, ainda que momentaneamente suspenso o processo executivo, não se pode afastar a possibilidade de o juízo da execução proferir, no futuro, decisões provocadas por fatos novos, viabilizando a alienação dos bens atingidos por penhoras. Tal probabilidade recomenda manter a competência do juízo da recuperação para decidir a propósito de eventuais disposições de bens da sociedade em recuperação. Em síntese, a edição e a publicação da Lei n. 13.043/2014 não repercute na jurisprudência desta Corte a respeito da competência do Juízo da recuperação, sob pena de afrontar o princípio da preservação da empresa". Aqui o STJ sinaliza também o choque entre o princípio da preservação da empresa positivado no art. 47, em relação ao qual tem sido zeloso em seus julgados relativos a impostos de um lado e, de outro lado, o disposto no parágrafo 6.º no que diz respeito às garantias exigidas pelo Fisco para a concessão do parcelamento. Mais sintomática ainda fica tal sinalização, não só pelo fato de ser originário da Segunda Seção do Tribunal, como também pelo fato de que a matéria em discussão dizia respeito a conflito de competência entre juiz da recuperação e juiz federal, o que a rigor nem sequer exigia o exame exauriente que o STJ fez questão de efetuar sobre estes dois pontos da nova Lei 13.043/2014.

A promulgação da Lei 13.043/2014, aparentemente permitindo a aplicação do artigo 57 da LRE, leva agora a uma outra ordem de considerações, a um aprofundamento do estudo, para que se examine se o referido artigo 57 seria constitucional (ou não), discussão que podia ser evitada, ante o óbice decorrente da inexistência do parcelamento especial previsto no artigo 68. Como se sabe, se a lei deixa de ser aplicável por qualquer outra razão que não o vício da inconstitucionalidade, este vício não deve ser discutido. Relembrado este ponto, o que se têm é o entendimento do STF, que pode ser resumido na afirmação de que, como o Fisco tem meios especiais de cobrança, não pode lançar mão de meios oblíquos ou transversos, para obrigar o contribuinte ao pagamento do tributo. Dito de outra forma, o entendimento é que o Fisco não pode criar obrigações ou impor limitações gravosas ao contribuinte, para obrigá-lo ao pagamento do tributo.

Bastaria lembrar aqui três súmulas do STF, a de número 70, segundo a qual "é inadmissível a interdição de estabelecimento como meio coercitivo para cobrança de tributos"; a de número 323, fixando que "é inadmissível a apreensão de mercadorias como meio coercitivo para pagamento de tributos" e, finalmente, a de número 547, dizendo que "não é lícito à autoridade proibir que o contribuinte em débito adquira estampilhas, despache mercadorias nas alfândegas e exerça suas atividades profissionais". Comentando esta última súmula, a de número 547, Roberto Rosas diz: "O Tribunal Pleno decidiu que a Fazenda deve cobrar seus créditos através de execução fiscal, sem impedir direta ou indiretamente a atividade profissional do contribuinte (RTJ 45/629). Posteriormente, reafirmou sua orientação (RE 63.026 e 63.647)".[1]

O questionamento que naturalmente se impõe, é no sentido de saber se pode exigir-se em favor do Fisco a certidão negativa do artigo 57 da LRE, documento cuja ausência "impediria diretamente a atividade profissional do contribuinte", ao impedir seu direito à recuperação judicial. Examinado por outro ângulo, o que se vê é que o artigo 57 impede ao devedor o exercício do direito de recuperação, direito que decorre do exercício de sua atividade empresarial. Mais ainda a questão toma vulto quando se lembra que o artigo 187 do Código Tributário Nacional estabelece que "a cobrança judicial do crédito tributário não é sujeita a concurso de credores ou habilitação em falência, recuperação judicial, concordata, inventário ou arrolamento", completando-se o pensamento com a leitura do parágrafo 7.º do artigo 6.º da LRE, que prevê que "as execuções de natureza fiscal não são suspensas pelo deferimento da recuperação judicial, ressalvada a concessão de parcelamento nos termos do Código Tributário Nacional e da legislação ordinária específica". Ou seja,

---

[1] *Direito Sumular – Comentários às súmulas do STF e do STJ*, São Paulo, Editora Malheiros, 1977, p. 255.

por tais razões não se poderia aplicar o artigo 57 da LRE, mesmo após a promulgação da Lei 13.043/2014.

7. Exame de parte do artigo 101 da Lei 13.043, de 13.11.2014

Temos visto decisões do STJ, com cada vez mais acentuado temor, algumas até por meio de recurso repetitivo na forma do artigo 543-C, que têm propiciado benefício às instituições financeiras, em prejuízo à possibilidade de recuperação das empresas. Este ponto é apenas aqui lembrado e será objeto de outro artigo em elaboração, para demonstrar quais elementos fundamentam tal afirmação. No entanto aqui, por se tratar de estudo específico da Lei 13.043/2014, não é o caso de se estender sobre o ponto. No entanto, tal aspecto precisava ser lembrado, porque este tipo de favorecimento já existe, há muito tempo, por parte do legislativo. Ou seja, aprovação de leis que, ao invés de atentarem para o fato de que o capital financeiro já é por demais privilegiado, acabam por trazer mais outros condenáveis privilégios, alguns até sobre pontos que não deveriam sequer ser preocupação da lei.

Confira-se a propósito desta quase divagação, embora pertinente, a redação que foi dada pelo artigo 101 da Lei 13.043/2014, aos §§ 9.º e 10 do Decreto-Lei 911/1969. O § 9.º do artigo 2.º, literalmente transforma o juiz em funcionário do banco, ao determinar que, decretando a busca e apreensão, o próprio juiz deverá inserir a restrição judicial na base de dados do Renavam, retirando tal anotação após a busca e apreensão, "caso tenha acesso à base de dados" do Renavam. Caso não tenha tal tipo de acesso, deverá oficiar ao departamento competente para registrar o gravame, quando deferir a busca e apreensão e retirar o gravame após a apreensão do veículo. Ou seja, o trabalho que sempre foi feito obrigatoriamente pelo departamento jurídico do banco interessado, passa agora a ser feito pelo juiz, transformado em guardião dos interesses do banco e prestador de serviços a ele. Não se perca de vista que o atraso na prestação jurisdicional não terá benefícios com tal tipo de divisão de trabalho; ao contrário, ao transferir trabalho que era do próprio banco para o juiz, estará criando elemento para acentuado aumento do trabalho forense. No entanto, esta menção é feita apenas de passagem, pois o exame aqui tem por objeto o artigo 6.º-A, introduzido no Decreto-Lei 911/1969, pelo artigo 101 da Lei 13.043/2014.

Este artigo 6.º-A diz que "o pedido de recuperação judicial ou extrajudicial pelo devedor nos termos da Lei 11.101 de 9 de fevereiro de 2005, não impede a distribuição e a busca e apreensão do bem". De forma tautológica, apenas veio repetido aqui o que já consta da LRE pois segundo o art. 6.º da LRE, o que determina a impossibilidade de busca e apreensão não é o pedido e sim, "o deferimento do processamento" do pedido. Relembre-se que o "pedido" está previsto no artigo 51 e o "deferimento do pedido" está previsto no artigo 52, ambos da LRE. Portanto, este artigo 6.º-A em nada mudou o sistema já estabelecido, quanto ao ajuizamento do pedido; o que o legislador aqui pretendeu foi deixar explícito que entre o pedido e o deferimento não está sustada a possibilidade de busca e apreensão.

Este novo texto de lei, felizmente, veio beneficiar a empresa em recuperação. O artigo 49 da LRE, em seu § 3.º, estabelece que o credor titular da posição de proprietário fiduciário não se submeterá aos efeitos da recuperação judicial, não sendo permitida contudo, durante o prazo de 180 dias, a venda ou retirada do estabelecimento, de bens de capital essenciais a sua atividade empresarial. Na aplicação deste artigo, estabeleceu-se discussão sobre a possibilidade ou não de ajuizamento do pedido de busca e apreensão após o ajuizamento do pedido de recuperação. Ou seja, a pergunta que se fazia era se, após ajuizado o pedido de recuperação, podia o credor fiduciário ajuizar o pedido de busca e apreensão ou deveria aguardar o período de 180 dias, para só após ajuizar tal pedido. Não há dúvida, a partir do texto deste artigo 6.º-A, que a busca e apreensão pode ser ajuizada após o pedido de recuperação, pedido de recuperação que é ajuizado na forma do artigo 51 da LRE. No entanto, e como já visto acima, "pedido de recuperação" e "deferimento do processamento do pedido de recuperação" são momentos diversos, o primeiro previsto no artigo 51, o segundo no artigo 52.

O que se pode concluir portanto é que o legislador aqui pretendeu trazer um maior desafogo em benefício do recuperando, admitindo que o pedido de busca e apreensão seja ajuizado mesmo após o pedido de recuperação, proibindo porém que tal pedido seja ajuizado após o deferimento do processamento do pedido, única conclusão a que se pode chegar por interpretação *contrario sensu* do texto legal. Por outro lado, parece impossível pretender-se afirmar que a lei teria permitido tanto a distribuição do pedido quanto a busca e apreensão do bem, o que contrariaria todo o sistema da LRE, lembrando-se sempre que o artigo 49 da LRE, ao trazer privilégios em favor dos bancos, permitindo que a alienação fiduciária não estivesse submetida integralmente à recuperação, foi dos pontos mais criticados exatamente por criar óbice à possibilidade de recuperação, ao conservar o direito de busca e apreensão mesmo com suspensão por 180 dias.

Enfim, a correta interpretação do artigo 6.º-A é no sentido de que, depois de ajuizado o pedido de recuperação e desde que não deferido o processamento, pode ser ajuizada ação de busca e apreensão. Se já foi deferido o processamento, o pedido de busca e apreensão somente poderá ser ajuizado após o decurso do prazo de 180 dias. No entanto, ajuizada busca e apreensão antes do pedido de recuperação, ou entre o pedido de recuperação e o deferimento do processamento, ou mesmo depois do deferimento do processamento, em qualquer caso deve o juiz, em aplicação ao determinado no artigo 6.º da LRE, combinado com o artigo 6.º-A do Decreto-Lei 911/1969 ora introduzido pela Lei 13.043/2014, determinar a suspensão da ação, pelo prazo de 180 dias a partir do referido deferimento, conforme § 4.º do artigo 6.º da LRE. O que obsta o andamento processual é o deferimento do processamento, embora o ajuizamento e o processamento sejam possíveis entre a data do pedido de recuperação e o deferimento do processamento do pedido de recuperação.

8. Conclusão

Filosoficamente, mutabilidade é da essência da existência, sabedoria milenar que jamais é desmentida. O direito, como ciência da sociedade, não foge à sábia regra e acentua-se mais ainda esta mutabilidade quando se trata do campo específico do direito empresarial, dinâmico por natureza. Sem embargo, a alteração objeto da presente análise nada mais é do que "crônica de uma mudança anunciada". Com efeito, o artigo 57 da LRE, ao exigir a apresentação de certidões negativas, vinculava-se ao artigo 68, que previa parcelamento específico de créditos tributários para recuperandos em geral. Surge agora, nove anos após a entrada em vigor da LRE o esperado parcelamento que, no entanto, como visto acima, dependerá ainda de extenso trabalho doutrinário e jurisprudencial para sua perfeita aplicação, dependendo também de atividade legislativa das unidades federadas e das municipalidades de todo o País, isto se superada a grave questão da inconstitucionalidade.

Por outro lado, mantém-se o entendimento de que a inobservância da norma do artigo 57, não permite o decreto de falência caso seja descumprida. A falência representa praticamente a morte da sociedade empresária e, por isto mesmo, não pode ser decretada por inferência ou analogia; só pode ser decretada nos casos específicos em que haja previsão. O artigo 57 continua sem qualquer tipo de sanção para caso de descumprimento, por um lado; por outro lado, a recuperação só pode ser convolada em falência, nos casos específicos previstos nos incisos do artigo 73 e, em nenhum deles, enquadra-se o descumprimento de apresentação de certidão negativa de débitos fiscais. O inciso IV do artigo 73 não daria fundamento à convolação, pois aplica-se somente em caso de descumprimento de obrigação assumida em plano de recuperação já concedida. Acresça-se a tudo isto a série de privilégios e preferências de que já goza o fisco na recuperação judicial.

Esta é a colaboração que se pretende dar à discussão destas importantes alterações na Lei 11.101/2005 e que, como análise feita sem qualquer discussão doutrinária ou jurisprudencial anterior, fica sujeita a qualquer tipo de crítica, sempre bem recebida.

OBSERVAÇÃO DO AUTOR: Como o tema é amplo e com reflexos profundos na aplicação da LRE e como aqui se trata do exame de três artigos de lei nova, optou-se por não citação de doutrina e consequente material bibliográfico, até porque o texto pretendeu elaborar um exame o mais prático possível dos caminhos que se abrem ante a nova lei.

A apresentação de CND
e o parcelamento de débitos fiscais

PAULO FERNANDO CAMPOS SALLES DE TOLEDO

1. Palavras iniciais

Créditos fiscais, sabem todos os que têm algum contato com a matéria, não se sujeitam à recuperação judicial. Ainda assim, influem decisivamente na concessão da medida, uma vez que, por exigência legal expressa, para tanto é preciso apresentar certidões negativas de débitos tributários.[1] A solução legal é evidentemente contraditória: ao mesmo tempo em que os créditos fazendários estão fora da recuperação judicial, esta somente será concedida se a recuperanda, que deve a tantos credores, nada dever ao fisco.

A jurisprudência, provocada pelos reclamos das partes interessadas (em especial pelos devedores, é claro) enfrentou a situação com sabedoria e criatividade. Passou a entender que, enquanto não se editasse uma lei que tratasse do parcelamento dos débitos fiscais, a falta de certidão negativa de débitos não poderia ser considerada obstáculo à concessão da recuperação judicial.

A construção judicial não partia do nada. Ao contrário, fincava-se em verdadeira promessa normativa. Com efeito, em norma inserida no Código Tributário Nacional, em meio a alterações introduzidas por lei

---

[1] LRE, arts. 57 e 58.

complementar[2] editada no mesmo dia em que o foi a Lei de Recuperação de Empresas, consignou-se que "lei específica" disporia "sobre as condições de parcelamento dos créditos tributários do devedor em recuperação judicial".[3]

A referida lei complementar tinha o evidente propósito de adaptar as regras tributárias ao novo regime concursal que estava sendo instituído. Depreende-se, pois, que o legislador considerava necessária a edição de lei dispondo sobre o parcelamento de débitos fiscais de empresas em recuperação judicial, a qual, por óbvio, levaria em conta a particular situação da devedora, e a declarada finalidade da LRE de ensejar a superação da crise econômico-financeira da recuperanda.[4]

Nada mais razoável, portanto, que a norma jurídica pela qual se impôs ao Estado a edição de lei especial sobre o tema passasse, desde logo, a ser ansiosamente aguardada pelo mercado. O motivo para essa expectativa era forte: por disposição legal expressa, o parcelamento suspende a exigibilidade do crédito tributário, e a certidão de que conste a existência da suspensão tem os mesmos efeitos da certidão negativa.[5] O crédito, pois, deixaria de ser um obstáculo à concessão da recuperação judicial.

A aguardada resposta normativa adveio, longos nove anos depois, com a promulgação da Lei 13.043, de 13 de novembro de 2014. Correspondeu, no entanto, ao que dela se esperava?

2. As inovações trazidas pela Lei 13.043

A Lei 13.043/2014 veio acrescentar, na parte aqui de interesse, ao art. 10 da Lei 10.522, de 19 de julho de 2002, o art. 10-A. O mencionado art. 10 previa, originalmente, o parcelamento em até trinta parcelas mensais dos "débitos de qualquer natureza para com a Fazenda Nacional". Essa disposição foi logo alterada, pela Lei 10.637/2002, para sessenta parcelas mensais, regra ainda hoje em vigor.

A Lei 13.043 adicionou, a essa regra geral em matéria de parcelamento de débitos fiscais, uma disposição específica, relativa a devedores em recuperação judicial (ou, mais exatamente, que a tiverem pedido

---

[2] Lei Complementar n. 118, de 09/02/2005.
[3] Cf. CTN, art. 155-A, § 3.º.
[4] Cf. LRE, art. 47.
[5] Cf. CTN, arts. 151, n. VI, 205 e 206.

ou deferido o processamento). Previu, para esses casos, o parcelamento em 84 (oitenta e quatro) parcelas mensais e consecutivas. Basicamente, portanto, elevou o número de parcelas de 60 para 84. Ou seja, de 5 para 7 anos. Até aí, parece razoável a opção do legislador, embora possa ser questionada a suficiência do prazo, ou a rigidez da previsão.

A norma em tela estabelece, para o pagamento das parcelas, uma escala progressiva. Assim é que as primeiras doze correspondem, cada qual, a 0,666% do débito, as doze seguintes a 1%, e da 25.ª à 83.ª prestação a 1,333%. Ou seja: às vésperas de completar-se o prazo o devedor terá quitado 98,639% de sua dívida. Na última parcela irá pagar o saldo devedor remanescente. Como se percebe, a lei pressupõe a melhoria da situação financeira do contribuinte, exigindo deste, nos dois primeiros anos, pagamentos sensivelmente menores do que os devidos nos anos subsequentes.

2.1. Os créditos incluídos no parcelamento

Nos parágrafos do aludido art. 10-A a Fazenda mostra a contrapartida da oferta apresentada no *caput* do dispositivo. Logo no § 1.º estabelece que o parcelamento deverá compreender todo o passivo fiscal do contribuinte com relação à Fazenda Nacional. Isto abrange os créditos constituídos ou não, inscritos ou não em Dívida Ativa, ainda que discutidos judicialmente em ação proposta pelo sujeito passivo, ou em execução fiscal em tramitação. Ressalva, tão somente, "os débitos incluídos em parcelamentos regidos por outras leis".

A voracidade do Fisco é inegável. Quer aproveitar a oportunidade para resolver de uma vez seu relacionamento com o devedor. Cobra deste mesmo os créditos ainda não constituídos. Não se trata, é bem verdade, de algo que ainda não exista, de uma obrigação futura. A obrigação tributária, decorrente da hipótese de incidência e da concretização desta no fato gerador já nasceu. No dizer de Luiz Alberto Gurgel de Faria, "sempre que a situação fática contida na norma se concretizar, surge a obrigação principal e, com ela, o dever de pagar tributo".[6] No dispositivo em exame, no entanto, embora se preveja implicitamente o dever de pagar, não se pode deixar de convir que o crédito tributário ainda não terá sido constituído, uma vez que isso apenas ocorre com

---

[6] Luiz A. G. de Faria, *Art. 114*, in Vladimir Passos de Freitas (coord.), *Código Tributário Nacional comentado*, São Paulo, Revista dos Tribunais, 1999, p. 482.

o lançamento, consoante claramente estabelece o art. 142 do Código Tributário Nacional.[7] Só com o lançamento o crédito tributário, devidamente constituído, se individualiza.

De acordo com a norma em foco, o crédito a ser parcelado pode estar inscrito ou não. Ora, a Lei reconhece que a inscrição do crédito na Dívida Ativa da Fazenda Pública destina-se a apurar sua liquidez e certeza, tanto assim que a petição inicial da execução fiscal deverá ser instruída com a Certidão da Dívida Ativa.[8] Adverte Humberto Theodoro Júnior que a Fazenda Pública, deve apurar "a existência da dívida, o que se deve e quem deve", e acrescenta que "somente depois da inscrição, que resolve todos esses problemas, e da extração da competente certidão de Dívida Ativa – que é o título executivo fiscal –, é que estará a Fazenda habilitada a promover a execução em juízo".[9]

O parcelamento deve ainda compreender créditos "discutidos judicialmente em ação proposta pelo sujeito passivo". Créditos, pois, que estão sendo questionados pelo contribuinte, no exercício de seu direito, constitucionalmente assegurado, de acesso ao Judiciário. Daí pode decorrer sentença favorável ao contribuinte. Não se pode, de antemão, saber qual será o resultado da demanda.

E, finalmente – não esquecer que o legislador quer abranger a "totalidade dos débitos do empresário ou da sociedade empresária"[10] – deverão também ser incluídos os créditos objeto de execução fiscal. Pouco importa que o executado tenha oferecido embargos, alegando "toda matéria útil à defesa"[11], e que ainda não tenham sido apreciados judicialmente.

Há uma única exceção à regra em análise[12]: "os débitos incluídos em parcelamentos regidos por outras leis".[13] Justifica-se a ressalva, uma vez

---

[7] *Verbis*: "Compete privativamente à autoridade administrativa constituir o crédito tributário pelo lançamento, assim entendido o procedimento administrativo tendente a verificar a ocorrência do fato gerador da obrigação correspondente, determinar a matéria tributável, calcular o montante do tributo devido, identificar o sujeito passivo e, sendo o caso, propor a aplicação da penalidade cabível".

[8] Cf. L. 6.830, de 22/09/1980, arts. 2.º, caput e §§ (especialmente o § 3.º), e 6.º, §1.º.

[9] Humberto Theodoro Júnior, *A nova Lei de Execução Fiscal*, São Paulo, LEUD, 1982, p. 9.

[10] Lei 10.522/2002, art. 10-A (acrescentado pela Lei 13.043/2014).

[11] Cf. L. 6.830, de 22/09/1980, art. 16, § 2.º.

[12] Lei 10.522/2002, art. 10-A (acrescentado pela Lei 13.043/2014).

[13] Lei 10.522/2002, art. 10-A (acrescentado pela Lei 13.043/2014), §1.º.

que se trata de negócio jurídico presumivelmente perfeito? À primeira vista, sim, mas caberia indagar se não seria mais razoável incluir o saldo devedor no novo parcelamento. Afinal, a situação financeira do devedor não é a mesma. Agora ele se encontra em crise econômico-financeira, seu *status* jurídico é outro, e ele está buscando o amparo previsto na LRE para recuperar-se.

Ou seja, a generalidade dos créditos a serem parcelados inclui aqueles que sequer foram constituídos pelo lançamento, os que não foram inscritos na Dívida Ativa, e, portanto, não são líquidos e certos, os que estão sendo discutidos judicialmente, e os que estão sendo cobrados via execução fiscal, ainda que tenham sido opostos embargos, desconsiderando-se, pois, a defesa apresentada. A amplitude da regra gera incerteza jurídica, na medida em que determina inclusão de créditos que estão sendo ou poderiam estar sendo questionados. Daí a existência de desequilíbrio entre as partes, uma vez que uma delas poderá receber mais do que teria direito, ao mesmo tempo em que a outra poderá estar pagando mais do que efetivamente deve.

2.2. A imposição de desistência ou renúncia

A norma vai além e exige das empresas em recuperação que desistam "expressamente e de forma irrevogável da impugnação ou do recurso interposto, ou da ação judicial".[14] A exigência deve ser regularmente comprovada. O legislador, nesse ponto, foi coerente (o que não é nenhum elogio). Com efeito, ao estabelecer que o parcelamento deve compreender créditos ainda em discussão, impõe a desistência de recursos ou defesas, pois seu eventual acolhimento levaria o montante do débito a um valor diferente do considerado para parcelar o débito.

O devedor vê-se forçado, portanto, a abrir mão da defesa de seu direito para fazer jus ao parcelamento. Este, por isso, não tem natureza de acordo negociado entre as partes, mas de condenação de uma delas – sem observância de contraditório – com o pagamento diferido no tempo.

O aludido § 2.º acrescenta que o devedor necessita ainda renunciar "a quaisquer alegações de direito sobre as quais se fundem a ação judicial e o recurso administrativo". Assim, o devedor precisa não apenas desis-

---

[14] Lei 10.522/2002, art. 10-A (acrescentado pela Lei 13.043/2014), § 2.º.

tir de recursos ou defesas já apresentadas, mas também comprometer-se a renunciar formalmente a quaisquer alegações de direito referentes aos créditos objeto de parcelamento. É como se o legislador lhe dissesse: assine aqui e cale-se para sempre, se quiser parcelar suas dívidas.

2.3. Causas de rescisão

O § 4.º do dispositivo em tela enuncia as causas específicas de rescisão para o parcelamento de que se trata. Não concedida a recuperação judicial ou decretada a falência da devedora, o parcelamento será rescindido. Não é preciso dizer que, nesse caso, a Fazenda readquire o pleno uso de seus direitos e prerrogativas legais. E isto porque o crédito, ao ser parcelado, não foi objeto de novação. A segunda obrigação simplesmente confirmou a primeira, nos termos do art. 361 do Código Civil.

Cabe um reparo quanto à terminologia empregada: a hipótese não é propriamente de rescisão, apesar do largo uso dessa palavra na linguagem comum. Na linguagem jurídica, de acordo com entendimento doutrinário prevalecente, o termo "rescisão" hoje se reserva para a extinção do contrato em casos de lesão ou de estado de perigo. Quando o desfazimento for decorrência de inexecução fala-se, com mais propriedade, em "resolução".

O § 4.º em foco remete ao art. 14-B da Lei 10.522/2002, onde estão previstas as causas genéricas de "rescisão" do parcelamento, também aqui aplicáveis. A regra é que a falta de pagamento de parcelas (três, consecutivas ou não, ou uma, quando estiverem pagas todas as demais), acarreta a imediata rescisão do parcelamento e remessa do débito para inscrição em Dívida Ativa da União ou, se for o caso, o prosseguimento da execução. Ou seja: se a empresa em crise deixa de pagar pontualmente, a dívida – ou, mais propriamente, o saldo devedor – é qualificada, pela inscrição, como líquida e certa, com os efeitos daí decorrentes, ou, se for objeto de execução, esta volta a correr.

A resolução também se opera, como se viu, quando não for concedida a recuperação judicial, ou tiver sido decretada a falência do devedor. A solução radical atua mesmo quando o contribuinte estiver em dia com as parcelas devidas, o que pode ocorrer mesmo não fazendo ele jus à recuperação judicial. E, na hipótese de falência, o parcelamento será resolvido (ou rescindido, como quer o legislador) mesmo se o administrador judicial entender que a massa falida tem condições de cumprir o avençado, quando presentes os pressupostos estabelecidos na regra geral, que não exclui o crédito fazendário, do art. 117 da Lei de Recuperação de Empresas.[15]

2.4. Manutenção das garantias antes oferecidas

Prossegue o art. 10-A estabelecendo, no § 5.º, que o devedor "poderá ter apenas um parcelamento", o que se compatibiliza com a regra do § 1.º.[16] Mais adiante, no § 6.º, estabelece que o parcelamento concedido não implica liberação dos bens e direitos antes dados em garantia. Desse modo, mesmo que esses bens e direitos sejam necessários para o sucesso da recuperação judicial, não poderão ser liberados. A Fazenda não quer "soltar a presa", mesmo que isso inviabilize a recuperação da empresa. Justifica-se, é claro, a exigência de garantias, mas estas podem ser outras, que não aquelas já oferecidas anteriormente.

3. O direito ao parcelamento

3.1. A previsão legal expressa

O art. 155-A, § 3.º, do Código Tributário Nacional expressou uma verdadeira promessa normativa. Por essa disposição legal, o legislador comprometeu-se a editar lei específica "sobre as condições de parcelamento dos créditos tributários do devedor em recuperação judicial". Reconheceu-se, portanto, que a situação do devedor, em dificuldades financeiras e econômicas que poderiam vir a ser superadas, ensejava apreciação diferenciada, que ao mesmo tempo atendesse aos interesses fazendários e levasse em consideração a crise do devedor.

Daí se depreende que, por força de lei, o devedor em recuperação judicial adquiriu o direito subjetivo ao parcelamento de seu passivo fiscal, nos termos das regras que viessem a ser editadas em lei específica. Exatamente por tratar-se de "lei específica" o tratamento a ser conferido ao devedor, segundo se poderia pressupor, necessariamente levaria em

---

[15] O art. 117 da LRE assim está redigido: "Os contratos bilaterais não se resolvem pela falência e podem ser cumpridos pelo administrador judicial se o cumprimento reduzir ou evitar o aumento do passivo da massa falida ou for necessário à manutenção e preservação de seus ativos, mediante autorização do Comitê".
[16] Cf. n. 2.1, *supra*.

conta a especial situação da empresa recuperanda. Caso assim não fosse, não seria o caso de se prever lei especial.

O que se viu, no entanto, foi, ao invés de uma lei específica, a edição de um artigo e seus parágrafos, inseridos em diploma de caráter genérico, o qual, segundo sua ementa, dispõe, entre outras providências, sobre o cadastro informativo dos créditos não quitados (Cadin). Além disso, a rigidez de suas regras não se coaduna com a circunstância de que, no polo passivo, encontra-se uma empresa em recuperação judicial, regime jurídico que "tem por objetivo viabilizar a superação da situação de crise econômico-financeira do devedor".[17]

3.2. O entendimento jurisprudencial

Ante a inexistência de parcelamento especial para as empresas em recuperação, a solução jurisprudencial encontrada foi a de contornar a inflexibilidade da regra do art. 57 da LRE, que impõe, como condição para que se conceda a recuperação judicial, a apresentação de certidão negativa de débitos fiscais. Portanto, pela letra da lei, para a concessão não basta a aprovação, tácita ou expressa, pelos credores, do plano de recuperação. No mesmo sentido dispõe o art. 191-A do Código Tributário Nacional, que faz referência, para o mesmo fim, à "prova da quitação de todos os tributos".

Cumpre ter-se em mente, a propósito, que o parcelamento suspende a exigibilidade do crédito tributário, e que não sendo exigível o crédito, a lei autoriza a expedição de certidão negativa.[18] Ora, não sendo viável o parcelamento especial, porque não havia sido editada a lei que o disciplinaria, não poderia a recuperanda contar com esse meio para a obtenção da certidão negativa de débito. Vedado esse caminho ao devedor, e justamente o que seria mais adequado à situação de crise em que ele se encontrava, também não seria razoável exigir dele, como condição para conceder-lhe a recuperação judicial, a certidão negativa de débito, enquanto não editada a lei específica.

---

[17] Cf. LRE, art. 47.
[18] Cf. Código Tributário Nacional, arts. 151, 205 e 206, expressamente referidos no art. 157 da LRE.

A jurisprudência sedimentou-se no sentido acima exposto. Pode-se exemplificar com o acórdão prolatado pelo Superior Tribunal de Justiça, de que foi Relator o Ministro Luís Felipe Salomão, de cuja ementa destacamos os seguintes trechos:

2. O art. 57 da Lei n. 11.101/2005 e o art. 191-A do CTN devem ser interpretados à luz das novas diretrizes traçadas pelo legislador para as dívidas tributárias, com vistas, notadamente, à previsão legal de parcelamento do crédito tributário em benefício da empresa em recuperação, que é causa de suspensão da exigibilidade do tributo, nos termos do art. 151, inciso VI, do CTN.

3. O parcelamento tributário é direito da empresa em recuperação judicial que conduz a situação de regularidade fiscal, de modo que eventual descumprimento do que dispõe o art. 57 da LRF só pode ser atribuído, ao menos imediatamente e por ora, à ausência de legislação específica que discipline o parcelamento em sede de recuperação judicial, não constituindo ônus do contribuinte, enquanto se fizer inerte o legislador, a apresentação de certidões de regularidade fiscal para que lhe seja concedida a recuperação.[19]

Note-se que o STJ, por sua Corte Especial e por unanimidade, não apenas confirmou a interpretação a ser dada ao art. 57 da LRE, mas também deixou consignado que "o parcelamento tributário é direito da empresa em recuperação judicial que conduz a situação de regularidade fiscal"[20].

---

[19] STJ, Corte Especial, REsp 1.187.404-MT, j. 19/06/2013, v.u., Relator Ministro Luis Felipe Salomão.

[20] O Tribunal de Justiça, em julgamento recente (TJSP, 2ª Câmara Reservada de Direito Empresarial, AI 2109677-09.2015.8.26.0000-SP, j. 09/09/2015, v.u., Relator Ministro Ricardo Negrão), reiterou, a despeito das disposições da Lei 13.043/2014 sobre parcelamento de débitos fiscais, o entendimento anterior a propósito do tema. Invocou, para tanto, acórdão do STJ no REsp 1.187.404, acima citado, da lavra do Ministro Luís Felipe Salomão, no sentido de que "o parcelamento tributário é direito da empresa em recuperação", acrescentando não se tratar de "uma simples faculdade do Fisco". Consignou, ainda, que a lacuna legal existente não foi sanada, uma vez que a concessão do parcelamento depende da desistência ou renúncia da recuperanda à discussão dos créditos, inclusive nos casos em que sequer foi citada.

4. Algumas observações

4.1. Quanto ao prazo

A Lei 13.043 oferece à recuperanda o parcelamento de seu passivo fiscal em 84 meses, como se viu. Outras leis são mais generosas, estabelecendo um número muito maior de parcelas, chegando a 180, além de preverem reduções de multa e de juros de mora. Refiro-me às Leis 11.941/2009, 12.249/2010 e 12.996/2014.

Por uma questão de coerência, em se tratando de empresas em crise, teria sido o caso de se prever um parcelamento menos rígido, com um número de parcelas que variasse conforme a particular situação da empresa, e que contemplasse, também, como nos diplomas acima apontados, multas e juros de mora reduzidos. Com isso, o parcelamento serviria de apoio para o reerguimento da empresa.

4.2. Quanto à manutenção das garantias

Também aqui se revela o caráter implacável da Lei 13.043, e sua falta de sintonia com os objetivos legais do instituto da recuperação judicial. A exigência de manutenção das garantias antes oferecidas pelo devedor pode prejudicar sensivelmente a recuperação da devedora. Isto ocorrerá, por exemplo, se esses bens forem daqueles considerados essenciais à atividade da empresa, aqueles que, no caso dos créditos referidos no § 3.º do art. 49 da LRE, não podem ser vendidos ou retirados do estabelecimento do devedor, durante o chamado *stay period*. Não seria o caso de, pelo menos, dar-se o mesmo tratamento aos créditos fiscais parcelados?

Mas, pode-se ir mais longe. E se a alienação desses bens for relevante para o sucesso da recuperação? Ficaria prejudicada esta? E sem sentido o processamento da recuperação judicial, e prejudicados os interesses múltiplos envolvidos no processo, simplesmente para deixar segregados esses bens, e, na verdade, ante o insucesso da recuperação judicial e provável falência do devedor, sem utilização econômica?

Mais razoável seria flexibilizar também esse ponto, permitindo que, com o exame das especificidades do caso concreto, se oferecessem em garantia bens e direitos que não prejudicassem a atividade da empresa.

4.3. Quanto à falta de previsão para tributos estaduais e municipais

Como se sabe, em matéria de tributos estaduais, firmou-se o Convênio ICMS 59, de 2012, do CONFAZ (Conselho Nacional de Política Fazendária). Por ele se autoriza o parcelamento, em até 84 meses, dos débitos, tributários e não tributários, de empresas em recuperação judicial. A medida, sob uma visão positiva, reconhece a necessidade de encontrar solução para as dívidas fiscais das recuperandas. Não se pode deixar de convir, no entanto, que o convênio restringe-se ao ICMS, como seu próprio nome indica, e como deriva da natureza desse tributo, que pode incidir sobre operações ocorridas em mais de uma unidade da Federação. Assim, os demais tributos de competência dos Estados estão fora da abrangência do convênio.

Por outro lado, os tributos municipais, do mesmo modo que os estaduais, não estão compreendidos no âmbito da Lei 13.043, que diz respeito tão só aos tributos federais. Não será demais lembrar que, conforme o ramo de atividade desenvolvida pela empresa em crise, a incidência de tributos estaduais e municipais é de particular relevância no passivo total da recuperanda.

Em consequência, mesmo que o mencionado diploma tivesse trazido a imprescindível solução para o problema do passivo fiscal das empresas em recuperação judicial – o que não aconteceu – ainda assim a resposta normativa não seria completa, na medida em que não teria aplicação aos tributos estaduais e municipais.

4.4. Quanto à inconveniência para a própria Fazenda

Há mais um fator a ser considerado. Sabidamente, os resultados obtidos pela Fazenda nas execuções fiscais nem sempre correspondem às expectativas. Ou seja, o rigor contido na Lei 13.043 pode não trazer os frutos desejados. E, muito ao contrário, pode impedir o reerguimento da empresa em crise. Com isso, a própria Fazenda poderá ser prejudicada, uma vez que deverá acionar a massa falida da devedora, caso em que a perspectiva de recebimento de seu crédito não é favorável. Se, ao invés, os esforços fazendários fossem direcionados a colaborar para a recuperação da empresa em crise, poderia esta, caso bem-sucedida, voltar a participar ativamente e em condições competitivas, ao mercado, de modo que a normalização de sua atividade acarretaria a geração de novos tributos, com o que a Fazenda só teria a ganhar.

4.5. Quanto à desistência de medidas de defesa, administrativas e judiciais

Por último, o mais importante: a inconstitucionalidade da norma em que se prevê a desistência e renúncia a medidas de defesa.[21]

Com efeito, como acima se assinalou, o contribuinte deve desistir, expressa e irrevogavelmente das irresignações manifestadas por meio de impugnações, recursos ou ações e, além disso, renunciar "a quaisquer alegações de direito sobre as quais se fundem a ação judicial e o recurso administrativo".[22] Sem isso não haverá parcelamento. Ora, não se pode negar que esses meios legais de defesa adotados pelo devedor podem ser justos, e, assim, o fechamento dessas portas irá constituir lesão ou ameaça a direito. A lei, por disposição constitucional expressa, não pode excluí-las da apreciação do Poder Judiciário. Desse modo, a recuperanda, ao atender à exigência imposta por indevida previsão legal, estará abrindo mão de direito fundamental, expresso no art. 5.º, inciso XXXV, da Constituição Federal.

Cabe invocar, a propósito, a Súmula Vinculante n. 28 do Supremo Tribunal Federal, assim redigida: "É inconstitucional a exigência de depósito prévio como requisito de admissibilidade de ação judicial na qual se pretenda discutir a exigibilidade de crédito tributário". Daí se pode extrair a ilação de que, se a mera exigência de depósito prévio como condição de exercício do direito de defesa em matéria fiscal é inconstitucional, com muito mais razão concluísse pela inconstitucionalidade de exigência que fere ainda mais profundamente o direito de defesa, ao obrigar a parte a desistir ou renunciar a direito.

Mas o Supremo Tribunal Federal, em antigo julgado, foi ainda mais longe, e enfrentou diretamente o problema que hoje se reapresenta. Em julgamento proferido em 10 de novembro de 1982, o Plenário da Excelsa Corte, por unanimidade, declarou inconstitucional disposição de lei paulista semelhante à hoje inserida na Lei 13.043. O acórdão é contundente, e de todo aplicável à hipótese aqui examinada. Vale citar sua ementa:

---

[21] Cf. n. 2.2, *supra*.
[22] Cf. art. 10-A, § 2.º, da Lei 10.522/2002, acrescentado pela Lei 13.043/2014.

CONTROLE JUDICIAL. SUA INAFASTABLIDADE.
Lei estadual que atribui ao pedido de parcelamento de crédito fiscal o efeito de confissão irretratável e de renúncia a qualquer defesa ou recurso administrativo ou judicial, bem como desistência dos já interpostos. Inconstitucionalidade desse dispositivo relativamente à expressão "ou judicial", por ofensiva ao art. 153, § 4.º, da C.F. Recurso extraordinário conhecido e provido.[23]

Como se vê, a lei declarada inconstitucional também dizia respeito a parcelamento de débito fiscal, e atribuía ao pedido "o efeito de confissão irretratável" (o que, por outras palavras, igualmente estabelece a Lei 13.043), **"e de renúncia a qualquer defesa ou recurso administrativo ou judicial, bem como desistência dos já interpostos"** (grifos nossos). O que se teve por inconstitucional também se prevê na Lei 13.043: a desistência ou renúncia a defesa ou recurso. Apenas não se reconheceu a relativa a recurso administrativo. Quanto ao mais, a norma atual é tão inconstitucional quanto a que assim foi declarada pelo Supremo Tribunal Federal. Cumpre acrescentar que a disposição constitucional ferida (art. 153, § 4.º, da Constituição de 1969) é de todo equivalente à regra do já citado art. 5.º, inciso XXXV, da Constituição em vigor.

5. Conclusão
Do exposto se infere que a Lei 13.043 não trouxe a resposta jurídica adequada a sério problema ocorrente nos processos de recuperação judicial. E isto por três motivos:

Primeiro – porque não se trata de lei específica, conforme previsto no art. 155-A, § 3.º, do Código Tributário Nacional.

Segundo – porque os defeitos apontados dificultam sua aplicação.

Terceiro – porque sua inconstitucionalidade é inegável.

---

[23] STF, Plenário, RE 94.141-0-SP, j. 10/11/1982, v.u., Relator Ministro Soares Muñoz.

A Mediação na Recuperação Judicial: compatibilidade entre as Leis nn. 11.101/05, 13.015/15 e 13.140/15

RONALDO VASCONCELOS

1. Novidades legislativas: Novo CPC e a Lei de Mediação
A Lei da Mediação (lei n. 13.140, de 26 de junho de 2015) que disciplina a solução de controvérsias entre particulares e estimula a autocomposição de conflitos acarreta o benefício direto de garantir a legalidade e a segurança jurídica de um instituto jurídico de fundamental importância para o País.

Tudo isso porque deve-se entender o processo como *"um instrumento incluído no contexto social em que produzirá efeito o seu resultado"*,[1] tal como proclamado na Exposição de Motivos do Novo Código de Processo Civil (lei n. 13.015, de 16 de março de 2015). Criar condições para a realização de uma transação entre as partes é uma das tendências do processo civil contemporâneo, pois a satisfação efetiva das partes pode-se dar de modo mais intenso se a solução foi por elas criada – e não imposta pelo juiz.

Desse modo, o Novo Código de Processo Civil e a Lei de Mediação, legislações harmônicas e complementares que entram em vigor no início de 2016, devem ser definitivamente inseridas dentro do contexto da ação de recuperação judicial de empresas pelo procedimento ordinário, a

---

[1] Comissão de Juristas responsável pela elaboração do Anteprojeto do novo Código de Processo Civil. Brasília: Senado Federal, Subsecretaria de Edições Técnicas, 2010. p. 29.

fim de validá-la como *método de trabalho* apto para a superação da crise da empresa (ou até mesmo sua eficiente liquidação), de modo que a tutela jurisdicional ao final concedida não se mostre *utópica*.

Diante da natural dificuldade encontrada na composição dos multifacetados conflitos apresentados pelos diversos sujeitos processuais da recuperação judicial, impõe-se a necessidade de revisitação do princípio do contraditório (diálogo) e a ampla aplicação do princípio da fungibilidade das formas.

Por meio da mediação e da governança corporativa, fomenta-se a instituição de um produtivo fluxo de informações entre os sujeitos do processo, dentro e fora do procedimento, impedindo a consubstanciação da indesejada situação de "assimetria de informações" e impondo que todos os sujeitos do processo sejam colocados em contato com o projeto de plano de recuperação logo após a distribuição do pedido.

Tudo isso por meio da instituição de sessões de mediação e medidas de governança corporativa, a fim de que a determinação da viabilidade de empresa seja obtida a partir de critérios objetivos de formação de preço no mercado, ao mesmo tempo em que confira aceitáveis "opções de saída das negociações" para o atingimento da desejada comunhão de interesses.

Dotar o processo de recuperação judicial com os instrumentos da mediação e governança corporativa faz com que sejam consagrados os princípios do devido processo legal e isonomia, em consonância com o perfil desejado de uma atividade jurisdicional ativa, com vistas à implementação do princípio da função social da empresa em prazo razoável.

Dentro desse contexto, defende-se que a atuação do magistrado seja dirigida fundamentalmente à implementação do princípio da *função social da empresa* em prazo razoável, perfazendo um processo de recuperação judicial voltado à obtenção de resultados práticos de preservação da empresa ou das unidades produtivas, ao mesmo tempo em que seja apto a identificar a necessidade de uma rápida intervenção que possibilite a salvaguarda dos direitos dos credores e do meio empresarial por meio da conversão da recuperação judicial em falência.

A partir dessa revisitação conceitual e funcional, o juiz da recuperação judicial encontrará meios suficientes para justificar o método de análise do princípio da isonomia segundo o qual o tratamento igual se impõe, desde que não incidam razões suficientes para o tratamento desigual. Nessa oportunidade, o *ônus argumentativo* recairá sempre sobre a hipótese excepcional de tratamento desigual (em realidade efetivamente isonômico), cabendo ao magistrado sopesar os valores em confronto (proporcionalidade).

Todo esse conteúdo interpretativo do princípio da isonomia se mostra muito marcante no processo de recuperação judicial, na medida em que os benefícios sociais que a superação da crise da empresa podem propiciar autorizam a excepcionalidade da implementação de algumas medidas (ações afirmativas), desde que ao final do processo haja mais ganhadores do que perdedores.

De tudo isso, conclui-se que somente com a participação real e envolvimento ativo de todos os sujeitos do processo alcançar-se-á o objetivo do processo de recuperação judicial. Para tanto, deverá o juiz e os demais sujeitos do processo aplicarem eficientemente seus esforços na prática de atos norteados pelos princípios da proporcionalidade e fungibilidade de formas.

Excelente exemplo prático da aplicabilidade dessa inovadora proposta pode se dar com a simples adoção do instituto da mediação na fase deliberatória do plano de recuperação judicial, fazendo com que o diálogo efetivo e aberto entre os sujeitos do processo (contraditório) seja utilizado como ferramenta fundamental de obtenção da solução mais eficiente para a crise da empresa.

Felizmente, com as recentes edições do Novo CPC e da Lei de Mediação, certo é que o âmbito de aplicação da mediação é muito extenso (LM, art. 3.º),[2] ampliando assim as condições de contribuição para a redução do estoque dos processos do Poder Judiciário quando comparado com o instituto da arbitragem (outra medida adequada e alternativa de solução de controvérsias).

Dentro desse contexto, importante se faz ressaltar o sério risco de inaplicabilidade da mediação na recuperação judicial ao longo do processo legislativo de aprovação da Lei de Mediação, uma vez que de acordo com o texto substitutivo do Projeto de Lei n. 7.169 de 2014 da Câmara dos Deputados, chegou a constar em um dos dispositivos a expressa vedação

---

[2] Art. 3.º, Lei de Mediação: "*Pode ser objeto de mediação o conflito que verse sobre direitos disponíveis ou sobre direitos indisponíveis que admitam transação. § 1.º. A mediação pode versar sobre todo o conflito ou parte dele. § 2.º. O consenso das partes envolvendo direitos indisponíveis, mas transigíveis, deve ser homologado em juízo, exigida a oitiva do Ministério Público*".

da utilização da mediação na recuperação judicial e falência.³ Nada mais absurdo e sem sentido, que felizmente restou suprimido das discussões ulteriores na Câmara dos Deputados e Senado Federal.

2. Mediação na Recuperação Judicial

Apesar de específico e rico em características próprias, para a correta análise do instituto, deve-se partir do pressuposto de que a recuperação judicial perfaz um *método de trabalho*⁴ para a superação da crise econômica da empresa, constituído por uma relação jurídica processual *multifacetada* e procedimentos definidos em lei (ordinário e especial).⁵

De acordo com a premissa adotada no presente artigo, referido método visa alcançar objetivos de *interesse público* (função social da empresa), por meio de instrumentos capazes de garantir a obtenção de resultado idêntico àquele resultante da atuação espontânea das regras substanciais. Tudo isso da forma mais rápida, segura e efetiva possível à luz do princípio da economia processual.

Dentro desse contexto, a mediação, forma de solução de conflitos voltada à promoção da autonomia das partes, pode ser válida e eficazmente inserida no processo de recuperação judicial, notadamente quando processada pelo rito ordinário (LRE, art. 51 e ss.).

O principal objetivo a ser perseguido dentro desse contexto é o oferecimento de uma real oportunidade para os sujeitos do processo se com-

---

³ Substitutivo ao Projeto de Lei N.º 7.169, de 2014: "*Art. 3.º Pode ser objeto de mediação o conflito que verse sobre direitos disponíveis ou de direitos indisponíveis que admitam transação. § 1.º A mediação pode versar sobre todo o conflito ou parte dele. § 2.º O consenso das partes envolvendo direitos indisponíveis, mas transigíveis, deve ser homologado em juízo, exigida a oitiva do Ministério Público. §3.º Salvo em relação aos seus aspectos patrimoniais ou às questões que admitam transação, não se submete à mediação o conflito em que se discuta: I – filiação, adoção, poder familiar ou invalidade de matrimônio; II – interdição; III – recuperação judicial ou falência; IV – relações de trabalho*".

⁴ Cândido Rangel Dinamarco, *Instituições de direito processual civil*, v. 1, 6ª ed., São Paulo, Malheiros, 2009, pp. 23 e ss.

⁵ A Lei de Recuperação e Falências disponibiliza para a recuperação judicial dois tipos de procedimentos. O Procedimento ordinário (foco de estudos principal do presente artigo) foi originalmente concebido para ser utilizado por médias e grandes empresas (muito embora não impeça que uma micro ou pequena empresa o utilize) e é definido de acordo com as normas dos artigos 51 e seguintes da LRE. Disponibiliza ainda outro procedimento mais sumarizado para as micro e pequenas empresas, conforme dispõe o artigo 70 e ss. da lei concursal.

porem por meio do emprego de técnicas adequadas de abordagem dos multifacetados conflitos inerentes ao processo de recuperação judicial.

Muito antes da edição da Lei n. 13.140, de 26 de junho de 2015 (Lei de Mediação), sua ampla implementação já encontrava fundamento legal nas normas processuais referentes à conciliação, visto que ambas pertencem ao gênero comum dos meios de solução de conflitos, por meio do qual um terceiro imparcial auxilia as partes na obtenção de uma solução consensual.[6]

O quadro que ora se propõe envolvendo alterações no processo de recuperação judicial (especialmente em sua "fase deliberativa")[7] aponta para uma nova forma de prestação jurisdicional relacionada diretamente ao papel desenvolvido pelo juiz na condução do processo.

Diante da enorme gama de novos e desafiadores conflitos que demandam a prestação efetiva da tutela jurisdicional, não se concebe mais o desempenho do papel do juiz fundado na "qualidade" de intérprete fiel da lei para supostamente assegurar a garantia da igualdade entre as partes.[8]

À medida que a sociedade evolui e surgem novos conflitos que exigem imediatas respostas pelo Poder Judiciário, o papel do juiz e sua

---

[6] Roque Komatsu, *Tentativa de conciliação no processo civil*, Dissertação (Mestrado), Faculdade de Direito, Universidade de São Paulo, São Paulo, 1978. pp. 85-86; Ada Pellegrini Grinover, *A conciliação extrajudicial*, in Ada Pellegrini Grinover; Cândido Rangel Dinamarco; Kazuo Watanabe (coords.), *Participação e processo*, São Paulo, RT, 1988. p. 76.

[7] Apesar da existência de posições contrárias, certo é que o procedimento ordinário da ação de recuperação judicial pode ser claramente dividido em *três fases distintas: fase postulatória* (período compreendido entre a distribuição da petição inicial e a prolação da decisão interlocutória que determina o seu processamento – LRE, arts. 51 e 52); *fase deliberativa* (momento destinado à deliberação do plano de recuperação apresentado até a eventual prolação da sentença de concessão da recuperação judicial – LRE, art. 58) e *fase executiva/cumprimento* (por meio da qual é realizado o acompanhamento do cumprimento do plano de recuperação aprovado até a prolação da sentença de encerramento do processo – LRE, art. 63). Fábio Ulhoa Coelho, *Comentários à nova lei de falências e de recuperação de empresas*, 4ª ed., São Paulo, Saraiva, 2007, p. 144. Dentro desse contexto, Ricardo Negrão apresenta critério de classificação similar, embora com pequenas diferenciações terminológicas e de termo das fases: "(a) fase de pedido e processamento (arts. 51-52); (b) fase do plano (arts. 53-54); (c) fase de procedimento (arts. 55-69)" (*Aspectos objetivos da lei de recuperação de empresas e de falências: Lei n. 11.101*, de 9 de fevereiro de 2005, 4ª ed., São Paulo, Saraiva, 2010, p. 205).

[8] Luigi Paolo Comoglio, *Direzione del processo e responsabilità del giudice*, in *Studi in Onore de Enrico Tullio Liebman*, v. 1, Milano, Giuffrè, 1979, p. 479.

função na interpretação e aplicação do direito merecem uma significativa releitura.[9]

A referida revisitação do tema pode ser guiada pela promissora iniciativa de desenvolvimento de um "modelo de gerenciamento do processo" levada a cabo pelo Centro Brasileiro de Estudos e Pesquisas Judiciais – CEBEPEJ,[10] a qual restou integralmente adotada pelo Provimento n. 953/05 editado pelo Conselho Superior da Magistratura do Tribunal de Justiça do Estado de São Paulo.[11]

Tendo por inspiração o "Modelo de Stuttgart" disposto no Código de Processo Civil alemão de 1877 – o qual influenciou decisivamente o processo civil brasileiro por meio da instituição da audiência preliminar delineada no artigo 331 do Código de Processo Civil[12] – e o "Case Management" norte-americano,[13] o "modelo de gerenciamento de processos" do CEBEPEJ restou calcado em duas vertentes principais, nota-

---

[9] José Renato Nalini, *A rebelião da toga*, Campinas, Millennium, 2006, p. 56.

[10] Juliana Demarchi, *Mediação: proposta de implementação no processo civil brasileiro*, Dissertação (Mestrado), Faculdade de Direito, Universidade de São Paulo, São Paulo, 2007, p. 81.

[11] Provimento n. 953/05 datado de 7 de julho de 2005 que "autoriza e disciplina a criação, instalação e funcionamento do 'Setor de Conciliação ou Mediação' nas Comarcas e Foros do Estado".

[12] Instituto cada vez mais prioritário no sistema judicial brasileiro, conforme se denota do texto aprovado do Novo Código de Processo Civil, especialmente os arts. 165 e ss. que privilegiam, institucionalizam e flexibilizam cada vez mais o instituto da mediação no processo civil brasileiro. Nesse sentido, vide redação inserta na Exposição de Motivos do Anteprojeto do Novo Código de Processo Civil elaborado pela Comissão de Juristas nomeada pelo Senado Federal (Ato do Presidente do Senado Federal n. 379, de 2009): *"Pretendeu-se converter o processo em instrumento incluído no contexto social em que produzirá efeito o seu resultado. Deu-se ênfase à possibilidade de as partes porem fim ao conflito pela via da mediação ou da conciliação. Entendeu-se que a satisfação efetiva das partes pode dar-se de modo mais intensa se a solução é por elas criada e não imposta pelo juiz. Como regra, deve realizar-se audiência em que, ainda que antes de ser apresentada contestação, se tentará fazer com que autor e réu cheguem a acordo. Dessa audiência, poderão participar conciliador e mediador e o réu deve comparecer, sob pena de se qualificar sua ausência injustificada como ato atentatório à dignidade da justiça. Não se chegando a acordo, terá início o prazo para contestação"* (Comissão de Juristas responsável pela elaboração do Anteprojeto do novo Código de Processo Civil. Brasília: Senado Federal, Subsecretaria de Edições Técnicas, 2010, pp. 29-30).

[13] Owen Fiss, *Um novo processo civil: estudos norte-americanos sobre jurisdição, constituição e sociedade*, in Carlos Alberto de Salles (coord., trad.), São Paulo, RT, 2004, pp. 25-34; Marc Galanter; Frank S. Palen; John M. Thomas, *The crusading judge: judicial activism in trial courts*, in *Southern California Law Review*, v. 52, pp. 699-741, 1978-1979.

damente (I) a condução mais ativa do processo pelo juiz e (II) a utilização efetiva de meios alternativos de solução de conflitos.[14]

Para o contexto do presente artigo, ambos os postulados representam ferramentas ideais na busca da efetividade no processo de recuperação judicial. Nesse momento, merece destaque a proposta de introdução de sessões de mediação nas fases do *processamento* e do *plano* na recuperação judicial.

A ideia da introdução do instituto da mediação na recuperação judicial surgiu a partir da análise empírica do dia a dia forense na qualidade de advogado de empresas em recuperação judicial ou credores, bem como no desempenho do *munus* de administrador judicial. No entanto, o passo preponderante para a tomada de posição definitiva a respeito foi adotado por ocasião da 19ª Reunião de Debates do Instituto Brasileiro de Estudo de Recuperação de Empresas – IBR realizada em fevereiro de 2011 e com relatoria do Professor Francisco Satiro de Souza Júnior.[15]

---

[14] Juliana Demarchi, *Mediação: proposta de implementação no processo civil brasileiro*, Dissertação (Mestrado), Faculdade de Direito, Universidade de São Paulo, São Paulo, 2007, p. 91.

[15] Nesse sentido, Francisco Satiro de Souza Júnior chegou a defender por ocasião dos debates havidos na 19ª Reunião de Debates do Instituto Brasileiro de Estudos de Recuperação – IBR, a implementação de procedimento por meio do qual o prazo de apresentação e análise do plano de recuperação judicial seja estendido, em detrimento do prazo legal estipulado pelo artigo 53 da Lei de Recuperação e Falências. Tudo isso para propiciar a realização de ao menos três (3) reuniões prévias à efetiva submissão do plano de recuperação para deliberação em assembleia geral de credores. Por meio da Primeira Reunião, seriam disponibilizadas em prazo não superior a trinta (30) dias, informações econômicas e financeiras detalhadas da empresa em recuperação por meio de sistema "data room". Ulteriormente, em uma Segunda Reunião, a empresa em recuperação apresentaria as "premissas" de seu plano de recuperação, oportunizando a manifestação e apresentação de sugestão pelos credores e demais interessados. Finalizada mais essa etapa, em prazo não superior a sessenta (60) dias, designar-se-ia nova e Terceira Reunião (após a efetiva entrega e apresentação do plano de recuperação em juízo), propiciando a convocação de assembleia geral de credores para a efetiva deliberação pelos grupos de credores. A ideia é tão interessante que por meio dessas reuniões, poder-se-ia até mesmo obter *quorum* de aprovação do plano de recuperação antes mesmo da realização da assembleia geral de credores. Caso isso seja possível, aprovar-se-ia o plano sem a necessidade de realização da custosa e desgastante assembleia geral de credores, nos termos do art. 58. Caso não se obtenha tal quorum, poder-se-ia então designar referida Assembleia, por meio da qual aos credores seria propiciada a oportunidade de apresentar propostas, as quais poderão (ou não) serem aceitas pelo devedor. Caso aceitas, aprova-se o plano e defere-se a recuperação. Por outro lado, na hipótese de rejeição, desde que inexistentes novas alternativas apresentadas por qualquer das partes (credores ou devedor), impõe-se a decretação da falência da empresa,

A partir dessas considerações, não restam dúvidas que além da ativa condução do processo pelo juiz, a grande ferramenta que possibilitaria a implantação de um efetivo *diálogo* entre os sujeitos do processo (norteado pelo princípio do contraditório) dar-se-ia por meio da estruturação de mecanismos auxiliares de composição dos litígios, com significativa maximização do prazo necessário à solução do conflito (princípio da duração razoável do processo), grande estímulo da participação de todos os sujeitos do processo (princípio do contraditório) e à promoção da pacificação como escopo social do processo.[16]

Para tanto, sem a necessidade de qualquer alteração legislativa na LRE, estaria o juiz autorizado a delimitar oportunidades de sessões de mediação na fase mais significativa do processo de recuperação judicial, qual seja, a fase deliberatória, tão logo seja deferido o processamento do pedido (LRE, art. 52). Tudo isso com vistas à obtenção da tão almejada *comunhão de interesses*.

De mais a mais, tal possibilidade já é amplamente franqueada ao juiz e sustentada pelos princípios do devido processo legal, contraditório, fungibilidade de meios e preservação da empresa (LRE, art. 47).

Como cediço, o plano de recuperação representa a verdadeira "alma" do processo de recuperação. Portanto, impõe-se que a sua discussão (com vistas à deliberação de acordo com o regime de comunhão de interesses) seja realizada com maior maturidade possível e, principalmente, propiciando meios para a extração da mais objetiva análise da viabilidade econômica do plano de recuperação e da empresa em si.

Para tanto, deve-se fomentar a instituição de medidas de reequilíbrio na análise do plano de recuperação, de modo que os sujeitos do processo sejam colocados em contato com os detalhes e fundamentos fáticos e econômicos do plano de recuperação muito antes da sua apresentação em

oportunidade na qual, já reunidos em assembleia, poderiam credores e devedor determinar a mais eficiente forma de liquidação da empresa, nos termos do art. 145 da Lei de Recuperação e Falência. Até mesmo porque se deve ter a consciência de que a falência não pressupõe a eliminação da empresa ou de seus meios de produção, os quais poderão ser transferidos para as mãos de outro empresário que preservará e maximizará os entes produtivos, tornando a falência da empresa mais um dos meios de recuperação exemplificados no art. 50 da Lei de Recuperação e Falências.

[16] Cândido Rangel Dinamarco, *Instituições de direito processual civil*, v. 1, 6ª ed., São Paulo, Malheiros, 2009, p. 131.

juízo no exíguo prazo legal estipulado pelo art. 53 da Lei de Recuperação e Falências ("*60 dias da publicação da decisão que deferir o processamento da recuperação judicial*").

3. Meios adequados de solução de controvérsia

Para que o objetivo da composição seja alcançado, toda a carga de informação compartilhada deve ser coordenada por um profissional especializado na solução de conflitos (conciliador, mediador e árbitro) por meio da combinação das diferentes técnicas empregadas nesses métodos (conciliação, mediação e arbitragem).

Isso porque o atendimento de pessoas em conflito sem a consciência dos valores próprios desses indivíduos, pode levar o terceiro a equivocadamente "compreender" o conflito com base em seus próprios valores e paradigmas. Há diferentes versões para um mesmo fato, dependendo da relevância que cada pessoa atribui aos seus diferentes aspectos.[17]

Dentro dessa perspectiva, o conflito pode ser visto como uma oportunidade para a reflexão sobre a relação jurídica da qual se originou, estabelecendo-se, a partir da mediação, uma nova "relação" entre os envolvidos. É exatamente isso que se propõe na recuperação judicial por meio da novação das obrigações originalmente estabelecidas entre as partes.

Daí porque entende-se que o meio ideal de resolução do multifacetado conflito estabelecido na recuperação judicial é a mediação, justamente por fomentar a retomada de efetivo diálogo entre as partes e o estímulo à autodeterminação.

O mediador atuará como facilitador do diálogo para que os sujeitos do processo possam expor suas dificuldades em um ambiente sigiloso e imparcial e, por isso, confiável.[18]

O objetivo maior da mediação é a condução das partes a um estado de cooperação tal que propicie a efetiva negociação. Exatamente tudo aquilo que se espera de um contemporâneo processo de recuperação judicial, por meio do qual todos os sujeitos do processo compartilhem a

---

[17] José Osmir Fiorelli; Marcos Julio Olivé Malhadas Júnior; Daniel Lopes de Moraes, *Psicologia na mediação: inovando a gestão de conflitos interpessoais e organizacionais*, São Paulo, LTr, 2004, pp. 146-147.

[18] Juan Carlos Vezzula, *A mediação. O mediador. A justiça e outros conceitos*, in Ângela Oliveira (coord.), *Mediação: métodos de resolução de controvérsias*, São Paulo, LTr, 1999, pp. 113-120.

tomada de decisões e, por si só, decidam seus rumos com base no regime da comunhão de interesses.

Em realidade, deve-se alterar a pernóstica relação de força hodiernamente estabelecida na recuperação judicial, por meio do qual o devedor controla o ritmo do processo, sendo que somente alguns "jogadores" detêm a possibilidade de movimento a partir das regras pré-estabelecidas pelo "jogo", seja diante dos privilégios legais, seja por força econômica de seu crédito para a aprovação ou rejeição do plano de recuperação.[19]

Como as questões objetivas em debate costumam suscitar o resgate de questões de ordem subjetiva relativas ao "relacionamento" estabelecido entre as partes, cabe ao mediador tão somente estimulá-los a refletirem sobre as possibilidades de acordo e a formularem propostas (por eles mesmos e de acordo com os seus próprios interesses), estimulando a reflexão e a construção de um ambiente de colaboração em torno do plano de recuperação.

Isso não quer dizer que a conciliação ou arbitragem não possam ser utilizadas como instrumento da recuperação judicial. Muito pelo contrário!

---

[19] Apenas para ilustrar essa situação, diante dos conhecidos privilégios atribuídos aos credores com garantia, especialmente Instituições Financeiras, a Lei de Recuperação e Falências passou receber a alcunha de "Lei Febrabam". Nesse sentido anota Manoel Justino Bezerra Filho: "De 1993 até mais ou menos o ano 2000, o projeto trazia uma série de proposições que demonstravam preocupação efetiva com a situação da sociedade empresária, com institutos que teriam, talvez, condições de propiciar recuperação. A partir de 2000/2001, as pressões que passaram a se fazer cada vez mais presentes na elaboração da lei trouxeram a alteração de rumo que levou a uma verdadeira mudança do ponto de vista filosófico, de tal forma que o texto foi cada vez mais se distanciando das metas originais. Tanto que no meio jurídico passou-se a comentar, de forma jocosa certamente, que a Lei não seria mais "Lei de Recuperação de Empresas" e sim "Lei de Recuperação do Crédito Bancário", ou ainda "Lei Febrabam". Ocorreu que, nessa ocasião, o The World Bank encarregou diversos funcionários seus, de alta graduação, de distribuir nos meios acadêmicos nacionais o livreto Principles and guidelines for effective insolvency and creditor rights systems, no qual trazia exatamente 35 "princípios e diretrizes para a eficácia dos procedimentos falimentares e de cobrança de dívidas". E conclui: "A ideia foi encampada – como não poderia deixar de ser – pelas instituições bancárias sediadas no País, bem como pelo Banco Central do Brasil, que conseguiu, dessa forma, introduzir no projeto as diversas reformas que afastaram da filosofia original que o norteava" (Manoel Justino Bezerra Filho, *Lei de Recuperação de Empresas e Falências comentada*, 4ª ed., São Paulo, RT, 2007, pp. 47-48). Para conferir na íntegra: World Bank, *Principles and guidelines for effective insolvency and creditor rights systems*, in *Revista de Direito Mercantil, Industrial, Econômico e Financeiro*, São Paulo, n. 122, abr./jun. 2001, pp. 75-167.

Ocorre que a conciliação, por características próprias, impõe que o conciliador objetive o acordo entre as partes por meio de uma atuação convergente e criativa, cabendo a ele destacar os pontos comuns apresentados pelas partes e efetivamente contribuir para o atingimento do acordo.[20]

Em tese, esse comportamento propositivo do conciliador pode gerar mais efeitos negativos do que positivos em uma recuperação judicial, na medida em que a simples suspeita de conduta "parcial" do conciliador poderá gerar desconfianças de grupo ou grupos de credores (no mais das vezes com pretensões antagônicas), minando todo o esforço de diálogo e convergência empreendido.

Talvez seja por isso que se arrisque a afirmar que a figura equidistante do "mediador" possa ser mais adequada, ao menos em tese, do que a criativa e ativa atuação do "conciliador" no processo de recuperação judicial.

A arbitragem, por sua vez, encontra maior aplicação nos conflitos em que aspectos técnicos específicos da questão objetiva controversa se sobreponham a eventuais aspectos subjetivos que envolvam as partes. Tudo isso quando as relações jurídicas estabelecidas entre as partes atinjam grau tamanho de beligerância que impossibilitem tentativas de negociação. Nesses casos, adequada a opção pela solução por um terceiro (ou terceiros) especialista na matéria.[21]

Ainda assim, apesar da opção pela mediação em detrimento da arbitragem para o atingimento do denominado "reequilíbrio da relação de forças" da recuperação judicial – especialmente na fase de apresentação e discussão do plano de recuperação judicial –, certo é que a arbitragem, diante da sua natureza contratual,[22] também encontra grande espaço de aplicação e utilização na recuperação judicial.

---

[20] Ignácio Altamiro Marin, *El conciliador y la funcion conciliatória*. Estudios Juridicos, Vera Cruz, n. 2, pp. 165-172, 1995.

[21] Carlos Alberto Carmona, *Arbitragem e processo: um comentário à Lei 9.307/96*, 2ª ed., São Paulo, Atlas, 2004, pp. 55-57 e Carlos Alberto Carmona, *Das boas relações entre juízes e os árbitros*, in *Revista de Processo*, São Paulo, v. 22, n. 87, p. 81-89, 1997.

[22] Luis Fernando Guerrero, *Convenção de arbitragem e processo arbitral*, São Paulo, Atlas, 2009, pp. 35 e ss. No entanto, importante se faz ressaltar que a natureza contratual da arbitragem, decorrente da convenção de arbitragem, em nada se afasta do princípio da natureza jurisdicional da arbitragem. José Carlos Barbosa Moreira, *Arbitragem*, Temas de direito processual: sétima Série, São Paulo, Saraiva, 2001, pp. 7-18.

4. Mediação e confidencialidade

A mediação surge como forma de tentativa de composição facilitada por uma terceira pessoa imparcial. Por meio da retomada do diálogo produtivo entre as partes, estimulando a negociação do plano de recuperação, o mediador, em ambiente sigiloso, desempenha papel não decisório centrado na reconstrução da comunicação entre as partes, sendo elas próprias responsáveis pela obtenção de eventual acordo.

Levando em consideração (I) as emoções e pretensões das partes em conflito, (II) as dificuldades de comunicação existentes e (III) a necessidade de equilíbrio e respeito entre os interlocutores, as sessões de mediação devem ser reguladas por regras que garantam o sigilo dos debates travados.[23]

Sigilo esse que compreende o mediador, as partes e todos aqueles que de alguma forma tiveram contato com as discussões e informações privilegiadas obtidas pelas sessões de mediação, conforme estabelecido na própria Lei de Arbitragem nos termos dos arts. 30 e 31 da Lei de Mediação.[24]

Recomendável, inclusive, que o mediador não comente fatos e propostas de que teve conhecimento pela sessão de mediação com qualquer pessoa, inclusive com o juiz da recuperação. Tudo isso porque as tratativas mantidas em sede de mediação detêm a finalidade específica de pro-

---

[23] Christopher W. Moore, *O processo de mediação*, Trad. Magda França Lopes, 2ª ed., Porto Alegre, ArtMed, 1998, pp. 28-30.

[24] *"Art. 30. Toda e qualquer informação relativa ao procedimento de mediação será confidencial em relação a terceiros, não podendo ser revelada sequer em processo arbitral ou judicial salvo se as partes expressamente decidirem de forma diversa ou quando sua divulgação for exigida por lei ou necessária para cumprimento de acordo obtido pela mediação. § 1.º. O dever de confidencialidade aplica-se ao mediador, às partes, a seus prepostos, advogados, assessores técnicos e a outras pessoas de sua confiança que tenham, direta ou indiretamente, participado do procedimento de mediação, alcançando: I – declaração, opinião, sugestão, promessa ou proposta formulada por uma parte à outra na busca de entendimento para o conflito; II – reconhecimento de fato por qualquer das partes no curso do procedimento de mediação; III – manifestação de aceitação de proposta de acordo apresentada pelo mediador; IV – documento preparado unicamente para os fins do procedimento de mediação. § 2.º. A prova apresentada em desacordo com o disposto neste artigo não será admitida em processo arbitral ou judicial. § 3.º. Não está abrigada pela regra de confidencialidade a informação relativa à ocorrência de crime de ação pública. § 4.º. A regra da confidencialidade não afasta o dever de as pessoas discriminadas no caput prestarem informações à administração tributária após o termo final da mediação, aplicando-se aos seus servidores a obrigação de manterem sigilo das informações compartilhadas nos termos do art. 198 da Lei no 5.172, de 25 de outubro de 1966 – Código Tributário Nacional".*
"Art. 31. Será confidencial a informação prestada por uma parte em sessão privada, não podendo o mediador revelá-la às demais, exceto se expressamente autorizado".

piciar a negociação de um acordo, não repercutindo nos elementos de convicção do julgador.

A confidencialidade é destacada como característica que garanta a segurança e credibilidade do procedimento.

O sigilo funciona como fator de confiança, haja vista que as partes e mediador se comprometem a resguardar o que for dito somente às sessões de mediação. Por conta disso, diferente do que ocorre com a efetiva deliberação do plano de recuperação em assembleia geral de credores por meio da elaboração de ata das discussões travadas, não se admite a produção de documentação ou redução a termo das atividades desenvolvidas nas sessões de mediação.

Até mesmo porque, na mediação não há a intenção de convencer um terceiro com autoridade decisória, mas apenas e tão somente promover a aproximação, troca de informações e o entendimento entre as partes.

À luz dessas premissas e ainda considerando a existência de diferentes modelos, técnicas e escolas de mediação para o escopo do presente artigo, entende-se que o modelo de mediação propugnado pela Faculdade de Direito de Harvard[25] revela-se adequado para o tratamento destinado ao processo de recuperação judicial.

Isso porque o principal objetivo da mediação, segundo esse modelo, é encontrar uma solução satisfatória (mesmo que não ideal) para o problema existente a partir da colaboração das partes e da integração de seus interesses.

O modelo de mediação de Harvard, dentre outras técnicas, funda-se no princípio do *interested-based*, por meio do qual a solução do problema passa necessariamente pela busca da obtenção de um acordo fundado nos interesses, motivações e critérios próprios das partes.

Tudo isso de modo que o conflito existente não se imponha a qualquer custo (ou ainda coercitivamente), respeitando-se a autonomia das partes e sua autodeterminação na formação do livre consentimento.[26]

---

[25] Stephen B. Goldberg, Frank E. A. Sander, Nancy H. Rogers, Sarah Rudolph Cole (eds.), *Dispute resolution: negotiation, mediation and other processes*, 4ª ed., New York, Aspen Publishers, 2003, pp. 33-42.

[26] Dentro desse modelo da escola americana, o mediador auxilia as partes a entenderem suas posições e a descobrirem seus reais interesses, estimulando-as a propor soluções criativas por elas próprias, sem a sugestão ou recomendação de possíveis acordos e sem expressar sua con-

Ou seja, tais medidas poderão/deverão ser instituídas pelo juiz, tanto na fase do processamento da recuperação judicial quanto na fase de discussão com vistas à deliberação do plano. E para tanto não seria necessária qualquer alteração legislativa – muito embora cabível e até recomendável –, à luz da autorização dada pela melhor interpretação dos princípios da *fungibilidade de meios, contraditório e preservação da empresa.*

5. A figura do mediador na recuperação judicial: Administrador Judicial

A fim de que o mediador desempenhe suas funções satisfatoriamente, qualidades como (I) sensibilidade no trato com as pessoas, (II) vocação para a promoção da comunicação eficiente e (III) capacitação técnica específica em ambiente de negociação e de condução de processo de mediação, figuram como requisitos indispensáveis.

Além de conduta ética irrepreensível, deverá o mediador agir com independência e imparcialidade, nos termos da Resolução n. 125, de 29 de novembro de 2010, emitida pelo Conselho Nacional de Justiça (CNJ)[27] e princípios estabelecidos nos arts. 2.º e 5.º da Lei de Mediação.[28]

---

vicção pessoal sobre possíveis resultados do caso. Claudia F. Grosman; Helena G. Mandelbaum (orgs.), *Mediação no judiciário: teoria na prática e prática na teoria*, São Paulo, Primavera Editorial, 2011, pp. 123 e ss.

[27] Código de Ética de Conciliadores e Mediadores Judiciais de acordo com a Resolução n. 125, de 29 de novembro de 2010, emitida pelo Conselho Nacional de Justiça – CNJ, arts. 12 c/c art. 1.º (Anexo I): *"Artigo 1.º – São princípios fundamentais que regem a atuação de conciliadores e mediadores judiciais: confidencialidade, competência, imparcialidade, neutralidade, independência e autonomia, respeito à ordem pública e às leis vigentes. §1.º. Confidencialidade – Dever de manter sigilo sobre todas as informações obtidas na sessão, salvo autorização expressa das partes, violação à ordem pública ou às leis vigentes, não podendo ser testemunha do caso, nem atuar como advogado dos envolvidos, em qualquer hipótese; §2.º. Competência – Dever de possuir qualificação que o habilite à atuação judicial, com capacitação na forma desta Resolução, observada a reciclagem periódica obrigatória para formação continuada; §3.º. Imparcialidade – Dever de agir com ausência de favoritismo, preferência ou preconceito, assegurando que valores e conceitos pessoais não interfiram no resultado do trabalho, compreendendo a realidade dos envolvidos no conflito e jamais aceitando qualquer espécie de favor ou presente; §4.º. Neutralidade – Dever de manter equidistância das partes, respeitando seus pontos de vista, com atribuição de igual valor a cada um deles; §5.º. Independência e autonomia – Dever de atuar com liberdade, sem sofrer qualquer pressão interna ou externa, sendo permitido recusar, suspender ou interromper a sessão se ausentes as condições necessárias para seu bom desenvolvimento, tampouco havendo obrigação de redigir acordo ilegal ou inexeqüível; §6.º. Respeito à ordem pública e às leis vigentes – Dever de velar para que eventual acordo entre os envolvidos não viole a ordem pública, nem contrarie as leis vigentes".*

[28] *"Art. 2. A mediação será orientada pelos seguintes princípios: I – imparcialidade do mediador"* (...);

Independência essa conduzida de forma a atender a vontade das partes quanto à instalação e prosseguimento dos trabalhos nas sessões de mediação e, ao mesmo tempo, capaz de interromper os trabalhos quando identificado fator que obstaculize seu prosseguimento, tais como a ausência de boa-fé das partes ou mero intuito protelatório (LM, art. 20).[29]

Dentro desse contexto, o sujeito do processo que melhor pode desempenhar essa função equidistante no processo de recuperação judicial é o administrador judicial, seja pessoalmente, seja por meio de pessoa física ou jurídica por ele contratada nos termos do art. 22, inc. I, alínea "h" da Lei de Recuperação e Falências.

Tudo isso, logicamente, desde que devidamente aprovado pelo juiz da recuperação por meio da análise da capacidade técnica para o desempenho eficiente da função, em atenção aos requisitos mínimos estipulados pelo art. 11 da Lei de Mediação: "*Poderá atuar como mediador judicial a pessoa capaz, graduada há pelo menos dois anos em curso de ensino superior de instituição reconhecida pelo Ministério da Educação e que tenha obtido capacitação em escola ou instituição de formação de mediadores, reconhecida pela Escola Nacional de Formação e Aperfeiçoamento de Magistrados – ENFAM ou pelos tribunais, observados os requisitos mínimos estabelecidos pelo Conselho Nacional de Justiça em conjunto com o Ministério da Justiça*".

E isso se justifica na medida em que inexiste representação pelo administrador judicial de qualquer das partes envolvidas no processo. O administrador judicial, como cediço, é órgão do procedimento concursal ou do juízo.[30]

"*Art. 5. Aplicam-se ao mediador as mesmas hipóteses legais de impedimento e suspeição do juiz. Parágrafo único. A pessoa designada para atuar como mediador tem o dever de revelar às partes, antes da aceitação da função, qualquer fato ou circunstância que possa suscitar dúvida justificada em relação à sua imparcialidade para mediar o conflito, oportunidade em que poderá ser recusado por qualquer delas*".

[29] CONIMA – Conselho Nacional das Instituições de Mediação e Arbitragem, *Mediação – Código de Ética dos Mediadores*, in Ângela Oliveira (coord.), *Mediação: métodos de resolução de controvérsias*, São Paulo, LTr, Centro Latino de Mediação e Arbitragem, 1999, pp. 195-198.

Lei de Mediação, art. 20: "*O procedimento de mediação será encerrado com a lavratura do seu termo final, quando for celebrado acordo ou quando não se justificarem novos esforços para a obtenção de consenso, seja por declaração do mediador nesse sentido ou por manifestação de qualquer das partes. Parágrafo único. O termo final de mediação, na hipótese de celebração de acordo, constitui título executivo extrajudicial e, quando homologado judicialmente, título executivo judicial*".

[30] Sob o aspecto exclusivamente processual, o conceito de órgão é contraposto ao de parte: "*partes são os sujeitos ou pessoas interessadas no feito (na falência, o devedor e os credores), enquanto*

Como se isso não bastasse, o papel do administrador judicial na administração da recuperação judicial é de grande relevância, pois cabe a ele informar e esclarecer o juiz sobre os fatos em que se baseiam as pretensões dos credores (como a de qualquer interessado), além da investigação completa acerca das atividades do devedor.

Em realidade, o administrador judicial é responsável pela promoção do regular desenvolvimento do processo de recuperação judicial a que as partes se submetem, permanecendo equidistante às disputas entre elas e servindo primacialmente aos interesses da obtenção da mais adequada e tempestiva outorga da tutela jurisdicional para a solução da crise da empresa, seja por meio da recuperação da empresa e aprovação do plano de recuperação proposto ou, ainda, por meio da sua rápida e eficaz liquidação.

Tendo em vista que a administração concursal não deve atuar apenas no sentido processual (tal qual o próprio processo de recuperação judicial), deve-se reconhecer legitimação negocial em favor do administrador judicial, inclusive em eventuais sessões de mediação autorizadas pelo procedimento definido pelo Juiz, aspecto esse primordial nos modernos procedimentos de recuperação da empresa, na medida em que possibilita a sua atuação no sentido de fazer valer o princípio da *eficiência processual e econômica*.[31]

Ao mesmo tempo em que se mostra fundamental garantir que o mediador atue com independência e dentro do termo de confidencialidade firmado, importante que se defina, no início do procedimento, um prazo final para o encerramento da mediação. No caso da recuperação judicial, por mais complexo que seja o procedimento, plano de recuperação ou sujeitos do processo envolvidos, não se imagina a necessidade de prazo superior a 60 dias, diante da premente necessidade da realização de assembleia geral de credores.

Portanto, nada impediria que em detrimento do prazo legal estipulado para apresentação do plano de recuperação (LRE, art. 53), os sujei-

---

que os órgãos (pessoas físicas para isso predeterminadas) constituem os instrumentos mediante os quais o processo opera e se desenvolve" (Renzo Provinciali, *Manuale di Diritto Fallimentare*, vol. I, Milano, Giuffrè, 1969, p. 583).

[31] Ecio Perin Junior, *Preservação da empresa na lei de falências*, São Paulo, Saraiva, 2009, p. 119.

tos do processo fossem colocados em contato com o projeto de plano de recuperação logo após a distribuição do pedido (LRE, arts. 51 e 52).

Ou, ainda, que referido prazo de apresentação do plano de recuperação pudesse ser prorrogado, a critério do juiz e de acordo com o princípio da proporcionalidade, desde que fossem demonstradas a efetiva implementação de medidas de prévia formatação do plano de recuperação entre a empresa em recuperação e os demais interessados (tais como a realização de reuniões prévias individuais (*caucus*), sessões de mediação ou abertura de informações).

A recuperação judicial de sociedades sediadas no exterior: as lições da experiência estrangeira e os desenvolvimentos no Brasil

THOMAS BENES FELSBERG
PAULO FERNANDO CAMPANA FILHO

1. Introdução

Nos dez anos de aplicação da Lei 11.101/2005, tornou-se claro que o direito falimentar brasileiro não está preparado para tratar de maneira adequada das questões relativas à insolvência internacional. A falta de regras claras a respeito do assunto dificulta não apenas o reconhecimento de decisões proferidas em processos falimentares estrangeiros,[1] mas também deixa de regular um expediente que tem se tornado comum – o ajuizamento, no Brasil, de pedidos de recuperação judicial de sociedades constituídas no exterior.

Alguns dos casos de maior expressão dos últimos anos – como OGX, Aralco, OAS, Lupatech e Schahin, por exemplo – envolvem o ajuizamento de pedidos de recuperação judicial de sociedades estrangeiras

---

[1] Talvez por essa razão, os pedidos de reconhecimento de sentença estrangeiras de falência no Brasil sejam raros. Ver, a respeito, Beat Walter Rechsteiner, *Homologação de Sentenças Estrangeiras no Brasil: Breves Considerações*, in *Revista Direito e Desenvolvimento*, vol. 3, n. 5, janeiro/junho, 2012, pp. 41-56, p. 52.

em litisconsórcio ativo com diversas outras sociedades brasileiras, todas ligadas por uma direção unitária, sob o argumento de pertencerem a um único grupo societário ou econômico cujas operações se desenvolvem no Brasil.[2]

Assim, às dificuldades trazidas pelo ajuizamento de recuperações judiciais por grupos societários – relacionadas, por exemplo, à administração do processo ou ao tratamento dos credores, e para as quais a lei brasileira também é silente – somam-se as questões relacionadas ao fato de algumas dessas sociedades estarem constituídas no exterior. Mas, mesmo havendo uma lacuna legislativa, a regra que fixa a competência (interna) dos juízes brasileiros para o julgamento dos casos de insolvência tem sido aplicada para permitir o ajuizamento de pedidos de recuperação judicial de grupos societários que contemplam, em seu bojo, sociedades sediadas em outros países.

O objetivo deste artigo é compreender como, na ausência de regras específicas, é possível aplicar as normas de competência jurisdicional previstas na lei falimentar brasileira, ainda que inadequadas para tanto, aos processos de recuperação judicial das sociedades estrangeiras.[3] Para tanto, analisamos a questões suscitadas pela determinação da competência no âmbito do direito falimentar internacional; o desenvolvimento do critério do "centro dos principais interesses" nas principais iniciativas legislativas no mundo, no âmbito das Nações Unidas e da União Europeia; e, finalmente, as regras existentes no Brasil e a forma como elas tem sido aplicadas pelo poder judiciário.

2. O problema da determinação da competência internacional para a abertura dos processos de insolvência

A discussão a respeito de qual deva ser a regra para a determinação da competência para a abertura dos processos de insolvência é uma das mais

---

[2] Dentre os grupos compostos por sociedades constituídas no Brasil que ajuizaram recuperação judicial, e que não incluíram em seu bojo sociedades estrangeiras, encontram-se Inepar, Arantes, Agrenco, Infinity Bio-Energy, Busscar, Frialto, Galvão Engenharia, Hermes, Coral, Rede Energia, Dallas Rent-a-Car, OSX, Daslu, LBR, Camera e Laselva.

[3] A questão é aqui examinada sem levar em consideração, com a devida profundidade, o fato de a sociedade pertencer ou não a um grupo societário. Os problemas suscitados pelos grupos são complexos e demandam análise própria que não será desenvolvida neste artigo.

intensas no âmbito do direito falimentar internacional e desenvolvida sob o pano de fundo do histórico embate entre dois modelos teóricos antípodas – o universalismo e o territorialismo. De acordo com um sistema territorialista, o juiz de cada país tem competência para a abertura de um processo de insolvência que envolva os bens do devedor localizados dentro das fronteiras estatais, isto é, de âmbito territorial. No universalismo, porém, um único órgão jurisdicional deveria ter competência para abrir o processo de insolvência de um devedor, com alcance mundial, e aplicar uma única lei para regê-lo, inclusive quanto à forma de pagamento dos credores (a *lex fori concursus*, lei do local da abertura do processo).[4]

Um dos maiores problemas de um sistema universalista, conforme apontado por seus críticos, é a incerteza na determinação do foro competente.[5] A questão é fundamental, eis que dela depende a determinação do juiz que deverá julgar e da lei que deverá reger o processo de insolvência.[6] Com efeito, há sistemas judiciários com diferentes graus de integridade e aparelhamento; os processos judiciais têm níveis diversos de rapidez e eficiência, e conferem direitos distintos a credores e devedores; e as leis estabelecem regras diversas para a realização do ativo, para o estabelecimento da ordem de prioridade no recebimento dos créditos, e para a anulação de atos fraudulentos. A proteção de credores locais con-

---

[4] As discussões teóricas envolvendo os modelos de insolvência internacional do universalismo e do territorialismo foram intensas ao longo dos anos, e produziram uma abundante literatura. A respeito do assunto, ver, dentre outros, Haroldo Valladão, *Direito Internacional Privado*, vol. 3, Rio de Janeiro, Freitas Bastos, 1978, pp. 37-49; Thomas Benes Felsberg, *Cross-Border Insolvencies and Restructurings in Brazil*, in International Business Lawyer, vol. 31, 2003, pp. 109-115; Lynn M. LoPucki, *Cooperation in International Bankruptcy: A Post-Universalism Approach*, in Cornell Law Review, vol. 84, 1999, pp. 696-762; Lynn M. LoPucki, *The Case for Cooperative Territoriality in International Bankruptcy*, in Michigan Law Review, vol. 98, 2000, pp. 2216-2251; Jay Lawrence Westbrook, *A Global Solution to Multinational Default*, in Michigan Law Review, vol. 98, 2000, pp. 2276-2328; Jay Lawrence Westbrook, *Multinational Enterprises in General Default: Chapter 15, The ALI Principles, and The EU Insolvency Regulation*, in American Bankruptcy Law Journal, vol. 76, 2002, pp. 1-41; e Nigel John Howcroft, *Universal vs. Territorial Models for Cross-Border Insolvency: The Theory, the Practice and the Reality that Universalism Prevails*, in UC Davis Business Law Journal, vol. 7, 2007, pp. 366-419.
[5] Cf. Lynn M. LoPucki, *The Case for Cooperative Territoriality in International Bankruptcy*, in Michigan Law Review, vol. 98, 2000, pp. 2216-2251, pp. 2224-2225.
[6] Ver, a respeito do assunto, os comentários de Lynn M. LoPucki, *The Case for Cooperative Territoriality in International Bankruptcy*, in Michigan Law Review, vol. 98, 2000, pp. 2216-2251, pp. 2224-2225.

tra algumas dessas incertezas da submissão a um processo de insolvência estrangeiro, regido por regras de outro ordenamento jurídico, foi um dos principais motivos que historicamente afastaram a adoção de um sistema universalista de insolvência por diversos países.[7]

O critério para a determinação da competência jurisdicional em um sistema universalista pode ser sujeito a controvérsias, sendo essa uma das críticas mais acirradas ao modelo.[8] Os teóricos que defendem o universalismo costumam minimizar essa desvantagem do modelo afirmando que, na maioria dos casos, a escolha é óbvia;[9] mas o fato é que, com a intensificação da globalização, com o aumento da complexidade da estrutura das empresas multinacionais, e com a capacidade de tais empresas de se adaptar a sistemas jurídicos com o objetivo de se beneficiar de opções econômica e financeiramente mais atraentes, essa questão não pode ser ignorada.[10]

Um dos critérios possíveis para se determinar a competência é estabelecer que o processo de insolvência deva ser instalado no país onde a sociedade devedora tenha sido constituída e onde tenha a sua sede social.[11] O processo de insolvência poderia, ainda, ser aberto no país onde o devedor tivesse a sua sede administrativa ou de onde emanassem as principais decisões empresariais. Uma terceira opção para a determinação do critério de competência seria a de permitir a abertura do processo no país onde o devedor mantivesse a maior parte das suas operações, trabalhadores e consumidores. Finalmente, seria possível determinar que a insolvência fosse aberta no país onde se localizasse a maior parte dos bens do devedor (nos casos em que estes estivessem separados das ope-

---

[7] Para uma explicação sobre a relutância para a adoção do universalismo, ver Frederick Tung, *Is International Bankruptcy Possible?*, in *Michigan Journal of International Law*, vol. 23, 2001, pp. 31-102.
[8] Cf. Lynn M. LoPucki, *The Case for Cooperative Territoriality in International Bankruptcy*, in *Michigan Law Review*, vol. 98, 2000, pp. 2216-2251, pp. 2226.
[9] Cf. Jay Lawrence Westbrook, *Choice of Avoidance Law in Global Insolvencies*, in *Brooklyn Journal of International Law*, vol. 17, 1991, pp. 499-538, p. 529; Andrew Guzmán, *International Bankruptcy: In Defense of Universalism*, in *Michigan Law Review*, vol. 98, 2000, pp. 2177-2215, pp. 2207-2208.
[10] Cf. Lynn M. LoPucki, *The Case for Cooperative Territoriality in International Bankruptcy*, in *Michigan Law Review*, vol. 98, 2000, pp. 2216-2251, p. 2227.
[11] Ver, a respeito dos critérios para determinação do foro competente, Lynn M. LoPucki, *Cooperation in International Bankruptcy: A Post-Universalism Approach*, in *Cornell Law Review*, vol. 84, 1999, pp. 696-762, p. 704.

rações). A existência de diversas possíveis bases para a determinação de competência em um regime universalista, sem que os teóricos universalistas fossem capazes de estabelecer um único critério que tornasse o foro competente facilmente identificável, foi um dos principais alvos de ataques ao modelo.[12]

Uma das maiores preocupações manifestadas pelos críticos territorialistas diz respeito à possibilidade, em um modelo universalista, de o devedor criar expedientes que lhe permitam escolher, de acordo com a sua conveniência, o foro competente, alterando, por exemplo, a sede estatutária às vésperas do ajuizamento de um pedido de insolvência. Esse critério de determinação da competência é de fácil manipulação, já que o local da constituição da sociedade ou o da sua sede social não guarda necessária conexão com a realidade econômica;[13] por essa razão, na maior parte das vezes, esse parâmetro é rechaçado pelos próprios teóricos universalistas.[14] Embora outras formas de manipulação sejam possíveis, os universalistas chegaram a rebater a crítica sustentando que a escolha pelo devedor do foro competente seria ainda mais fácil em um regime territorialista, já que, neste caso, a simples movimentação de bens de um país para outro seria suficiente para deslocar a competência jurisdicional[15] – mas a remoção de ativos, além de ser difícil e custosa em diversos casos, pode ser considerada violação de contrato firmado com credores detentores de garantias sobre tais bens, ou mesmo crime em diversas legislações.[16]

---

[12] Cf. Lynn M. LoPucki, *The Case for Cooperative Territoriality in International Bankruptcy*, in *Michigan Law Review*, vol. 98, 2000, pp. 2216-2251, p. 2226.

[13] Para ilustrar, 89% das grandes companhias abertas que ajuizaram pedido de falência nos Estados Unidos entre 1980 e 1997 o fizeram no Estado de Delaware, sob o argumento de que, por terem sido lá incorporadas, sujeitavam-se à sua jurisdição falimentar. Cf. Lynn M. LoPucki, *The Case for Cooperative Territoriality in International Bankruptcy*, in *Michigan Law Review*, vol. 98, 2000, pp. 2216-2251, p. 2226, nota 51.

[14] Ver, a respeito, Lynn M. LoPucki, *The Case for Cooperative Territoriality in International Bankruptcy*, in *Michigan Law Review*, vol. 98, 2000, pp. 2216-2251, p. 2227.

[15] Andrew Guzmán, *International Bankruptcy: In Defense of Universalism*, in *Michigan Law Review*, vol. 98, 2000, pp. 2177-2215, pp. 2214.

[16] Ver, a respeito, Lynn M. LoPucki, *Cooperation in International Bankruptcy: A Post-Universalism Approach*, in *Cornell Law Review*, vol. 84, 1999, pp. 696-762, p. 758.

As dificuldades de determinação do foro competente – já críticas no caso de sociedades individuais – se tornam ainda maiores no caso dos grupos societários. As grandes empresas multinacionais estão, na maior parte das vezes, constituídas sob a forma de emaranhados de sociedades mais ou menos integradas umas às outras, espalhadas ao redor do mundo; e submeter todas operações mundiais (ainda que estejam segregadas em diferentes entidades) a uma única jurisdição pode ser um mecanismo útil para se perfazer o ideal universalista.[17] Entretanto, no caso da abertura de um único processo de insolvência universal, que abrangesse todo esse grupo, a multiplicidade de critérios possíveis tornaria difícil a identificação daquele que deveria ser o foro competente, levando a um grande potencial de manipulação e litígio.[18] Por essa razão, os territorialistas defendem a adoção de uma pluralidade de processos locais de insolvência, de modo que os bens estejam sempre sujeitos à lei falimentar do país em que estejam situados, cujos juízes aplicarão as normas vigentes, considerando ou não a estrutura societária dos grupos.[19] Embora os universalistas apontem que as questões que envolvem os grupos societários sejam amplas demais e não criem perplexidades apenas em um regime universal,[20] eles próprios desenvolveram diversas possíveis soluções no campo teórico para que os processos de insolvência alcancem grupos economicamente integrados.[21] Algumas dessas soluções são aplicadas aos grupos, ao menos em parte, em casos concretos por meio de decisões judiciais e acordos entre as próprias partes, embora ainda não tenham sido propriamente implantadas nos ordenamentos jurídicos.

---

[17] Ver Lynn M. LoPucki, *Global and Out of Control?*, in *American Bankruptcy Law Journal*, vol. 79, 2005, pp. 79-103, p. 93.

[18] Cf. Lynn M. LoPucki, *The Case for Cooperative Territoriality in International Bankruptcy*, in *Michigan Law Review*, vol. 98, 2000, pp. 2216-2251, p. 2229-2234.

[19] Lynn M. LoPucki, *The Case for Cooperative Territoriality in International Bankruptcy*, in *Michigan Law Review*, vol. 98, 2000, pp. 2216-2251, p. 2233.

[20] Jay Lawrence Westbrook, *A Global Solution to Multinational Default*, in *Michigan Law Review*, vol. 98, 2000, pp. 2276-2328, p. 2311.

[21] Ver, a respeito do assunto, Samuel L. Bufford, *International Insolvency Case Venue in the European Union: The Parmalat and Daisytek Controversies*, in *Columbia Journal of European Law*, vol. 12, 2006, pp. 429-486; Irit Mevorach, *Insolvency Within Multinational Enterprise Groups*, Oxford, Oxford University Press, 2009.

3. O "centro dos interesses principais" como critério para a determinação da competência

As preocupações a respeito das incertezas na determinação do foro competente, inclusive as relativas à sua manipulação estratégica, foram endereçadas pelos universalistas com a criação do conceito de "centro dos interesses principais", utilizado nas principais iniciativas internacionais a respeito da insolvência transnacional e que adotaram alguma forma modificada do universalismo – a Lei Modelo da UNCITRAL de 1997, recomendação que foi incorporada como lei interna em 22 países, e o Regulamento (CE) 1346/2000, do Conselho, aplicável no âmbito da União Europeia e recentemente revogado pelo Regulamento (UE) 2015/848 do Parlamento Europeu e do Conselho (cujas disposições se tornarão aplicáveis, na sua maior parte, em 2017).[22]

De acordo com a lei-modelo e o regulamento europeu original, e na redação do art. 3.º do regulamento reformulado, o centro dos interesses principais corresponde "ao local onde o devedor exerce habitualmente a administração dos seus interesses de forma habitual e cognoscível por terceiros".[23] Além disso, tanto a lei-modelo como o Regulamento (CE) 1346/2000 e o Regulamento (EU) 2015/848 estabeleceram uma presunção relativa de que o centro dos interesses principais corresponde, no caso das sociedades, ao país onde se localiza a sua sede estatutária.[24] O Regulamento (CE) 1346/2000 contém, ainda, no seu art. 16, regras – replicadas no Regulamento (EU) 2015/848, mas ausentes na lei-modelo – que estabelecem que os processos de insolvência abertos em um Estado-membro cujo juiz entenda estar nele localizado o seu centro

---

[22] Há diversas diferenças entre a abordagem adotada pela Lei-Modelo da UNCITRAL e pelo regulamento europeu. A respeito das diferenças entre a lei-modelo, na forma como foi adotada pelos Estados Unidos, e o regulamento europeu orignal, ver, dentre outros, Jay Lawerence Westbrook, *Multinational Enterprises in General Default: Chapter 15, The ALI Principles, and The EU Insolvency Regulation*, in American Bankruptcy Law Journal, vol. 76, 2002, pp. 1-41.

[23] A redação do regulamento reformulado, nesse sentido, não é muito diferente da do original. Embora a Lei-Modelo da UNCITRAL não traga uma definição do centro dos interesses principais, a mesma formulação do regulamento pode lhe ser aplicada. Cf., a respeito, UNCITRAL, *UNCITRAL Model Law on Cross-Border Insolvency with Guide to Enactment and Interpretation*, New York, United Nations, 2014, pp. 43-44.

[24] Art. 3.º, 1, do Regulamento 1346/2000 do Conselho; art. 3.º, 1, do Regulamento (UE) 2015/848 do Parlamento e do Conselho; e art. 16, 3, da Lei-Modelo da UNCITRAL.

dos principais interesses são reconhecidos automaticamente nos demais como um processo principal; qualquer processo de insolvência aberto posteriormente no âmbito de aplicação do regulamento deve ser considerado um processo secundário e, portanto, restringir seus efeitos às fronteiras territoriais do país em que tenha sido aberto. A Lei-Modelo da UNCITRAL, embora não preveja o reconhecimento automático dos efeitos das insolvências estrangeiras, estabelece que o processo aberto no centro dos principais interesses é um processo principal, mas permite que outros processos, considerados não principais, sejam abertos, nos locais onde o devedor tenha um estabelecimento.[25]

Os críticos do universalismo apontam que o critério do "centro dos interesses principais" do devedor, conforme adotado nas iniciativas internacionais supramencionadas, não eliminou as incertezas na regra de fixação do foro competente e nem a possibilidade de sua manipulação. Com efeito, o conceito foi considerado, pelos defensores do territorialismo, como intencionalmente vago, vazio de conteúdo e inútil para resolver os problemas suscitados.[26] Outra crítica feita à lei-modelo e ao regulamento original é também não disciplinarem os grupos societários, e suas disposições dizerem respeito somente às repercussões internacionais de processos de insolvência envolvendo uma única entidade.[27]

As questões relativas à competência jurisdicional foram, conforme previam os territorialistas, as primeiras a surgir no âmbito da aplicação do regulamento europeu, logo após a sua entrada em vigor, em 2002.[28] Assim, já em 2003, após a norte-americana Daisytek, Inc., e outras sociedades relacionadas, ajuizarem um pedido de falência (uma *reorganization*) em Dallas, nos Estados Unidos, as dezesseis subsidiárias europeias – nenhuma das quais era parte no processo americano – requereram a abertura de um processo de insolvência (uma *administration*) no Reino Unido. A controvérsia se instaurou porque, apesar de o processo ter se

---

[25] Art. 2, *b*, da Lei-Modelo da UNCITRAL.
[26] Ver a crítica em Lynn M. LoPucki, *Universalism Unravels*, in *American Bankruptcy Law Journal*, vol. 79, 2005, pp. 143-167, pp. 143 e 151.
[27] Ver Lynn M. LoPucki, *Global and Out of Control?*, in *American Bankruptcy Law Journal*, vol. 79, 2005, pp. 79-103, p. 93.
[28] Lynn M. LoPucki, *Universalism Unravels*, in *American Bankruptcy Law Journal*, vol. 79, 2005, pp. 143-167, pp. 144.

instalado em Leeds, na Inglaterra, apenas doze dessas subsidiárias eram sociedades constituídas no Reino Unido; três haviam sido constituídas na Alemanha e uma na França. O tribunal inglês entendeu que todas as sociedades eram administradas parcialmente a partir da Inglaterra, afastando, assim, a presunção relativa de que o centro dos principais interesses se localizava no país da sede estatutária. A decisão não foi inicialmente bem recebida na Alemanha e na França, mas os tribunais desses países acabaram por aceitá-la.[29]

Em 2006, a questão da competência jurisdicional voltaria à tona, tendo sido a primeira relativa à aplicação do Regulamento (CE) 1346/2000 a ser conhecida pelo Tribunal Europeu. O caso envolveu a Eurofood IFSC Ltda. uma subsidiária da Parmalat que não havia sido incluída na *amministrazione straordinaria* ajuizada na cidade de Parma. Quando o síndico da Parmalat decidiu requerer a abertura do processo de insolvência da Eurofood na Itália, o credor Bank of America já havia ajuizado um pedido de falência (uma *winding up*) contra a subsidiária irlandesa em Dublin, e obtido uma decisão para a nomeação de um liquidante provisório. O juiz italiano decidiu, entretanto, que o centro dos principais interesses da Eurofood se localizava na Itália, em virtude de a subsidiária irlandesa ser uma "caixa vazia" e seu único ativo ser a garantia pessoal conferida pela controladora italiana. Além disso, o juiz italiano entendeu que a decisão irlandesa nomeando um liquidante provisório não era suficiente para ser qualificada como um processo de insolvência já iniciado e apto a suscitar o reconhecimento automático nos termos do regulamento europeu. O judiciário irlandês sustentou que, além de o centro dos interesses principais da Eurofood se localizar na Irlanda (em virtude de ali se localizar a sua sede estatutária e a administração dos seus interesses), o liquidante temporário e os credores não haviam tido oportunidade adequada para se manifestar no processo italiano, em afronta ao devido processo legal previsto na Convenção Europeia de Direitos Humanos, o que configuraria uma violação à ordem pública.[30]

---

[29] Sobre o caso Daisytek, ver Samuel L. Bufford, *International Insolvency Case Venue in the European Union: The Parmalat and Daisytek Controversies*, in *Columbia Journal of European Law*, vol. 12, 2006, pp. 429-486.

[30] Ver, a respeito das ocorrências que levaram à instalação do processo perante o Tribunal Europeu, Samuel L. Bufford, *International Insolvency Case Venue in the European Union: The*

Em virtude do conflito de competência instaurado, a suprema corte irlandesa fez uma consulta ao Tribunal Europeu, que emitiu sua decisão em 2006. De acordo com o Tribunal Europeu, a presunção relativa de que o centro dos principais interesses do devedor se encontra no Estado-membro onde se localiza a sua sede estatutária pode ser afastada se houver fatores objetivos e verificáveis por terceiros que levem à conclusão de que a situação real é diversa. O mero fato de as decisões serem ou poderem ser tomadas por uma sociedade controladora localizada em outro país não era suficiente, segundo o entendimento do Tribunal Europeu, para afastar a referida presunção. De qualquer maneira, de acordo com o Tribunal Europeu, a presunção relativa deveria ser afastada pelo próprio tribunal irlandês e não pelo italiano. Com efeito, qualquer decisão judicial tomada em um Estado-membro deveria ser reconhecida automaticamente pelos demais se acarretasse o afastamento do devedor da administração de seu patrimônio e a nomeação de um síndico, e os juízes de outros Estados-membros não poderiam se recusar a aceitar a competência jurisdicional para a tomada da referida decisão. De acordo com o Tribunal Europeu, a análise da competência deveria ser feita sempre perante o próprio órgão jurisdicional prolator da decisão. Finalmente, o Tribunal Europeu entendeu que a decisão de abertura de um processo de insolvência poderia deixar de ser reconhecida se houvesse a "violação do direito fundamental de audição" pelo juiz em que tal processo tenha sido aberto.[31] O caso Eurofood – em que o Tribunal Europeu foi favorável à manutenção do processo na Irlanda – foi o primeiro e mais conhecido

---

Parmalat and Daisytek Controversies, in *Columbia Journal of European Law*, vol. 12, 2006, pp. 429-486; Samuel L. Bufford, *Center of Main Interests, International Insolvency Case Venue, and Equality of Arms: The Eurofood Decision of the European Court of Justice*, in *Northwestern Journal of International Law & Business*, vol. 27, 2007, pp. 351-419.

[31] Tribunal de Justiça das Comunidades Europeias, *Acórdão do Tribunal de Justiça (Grande Secção) de 2 de Maio de 2006. Eurofood IFSC Ltd. Pedido de decisão prejudicial: Supreme Court – Irlanda. Cooperação judiciária em matéria civil – Regulamento (CE) n.º 1346/2000 – Processos de insolvência – Decisão de abertura do processo – Centro dos interesses principais do devedor – Reconhecimento do processo de insolvência – Ordem pública. Processo C-341/04.*, pp. I-3867. Ver, ainda, sobre a decisão, Samuel L. Bufford, *Center of Main Interests, International Insolvency Case Venue, and Equality of Arms: The Eurofood Decision of the European Court of Justice*, in *Northwestern Journal of International Law & Business*, vol. 27, 2007, pp. 351-419.

relativo à aplicação do regulamento europeu, e seus desdobramentos tiveram papel fundamental na sua reforma.

Com efeito, o regulamento reformulado de 2015, embora mantenha as mesmas bases do original de 2000, trouxe, dentre outras, regras que endereçam de forma mais adequada as críticas dos territorialistas e as principais dificuldades enfrentadas sob a égide do regulamento anterior, por vezes com o objetivo de esclarecer ou de fornecer diretrizes interpretativas a algumas de suas disposições. Assim, o Regulamento (EU) 2015/848, embora mantenha o critério de determinação de competência do anterior, traz uma regra estabelecendo que a presunção relativa de que o centro dos principais interesses coincide com o país onde se localiza a sede estatutária se aplica somente se a sede estatutária não tiver sido transferida para outro Estado-membro nos três meses que antecederem o ajuizamento do pedido de insolvência – uma maneira de se evitar que repentinas mudanças da sede do devedor possam servir de manobra para deslocar também o seu processo falimentar.[32] Além disso, o regulamento reformulado prevê expressamente que o juiz perante o qual o pedido de insolvência é submetido deve verificar de ofício a sua competência e indicar, na sua decisão, quais os fundamentos que a determinaram.[33] A decisão judicial que fixa a competência pode ser impugnada pelo devedor, por credores e por terceiros.[34] Com essas regras, o regulamento deixa claro que a competência jurisdicional deve ser discutida perante o próprio órgão jurisdicional do Estado-membro em que a abertura do processo foi requerida, e não perante o juiz do Estado-membro em que o impugnante entenda que o processo deva ser ajuizado. Finalmente, o Regulamento (EU) 2015/848 traz um complexo conjunto de regras para processos de insolvência envolvendo membros de um grupo de sociedades. Além de estimular a cooperação e a comunicação entre os administradores da insolvência e órgãos jurisdicionais, o regulamento prevê a possibilidade de abertura de um processo de coordenação de grupo, perante qualquer juiz competente para o julgamento de um processo de insolvência para

---

[32] Art. 3.º, 1, do Regulamento (UE) 2015/848 do Parlamento e do Conselho.

[33] Art. 4.º, 1, do Regulamento (UE) 2015/848 do Parlamento e do Conselho. Caso o processo seja aberto sem que haja decisão judicial para tanto, o administrador da insolvência poderá fazer a verificação da competência, nos termos do art. 4.º, 2, do regulamento reformulado.

[34] Art. 5.º do Regulamento (UE) 2015/848 do Parlamento e do Conselho.

um membro do grupo.³⁵ O objetivo desse processo é promover a coordenação dos diversos processos de insolvência das sociedades agrupadas que estejam em curso nos Estados-membros. A própria existência desse mecanismo é uma admissão, ainda que tácita, e em linha com a decisão no caso Eurofood, de que o grupo societário não deva necessariamente se submeter a um único processo de insolvência e de que, portanto, as sociedades que o compõem possam ter, cada uma, seu próprio centro de principais interesses.

4. O critério para determinação de competência na Lei 11.101/2005

O Brasil não incorporou a Lei-Modelo da UNCITRAL ao seu ordenamento jurídico quando da reforma da sua legislação falimentar e nem possui outras normas, tais como as previstas no regulamento europeu, para tratar das questões relativas aos efeitos transnacionais dos processos de insolvência – salvo as constantes do revogado Código de Processo Civil de 1939,³⁶ e as incluídas no Código Bustamante de 1928, aplicáveis em princípio somente aos países latino-americanos signatários.³⁷ Em virtude dessa ausência de regulação na lei falimentar, as normas de determinação do juízo competente para abertura dos processos de insolvência constantes da Lei 11.101/2005 referem-se apenas à competência interna, sem levar em consideração aspectos internacionais.

A esse respeito, a Lei 11.101/2005 estabelece, em seu art. 3.º, que os processos de falência, recuperação judicial e recuperação extrajudicial devam ser ajuizados no local do principal estabelecimento do devedor,

---

[35] Art. 56.º a 77.º do Regulamento (UE) 2015/848 do Parlamento e do Conselho.

[36] Cf. os comentários de Haroldo Valladão, *Direito Internacional Privado*, vol. 3, Rio de Janeiro, Freitas Bastos, 1978, pp. 42-43, que entende que o Código de Processo Civil de 1939 poderia permanecer aplicável nesse âmbito mesmo com a sua revogação pelo diploma de 1973, tendo em vista que as disposições relativas às falências internacionais não teriam sido expressamente substituídas por outras que tratassem do mesmo assunto. A revogação do Código de Processo Civil de 1939 criou uma lacuna legislativa importante, visto que a questão das insolvências internacionais deixou de ser regulada no Brasil pela primeira vez desde a segunda metade do século XIX, situação que permanece até os dias de hoje.

[37] Alguns autores, contudo, entendem que as disposições do Código Bustamante poderiam ser aplicadas também a países não-signatários, na esteira de decisão do Supremo Tribunal Federal a esse respeito. Ver Supremo Tribunal Federal, *Sentença Estrangeira n. 993, de Portugal*, in *Revista dos Tribunais*, v. 136, 1942, pp. 824-828.

ou da filial da empresa com sede fora do Brasil. A regra que estabelece o critério do "principal estabelecimento" é a mesma aplicada no direito brasileiro desde o Decreto 917/1890,[38] e o dispositivo legal que a contém foi praticamente replicado do Decreto-Lei 7.661/1945, tendo sofrido, quanto muito, apenas uma "atualização".[39] Embora se trate de uma norma de competência interna, ela não faz distinção quanto ao alcance territorial do processo, de modo que é possível se entender que ele tenha caráter universal, isto é, que todos os bens do devedor estejam sujeitos aos seus efeitos.[40] Além disso, pode-se dizer que a competência da justiça brasileira, nos casos em que o devedor tem um estabelecimento principal no país, seja exclusiva, isto é, que a nenhuma decisão estrangeira determinando a abertura de um processo falimentar, relativo aos seus bens, pode ser reconhecida no Brasil.[41]

O critério do "estabelecimento principal" é, em princípio, tão vago e indeterminado quanto o do "centro dos principais interesses" constante do regulamento europeu e da Lei-Modelo da UNCITRAL. Há, com efeito, na literatura estrangeira, diversas comparações entre o *principal place of business* norte-americano (conceito de certa forma análogo ao "estabelecimento principal" brasileiro)[42] com o *center of main interests* que foi incorporado pelos Estados Unidos ao seu código falimentar quando da adoção da lei-modelo em 2005.[43] Por se tratar de um critério centená-

---

[38] Cf. comentários de Mauro Rodrigues Penteado, *Artigo 3.º*, in Francisco Satiro de Souza Junior, Antônio Sérgio A. de Moraes Pitombo (coords.), *Comentários à Lei de Recuperação de Empresas e Falência*, 2.ª ed., São Paulo, RT, 2007, pp. 116-123, p. 116.

[39] A expressão é de Paulo F. C. Salles de Toledo, *Artigo 3.º*, in Paulo F. C. Salles de Toledo, Carlos Henrique Abrão (coords.), *Comentários à Lei de Recuperação de Empresas e Falência*, 3.ª ed., São Paulo, Saraiva, pp. 13-15, p. 13.

[40] No mesmo sentido, Beat Walter Rechsteiner, *Direito Falimentar Internacional e Mercosul*, São Paulo, Juarez de Oliveira, 2000, p. 152.

[41] Nesse sentido, parece ser a opinião de Beat Walter Rechsteiner, *Direito Falimentar Internacional e Mercosul*, São Paulo, Juarez de Oliveira, 2000, pp. 151-152, para quem "[o] foro do estabelecimento do devedor determina a competência territorial do juízo de insolvência no Brasil não só nacional mas também internacionalmente".

[42] A respeito da vagueza do critério do *"principal place of business"* para a determinação da competência, ver Lynn M. LoPucki, *Universalism Unravels*, in *American Bankruptcy Law Journal*, vol. 79, 2005, pp. 143-167, pp. 144-145.

[43] Cf. Mark Lightner, *Determining the Center of Main Interests Under Chapter 15*, in *Norton Journal of Bankruptcy Law and Practice*, vol. 18, 2009, pp. 519-535, p. 521.

rio no Brasil, contudo, há decisões judiciais em abundância, que formam jurisprudência a respeito do que deva ser considerado o "principal estabelecimento" para fins de abertura de um processo falimentar em terras brasileiras.[44] Apesar disso, alguns autores apontam que os critérios adotados pela jurisprudência dos tribunais brasileiros não são suficientemente consistentes para determinar com precisão a competência para a abertura dos casos de recuperação judicial que envolvem uma pluralidade de estabelecimentos.[45]

Sob a óptica estritamente jurídica, o principal estabelecimento deveria corresponder, em princípio, ao local da sede estatutária.[46] Entretanto, o critério da sede estatutária teve sua importância esvaziada no Brasil, em razão de não estar necessariamente atrelado à situação econômica da empresa e à possibilidade de fraudes que a sua adoção possibilitaria.[47] Assim, o critério chegou a ser considerado como "irrelevante" por alguns autores para a determinação do principal estabelecimento,[48] de modo a não haver nem mesmo uma previsão legal estabelecendo uma presunção relativa tal como ocorre no âmbito do regulamento europeu ou da lei-modelo para a identificação do centro dos principais interesses.

Com efeito, a realidade econômica[49] prevaleceu sobre o critério formal desde logo: os tribunais brasileiros entenderam, já em dezembro de 1906, que a "sede administrativa" dos negócios, o "domicílio real", e

---

[44] Cf. os comentários de Newton DeLucca, *Artigo 3.º*, in Osmar Brina Corrêa-Lima, Sérgio Mourão Corrêa-Lima (coords.), *Comentários à Nova Lei de Falência e Recuperação de Empresas*, Rio de Janeiro, Forense, 2009, pp. 66-68.
[45] Ver, a respeito, a crítica de Celso Caldas Martins Xavier, *Análise Crítica de Regra de Fixação de Competência Prevista na Lei de Falências e Recuperação de Empresas (Lei 11.101/2005)*, in Paulo Fernando Campos Salles de Toledo e Francisco Satiro (coords.), *Direito das Empresas em Crise: Problemas e Soluções*, São Paulo, Quartier Latin, 2012, pp. 51-75.
[46] Cf. Trajano de Miranda Valverde, *Comentários à Lei de Falências (Decreto-Lei n.º 7.661, de 21 de Junho de 1945)*, vol. 1 (arts. 1.º a 61), 3.ª ed., Rio de Janeiro, Forense, 1962, p. 96.
[47] Paulo F. C. Salles de Toledo, *Artigo 3.º*, in Paulo F. C. Salles de Toledo, Carlos Henrique Abrão (coords.), *Comentários à Lei de Recuperação de Empresas e Falência*, 3.ª ed., São Paulo, Saraiva, pp. 13-15, p. 14.
[48] Fábio Ulhoa Coelho, *Comentários à Lei de Falências e de Recuperação de Empresas*, 8.ª ed., São Paulo, Saraiva, 2011, pp. 73-74.
[49] Ver, a respeito, os comentários de Paulo F. C. Salles de Toledo, *Artigo 3.º*, in Paulo F. C. Salles de Toledo, Carlos Henrique Abrão (coords.), *Comentários à Lei de Recuperação de Empresas e Falência*, 3.ª ed., São Paulo, Saraiva, pp. 13-15, p. 13.

não a sede estatutária, é que deveria ser considerada como o principal estabelecimento do devedor.[50] Ao longo dos anos, no Brasil, o principal estabelecimento acabou por se caracterizar, dentre os autores, por critérios de materialidade, como sendo o local onde o devedor centraliza a sua atividade, onde governa os seus negócios;[51] de onde emanam as ordens;[52] onde ocorrem as maiores operações econômicas e financeiras;[53] o "mais expressivo em termos patrimoniais"[54] e "onde melhor se atendam os fins da falência, quais sejam, a liquidação do ativo e do passivo".[55]

Percebe-se, assim, que, com o afastamento do critério meramente formal, há ao menos duas possibilidades de critérios para determinação do juiz competente para as falências e recuperações judiciais no Brasil: o do local onde se situa a sede administrativa da empresa ou o estabelecimento que concentra a maior parte da atividade econômica e o maior volume de negócios.[56] Embora a primeira orientação tenha sido adotada por nomes de peso como Carvalho de Mendonça e Miranda Valverde, é o segundo critério que tem gozado da preferência da maioria dos autores e intérpretes da lei no país.[57]

Além disso, o Superior Tribunal de Justiça, cujo papel é, em grande parte, zelar pela uniformidade na aplicação e na interpretação da lei, decidiu, por diversas vezes, que o estabelecimento principal, para fins de ajuizamento do pedido de falência, é "o local onde a atividade se man-

---

[50] Trajano de Miranda Valverde, *Comentários à Lei de Faências (Decreto-Lei n.º 7.661, de 21 de Junho de 1945)*, vol. 1 (arts. 1.º a 61), 3.ª ed., Rio de Janeiro, Forense, 1962, p. 96.

[51] José Xavier Carvalho de Mendonça, *Tratado de Direito Comercial Brasileiro*, 7.ª ed., vol. VII, livro V, Rio de Janeiro, Freitas Bastos, 1964, p. 272-273.

[52] Trajano de Miranda Valverde, *Comentários à Lei de Faências (Decreto-Lei n.º 7.661, de 21 de Junho de 1945)*, vol. 1 (arts. 1.º a 61), 3.ª ed., Rio de Janeiro, Forense, 1962, pp. 96-97.

[53] Rubens Requião, *Curso de Direito Falimentar*, vol. 1, 17.ª ed., São Paulo, Saraiva, 1998, pp. 92-93.

[54] Oscar Barreto Filho, *Teoria do Estabelecimento Comercial*, São Paulo, Max Limonad, 1969.

[55] Sylvio Marcondes, *Questões de Direito Mercantil*, São Paulo, Saraiva, 1977, p. 120.

[56] Cf. Celso Caldas Martins Xavier, *Análise Crítica de Regra de Fixação de Competência Prevista na Lei de Falências e Recuperação de Empresas (Lei 11.101/2005)*, in Paulo Fernando Campos Salles de Toledo e Francisco Satiro (coords.), *Direito das Empresas em Crise: Problemas e Soluções*, São Paulo, Quartier Latin, 2012, pp. 51-75, pp. 65-66.

[57] Ver, a respeito do assunto, os comentários de Mauro Rodrigues Penteado, *Artigo 3.º*, in Francisco Satiro de Souza Junior, Antônio Sérgio A. de Moraes Pitombo (coords.), *Comentários à Lei de Recuperação de Empresas e Falência*, 2.ª ed., São Paulo, RT, 2007, pp. 116-123, p. 122.

tém centralizada", não sendo "aquela a que os estatutos conferem o título principal, mas o que forma o corpo vivo, o centro vital das atividades do devedor".[58] As possíveis controvérsias de interpretação que expressões como "corpo vivo" e "centro vital" possam suscitar foram, de certa, forma, esclarecidas por outros julgados, em que o Superior Tribunal de Justiça decidiu que o principal estabelecimento a que se refere o art. 3.º da Lei 11.101/2005 é o "local mais importante da atividade empresária, o do maior volume de negócios",[59] dando, assim, preferência a um critério quantitativo sob o ponto de vista econômico.

Alguns autores destacam[60] essa tendência crescente de orientação das decisões judiciais – das quais os julgados do Superior Tribunal de Justiça são um exemplo – em acolher o critério da importância econômica, em detrimento da sede estatutária ou administrativa, para fixar o local onde deva ser aberto o processo de insolvência. Ainda assim, a determinação do estabelecimento mais relevante sob o ponto de vista econômico pode suscitar controvérsias, já que ele nem sempre é de fácil identificação, sobretudo quando a atividade não se encontra concentrada ou em que há diversos estabelecimentos e nenhum deles se sobressaia sobre os demais.

5. A regra da competência da Lei 11.101/2005 na recuperação judicial das sociedades estrangeiras

A parte final do art. 3.º da Lei 11.101/2005 – de forma semelhante ao art. 7º do revogado Decreto-Lei 7.661/1945 – prevê que o juiz do local onde se situa a filial da empresa que tenha sede fora do Brasil é o competente para a abertura do processo de falência, recuperação judicial ou recuperação extrajudicial. Por "filial" deve-se entender o estabelecimento autônomo, com administração própria, que mantém vínculo econômico com

---

[58] Como, aliás, nota Celso Caldas Martins Xavier, *Análise Crítica de Regra de Fixação de Competência Prevista na Lei de Falências e Recuperação de Empresas (Lei 11.101/2005)*, in Paulo Fernando Campos Salles de Toledo e Francisco Satiro (coords.), *Direito das Empresas em Crise: Problemas e Soluções*, São Paulo, Quartier Latin, 2012, pp. 51-75, p. 65.

[59] Superior Tribunal de Justiça, *CC 116.743-MG*, Rel. Min. Raul Araújo, Rel. para acórdão Min. Luis Felipe Salomão, julgado em 10/10/2012.

[60] Paulo F. C. Salles de Toledo, *Artigo 3.º*, in Paulo F. C. Salles de Toledo, Carlos Henrique Abrão (coords.), *Comentários à Lei de Recuperação de Empresas e Falência*, 3.ª ed., São Paulo, Saraiva, pp. 13-15, p. 14.

a matriz estrangeira.[61] Na hipótese de um devedor estrangeiro ter vários estabelecimentos no Brasil, deve-se aplicar o critério do art. 3º para que o principal deles seja levado em consideração para efeitos da determinação do foro competente para a abertura do processo falimentar.[62] Deve ser observado, ainda, que a mera existência de bens no Brasil (mas não de um estabelecimento) não deve justificar, pelo teor do art. 3.º da Lei 11.101/2005, a abertura de um processo falimentar no país, relativo a um devedor estabelecido no estrangeiro,[63] exceto no caso de bens imóveis, para os quais o juiz brasileiro tem jurisdição exclusiva. De forma geral, entende-se que o processo aberto no Brasil, relativo à filial da sociedade devedora estrangeira, tem efeitos territoriais, isto é, restritos aos bens localizados no país.[64]

Um observador astuto pode perceber que o art. 3.º da Lei 11.101/2005 regula, de forma expressa, os casos em que uma sociedade sediada em outro país tenha uma filial no Brasil, mas não seu estabelecimento principal.

Assim, na hipótese de uma sociedade sediada no exterior ter o seu principal estabelecimento no Brasil, é possível construir uma interpretação para que a mesma regra utilizada para a fixação de competência interna seja aplicada, de modo a se permitir a abertura de um processo de insolvência no país de tal sociedade, de índole universal e não restrito aos bens situados no território nacional. Ao mesmo tempo, de acordo com essa mesma interpretação, não deveria ser permitido o reconhecimento de processos de falência estrangeiros relativos ao devedor cujo principal

---

[61] Trajano de Miranda Valverde, *Comentários à Lei de Faências (Decreto-Lei n.º 7.661, de 21 de Junho de 1945)*, vol. 1 (arts. 1.º a 61), 3.ª ed., Rio de Janeiro, Forense, 1962, 97-98. Veja-se que não é o caso da subsidiária da sociedade estrangeira, que é uma pessoa jurídica autônoma e para a qual aplicam-se as mesmas regras das sociedades constituídas no Brasil. Ver, a esse respeito, os comentários de Beat Walter Rechsteiner, *Direito Falimentar Internacional e Mercosul*, São Paulo, Juarez de Oliveira, 2000, p. 154.

[62] A respeito, ver Mauro Rodrigues Penteado, *Artigo 3.º*, in Francisco Satiro de Souza Junior, Antônio Sérgio A. de Moraes Pitombo (coords.), *Comentários à Lei de Recuperação de Empresas e Falência*, 2.ª ed., São Paulo, RT, 2007, pp. 116-123, p. 123.

[63] Cf. Beat Walter Rechsteiner, *A Insolvência Internacional sob a Perspectiva do Direito Brasileiro*, in Luiz Fernando Valente de Paiva (coord.), *Direito Falimentar e a Nova Lei de Falências e Recuperação de Empresas*, São Paulo, Quartier Latin, 2005, pp. 669-699, pp. 693-694.

[64] Ver, a respeito, Beat Walter Rechsteiner, *A Insolvência Internacional sob a Perspectiva do Direito Brasileiro*, in Luiz Fernando Valente de Paiva (coord.), *Direito Falimentar e a Nova Lei de Falências e Recuperação de Empresas*, São Paulo, Quartier Latin, 2005, pp. 669-699, pp. 680 e 692-693.

estabelecimento se localizasse no Brasil. Afinal, a lógica dessa exegese seguiria a aplicação da regra para fixação da competência interna: se a foro é determinado seguindo a realidade econômica, então o juiz do local do estabelecimento principal da sociedade devedora, onde quer que ela esteja constituída, seja no Brasil ou no exterior, deve ser o competente para a abertura do processo de insolvência. Uma interpretação da lei de maneira diversa poderia legitimar a utilização de artifícios jurídicos aptos a permitir a manipulação do foro competente mediante a simples constituição de sociedades no exterior para operarem no Brasil.

O próprio Supremo Tribunal Federal, já em 1933, pareceu compartilhar desse entendimento, ao se recusar a homologar uma sentença estrangeira de falência, proferida por um juiz francês, de uma sociedade com sede estatutária nos Estados Unidos e domicílio oficial na França, sob o fundamento de que ela havia sido constituída para desenvolver atividades no Brasil.[65] Como o principal estabelecimento da sociedade se localizava no Brasil, o que justificaria a abertura de um processo de falência no território brasileiro, o Supremo Tribunal Federal entendeu que a homologação da sentença estrangeira de sua insolvência configuraria uma violação da soberania nacional, motivo por que a rejeitou.[66]

Uma lógica semelhante tem sido usada para justificar o ajuizamento de pedidos de recuperação judicial, nos termos da Lei 11.101/2005, de sociedades estrangeiras. O caso OGX foi provavelmente o primeiro em que a questão foi levada à discussão no âmbito do poder judiciário.[67] Com efeito, no referido caso, quatro sociedades ajuizaram processo de

---

[65] Ver, a respeito do processo de homologação de sentença estrangeira da falência da sociedade Port do Pará, Oscar Tenório, *Direito Internacional Privado*, vol. 2, 11.ª ed., Rio de Janeiro, Freitas Bastos, 1976, p. 259, e Marcos Vinícius Torres Pereira e Frederico A. Monte Simionato, *Algumas Reflexões Sobre a Jurisdição Brasileira em Questões Internacionais de Falência*, in *Revista da Faculdade de Direito Cândido Mendes*, v. 16, 2011, pp. 255-277, pp. 265-266.

[66] Oscar Tenório, *Direito Internacional Privado*, vol. 2, 11.ª ed., Rio de Janeiro, Freitas Bastos, 1976, p. 259.

[67] A respeito das questões relativas à insolvência internacional no caso OGX, ver, com mais detalhes, Paulo Fernando Campana Filho, *O Caso OGX e a Questão do Ajuizamento de Recuperação Judicial de Sociedades Estrangeiras no Brasil*, in *O Comercialista*, vol. 13, 2015, pp. 28-31. As informações relativas ao processo de recuperação judicial da OGX podem ser consultadas nos autos n.º 0377620-56.2013.8.19.0001, em curso perante a 4.ª Vara Empresarial da Comarca da Capital do Estado do Rio de Janeiro.

recuperação judicial conjunto em outubro de 2013 no Rio de Janeiro, sendo duas delas (a Óleo e Gás Participações S.A., a controladora, e a OGX Petróleo e Gás S.A.) constituídas no Brasil, e as outras duas (a OGX International GmbH e a OGX Austria GmbH) com sede na Áustria. O juiz de primeira instância aceitou o ajuizamento do pedido relativo às sociedades brasileiras, mas recusou-se a processar a recuperação judicial das empresas estrangeiras. Com isso, ele acolheu a opinião do Ministério Público, que havia se manifestado contrariamente ao ajuizamento do pedido das sociedades austríacas no Brasil, por entender que o país adotava o modelo territorialista no que dizia respeito ao regramento das insolvências internacionais. O juiz de primeira instância entendeu, ainda, que as relações econômicas entre as sociedades não eram suficientes para justificar o ajuizamento da recuperação judicial das sociedades estrangeiras no mesmo foro das brasileiras, e que a extensão da proteção legal às entidades austríacas configuraria uma violação à soberania da Áustria.

O Tribunal de Justiça do Rio de Janeiro, contudo, reformou a decisão do juiz de primeira instância, acolhendo uma perspectiva universalista ao dar, segundo ele próprio, uma "solução dinâmica e atual à controvérsia", de modo a permitir que as sociedades estrangeiras também se submetessem ao processo de recuperação judicial brasileiro. O tribunal, ao acolher os argumentos dos devedores, entendeu que havia uma sinergia entre as sociedades do mesmo grupo econômico, fossem brasileiras ou estrangeiras. Com efeito, o tribunal observou que as sociedades austríacas compartilhavam da mesma atividade empresarial do resto do grupo, por terem sido constituídas com o intuito de financiá-lo; e as sociedades brasileiras eram responsáveis pelo pagamento dos *bonds* emitidos no exterior. Além disso, o tribunal levou em consideração que os credores estrangeiros não se opunham ao ajuizamento da recuperação judicial de todas sociedades, e que a Áustria tinha mecanismos que permitiriam o reconhecimento dos efeitos da decisão judicial brasileira.

Após o julgamento do caso OGX, outros casos seguiram-se em que sociedades estrangeiras ajuizaram, juntamente com brasileiras, pedidos de recuperação judicial, tal como em Aralco e Lupatech, por exemplo. No caso do grupo OAS, ajuizado em 2015 em São Paulo, o juiz autorizou a abertura do processo de recuperação judicial relativo a três sociedades estrangeiras, sob o argumento que compunham o mesmo grupo societário e que eram meros veículos para captação de recursos para o empreendimento. Entretanto, após a abertura do processo no Brasil, credores obtiveram, nas Ilhas Virgens Britânicas, decisões judiciais nomeando liquidantes provisórios para duas das sociedades estrangeiras – a OAS Finance Ltd. e a OAS Investments Ltd. Os liquidantes provisórios nomeados requereram ao juiz brasileiro a desistência do processo de recuperação judicial, o que lhes foi negado em primeira instância, em decisão da qual pende julgamento de recurso. O juiz fundamentou sua decisão por entender que a nomeação dos liquidantes havia sido um fato superveniente à abertura do processo brasileiro, que a tal decisão estrangeira de liquidação provisória não havia sido ainda devidamente homologada no país para que pudesse produzir seus regulares efeitos, e que o centro dos principais interesses das sociedades estrangeiras se localizava no Brasil e não nas Ilhas Virgens Britânicas; e contra a referida decisão houve a interposição de recurso.[68]

Já no caso do grupo Schahin, cuja atividade é principalmente de exploração de óleo e gás, também ajuizado em 2015 em São Paulo, o juiz aceitou a abertura da recuperação judicial de apenas uma das quinze sociedades estrangeiras que a requereram. Um credor, contudo, informou ao juízo que, em razão do exercício de garantias contratuais nas Ilhas Virgens Britânicas, os administradores de seis dessas sociedades haviam sido substituídos. As referidas sociedades, já representadas por esses novos administradores, requereram a desistência do processo de recuperação judicial, e esse pedido foi acolhido pelo juiz. Além disso, o juiz entendeu que oito das outras sociedades constituídas no exterior não eram proprietárias de sondas operadas no Brasil e nem desenvolviam operação de prospecção de petróleo no país. O juiz considerou, ainda, que não havia comprovação do risco de tais sociedades serem executadas por credores estrangeiros, de modo a prejudicar a recuperação das demais empresas. Por essas razões, o juiz de primeira instância decidiu que os requisitos para a abertura de um processo de recuperação judicial das oito sociedades estrangeiras, em litisconsórcio com as brasileiras, não estavam presentes. Sendo assim, na decisão proferida (da qual houve recurso pelos devedores), o juiz permitiu a abertura do processo de recuperação judi-

---

[68] O caso OAS pode ser consultado nos autos n.º 1030812-77.2015.8.26.0100, em curso perante a 1.ª Vara de Falências e Recuperações Judiciais do Foro Central Cível da Comarca da Capital do Estado de São Paulo.

cial relativamente a uma única sociedade estrangeira, por entender que somente ela explorava, no Brasil, atividade econômica ligada ao grupo.[69]

Embora os desdobramentos dos casos OAS e Schahin ainda possam levar a reformas das decisões proferidas (já que, quando da conclusão deste texto elas ainda estavam sujeitas a recursos), é possível concluir que o judiciário brasileiro tem se orientado, em vários casos, no sentido de aceitar a competência para a abertura de processos de recuperação judicial de sociedades estrangeiras, quando entender que o seu estabelecimento principal se localiza em território brasileiro, de modo a aplicar, para esses casos transnacionais, a mesma regra de estabelecimento de competência interna prevista no art. 3.º da Lei 11.101/2005.

6. A necessária reforma da lei falimentar brasileira

Como se pode ver, não há, no Brasil, ao contrário do que ocorre em diversos outros países, um corpo de normas relativas à insolvência internacional que determinem parâmetros para a fixação da competência jurisdicional e para a atribuição de efeitos a casos com repercussões transfronteiriças. A ausência de tais normas não serviu como um impeditivo para a abertura, nos últimos anos, de processos de recuperação judicial de sociedades estrangeiras, em litisconsórcio com sociedades brasileiras. Entretanto, as próprias decisões proferidas nesses casos por vezes reconhecem a existência da lacuna no direito falimentar brasileiro, e a suprem, de certa forma, por meio da aplicação extensiva da norma de competência interna também à competência internacional, para os fins de permitir a abertura, no Brasil, de processos de recuperação judicial de sociedades sediadas no exterior.

A orientação criativa adotada por essas decisões judiciais não elimina, portanto, a carência de normas específicas para tratar das questões relativas às repercussões transnacionais dos processos de insolvência. Com efeito, a ausência de regras claras a respeito do tema pode servir como um convite a discussões judiciais (como as ocorridas no âmbito dos casos OGX, OAS e Schahin) e como um desestímulo ao ajuizamento, no Brasil, de processos de falência e de recuperação judicial de sociedades

---

[69] O caso Schahin pode ser consultado nos autos n.º 1037133-31.2015.8.26.0100, em curso perante a 2.ª Vara de Falências e Recuperações Judiciais do Foro Central Cível da Comarca da Capital do Estado de São Paulo.

estrangeiras. Além disso, outras questões que por vezes demandam uma regulação mais complexa – tal como o reconhecimento dos efeitos das falências abertas no estrangeiro; a cooperação e a comunicação entre os administradores das insolvências e os órgãos jurisdicionais nos diversos países; a coordenação do processo em curso no país com aqueles abertos no exterior; e o tratamento dos grupos societários multinacionais – dificilmente serão endereçadas de forma adequada na ausência de normas específicas.

Dessa forma, ainda que as decisões judiciais tomadas em casos isolados, ou as discussões judiciais que as antecederam, possam ter representado um avanço significativo no tratamento das insolvências internacionais no Brasil, é salutar que a lei sofra as necessárias reformas para adotar normas, tais quais as recomendadas pela Lei-Modelo da UNCITRAL, que regulem o assunto de maneira adequada.

FALÊNCIA

A responsabilidade patrimonial do falido, a extensão dos efeitos da falência e a desconsideração da personalidade jurídica da sociedade falida

ADRIANA VALÉRIA PUGLIESI

1. Introdução

Não é novidade alguma dizer que a Lei n. 11.101/05 (LRE) adotou como princípio basilar a *preservação da empresa*, presente tanto no instituto da Recuperação Judicial (art. 47), quanto na Falência (art. 75). A recuperação das empresas, entretanto, não é fim em si mesmo[1], na medida em

---

[1] *"Direito Falimentar. Recurso Especial. Recuperação Judicial. Convolação em falência. Artigos 61, § 1.º, 73 e 94, III, "g", da Lei n.11.101/2005. Descumprimento do plano apresentado pelo devedor. Existência de circunstâncias fáticas reconhecidas pelo Tribunal de Origem, que autorizam a decretação da quebra. [...] 1 – A recuperação judicial – instituto que concretiza os fins almejados pelo princípio da preservação da empresa – constitui processo ao qual podem se submeter empresários e sociedades empresárias que atravessam situação de crise econômico-financeira, mas cuja viabilidade de soerguimento, considerados os interesses de empregados e credores, se mostre plausível. 2 – Depois de concedida a recuperação, cabe ao juízo competente verificar se os objetivos traçados no plano apresentado foram levados a efeito pelo devedor, a fim de constatar a eventual ocorrência de circunstâncias fáticas que autorizam, nos termos dos arts. 61, § 1.º, 73 e 94, III, "g", da Lei n. 11.101/2005, sua convolação em falência. 3 – Caso se verifique a inviabilidade da manutenção da atividade produtiva e dos interesses correlatos (trabalhistas, fiscais, creditícios etc.), a própria Lei de Falências e Recuperação de Empresas impõe a promoção imediata de sua liquidação – sem que isso implique violação ao princípio da preservação empresa, inserto em seu art. 47 – mediante um procedimento que se propõe célere e eficiente, no intuito de se evitar o agravamento da situação, sobretudo, dos já lesados direitos de credores e empregados. 4 – O Tribunal de origem, soberano na análise do acervo fático-probatório que*

que devem ser preservadas, na recuperação judicial, aquelas que possam demonstrar, através de um plano, sua viabilidade econômico-financeira aos credores; ao passo que as que não consigam tal desiderato, devem ser celeremente retiradas do mercado, dentro das condições atualmente estruturadas no processo falimentar, e que, conforme o caso, poderão permitir realocação do negócio a um novo titular.

O DL n. 7661/45 era um primor de técnica legislativa: estrutura e concatenação de normas perfeitamente orquestradas entre si. Entretanto, redigido ao tempo do Estado Novo, traduzia as realidades da época: (i) *política*, de fortalecimento dos poderes do Estado, o que resultou no aumento dos poderes do Juiz, contrastado com o enfraquecimento da atuação dos credores; e (ii) *econômica*, num cenário de desenvolvimento ainda incipiente, com estruturas empresariais de pequeno porte, em sua maioria.

Justificava-se, então, à época, que o legislador desse ênfase à disciplina da falência do comerciante individual (empresário individual) e colocasse em segundo plano a disciplina da insolvência das sociedades. De fato, ao elencar as hipóteses de caracterização da falência, o § único do art. 2° do DL n.7661, destacava: *"Consideram-se praticados pelas sociedades os atos dessa natureza provenientes de seus diretores, gerentes ou liquidantes"*, mostrando que a realidade da empresa organizada sob a forma de sociedade não era a regra.

Em atrito com novas realidades econômicas, não apenas ficou desgastada a velha lei concursal – que não mais atendia aos anseios da realidade da *empresa* revestida sob a forma de estruturas societárias complexas e preparada para acomodar grandes negócios; como também se tornou arcaica a redação de seu texto que, por vezes, causava perplexidade ao leitor ao primeiro contato com a matéria, exatamente pelo tratamento pouco aprofundado que era emprestado à disciplina da falência das sociedades: as responsabilidades e deveres de "diretores e gerentes" (admi-

---

integra o processo, reconheceu, no particular, que: (i) o princípio da preservação da empresa foi respeitado; (ii) a recorrente não possui condições econômicas e financeiras para manter sua atividade; (iii) não existem, nos autos, quaisquer elementos que demonstrem a ocorrência de nulidade dos votos proferidos na assembleia de credores; (iv) nenhuma das obrigações constantes do plano de recuperação judicial apresentado pela devedora foi cumprida.[...]" (STJ, REsp 1299981-SP, Rel. Min. Nancy Andrighi, j. 11/06/2013).

nistradores), bem como dos sócios, era especificada a cada dispositivo[2], causando alguma dificuldade interpretativa.

O fato de a disciplina da falência dirigir a redação dos dispositivos legais ao empresário individual, em certas circunstâncias, poderia causar perplexidade ao leitor do texto da lei revogada: afinal, quem é o falido? E quem responde pelas obrigações (econômicas e não econômicas) que resultam da falência?

E a resposta, que também se aplica ao diploma vigente (exceto que nele não surge dúvida interpretativa), é a de que o *falido* é: (i) o comerciante individual (hoje, empresário individual); ou (ii) a sociedade comercial (atual sociedade empresária) que tiverem sua falência decretada por decisão judicial.

Em consequência, do ponto de vista da *responsabilidade patrimonial* que, em princípio, resulta da falência, no diploma vigente:

(i) O *empresário individual* responde *com todos os seus ativos* pelas obrigações assumidas como resultado da atividade, por não haver separação patrimonial[3];

(ii) Na *sociedade*, em razão da personalização de que resulta o princípio da autonomia patrimonial, duas hipóteses afiguram-se possíveis, como *regra*:

   a. Nas sociedades que possuam *sócios de responsabilidade limitada*[4] (Sociedades Limitadas e Companhias), somente os bens e ativos sociais respondem pelas obrigações decorrentes da atividade empresária;

---

[2] Vide, por exemplo, o §1.º do art. 8.º; art. 13; art. 32, I; art. 37; além de outros.

[3] Na EIRELI, instituída pela Lei 12.441/11, há separação patrimonial, de modo que, embora exista um titular da empresa, não se confunde esta com o empresário individual.

[4] Artigo 1.º da LSA: *"A companhia ou sociedade anônima terá o capital dividido em ações, e a responsabilidade dos sócios ou acionistas será limitada ao preço de emissão das ações subscritas ou adquiridas."* Artigo 1052 do CC/02: *"Na sociedade limitada, a responsabilidade de cada sócio é restrita ao valor de suas quotas, mas todos respondem solidariamente pela integralização do capital social."*

b. Nas sociedades que possuam *sócios de responsabilidade ilimitada*[5], haverá formação de duas massas falidas objetivas[6]: (i) da sociedade falida, e (ii) dos sócios de responsabilidade *ilimitada* (cujos bens respondem ilimitadamente pelas obrigações da sociedade, embora de forma subsidiária[7], pois os credores sociais terão que concorrer com os credores pessoais de tais sócios).

A disciplina da responsabilidade patrimonial da sociedade falida e de seus sócios de responsabilidade ilimitada alterou-se com a nova lei, o que é fácil constatar ao comparar o art. 5.º do DL n. 7661/45 com o art. 81 da LRE. Por outro lado, a disciplina da responsabilidade dos administradores e dos sócios de responsabilidade limitada, conforme prescrevia o art. 6.º do DL n. 7661/45 e agora prevê o art. 82 da Lei vigente, pouco foi modificada, como veremos a seguir.

2. A responsabilidade patrimonial da sociedade falida, dos sócios e dos administradores, no DL n. 7661/45 e na Lei n. 11.101/05

2.1. A *ratio* da limitação da responsabilidade na atividade empresarial
Antes de qualquer digressão, parece importante destacar a *ratio* da *limitação da responsabilidade* na atividade empresarial.

A origem do *princípio da limitação da responsabilidade*, desde suas primeiras manifestações nas antigas sociedades de *"commenda"* e *"societas maris"*, ou no *"contratto di paccotiglia"*[8], estava centrada na necessidade de incentivar investimentos nos empreendimentos marítimos. Daí partiu a ideia de que o sócio capitalista poderia reservar parcela de seu capital para investir a *risco*, sem que o restante de seu patrimônio ativo fosse afe-

---

[5] Sócios comanditados na sociedade em comandita simples (arts. 1045 a 1050 do CC) e comandita por ações (arts. 280 a 284 da LSA); e todos os sócios da sociedade em nome coletivo (art. 1039 a 1044 do CC).
[6] A massa falida objetiva é formada pelos ativos que integram o patrimônio do devedor e serão alienados para as finalidades estabelecidas na falência, ou seja, no DL 7661/45, a satisfação dos credores.
[7] Art. 1024 do CC: *"Os bens particulares dos sócios não podem ser executados por dívidas da sociedade, senão depois de executados os bens sociais."*
[8] Max Weber, *The history of commercial partnerships in The Middle Ages*, Lanham, Rowman & Littlefield, 2003, pp. 137-139.

tado pelas incertezas naturais que envolviam a atividade negocial. Para isso, criou-se o mecanismo da *limitação* da responsabilidade ao valor investido nas sociedades.

A mesma ideia estava presente na formação da primeira Companhia de que se tem notícia na história (Cia. Holandesa das Índias Ocidentais, 1602). O Estado buscou associar-se aos súditos, na sociedade então criada por ato governamental, convocando todos os que desejassem investir (fossem "*nacionais ou estrangeiros, cristãos ou judeus, com qualquer recurso*"), assegurando-se que não seriam responsáveis pelas obrigações da companhia, mas tão somente pelo investimento realizado.

Com a revolução industrial tornou-se essencial criar mecanismos de limitação de responsabilidade, para tornar atrativo o investimento na atividade empresarial. Esse movimento resultou, no Direito Inglês, na promulgação da lei que autorizava a livre formação das sociedades para, em seguida, em 1862, acolher-se o princípio da limitação da responsabilidade aos sócios (*Companies Act*). Na esteira, em 1892, a Alemanha promulgou a lei de limitação da responsabilidade do sócio, fato que parecia inevitável diante "[d]*o rápido desenvolvimento da indústria e do comércio alemães, em seguida à guerra de 1870, [que] pôs em evidência o embaraço que, para a atividade individual, decorre do princípio da responsabilidade ilimitada e, consequentemente, a insuficiência na legislação sobre as sociedades anônimas, cuja severidade era preciso atenuar. Tratava-se, segundo a lição de Feine, de encontrar um tipo de organização que enchesse o grande vazio existente entre as anônimas, completamente impessoais e rigorosamente capitalistas, e as coletivas, e comanditas, tão identificadas com a personalidade dos sócios, e no qual se congregassem as vantagens dessas formas extremas.*"[9]

É inquestionável, assim, que a limitação da responsabilidade patrimonial representa enorme conquista do Direito Empresarial, sem a qual o desenvolvimento econômico jamais teria deixado a fase da produção artesanal e do comércio de "secos e molhados". Coloque-se numa vala comum o *risco* da empresa e o patrimônio do empreendedor, e isso levará ao resultado de que nenhum investimento se fará, em qualquer modalidade de atividade negocial, estagnando-se o crescimento econômico. A respeito do tema, confira-se o aresto do STF:

---

[9] Sylvio Marcondes, *Problemas de direito mercantil*, São Paulo, Max Limonad, 1970, pp. 193-194.

*"É que impor confusão entre patrimônios da pessoa jurídica e da pessoa física no bojo de sociedade em que, por definição, a responsabilidade dos sócios é limitada compromete um dos fundamentos do Direito de Empresa, consubstanciado na garantia constitucional da livre-iniciativa, entre cujos conteúdos está a possibilidade de **constituir sociedade para o exercício de atividade econômica e partilha dos resultados**, em conformidade com os tipos societários disciplinados por lei, o que envolve um regime de comprometimento patrimonial previamente disciplinado e que delimita o risco da atividade econômica..."*[10]

Portanto, seja pela análise da perspectiva histórica da limitação da responsabilidade do sócio na atividade empresarial, seja pela constatação da *função econômica* da empresa (da qual sem delimitação do risco patrimonial não haveria desenvolvimento do tráfego mercantil[11-12]); é fundamental que se compreenda que a fixação de regras claras quanto ao risco da atividade empresarial e a separação patrimonial dos bens dos sócios[13] e dos administradores pelas obrigações de sociedade, falida ou não, constitui condição *sine qua non* de estabilidade e desenvolvimento econômico, e dos mecanismos de estímulo ao empreendedorismo. Por outras palavras, há que haver segurança jurídica que somente resulta de

---

[10] STF, RE 562276-PR, Rel. Min. Ellen Gracie, j. 18/09/2014, destaques nossos.

[11] *"A atividade do empresário é, além disso, sempre dirigida ao mercado..."* (Tullio Ascarelli, *A atividade do empresário*, (tradução de Erasmo Valladão A. N. e França), *Revista de direito mercantil, industrial econômico e financeiro*, São Paulo, vol. 132, ano XLII (nova série), out/dez, 2003, p. 206).

[12] *"Desde a sua origem, o direito comercial liga-se ao mercado, ordenando a dinâmica estabelecida entre os mercadores. Seu objetivo sempre se relacionou à tutela do trafico econômico, ou seja, à defesa do "interesse geral do comércio", na expressão de Carvalho de Mendonça. Por essa razão, Teixeira de Freitas advertia que a proteção liberalizada pelo Código Comercial era em favor do comércio e não dos comerciantes"*. Mais adiante, a professora completa: *"O direito mercantil não é concebido para socorrer o agente individualmente considerado, mas o 'funcionamento do mercado'; o interesse da empresa é protegido na medida em que implica o bem do tráfico mercantil"*. Em seguida, ela finaliza com a seguinte conclusão: *"Alcançaríamos sempre a mesma conclusão: o direito mercantil não busca a proteção dos agentes econômicos singularmente considerados, mas da torrente de suas relações."* (Paula Andrea Forgioni, *A evolução do direito comercial brasileiro: da mercancia ao mercado*, São Paulo, RT, 2009, pp. 14-15).

[13] Essa questão está bem colocada na decisão de primeira instância proferida pelo magistrado Marcelo Barbosa Sacaramone, em 29/06/2015, nos autos da ação ordinária n.º 0026864-81.2014.8.26.0100, da 1.ª Vara Cível do Foro Central de São Paulo, vinculada à falência da "Boi Gordo".

regras claras quanto a aplicação da responsabilidade do empreendedor pelas obrigações da atividade.

2.2. A *ratio* da responsabilidade patrimonial na Falência

Como contraponto da necessária e indispensável limitação da responsabilidade do sócio pelas obrigações da sociedade, na atividade empresarial, não poderíamos deixar de referir que *o patrimônio do devedor é garantia de seus credores*, conforme estabelecem os artigos 391 do CC e 591 do CPC, conquista da *Lex Poetelia Papiria* (428 a.C.) que suspendeu as medidas coercitivas sobre o corpo do devedor por prisão ou escravatura, e até mesmo sobre o direito à vida.

Nessa linha de ideias, sob a perspectiva do direito falimentar, é fundamental que a lei estabeleça mecanismos para garantir a higidez do patrimônio ativo do devedor, até que na fase oportuna da falência, os bens possam ser alienados, e os credores satisfeitos, na ordem e segundo as regras de prelação.

Como se sabe, a crise das empresas nunca surge de inopino. Ao contrário, constitui sucessão de fatos e circunstâncias que amadurecem e evoluem ao longo de certo período, antes dos primeiros sinais externos que a denunciem (atos e fatos caracterizadores da falência, conforme art. 94, I, II e III da Lei n. 11.101/05).

Diante disso, não é incomum que o devedor, confrontando as primeiras dificuldades financeiras, passe a dilapidar o patrimônio social. Note-se, nem sempre o fará desprovido de boa-fé, pois a venda açodada de ativos, por valor inferior ao de mercado, muita vez é medida desesperada para trazer liquidez ao caixa da empresa e tentar honrar compromissos. É claro que haverá situações em que o devedor, diante da insolvência já inevitável, poderá tentar desviar ativos, em prejuízo aos interesses dos credores.

De uma forma ou de outra, diante desse cenário, a Lei falimentar prevê *medidas de reconstrução* do patrimônio ativo do devedor, pois, ainda que uma das finalidades atuais da falência seja a preservação da empresa (art. 75), o pagamento dos credores também é escopo essencial do instituto.

Constituem, assim, medidas de reconstrução do patrimônio ativo do falido, como meio de salvaguardar o interesse dos credores e fazer cumprir o comando legal de que os bens do devedor respondam por suas obrigações:

(i) A declaração de ineficácia dos atos praticados pelo devedor (art. 129 da Lei n. 11.101/05)[14];
(ii) A ação revocatória (art. 130 da Lei n. 11.101/05)[15].

E aqui é importante deixar, desde logo, bem vincado que a responsabilidade dos sócios e dos administradores na falência não se confunde e por isso não pode ser tratada como medida de reconstrução do patrimônio do devedor. São disciplinas legais diferentes, com tipicidade e consequências distintas entre si, e que não podem ser confundidas ou tratadas como institutos afins ou sequer semelhantes.

Por outras palavras, (i) enquanto a ação revocatória e a declaração de ineficácia constituem medidas legais falimentares para *reconstrução* do patrimônio ativo do devedor que tem como efeito trazer de volta bens que foram desviados, de boa ou de má-fé, conforme as hipóteses legais dos artigos 129 e 130 da LRE; (ii) a investida no patrimônio do sócio, por obrigações da sociedade falida, depende de prévia apuração de *desvio de finalidade da personalidade jurídica* ou do tipo societário adotado (o sócio de responsabilidade ilimitada ou limitada pelas obrigações sociais); e, finalmente, (iii) a situação do administrador, que é órgão societário e, por evidente, não responde pelas obrigações sociais, relaciona-se com fixação de responsabilidade por atos de gestão, de natureza indenizatória.

Nessa linha de ideias, as medidas legais falimentares para *reconstrução* do patrimônio ativo da falida e a desconsideração da personalidade jurídica são institutos que não se confundem, como se infere do seguinte aresto do STJ, de relatoria do Ministro Luis Felipe Salomão:

---

[14] Os atos elencados nos incisos do art. 129 da LRE são *ineficazes* em relação a massa falida, tenha ou não o contratante ciência do estado de crise da falida, e independem de prova de fraude, podendo ser reconhecidos de ofício ou a requerimento de qualquer interessado, incidentalmente ou no processo falimentar. A ineficácia do ato dá-se em relação à massa falida, o que significa dizer que o negócio ainda é válido entre as partes contratantes e poderá ensejar as indenizações pertinentes, em razão da ineficácia reconhecida, se for o caso.

[15] Os atos passíveis de ação revocatória, conforme art. 130 da LRE, *"são revogáveis"* pois se caracteriza *"a intenção de prejudicar credores, provando-se o conluio fraudulento entre o devedor e o terceiro que com ele contratar e o efetivo prejuízo sofrido pela massa falida".* Nesse caso, a ato será declarado inválido (e não apenas ineficaz), pois provada a fraude entre as partes, o prejuízo da massa é presumido (dado o estado de insolvência do devedor).

"Direito Civil e Comercial. Desconsideração da Personalidade Jurídica. Semelhança com as Ações Revocatória Falencial e Pauliana. Inexistência. Prazo Decadencial. Ausência. Direito potestativo que não se extingue pelo não-uso. Deferimento da Medida nos Autos da Falência. Possibilidade. Ação de Responsabilização Societária. Instituto Diverso. Extensão da Disregard a ex-sócios. Viabilidade.

1.A desconsideração da personalidade jurídica não se assemelha à ação revocatória falencial ou a ação pauliana, seja em suas causas justificadoras, seja em suas consequências. A primeira (revocatória) visa ao reconhecimento de ineficácia de determinado negócio jurídico tido como suspeito e a segunda (pauliana) à invalidação de ato praticado em fraude a credores, servindo ambos os instrumentos como espécies de interditos restitutórias, no desiderato de devolver à massa, falida ou insolvente, os bens necessários ao adimplemento dos credores, agora em igualdade de condições (arts. 129 e 130 da Lei n. 11.101/05 e o art. 165 do CC/02).

2.A desconsideração da personalidade jurídica, a sua vez, é técnica consistente não na ineficácia ou invalidade dos negócios jurídicos celebrados pela empresa, mas na ineficácia relativa da própria pessoa jurídica – rectius, ineficácia do contrato ou estatuto social da empresa-, frente a credores cujos direitos não são satisfeitos, mercê da autonomia patrimonial criada pelos atos constitutivos da sociedade."[16]

Diante do acima exposto, a responsabilidade dos administradores e dos sócios na falência deve obedecer: (i) ao regramento próprio fixado no direito concursal, como microssistema; (ii) somente na omissão, subsidiariamente, por interpretação e diálogo das fontes deve-se recorrer a outras normas do ordenamento jurídico, desde que não sejam conflitantes com o microssistema concursal.

2.3. A estrutura legal da extensão da responsabilidade patrimonial aos sócios e a responsabilidade dos administradores, na falência

2.3.1. A responsabilidade patrimonial dos sócios na falência

A responsabilidade do sócio, por obrigação assumida pela sociedade, esteja em regime falimentar ou não, é limitada ou ilimitada, conforme o tipo societário adotado. Note-se, a razão social ou a própria denominação da sociedade são indicativos de tais tipos societários, de modo que, quem

---

[16] STJ, REsp 1180714-RJ, Rel. Min. Luiz Felipe Salomão, j. 5/04/2011.

contrata, negocia ou assume a posição de credor de sociedade empresária sabe, e não poderá alegar desconhecimento, qual é a responsabilidade dos sócios de seu parceiro comercial.

Nas sociedades em que há *sócios de responsabilidade ilimitada*, as obrigações patrimoniais que resultam da falência, de acordo com o revogado art. 5º do DL 7661/45 em comparação com o vigente art. 81 da Lei n. 11.101/05, são as seguintes:

(i) DL n. 7.661/45, art. 5º: Os sócios de responsabilidade ilimitada não eram considerados falidos; mas os *efeitos* patrimoniais da falência lhes eram estendidos. Havia, portanto, extensão dos *efeitos* da falência aos sócios de responsabilidade ilimitada;

(ii) Lei n. 11.101/05, art. 81: Os sócios de responsabilidade ilimitada são considerados *falidos*. Não há, assim, apenas extensão dos *efeitos* da falência, mas instauração de procedimento liquidatório destes sócios, também falidos[17]-[18].

Conquanto a distinção pareça meramente semântica, não é disso que se trata. A sentença que decreta a falência tem natureza constitutiva[19] deflagrando não apenas o início do procedimento concursal mas, sobretudo, criando um novo *status jurídico* para o devedor: o falido é desapossado de seus bens e com isso *afastado da empresa* (atividade); enquanto o sócio que sofre tão somente os *efeitos* da falência, do ponto

---

[17] A solução adotada pela lei vigente é criticada por parte da doutrina, com o que concordamos, na medida em que: (i) levaria a situação de uma pessoa (física ou jurídica) não empresária ter a sua falência decretada, o que em princípio, cria uma antinomia, já que a LRE exclui de seu âmbito de aplicação os não empresários; (ii) a extensão da falência ao sócio de responsabilidade ilimitada poderia levar a quebra de pessoa não insolvente, o que também revela antinomia com o sistema falimentar brasileiro; (iii) se o princípio basilar da LRE é a preservação da empresa, não faz sentido a decretação da quebra dos sócios empresários, somente por ostentarem tal qualidade.

[18] Cria-se, também, com essa solução, um sério problema, que resultaria das dificuldades de equacionamento dos direitos dos credores pessoais do sócio.

[19] *"A constitutividade da sentença de declaração de abertura de falência é preponderante. Após ela, há um estado jurídico que não existia... A sentença de forte carga declarativa abre as portas para a execução forçada coletiva. A força da decisão é constitutiva. Compreende-se facilmente que assim seja, porque entre outros efeitos, tem a decisão de admissão do concurso de credores, o efeito de suspender as ações executivas singulares. Ficam absorvidas na execução coletiva e exercendo-se essa sobre todo o patrimônio do falido, caindo no vácuo a execução singular, ou então os dois procedimentos se chocariam."* (Francisco Pontes de Miranda, Tratado de Direito Privado, Vol. XXX, p. 3393).

de vista patrimonial, passa a ser corresponsável subsidiário pelas obrigações da falida, até que se extingam. Há sensível diferença no *status jurídico* de um e outro.

Por outro lado, nas sociedades em que existam *sócios de responsabilidade limitada*, como é o caso das Sociedades Limitadas (art. 1052 e ss. do CC) e das Sociedades Anônimas (Lei 6.404/76), tais sócios, em princípio, não deveriam sofrer os efeitos patrimoniais da falência.

É forçoso reconhecer, assim, que na estrutura da lei vigente, não mais existe a figura jurídica da *extensão dos efeitos da falência ao sócio*, pois a Lei n. 11.101/05 considera também *falido* o sócio de responsabilidade ilimitada. Na sequência, veremos como a lei trata da possível responsabilização dos sócios de responsabilidade limitada e dos administradores.

2.3.2. A responsabilidade dos administradores e sócios de responsabilidade limitada na falência

O artigo 82 da Lei n. 11.101/05 preceitua:

> "*A responsabilidade pessoal dos sócios de responsabilidade limitada, dos controladores e dos administradores da sociedade falida, estabelecida nas respectivas leis, será apurada no próprio juízo da falência, independentemente da realização do ativo e da prova da sua insuficiência para cobrir o passivo, observado o procedimento ordinário previsto no Código de Processo Civil.*"

A matéria era regulada, antes, pelo art. 6º do revogado DL n. 7661/45, pelo qual "*A responsabilidade solidária dos diretores das sociedades anônimas e dos gerentes das sociedades por cotas de responsabilidade limitada, estabelecida nas respectivas leis; a dos sócios comanditários (Código Comercial, art. 314), e a do sócio oculto (Código Comercial, art. 305), serão apuradas, e tornar-se-ão efetivas, mediante processo ordinário, no juízo da falência, aplicando-se ao caso o disposto no art. 50, § 1º*".

A interpretação exegética de ambos os dispositivos, da lei vigente e da lei revogada, acima transcritos, deixa claro que a *responsabilidade*, tanto dos administradores quanto dos sócios de responsabilidade limitada, na falência:

(i) Tem natureza e *caráter indenizatório*, e resulta da prática comprovada de atos ilícitos que tenham dado causa a dano sofrido pela massa falida;

(ii) A legislação própria de cada tipo societário adotado, necessariamente, constituirá o direito material a ser aplicado, respeitando-se o regime de fixação de responsabilidade dos administradores (arts. 158 e 159 da LSA; e arts. 1011 e 1016 do CC) e dos sócios controladores (arts. 116 e 117 da LSA; e art. 1080 do CC), conforme o caso;

(iii) A apuração do dano dependerá de demonstração e prova cumulativa dos requisitos da responsabilidade aquiliana[20], a saber: (a) prática de ato ilícito, (b) dano, e (c) nexo causal;

(iv) O rito processual de tal ação de responsabilidade é o ordinário, o que denota a preocupação do legislador ao respeito do devido processo legal e direito de defesa dos responsabilizados;

(v) A competência processual da norma determina atração da lide ao juízo falimentar. Lembremos, a propósito, que uma das exceções à *vis atractiva* da falência são as ações em que a massa falida é autora (art. 76 da Lei n. 11.101/05); porém, no caso específico da ação de responsabilização dos administradores e sócios controladores, é evidente a conveniência de que tal litígio desenvolva-se perante o Juízo falimentar, conhecedor das circunstâncias e fatos que cercam a quebra, o que justifica que a lei disponha que em tais ações de responsabilidade, prevaleça o juízo falimentar.

As conclusões acima destacadas resultam cristalinas do texto da Lei e de sua interpretação exegética. E não poderia ser de outra forma:

(i) Os atos praticados pelo administrador, no exercício de suas funções, são atos da Sociedade, como órgão que exterioriza a vontade social. O administrador não responde pessoalmente pelas obrigações sociais. Responderá perante a Sociedade, indenizando-a, por ilícitos que pratique e lhe acarretem dano. Trata-se de ação de responsabilidade cujos pressupostos estão minuciosamente descritos na LSA, e também no CC. Além disso, o gestor assume

[20] "Em regra, o administrador não tem responsabilidade pessoal pelas obrigações que contrair em nome da sociedade em decorrência dos regulares atos de gestão. Todavia, os administradores serão obrigados pessoalmente e solidariamente pelo ressarcimento de dano, na forma da responsabilidade civil por ato ilícito, perante a sociedade e terceiros prejudicados, quando, dentre de suas atribuições e poderes, agirem de forma culposa." (STJ, REsp 1087142-MG, Rel. Min. Nancy Andrighi, j. 18/08/2011).

obrigação de meio (e não de resultado), e a obrigação de reparar não pode ser resultado de mera imperícia ou administração ineficiente;

(ii) O sócio controlador, ou grupo de controle, somente poderá ser responsabilizado por danos resultantes de atos ilícitos como resultado da orientação dos negócios sociais que tenham prevalecido com seu voto em deliberações; ou como resultado do exercício do *poder de controle*[21].

Disso resulta que, em princípio cabe à massa falida (e não aos credores) a legitimidade de pretensão indenizatória voltada contra atos dos administradores ou dos sócios controladores que, nos termos da legislação societária, tenham acarretado dano à sociedade (e que serão indenizados a favor da massa, se houver decreto de falência). A indenização integrará os ativos da massa falida objetiva, se no processo, concluir-se pela responsabilização dos administradores ou controladores. Deixe-se bem vincado: o valor da indenização a que o administrador vier a ser condenado será ativo da massa; mas isso não torna o gestor responsável pelas obrigações da falida. O dever de indenizar é circunscrito ao valor do dano fixado em decisão judicial transitada em julgado.

Aos sócios de responsabilidade limitada aplica-se o mesmo princípio: trata-se de disciplina de responsabilidade por danos causados com fundamento em ato ilícito (decorrente do exercício do controle) de que resulte prejuízo para a Sociedade, os quais, se procedentes, reverterão a

---

[21] Fábio Konder Comparato anota a existência de duas espécies de propriedade, sendo uma delas a dinâmica, que resulta da titularidade de "bens de produção" (em contraposição à propriedade de bens de consumo). Na propriedade de bens de produção, a finalidade não é a fruição, mas a produção de outros bens e serviços. Há uma relação de poder: há exercício de poder de fato sobre bens alheios (como ocorre na empresa, na organização do estabelecimento). Para o autor, *"a propriedade dinâmica de bens de produção é a que se realiza sob a forma de empresa. Perante esse tipo de propriedade a problemática fundamental não é a de a de proteção e tutela contra turbações externas, mas sim a de fiscalização e tutela de seu exercício, a fim de evitar o abuso ou desvio de poder."* (*O poder de controle na sociedade anônima*. 4. edição, atualizada por Salomão Filho. Rio de Janeiro: Forense, 2005, p. 130). Por isso, a *"a atividade empresarial deve ser exercida pelo empresário nas sociedades mercantis, não no interesse próprio, mas no interesse social, isto é, de todos os sócios 'uti socii'"*. (idem). Daí a ideia de que o poder de controle deve ser exercido para fazer a sociedade realizar seu objeto e cumprir sua função social.

favor da massa falida. Nesse ponto, parece-nos de rigor acrescentar que tal responsabilidade cabe ao sócio (ou grupo) controlador, nos termos dos arts. 116 e 117 da LSA. Não se divisa como o sócio não controlador, de responsabilidade limitada e sem poderes de administração, poderia causar dano à Sociedade, passível de indenização.

Diante do quadro acima desenhado, parece-nos correto afirmar, com fundamento do que está expressamente previsto na Lei concursal vigente e na legislação que regula a responsabilidade do administrador e do sócio de responsabilidade limitada:

(i) No regime da Lei n. 11.101/05, não mais existe a hipótese de *extensão dos efeitos da falência*, uma vez que, nos termos do art. 81, o sócio de responsabilidade ilimitada, é considerado falido;

(ii) A responsabilização do administrador e do sócio (controlador) das Sociedades (com sócios de responsabilidade limitada) é de *natureza indenizatória* e deve ser apurada, em ação própria, com base na legislação societária, no juízo da falência (regra de competência processual), e a eventual condenação integrará o ativo da massa falida.

Por outro lado, a responsabilidade do administrador ou do sócio (controlador) não se confunde com a desconsideração da personalidade jurídica[22]. A LRE, com efeito, *não* prevê expressamente, como faz o diploma

---

[22] O aresto do STJ a seguir mencionado – embora trate de caso concreto de falência de instituição financeira (cujo requerimento da falência depende de pedido do liquidante nomeado pelo Banco Central, com autorização do órgão) sabe-se que depois de decretada a quebra, aplicam-se sem restrições todas as previsões da Lei Concursal para o instituto – aplica-se com proveito para destacar a diferença entre a responsabilidade do sócio e administrador e a desconsideração da personalidade jurídica: *"Desconsideração da Personalidade Jurídica de Instituição Financeira Sujeita à Liquidação Extrajudicial nos Autos de sua Falência. Possibilidade. A constrição dos bens do administrador é possível quando este se beneficia do abuso da Personalidade Jurídica. A desconsideração não é regra de responsabilidade civil, não depende de prova da culpa, deve ser reconhecida nos autos da execução, individual ou coletiva, e, por fim, atinge aqueles indivíduos que foram efetivamente beneficiados com o abuso da personalidade jurídica, sejam eles sócios ou meramente administradores. O administrador, mesmo não sendo sócio da instituição financeira liquidada e falida, responde pelos eventos que tiver praticado ou omissões em que houver incorrido, nos termos do art. 39, Lei 6.024/74, e, solidariamente, pelas obrigações assumidas pela instituição financeira durante sua gestão até que estas se cumpram, conforme o art. 40, Lei 6.024/74. A responsabilidade dos administradores, nestas hipóteses, é subjetiva, com base em culpa ou culpa presumida, conforme os precedentes desta Corte, dependendo de ação própria para ser*

concursal argentino[23], a aplicação da desconsideração da personalidade jurídica.

É evidente que tão só esse argumento não inviabiliza a incidência do instituto. Entretanto, é sempre útil relembrar as características e peculiaridades ensejadoras da *disregard doctrine*, a fim de que possa ser empregada de forma eficiente (i.e., tutelando efetivamente a fraude da personalidade jurídica) e, principalmente, outorgando segurança de que sua aplicação não resulta de revogação ou esmorecimento do princípio da separação patrimonial ou da limitação da responsabilidade do sócio. Passemos ao tema.

2. A desconsideração da personalidade jurídica

Calixto Salomão Filho afirma, com toda razão, que a desconsideração da personalidade jurídica é método de *preservação da empresa*[24]. Isto porque o instituto permite penetrar no âmago da personalidade jurídica e responsabilizar terceiros (administradores ou sócios) por atos que tenham sido praticados em nome da pessoa jurídica, mediante *desvio de finalidade*, de modo que o efetivo beneficiado por tais atos, por eles responda, sem que possa esconder-se sob o véu da separação da personalidade jurídica.

De fato, a personalidade jurídica cria um centro de imputação de direitos e, portanto, faz nascer um interesse autônomo da *organização*[25]

---

apurada. A responsabilidade do administrador sob a Lei 6.024/74 não se confunde com a desconsideração da personalidade jurídica. A desconsideração exige benefício daquele que será chamado a responder. A responsabilidade, ao contrário, não exige este benefício, mas culpa. Desta forma, o administrador que tenha contribuído culposamente, de forma ilícita, para lesar a coletividade de credores de uma instituição financeira, sem auferir benefício pessoal, sujeita-se à ação do art. 46, Lei 6.024/74, mas não pode ser atingido propriamente pela desconsideração da personalidade jurídica. Recurso Especial provido." (STJ, REsp 1036398-RS, Rel. Min. Nancy Andrighi, j. 16/12/2008).

[23] Art. 165, da Lei 19.551/72: "*la quiebra de una sociedad importa la de toda la persona que, bajo la aparencia de la actuación de aquella, ha effectivado de actos en su interés personal y despuesto de los bienes como si fueron proprios, en fraude de los acreedores*".

[24] "*Desconsideração e falência são conceitos antinômicos. A desconsideração é, como se verá, um método para permitir exatamente a continuação da atividade social.*" (Calixto Salomão Filho, *O novo direito societário*, 4.ª ed., São Paulo, Malheiros, 2011, p. 240). Confira-se, também, na mesma obra, pp. 261-264.

[25] Daí a importância de o objeto social ser "*claro*" e "*preciso*", conforme preceitua o art. 2.º da LSA, de modo a bem delimitar o objetivo social e justificar o feixe de contratos que caracterizarão a atividade.

em relação aos seus sócios. Assim, o *desvio de finalidade*, que é gênero de que são espécies a fraude e a confusão patrimonial, caracteriza-se pelo afastamento ou inexistência de *autonomia* de interesses.

Ou seja, se os atos da pessoa jurídica foram cometidos com desvio de finalidade de sua personalidade (por fraude ou confusão patrimonial), para beneficiar sócios ou administradores, devem estes últimos responder (e não a pessoa jurídica); e com isso faz-se com que os verdadeiros beneficiários do ato por ele sejam responsabilizados, preservando-se a empresa de tal ônus que, em verdade, não lhe caberia, pois a sociedade, no caso, teria sido mero *instrumento* ou *manus longa* do sócio ou gestor.

Exatamente por essa razão, na desconsideração da personalidade jurídica, a ineficácia da separação patrimonial ocorre, provisoriamente, e tão só no caso concreto específico em que, por fraude ou confusão patrimonial (resultantes de desvio de função da pessoa jurídica)[26-27-28-29], tenha

---

[26] *"Recurso Especial. Ação monitória. Desconsideração da personalidade jurídica. Encerramento da empresa. Declaração de inexistência de passivo. Pendência de débito inadimplido. Insuficiência. 1. A aplicação da teoria da desconsideração da personalidade jurídica para excepcionar a regra legal que consagra o princípio da autonomia da pessoa coletiva requer comprovação de que a personalidade jurídica esteja servindo como cobertura para abuso de direito ou fraude nos negócios e atos jurídicos. 2. O encerramento da empresa, com declaração de inexistência de passivo, porém na pendência de débito inadimplido, quando muito, pode configurar dissolução irregular, o que é insuficiente, por si só, para a aplicação da teoria da disregard doctrine. Precedentes. 3. Recurso especial conhecido em parte e provido."* (STJ, REsp 1241873-RS, Rel. Min. João Otavio Noronha, j. 10/06/2014).

[27] *"Recurso especial. Ação de execução de título judicial. Inexistência de bens de propriedade da empresa executada. Desconsideração da personalidade jurídica. Inviabilidade. Incidência do art. 50 do CC/02. Aplicação da Teoria Maior da Desconsideração da Personalidade Jurídica. – A mudança de endereço da empresa executada associada à inexistência de bens capazes de satisfazer o crédito pleiteado pelo exequente não constituem motivos suficientes para a desconsideração da sua personalidade jurídica. – A regra geral adotada no ordenamento jurídico brasileiro é aquela prevista no art. 50 do CC/02, que consagra a Teoria Maior da Desconsideração, tanto na sua vertente subjetiva quanto na objetiva.- Salvo em situações excepcionais previstas em leis especiais, somente é possível a desconsideração da personalidade jurídica quando verificado o desvio de finalidade (Teoria Maior Subjetiva da Desconsideração), caracterizado pelo ato intencional dos sócios de fraudar terceiros com o uso abusivo da personalidade jurídica, ou quando evidenciada a confusão patrimonial (Teoria Maior Objetiva da Desconsideração), demonstrada pela inexistência, no campo dos fatos, de separação entre o patrimônio da pessoa jurídica e os de seus sócios. Recurso especial provido para afastar a desconsideração da personalidade jurídica da recorrente."* (STJ, REsp 970635-SP, Rel. Min. Nancy Andrighi, j. 1/12/2009).

ocorrido *benefício pessoal* do sócio ou administrador[30], que não poderá ocultar-se sob o véu da personalidade jurídica (mal utilizada para benesse particular de quem efetivamente foi favorecido pelo ato).

[28] *"Agravo regimental no recurso especial. Tributário. Execução fiscal. Massa falida. Redirecionamento para o sócio-gerente. Art. 135 do CTN. Impossibilidade. Súmula 07. Encerramento da falência. Suspensão da execução. Art. 40 da Lei 6.830/80. Impossibilidade. 1. O redirecionamento da execução fiscal, e seus consectários legais, para o sócio-gerente da empresa, somente é cabível quando reste demonstrado que este agiu com excesso de poderes, infração à lei ou contra o estatuto, ou na hipótese de dissolução irregular da empresa, não se incluindo o simples inadimplemento de obrigações tributárias. [...]. 3. O patrimônio da sociedade deve responder integralmente pelas dívidas fiscais por ela assumidas. 4. Os diretores, gerentes ou representantes da pessoa jurídica são pessoalmente responsáveis pelos créditos relativos a obrigações tributárias resultantes de atos praticados com excesso de poderes ou infração de lei, contrato social ou estatuto (art. 135, inc. III, do CTN). 5. O não recolhimento de tributos não configura infração legal que possibilite o enquadramento nos termos do art. 135, inc. III, do CTN. 6. Nos casos de quebra da sociedade, a massa falida responde pelas obrigações da empresa executada até o encerramento da falência, sendo autorizado o redirecionamento da execução fiscal aos administradores somente em caso de comprovação da sua responsabilidade subjetiva, incumbindo ao Fisco a prova de gestão praticada com dolo ou culpa. [...]. (Precedentes: REsp 758.363 – RS, Segunda Turma, Relator Ministro Castro Meira, DJ 12 de setembro de 2005; REsp 718.541 – RS, Segunda Turma, Relatora Ministra Eliana Calmon, DJ 23 de maio de 2005 e REsp 652.858 – PR, Segunda Turma, Relator Ministro Castro Meira, DJ 16 de novembro de 2004). [...] 10. Agravo regimental desprovido.* (STJ, AgRg no REsp 1160981-MG, Rel. Min. Luiz Fux, j. 27/09/2009).

[29] *"[...] Desconsideração da personalidade societária e responsabilidade pessoal dos seus sócios e acionistas controladores. Incabimento. Ausência de comprovação de desvio de finalidade ou de excesso de poder. Necessidade de reexame do conjunto fático-probatório dos autos. Impossibilidade em sede de recurso especial. Incidência da súmula 7/stj. Agravo regimental desprovido. 1. Com apoio no material fático-probatório constante dos autos, o Tribunal local concluiu pela ausência de comprovação de desvio de finalidade ou de excesso de poder a fim de justificar a aplicação da Teoria da Desconsideração da personalidade societária. Infirmar tal entendimento implicaria em reexame de provas, o que é vedado nesta oportunidade a teor do que dispõe a Súmula 7 do STJ. 2. A teoria da desconsideração da personalidade jurídica tem aplicação no domínio do Direito Obrigacional e se restringe aos casos em que a entidade originariamente obrigada deixa de desempenhar a tempo e modo o dever jurídico assumido, em decorrência ou em face de atos praticados pelos seus dirigentes, controladores ou acionistas, com desvio de finalidade ou excesso de poder (art. 50 do Código Civil), pelo que estes assumem a responsabilidade ilimitada pela solvência daquele mesmo dever. 3. A insolvência da sociedade, ocorrente quando os seus recursos são insuficientes para responder pelas obrigações assumidas, não enseja, por si só, a aplicação da teoria da desconsideração de sua personalidade, eis que os seus acionistas e controladores não estão legalmente obrigados a realizar aportes financeiros emergenciais. 4. Agravo Regimental da Companhia de Saneamento Básico de São Paulo – SABESP desprovido."* (STJ, AgRg no AREsp 28612-SP, Rel. Min. Napoleão Nunes M. Filho, j. 14/08/2012).

[30] *"Processual civil e civil. Recurso especial. Ação de falência. [...] Desconsideração da personalidade jurídica. Inviabilidade. Incidência do art. 50 do CC/02. Aplicação da teoria maior da desconsideração da personalidade jurídica. Alcance do sócio majoritário. Necessidade de demonstração do preenchimento dos requisitos legais. [...] 3. A regra geral adotada no ordenamento jurídico brasileiro, prevista no art. 50 do*

Note-se, essa ideia aplica-se tanto na hipótese de prática de *ato isolado* quanto na sucessão de *atos caracterizadores da atividade empresarial*. Com efeito, em nossa opinião[31], a confusão de esferas (pessoal e societária), ainda que seus motivos estejam na atividade social e não apenas em ato isolado, não modifica a *função econômica* justificadora do exercício da empresa por intermédio de sociedade; qual seja, a necessidade de delimitação do *risco* da atividade negocial e por isso pouco importa que resulte de ato isolado ou complexo de atos. Por isso, não se justifica que a desconsideração da personalidade jurídica possa resultar na *equiparação* do sócio de responsabilidade limitada ao sócio de responsabilidade ilimitada, eis que se tratam de hipóteses jurídicas inconfundíveis.

Assim, ao contrário do que ocorre na *despersonalização* em que desaparece a autonomia patrimonial (como ocorreria, por exemplo, na situação de anulação da constituição da sociedade); na *desconsideração da personalidade jurídica* a responsabilidade patrimonial é restrita a uma situação de benefício concreto específico (por ato isolado ou sucessão de atos, do sócio controlador ou administrador), mantendo-se hígida a personalidade jurídica e, consequentemente, a separação patrimonial de bens do sócio e da sociedade para *todos os demais efeitos de direito* e atos não abrangidos pelo desvio de finalidade.

Bem por isso, distingue-se a desconsideração da personalidade jurídica da extensão dos efeitos da falência[32] e também da extensão da

---

CC/02, consagra a Teoria Maior da Desconsideração, tanto na sua vertente subjetiva quanto na objetiva. 4. Salvo em situações excepcionais previstas em leis especiais, somente é possível a desconsideração da personalidade jurídica quando verificado o desvio de finalidade (Teoria Maior Subjetiva da Desconsideração), caracterizado pelo ato intencional dos sócios de fraudar terceiros com o uso abusivo da personalidade jurídica, ou quando evidenciada a confusão patrimonial (Teoria Maior Objetiva da Desconsideração), demonstrada pela inexistência, no campo dos fatos, de separação entre o patrimônio da pessoa jurídica e os de seus sócios. 5. Os efeitos da desconsideração da personalidade jurídica somente alcançam os sócios participantes da conduta ilícita ou que dela se beneficiaram, ainda que se trate de sócio majoritário ou controlador. 6. Recurso especial parcialmente conhecido e, nesta parte, provido." (STJ, REsp 1325663-SP (2012/0024374-2), Rel. Min. Nancy Andrighi, j. 11/06/2013).

[31] Nesse ponto, em outro sentido, a sempre respeitada opinião de Calixto Salomão Filho (*O novo direito societário*, 4.ª ed., São Paulo, Malheiros, 2011, p. 239).

[32] "*A desconsideração tem efeitos meramente patrimoniais contra o devedor, ao passo que a extensão da falência, além dos efeitos patrimoniais, sujeita o devedor a diversas obrigações de outra natureza, além de diversas restrições de direito, como a de 'não se ausentar do lugar da falência', sem autorização judicial*". (cf. Maria Tereza Vasconcelos Campos, *Desconsideração da personalidade jurídica e extensão*

falência ao sócio de responsabilidade ilimitada. Na extensão dos *efeitos* da falência o sócio de responsabilidade ilimitada respondia, com todos os seus bens pessoais (presentes e futuros), subsidiariamente, pelo passivo da falida não atendido pelos ativos arrecadados da sociedade. Havia, na extensão dos *efeitos* da falência, caracterização de responsabilidade subsidiária do sócio pelas obrigações não liquidadas da falida, até a sua quitação. No atual diploma, em que há *extensão da falência* (e não apenas de seus *efeitos* como ocorria no regime anterior, em claro retrocesso na matéria[33]), o resultado é a constituição de um novo *status jurídico* para

---

dos efeitos da falência no processo falimentar, in Âmbito Jurídico, Rio Grande, XV, n. 96, jan 2012. Disponível em: <http://www.ambito-juridico.com.br/site/index.php?n_link=revista_artigos_leitura&artigo_id=10975>. Acesso em abr 2014). *"Essa distinção entre a disregard e a extensão dos efeitos da falência reforça a conclusão no sentido do provimento do recurso especial, pois, quisesse o juízo simplesmente aplicar a medida patrimonial da desconsideração da personalidade jurídica, não tinha necessidade de fazer referência expressa ao art. 71 do Decreto-Lei 7.661/45 na fundamentação, tampouco haveria necessidade de determinar expressamente, na parte dispositiva, a extensão dos efeitos da falência aos membros do conselho de administração. Por fim, cumpre relembrar que, na atual lei de falências, o sócio com responsabilidade ilimitada é efetivamente "declarado falido" junto com a sociedade, conforme prevê o art. 81 da Lei 11.101/05, diversamente da mera extensão dos efeitos da falência, prevista na lei anterior. Quanto à responsabilização do sócio de responsabilidade ilimitada, manteve-se a necessidade de ação de responsabilização, pelo rito ordinário, a qual foi dispensada no caso concreto por haver coisa julgada em sentido diverso".* (STJ, REsp 1293636-GO (2011/0271908-0), Rel. Min. Paulo de Tarso Sanseverino, j. 19/08/2014).

[33] Valem as lições de Trajano Valverde, pois a lei que antecedeu ao DL n. 7661/45 previa, como agora a Lei concursal vigente, a extensão da falência ao sócio de responsabilidade ilimitada: "A lei revogada, 'contra rationem juris', mandava estender a falência da sociedade aos sócios solidária e ilimitadamente responsáveis pelas obrigações sociais. No entanto, já era ponto assentado na doutrina e jurisprudência nacional que tais sócios não eram, como não são, só por terem essa qualidade, comerciantes .Com efeito, eles não exercem o comércio em seu próprio nome; participam de uma pessoa jurídica, que tem existência distinta de seus membros, com patrimônio separado, responsável, em primeiro grau, pelas obrigações por ela assumidas no exercício do comércio para que foi] especialmente constituída. Os membros que formam a entidade jurídica, embora solidária e ilimitadamente obrigados pelas dívidas sociais por efeito de disposições expressas da lei, que regula os diferentes tipos de sociedades mercantis, não agem em nome individual, porém como administradores ou gerentes de uma organização ou entidade com capacidade jurídica necessária, conforme reconhece a lei, à prática de atos, de que se originam direitos e obrigações, que entram na composição de seu patrimônio. A circunstância, portanto, de revestir uma sociedade mercantil certa forma legal, que impõe aos sócios, ou a alguns deles, responsabilidade solidária e ilimitada, aliás, subsidiária, pelas obrigações ou dívidas sociais, não justificava o preceito da lei revogada, que os considerava falidos em consequência da falência da sociedade. A solidariedade nas obrigações não confunde os indivíduos, devedores solidários, cujos patrimônios continuam distintos, cada um com o seu dono. O dispositivo atual consegue, sem a anterior anomalia, o objetivo visado – o desapossamento imediato dos bens de tais sócios,

o sócio de responsabilidade ilimitada, que vai além da responsabilidade patrimonial subsidiária pelas dívidas.

Por outro lado, a *desconsideração da personalidade jurídica* também não pode ser considerada (ou sequer confundida) com as medidas de reconstrução do patrimônio da falida (ação revocatória e pedido de ineficácia), previstas nos arts. 129 e 130 da LRE.

Isso porque, na desconsideração da personalidade jurídica, como acima visto, deve haver um *benefício* daquele que é chamado a responder, exatamente em função da fraude ou confusão patrimonial perpetrada por disfunção (desvio de finalidade) da personalidade jurídica[34]. Já nas medidas de reconstrução do patrimônio da falida (arts. 129 e 130 da LRE), ao contrário, não se perquire de benefício aos que são chamados a devolver os bens desviados da massa; mas sim do prejuízo desta última, o qual é presumido diante da situação de insolvência.

Portanto, o que é preciso divisar com clareza, é que a desconsideração da personalidade jurídica, na falência, embora não esteja expressamente prevista no diploma concursal, poderá ser aplicada, desde que: (i) suas finalidades e suporte fático não se confundam nem com a extensão da falência ou dos efeitos desta, nem com a ação revocatória ou o pedido de ineficácia (arts. 129 e 130 da LRE); e (ii) seja respeitada a disciplina de regência do instituto[35], como se passa a expor, em conclusão.

---

privando-os da sua disponibilidade até a liquidação definitiva do processo de falência da sociedade. São arrecadados, separadamente, os bens dos sócios de responsabilidade solidária e ilimitada (art. 71), pois que constituem a garantia especial dos credores particulares, com os quais irão concorrer os credores sociais, somente pelo saldo de seus créditos, no caso de não bastarem os bens sociais para o seu pagamento (art. 128, III)". (Trajano Valverde, *Comentários à lei de falências*, Vol. I, 4.ª ed., *atualizada* por J. A. Penalva Santos e Paulo Penalva Santos, Rio de Janeiro, Revista Forense, 1999, p. 113).

[34] *"Agravo de Instrumento. Ação de Cobrança. Pedido de Desconsideração da Personalidade Jurídica. Indeferimento. Insuficiência de Elementos para Decretação da Desconsideração da Personalidade Jurídica. Não comprovação pela Agravante da ocorrência das hipóteses previstas no artigo 50 do Código Civil. Decisão mantida. Recurso improvido."* (TJSP, AI n.º 2027722-53.2015.8.26.0000, 38.ª Câmara de Direito Privado, Rel. Des. Eduardo Siqueira, j. 6/05/2015).

[35] Código Civil, artigo 50; Código de Defesa do Consumidor, artigo 28; Lei n. 12.259/11 (Lei Antitruste), artigo 34; Lei n. 9.605/98 (Lei de Crimes ambientais), artigo 4.º; Consolidação das Leis Trabalhistas (por interpretação), artigos 2.º, § 2.º; 9.º, 10.º e 448; Lei 10.672/03 (Lei do Desporto), artigo 27.

3. Conclusão: cabe a desconsideração da personalidade jurídica na falência?

É evidente, como se disse, que a simples inexistência de previsão legal na Lei n. 11.101/05 não se presta a afastar a aplicação do instituto da desconsideração da personalidade jurídica na falência. Entretanto, o que não se pode permitir é que a desconsideração da personalidade jurídica possa ser tratada, em suas causas ou efeitos, como extensão da falência ou com medidas de reconstrução da massa falida objetiva (arts. 129 e 130 da LRE).

Assim, parece fundamental destacar que no diploma concursal vigente não mais existe o instituto da extensão dos *efeitos* da falência, pois, agora, o sócio de responsabilidade ilimitada é também considerado *falido*, de modo que haverá uma segunda falência com causa originária na anterior, não se perquirindo sequer da insolvência como causa da que sucede a primeira: trata-se de regime de corresponsabilidade patrimonial, acrescido de todas as consequências do *status jurídico* falencial. Com as críticas, já referidas, que se possa tecer em relação a essa opção legislativa, *legem habemus*.

Por outro lado, não há que confundir, também, as medidas de reconstrução do patrimônio da falida (arts. 129 e 130 da LRE) com a desconsideração da personalidade jurídica. São sensíveis as distinções em suas "*causas justificadoras*" e suas "*consequências*", nos dizeres do Min. Luis Felipe Salomão, no aresto citado acima. Enquanto na *disregard doctrine* o que se busca é responsabilizar terceiros (sócios ou administradores) por atos praticados pela pessoa jurídica em desvio de finalidade para benefício daqueles; na ação revocatória ou pedido de ineficácia não se cogita de benefício aos terceiros, mas do prejuízo (presumido) experimentado pela massa.

Acrescente-se, ainda, o argumento de que a desconsideração da personalidade jurídica é método de preservação da empresa, como acima lembramos citando Calixto Salomão Filho. Na falência, a preservação da empresa, nos termos do art. 75, pode ocorrer desde que o negócio possa ser alienado com manutenção de unidades produtivas[36]-[37] ou do próprio

---

[36] A expressão 'unidade produtiva' é utilizada pela lei para referir-se a 'estabelecimento' e o STJ já acolheu tal sinonímia: "*Comercial e processual civil. Agravo Regimental no Agravo de Instrumento. Princípio da preservação da empresa. Valores Insignificantes. Quebra de empresa. Descabimento. Unidade produtiva. Preservação. Lei n. 11.101/05. Agravo Regimental Improvido.*" (STJ, AgRg no AI 1022464-SP, Rel. Min. Aldir Passarinho Junior, j. 2/06/2009).

[37] O Tribunal de Justiça de São Paulo também já consagrou a expressão 'unidade produtiva',

estabelecimento como um todo. Sob essa ótica, seria caso de indagar-se a *finalidade* da desconsideração da personalidade jurídica na falência: ainda poderia ser método de preservação da empresa? Como sustentamos acima, a desconsideração não pode ser confundida, por distinção de "*causas justificadoras*" e de "*consequências*" com a ação revocatória ou o pedido de ineficácia de atos praticados pelo devedor.

Assim, é possível afirmar, a esse ponto, que a desconsideração da personalidade jurídica não deve ser utilizada como método para reconstruir a massa falida objetiva, pois a LRE, para esse fim, dispõe nos artigos 129 e 130.

A desconsideração da personalidade jurídica, na falência, deve corresponder à hipótese de ineficácia da separação patrimonial, em caráter provisório (e excepcional[38]); circunscrita à prova de fraude ou confusão

---

conforme diversos arestos: AI 429.620-4/2 (ou n. 9037810-80.2005.8.26.0000), (Rel. Des. Galdino Toledo Júnior, 10.ª Câmara de Direito Privado, j. 1/06/2006); AI 670.247.4/3-00, (Rel. Des. Pereira Calças, Câmara Reservada à Falência e Recuperação, j. 26/01/2010); AI 0253722-82.2011.8.26.0000 (Rel. Des. Pereira Calças, Câmara Reservada à Falência e Recuperação, j. 22/11/2011).

[38] "*Falência. Arrecadação de bens particulares de sócios-diretores de empresa controlada pela falida. Desconsideração da personalidade jurídica (disregard doctrine). Teoria maior. Necessidade de fundamentação ancorada em fraude, abuso de direito ou confusão patrimonial. Recurso provido. 1. A teoria da desconsideração da personalidade jurídica – disregard doctrine -, conquanto encontre amparo no direito positivo brasileiro (art. 2.º da Consolidação das Leis Trabalhistas, art. 28 do Código de Defesa do Consumidor, art. 4.º da Lei n. 9.605/98, art. 50 do CC/02, dentre outros), deve ser aplicada com cautela, diante da previsão de autonomia e existência de patrimônios distintos entre as pessoas físicas e jurídicas. 2. A jurisprudência da Corte, em regra, dispensa ação autônoma para se levantar o véu da pessoa jurídica, mas somente em casos de abuso de direito – cujo delineamento conceitual encontra-se no art. 187 do CC/02 -, desvio de finalidade ou confusão patrimonial, é que se permite tal providência. Adota-se, assim, a "teoria maior" acerca da desconsideração da personalidade jurídica, a qual exige a configuração objetiva de tais requisitos para sua configuração. 3. No caso dos autos, houve a arrecadação de bens dos diretores de sociedade que sequer é a falida, mas apenas empresa controlada por esta, quando não se cogitava de sócios solidários, e mantida a arrecadação pelo Tribunal a quo por "possibilidade de ocorrência de desvirtuamento da empresa controlada", o que, à toda evidência, não é suficiente para a superação da personalidade jurídica. Não há notícia de qualquer indício de fraude, abuso de direito ou confusão patrimonial, circunstância que afasta a possibilidade de superação da pessoa jurídica para atingir os bens particulares dos sócios. 4. Recurso especial conhecido e provido. [...] 2.2. A teoria da desconsideração da personalidade jurídica – disregard doctrine -, conquanto encontre amparo no direito positivo brasileiro (art. 2.º da Consolidação das Leis Trabalhistas, art. 28 do Código de Defesa do Consumidor, art. 4.º da Lei n. 9.605/98, art. 50 do CC/02, dentre outros), deve ser aplicada com cautela, diante da previsão de autonomia e existência de patrimônios distintos entre as pessoas físicas e jurídicas. Isso porque não encontra suporte jurídico no direito brasileiro a chamada "teoria*

patrimonial (como resultado de desvio de função da pessoa jurídica) em que tenha ocorrido *benefício pessoal* do sócio ou administrador, que não poderá ocultar-se sob o véu da personalidade jurídica. Nesse caso, o efeito da *disregard doctrine* não será o de reverter recursos para a massa[39]. Na desconsideração da personalidade jurídica, o sócio ou administrador será chamado a quitar crédito (ou créditos) resultantes de operações específicas que os tenham beneficiado pessoalmente e não a empresa, liberando-se os ativos que integram a massa falida objetiva de tal ônus (preservando-se, destarte, o patrimônio arrecadado para quitação dos credores sociais relacionados ao centro de imputação da atividade).

Além disso, e ao menos em tese, a potencial redução do passivo (pelo atendimento de credores com patrimônio de terceiros por força de aplicação da *disregard doctrine*) ajudaria a aumentar a possibilidade de alienação conjunta dos ativos, na forma prevista no art. 140 da LRE, que é um dos pilares da preservação da empresa na falência[40]. Assim, do ponto de vista metodológico, a desconsideração da personalidade jurídica esta-

---

menor" da desconsideração da personalidade jurídica, segundo a qual bastaria a insuficiência de bens da sociedade para que os sócios fossem chamados a responder pessoalmente pelo passivo da pessoa jurídica. Na verdade, embora a jurisprudência pátria dispense ação autônoma para se levantar o véu da pessoa jurídica, somente em casos de abuso de direito – cujo delineamento conceitual encontra-se no art. 187 do CC/02 –, desvio de finalidade ou confusão patrimonial (Fábio Konder Comparato, RT 1976: 292), é que se permite tal providência. Adota-se, assim, a "teoria maior" da desconsideração da personalidade jurídica, a qual exige a ocorrência objetiva de tais requisitos para sua configuração. De outra parte, a desconsideração da pessoa moral opera-se de forma episódica, não havendo, verdadeiramente, um desfazimento da personalidade jurídica. Somente após a análise dos vícios do caso concreto – e especialmente para o caso concreto –, o juiz pode desconsiderar a pessoa jurídica e atingir a pessoa natural dos sócios." (STJ, REsp 693235-MT (2004/0140247-0), Rel. Min. Luis Felipe Salomão, j. 17/11/2009).

[39] Exatamente o que ocorre no seguinte aresto, dentre tantos outros no mesmo sentido, em que a desconsideração da personalidade jurídica a favor do credor trabalhista, desonerou a massa: "*Agravo regimental no conflito de competência. Execução trabalhista. Falência da executada. Desconsideração da personalidade jurídica. Constrição. Bens dos sócios. Conflito positivo. Inexistência. – Se a execução promovida contra pessoa jurídica foi direcionada para atingir um dos sócios, não mais se justifica a remessa dos autos ao juízo falimentar, pois o patrimônio da falida quedou-se livre de constrição. Precedentes. – Considerando que os recursos a serem utilizados para satisfação do crédito trabalhista não desfalcarão o patrimônio da massa falida, não há de se falar em burla à ordem de pagamento dos credores na falência. Agravo a que se nega provimento.*" (STJ, AgRg no CC 109256-SP, Rel. Min. Nancy Andrighi, j. 14/04/2010).

[40] Como já tivemos ocasião de salientar (Adriana Valéria Pugliesi, *A preservação da empresa na falência*, Quartier Latin, 2013).

ria respeitando sua função teleológica, como método de preservação da empresa. Para isso, o sócio ou administrador responsabilizado pela *disregard doctrine* deverá pagar quantia determinada (correlata ao benefício resultante do desvio de finalidade), e não responder com todo o seu patrimônio pessoal (presente e futuro), subsidiariamente, pelas dívidas da falida, pois não há extensão da falência e nem de seus efeitos.

Por outro lado, a *responsabilização* (por ato ilícito) do sócio controlador (ou grupo de controle) ou do administrador, por danos causados à massa, deve ser objeto de ação própria no juízo da falência, pelo rito ordinário, conforme hipóteses da Lei das S/A ou Código Civil; e a condenação, restrita ao prejuízo provado, reverterá a benefício da massa, nos termos exatos do que prevê o art. 82 da LRE. Nada mais é preciso para afirmar, categoricamente, que a hipótese é completamente distinta do instituto da desconsideração da personalidade jurídica.

Em quais situações, assim, seria possível aplicar a desconsideração da personalidade jurídica na falência? É preciso recorrer ao diálogo das fontes, e verificar as hipóteses de cabimento do instituto da *disregard doctrine*: (i) Código Civil, artigo 50; (ii) Código de Defesa do Consumidor, artigo 28; (iii) Lei n. 12.259/11 (Lei Antitruste), artigo 34; (iv) Lei n. 9.605/98 (Lei de Crimes ambientais), artigo 4.º; (v) Lei 10.672/03 (Lei do Desporto), artigo 27[41].

Mas o essencial, é que seu emprego seja realizado, na falência, exatamente como o instituto deve ser aplicado fora da quebra: não como instrumento de responsabilização subsidiária do sócio ou administrador pela totalidade das dívidas da falida; mas como método de responsabilização de terceiro (sócio ou administrador) que se beneficiou, por uso abusivo e indevido da pessoa jurídica, mediante desvio de finalidade (fraude ou confusão patrimonial), o que justifica levantar o véu da personalidade, para fazer com que respondam pelas obrigações (pontuais) assumidas

---

[41] Deixamos de referir a Consolidação das Leis Trabalhistas; pois não há disposição expressa dispondo sobre a desconsideração da personalidade jurídica. Embora muito utilizada, na verdade, trata-se de interpretação dos artigos 2.º, § 2.º; 9.º, 10.º e 448 da CLT. Igualmente, não referimos ao CTN, pois a hipótese do art. 135, III não é de desconsideração da personalidade jurídica, mas de responsabilidade subsidiária do sócio administrador, por atos ali previstos.

pela sociedade. Porém, sempre de forma limitada[42] ao benefício experimentado pelos responsáveis efetivos pelo desvio de finalidade.

Em suma, a desconsideração da personalidade jurídica, é instituto com regras próprias, que não pode ser aplicado em substituição a outros previstos na LRE, pois não se presta a finalidade de reconstrução do patrimônio ativo da falida e muito menos como meio de responsabilizar, sócio ou administrador, por dívidas sociais, como tem se tem observado nos Tribunais, com evidente banalização da *disregard doctrine* que resulta em afastamento de seus efetivos fundamentos técnico-jurídicos e é causa de insegurança jurídica, com graves prejuízos ao empreendedorismo econômico.

---

[42] *"Falência. Desconsideração da personalidade jurídica. Acolhimento do pedido feito pelo síndico e determinação de arrecadação dos bens imóveis objeto de dação em pagamento e posterior hipoteca em garantia das dívidas da falida. Confusão patrimonial entre a sociedade controlada e seu controlador. Possibilidade de se desconsiderar a personalidade jurídica na medida em que o patrimônio da falida acabou por confundir-se com o da sociedade que se constituiu, cujo capital foi formado por bens pertencentes à primeira empresa, hipotecados a uma terceira, esta administrada por uma pessoa ligada ao controlador da devedora."* (TJSP, AI n. 155.854-4/8-SP, 7.ª Câmara de Direito Privado, Des. Paulo Fernando Salles de Toledo, j. 29/11/2000).

Sociedade em comum e regimes de insolvência[1]

ERASMO VALLADÃO AZEVEDO E NOVAES FRANÇA

1. A sociedade em comum

O Código Civil assim conceitua o contrato de sociedade: "Art. 981: Celebram contrato de sociedade as pessoas que reciprocamente se obrigam a contribuir, com bens ou serviços, para o exercício de atividade econômica e a partilha, entre si, dos resultados".

A questão que se coloca preliminarmente, no estudo da sociedade em comum, é se é a *validade* ou a *eficácia* do contrato de sociedade que depende de forma específica, em face do que dispõe o art. 987: "Os sócios, nas relações entre si ou com terceiros, somente por escrito podem provar a existência da sociedade, mas os terceiros podem prová-la de qualquer modo".

Tendo em vista que os terceiros podem provar a existência da sociedade de qualquer modo, ainda que não haja contrato escrito, portanto, deduz-se claramente que estamos no plano da *eficácia* e não no da validade: há *ineficácia relativa* do contrato da sociedade em comum contratada verbalmente: é *ineficaz* perante os sócios, mas *eficaz* perante terceiros[2].

---

[1] O presente artigo corresponde ao texto de apoio utilizado em palestra proferida no Instituto Brasileiro de Estudos de Recuperação de Empresas – IBR, em 12 de março de 2014.
[2] Cf. Pontes de Miranda, *Tratado de Direito Privado*, vol. 5, 4.ª ed., RT, 1983, § 531, n. 1, p. 73.

Abrange, claramente, pois, a antiga "sociedade de fato" (aquela que se prova pelos fatos e não pelo instrumento do contrato, como dizia Clóvis Beviláqua[3]) e/ou "irregular" (aquela celebrada por escrito, mas não registrada) do direito anterior.

As mencionadas sociedades, abrangidas pela sociedade em comum, nada apresentavam, porém, de *irregular*, o que decorria de uma confusão entre *sociedade* e personalidade jurídica. Aquela é um *pressuposto* desta (como o são uma associação ou uma fundação – art. 44 CC)[4].

Ademais, "irregular" não é uma qualificação adequada para os defeitos dos *negócios jurídicos*, que devem ser enquadrados nas categorias da existência/inexistência, validade/invalidade, eficácia/ineficácia. O que pode ser irregular é a *atividade* exercida pela sociedade sem o registro[5].

Essa, aliás, é a genial distinção que Tullio Ascarelli fez entre o regime do *ato* ou *negócio jurídico* e o regime da *atividade*[6]. Os negócios jurídicos podem ser *nulos* ou *anuláveis*; já a atividade, sim, é que pode ser *regular* ou *irregular* (ou *lícita* ou *ilícita*), como no caso da atividade exercida sem alvará de funcionamento ou outras licenças administrativas, ou sem registro na Junta Comercial – mas jamais inválida (nula ou anulável).

A falta de registro (ou o seu cancelamento superveniente) não torna, pois, *o contrato de sociedade* irregular (a não ser por metonímia); poderá, sim, qualificar a *atividade* da sociedade de irregular, se esta ocorrer antes do registro ou persistir após o seu cancelamento[7].

---

[3] *Codigo Civil dos Estados Unidos do Brasil Commentado*, vol. V, Livraria Francisco Alves, Rio, 1919, nota 2 ao art. 1.366, p. 113.

[4] Cf. Sylvio Marcondes, *Problemas de Direito Mercantil*, Max Limonad, 1970, pp. 144/145.

[5] A esse respeito, é absolutamente precisa a Lei 11.101/05: "Art. 48. Poderá requerer recuperação judicial o devedor que, no momento do pedido, exerça regularmente *suas atividades* há mais de 2 (dois) anos e que atenda aos seguintes requisitos, cumulativamente:..." O exercício regular da atividade do empresário ou sociedade empresária tem como pressuposto o registro (art. 967, c/c arts. 983 e 985, do Código Civil, e 51, V, da Lei 11.101/05).

[6] "Atividade", para o mestre, "não significa ato, mas uma série de atos coordenáveis entre si, em função de uma finalidade comum" (cf. *O Empresário, em Corso di Diritto Commerciale*, tradução de Fábio Konder Comparato, in *RDM* n. 109/183-109).

[7] Cf., sobre toda essa argumentação, Erasmo Valladão Azevedo e Novaes França, *A sociedade em comum*, Malheiros Editores, 2013, p. 113 e ss.

A atividade das sociedades simples, de outra parte – atividade de natureza intelectual, literária, artística ou científica, cf. art. 966 CC, ou atividade rural, cf. art. 984 – é, em princípio, regular mesmo sem o registro.

Como se caracteriza a sociedade em comum? Seu conceito extrai-se do art. 986 do Código Civil: "Art. 986. Enquanto não inscritos os atos constitutivos, reger-se-á a sociedade, exceto por ações em organização, pelo disposto neste Capítulo, observadas, subsidiariamente e no que com ele forem compatíveis, as normas da sociedade simples".

Pode-se configurar, assim, em três hipóteses: a) quando for constituída e exercer sua atividade sem contrato escrito; ou b) com contrato escrito, mas sem inscrição no registro próprio, ou antes dele; ou c) seu registro for cancelado, mas continuar o exercício de sua atividade.

É sociedade simples ou empresária? Depende da atividade econômica que exercer – ressalvadas as sociedades por ações e as sociedades cooperativas, que são empresárias ou simples pela forma, respectivamente (art. 982, parágrafo único) – o que distingue uma da outra é, precisamente, *o seu objeto*: art. 982, *caput*: "Salvo as exceções expressas, considera-se empresária a sociedade que tem por objeto o exercício de atividade própria de empresário sujeito a registro (art. 967); e, simples, as demais".

2. Regime de responsabilidade dos sócios na sociedade em comum e complexidade da matéria do registro

O regime da responsabilidade dos sócios na sociedade em comum é assim disciplinado no Código Civil: "Art. 990. Todos os sócios respondem solidária e ilimitadamente pelas obrigações sociais, excluído do benefício de ordem, previsto no art. 1.024, aquele que contratou pela sociedade".

A questão que se põe, em face do art. 1.151, porém, é a seguinte: em que momento tem lugar esse regime de responsabilidade? Veja-se o que diz o mencionado dispositivo legal: "Art. 1.151. O registro dos atos sujeitos à formalidade exigida no artigo antecedente será requerido pela pessoa obrigada em lei, e, no caso de omissão ou demora, pelo sócio ou qualquer interessado. §1º Os documentos necessários ao registro *deverão ser apresentados no prazo de trinta dias*, contado da lavratura dos atos respectivos.

§2.º Requerido além do prazo previsto neste artigo, *o registro somente produzirá efeito a partir da data de sua concessão*".[8],[9]

A apresentação do contrato de sociedade a registro no prazo legal de trinta dias, portanto, tem eficácia retroativa; requerido fora do prazo só produz efeito a contar da sua concessão.

Imagine-se, assim, uma sociedade limitada que inicia suas atividades antes do registro, embora este tenha sido *requerido no prazo legal* e se ache pendente na Junta Comercial. Um exemplo comum é o da sociedade em que um dos sócios contribui para o capital social com um estabelecimento, que por óbvio não pode cessar o seu funcionamento. A atividade da sociedade é irregular? Se o registro for concedido, não, pois nessa hipótese retroage.

Mas, e se o registro for denegado?[10] Os recursos previstos em lei[11] não têm efeito suspensivo[12]: o regime de responsabilidade dos sócios passa,

---

[8] Art. 36 da Lei 8.934/94: "Art. 36. Os documentos referidos no inciso II do art. 32 deverão ser apresentados a arquivamento na junta, dentro de 30 (trinta) dias contados de sua assinatura, *a cuja data retroagirão os efeitos do arquivamento*; fora desse prazo, *o arquivamento só terá eficácia a partir do despacho que o conceder*".

[9] Art. 998 do CC, aplicável às sociedades simples: "Art. 998. Nos trinta dias subsequentes à sua constituição, a sociedade deverá requerer a inscrição do contrato social no Registro Civil das Pessoas Jurídicas do local de sua sede".

[10] O malogro pode ocorrer por uma série de motivos formais, às vezes insanáveis, às vezes sanáveis (cf. art. 40 e §§ da Lei 8.934/94: "Art. 40. Todo ato, documento ou instrumento apresentado a arquivamento será objeto de exame do cumprimento das formalidades legais pela junta comercial. §1.º Verificada a existência de vício insanável, o requerimento será indeferido; quando for sanável, o processo será colocado em exigência. §2.º As exigências formuladas pela junta comercial deverão ser cumpridas em até 30 (trinta) dias, contados da data da ciência pelo interessado ou da publicação do despacho. §3.º O processo em exigência será entregue completo ao interessado; não devolvido no prazo previsto no parágrafo anterior, será considerado como novo pedido de arquivamento, sujeito ao pagamento dos preços dos serviços correspondentes"). Se o vício for sanável e a exigência não for cumprida, portanto, o registro também frustrar-se-á. A Lei 6.015/73, na parte relativa ao Registro Civil das Pessoas Jurídicas, não prevê a hipótese de sanação do vício – o que não impede, a nosso ver, a sua aplicação, em decorrência dos princípios gerais atinentes ao registro das sociedades – mas apenas o seguinte: "Art. 115. Não poderão ser registrados os atos constitutivos de pessoas jurídicas, quando o seu objeto ou circunstâncias relevantes indiquem destino ou atividades ilícitos ou contrários, nocivos ou perigosos ao bem público, à segurança do Estado e da coletividade, à ordem pública ou social, à moral e aos bons costumes. Parágrafo único. Ocorrendo qualquer dos motivos previstos neste artigo, o oficial do registro, de ofício ou por provocação de qualquer autoridade, sobrestará no processo de registro e suscitará dúvida para o Juiz, que a decidirá."

então, a ser o do art. 990 do Código Civil desde o início da atividade... O que ocorre, todavia, se eventual recurso vier a ser provido? Deve haver a restituição ao *statu quo ante*: a decisão do recurso *substituirá* a decisão anterior[13] – e ocorrerá a *eficácia retroativa do registro*, personificando a sociedade *ab initio*. Veja-se que problema delicado, se no entretempo tiver sido decretada a falência da sociedade – e de seus sócios, *ex vi* do art. 81 da Lei 11.101, eis que esta se achava sob o regime da sociedade em comum...[14]

De outra parte, como se disse, se uma sociedade continuar a exercer suas atividades após o *cancelamento* do registro (que pode se dar por uma série de outros motivos também – coincidência de nomes empresariais[15], inatividade[16], etc.), aplicar-se-á a disciplina da sociedade em comum. Mas a responsabilidade solidária e ilimitada dos sócios somente terá lugar, em princípio, com relação aos débitos contraídos posteriormente ao cancelamento.

---

[11] Art. 46 da Lei 8.934/94: "Art. 46. Das decisões definitivas, singulares ou de turmas, cabe recurso ao plenário, que deverá ser decidido no prazo máximo de 30 [trinta] dias, a contar da data do recebimento da peça recursal, ouvida a procuradoria, no prazo de 10 [dez] dias, quando a mesma não for a recorrente"; "Art. 47. Das decisões do plenário cabe recurso ao Ministro de Estado da Indústria, do Comércio e do Turismo, como última instância administrativa."

[12] Art. 49 da Lei 8.934/94: "Art. 49. Os recursos de que trata esta lei não têm efeito suspensivo."

[13] *Arg. ex* art. 512 do CPC vigente: "Art. 512. O julgamento proferido pelo tribunal *substituirá* a sentença ou a decisão recorrida no que tiver sido objeto de recurso". Art. 1.008 do CPC 2015.

[14] "Art. 81. A decisão que decreta a falência da sociedade com sócios ilimitadamente responsáveis também acarreta a falência destes, que ficam sujeitos aos mesmos efeitos jurídicos produzidos em relação à sociedade falida e, por isso, deverão ser citados para apresentar contestação, se assim o desejarem."

[15] Arts. 1.167 e 1.168 do Código Civil.

[16] Art. 60 da Lei 8.934/94: "Art. 60. A firma individual ou a sociedade que não proceder a qualquer arquivamento no período de dez anos consecutivos deverá comunicar à junta comercial que deseja manter-se em funcionamento. §1.º Na ausência dessa comunicação, a empresa mercantil será considerada inativa, promovendo a junta comercial o cancelamento do registro, com a perda automática da proteção ao nome empresarial. §2.º A empresa mercantil deverá ser notificada previamente pela junta comercial, mediante comunicação direta ou por edital, para os fins deste artigo. §3.º A junta comercial fará comunicação do cancelamento às autoridades arrecadadoras, no prazo de até dez dias. §4.º A reativação da empresa obedecerá aos mesmos procedimentos requeridos para sua constituição".

3. Prova da existência da sociedade nas relações externas

Os terceiros podem provar a sociedade de qualquer modo, inclusive por indícios que levem à presunção da existência daquela[17].

Anote-se, todavia, a advertência de Carvalho de Mendonça: a prova da sociedade irregular deve ser a mais completa possível e "formada com muita segurança, mormente quando se trata de arrastar á falência alguém que se tem como sócio"[18]. Sobre os indícios enumerados no art. 305 deve prevalecer sempre a verdade dos fatos.

Vale dizer: para impelir alguém à falência, deverá ser provada, ainda que por qualquer meio, (i) a contribuição com bens ou serviços para o exercício de atividade empresarial comum com outro ou outros sócios e (ii) a partilha de resultados (lucros e perdas) entre eles – elementos estruturais do contrato de sociedade[19].

---

[17] A doutrina continua a invocar, como indícios meramente exemplificativos da existência de uma sociedade, o disposto no revogado art. 305 do Código Comercial: "Presume-se que existe ou existiu sociedade, sempre que alguém exercita atos próprios de sociedade, e que regularmente se não costumam praticar sem a qualidade social. Desta natureza são especialmente: 1 – Negociação promíscua e comum; 2 – Aquisição, alheação, permutação, ou pagamento comum; 3 – Se um dos associados se confessa sócio, e os outros o não contradizem por uma forma pública; 4 – Se duas ou mais pessoas propõem um administrador ou gerente comum; 5 – A dissolução da associação como sociedade. 6 – O emprego do pronome nós ou nosso nas cartas de correspondência, livros, fatura, contas e mais papéis comerciais; 7 – O fato de receber ou responder cartas endereçadas ao nome ou firma social; 8 – O uso de marca comum nas fazendas ou volumes; 9 – O uso de nome com a adição – e companhia..."

[18] *Tratado de Direito Comercial Brasileiro*, 2.ª ed., Freitas Bastos, RJ, 1933, n. 670, p. 139. Nesse mesmo sentido, Noé Azevedo, *Das sociedades irregulares e sua prova*, Memorial do Aggravo n. 16.429 da Capital, Empreza Graphica da Revista dos Tribunaes, São Paulo, 1930, passim.

[19] Muito embora não cuidando de falência: (i) julgado que inferiu a existência de sociedade em comum em face da divisão de resultados (lucros) entre as partes (TJRS, Apelação Cível n. 70008434268, 12.ª Câmara Cível, rel. Des. Carlos Eduardo Zietlow Duro, j. 22/04/2004); (ii) julgado que requalificou, pelo mesmo motivo, um contrato que previa a compra e venda de um bem: "As obrigações assumidas na assinatura do contrato, que ora se busca cindir, vão além da formalização de compra e venda de um bem: 'estabeleceu obrigações típicas daqueles que compõem uma sociedade em comum, quais sejam, obrigou os celebrantes a dividir as despesas e receitas que emergissem do exercício da atividade, constituindo uma sociedade irregular. (...)" (TJSC, Apelação Cível n. 008.061849-2, 2.ª Câmara de Direito Civil, rel. Des. Gilberto Gomes de Oliveira, j. 10/06/2011).

4. Sociedade em comum e sociedade aparente

Quando uma ou mais pessoas se apresentam, aos olhos de terceiros – de boa-fé, saliente-se – como sócios, dá-se a sociedade aparente.

Em nossos tribunais, porém, não raro ocorre o abuso da aplicação da denominada "teoria da aparência": se alguém se apresenta perante um terceiro de boa-fé como sócio de uma determinada sociedade (*sócio aparente*) *e os verdadeiros sócios não o desmentem*, o terceiro terá ação contra todos eles, podendo invocar, (i) as normas da sociedade em comum ou as da responsabilidade civil, na medida em que foi ludibriado; ou (ii) poderá responsabilizar a todos, se os verdadeiros sócios foram *negligentes* em impedir a atuação daquele que se apregoou como sócio sem o ser.

Fora dessas hipóteses a aplicação da teoria é abusiva: o fato de alguém aparentar ser sócio perante um terceiro, sem qualquer *ação* ou *omissão* da parte daqueles, não pode carrear-lhes nenhuma espécie de vínculo[20].

De qualquer forma, jamais poderá o sócio aparente, a nosso ver, ser incluído, sem mais, na falência da sociedade e, assim, ser responsabilizado indistintamente perante *todos* os credores (independentemente da prova da boa-fé destes!), salvo se os induziu (a todos) a crer na sua condição de sócio, com o concurso da ação comissiva ou omissiva dos sócios verdadeiros.

5. Sociedade em comum e dissolução irregular

A sociedade "irregularmente dissolvida" – isto é, sem atenção ao dispositivo que determina a regular liquidação, com a ultimação dos negócios da sociedade, a realização do ativo e o pagamento do passivo, antes de ser distribuído o remanescente entre os sócios (art. 1.103, inciso IV, do Código Civil) – não se confunde, evidentemente, com a sociedade em comum, até porque, enquanto não cancelado o registro, mantém ela a personalidade jurídica (art. 51).

6. Sociedade em comum entre conviventes

A sociedade entre conviventes era considerada, no regime do Código Civil de 1916, como uma sociedade civil, com grande impropriedade con-

---

[20] Cf. Fábio Konder Comparato, *Aparência de representação: a insustentabilidade de uma teoria*, in *RDM* n. 111/39.

ceitual: se ela exercesse – como frequentemente ocorria – atos de comércio[21], por que razão deveria ser classificada como sociedade civil?

Hoje, o patrimônio dos conviventes está regulado pelo art. 1.725 do Código Civil vigente, do seguinte teor: "Na união estável, salvo contrato escrito entre os companheiros, aplica-se às relações patrimoniais, no que couber, o regime da comunhão parcial de bens".

Não está excluído, entretanto, que os conviventes contratem sociedade em comum por escrito: se tiver por objeto atividade empresarial, a sociedade será empresária, nos termos do art. 982 do Código Civil – e não simples, estando, pois, sujeita à falência.

7. Sociedade em comum e grupos societários

Em nossa opinião, os grupos societários de subordinação, sejam de direito (arts. 265 e segs. LSA), sejam de fato (arts. 243 e segs. LSA), não constituem sociedades. É inadmissível uma sociedade, a nosso ver, em que um sócio esteja subordinado a instruções de outrem (como ocorre com as sociedades controladas, sujeitas a instruções da controladora)[22]. E certamente não pode haver sociedade em comum nos grupos de fato, até porque a combinação de recursos e esforços em prol de outra sociedade ou do grupo é expressamente vedada (art. 245 da LSA).

Os grupos de coordenação – consórcios –, se de *fins lucrativos* e não registrados (art. 279 e par. ún. LSA), poderão configurar uma sociedade em comum[23].

8. Sanções

A lei estabelece sanções indiretas para fazer com que as sociedades, sobretudo as empresárias, se registrem (além da ineficácia referente à prova de sua existência e da responsabilidade solidária e ilimitada de seus sócios): a sociedade em comum (no tocante à matéria deste artigo):

(i) não terá legitimidade ativa para requerimento de falência de seu devedor (art. 97, IV e § 1.º da Lei 11.101/05);

---

[21] Exploração de um armazém, de um botequim, etc.
[22] Cf. Erasmo Valladão, ob. cit., p. 173, citando a lição de Herbert Wiedemann.
[23] Cf. Erasmo Valladão, ob. cit., p. 172, citando as opiniões concordes de Mauro Rodrigues Penteado e José Alexandre Tavares Guerreiro.

(ii) não terá legitimidade ativa para requerer recuperação judicial ou extrajudicial (arts. 48, 51, V, e 161 da lei falimentar);
(iii) não terá possibilidade de autenticar os seus livros na Junta Comercial (art. 1.181, parágrafo único, do Código Civil), o que faz com que não tenham eles eficácia probatória em seu favor (arts. 226 do Código Civil e 379 do CPC vigente[24]);
(iv) na hipótese de falência, seus administradores estarão sujeitos a responder por crime falimentar (art. 178 da lei falimentar c/c art. 1.181, parágrafo único, do Código Civil).

9. Processos concursais

Ocorre a dissolução da sociedade em comum pela decretação da falência, se empresária (art. 1.044, analogicamente[25]), ou de insolvência, se simples, sendo a própria sociedade legitimada passiva para tanto[26].

É expressamente permitido o requerimento de autofalência da sociedade em comum (art. 105, inciso IV, da Lei 11.101/05[27]), o mesmo se devendo admitir para o pedido de sua própria insolvência, se sociedade simples (art. 759 do Código de Processo Civil[28]).

Na hipótese de autofalência, deve ser realizada a citação de todos os sócios (art. 81, *caput*, da Lei 11.101/05).

Inexiste previsão de que o mesmo ocorra com relação à insolvência. No tocante aos sócios da sociedade em comum simples, portanto, a insol-

---

[24] Art. 418 do CPC 2015.
[25] Art. 1044, CC: "Art. 1.044. A sociedade se dissolve de pleno direito por qualquer das causas enumeradas no art. 1.033 e, se empresária, também pela declaração da falência."
[26] Art. 12, CPC vigente: "Art. 12. Serão representados em juízo, ativa e passivamente: (...) VII – as sociedades sem personalidade jurídica, pela pessoa a quem couber a administração dos seus bens. (...) §2.º. "As sociedades sem personalidade jurídica, quando demandadas, não poderão opor a irregularidade de sua constituição". Art. 75, IX, CPC 2015, que torna a utilizar a imprópria expressão "sociedades irregulares".
[27] "Art. 105. O devedor em crise econômico-financeira que julgue não atender aos requisitos para pleitear sua recuperação judicial deverá requerer ao juízo sua falência, expondo as razões da impossibilidade de prosseguimento da atividade empresarial, acompanhadas dos seguintes documentos: (...) IV – prova da condição de empresário, contrato social ou estatuto em vigor ou, se não houver, a indicação de todos os sócios, seus endereços e a relação de seus bens pessoais".
[28] "Art. 759. É lícito ao devedor ou ao seu espólio, a todo tempo, requerer a declaração de insolvência." Mantido em vigor pelo art. 1.052 do CPC 2015.

vência somente poderá ser reconhecida se verificados os seus pressupostos (arts. 748 a 750 do CPC[29]) com relação a cada um deles[30].

Como poderia encontrar aplicação o disposto no § 1.º, do supracitado art. 81, da Lei 11.101/05[31], às sociedades em comum de natureza empresária (a que poderia corresponder, para eventual decretação individual de insolvência dos sócios das sociedades em comum de natureza simples, a previsão do art. 1.032 do Código Civil[32])?

Se não houve registro do contrato – e, *a fortiori*, se não existe contrato escrito – não se afigura possível o registro de sua alteração para efeitos de contagem do prazo de dois anos previsto nos aludidos dispositivos legais. Em exegese teleológica, nos parece que a propositura de notificação judicial aos demais sócios formalizando a retirada, com a publicação de editais para conhecimento de terceiros (art. 867 c/c 870, I, do CPC[33]), ou de demanda visando a apuração de haveres, supriria tal lacuna. Se houver contrato escrito, o sócio retirante (ou excluído) poderá, ainda, registrá-lo e fazer averbar a notificação judicial ou a inicial de apuração de haveres na Junta Comercial (art. 33, II, "e", da Lei 8.934/94).

---

[29] "Art. 748. Dá-se a insolvência toda vez que as dívidas excederem à importância dos bens do devedor."; "Art. 749. Se o devedor for casado e o outro cônjuge, assumindo a responsabilidade por dívidas, não possuir bens próprios que bastem ao pagamento de todos os credores, poderá ser declarada, nos autos do mesmo processo, a insolvência de ambos."; "Art. 750. Presume-se a insolvência quando: I – o devedor não possuir outros bens livres e desembaraçados para nomear à penhora; II – forem arrestados bens do devedor, com fundamento no art. 813, I, II e III." Mantidos em vigor pelo art. 1.052 do CPC 2015.

[30] Cf. Humberto Theodoro Júnior, *A insolvência civil: execução por quantia certa contra devedor insolvente*, Rio de Janeiro, Forense, 1980, n. 93, pp. 133-134.

[31] "Art. 81. (...) §1.º O disposto no caput deste artigo aplica-se ao sócio que tenha se retirado voluntariamente ou que tenha sido excluído da sociedade, há menos de 2 (dois) anos, quanto às dívidas existentes na data do arquivamento da alteração do contrato, no caso de não terem sido solvidas até a data da decretação da falência."

[32] "Art. 1.032. A retirada, exclusão ou morte do sócio, não o exime, ou a seus herdeiros, da responsabilidade pelas obrigações sociais anteriores, até dois anos após averbada a resolução da sociedade; nem nos dois primeiros casos, pelas posteriores e em igual prazo, enquanto não se requerer a averbação."

[33] Arts. 726 a 729 do CPC 2015.

Falência de grupos societários: critérios de extensão de efeitos de falência

GUSTAVO SAAD DINIZ

1. Perturbações jurídicas geradas pelos grupos econômicos

As concentrações econômicas são fenômenos que ainda desafiam a ciência do Direito a dar respostas para todas as perturbações delas decorrentes. Essa situação não é diferente quando se constata o estado da técnica quanto à falência desses agrupamentos e, especialmente, o incauto tratamento que o direito positivo brasileiro deu ao tema. E não é sem tempo que sejam apresentadas soluções para o problema, com reposicionamento da falência como coprotagonista da tutela de créditos, bem ao lado da recuperação da empresa.

Primeiro problema, antes mesmo de identificar as soluções falimentares, é qualificar o que seriam essas concentrações no direito brasileiro. A legislação é errática e constrói políticas de tratamento unitário e solidário de acordo com o tipo de direito tutelado. Fala-se, então, das *concentrações empresariais* como gênero em que se acomodam três espécies: (*a*) grupos econômicos; (*b*) grupos societários; e (*c*) concentrações por relações contratuais.

(*a*) São *grupos econômicos* os arranjos entre organizações que coordenam atividades econômicas em cadeias verticais ou horizontais. Nessas hipóteses, o direito brasileiro trata de forma unificada as atividades para gerar política pública de proteção contra as organizações em setores específicos, como no caso trabalhista (art. 2.º, §2.º, da CLT), anticorrupção (art. 4.º, §2.º, da Lei n.º 12.846/2013), concorrencial (art. 33 da Lei n.º 12.529/2011) e do marco civil da *internet* (art. 11, §2.º, da Lei n.º 12.965/2014), com tutela fundada na *solidariedade* e *unidade* indiscriminada entre membros de grupamento econômico com fundamento protetivo dos grupos de interesses eleitos pela respectiva lei[1].

(*b*) A segunda espécie é dos *grupos de sociedades*, na qualidade de sobreorganização societária de coordenação (nos consórcios) e subordinação (nos grupos de direito e de fato). Aqui, identifica-se a manifestação de coligação ou de controle de uma ou mais pessoas do grupo por direção unitária permanente das atividades, havendo preponderância dos interesses da sociedade controladora, muitas vezes com mitigação dos interesses das sociedades controladas.

(*c*) O terceiro fenômeno decorre das *concentrações por relações contratuais*[2]. Essa é uma realidade econômica moldada por acordos verticais e cadeias contratuais determinantes de colaboração ou mesmo relacionais, como nos casos de franquia, *joint venture*, concessão mercantil, distribuição, que não estão acomodados na natureza plurilateral e associativa dos contratos de sociedade, mas que podem ser geradores de tratamento unitário, seja para a interpretação da dependência econômica internamente ao contrato, seja para os efeitos externos dela derivados. Conforme afirma Engracia Antunes, esse é um conjunto de contratos de grande frequência em estratégias empresariais de integração vertical de cadeias. Tais arranjos podem proporcionar "um domínio, conquanto meramente factual, verdadeiramente efectivo e estratégico, sobre a outra empresa, cuja sobrevivência econômica enquanto unidade produtiva se encontra ultimamente dependente da constância de tal relação de fornecimento"[3].

---

[1] Nesse ponto, o legislador brasileiro se aproxima da indistinção de estruturas organizacionais do direito alemão, porque o §15 da *AktG* estendeu seus efeitos do regramento de *Konzern* para as empresas ligadas (*verbundene Unternehmen*).

[2] Para caracterizar essa situação intermédia entre a sociedade e os contratos bilaterais de escambo, Ricardo Luis Lorezentti usa a figura de uma conexão contratual estratégica, baseada na colaboração (Ricardo L. Lorenzetti, *Tratado de los contratos. Parte general*, Buenos Aires, Rubinzal, 2004, p. 718).

[3] José A. Engracia Antunes, *Os grupos de sociedades: estrutura e organização jurídica da empresa plurissocietária*, 2ª ed., Coimbra, Almedina, 2002, p. 515.

Essa diferença de tratamento sequer repercutiu na LRE, que acabou sendo concebida para cuidar das falências de empresários ou sociedades empresárias em atuação isolada. Desconsiderou-se, substancialmente, a concentração empresarial como realidade de atuação, com formações grupadas que muitas vezes são enredadas na trama da insolvência ou, em outras tantas, são comprometidas pelo controlador do grupo.

A solução encontrada pela jurisprudência brasileira [i. 5], a exemplo do que ocorre no direito espanhol[4], foi utilizar a hipótese excepcional e episódica da desconsideração da personalidade jurídica para estender efeitos da falência para sociedades em grupo, seja para as controladoras, seja para outras controladas. Não se mensuram, nessa solução, os problemas do tratamento indistinto de credores ou mesmo do comprometimento de ativos de unidade do grupo que não concorreu para os riscos assumidos pela unidade insolvente.

Tais questões resultam do grande paradoxo[5] da unidade na diversidade (*Einheit in Vielfalt*) que representa a questão de grupos e, ainda, o necessário rompimento da pauta básica de "uma pessoa, um patrimônio, uma insolvência" (*eine Person, ein Vermögen, eine Insolvez*), em razão da expansão do âmbito da empresa provocado pelo grupo, conforme afirma Heribert Hirte[6].

Três outros problemas devem ser pensados para as soluções buscadas.

O primeiro é apontado por Fabio Konder Comparato[7] e por Marcus Lutter[8], porque a autonomia das sociedades em grupo inviabiliza o funcionamento das unidades para cumprir interesses do grupo e não da

---

[4] Pablo Girgado Perandones, *El regimen legal de los grupos de sociedades en el ordenamiento jurídico español y sus propuestas de reforma*, in Danilo Borges dos Santos Araújo, Walfrido J. Warde Jr. (org.), *Os grupos de sociedades: organização e exercício da empresa*, São Paulo, Saraiva, 2012, p. 71.

[5] Karten Schmidt, *Konzerunternehmen, Unternehmensgruppe und Konzern-Rechtsverhältnis – Gedanken zum Recht der verbundenen Uneternehmen nach §§ 15ff., 291ff. AktG.* in Uwe Schneider (et. al.) (coord.), *Festschrift für Marcus Lutter*, Köln, Dr. Otto Schmidt, 2000, pp. 1173-1174.

[6] Heribert Hirte, *Die Tochtergesellschaft in der Insolvenz der Muttergesellschaft als Verpfändung von "Konzern"-Aktiva an Dritte*, in Georg Bitter (et. al) (coord.), *Festschrift für Karsten Schmidt*, Köln, Dr. Otto Schmidt, 2009, pp. 641-642.

[7] Fabio K. Comparato, *Os grupos societários na nova lei de sociedades por ações*, in RDM 23, (1984), p. 92.

[8] Marcus Lutter, *Il gruppo di imprese (Konzern) nel diritto tedesco e nel futuro del diritto europeo*, in *Rivista delle società*, (1974), p. 5.

controladora. Na prática, as unidades acabam por conformar mesma empresa, já que afetadas por igual centro de decisões, com possibilidade de gerar confusão entre as massas de bens das unidades do grupo e canalizar os resultados econômicos individuais para o interesse do grupo.

O segundo diz respeito à discrepância entre o modelo de inspiração (alemão)[9] e o modelo resultante (brasileiro), já que aqui a legislação determina que as unidades do grupo guardam autonomia de personalidade e patrimônio entre si, sem adequada previsão de consequências para a influência decisiva e a mitigação do interesse social da controlada.

Por fim, o terceiro problema é, conforme afirmado, que em determinadas matérias o direito brasileiro optou por um tratamento unitário[10], causando diferentes e, porque não, privilegiadíssimos tratamentos em caso de falência de grupo.

Faltou ao legislador brasileiro se preocupar (a) com a totalidade das consequências econômicas geradas pelas concentrações empresariais, (b) com a diversidade de tratamento de credores e (c) com o problema de estruturas organizacionais que, não necessariamente são empresariais e não ficam sujeitas à falência (como no caso de grupo controlado por fundação).

Para tal investigação, o texto está dividido em três partes: I – identificação da moldura do grupo societário, especialmente no papel do interesse, controle e direção unitária para aferição de critérios de imputação [i. 2]; II – determinação de um protagonismo do controle como liame entre unidades dos grupos, especialmente para os casos de extensão de efeitos da falência [i. 3]; III – identificação de critérios objetivos para extensão de efeitos na falência, especialmente na comparação de direitos [i. 4] e apontamento da solução brasileira [i. 5].

---

[9] José A. Tavares Guerreiro, *Das relações internas no grupo convencional de sociedades*, in Heleno T. Torres et. al. (Org.), *Desconsideração da personalidade jurídica em matéria tributária*, São Paulo, Quartier Latin, 2005, p. 305.

[10] Sustenta Viviane Müller Prado que esse tratamento singularizado pelos setores do direito é justificável em razão de diversas políticas legislativas e tutelas jurídicas especiais (Viviane M. Prado, *Conflito de interesses nos grupos societários*, São Paulo, Quartier Latin, 2006, p. 153).

2. Grupos societários de fato e sua caracterização

São grupos as estruturas empresariais desempenhadas por diversas organizações ligadas por convenção ou por participação de controle ou coligação. A constituição da empresa grupada provoca a transmutação do centro decisões para a sociedade controladora[11]. Em princípio, nos grupos de fato as sociedades agremiadas guardariam independência jurídica entre si e nos grupos de direito cederiam parcela de sua autonomia à unidade formada pela convenção[12].

Ressalva-se, todavia, que são os grupos de fato que emolduram a realidade brasileira e que determinam o pressuposto dessa análise. Eles se qualificam a partir de composições fáticas – ou entidades econômicas com efeitos jurídicos, para usar a qualificação de Carvalhosa[13] – que demandam específica análise e cruzamento de participações societárias para identificação de situações de coligação e controle. A LSA somente cuida da responsabilidade de administradores (art. 245 da LSA), responsabilidade da controladora (art. 246 da LSA), demonstrações financeiras (arts. 247 a 250 da LSA) e incorporação (art. 256 da LSA). Para o restante da regulação, o grupo de fato deve buscar as demais regras da LSA – ou seja, imperando regramento de sociedades individuais – e, supletivamente, do CC, naquilo que for aplicável. Isso inclui a pauta de conduta e sanção do abuso de poder, na forma dos arts. 116 e 117 da LSA. Ademais, "as operações entre as sociedades devem manter condições estritamente comutativas, como entidades isoladas"[14], sob pena de responsabilidade pela celebração de negócios prejudiciais a controladas, controladoras ou coligadas[15].

Num grupo, a atuação da sociedade controladora amplia a tutela do interesse para a preservação da atividade das sociedades controladas,

---

[11] Marcus Lutter, *Das unvollendete Konzernrecht*, in Georg Bitter (et. al) (coord.), *Festschrift für Karsten Schmidt*, Köln, Dr. Otto Schmidt, 2009, p. 1069.

[12] Modesto Carvalhosa, *Comentários à lei das sociedades anônimas*, 3.ª ed., São Paulo, Saraiva, 2009, v. 4, pp. 317-passim.

[13] Modesto Carvalhosa, *Comentários à lei das sociedades anônimas*, 3.ª ed., São Paulo, Saraiva, 2009, v. 4, p. 7.

[14] Alfredo Lamy Filho, José L. Bulhões Pedreira, *A Lei das S.A.*, Rio de Janeiro, Renovar, 1992, pp. 246 e 97.

[15] Modesto Carvalhosa, *Comentários à lei das sociedades anônimas*, 3.ª ed., São Paulo, Saraiva, 2009, v. 4, p. 33.

para o respeito ao interesse comum dos sócios da controladora e da controlada, além de considerar as consequências dos atos em relação aos terceiros (credores, particularmente para este estudo) no âmbito de todas as sociedades em coligação. Tal assertiva se confirma pela afirmação de Lacerda Teixeira e Tavares Guerreiro no sentido de que "as relações que se estabelecem entre controladora e controlada, por maior dependência que traduzam, não têm o condão de sacrificar o interesse particular da controlada às conveniências operacionais ou financeiras da controladora"[16]. É por essa razão que Calixto Salomão afirma que a organização do feixe contratual de um grupo, com subordinação de interesses da controlada, exige consequentes regras de adequada compensação de prejuízos – inclusive com tendência de aproximação de regramentos entre grupos de fato e de direito[17].

Outra característica de ordem geral para os grupos é a direção unitária, colocada por Embid Irujo como elemento central de diferenciação de grupos societários e como eixo de regulação das medidas de proteção dos sócios externos, credores e trabalhadores[18]. Ainda nessa linha de raciocínio, Karsten Schmidt deduz logicamente que, se o direito de grupos é de organização (e não somente de garantia), há deveres de adequada condução administrativa que pesam sobre o centro de poderes decisórios[19].

Portanto, a direção unitária provoca a perda de autonomia administrativa da sociedade controlada, que passa a ter julgados os negócios de administração praticados a partir do poder de controle, que não necessariamente terá em vista o interesse da sociedade controlada, mas poderá compor causa de responsabilidade[20].

3. O protagonismo do controle como critério de imputação

A descrição até o momento realizada permite afirmar que a conexão entre as sociedades em grupo de fato no direito brasileiro é decorrente do *con-*

---

[16] Egberto L. Teixeira, José A. Tavares Guerreiro, *Das sociedades anônimas no direito brasileiro*, São Paulo, Bushatsky, 1979, v.2, p. 698.
[17] Calixto Salomão Filho, *O novo direito societário*, 4.ª ed., São Paulo, Malheiros, 2011, p. 48.
[18] José M. Embid Irujo, *Algunas reflexiones sobre los grupos de sociedades e su regulación jurídica*, in RDM, (1984), pp. 21 e 28.
[19] Karsten Schmidt, *Gesellschaftsrecht*, Munique, Heymanns, 2002, p. 492.
[20] Antonio Pavone La Rosa, *Gruppi finanziari e disciplina generale dei gruppi di società*, in *Rivista delle società*, (1998), pp. 1576-1577.

trole²¹. Esse o fato que, juridicizado, influencia as análises que permeiam a sobreorganização societária, em especial nas repercussões falimentares.

A definição de controle é objeto de diversas teorias no direito brasileiro. A prevalência da tese da preponderância nas deliberações e na escolha dos administradores repercutiu diretamente na opção do legislador, posto que retratada no art. 116, alíneas "a" e "b" e reproduzida com adaptação no art. 243, §2.º, da LSA e art. 1.098, inciso I, do CC. Com essa supremacia permanente nas deliberações e na administração²², valora-se juridicamente a *presunção de poder* da sociedade controladora nas sociedades controladas²³, ainda que ele não seja exercido²⁴.

---

[21] Viviane M. Prado, *Conflito de interesses nos grupos societários*, São Paulo, Quartier Latin, 2006, p. 104.

[22] O controle nas deliberações não necessariamente leva ao controle da administração, já que são possíveis ajustes societários de estruturação da administração de S/A com voto em separado para as minorias, ações preferenciais de classe especial com cargos específicos de diretoria ou até mesmo acordo de votos que repercutem em matéria administrativa. É advertência que a doutrina brasileira faz uniformemente: Alfredo A. Gonçalves Neto, *Direito de empresa: comentários aos artigos 966 a 1.195 do Código Civil*, 4.ª ed., São Paulo, RT, 2012, p. 491. Ressalve-se a posição de Carvalhosa, que afirma haver "dominação quando uma delas reunir ações votantes necessárias para formar a vontade social" (Modesto Carvalhosa, *Comentários à lei das sociedades anônimas*, 3.ª ed., São Paulo, Saraiva, 2009, v. 4, p. 8).

[23] A Instrução CVM n.º 247/96 delimita a compreensão de controlada: "Art. 3.º – Considera-se controlada, para os fins desta Instrução: I – sociedade na qual a investidora, diretamente ou indiretamente, seja titular de direitos de sócio que lhe assegurem, de modo permanente: a) preponderância nas deliberações sociais; e b) o poder de eleger ou destituir a maioria dos administradores. II – filial, agência, sucursal, dependência ou escritório de representação no exterior, sempre que os respectivos ativos e passivos não estejam incluídos na contabilidade da investidora, por força de normatização específica; e III – sociedade na qual os direitos permanentes de sócio, previstos nas alíneas "a" e "b" do inciso I deste artigo estejam sob controle comum ou sejam exercidos mediante a existência de acordo de votos, independentemente do seu percentual de participação no capital votante".

[24] Alinhamo-nos, nesse ponto, com a orientação de Egberto Lacerda Teixeira e José Alexandre Tavares Guerreiro, para quem basta a constatação de controle para a atribuição de consequências jurídicas (Egberto L. Teixeira, José A. Tavares Guerreiro, *Das sociedades anônimas no direito brasileiro*, São Paulo, Bushatsky, 1979, v. 2, p. 702). Também com essa posição: Viviane M. Prado, *Conflito de interesses nos grupos societários*, São Paulo, Quartier Latin, 2006, p. 99. Em posição contrária está Modesto Carvalhosa, que afirma: "O que identifica essa posição de privilégio e responsabilidade legal (arts. 117 e 245) é o efetivo exercício desse poder de impor a política e os quadros de administração das sociedades, direta ou indiretamente, controladas" (Modesto Carvalhosa, *Comentários à lei das sociedades anônimas*, 3.ª ed., São Paulo, Saraiva, 2009, v. 4, p. 8).

Observa-se, ainda como característica, que mesmo identificado o fato jurídico de controle, não se perde a autonomia de cada uma das unidades grupadas, de modo que todas guardam sua personalidade jurídica específica, mas são submetidas à redução de autodeterminação pela direção da controladora[25]. Isso difere, em certa monta, dos grupos de fato na Alemanha (*qualifizierter faktisher Konzern*), sobretudo pelo critério de participação majoritária (§16 AktG) e da relação de dependência (§17 AktG), com a consolidação jurisprudencial do critério da direção unificada (§18 AktG), independentemente da existência de um dos tipos contratuais descritos na legislação (§§291, 292 e 301 AktG)[26].

O direito brasileiro deu relevância à relação de controle entre sociedades, atribuindo a esse vínculo consequências jurídicas variadas, seja para grupos de direito, seja para aqueles meramente fáticos. Assim, uma sociedade controladora pode formar relações societárias de preponderância permanente nas deliberações e na administração das sociedades controladas, em estruturas que podem combinar *holdings* puras ou mistas e mesmo moldar desenhos radiculares, circulares, estelares, piramidais, de acordo com a criatividade e a necessidade da atividade empresarial. Diante disso, a identificação do poder passa por detida investigação do encadeamento das participações societárias, atribuindo-se responsabilidades ou contenções de controle justamente a partir do isolamento da fonte de onde emana o poder[27].

Apropriado que se investigue a direção unitária como critério no direito alemão. A primeira corrente, mais restrita, considera somente a centralização das empresas para a unidade de administração, notável do ponto de vista financeiro. A outra visão da direção unitária é mais ampla, pois compreende que a gestão, controladoria e comércio também seriam

---

[25] José A. Engracia Antunes, *Os grupos de sociedades: estrutura e organização jurídica da empresa plurissocietária*, 2.ª ed, Coimbra, Almedina, 2002, p. 124.

[26] Prevaleceu, na construção do direito alemão, a teoria de que há grupos mesmo que não se identifique uma unidade substancial de atividades (uma sociedade seria mero departamento do grupo). Comportam-se "diversas formas de organização de empresas, com variação da intensidade da influência exercida pela dominante sobre a dependente" (Viviane M. Prado, *Conflito de interesses nos grupos societários*, São Paulo, Quartier Latin, 2006, p. 107).

[27] Viviane M. Prado, *Conflito de interesses nos grupos societários*, São Paulo, Quartier Latin, 2006, p. 107.

controlados pela empresa dominante[28]. Essa segunda visão prepondera e gera efeitos sobre o financiamento da empresa dentro do *Konzern*, porque a atuação da sociedade dominante afeta a liquidez e a capacidade de produção de rendimentos das sociedades filiadas[29].

Além disso, conforme sustenta Uwe Schneider, a questão da direção unitária contribui para diferentes perspectivas nos grupos quanto à interpretação:

(a) do financiamento, que geraria o efeito de securitização (*Tresoreffekt*): ao se considerar o pressuposto da direção unitária e da gestão da filiada pelos administradores da sociedade dominante, os lucros da filiada "securitizariam" empréstimos e financiamento das empresas consorciadas[30];

(b) do que seria capital próprio e capital de terceiros, já que a sociedade controladora pode ser fonte de financiamento das demais sociedades, abastecendo-as com capital que pode ser qualificado como próprio num efeito metamorfose (*Metamorphoseneffekt*), que preferimos tratar por requalificação. Além disso, o mútuo de grupo receberia tratamento diverso no confronto com demais créditos externos, gerando o chamado efeito de canalização (*Durchleitungseffekt*), que a doutrina norte-americana trata como *downstream loan* e *upstream loan*[31].

A partir dessas considerações, Uwe Schneider sustenta a existência de um dever de correto financiamento das empresas em grupo, que formulam um verdadeiro *standard* de conduta da direção unitária no financiamento do *Konzern*[32]. As conclusões desse estudo são derivadas da especial influência da sociedade dominante no financiamento das atividades das sociedades filiadas, com os efeitos perniciosos de "securitização", "canalização", "metamorfose", "pirâmide", para usar as metáforas de Schneider para caracterização dos riscos especiais aos credores. Assim sendo, a dis-

---

[28] Sobre o assunto: Viviane M. Prado, *Conflito de interesses nos grupos societários*, São Paulo, Quartier Latin, 2006, p. 114.
[29] SCHNEIDER, Uwe, *La disciplina del finanziamento nel «Konzern»*, in *Rivista delle società*, p. 999.
[30] SCHNEIDER, Uwe, *La disciplina del finanziamento nel «Konzern»*, in *Rivista delle società*, p. 1000.
[31] SCHNEIDER, Uwe, *La disciplina del finanziamento nel «Konzern»*, in *Rivista delle società*, p. 1000.
[32] SCHNEIDER, Uwe, *La disciplina del finanziamento nel «Konzern»*, in *Rivista delle società*, p. 1004.

ciplina do financiamento do grupo faz parte da própria gestão e pode ser penalizada por consequências da subcapitalização[33].

Para Engracia Antunes, a direção unitária ressalta o papel do controle e determina certa perda de independência econômica, sobretudo constatada na condução de políticas financeiras centralizadas, com perda de autonomia das sociedades controladas para inserção de capital no fluxo da cadeia produtiva, por aumento de capital, busca de capital no próprio grupo ou financiamento de terceiros[34].

No Brasil, segundo entende Viviane Müller Prado, a direção unitária e o controle repercutiriam em igual monta, por serem critérios que chegam a um mesmo resultado, porque se a relação de dependência gera estrutura de grupo, a ideia de controle também alcança resultado semelhante, inclusive na gestão[35].

Outra ponderação importante está em efeitos gerados pelo abuso do poder de controle por sobre os credores. Em outros termos, decisões conduzidas pela sociedade controladora que tragam prejuízos à estrutura de capital das sociedades controladas podem transferir riscos próprios da sociedade para os credores, criando privilégios indevidos para a controladora. Jorge Lobo exemplifica a situação de caução de títulos e valores mobiliários ou a constituição de gravame real de bens do ativo das controladas, que podem repercutir diretamente na falência[36].

4. Falência em grupos societários

A delimitação da extensão subjetiva da falência e os fundamentos para imputação de responsabilidade por descumprimento de deveres societários permite avançar na investigação de fundamentos jurídicos da falência em grupos. De certa maneira, o tratamento societário do grupo é que influencia eventual extensão de efeitos falimentares, ao contrário do que se vê atualmente. Em verdade, observa-se que o preenchimento do

---

[33] SCHNEIDER, Uwe, *La disciplina del finanziamento nel «Konzern»*, in *Rivista delle società*, pp. 1035-1038.
[34] José A. Engracia Antunes, *Os grupos de sociedades: estrutura e organização jurídica da empresa plurissocietária*, 2ª ed., Coimbra, Almedina, 2002, pp. 116-117.
[35] Viviane M. Prado, *Conflito de interesses nos grupos societários*, São Paulo, Quartier Latin, 2006, p. 146.
[36] Jorge Lobo, *Grupos de sociedades*, Rio de Janeiro, Forense, 1978, p. 37.

espaço concedido pelo art. 82 da LRE foi colmatado pela jurisprudência com aplicação indistinta da desconsideração da personalidade jurídica, sobretudo com base na confusão patrimonial[37]. Seria esse o melhor critério considerando a antinomia entre falência e desconsideração da personalidade jurídica?

A problematização é justamente dar limites para a afirmação de que a falência de uma sociedade do grupo implica a extensão de efeitos para todas as demais[38], com a definição de critérios para essa constituição de estado de insolvência que não prejudique os grupos de interesse envolvidos, além de criar obliquamente categorias privilegiadíssimas de credores que rompem a ordem de preferência para imputar responsabilidade aos sócios e aos administradores. Essa patologia é detratada por Engracia Antunes em frontal oposição a critérios jurisprudenciais idiossincráticos de solidariedade e ilimitação de responsabilidade da controladora do grupo[39]. Tal opção geraria tratamento igual em funcionamentos orgânicos desiguais, segundo o autor, em razão de haver grupos com gestão descentralizada – e com endividamento contraído na unidade do grupo – e outras estruturas plurissocietárias de administração centralizada. O dimensionamento de riscos seria feito, então, na própria sociedade controlada e isso poderia afetar o equilíbrio econômico das demais unidades e da controladora que, ademais, estaria sujeita a problemas fortuitos como crise generalizada, insolvência de devedores da controlada, greves, dentre outros fatores alheios ao poder de controle[40].

---

[37] Paulo F. Campana Filho, *A recuperação judicial de grupos societários multinacionais: contribuições para o desenvolvimento de um sistema jurídico brasileiro a partir do direito comparado*, Tese (Doutorado), Faculdade de Direito da Universidade de São Paulo, São Paulo, 2013, p. 43.

[38] Heribert Hirte, *Towards a framework for the regulation of corporate groups' insolvencies*, EFCR, 2008, pp. 213-236. Disponível em: <<http://www.heinonline.org>> Acessado em 26/06/2015, p. 216.

[39] José A. Engrácia Antunes, *Estrutura e responsabilidade da empresa: o moderno paradoxo regulatório*, in Alexandre dos Santos Cunha (org.), *O direito da empresa e das obrigações e o novo Código Civil brasileiro*, São Paulo, Quartier Latin, 2006, p. 46.

[40] José A. Engrácia Antunes, *Estrutura e responsabilidade da empresa: o moderno paradoxo regulatório*, in Alexandre dos Santos Cunha (org.), *O direito da empresa e das obrigações e o novo Código Civil brasileiro*, São Paulo, Quartier Latin, 2006, p. 47. Acrescenta o mesmo Engracia Antunes que do ponto de vista econômico essa solidariedade geraria ineficiência administrativa na controladora, já que contaria com estrutura de capital reforçada pelos ativos das demais unidades do grupo (p. 48).

Em estudo sobre o colapso das estruturas corporativas – com especial relevo para as teorias *piercing the corporate veil* e *substantive consolidation*, que nos interessam mais de perto para o presente estudo – Steven L. Schwarcz ressalta que, no direito norte-americano, os conflitos entre forma e substância das organizações desequilibram o mercado em razão de serem externalidades ausentes da contratação inicial[41]. Em outros termos, o *enforcement* contratual não é moldado para esse rompimento, de modo que somente seria justificável se a pessoa jurídica violasse política legislativa ou fosse causa de prejuízos em rede ou externalidades intencionais[42]. Assim, as justificativas para a desconsideração da personalidade jurídica, ainda na visão econômica de Schwarcz, atenderiam a pressupostos fáticos de impropriedades sistêmicas, como confusão patrimonial, subcapitalização, dominação da controlada como *alter ego* da controladora[43].

Com isso, a solução do problema seria o colapso justificado da sobreorganização, em casos de evidente uso da forma para superar a substância, com minimização de efeitos econômicos prejudiciais.

O direito estrangeiro atua a partir desses e outros pressupostos.

Nos EUA, a casuística de grupos sobreleva o papel do controle e, conforme descreve Phillip I. Blumberg, identificam-se as seguintes hipóteses[44]: (*a*) transferências fraudulentas (*fraudulent transfers* – §548 BC) realizadas para dificultar, atrasar ou defraudar credores sem valores equivalentes de lastro patrimonial, enquanto em estado de insolvência. Acrescentam-se as regras do *Uniform Fraudulent Transfer Act* para complementação do parâmetro legislativo; (*b*) preferências anuláveis (*voidable preferences* – §547 BC), que veda todo pagamento preferencial de crédito durante insolvência, com estrita consideração da boa-fé; (*c*) cancelamento de perdas por compensação (*setoff* – §§502(d), 547 e 548 do BC); (*d*) subordinação equitativa (*equitable subordination*), tratando-se de construção jurisprudencial interessante para determinação de ordem de

---

[41] Steven L. Schwarcz, *Collapsing corporate structures: resolving the tension between form and substance*, in *Business lawyer*, v. 60, (2004), p. 121.

[42] Steven L. Schwarcz, *Collapsing corporate structures: resolving the tension between form and substance*, in *Business lawyer*, v. 60, (2004), p. 132.

[43] Steven L. Schwarcz, *Collapsing corporate structures: resolving the tension between form and substance*, in *Business lawyer*, v. 60, (2004), p. 133.

[44] Phillip I. Blumberg et. al. *Blumberg on Corporate Groups*, Wolters Kluwer, 2011-2012, v. 2. p. V., pp. 83-3 a 83-5.

pagamento equitativa; (e) consolidação substancial (*substative consolidation*), que é outra construção jurisprudencial, próxima da *disregard of legal entity*, mas que é determinante da unidade do grupo.

A Alemanha ainda não desenvolveu a opção de direito positivo para indicar se a extensão de efeitos de falência em grupos será de consolidação processual ou substancial. A doutrina analisa a partir do §93 da *InsO*, inserido no Capítulo de efeitos gerais da abertura da insolvência e que trata dos sócios de responsabilidade ilimitada prevendo que "aberto o procedimento de insolvência sobre o patrimônio de uma sociedade sem personalidade jurídica ou de uma sociedade em comandita por ações, a responsabilidade pessoal do sócio pode ser exercida pelo administrador da insolvência"[45]. Diz Heribert Hirte que, por analogia, referido dispositivo pode estender a responsabilidade à sociedade controladora[46].

O debate italiano é permeado pelas polêmicas leis para interferência estatal em grandes grupos, cronologicamente alcunhadas de *Legge Prodi*, *Legge Prodi-bis* e *Legge Marzano*. Nada obstante, o estágio do debate acompanha o direito alemão, utilizando-se a analogia para interpretar a responsabilidade de sócio de responsabilidade ilimitada e transportar para a vinculação de sociedades do grupo. Para tanto, o conteúdo do art. 147 da *Legge falimentare*[47] é combinado com a regra de responsabilidade do art. 2.497 do *Codice Civile*[48] para imputar consequências jurídicas da insolvên-

---

[45] Tradução livre de: "Ist das Insolvenzverfahren über das Vermögen einer Gesellschaft ohne Rechtspersönlichkeit oder einer Kommanditgesellschaft auf Aktien eröffnet, so kann die persönliche Haftung eines Gesellschafters für die Verbindlichkeiten der Gesellschaft während der Dauer des Insolvenzverfahrens nur vom Insolvenzverwalter geltend gemacht werden".
[46] Heribert Hirte, *Towards a framework for the regulation of corporate groups' insolvencies*, EFCR, 2008, pp. 213-236. Disponível em: <<http://www.heinonline.org>> Acessado em 26/06/2015, p. 234.
[47] "Art. 147. La sentenza che dichiara il fallimento della società con soci a responsabilità illimitata produce anche il fallimento dei soci illimitatamente responsabili."
[48] "Art. 2.497. [1] Le società o gli enti che, esercitando attività di direzione e coordinamento di società agiscono nell'interesse imprenditoriale proprio o altrui in violazione dei principi di corretta gestione societaria e imprenditoriale delle società medesime, sono direttamente responsabili nei confronti dei soci di queste per il pregiudizio arrecato alla redditività ed al valore della partecipazione sociale, nonché nei confronti dei creditori sociali per la lesione cagionata all'integrità del patrimonio della società. Non vi è responsabilità quando il danno risulta mancante alla luce del risultato complessivo dell'attività di direzione e coordinamento ovvero integralmente eliminato anche a seguito di operazioni a ciò dirette.

cia de sociedade do grupo. Mesmo com essas referências, diz Alessandro Di Majo, a tendência ainda é muito forte em manter a falência isolada na unidade do grupo, cada qual respondendo com o próprio patrimônio, até mesmo em razão da falta de regra específica para expansão subjetiva da falência[49].

A opção lusitana tem características mais procedimentais e com manutenção de tendência à liquidação da massa e satisfação de credores, conforme constata Pedro Pidwell[50]. De qualquer modo, a válvula de escape do direito positivo é o incerto conteúdo do art. 2.º, "h", do CIRE, em que outros patrimônios autônomos podem ser reconhecidos como insolventes[51]. Nesse vazio, a proposta de Ana Perestrelo de Oliveira é que a consolidação de ativos somente se aplica ao se identificar que a separação jurídica entre as unidades do grupo não mantenha a separação econômica entre as sociedades[52].

Entre os instrumentos legais de proteção de credores, Engracia Antunes indica a atribuição de responsabilidade dos dirigentes do grupo na falência de sociedade controlada[53], atualmente prevista no art. 6.º, 1 e 2, do CIRE e que prevê a noção de administrador – como a pessoa incumbida da gestão patrimonial – e o responsável legal sendo aquele que responde pessoal e ilimitadamente pela generalidade das dívidas

---

[2] Risponde in solido chi abbia comunque preso parte al fatto lesivo e, nei limiti del vantaggio conseguito, chi ne abbia consapevolmente tratto beneficio.

[3] Il socio ed il creditore sociale possono agire contro la società o l'ente che esercita l'attività di direzione e coordinamento, solo se non sono stati soddisfatti dalla società soggetta alla attività di direzione e coordinamento.

[4] Nel caso di fallimento, liquidazione coatta amministrativa e amministrazione straordinaria di società soggetta ad altrui direzione e coordinamento, l'azione spettante ai creditori di questa è esercitata dal curatore o dal commissario liquidatore o dal commissario straordinario."

[49] Alessandro Di Majo, *I gruppi di imprese tra insolvenza e diritto societário*, Torino, Giappichelli, 2012, pp. 37 e 41.

[50] Pedro Pidwell, *O processo de insolvência e a recuperação da sociedade comercial de responsabilidade limitada*, Coimbra, Coimbra, 2011, pp. 16 e 80.

[51] Pedro Pidwell, *O processo de insolvência e a recuperação da sociedade comercial de responsabilidade limitada*, Coimbra, Coimbra, 2011, pp. 97-98.

[52] Ana P. de Oliveira, *Grupos de sociedades e deveres de lealdade. Por um critério unitário de solução do "conflito de grupo"*, Coimbra, Almedina, 2012, p. 638.

[53] José A. Engracia Antunes, *Os grupos de sociedades: estrutura e organização jurídica da empresa plurissocietária*, 2.ª ed., Coimbra, Almedina, 2002, p. 592.

do insolvente. Trata-se de dispositivo que pode atingir dirigentes "de direito" e "de fato"[54] de empresas falidas e, conforme sustenta Engracia Antunes[55], três requisitos cumulativos seriam relevantes: (*a*) que a sociedade dominante tenha instituído administrador "de direito" ou "de fato" na sociedade controlada; (*b*) que sejam imputáveis à sociedade dominante atos que tenham contribuído para a insolvência da sociedade dependente falida[56]; (*c*) que a responsabilidade da sociedade dominante seja requerida por algum legitimado.

Foi singular a opção do legislador da Argentina[57], ao criar capítulos específicos regulando a quebra do grupo, na Ley 24.522/95. Para apresentação do pedido de concurso preventivo de todas as unidades, o art. 65 exige a forma de *conjunto econômico*, com exposição de fatos que fundamentam a existência de agrupamento ou grupo baseado no controle (art. 172). Já para o pedido de quebra, o pressuposto da cessação de pagamentos basta que seja proveniente de uma unidade do agrupamento, desde que esse fato possa afetar os demais integrantes do grupo (art. 66). A competência para decretação da quebra é do juiz do ativo mais importante apurado no balanço (art. 67), assim cada sociedade do grupo terá um processo correspondente. Não obstante, a *extensión de la quiebra* é feita pelo juiz que intervém na quebra, sendo expressamente prevista no art. 161[58]. Cabe ao juiz coordenar os procedimentos das falências (art. 166),

---

[54] "Os verdadeiros protagonistas ou autores materiais das condutas ativas ou omissivas em matéria de gestão empresarial que conduziram à situação de insolvência, para lá dos meros titulares formais dos órgãos de administração social" (José A. Engracia Antunes, *Os grupos de sociedades: estrutura e organização jurídica da empresa plurissocietária*, 2.ª ed., Coimbra, Almedina, 2002, p. 593).

[55] José A. Engracia Antunes, *Os grupos de sociedades: estrutura e organização jurídica da empresa plurissocietária*, 2.ª ed., Coimbra, Almedina, 2002, pp. 593-594.

[56] O mencionado autor seleciona alguns atos com essa qualificação: ocultação de ativos da sociedade dependente; criação ou agravamento artificial de prejuízos, induzindo a dependente à prática de negócios ruinosos; alienação de bens da sociedade dependente em proveito da dominante; utilização de créditos ou bens da sociedade dependente em sentido contrário ao interesse social desta; exploração deficitária da dependente (José A. Engracia Antunes, *Os grupos de sociedades: estrutura e organização jurídica da empresa plurissocietária*, 2.ª ed., Coimbra, Almedina, 2002, p. 594).

[57] Ariel Angel Dasso, *Derecho concursal comparado*, Buenos Aires, Legis, 2009, t. I, pp. 135-136.

[58] "Articulo 161. – Actuación en interés personal. Controlantes. Confusión patrimonial. La quiebra se extiende:

formando massa única, inclusive em caso de confusão patrimonial (art. 167). Ressalva-se, todavia, que o art. 168 determina que sejam considerados separadamente bens e créditos pertencentes a cada falido, pagando-se os respectivos credores. Os bens remanescentes de cada massa separada constituem fundo comum para ser distribuído entre os credores não satisfeitos pela liquidação da massa única, sem atender a privilégios.

5. O critério brasileiro de extensão de efeitos da falência

Apesar de se tratar de autonomia das pessoas jurídicas e dos patrimônios na legislação brasileira (arts. 244 e 266 da LSA), o equacionamento de problemas falimentares de grupos tem utilizado indiretamente o critério da unidade econômica e rompido barreiras entre as sociedades por meio da desconsideração da personalidade jurídica[59]. Mesmo com o conteúdo da legislação societária em sentido diverso, percebe-se inclinação para a construção da "antijuridicidade presumida dos conglomerados", como diz Carvalhosa, para "abranger a responsabilidade solidária de todas as

1) A toda persona que, bajo la apariencia de la actuación de la fallida, ha efectuado los actos en su interés personal y dispuesto de los bienes como si fueran propios, en fraude a sus acreedores;
2) A toda persona controlante de la sociedad fallida, cuando ha desviado indebidamente el interés social de la controlada, sometiéndola a una dirección unificada en interés de la controlante o del grupo económico del que forma parte.
A los fines de esta sección, se entiende por persona controlante:
a) aquella que en forma directa o por intermedio de una sociedad a su vez controlada, posee participación por cualquier título, que otorgue los votos necesarios para formar la voluntad social;
b) cada una de las personas que, actuando conjuntamente, poseen participación en la proporción indicada en el párrafo a) precedente y sean responsables de la conducta descrita en el primer párrafo de este inciso.
3) A toda persona respecto de la cual existe confusión patrimonial inescindible, que impida la clara delimitación de sus activos y pasivos o de la mayor parte de ellos."

[59] O percurso da jurisprudência do STJ é indutor dessa conclusão e repercute nos demais Tribunais e instâncias. O entendimento do STJ assim se consolidou: (*a*) em princípio, a falência é decretada somente da sociedade empresária controlada; (*b*) incidentalmente, dispensando processo apartado, é possível estender a falência para sociedade controladora (REsp 1.034.536); (*c*) o critério para extensão de efeitos da falência é variável entre a fraude (REsp 211.619, REsp 693.235 e AgRg no REsp 1.229.579), unidade no controle (RMS 12.872 e 14.168) e confusão patrimonial qualificada pela unidade de direção (RMS 12.872 e 14.168, REsp 228.357, REsp 418.385, REsp 1.326.201 e AgRg no REsp 1.229.579); (*d*) houve início de qualificação da unidade de direção pela influência significativa do art. 243, §1.º, da LSA, no grupo de casos da falência da Petroforte (REsp 1.259.020, 1.266.666, 1.259.018 e 1.125.767).

sociedades integrantes do grupo no tocante a obrigações contratuais, extracontratuais, trabalhistas e tributárias" e também para a falência[60]. O festejado comercialista ainda estabelece três critérios como referência para a desconsideração da personalidade jurídica em grupos: (*a*) consideração da *unidade de comando* empresarial, segundo ele, pressupondo falta de autonomia patrimonial e gerencial, aferíveis no grau de dependência da convenção de grupo, no caixa único e até na aparência de usar sigla do grupo; (*b*) abuso do poder, caracterizado pela ingerência operacional que extrapole o *business judgment rule*; (*c*) culpa extracontratual, se uma sociedade do grupo convencional causa danos, presume-se que os negócios sejam feitos em benefício do grupo de direito, justificando a superação da pessoa jurídica para envolver as demais sociedades[61]. As duas primeiras hipóteses podem ser retiradas do art. 50 do CC e a terceira pressupõe solidariedade indistinta entre as sociedades do grupo de direito, abrindo clara distinção com a autonomia entre as pessoas jurídicas.

Jorge Lobo também cuida da matéria, ressaltando que o abuso de poder de controle, estabelecendo privilégios para a sociedade controladora, pode determinar garantias reais ou caucionamento de títulos em prejuízo do capital de sociedades controladas em situação de insolvência falimentar[62]. Em estudo posterior e específico sobre o tema, Jorge Lobo faz percurso da jurisprudência do STJ para afirmar que existem critérios nos arts. 116 e 117 da LSA e no art. 82 da LRE que permitem alcançar os mesmos objetivos, sem o afastamento da personalidade jurídica[63]. Conclui o texto não ser possível a extensão de efeitos da falência à sociedade controladora por aplicação do art. 50 do CC, mas não está impedida a reparação de danos em favor da controlada falida. Com base

---

[60] Modesto Carvalhosa, *Comentários à lei das sociedades anônimas*, 3.ª ed., São Paulo, Saraiva, 2009, v. 4, pp. 320 e 329.
[61] Modesto Carvalhosa, *Comentários à lei das sociedades anônimas*, 3.ª ed., São Paulo, Saraiva, 2009, v. 4, pp. 336-337, 341 e 370. Em comentário sobre o grupo Petroforte: Bezerra Filho, Manoel Justino, *Extensão dos efeitos da falência*, in *Revista dos Tribunais*, Ano 101, Janeiro/2012, .v. 915, pp. 450-452.
[62] Jorge Lobo, *Grupos de sociedades*, Rio de Janeiro, Forense, 1978, p. 37.
[63] Jorge Lobo, *Extensão da falência e o grupo de sociedades*, in *Revista da EMERJ*, v. 12, n. 45, pp. 74-86, 2009. Disponível em <<http://www.emerj.tjrj.jus.br/revistaemerj_online/edicoes/revista45_74.pdf>>, Acessado em: 31/10/2013, pp. 75-76, 81 e 85.

nesse argumento, seria viável o pedido de indisponibilidade de bens da controladora, com base no art. 82, §2.º, da LRE[64].

Os problemas dessa indistinta aplicação da desconsideração da personalidade jurídica também são apontados por Calixto Salomão Filho. Isso porque a taxa de risco dos créditos negociados pode ser rompida ou mesmo os créditos sem natureza negocial – como trabalhistas e tributos – podem perder vantagens em razão da subversão da rede de preferências, além da antinomia flagrante entre o encerramento de atividades determinado pela falência e a potencial continuidade da empresa após a episódica desconsideração da personalidade jurídica[65]. Nas palavras do jurista, apesar do caminho correto de devido processo legal trilhado pela jurisprudência brasileira, a tutela de credores deve se dar "através de formas que impeçam que se atinja situação falimentar e não de formas que associem à assunção do risco empresarial a possibilidade de ruína pessoal"[66].

A opção para essa lacuna é realmente a utilização de fundamentos societários de aferição de responsabilidade. Nesse sentido, o art. 82 da LRE emoldura verdadeira regra para a atribuição de responsabilidade, para aplicação de eventuais parâmetros societários e não societários de imputação aos sócios e administradores. Assim, o dispositivo dá certa mobilidade[67] ao sistema de proteção dos credores, sendo o eixo de atribuição de responsabilidade a pessoas distintas do falido e permitindo a concretização da tutela geral do crédito por meio de regras de ampliação dos responsáveis pelo pagamento.

O dispositivo não é regra exclusiva de desconsideração da personalidade jurídica e nem de ilimitação da responsabilidade de sócio. Antes disso, é regra que faz o sistema de direito positivo se movimentar para encontrar fundamento de responsabilidade e, em matéria de grupos, revela-se como a salvaguarda *atualmente* disponível para a tutela falimen-

---

[64] Jorge Lobo, *Extensão da falência e o grupo de sociedades*, in *Revista da EMERJ*, v. 12, n. 45, pp. 74-86, 2009. Disponível em <<http://www.emerj.tjrj.jus.br/revistaemerj_online/edicoes/revista45_74.pdf>>, Acessado em: 31/10/2013. pp. 75-76, p. 86.
[65] Calixto Salomão Filho, *O novo direito societário*, 4.ª ed., São Paulo, Malheiros, 2011, pp. 238-240.
[66] Calixto Salomão Filho, *O novo direito societário*, 4.ª ed., São Paulo, Malheiros, 2011, p. 241.
[67] Claus-Wilhelm Canaris, *Pensamento sistemático e conceito de sistema na ciência do direito*, 2.ª ed., Lisboa, Calouste Gulbenkian, 1996, pp. 135-142.

tar do crédito, seja para responsabilidade geral[68], seja para ampliação subjetiva da falência, seja ainda por desconsideração episódica da personalidade jurídica[69].

Nessa linha de raciocínio e a título exemplificativo, pode-se discriminar como consequentes à aplicação do art. 82 da LRE: (*a*) em relação ao sócio, responsabilidade solidária pela falta de integralização do capital (art. 1.052 do CC e art. 1.º da LSA), por aprovação de operações contrárias ao interesse da sociedade (arts. 1.010, §3.º e 1.080 do CC e art. 115 da LSA), por reposição de lucros ou quantias retiradas em prejuízo do capital (art. 1.059 do CC) ou com má-fé (art. 201, §2.º, da LSA) e por desconsideração da personalidade jurídica; (*b*) em relação aos controladores – estendendo-se o argumento para estruturas grupadas – aplicam-se as hipóteses de responsabilidade de sócio já descritas, mas também aquelas do art. 117 da LSA para o exercício abusivo do poder de controle; (*c*) finalmente, quanto aos administradores, a legislação fixa diversas regras de imputação derivadas do padrão de conduta do ativo e probo homem de negócios (art. 1.011 do CC e art. 153 da LSA), decorrendo responsabilidade solidária por culpa no desempenho das funções (art. 1.016 do CC), por aplicar recursos da sociedade em proveito próprio (art. 1.107 do CC) e de terceiros (como na distribuição irregular de dividendos do art. 201, §1.º, da LSA) ou com desvio de poder (art. 154 da LSA), malferimento da lealdade (art. 155 da LSA), conflito de interesses (art. 156 da LSA), gerando o dever geral de reparação de danos descrito nos arts. 158, 245 e 266 da LSA.

Remanescerá sem solução adequada o problema das táticas societárias de controle advindo de *holdings* formadas como *offshore* e fundos de investimentos em paraísos fiscais, que trazem imensas dificuldades para o direito equacionar a tutela do crédito. No caso de *offshores*, por serem sociedades de ações ao portador e com proteção estatal de sigilo do titular

---

[68] Manoel J. Bezerra Fillho, *Lei de recuperação de empresas e falência*, 7.ª ed., São Paulo, RT, 2011, pp. 195-196.

[69] Manoel J. Bezerra Fillho, *Lei de recuperação de empresas e falência*, 7.ª ed., São Paulo, RT, 2011, p. 196. Em sentido contrário: "alarga-se o horizonte de satisfação do crédito, sem que isso implique desconsideração da personalidade jurídica, justamente por se tratar de procedimento exterior à falência para atingir controlador e administradores por atos ruinosos" (Paulo F. C. Salles de Toledo, Carlos H. Abrão, *Comentários à lei de recuperação de empresas e falência*, 3.ª ed., São Paulo, Saraiva, 2009, p. 247).

de tais participações societárias, alguns grupos têm por estrutura societária o controle de sociedades em que não se identifica efetivamente a proveniência de comando, relegando os sócios minoritários e os credores para um plano de falta de referências para responsabilidade. Essa estrutura de propriedade pode abalar o crédito e a confiança no mercado, com perda de credibilidade e, às vezes, em razão de falências, abruptamente uma comunidade é afetada pelo inadimplemento de um feixe de contratos da empresa falida.

6. Conclusão

Como consequência do estudo de grupos, verifica-se que o direito brasileiro se aproxima de outros sistemas que atribuem protagonismo ao controle. Cada um com suas peculiaridades, foram construídas alternativas para resolver os problemas de imputação.

O direito positivo brasileiro se preparou para cuidar da volatilidade de ativos concentrados em sociedades isoladas (seja na legislação societária, seja na falimentar). Entretanto, descuidou-se da dissipação de riscos em grupos de ativos sob direção unitária, potencializando problemas de agência e *hold up*.

Atualmente, o art. 82 da LRE prescreve regra para a atribuição de responsabilidade, com orientações para o julgador buscar estruturas societárias e não societárias de imputação aos sócios e administradores, de modo a obter critério mais preciso de extensão de efeitos de responsabilidade na falência de grupo. Assim, o dispositivo traz mobilidade ao sistema de proteção dos credores, sendo o eixo de atribuição de responsabilidade a pessoas distintas do falido e permitindo a concretização da tutela geral do crédito por meio de regras de ampliação dos responsáveis pelo pagamento.

Segredo de Justiça no incidente de investigação e arrecadação de bens nos processos falimentares

MARCELO BARBOSA SACRAMONE
ERONIDES APARECIDO RODRIGUES DOS SANTOS

1. Introdução

A Lei n. 11.101/05, conhecida como lei de recuperação e falência ("LRE"), e que substituiu o antigo Decreto-lei n. 7.661/45, trouxe novo regramento para solucionar a crise econômico-financeira da sociedade empresária.

O legislador, sensível à demanda social decorrente da função social da empresa, que como atividade geradora de riqueza precisa ser preservada, trouxe segurança aos credores quanto à recuperação de ativos ao estabelecer regras de participação no processo de recuperação do empresário devedor e ao limitar os créditos especiais.

O empresário devedor passa a ser tratado conforme a sua relevância social, pois sua atividade econômica tem amplo impacto no crédito público, na geração de empregos e impostos. Assim, à conjugação de esforços entre os credores (fornecedores, fomentadores, trabalhadores e fisco) aliou-se a criminalização de condutas consideradas danosas ao crédito público e à boa-fé que devem reger a condução do processo de recuperação da empresa assim como no caso de falência, com enormes avanços na definição dos crimes e quantificação das penas.

Ocorre que nem sempre a conduta do empresário e de pessoas que com ele fazem negócios é pautada pela boa-fé, e não raras vezes depara-se com pedidos de recuperação judicial meramente protelatórios e falências fraudulentas.

A LRE previu, nos artigos 168 a 178, a tipificação de diversas condutas como crimes. São eles a fraude a credores; a violação de sigilo empresarial; a divulgação de informações falsas; a indução a erro; o favorecimento de credores; o desvio, a ocultação ou apropriação de bens; a aquisição, o recebimento ou uso ilegal de bens; a habilitação ilegal de crédito; o exercício ilegal de atividade; a violação de impedimento e a omissão dos documentos contábeis obrigatórios.

Ainda no âmbito punitivo, a LRE estabeleceu como efeitos da condenação, no artigo 181, a inabilitação para o exercício de atividade empresarial; o impedimento para o exercício de cargo ou função em conselho de administração, diretoria ou gerência das sociedades sujeitas a esta Lei; e a impossibilidade de gerir empresa por mandato ou por gestão de negócio.

Não obstante a tipificação das condutas, a pena corporal não traz de volta o patrimônio que foi desviado, o que mantém, do ponto de vista material, a falência pobre de ativos, os credores sem receber seus créditos e o falido na posse de recursos financeiros que não lhe pertencem.

Constatado, no curso do processo falimentar, a existência de indícios de desvio ou ocultação de bens, a questão que se coloca é como deve agir o administrador judicial para localizá-los e arrecadá-los. Note-se que não se está tratando de bens cuja localização se conhece, mas de bens ocultos, desviados, muitas vezes remetidos para fora do País através de manobras escusas.

Premidos pela realidade, os administradores judiciais passaram a requerer a instauração de incidentes ao processo de falência com o objetivo de apurar a existência desses bens para ao final poder arrecadá-los, porém com uma particularidade, que esses incidentes tramitem em segredo de justiça. A restrição da publicidade dos atos processuais pretendida compreenderia não apenas a restrição ao conhecimento por terceiros em geral, mas ao próprio falido e demais credores, principais interessados na condução do processo falimentar.

A proposta deste artigo é analisar, diante da pretensão de instauração de incidentes processuais para a investigação e arrecadação de bens desviados eventualmente pelo falido, a viabilidade ou não da decretação do segredo de justiça diante dos princípios constitucionais da publicidade e do devido processo legal.

2. Princípio da publicidade

No Estado democrático de direito, o poder emana do povo e deve ser exercido na persecução do melhor interesse da coletividade.

O Estado surge do sacrifício da liberdade primitiva e natural do indivíduo em prol de toda a coletividade. Para a conservação de seus bens e da sua pessoa, o indivíduo se submete à vontade geral em benefício do bem comum. Na redação de Rousseau, *"só a vontade geral pode dirigir as forças do Estado segundo o fim de sua instituição, o bem comum, pois, se a discordância dos interesses particulares tornou necessária a fundação das sociedades, a harmonia desses interesses a possibilitou. Eis o que há de comum nos diversos interesses que formam o laço social, e não existiria sociedade alguma a não haver ponto em que os interesses concordem. Ora, é somente nesse comum interesse que deve ser governada a sociedade"*[1].

A persecução desse interesse coletivo, indicado no preâmbulo da Constituição Federal como proteção ao exercício dos direitos sociais e individuais, à liberdade, à segurança, ao bem-estar, ao desenvolvimento, à igualdade e à justiça, fundamento do Estado, deve ser controlada por toda a população. Para que esse controle possa ser realizado, a publicidade foi estabelecida como princípio básico da administração pública e instrumento de realização dos demais princípios constitucionais (art. 37, caput, da CF).

A atuação do poder judiciário submete-se a essa regra geral. A Constituição Federal, no artigo 5.º, LX assegurou a publicidade processual como direito fundamental do indivíduo. Assim como fora garantido, no artigo 93, IX, a publicidade de todos os julgamentos e a fundamentação de todas as decisões judiciais.

No âmbito processual, o princípio da publicidade pode ser classificado em publicidade interna ou externa.

A publicidade externa consiste na possibilidade de acesso pelo público em geral, e não apenas pelas partes envolvidas, ao julgamento e a todos os demais atos processuais. O amplo acesso ao procedimento realizado e ao conteúdo das diversas decisões judiciais procura garantir a isonomia do julgamento, a boa condução do processo e a imparcialidade e indepen-

---

[1] *Do Contrato Social*, São Paulo, Martin Claret, 2002, p. 39.

dência do juiz. A publicidade externa assegura a toda a coletividade que a atuação estatal visa ao bem comum.

Por seu turno, a publicidade interna caracteriza-se pela ampla possibilidade de ciência pelas partes envolvidas dos atos processuais, do conteúdo das decisões judiciais. Ela assegura o princípio constitucional do contraditório e da ampla defesa, assim como permite à parte insatisfeita o recurso à superior instância, quando admissível. Complementa-se, outrossim, com a garantia de acesso aos autos pelo advogado. O Estatuto da Advocacia assegura a prerrogativa do advogado de acesso aos autos do processo (L.F. 8906/94, art. 7.º, XIV).

Conforme pensamento de J. Bentham, "a publicidade é a mais eficaz salvaguarda do testemunho e das decisões que do mesmo derivarem: é a alma da justiça e deve se estender a todas as partes do procedimento e a todas as causas"[2].

3. Segredo de justiça

Em situações excepcionais, a lei determina que a publicidade possa ser restringida, com a decretação do segredo de justiça do processo.

Nos termos do artigo 5.º, inciso LX, da Constituição Federal, a lei só poderá restringir a publicidade dos atos processuais quando a defesa da intimidade ou o interesse social o exigirem;

Essa norma constitucional de eficácia contida foi complementada pelo legislador no artigo 155, do Código de Processo Civil (CPC). Pelo dispositivo, nos processos em que o exigir o interesse público, e nos litígios que envolvam direito de família ou interesses de menores, o direito de consultar os autos e de pedir certidões poderá ser restrito às partes e a seus procuradores.

Diante da permissão constitucional de restringir a publicidade dos atos processuais, a lei processual civil tutelou a defesa da intimidade nas hipóteses em que a publicidade processual poderia causar danos à privacidade das partes. Pela legislação processual, o risco de prejuízo poderia ser causado nas demandas relacionadas ao casamento, filiação, separação dos cônjuges, alimentos e guarda de menores.

---

[2] Jeremy Bentham, *Tratado de Las pruebas judiciales*, v. 1, Buenos Aires, EJEA, 1971, p. 140.

A segunda permissão constitucional de restrição, e também prevista pela lei processual em conceito amplo, refere-se à exigência do interesse social.

A exigência de decretação de segredo de justiça em razão do interesse social está presente nas hipóteses em que a publicidade pode comprometer a defesa nacional ou a manutenção da ordem pública. A relevância do interesse social poderá figurar presente também nas hipóteses em que a publicidade do ato impeça, diante das circunstâncias do caso, a efetividade do próprio ato jurisdicional e, por consequência, de toda a jurisdição.

Na lição de Pontes de Miranda, a publicidade do processo deve ser limitada em razão do interesse público, sempre que *"humilhe, rebaixe, vexe ou ponha a parte em situação de embaraço, que dificulte o prosseguimento do ato, a consecução da finalidade do processo, ou possa envolver revelação prejudicial à sociedade, ao Estado ou a terceiro. Interesse público é o interesse transindividual, tendo-se como individuais os interesses das partes e de outros interessados"*[3].

Em ambas essas situações, o Código de Processo Civil restringiu apenas a publicidade externa do processo, e, em seu artigo 155, o segredo de justiça é decretado apenas em relação a terceiros. O conhecimento desses terceiros em relação aos atos processuais fica restrito à demonstração de interesse jurídico e é limitado à certidão do dispositivo da sentença. Referido interesse jurídico se caracteriza pela possibilidade de que o terceiro sofra efeitos da decisão judicial entre as partes e não se restringe ao mero interesse econômico.

Às partes, todavia, fica mantida a publicidade interna ainda que decretado o sigilo processual. Tanto as partes quanto os seus procuradores poderão consultar os autos e pedir certidões de seus atos.

4. Sigilo às partes e aos procuradores

O dispositivo constitucional, entretanto, não fora complementado apenas pelo art. 155, do Código de Processo Civil. Diante do interesse público da efetividade do ato processual a ser realizado e da possibilidade de não consecução de sua finalidade caso haja ciência à parte adversa, o Código de Processo Civil previu, excepcionalmente, a decretação de medidas cautelares sem a publicidade mesmo interna.

---

[3] *Comentários ao Código de Processo Civil*, v. III, Rio de Janeiro, Forense, 1996, p. 52.

Isso porque a prestação jurisdicional do Estado se dá sob duas formas, através da cognição ou conhecimento, onde o interesse em conflito é submetido aos preceitos legais e pela execução, que dá efetividade à vontade da lei. Assim, conhecer e executar deveriam exaurir a finalidade do processo como instrumento de realização da tutela jurisdicional.

No entanto, independentemente do tipo de prestação jurisdicional invocada, entre a propositura da ação e decisão judicial definitiva, constatamos o decurso de um determinado espaço de tempo. Esse lapso temporal decorrente do procedimento sob o crivo do contraditório, todavia, não pode impedir a utilidade do provimento final à parte vencedora, nem comportamento oportunista da parte adversa em detrimento da efetividade da justiça.

Para preservar a utilidade do provimento final, incluiu-se dentre os poderes atribuídos ao juiz, quer nos procedimentos específicos cautelares, quer no exercício do poder geral de cautela (art. 798 e 799, CPC), a faculdade de conceder medidas para mitigar o risco da insatisfação do vencedor em razão da demora do procedimento ou de comportamento atentatório da parte adversa.

Daniel Carnio Costa, na sua obra sobre as Tutelas de Urgência, defende que *"sempre que houver risco de que o direito provavelmente pertencente à parte venha a perecer, causando-lhe prejuízo irreparável ou de difícil reparação, deverá o juiz determinar medidas acautelatórias ou preventivas no intuito de preservar, em última análise, o próprio prestígio da função jurisdicional, evitando que o futuro provimento jurisdicional seja inútil ou irrelevante"*[4].

Nesses termos, mediante requerimento da parte, do Ministério Público, ou de ofício por meio do poder geral de cautela, atos constritivos sobre os bens da parte contrária podem ser determinados *inaudita altera parte*, ou seja, sem a audiência da parte adversa e sem o conhecimento de seu patrono.

Conforme nos ensina Hunberto Theodoro Júnior *"Atento à finalidade preventiva do processo cautelar, o Código permite ao juiz conceder medida cautelar, sem ouvir o réu, quando verificar que este, sendo citado, poderá torná-la ineficaz (art. 804). A concessão da liminar, todavia, não depende de estar o requerente na iminência de suportar ato do requerido que venha a provocar a consumação do*

---

[4] *Tutelas de urgência – (individuais e coletivas) – teoria geral*, Curitiba, Juruá, 2013, p. 84.

dano temido. O perigo tanto pode derivar de conduta do demandado como de fato natural. O que justifica a liminar é simplesmente a possibilidade de o dano consumar-se antes da citação, qualquer que seja o motivo"[5].

Para concessão da medida liminar sem a oitiva da parte contrária, é preciso que estejam presentes, em cognição sumária, dados ou elementos que justifiquem a medida, o que pode ser demonstrado na própria petição inicial ou ainda após a realização de audiência de justificação prévia, que também se realizará sem a oitiva do réu, quando se verificar que este, sendo citado, poderá tornar ineficaz a providência pretendida.

A decisão que conceder ou não o tramite do incidente cautelar em segredo de justiça deve ser fundamentada. Isso porque a medida não exclui a ampla defesa do procedimento, e o juiz, ao concedê-la ou não, profere decisão interlocutória a desafiar recurso de agravo. Para Pontes de Miranda, "*essa cognição prévia é incompleta; não dispensa a instrução sumária posterior, em contraditório*"[6].

Conforme lição de Scarance Fernandes, inclusive sobre o procedimento criminal, "*a observância do contraditório, nesses casos, é feita depois, dando-se oportunidade ao suspeito ou réu de contestar a providência cautelar ou de combater, no processo, a prova pericial realizada no inquérito. Fala-se em contraditório diferido ou postergado*"[7].

Nessas hipóteses, o Código de Processo Civil disponibilizou, além do artigo 155, I, os artigos 796 e seguintes, os quais permitem as diligências de localização de ativos desviados ou ocultos ou atos constritivos, mesmo sem o conhecimento do devedor, caso esse conhecimento possa prejudicar a efetividade do ato a ser realizado.

Referidas medidas, ainda que em segredo de justiça, estão previstas normalmente nos procedimentos cautelares. Nos termos do artigos 813 e 815 do CPC, é possível o arresto de bens, ainda que sem a prévia anuência do devedor, quando este, caindo em insolvência, aliena ou tenta alienar bens que possui; contrai ou tenta contrair dívidas extraordinárias; põe ou

---

[5] Humberto Theodoro Júnior, *Curso de Direito Processual Civil*, Rio de Janeiro, Forense, 2004, p. 393.
[6] Francisco C. Pontes de Miranda, *Comentários ao Código de Processo Civil*, v. VIII, Rio de Janeiro, Forense, 1996, p. 313.
[7] *Processo Penal Constitucional*, São Paulo, RT, 1999, p. 60.

tenta pôr os seus bens em nome de terceiros; ou comete outro qualquer artifício fraudulento, a fim de frustrar a execução ou lesar credores.

Do mesmo modo, na hipótese de medida cautelar de busca e apreensão, o artigo 841 do CPC possibilitou a expedição do mandado de busca e apreensão de pessoas ou de coisas sem a oitiva da parte contrária e, inclusive, se for indispensável, mediante audiência de justificação prévia em segredo de justiça em face da própria parte adversa.

Nessas hipóteses, assim como ocorre, no âmbito da investigação criminal, com a medida de interceptação telefônica (Lei 9.296/96), a ciência imediata daquele que sofrerá a constrição ao seu direito poderá tornar inócua a medida, por permitir que a parte adversa simplesmente não faça referência aos fatos objeto da interceptação ou oculte os bens a serem constritos.

Referidas medidas cautelares dispensam o contraditório imediato, uma vez que se visa coletar e carrear para os autos elementos necessários para a apuração do desvio, ocultação e localização de bens, preservação de bens ou apuração de conduta criminosa, de forma a garantir a utilidade do provimento final ou da investigação para a apuração do ocorrido.

Nesse sentido, a Ministra Nancy Andrighi, ao decidir sobre a manutenção do segredo de justiça à parte nos casos de investigação de bens no estrangeiro, concluiu que: *"acrescente-se, por oportuno, que embora a regra seja de que o segredo de justiça não alcança as partes, poderá o juiz, diante das peculiaridades do caso e com base no seu poder geral de cautela, estender o sigilo também para um dos litigantes, sobretudo nas hipóteses em que verificar risco de prejuízo ao trâmite do processo. Nesse aspecto, para além das hipóteses do art. 155, o CPC, em seus arts. 815, 823 e 841, respectivamente, autoriza que se proceda em segredo de justiça da parte requerida no arresto, no sequestro e na busca e apreensão. Mesmo que prevaleça o interesse da parte adversa – de que sua pretensão não resulte frustrada – desponta também o interesse público na realização do Direito através do processo, por meio do qual o Estado exerce a função jurisdicional"*[8].

Por seu turno, na medida em que a publicidade é princípio constitucional básico para a efetivação dos demais princípios, a restrição à publicidade interna deve ser realizada excepcionalmente e limitada no tempo.

---

[8] STJ, REsp 1.446.201-SP (2014/0073171-2), Rel. Min. Nancy Andrighi, j. 07/08/2014.

Somente após a efetivação da medida cautelar, ou seja, quando juntados aos autos os documentos demonstrativos da diligência empreendida, é que os autos serão submetidos ao crivo do contraditório, em estrita obediência à ampla defesa e ao devido processo legal. A partir desse ponto, a regra volta a ser a publicidade dos atos processuais.

Em suma, existem diligências que devem ser sigilosas, sob o risco do comprometimento do seu bom sucesso. Mas, se o sigilo é aí necessário à apuração e à atividade instrutória, uma vez formalizada a prova nos autos, seu resultado será submetido ao devido processo legal, porque, é óbvio, cessou a causa mesma do sigilo. O direito ao contraditório e à ampla defesa, nessas hipóteses, não é suprimido; ele é apenas diferido. Segundo Greco Filho, *"a Constituição não exige, nem jamais exigiu, que o contraditório fosse prévio ou concomitante ao ato"*[9].

A Constituição Federal garante que aos litigantes, em processo judicial ou administrativo, e aos acusados em geral sejam assegurados o contraditório e ampla defesa, com os meios e recursos a ela inerentes. Previstos no artigo 5.º, LV, como garantias fundamentais dos cidadãos, referidos princípios constitucionais, diante do interesse público na efetividade do ato processual, serão simplesmente postergados. O contraditório é diferido ao momento imediatamente posterior à realização do ato processual, em que o resultado da diligência é juntado aos autos da investigação ou ao incidente de investigação e arrecadação dos bens.

Do mesmo modo que consagrado pelo entendimento da Suprema Corte em relação à investigação criminal[10], o acesso ao patrono e à parte

---

[9] *Manual do Processo Penal*, 8.ª ed., São Paulo, Saraiva, 2010, p. 48.

[10] "(...). 1. Inaplicabilidade da garantia constitucional do contraditório e da ampla defesa ao inquérito policial, que não é processo, porque não destinado a decidir litígio algum, ainda que na esfera administrativa; existência, não obstante, de direitos fundamentais do indiciado no curso do inquérito, entre os quais o de fazer-se assistir por advogado, o de não se incriminar e o de manter-se em silêncio. 2. Do plexo de direitos dos quais é titular o indiciado – interessado primário no procedimento administrativo do inquérito policial –, é corolário e instrumento a prerrogativa do advogado de acesso aos autos respectivos, explicitamente outorgada pelo Estatuto da Advocacia (L. 8906/94, art. 7.º, XIV), da qual – ao contrário do que previu em hipóteses assemelhadas – não se excluíram os inquéritos que correm em sigilo: a irrestrita amplitude do preceito legal resolve em favor da prerrogativa do defensor o eventual conflito dela com os interesses do sigilo das investigações, de modo a fazer impertinente o apelo ao princípio da proporcionalidade. 3. A oponibilidade ao defensor constituído esvaziaria uma garantia constitucional do indiciado (CF, art. 5.º, LXIII), que lhe assegura, quando preso,

que teve seus bens restritos é amplo aos elementos de prova já documentados após a diligência investigatória ou arrecadatória, ocasião em que a parte poderá ter acesso ao processo e exercer amplamente seu direito da defesa, não mais obstado pela preservação do interesse público na efetivação do ato[11].

5. Segredo de Justiça na Investigação do Desvio de Bens na Falência

Como princípio norteador de toda a atividade estatal, o princípio da publicidade também se faz presente nos processos falimentares. Nesses, sua aplicação é ainda mais acentuada ao versar diretamente sobre a arrecadação e liquidação pelo Estado de bens pertencentes a terceiro para o pagamento de suas obrigações.

Por recair sobre a administração de bens de terceiros, o artigo 103, parágrafo único, da Lei de Recuperação e Falência (Lei 11.101/05), estatui que, desde a decretação da falência ou do sequestro, o devedor perde o direito de administrar os seus bens ou deles dispor, o que será realizado pelo administrador judicial. O falido poderá, contudo, fiscalizar a administração da falência. Nesse ponto, a publicidade dos atos processuais é necessária para que ele possa requerer, se o desejar, as providências necessárias para a conservação de seus direitos ou dos bens arrecadados, requerendo o que for de direito e interpondo os recursos cabíveis.

---

e pelo menos lhe faculta, quando solto, a assistência técnica do advogado, que este não lhe poderá prestar se lhe é sonegado o acesso aos autos do inquérito sobre o objeto do qual haja o investigado de prestar declarações. 4. O direito do indiciado, por seu advogado, tem por objeto as informações já introduzidas nos autos do inquérito, não as relativas à decretação e às vicissitudes da execução de diligências em curso (cf. L. 9296, atinente às interceptações telefônicas, de possível extensão a outras diligências); dispõe, em conseqüência a autoridade policial de meios legítimos para obviar inconvenientes que o conhecimento pelo indiciado e seu defensor dos autos do inquérito policial possa acarretar à eficácia do procedimento investigatório. 5. Habeas corpus de ofício deferido, para que aos advogados constituídos pelo paciente se faculte a consulta aos autos do inquérito policial e a obtenção de cópias pertinentes, com as ressalvas mencionadas. (...)" (STF, HC 90.232-AM, Rel. Min. Sepúlveda Pertence, j. 18/12/2006, DJU 02.03.2007).

[11] Nesse sentido, ainda, o voto da Ministra Nancy Andrighi no REsp 1.446.201-SP (2014/0073171-2): "de outro viés, não se cogita nessas situações de violação dos princípios da ampla defesa ou do devido processo legal, na medida em que o contraditório não será suprimido, mas diferido para depois da realização dos atos indispensáveis à efetividade da medida" (STJ, REsp 1.446.201-SP (2014/0073171-2), Rel. Min. Nancy Andrighi, j. 07/08/2014).

Essa publicidade, externa e interna, pode, excepcionalmente, ser reduzida para compatibilizar o artigo 103 com os demais dispositivos da LRE.

O direito de fiscalização do falido não é absoluto, assim como também não o é a prerrogativa de seu patrono de acompanhar as medidas de investigação e de arrecadação dos bens. Na redação de José Carlos Barbosa Moreira, é *"desnecessário frisar que os princípios processuais estão longe de configurar dogmas religiosos. Sua significação é essencialmente instrumental: o legislador adota-os porque crê que a respectiva observância facilitará a boa administração da justiça. Eles merecem reverência na medida em que sirvam à consecução dos fins do processo, e apenas em tal medida"*[12].

No âmbito dos processos falimentar e recuperacional, os interesses envolvidos não se limitam aos interesses das partes diretamente envolvidas na relação jurídica obrigacional, ou seja, credores e devedor falido ou sob recuperação judicial. O legislador, ao editar a Lei 11.101/05, reconheceu a função social da empresa.

A concessão de mecanismos que viabilizam a reorganização do passivo do devedor quando ele se encontra em crise econômico-financeira e a celeridade da liquidação dos bens e primazia da venda em bloco das unidades produtivas procuram assegurar a preservação da empresa diante de seu papel no desenvolvimento econômico nacional.

Esse interesse público que permeia referidos processos, notadamente diante da apuração dos crimes falimentares ou de recuperação de ativos desviados, rivaliza com o princípio da publicidade e da fiscalização pelo falido dos atos processuais. No âmbito dos processos falimentar e de recuperação, o risco que existe em razão da publicidade e do direito de fiscalização pelo falido no procedimento de localização de ativos é de o devedor, responsável pela ocultação e desvio dos bens, ao tomar conhecimento de que diligências estão sendo encetadas para localização desses ativos, promova nova ocultação ou dissipação desses ativos, dificultando ou mesmo impossibilitando sua recuperação em benefício dos credores.

Esse conflito entre princípios fora apreciado pelo legislador ao promulgar a Lei 11.101/05. Na exposição de motivos do então projeto de

---

[12] *A Constituição e as provas ilicitamente obtidas. Temas de direito processual*, 6.ª série, São Paulo, Saraiva, 1997, p. 108.

lei, o Senado Federal sopesou esses interesses ao indicar que o projeto procurava garantir maior celeridade e eficiência ao processo falimentar.

Nos processos falimentares, para que a utilidade do provimento final consistente na satisfação das obrigações perante os credores fosse efetiva, a lei impôs ao administrador judicial a arrecadação dos bens e documentos do devedor, a prática de todos os atos necessários à realização do ativo e ao pagamento dos credores e a possibilidade de requerer todas as medidas e diligências que forem necessárias para o cumprimento da lei e para proteção da massa, ou para eficiência da administração (art. 22, inc. II, letras "f", "i" e "o", da LRE).

A arrecadação de bens implica localizá-los e identificá-los, e para tanto é preciso investigar o seu paradeiro. Esse ato de investigar, necessário para a ação arrecadação de bens, não precisa ser público, dele não há necessidade de cientificar a contraparte, sequer é preciso de autorização judicial quando as diligências podem ser realizadas ordinariamente.

Para permitir essa arrecadação, liquidação e pagamento dos credores, é do interesse da massa falida a localização imediata de ativos que lhe pertençam, sejam eles de que valor for, estejam eles onde estiverem e com quem estiverem. A lei concede poderes ao administrador para, de maneira mais célere, proceder diretamente à arrecadação dos bens, independentemente da ciência à parte adversa ou da autorização judicial, os quais terão ciência das diligências por ocasião da juntada aos autos do resultado de sua atuação administrativa.

Apenas diante de uma impossibilidade direta de arrecadar bens desviados, ocultos ou apropriados, o administrador judicial deve, com fulcro no art. 22, inciso III, letra 'o', da LRE, requerer ao juízo todas as medidas e diligências que forem necessárias para o cumprimento da lei, para proteção da massa ou para garantir a eficiência da administração.

Nessa hipótese, o administrador judicial ou o Ministério Público, verificando que há indícios de fraude, desvio, ocultação ou apropriação de bens (art. 168 e 173 da LRE), deve requerer a instauração de incidente processual com a natureza jurídica das medidas cautelares, instaurado no curso do processo principal e deste dependente (art. 796 do CPC).

Na hipótese de existir fundado receio de que uma parte cause ao direito da outra lesão grave e de difícil reparação (art. 798 do CPC), principalmente diante de risco de a arrecadação ou localização de bens poder ser obstada pelo comportamento fraudulento do falido, torna-se premente a utilização dos mecanismos disponibilizados pelo Código de Processo Civil para garantir a efetividade da jurisdição, ainda que mitiguem temporariamente a publicidade dos atos.

Nesse ponto, pertinente para a abordagem é que os agentes responsáveis pela ocultação de ativos desviados têm evoluído na sofisticação de suas técnicas, utilizando-se da criatividade aliada ao avanço tecnológico para a ocultação e lavagem de dinheiro ilícito. A tanto, lançam mão de artifícios que omitem e dissimulam a origem dos ativos, causando o enriquecimento ilícito do falido e de terceiros, e, em contrapartida, o empobrecimento dos credores.

Desta forma, havendo indícios de fraude, desvio, ocultação ou apropriação de bens (art. 168 e 173 da LRE) e de que o prévio conhecimento das medidas investigativas pelo falido prejudicará o ato de arrecadação, com prejuízo à coletividade de credores, é possível que se restrinja a publicidade dos atos de busca da prova, em procedimento análogo às medidas cautelares previstas no Código de Processo Civil.

O incidente de investigação de desvio de bens da massa, nesse caso, assemelha-se às medidas cautelares de arresto, sequestro e busca e apreensão de bens. Diante do risco de que esses ativos ocultados revertam em benefício do devedor em detrimento dos credores, a medida poderá ser realizada sem a audiência da parte contrária, garantindo a sua localização e futura arrecadação.

O direito de controle dos atos judiciais pelo falido, nesse contexto, deve ser sopesado com a relevância social da persecução da efetividade do ato de arrecadação, porque de nada adiantaria a legislação garantir o direito dos credores de terem seus créditos satisfeitos pelos ativos do falido, se a norma não garantir também os meios necessários para a efetivação do referido direito.

A decretação do sigilo momentâneo às partes evita que o falido promova novas manobras fraudulentas ou de ocultação de bens, o que poderia frustrar a sua localização e arrecadação, em flagrante prejuízo aos credores e à efetividade da justiça.

O segredo do incidente cautelar não vulnera o princípio da publicidade dos atos processuais na medida em que as ordens patrimoniais restritivas, a arrecadação dos ativos eventualmente localizados, ou mesmo a responsabilização civil cabível somente serão adotadas sob o crivo do contraditório, respeitado o devido processo legal.

O contraditório e a ampla defesa, com o exercício da prerrogativa do advogado de consultar o incidente de investigação, poderão ser realizados tão logo o resultado da diligência seja comunicado no feito, o que garante o interesse social de celeridade da condução do processo falimentar, assegura o cumprimento das relações jurídicas anteriormente contratadas e a eficiência da prestação jurisdicional, sem violar os direitos e garantias constitucionais do empresário falido.

6. Conclusão

Condição primordial para a efetividade do processo de recuperação judicial e de falência, principalmente no que tange a localização de bens desviados, ocultos ou apropriados da massa falida, é imprescindível a realização das diligências que comprovem o desvio desses bens, a sua localização ou quem seriam os responsáveis pela sua ocultação.

Autorizado o procedimento pelo dispositivo constitucional, essas diligências, quando dependam de autorização judicial, e quando houver risco de que sejam frustradas se forem de conhecimento do falido, podem ser produzidas em segredo de justiça. O direito à publicidade é mitigado diante da relevância social de que a medida de arrecadação e de investigação dos bens seja efetiva para a satisfação dos credores e a segurança das relações jurídicas.

O contraditório, nessa hipótese excepcional, não será suprimido. A ampla defesa será apenas postergada para quando não houver mais receio de que a parte, antes da expedição das medidas restritivas, cause ao direito da outra lesão grave e de difícil reparação.

AUTORES

ADRIANA VALÉRIA PUGLIESI
Advogada em São Paulo, graduada em 1989 pela Universidade de São Paulo. Mestre (2006) e Doutora (2012) em Direito Comercial pela Universidade de São Paulo. Professora no curso de pós-graduação em Direito Empresarial GV-LAW na FGV-Direito São Paulo. Professora no IICS-CEU. Professora na EPM-Escola Paulista da Magistratura. Professora na ESA-Escola Superior da Advocacia.

ALBERTO CAMIÑA MOREIRA
Professor na Universidade Presbiteriana Mackenzie. Advogado.

ARTHUR MIGLIARI JÚNIOR
Promotor de Justiça de Falências de São Paulo. Mestre em Direito Penal pela Universidade São Francisco. Mestre em Direito Processual Penal pela Pontifícia Universidade Católica de São Paulo. Doutorando pela Universidade de Coimbra. Co-Fundador do Instituto Brasileiro de Recuperação de Empresas e Falências (IBR) e do *Tournaround Management Association do* Brasil (TMA).

CÁSSIO CAVALLI
Professor da FGV Direito Rio. Advogado no Rio de Janeiro e em São Paulo.

DALTRO DE CAMPOS BORGES FILHO
Bacharel em Direito pela Universidade do Estado do Rio de Janeiro (UERJ), em 1979. Sócio no Escritório de Advocacia Ferro, Castro Neves, Daltro & Gomide Advogados. Professor do IBMEC, no curso LLM (2002/2003). Membro do Instituto Brasileiro de Estudos de Recuperação de Empresas (IBR) e do Turna-

round Management Association (TMA). Membro da Comissão Especial sobre Recuperação de Empresas da Ordem dos Advogados do Brasil – Seccional do Rio de Janeiro.

DANIEL CARNIO COSTA
Juiz Titular da 1.ª Vara de Falências e Recuperações Judiciais de São Paulo/SP. Doutor pela PUC/SP e Mestre pela FADISP. Mestrando em Direito Comparado pela *Samford University/Cumberland School of Law* – EUA. Pós-doutorando na *Université Paris 1 – Panthéon/Sorbonne* – França.

EDUARDO SECCHI MUNHOZ
Professor da Faculdade de Direito da Universidade de São Paulo.

EMANUELLE URBANO MAFFIOLETTI
Professora Doutora de Direito Comercial da Faculdade de Direito de Ribeirão Preto da USP. Bacharel em Direito pela Universidade Federal do Rio Grande do Norte, Mestre e Doutora em Direito Comercial pela Universidade de São Paulo. Pesquisadora Visitante da Universitat de Valencia, Espanha. Associada do Instituto Brasileiro de Estudos de Recuperação de Empresas (IBR).

ERASMO VALLADÃO AZEVEDO E NOVAES FRANÇA
Professor Associado do Departamento de Direito Comercial da USP. Livre-docente em Direito Comercial da USP. Advogado em São Paulo.

ERONIDES APARECIDO RODRIGUES DOS SANTOS
Promotor de Justiça de Falências de São Paulo.

FÁBIO ULHOA COELHO
Professor Titular de Direito Comercial da PUC-SP.

GABRIEL SAAD KIK BUSCHINELLI
Doutorando, Mestre e Bacharel pela Faculdade de Direito da Universidade de São Paulo. Advogado.

GUSTAVO SAAD DINIZ
Professor de Direito Comercial da USP-FDRP. Doutor em Direito Comercial pela USP. Mestre em Direito pela UNESP/Franca. Advogado.

HAROLDO MALHEIROS DUCLERC VERÇOSA
Mestre, Doutor e Livre-Docente em Direito Comercial do Departamento de Direito Comercial da Faculdade de Direito da USP. Professor de Direito Comercial da Faculdade da USP de 1975 a 2015. Professor Sênior de Direito Comercial na Faculdade de Direito da USP a partir de junho 2015. Consultor jurídico de empresas. Atuação como árbitro em diversas câmaras arbitrais brasileiras. Parecerista em temas de Direito Empresarial.

JOÃO PEDRO SCALZILLI
Professor de Direito Empresarial da PUCRS. Doutor em Direito Comercial pela USP. Mestre em Direito Privado e Especialista em Direito Empresarial pela UFRGS. Advogado.

JOSÉ ANCHIETA DA SILVA
Advogado. Membro e conselheiro do Instituto Brasileiro de Estudos de Recuperação de Empresas (IBR).

LIGIA PAULA P. PINTO SICA
Doutora em Direito Comercial pela Faculdade de Direito da Universidade de São Paulo (2009). Bacharel em Direito pela PUC/SP (2001). Pesquisadora do Núcleo de Direito dos Negócios da Escola de Direito de São Paulo da Fundação Getúlio Vargas desde 2002. Coordenadora e docente do Grupo de Pesquisas em Direito e Gênero da FGV Direito SP.

LUÍS FELIPE SPINELLI
Professor de Direito Empresarial da UFRGS. Doutor em Direito Comercial pela USP. Mestre em Direito Privado e Especialista em Direito Empresarial pela UFRGS. Advogado.

LUIZ FERNANDO VALENTE DE PAIVA
Advogado. Integrou a Comissão Interministerial que deu redação final à Lei de Recuperações de Empresas e Falências. Mestre em Direito Comercial pela PUCSP. Professor convidado da FGV-RJ e do *Global Insolvency Practice Course* da *Insol – International Association of Restruturing, Insolvency & Bankruptcy Professionals*. Membro do Conselho de Administração do Instituto Brasileiro de Estudos de Recuperação de Empresas (IBR) e da TMA – Brasil.

MANOEL DE QUEIROZ PEREIRA CALÇAS
Professor da Faculdade de Direito do Largo São Francisco (USP), da Pontifícia Universidade Católica de São Paulo (PUCSP) e da Universidade Nove de Julho (UNINOVE). Desembargador do Tribunal de Justiça do Estado de São Paulo.

MANOEL JUSTINO BEZERRA FILHO
Desembargador aposentado do TJSP. Advogado parecerista na área de falência e recuperação. Doutor e Mestre em Direito Comercial pela USP. Especialista em Filosofia e Teoria Geral do Estado pela USP. Professor da Faculdade de Direito da Universidade Presbiteriana Mackenzie. Professor e Coordenador da Escola Paulista da Magistratura, área de Direito Empresarial. Professor convidado do Fipecafi USP, GVLaw, Insper, PUCSP. Associado fundador e conselheiro do IBR e do IBRADEMP.

MARCELO BARBOSA SACRAMONE
Doutor e Mestre em Direito Comercial pela Faculdade de Direito da Universidade de São Paulo. Professor de Direito Comercial da Escola Paulista da Magistratura. Juiz de Direito do Estado de São Paulo.

NEWTON DE LUCCA
Mestre, Doutor, Livre-Docente, Adjunto e Titular pela Faculdade de Direito da Universidade de São Paulo. Professor do Corpo Permanente da Pós-Graduação *Stricto Sensu* da UNINOVE. Desembargador Federal do Tribunal Regional Federal da 3.ª Região.

PAULO FERNANDO CAMPANA FILHO
Bacharel em Direito pela Universidade de São Paulo. Mestre em Ciências Jurídico-Civilísticas pela Universidade de Coimbra. Doutor em Direito Comercial pela Universidade de São Paulo. Membro do Conselho Fiscal do TMA Brasil. Membro do Instituto Brasileiro de Estudos de Recuperação de Empresas (IBR).

PAULO FERNANDO CAMPOS SALLES DE TOLEDO
Professor de Direito Comercial da Faculdade de Direito da Universidade de São Paulo, Desembargador aposentado do Tribunal de Justiça do Estado de São Paulo, Advogado, árbitro e consultor jurídico de empresas. Presidente do Instituto Brasileiro de Estudos de Recuperação de Empresas (IBR).

RENATA MOTA MACIEL M. DEZEM
Doutoranda pela Faculdade de Direito da Universidade de São Paulo. Juíza de Direito do Tribunal de Justiça do Estado de São Paulo.

RODRIGO TELLECHEA
Doutor em Direito Comercial pela USP. Especialista em Direito Empresarial pela UFRGS. Especialista em Liderança e Negócios pela *McDonough School of Business* (Georgetown University). Advogado.

RONALDO VASCONCELOS
Doutor e Mestre (USP/SP). Professor Doutor da Faculdade de Direito da Universidade Presbiteriana Mackenzie. Sócio de Lucon Advogados. Presidente da Comissão Permanente de Direito Falimentar e Recuperacional do IASP.

SÉRGIO CAMPINHO
Advogado. Professor de Direito Comercial da Faculdade de Direito da Universidade do Estado do Rio de Janeiro – UERJ.

SHEILA CHRISTINA NEDER CEREZETTI
Professora de Direito Comercial da Faculdade de Direito da Universidade de São Paulo (USP). Doutora pela Faculdade de Direito da Universidade de São Paulo e Pós-doutora pelo *European University Institute*. Pesquisadora visitante do *Max-Planck-Institut für ausländisches und internationales Privatrecht* e bolsista da *Alexander von Humboldt-Stiftung*. Diretora do Instituto Brasileiro de Estudos de Recuperação de Empresas (IBR). Advogada.

THOMAS BENES FELSBERG
Bacharel em Direito pela Universidade de São Paulo. LLM pela *Columbia Law School*. Ex-presidente do Conselho de Administração do *Turnaround Management Association* do Brasil – TMA Brasil. Membro do Conselho do *International Insolvency Institute*. Membro do *American College of Bankruptcy* e do *American Bankruptcy Institute*. Membro do Instituto Brasileiro de Estudos de Recuperação de Empresas (IBR). Presidente da *Columbia University Alumni* do Brasil. Advogado em São Paulo.

ÍNDICE

FOTOGRAFIAS DE UMA DÉCADA DA LEI DE RECUPERAÇÃO E FALÊNCIA..... 15

TEMAS GERAIS

O PODER DE INVESTIGAÇÃO DO MINISTÉRIO PÚBLICO NOS CRIMES
FALENCIAIS E RECUPERACIONAIS 41

O NOVO MÉTODO DA GESTÃO DEMOCRÁTICA DE PROCESSOS
DE INSOLVÊNCIA 66

DEZ ANOS DE VIGÊNCIA DA LEI 11.101/2005. HÁ MOTIVOS
PARA COMEMORAR?... 82

A DISCIPLINA DOS GRUPOS EMPRESARIAIS E A LEI
DE RECUPERAÇÃO DE EMPRESAS EM CRISE E FALÊNCIAS:
UM CONVITE A JURISPRUDÊNCIA... 103

NECESSÁRIAS ALTERAÇÕES NO SISTEMA FALIMENTAR BRASILEIRO 136

O NOVO REGIME JURÍDICO DO RECURSO DE AGRAVO E OS PROCESSOS
DISCIPLINADOS NA LEI N.º 11.101/2005................................. 159

RECUPERAÇÃO JUDICIAL

ABUSO DO CREDOR E DO DEVEDOR NA RECUPERAÇÃO JUDICIAL 177

A TEORIA DA EMPRESA NA RECUPERAÇÃO JUDICIAL 200

A EFICIÊNCIA DA LEI 11.101 E OS ENUNCIADOS 44, 45 E 46
DA 1.ª JORNADA DE DIREITO COMERCIAL 237

FINANCIAMENTO E INVESTIMENTO NA RECUPERAÇÃO JUDICIAL 264

ACORDO DE LENIÊNCIA E RECUPERAÇÃO JUDICIAL..................... 291

CESSÃO DE CRÉDITO NA RECUPERAÇÃO JUDICIAL 311

RECUPERAR OU NÃO RECUPERAR, EIS A QUESTÃO: O PODER/DEVER
DO JUIZ OBJETIVANDO A PRESERVAÇÃO DA EMPRESA – CONFIGURAÇÃO
E LIMITES 348

O PLANO DE RECUPERAÇÃO JUDICIAL PARA ALÉM DELE
(O PLANO PARA ALÉM DO PLANO) 368

RECUPERAÇÃO JUDICIAL E O REGIME JURÍDICO DO CONSÓRCIO:
OS IMPACTOS DA CRISE ECONÔMICO-FINANCEIRA DE UMA
CONSORCIADA 389

A CONTROVÉRSIA SOBRE A NATUREZA JURÍDICA DAS CONTRIBUIÇÕES
DEVIDAS AO FUNDO DE GARANTIA POR TEMPO DE SERVIÇO
POR EMPRESA EM RECUPERAÇÃO JUDICIAL............................. 407

LEI DE RECUPERAÇÃO DE EMPRESAS E FALÊNCIA – MODIFICAÇÕES
INTRODUZIDAS PELA LEI 13.043, DE 13 DE NOVEMBRO DE 2014 415

A APRESENTAÇÃO DE CND E O PARCELAMENTO DE DÉBITOS FISCAIS 438

A MEDIAÇÃO NA RECUPERAÇÃO JUDICIAL: COMPATIBILIDADE ENTRE
AS LEIS NN. 11.101/05, 13.015/15 E 13.140/15 451

A RECUPERAÇÃO JUDICIAL DE SOCIEDADES SEDIADAS NO EXTERIOR:
AS LIÇÕES DA EXPERIÊNCIA ESTRANGEIRA E OS DESENVOLVIMENTOS
NO BRASIL 468

FALÊNCIA

A RESPONSABILIDADE PATRIMONIAL DO FALIDO, A EXTENSÃO
DOS EFEITOS DA FALÊNCIA E A DESCONSIDERAÇÃO DA PERSONALIDADE
JURÍDICA DA SOCIEDADE FALIDA 493

SOCIEDADE EM COMUM E REGIMES DE INSOLVÊNCIA 518

FALÊNCIA DE GRUPOS SOCIETÁRIOS: CRITÉRIOS DE EXTENSÃO
DE EFEITOS DE FALÊNCIA... 528

SEGREDO DE JUSTIÇA NOS INCIDENTES DE INVESTIGAÇÃO
E ARRECADAÇÃO DE BENS NOS PROCESSOS FALIMENTARES.............. 548

AUTORES 563
ÍNDICE 569